Arne Hoffmann
Männerbeben

Arne Hoffmann
Männerbeben
Das starke Geschlecht kehrt zurück

LICHTSCHLAG NR. 7

LICHTSCHLAG NR. 7
eigentümlich frei: individualistisch. kapitalistisch. libertär.
Internet: **www.ef-magazin.de**

Ein besonderer Dank für einige zentrale Ideen geht an Bodo
Raschdorf, Oliver Kapp – und darüber hinaus an alle Männerrechtler, auf deren Gedanken ich zurückgegriffen habe oder die
mir bei der Arbeit an diesem Buch behilflich waren. Frank
Langenfeld und Dr. Bruno Köhler von MANNdat e.V. seien
hier nur stellvertretend für viele genannt.

Arne Hoffmann

ISBN-10: 3-939562-03-3
ISBN-13: 978-3-939562-03-0

2007
Lichtschlag Medien und Werbung KG
Malvenweg 24
41516 Grevenbroich
Internet: www.capitalista.de

INHALT

VORWORT

Die sogenannte „demografische Krise" ist seit mehreren Jahren ein zentrales Thema der hiesigen Debatte. Auch wenn die exakten Zahlen umstritten sind, so besteht doch weitgehende Einigkeit darüber, dass wir Deutschen zu wenig Nachwuchs in die Welt setzen, um die bestehenden Sozialsysteme in dieser Form funktionsfähig zu erhalten. Sobald dieses Problem in seiner ganzen Konsequenz erkannt wurde, überlegte man sich die unterschiedlichsten Maßnahmen, um es Frauen zu erleichtern, Mutterschaft und Berufstätigkeit besser miteinander zu vereinbaren.

Was dabei jedoch häufig übersehen wird ist, dass es *zwei* Geschlechter gibt – und dass der „Zeugungsstreik" der Männer dem „Gebärstreik" der Frauen wenig nachsteht. Schon vor Jahren, im „Spiegel" vom 29. November 2004, erklärte Professor Gerhard Amendt, Leiter des Bremer Instituts für Geschlechter- und Generationenforschung, es gebe einen „Bezug zwischen den niedrigen Geburtenraten der Deutschen und den weitgehend vernachlässigten Wünschen und Vorstellungen der Männer".

Es ist höchste Zeit, über diese vernachlässigten Wünsche und Vorstellungen offen zu sprechen.

Mit dem vorliegenden Buch habe ich mir dies zur Aufgabe gemacht. Als Ausgangspunkt dient mir das in sämtlichen Gazetten hoch- und runtergefahrene Klischee, dass sich die Männlichkeit in einer Krise befinde. Nie würde man davon sprechen, dass sich die Weiblichkeit in einer Krise befände, obwohl es auch Frauen schwer haben, sich in neu geordneten Rollen zurechtzufinden. Tatsächlich kenne ich keinen einzigen Mann, der sich wegen seiner Männlichkeit in einer Krise befindet. Und ich möchte wetten, Ihnen geht es nicht anders! Was Männern in Wahrheit zu schaffen macht, ist eine dreifache Form von Diskriminierung: Sie werden in den Medien abgewertet, von der Politik mit ihren Anliegen ignoriert und vom Gesetzgeber schlechter gestellt. Mit den verschiedenen Formen von vielschichtiger Männerfeindlichkeit beschäftigt sich der erste Teil des vorliegenden Buches.

Die darauf folgenden Kapitel schildern, wie solche veralteten Strukturen momentan aufbrechen wie die Erdkruste bei einem größeren Beben, und wie Männerrechtler sich im Augenblick zusammenfinden und eine Stimme dafür entwickeln, gegen ihre Benachteiligungen vorzugehen – und zwar ohne sich ständig dafür rechtfertigen zu müssen. Welche Ziele haben sie? Wie haben sie begonnen, dafür zu kämpfen? Auf welche Hindernisse sind sie gestoßen? Und welche Erfolge haben sie schließlich errungen? Eine der vermutlich spannendsten, schwierigsten, aber auch verheißungsvollsten Phasen in der Emanzipationsgeschichte der beiden Geschlechter hat soeben begonnen.

Schließlich liefere ich auf der Grundlage der aktuellen Entwicklungen einige Prognosen dafür, wie wohl die Zukunft von Männern und Frauen aussehen wird. Und da Sie, was immer Sie auch tun oder nicht tun, ein Teil dieser Zukunft sein werden, gebe ich zum Ende des ersten Teils einige Ratschläge, wie Sie sich selbst für mehr Freiheit und Gleichberechtigung einsetzen können.

Ich schreibe diese Zeilen im Sommer 2007. Im Herbst 2001, also vor fast sechs Jahren, ist mein Buch „Sind Frauen bessere Menschen?" erschienen, das entscheidend zum Entstehen einer Männerrechtsbewegung in Deutschland beitrug, weshalb es von einigen inzwischen als „Masku-Bibel" bezeichnet wird. Dieser Erfolg motiviert mich einerseits dazu, einen Nachfolgeband vorzulegen. Andererseits lähmte er mich lange Zeit auch, weil ich fast unweigerlich die Reaktion erwarte: „Na ja, so gut wie 'Sind Frauen bessere Menschen?' ist es nun nicht ..." In der Tat kann ich nicht zweimal das Rad neu erfinden. „Sind Frauen bessere Menschen?" bestach vor allem durch seine aufrüttelnde Wirkung, etliches, was in der Geschlechterdebatte als ewige Wahrheiten verkündet wurde, umfassend und bis ins letzte Detail belegt in Frage zu stellen. Das ist nicht wiederholbar. Andererseits, so überlegte ich mir, wäre es auch dumm, wenn ich zum Thema Männerrechte und Männerbewegung nichts mehr schreiben würde, nur weil ich Angst habe, der enormen Erwartungshaltung nicht gerecht werden zu können.

Nun ist der passende Zeitpunkt gekommen. In den letzten sechs Jahren machten sich die Vorläufer des geschilderten kleinen Erdbebens bemerkbar, welches die scheinbar fest gefügten Strukturen der Geschlechterdebatte nachhaltig erschüttern wird.

Zugegeben: Noch bekommt man in den traditionellen Medien nur sehr verhalten etwas davon mit. Einen wesentlich besseren Seismografen stellt das neue Medium Internet dar, weshalb ich im Verlaufe dieses Buches immer wieder aus Websites und Foren zitieren werde. Wegen der Anonymität, die das Internet gewährt, und weil sich dort sehr unterschiedliche Menschen begegnen, kann man hier ein weit besseres Bild darüber gewinnen, wie Leute zu einem Thema stehen, das sie alle angeht. Besser, als wenn man sich allein auf Texte aus der journalistischen Sparte bezieht. Vermutlich wird es nicht lange dauern, bis auch viele Soziologen den immensen Gewinn für ihre Arbeit entdecken.

Diese Entwicklungen führen zu einem Aspekt, der das Buch deutlich von „Sind Frauen bessere Menschen?" unterscheidet. Mit meinem 2001 erschienenen Buch war ich der Vordenker der hier skizzierten Entwicklung. Ich konnte mich nur an einigen wenigen Autoren zum selben Thema (Warren Farrell, Matthias Matussek etc.) orientieren. In „Männerbeben" hingegen fließen automatisch eine Vielzahl von Stimmen und Gedanken ein. Um dies angemessen zu reflektieren, folgt auf den ersten Teil des Buches, der eine Art Chronik über die Säuglingsjahre der deutschen Männerrechtsbewegung darstellt, ein zweiter Teil, in dem ich verschiedene Männer und Frauen zum Thema in eigenen Worten Stellung nehmen lasse. Es handelt sich ausnahmslos um Persönlichkeiten, von denen ich sehr viel halte: Sie sind meiner Meinung nach sehr mutig und idealistisch, weil sie sich zwar für eine bessere Welt einsetzen, dies aber nicht wie so viele im vorgegebenen Rahmen der politischen Korrektheit tun,. Und weil sie für ihren Einsatz oft nur mit Ignoranz und Hass entlohnt werden. Zudem halte ich sie für klug und weise, weil sie nicht einfach das nachbeten, was ihnen 24 Stunden am Tag um die Ohren geblasen wird, sondern weil sie sich ihre eigenen Gedanken machen. Tu etwas für Frauen, und du brauchst nicht einmal dein Hirn anzuwerfen, sondern kannst brav mit der Masse mitmarschieren. Und jeder wird dir auf die Schulter klopfen. Tu etwas für Männer, und viele Leute werden die Nase rümpfen, dich anspucken und dir Knüppel zwischen die Beine werfen.

Natürlich versuche ich, mit diesem Buch auch völlige Neueinsteiger in dieses Thema zu erreichen und nicht nur die ganz alten Hasen, die ohnehin schon über alles Bescheid wissen. Deshalb komme ich nicht ganz umhin, an einigen Stellen noch Passagen aus „Sind Frauen bessere Menschen?" kurz aufzugreifen. Dabei habe ich jedoch alles dafür getan, dass sich kein Leser dieses Buches bei der Lektüre langweilt. Ich hoffe, dass ich damit Erfolg habe.

Schließlich sollte nicht unerwähnt bleiben, dass die Arbeit an diesem Buch – so wie die Arbeit an jedem Buch – auch für mich eine Gelegenheit war dazuzulernen. Als ich mit „Männerbeben" begann, gehörte ich noch keiner Männerorganisation an, weil es mir wichtig war, autonom zu bleiben und als Journalist auch unparteiisch berichten zu können. Allerdings schälte sich während meiner Recherche als eines der größten Probleme der Männerbewegung heraus, dass etliche Männerrechtler lediglich individuell vor sich hinwurschteln, statt sich mit anderen zusammenzutun und mit vereinten Kräften ein gemeinsames Ziel zu erreichen. Würde das öfter stattfinden, gäbe es auch schnellere und größere Erfolge. Insofern habe ich mich in der Endphase der Arbeit an diesem Buch der Männerrechtsgruppe MANNdat sowie der im Dezember 2006 gegründeten Männerpartei angeschlossen. Ich erwarte von keiner dieser beiden Gruppen politische Wunder, hoffe aber, dass gebündelte Anstrengungen bald erste Verbesserungen für das Leben von Männern in unserer Gesellschaft zeigen werden.

Vor allem über eines sollten Sie sich beim Lesen dieses Buches klar werden: Es handelt sich bei den hier geschilderten Vorgängen um eine Revolution des allgemeinen gesellschaftlichen Denkens. Diese kulturelle Revolution ist keine Geschichte. Sie passiert jetzt, steckt sogar noch in den Kinderschuhen. Das bedeutet: Wenn Sie mögen, können Sie jederzeit noch einsteigen und mit dabei sein.

Arne Hoffmann
Springen

TEIL EINS
DER GESCHLECHTERKAMPF IM NEUEN JAHRTAUSEND

1. ABGESANG AUF DIE MÄNNER?

„Sind Sie Mann?" fragte die Berliner „tageszeitung" am 21. März 2005 ihre Leser. „Dann hatten Sie Ihre Chancen in den letzten 20.000 Jahren. Die Zukunft für Sie? Grau, anthrazit, schwarz." Das war keineswegs eine Einzelmeinung. Ein Außerirdischer, der zur Jahrtausendwende auf unseren Planeten heruntergebeamt worden wäre und sich beispielsweise eine deutsche Buchhandlung ausgesucht hätte, um sich über die Lebensformen auf diesem Planeten zu informieren, hätte recht bald einen eindeutigen Eindruck gewonnen: Die dominanten Wesen auf dieser Welt, die Menschen, teilen sich in zwei Gruppen: Die eine, die Männer, ist die bei weitem niederträchtigere, aber zugleich Gott sei Dank auch praktisch inzwischen überall unterlegene – sie hatte die letzten Jahrtausende über geherrscht. Im Augenblick ist sie gerade dabei auszusterben, weshalb die zukünftigen Jahrtausende der bis vor kurzem noch in Unfreiheit geknechteten, jedoch weit überlegenen Gruppe der Frauen gehören wird.

Typische Buchtitel, die bei unserem außerirdischen Besucher diesen Eindruck erzeugen könnten, wären: Anthony Clares „Männer haben keine Zukunft", Lionel Tigers „Auslaufmodell Mann", Steve Jones „Der Mann. Ein Irrtum der Natur?" oder Ernst Hribernigs „Sind Männer das nutzlose Geschlecht?". In Alon Gratchs Buch „Wenn Männer reden könnten" teilen uns die Kapitelüberschriften die offenbar wesentlichen Charaktereigenschaften dieser Spezies mit – sie lauten beispielsweise „Gefühlstaubheit", „Unsicherheit", „Selbstbezogenheit", „Aggressivität" und „Selbstzerstörung". Der Soziologe Dieter Otten verfemt in seinem Buch „MännerVersagen" Männer als das „anomische" (also: regelwidrige, verderbte) Geschlecht und verkündet, dass ohne eine Sozialisierung durch Frauen die Männer „kein taugliches Sozialverhalten entwickeln" könnten. Von Scott Wilson und Jasmin Waltz entdeckt unser außerirdischer Besucher das Büchlein: „Was tun mit nutzlosen Männern?" Auf dem Titelbild kniet ein nackter Mann, in dessen Pobacken eine sportliche, hübsche Frau den Vorderreifen ihres Rennrades gerammt hat, um ihr Gefährt zu parken, während sie joggen geht. Im Innenteil des Buches gibt es viele weitere hübsche Bilder dieser Art. Die Feministinnen Sabina Riedl und Barbara Schweder machen in ihren Büchern wie „Mimosen in Hosen" von der Zweiteilung der Menschheit in männliche Untermenschen und eine weibliche Herrenrasse keinen Hehl und sprechen vom Mann als „Mangelwesen" und „Montagsmodell der Evolution". Schon eine Passage des Vorworts bereitet die Leser darauf vor, welche Thesen sie im Verlauf des Buches erwarten: „Kein Wunder, dass sich die Natur für die Weibchen der Spezies mehr ins Zeug gelegt hat. Sie mussten zäher, widerstandsfähiger, einfühlsamer und sensibler sein als die Erzeuger ihrer Kinder. Männer waren, ebenso wie ihre Samenzellen, als billige, rasch austauschbare Massenware konzipiert, als Kanonenfutter oder menschliche Schilde bei gewalttätigen Auseinandersetzungen."

Verlassen wir einmal unsere Allegorie mit dem außerirdischen Besucher und wenden wir uns den Denkkategorien zu, die wir in unserer Welt gelernt haben. Da könnten wir zum Beispiel auf die Idee kommen, die Sätze der Damen Riedl und Schweder mit einer Methode zu untersuchen, die in der Text- und Diskursanalyse immer wieder zu erhellenden Erkenntnissen führt: der Austauschmethode. Wir ersetzen also beispielsweise „weiblich" und „männlich" jeweils mit „hellhäutigen Menschen"/„Weißen" und „dunkelhäutigen Menschen"/„Neger". Das Ergebnis wäre: „Kein Wunder, dass sich die Natur für die hellhäutigen Menschen mehr ins Zeug gelegt hat. Sie mussten zäher, widerstandsfähiger, einfühlsamer und sensibler sein als die Dunkelhäutigen. Neger waren als billige, rasch austauschbare Massenware konzipiert, als Kanonenfutter oder menschliche Schilde bei gewalttätigen Auseinandersetzungen." Mit anderen Worten: Man würde den lupenrein faschistischen Text ohne Probleme erkennen.

Wie konnte es geschehen, dass solche und vergleichbare Texte bei großen Verlagen völlig unbeanstandet durchs Lektorat gehen und stapelweise in unsere Buchhandlungen gekarrt werden? Offenbar machte diese Entwicklung eine entsprechende Sprechweise bis in die hohe Politik hinein salonfähig. So erklärte etwa Cornelia Pieper, immerhin stellvertretende Bundesvorsitzende der FDP, in einem Artikel der „Bunte" (9/2007) den Mann im Vergleich zur Frau zu einer Art Untermenschen: „Während die Frau sich ständig weiterentwickelt, heute alle Wesenszüge und Rollen in sich vereint, männliche und weibliche, und sich in allen Bereichen selbst verwirklichen kann, blieb der Mann auf seiner Entwicklungsstufe stehen. Als halbes Wesen. Er ist weiterhin nur männlich und verschließt sich den weiblichen Eigenschaften wie Toleranz, Sensibilität, Emotionalität. Das heißt, er ist – streng genommen – unfertig und wurde von der Evolution und dem weiblichen Geschlecht überholt."[1] Dass ihre Sätze selbst nicht gerade vor Sensibilität und Toleranz überfließen, schien Frau Pieper bei ihrer Selbststilisierung zu einem höheren Typ von Mensch in keiner Weise aufgefallen zu sein. Auch hier hilft es, probehalber beispielsweise „Mann" durch „Neger" zu ersetzen, um die Analogie zu faschistischem Gedankengut zu erkennen.

„Der Mann ist eine biologische Katastrophe: Das (männliche) Y-Gen ist ein unvollständiges (weibliches) X-Gen, d. h. es hat eine unvollständige Chromosomenstruktur. Mit anderen Worten, der Mann ist eine unvollständige Frau, eine wandelnde Fehlgeburt, die schon im Genstadium verkümmert ist. Mann sein heißt kaputt sein; Männlichkeit ist eine Mangelkrankheit, und Männer sind seelische Krüppel." So beginnt Valerie Solanas berühmtes „Manifest der Gesellschaft zur Vernichtung der Männer". Solanas erläutert weiter: „Der Mann ist von Natur aus ein Blutsauger, ein emotionaler Parasit und daher ohne moralische Lebensberechtigung; denn niemand hat das Recht, auf Kosten eines anderen zu leben. Wie die Menschen durch ihre höhere Entwicklung und ihr höheres Bewusstsein ein vorrangiges Lebensrecht gegenüber Hunden haben, so haben die Frauen ein größeres Lebensrecht als die Männer. Die Vernichtung sämtlicher Männer ist daher eine gute und rechtliche Tat; eine Tat, die sich zum Wohl der Frauen wie zum Segen aller auswirken würde. Die wenigen überlebenden Männer mögen ihre kümmerlichen Tage mit Dropout und Drogen weiterfristen, als Transvestiten in Frauenkleidern herumstolzieren. Oder sie können gleich um die Ecke zum nächsten Selbstmord-Center gehen, wo sie unauffällig, schnell und schmerzlos vergast werden." Nicht lange nach der Niederschrift des Manifests schoss Solanas Andy Warhol nieder.

Nun gut, wird sich der eine oder andere vielleicht denken, Valerie Solanas war eine offenbar schwer gestörte Einzelperson. Allerdings galt ihr Manifest als einer der Kerntexte der Frauenbewegung. Alice Schwarzer bejubelte es als „ersten Exzess des Hasses, des begründeten Hasses". Und sie setzte fort: „Das ist es wohl, was den Frauen, wie allen unterdrückten und gedemütigten Gruppen, am meisten ausgetrieben worden ist: der Mut zum Hass! Was wäre eine Freiheitsbewegung ohne Hass?"[2] Wozu sie an anderer Stelle weiter ausführt: „Juden haben Grund, Antisemiten zu hassen, sich gegen sie zu wehren. Schwarze haben Grund, Rassisten zu hassen. Lohnabhängige haben gute Gründe, Arbeitgeber nicht gerade innig zu lieben. Und eine von Männern – einzeln und/oder gesamtgesellschaftlich – unterdrückte Frau hat Recht, etwas gegen Männer und/oder die Männergesellschaft zu haben."[3]

Starker Tobak. Aber waren das nicht alles lediglich radikalfeministische Verstiegenheiten, die im neuen Jahrtausend einfach nur extrem sonderbar wirken?

Im Gegenteil. Man muss sie nur stilistisch ein wenig glätten und die verräterischsten Stellen herausnehmen (zum Beispiel die mit den Gaskammern), schon hat man daraus etwas so Massengängiges fabriziert wie die Titelgeschichte in einem von Deutschlands meistgelesenen Nachrichtenmagazinen, dem „Spiegel". Der verkündete: „Für das weibliche Geschlecht sind zwei X-Chromosomen verantwortlich. Sie dienen sich gegenseitig als Sicherheitskopie. Männer erscheinen demgegenüber wie genetisch verkorkste Frauen. Anstatt zweier X- besitzen sie nur ein Y-Chromosom, und dieser Mickerling hat die Fähigkeit verloren, sich zu regenerieren. So werden Mutationen und genetische Defekte unweigerlich vom Vater an den Sohn weitergegeben. Doch nicht nur Biologen, auch Sozialwissenschaftler, Ärzte und Psychologen sehen die Träger des Y-Chromosom als eine problematische Spezies: Männer sterben früher, tendieren verstärkt zu Sucht und Suizid, scheitern häufiger in der Schule und neigen zu Gewalt und Kriminalität. Sind Männer ein Mangelwesen der Natur?" Wo Solanas Männer als im Genstadium verkümmerte Frauen und wandelnde Fehlgeburten niedermacht, heißt es im „Spiegel" fast identisch: „Männer erscheinen wie gentechnisch verkorkste Frauen, denen die Natur einen Geburtsfehler im Zellkern verankert hat".[4] Vor einhundert Jahren erklärte man auf ähnliche Weise die niedrige Stellung der Frau.[5]

Das Problem ist nicht das eine oder andere faschistoide Buch oder der eine oder andere Zeitschriftenartikel, der in diese Richtung geht. Das Problem ist, dass aus derlei Gesumme ein beständiges Hintergrundrauschen unserer Gesellschaft geworden ist. Man dreht sich in der Buchhandlung versehentlich in die falsche Richtung, blättert in einem Magazin den falschen Artikel auf oder zappt sich im falschen Moment durch die Fernsehkanäle, schon wird einem die Botschaft um die Ohren gehauen, dass Frauen eigentlich die perfekten Menschen seien, ihr Jahrtausend gerade beginnen würde und sie eigentlich nur noch von den Resten der bösartigen Unterdrückungsstrukturen der Männer zurückgehalten würden, während letztere, jene Männer eben, näher betrachtet nichts anderes seien als Menschenmüll, biologische und soziale Zumutungen, Gesocks. Glücklicherweise bald schon Vergangenheit. „Nur ein toter Mann ist ein guter Mann", lautete vor einigen Jahren der Titel eines weiteren Bestsellers.

Man kann es fast Eigenschaft für Eigenschaft durchdeklinieren: „Männlich", das bedeutet: gefühllos, gewalttätig, egoistisch, verkopft, kaltherzig, karriere- und machtgierig, selbstsüchtig, aggressiv, dauergeil, gewalttätig, gefährlich, im ständigen Wettbewerb und alles missbrauchend, was gerade in die Quere kommt. „Weiblich" hingegen heißt sozial sein, einfühlsam, intuitiv, weise, selbstlos und gefühlvoll. Der Psychoanalytiker Horst-Eberhard Richter erkennt in Männern, ganz dem allgemeinen Trend folgend, zwar nicht direkt Untermenschen, aber „gemessen an den Frauen halbe Wesen", denen Eigenschaften wie „Versöhnlichkeit, Hilfsbereitschaft, Bindungsverlangen, Toleranz, Empfindsamkeit" erkennbar fehlten.[6]

„Es entspricht inzwischen dem Zeitgeist, Männlichkeit nur noch mit den negativen Assoziationen von Gewalt, Krieg, Naturzerstörung, sexueller Belästigung und Missbrauch zu verbinden", erkannte der renommierte Männerforscher Walter Hollstein in einem Artikel, den die „Neue Zürcher Zeitung" am 23. September 2006 veröffentlichte. Hollstein führt aus: „Auch einstmals positive Qualitäten von Mannsein werden mittlerweile gesellschaftlich umgedeutet. Männlicher Mut wird als männliche Aggressivität denunziert, aus Leistungsmotivation wird Karrierismus, aus Durchsetzungsvermögen männliche Herrschsucht, aus sinnvollem Widerspruch männliche Definitionsmacht und das, was einst als männliche Autonomie durchaus hochgelobt war, wird nun als die männliche Unfähigkeit zur Nähe umgedeutet. Angesichts eines pro-feministischen Mainstreams in Politik, Wissenschaft und Medien bleibt dies unbedacht, mit verheerenden Folgen für die männliche Identitätsbildung von Buben und jungen Männern."

Damit hat Hollstein den Kern des Problems treffend beschrieben. Früher positiv besetzte männliche Archetypen wie der Kämpfer, der Bauer, der Hirte, der Ritter, der Kapitän und der Priester sind entweder verschwunden oder werden nur noch negativ gedacht. Beim Kämpfer fallen einem eben als erstes mordende westliche Soldaten oder islamische „Gotteskrieger" ein, beim Priester sexuelle Übergriffe. Solche scheinbar spontanen Assoziationen werden in Wahrheit massiv gelenkt. Die Macherinnen der Zeitschrift „Emma" und viele andere Feministinnen legten in Überschriften und Texten große Betonung darauf, dass die Terroristen des 11. September ebenso wie die in andere Länder einfallenden US-Soldaten fast durchgehend männlich sind und waren. Dass dasselbe auch für die 343 Feuerwehrleute galt, die bei ihren heldenhaften Rettungsversuchen unter dem zusammenkrachenden World Trade Center ums Leben kamen, übersah frau gerne. Und als der Erfurter Schüler Robert Steinhäuser Amok lief, versuchten Feministinnen wie Anita Heiliger das mit Sprüchen wie „Der Mann ist die Waffe!" sofort ideologisch zu instrumentalisieren, unbeeindruckt davon, dass die Zahl von Amokläufern unter den Männern nicht einmal im Promillebereich liegt. Dass auch der Lehrer Rainer Heise, der sich Steinhäuser unbewaffnet in den Weg stellte und ihn gefangen nahm, männlich war, blieb bei der Analyse bezeichnenderweise außer Betracht.

„Man stelle sich vor, ein einziger Mann hätte gewagt, auch auf nur annähernd vernichtende Weise über uns Frauen herzuziehen", erkennt die Paartherapeutin Ulla Rhan über die radikalfeministischen Feindseligkeiten gegen Männer[7]: „Es hätte seinen gesellschaftlichen Tod bedeutet! Die gute Erziehung untergrub zudem die männliche Gegenwehr. Du musst die Frau ehren und verteidigen, so war es dem starken Geschlecht von Kindesbeinen an eingeimpft worden. Sich wehren? Aber nein! Du wirst doch kein Mädchen hauen. Die sind doch schwächer als du, da wärst du ja ein Feigling! Wie hypnotisiert waren die Kerle. Ans Abtauchen dachten sie nicht, dazu waren sie vor Schreck viel zu starr. Sie saßen da wie die Pudel und machten Männchen."

Wie recht sie damit hat! Über ganze Jahrzehnte hinweg gab es in der Öffentlichkeit keine einzige männliche Persönlichkeit, die gegen diese Unflätigkeiten Stellung bezogen hätte. Ob es Politiker waren wie Heiner Geißler oder Soziologen wie Dieter Otten, ob Journalisten oder Männerforscher: Sie alle passten sich ohne jeden Widerstand dem Zeitgeist an, versuchten, als die noch besseren Feministinnen rüberzukommen, den Mann noch schlechter zu reden, als er ohnehin schon geredet wurde, und einen „neuen Mann" zu fordern, also einen, der sich bedingungslos diesen weiblichen Ansprüchen unterwarf. Und das auch, wenn diese Ansprüche in komplett unterschiedliche Richtungen zugleich schossen. Dass Männer vielleicht ihre eigenen Vorstellungen hatten, wie sie gerne sein wollten, fiel bei dieser Selbstkasteiung unter den Tisch. Und dass Männer umgekehrt ähnlich forsche Forderungen gegenüber den Frauen stellen könnten, hätte man kaum zu denken gewagt.

„Wir haben Männer ziemlich gut dressiert", befindet Candace Bushnell, Autorin der Erfolgsserie „Sex and the City". „Sie müssen uns nicht nur das Dinner bezahlen; wir erwarten auch, dass sie hinterher mit uns ins Bett gehen. Und als Sahnehäubchen sollten sie besser gut dabei sein." Wobei diese Aspekte nur einen winzigen Bruchteil der Dressur darstellten. Der eigentliche Trick bestand darin, Männern beizubringen, dass sie beruflich erfolgreich und durchsetzungsstark sein mussten, um von Frauen als begehrenswert wahrgenommen zu werden, gleichzeitig aber bitte kein Macho, sondern bereit, Frauen auf der Karrierebahn Platz zu machen, um nicht als Frauenunterdrücker dazustehen. Sie sollten den Beruf zugunsten der Familie hintanstellen, gefühlvoll und sensibel sein, aber bitte kein Softie. Sexuell erfahren, aber ohne sich durch die Betten gevögelt zu haben. Und wenn Mann es nicht schaffte, sich in diese eierlegende Wollmilchsau zu verwandeln, die grün und rosa zugleich war, dann galt das als erneuter Beleg dafür, dass Männer tief in der Krise steckten und noch viel an sich zu arbeiten hatten.

Ulla Rhan spricht von Kerlen, die wie Pudel dasitzen und Männchen machen, Candace Bushnell von einer Dressur. Beides erinnert an eine Feminismuskritik aus den Siebziger Jahren, Esther Vilars „Der dressierte Mann". Seitdem sei die Situation nur noch schlimmer geworden, befindet der Schweizer Psychologe Koni Rohner in einer klugen Analyse, die der Schweizer „Beobachter" betitelte mit „Der Mann von heute ist dressierter denn je".[8] Rohners Urteil: „Der ganze mediale Diskurs ist im Grunde männerfeindlich. Oft tönt es so, als ob Frauen die besseren Menschen wären. Und nun, Männer: Wieso macht ihr bei all dem mit? Wieso streikt ihr nicht? Wieso klagen nicht mehr von euch? Ich wage die Vermutung, dass das Elend der Männer so groß ist, dass es verdrängt werden muss. Zwar fragen sich viele mit 45 oder 50 Jahren, ob dies nun alles sei, und viele spüren ein Unbehagen oder haben das Gefühl, das Leben sei ihnen etwas schuldig geblieben. Doch brauchen sie dem nicht tiefer auf den Grund zu gehen, denn eine allumfassende Diagnose ist rasch und oft zur Hand: Es handle sich um die Midlife-Crisis, die irgendwie mit hormonellen Veränderungen zu tun habe. Dass die Krise keine Krankheit, sondern ein Moment der Klarheit sein könnte, erkennen die wenigsten. Im Moment sind wir noch nicht reif für eine Männeremanzipation. Doch die Zeit wird kommen, in der die Männer erkennen, dass sie nicht länger den tapferen Helden spielen müssen, sondern sich selber und einander zuwenden dürfen. Um in aller Ruhe anzuschauen, was sie für Bedürfnisse haben, was ihnen im Leben fehlt und was ihnen zu viel ist – so, wie es die Frauen im feministischen Prozess vorgelebt haben. Denn beide Geschlechter brauchen Selbsterkenntnis, mehr gegenseitiges Verständnis, mehr Muße und mehr Liebe."

Noch bleibt Rohner eine Einzelstimme. Seine These, viele Männer begehrten deswegen nicht auf, weil sie ihre Diffamierung verdrängten, hat einiges für sich. Wie sonst ist es zu erklären, dass viele Frauen (darunter Ulla Rhan und Esther Vilar, aber auch etliche andere) die Dinge bereits klarer sahen als all die unterwürfigen Männer selbst? Auch Martina Bortolani gehört zu diesen Frauen mit Durchblick. Sie analysierte in einem erkenntnisreichen Artikel für die Schweizer „Sonntagszeitung"[9], wie sich nach mehreren Jahrzehnten feministischer Männerverachtung und sich anbiedernder, ständig selbst klein machender Männer das Geschlechterverhältnis gewandelt hat. Dabei charakterisiert sie einen neuen Frauentypus, den sie als „die Dominetten" bezeichnet: „Außen nett und adrett, innen Domina. Sie kommandieren, zicken, nörgeln und stänkern am meisten über ihre Männer. An der Seite der Dominette hat nur einer Platz: der Hampelmann, der Grund für ihre schlechte Laune. Er verdient zu wenig, fährt das falsche Auto, erzieht die Kinder nicht, trägt spießige Kleider, verkehrt mit den falschen Leuten und so weiter und so fort. Zusammen verkörpern sie einen neuen Paartypus, der immer öfter auftaucht: die Königin und ihr Hofnarr." Als anschauliches Beispiel dient Bortolani ein Paar, bei dem die Frau zu 20 Prozent berufstätig ist, der Mann Vollzeit arbeitet und *er* den Haushalt macht. Das hält er nach langer feministischer Indoktrination für „wahnsinnig modern". Martina Bortolanis Urteil: „Der Mann ist orientierungslos geworden. Als Macho verpönt und als Softie verschmäht, versucht er es nun in der Rolle des Angepassten, des Unterwürfigen." Für diese Männer hat Bortolani die treffende Bezeichnung „Fifis" gewählt. Sie gelangt zu dem Fazit: „Das Pendel der Emanzipation schlägt zurück. Genau das nutzen bei allem Verständnis für die Gleichberechtigung die Frauen teils unbewusst, teils mit subtilen Machtspielchen aus. Während ein dominanter Mann als Macker und Unterdrücker gilt, wird weibliche Macht mit Unabhängigkeit und Selbstbewusstsein gleichgesetzt." Und diejenigen „Fifis", die in Politik und Medien tätig sind, tun alles, um dafür zu sorgen, dass ihnen viele Geschlechtsgenossen folgen und ebenfalls brav Männchen machen lernen.

Ist das der wahre Abgesang auf die Männer? Keine Gaskammerfantasien wie bei Solanas, kein allmähliches Hinwegsiechen wegen dem „verkrüppelten Y-Chromosom", sondern schlicht die Degeneration vom Mann zum feministischen Pudel? Und wenn ja, was wäre dagegen zu tun? Der Alten einfach mal klarmachen, wer der Herr im Hause ist? Einen Abend lang kampftrinken und dann mit 220 über die Autobahn brettern, um zu zeigen, wie stark und frei man doch sein kann? Raus in den Wald und als „wilder Mann" die Bäume umarmen, um zu seiner Urwüchsigkeit zurückzufinden? Gemach, gemach. Bevor man in irgendeine Richtung stürmt, sollte man sich wenigstens ein paar Momente lang Zeit nehmen, um herauszufinden, was da eigentlich in den letzten Jahrzehnten so furchtbar schiefgelaufen ist.

2. WISSENSCHAFT ODER PROPAGANDA?

Die Zeitschrift „Hörzu" ist kein radikalfeministisches Magazin, sondern eine der auflagenstärksten deutschen Fernsehzeitschriften. Damit dient sie als guter Indikator dafür, was momentan der populären Stimmung entspricht. Ihre Leser erwarten keine kühnen Thesen, sondern nett aufbereitete Möglichkeiten, ihr Allgemeinwissen zu vertiefen. Dementsprechend werden die Inhalte von solchen und ähnlichen Magazinen kaum hinterfragt, sondern lediglich interessiert zur Kenntnis genommen. So landen sie praktisch ungeprüft in den Hirnen von Millionen Deutschen.

Der folgende Artikel aus der Ausgabe 15/2006 der „Hörzu" sticht in keiner Weise aus Hunderten vergleichbaren Artikeln heraus. Ich habe ihn mehr oder weniger willkürlich gewählt und nicht, weil er etwa männerfeindlicher wäre als zahllose andere Beiträge.[10] Wenn „maskulistische Studien" ähnlich gut an unseren Universitäten verankert wären wie feministische, wäre eine Querschnitts-Diskursanalyse zu all diesen Artikeln ein lohnendes Projekt, aber von so etwas kann man momentan nur träumen. Für unsere Zwecke muss also dieser Artikel reichen. Er trägt die Überschrift „Weibliche Vorzüge" und wird hier gekürzt wiedergegeben:

Was können Männer von Frauen lernen? Eine ganze Menge, sagen Wissenschaftler. Zum Beispiel, wie man Probleme schneller löst, ein besserer Chef wird oder zufriedener ist. Wir befinden uns in einem Zeitalter der Frauen. Immer mehr sind in ganz unterschiedlichen Bereichen erfolgreich. Ihre Art zu denken, zu fühlen und zu handeln ist gefragter denn je. „Unsere Gesellschaft ist auf dem Weg, immer femininer zu werden", erklärt Sozialwissenschaftler Stefan Sell von der Fachhochschule Koblenz. Frauen führen sanft. Elf Länder der Erde werden heute von Frauen regiert. Mittlerweile ist in Deutschland etwa jede vierte Führungskraft weiblich. Zudem haben amerikanische Studien ergeben: Frauen sind die besseren Chefs. Sie setzen vor allem auf Einfühlungsvermögen, Motivation und Teamgeist statt auf männliche „Tugenden" wie Ellenbogenmentalität, Druck und Einzelgängertum. Frauen arbeiten an sich selbst. Sie müssen sich schon früh für einen Lebensweg entscheiden, sich mit Möglichkeiten, Zielen, Kind oder Karriere auseinandersetzen. Männer fahren eingleisig, konzentrieren sich oft nur auf den Job. Diplompsychologe Arnd Stein aus Iserlohn: „Deshalb sind sie, meist um die 40 herum, viel unzufriedener und unsicherer als Frauen." Frauen sind flexibel. Sie sind eher bereit, neue Wege einzuschlagen oder sich veränderten Bedingungen anzupassen. Sie trennen sich schneller von allem, was sie belastet. Das kann auch der Partner sein. 58 Prozent aller Scheidungen werden von der Frau eingereicht, nur jede dritte Scheidung vom Mann. Frauen setzen auf Intuition. Die Welt wird immer verwirrender und komplizierter. Da ist „modernes" Denken gefragt: „Frauen erfassen die Welt mit Einfühlungsvermögen, finden bei Problemen eine schnellere Lösung, Männer dagegen denken in Systemen", weiß der britische Professor für Psychologie Simon Baron-Cohen von der Universität in Cambridge. Frauen leben gesünder. Und im Schnitt auch sechs Jahre länger als Männer. Sie gehen öfter zum Arzt, achten mehr auf ihren Körper. Die Herren der Schöpfung empfinden Krankheit eher als Schwäche, schweigen aus Scham. Gesundheitsforscherin Heidi Höppner aus Kiel: „Männer müssen lernen, mehr Verantwortung für ihre Gesundheit zu übernehmen und über ihre Sorgen zu sprechen." Frauen sind selten allein. Sie knüpfen schon früh ein soziales Netz und pflegen es. Sie haben enge Freundinnen, einen größeren Bekanntenkreis, tauschen sich offen über alles aus. Männerfreundschaften sind oft reine „Sportgemeinschaften", bei denen Probleme keinen Platz haben. Frauen erziehen Kinder konsequenter. Sie sind es, die aufpassen und ermahnen. Männer drücken sich vor der Verantwortung, bleiben lieber der nette Papa. „Wenn Männer so ihren Job ausfüllen würden, wären sie ihn bald los", fasst die Kölner Buchautorin Claudia Pinl („Männer lassen arbeiten") zusammen. Frauen haben mehr vom Leben. Sie begreifen es umfassender. Denn Forscher vermuten, dass in weiblichen Gehirnen beide Hälften – rechts Gefühl, links Logik – stärker vernetzt sind als bei Männern. Von diesem Standpunkt aus betrachtet, gehen bei Frauen Gefühl und Verstand Hand in Hand.

Der Artikel schließt mit einigen Sätzen darüber, was Männer angeblich besser können als Frauen, aber diese sind als nachgeschobenes Alibi nur zu deutlich erkennbar. Fast machen sie die Sache nur schlimmer: So als hätte man vor hundert Jahren einen Zeitschriftenbeitrag darüber verfasst, inwiefern die weiße Herrenrasse den zurückgebliebenen Schwarzen überlegen sei, um zum Ende herablassend anzufügen: Aber dafür können die Neger besser singen und tanzen und bereiten uns so im Showgeschäft große Freude.

Gehen wir dieses Gefasel einmal Punkt für Punkt durch:

„Frauen führen sanft. Elf Länder der Erde werden heute von Frauen regiert.“ – Tatsächlich gibt es keinerlei Hinweis darauf, dass Frauen als Staatsoberhäupter in irgendeiner Form „sanfter" als Männer herrschen, was Kriege oder Massaker angeht. Indira Gandhi führte Krieg gegen Pakistan. Jian Qing ließ während der Kulturrevolution Hunderttausende in Verbannung und Tod treiben. Sirimavo Bandaranaike hatte keine Hemmungen, einen gegen ihre Regierung gerichteten Putsch blutig niederzuschlagen. Maggie Thatcher schickte im Falkland-Krieg die Söhne Englands reihenweise in den Tod. Tansu Ciller, die ehemalige Ministerpräsidentin der Türkei, regierte ein Land, in dem selbst Jugendliche gefoltert wurden, Todesschwadrone Tausende von Menschen umbrachten und ein erbarmungsloser Vernichtungsfeldzug gegen die Kurden stattfand. Die ehemalige Frauenministerin Ruandas, Pauline Nyiramasuhuko, wurde vor einem Tribunal der UNO des Völkermords angeklagt und Biljana Plavsic, ehemalige Präsidentin der bosnischen Serben, vom Internationalen Strafgerichtshof in Den Haag wegen ihrer maßgeblichen Beteiligung an den „ethnischen Säuberungen" zu elf Jahren Gefängnis verurteilt. Wenn man weiter in der Geschichte zurückgeht, entdeckt man zwischen Lucrezia Borgia und Madame Mao viele weitere „sanfte Herrscherinnen" dieser Art.

„Zudem haben amerikanische Studien ergeben: Frauen sind die besseren Chefs. Sie setzen vor allem auf Einfühlungsvermögen[11], Motivation und Teamgeist statt auf männliche Tugenden wie Ellenbogenmentalität, Druck und Einzelgängertum.“ – „Wenn ich lese: ‚Frauen führen anders', ‚Frauen sind die besseren Chefs', dann regt mich das richtig auf", zitiert Annette Hille-

brand eine Dezernatsleiterin namens Marianne Dierks in ihrem Buch „Macht Arbeit Frauen wirklich glücklich?". Dierks: „Ich kann doch nicht alles anders, viel besser und viel menschenfreundlicher machen, nur weil ich eine Frau bin!" Kate Fillion verweist in ihrem Buch „Lip Service" auf zahlreiche Untersuchungen, denen zufolge sich Frauen, die in Experimenten die Rolle des Chefs oder Leiters zugewiesen bekommen, genauso verhalten, wie es dem Klischee nach nur Männer tun, z.B. eine größere Aggressivität und weniger Zurückhaltung an den Tag legen. Selbst ihre Körpersprache und die Form ihrer Äußerungen verändern sich: hin zu häufigerem direkten Blickkontakt, mehr autoritären Anweisungen, weniger Fragen und weniger unterstützenden und bestätigenden Kommentaren. Mitte 1999 legte die Hamburger Professorin für Wirtschaft und Politik Sonja Bischoff ihre Studie „Frauen und Männer in Führungspositionen" vor, für die sie 350 Männer und Frauen aus dem mittleren Management befragt hatte, die Erfahrungen mit weiblichen und mit männlichen Vorgesetzten gemacht hatten. Ergebnis: Nur 15 Prozent der befragten Frauen (!) äußerten sich lobend über ihre Chefinnen, ein Viertel von ihnen fand die Zusammenarbeit mit einem männlichen Boss angenehmer. Als Macken der weiblichen Vorgesetzten werden vor allem Rivalitätsdenken und „Stutenbissigkeit" beklagt. Auch im Spinnen hinterhältiger Intrigen seien Frauen „fantasievoller". Insgesamt gelangte Bischoff zu dem Schluss, dass männliche und weibliche Chefs gleichermaßen anstrengend sein können. Die Ergebnisse dieser Studie wurden Anfang 2000 von einer irischen Untersuchung bestätigt: Auch dort betonten die befragten Frauen, dass ihre weiblichen Chefs in Sachen Mobbing jeden Mann weit hinter sich ließen – und zwar insbesondere in vermeintlich typischen Frauenberufen wie Pflege und Erziehung. Die weiblichen Angestellten dieser Frauen fühlten sich häufig „emotional misshandelt" – in Extremfällen bis an die Grenze zum Selbstmord.

Im Jahr 2005 veröffentlichte die Journalistin Nan Mooney eine neue Analyse über den weiblichen Konkurrenzkampf im Büro. Mooneys Buch, erschienen unter dem Titel „I Can´t Believe She Did That! Why Women Betray Other Women at Work", beruht auf über 100 Interviews mit Arbeitnehmerinnen aus verschiedenen Branchen und Hierarchiestufen. Dieser Untersuchung zufolge ist die Auseinandersetzung mit missgünstigen Kolleginnen für viele Frauen deutlich schlimmer als die Konkurrenz mit Männern. In einer Rezension fasste die „Welt am Sonntag" am 23. Oktober 2005[12] Mooneys Erkenntnisse zusammen: „Die viel gepriesene höhere emotionale Intelligenz der Frauen entpuppt sich nicht als Vorteil. Frauen erspüren genau, wo die Schwächen des Gegners sind und wissen, wo sie zuschlagen müssen. Dass Frauen persönlich stärker interagieren und daher die besseren Führungskräfte sind, wird gern betont, die Kehrseite fällt unter den Tisch: Frauen nehmen alles persönlich, insbesondere die Aktivitäten anderer Frauen. Wo Männer das Visier hochklappen und offen attackieren, sabotieren Frauen im Verborgenen. Kurz, von der Mär, Frauen seien schon deswegen die besseren Chefs, weil sie weniger mit ihrem Ego beschäftigt sind, können sich die Arbeitgeber getrost verabschieden." Und wer sich frage, „warum es so wenig weibliche Chefs gibt, wo doch Frauen angeblich die besseren Manager sind, kriegt mit dem Buch eine mögliche Teilantwort. Offenbar wird die Ansicht, dass Frau entweder nett sein kann oder erfolgreich, weniger von den Herren Entscheidern gepflegt als von den Frauen selber."

„Wenn es eine Frau erst mal nach oben geschafft hat", berichtet auch die Berliner Psychologin Mechtild Erpenbeck, „neigt sie dazu, sich ihren Raum frauenfrei zu halten." Eine Studie der Unternehmensberatung German Consulting Group unter weiblichen Führungskräften bestätigt, dass sich Frauen auf der Karriereleiter oft gegenseitig im Weg stehen. Drei von vier befragten Managerinnen gaben an, dass sie besonders von Kolleginnen auf derselben Hierarchiestufe auf dem Weg zum Erfolg massiv behindert wurden.[13]

In dieselbe Kerbe schlagen Untersuchungen zum Thema Mobbing, die der Wirtschaftsexperte Robert Sutton folgendermaßen zusammenführt: „Obwohl die Ergebnisse hinsichtlich des proportionalen Anteils von Frauen und Männern an solchen Vorgängen nicht eindeutig sind, zeigt sich, dass Männer und Frauen ungefähr im selben Ausmaß betroffen sind. Vor allem aber belegen die Zahlen, dass Mobbing und psychische Misshandlung vorwiegend innerhalb der Geschlechtergrenzen stattfinden, sprich dass Männer eher Männer und Frauen eher Frauen mobben. Laut einer Internetumfrage des Workplace Bullying and Trauma Institute wurden 63 Prozent der betroffenen Frauen von anderen Frauen und 62 Prozent der betroffenen Männer von anderen Männern gemobbt."[14] Bisher hatte man beobachtet, dass Mobbing zurückging, sobald mehr Frauen in eine bisherige Männerdomäne einzogen; weshalb pro-feministische Forscher wie Otten davon sprachen, dass Frauen die Männer „zivilisieren" würden – so als ob das weibliche Geschlecht tatsächlich moralisch höherwertig wäre. Nach den heute vorliegenden Zahlen kann man mit Fug und Recht davon ausgehen, dass Männer, die in eine Frauendomäne einrücken, einen ähnlich positiven Effekt ausüben: Sie sind Sand im Getriebe der Zickenkriege und der Stutenbeißerei.[15] Und hier scheint Handlungsbedarf geboten zu sein: Jean Holland, Managercoach mit zwanzigjähriger Berufserfahrung, gründete in den USA inzwischen eine „charm school", die den biestigsten Karrierefrauen beibringen soll, wie man sich im Arbeitsleben verhält, ohne ständig die Kollegen zu verängstigen. Weibliche Aggression und Arroganz sollen dort gezielt abgebaut werden. Nicht immer allerdings kommen Frauen in Führungspositionen so schlecht weg wie in den oben zitierten Studien. Anfang 2007 veröffentlichte der „Focus" die Ergebnisse einer aktuellen Umfrage des Ifak-Instituts unter Arbeitnehmerinnen und Arbeitnehmern. Ergebnis: „Sowohl in der generellen Bewertung des Führungsstils als auch in der Bewertung einzelner Eigenschaften zeigen sich keine Unterschiede zwischen Männern und Frauen. Ob Chef oder Chefin – auch in der Zufriedenheit mit den Vorgesetzten gibt es keine Unterschiede." In einer Aufschlüsselung nach 32 Einzelkriterien wie „Kommunikationsstärke", „Teamorientiertheit", „Fähigkeit zu motivieren" und „zwischenmenschlicher Umgang" ließen sich keinerlei Unterschiede ausmachen. Chefinnen und Chefs wurden gleichermaßen positiv bewertet.[16]

„Frauen arbeiten an sich selbst. Sie müssen sich schon früh für einen Lebensweg entscheiden, sich mit Möglichkeiten, Zielen, Kind oder Karriere auseinandersetzen. Männer fahren ein-

gleisig, konzentrieren sich oft nur auf den Job. Diplompsychologe Arnd Stein aus Iserlohn: 'Deshalb sind sie, meist um die 40 herum, viel unzufriedener und unsicherer als Frauen.'"

Frauen sind deshalb zufriedener als Männer, weil sie weit eher überhaupt die Möglichkeit haben zu entscheiden, welches Leben sie führen. Haben Frauen die Wahl zwischen Vollzeitjob, Teilzeitstelle und Hausfrauentätigkeit, so haben Männer in aller Regel die Wahl zwischen Vollzeit, Sozialhilfe und Knast. Auch nach mehreren Jahrzehnten weiblicher Emanzipation ist eine Frau, die arbeiten geht, um alleine eine mehrköpfige Familie zu ernähren, noch immer ein absoluter Ausnahmefall. Und das soll offenbar auch so bleiben: So erwarteten dem Meinungsforschungsinstitut Emnid zufolge noch im Jahr 2003 70 Prozent aller Frauen zwischen 14 und 29 Jahren von ihrem Partner, dass er in der Lage sein sollte, den Unterhalt für beide alleine zu stemmen. Immerhin 53 Prozent gaben an, für die Partnerschaft komme nur ein erfolgreicher Mann in Frage, und zwar einer mit „Siegeswillen".[17]

Kleine Statistik meiner Arbeitsstelle im Büro

15 Frauen, 5 Männer. Männer: alle Vollzeit, alle Alleinverdiener, alle mit Frau und Kind, alle mit selbst bezahltem Wohneigentum und selbst bezahlten Autos. Frauen: 8 Vollzeit, 7 Teilzeit. Nur 3 davon haben Kinder. Niemand ist Hauptverdienerin, alle haben „nach oben geheiratet", 4 davon leisten sich den Luxus, ohne Kinder Teilzeit zu arbeiten (die Männer sind alle selbstständig, mindestens 60 Stunden pro Woche auf Arbeit) und fahren folgende Zweitwagen, die komplett von ihren Männern finanziert wurden: Mercedes SLK, Mini Cabrio, Audi A6, Golf TDI. Alles Neuwagen übrigens, nur einer älter als zwei Jahre. 12 Frauen wohnen in Eigenheimen, die bei 10 Frauen komplett vom Mann finanziert wurden, 2 Frauen wohnen in geerbten Eigenheimen. Keine hat selber durch Arbeit Wohneigentum geschaffen. Keine Frau, die selber ihr Auto bezahlt, hat einen Wagen, der größer ist als ein VW Polo. Niemand ernährt eine Familie, niemand arbeitet mehr als 38,5 Stunden, niemandem würde im Traum einfallen, einen Mann und ein Kind mit Zweitjob und Zweitauto durchzuschleppen, so wie ich. 3 gehen bald mit 55 Jahren in Rente, da ihre Männer sie versorgen können, weitere 4 hoffen, dies schon mit 50 machen zu können. Besser geht´s wirklich nicht: Zuerst Abitur, dann studieren bis 30 (egal ob mit oder ohne Abschluss). Dann – vielleicht – ein Kind und mit 35 in den Teilzeit-Job (Verdienst relativ egal, der Mann hat ja das Haupteinkommen), bis mit 50 oder maximal 55 Jahren die Frühverrentung (Mann zahlt) erfolgt. Lebensarbeitszeit: 15 bis maximal 20 Jahre. Mein Vater ist 60 und seit 44 Jahren ununterbrochen tätig. Der wahrgewordene Himmel auf Erden: Frau in Deutschland zu sein ...

Der User „lordsofmidnight" in einem Posting im Internetforum der Väterrechts-NGO paPPa.com.

„Frauen sind flexibel. Sie sind eher bereit, neue Wege einzuschlagen oder sich veränderten Bedingungen anzupassen. Sie trennen sich schneller von allem, was sie belastet. Das kann auch der Partner sein. 58 Prozent aller Scheidungen werden von der Frau eingereicht, nur jede dritte Scheidung vom Mann."

Während hier die Fakten ausnahmsweise mal stimmen, ist ihre Interpretation doch eher kurios. Bindungsunfähigkeit, der Unwillen, langfristige partnerschaftliche Verpflichtungen einzugehen und auch durchzustehen, und zwar „in guten wie in bösen Tagen", wurde immer wieder als Makel gesehen, als diese Untugend vornehmlich auf Männer zuzutreffen schien. Jetzt setzt sich weiblicherseits eine Mentalität durch, die in einer Trennung oft fälschlicherweise die Lösung vieler Probleme zu sehen glaubt, und sie wird gefeiert.

Wären es Männer, die ihre Beziehungen schneller aufkündigen, würde das von der „Hörzu" erst recht dazu verwendet, Frauen als das überlegene Geschlecht zu bezeichnen, etwa nach dem Muster: „Frauen sind loyaler. Sie sind eher bereit, an einer Beziehung zu Menschen zu arbeiten, die ihnen lieb und teuer sind. Sie sind empathischer, suchen nach einem Weg sich zu verständigen und nach der bestmöglichen Lösung für beide. Männer sind egoistischer und machen sich schon wegen Kleinigkeiten aus dem Staub – selbst wenn gemeinsame Kinder vorhanden sind.

Gegen ihren biologisch bestimmten Trieb zur Untreue und Unbeständigkeit kommen sie nicht an. Sie schaffen es nicht, Beziehungen aufrechtzuerhalten, und flüchten doch oft nur in die Einsamkeit." Da es nun aber Frauen sind, die sich so verhalten, wird dies als „Flexibilität" bewertet.

Auch gibt es einen ganz bestimmten Grund für diese weibliche „Flexibilität": Um herauszufinden, warum Männer und warum Frauen die Scheidung einreichen, führten die Wirtschaftswissenschaftler Margaret Brinig und Douglas Allen 1995 eine umfangreiche Studie durch, bei der sie 46.000 Scheidungsverfahren untersuchten. Der Faktor, der bei den weitaus meisten Fällen ausschlaggebend war, war die Frage des Sorgerechts für die Kinder. Frauen zeigten sich weitaus eher als Männer zu einer Scheidung bereit, weil sie normalerweise nicht fürchten mussten, ihre Kinder dabei zu verlieren, sondern erst recht vollständige Kontrolle über sie gewinnen konnten. „Die Frage des Sorgerechts überflutete alle anderen Variablen komplett", erklärte Dr. Brinig. „Kinder sind das wichtigste Gut einer Ehe, und bei dem Partner, der das Sorgerecht erstreiten kann, ist es bei weitem am wahrscheinlichsten, dass er die Scheidung einreicht."[18]

Diese weibliche Flexibilität hat übrigens ihren Preis, den die „Hörzu" so wie etliche andere Medien nicht erwähnt: Langzeitstudien der Soziologin Augustine Kposowa zeigen, dass geschiedene Männer neunmal so häufig wie geschiedene Frauen Selbstmord begehen.[19] Und die Trauma-Therapeutin Astrid von Friesen berichtet in ihrem Buch „Schuld sind immer die anderen" dieses: „Bei einer Langzeitstudie an 12.484 Deutschen kam Folgendes heraus: Im Gegensatz zu verheirateten Menschen haben alleinstehende Frauen eine erhöhte Sterberate von 59 Prozent, verwitwete von 35 Prozent und geschiedene Frauen – überhaupt nicht. Bei Männern ist die Sterberate bei Alleinstehenden um 47 Prozent erhöht, bei Verwitweten um 39 Prozent und bei Geschiedenen um 66 Prozent! Interessant auch eine Untersuchung, die herausfand, dass Frauen 'mehr noch als Männer die Ursachen für das Scheitern ihrer Beziehung beim Partner oder bei externen Faktoren' finden und nicht bereit sind, ihre 50-prozentigen Anteile am Scheitern bei sich zu sehen! Da sind Männer viel depressiver, viel selbstanklagender, viel realistischer, da sind sie genügsamer, leidensfähiger, duldsamer und kommen offensichtlich mit den Macken der Frauen besser klar als umgekehrt."

„Frauen leben gesünder. Und im Schnitt auch sechs Jahre länger als Männer. Sie gehen öfter zum Arzt, achten mehr auf ihren Körper." – Es gibt viele Gründe, warum Frauen in Deutschland und vergleichbaren Ländern länger leben als Männer. Eine häufige Todesursache sind Herzkrankheiten, die Männer eben wegen ihrer Ernährerrolle früher treffen. Männer werden häufiger in Berufen eingesetzt, welche die Gesundheit ruinieren, und sie kommen häufiger am Arbeitsplatz ums Leben. Für jeden tödlichen Berufsunfall, der einer Frau zustößt, stehen zwölf Männer, die auf diese Weise ums Leben kommen. Männer nehmen sich in der westlichen Welt auch mehr als doppelt so oft wie Frauen das Leben. (In China ist es umgekehrt.) Vermutlich liegt das daran, dass Männer häufiger als Frauen dazu angehalten werden, sich über ihren Erfolg zu definieren – hier sei nur an die oben zitierte Emnid-Umfrage unter jungen Frauen erinnert. Männer werden auch häufiger als Frauen Opfer von Gewaltverbrechen mit Todesfolge. Die medizinische Benachteiligung von Männern ist frappant: Während es in jeder größeren Stadt Deutschlands Frauengesundheitszentren gibt, existiert kein einziges für Männer. Der Kölner Urologe Theodor Klotz beklagt[20], dass für die Erforschung weiblicher Tumore, etwa bei Brustkrebs, wesentlich mehr Geld ausgegeben werde als für typisch männliche Krebsarten wie Magen-, Darm-, Bronchial- und Prostatakarzinome, obwohl diese häufiger seien. Ähnlich sieht es bei Hodenkrebs aus, der häufigsten Todesursache bei jungen Männern zwischen 15 und 34 Jahren. Die Wiener Hormonforscher Meryn und Metka befinden: „Der Mann ist bisher bei allen Überlegungen, die das Älterwerden, die Verlängerung der Lebensspanne und die Verbesserung der Lebensqualität betreffen, von der Medizin nachlässig behandelt worden. Der medizinische Fokus war vielmehr auf das weibliche Geschlecht konzentriert."[21] Dem Mediziner Hans-Udo Eickenberg zufolge liegt „der Wissensstand über den männlichen Körper im Vergleich zur Frauenforschung um rund 30 Jahre" zurück.[22] Und schließlich sei angemerkt, dass

Frauen selbstverständlich statistisch öfter den Arzt aufsuchen als Männer, denn wenn die Arztpraxen geöffnet haben, werden Männer weit häufiger an ihrem Arbeitsplatz gebraucht. *„Frauen sind selten allein, Sie knüpfen schon früh ein soziales Netz und pflegen es."* – Natürlich. Infolge ihrer für sie günstigeren Geschlechterrolle haben sie die Zeit dazu, die dem Mann fehlt. Sobald Frauen in die männliche Geschlechterrolle hineinwachsen, zum Beispiel einen Schwerpunkt auf Beruf und Karriere setzen, sind sie genauso allein wie Männer. „Das Erreichte reicht nicht, um zufrieden sein zu können", erläutert Katja Doubek in ihrem Buch „Glück im Job – Pech in der Liebe". „Ihnen fehlt die Zeit für sich selbst, für eine funktionierende Beziehung, vielleicht für Kinder, sicher für die wenigen Freunde, die ihnen auf ihrem Karriereweg treu und gewogen geblieben sind."

„Frauen erziehen Kinder konsequenter. Sie sind es, die aufpassen und ermahnen. Männer drücken sich vor der Verantwortung, bleiben lieber der nette Papa. 'Wenn Männer so ihren Job ausfüllen würden, wären sie ihn bald los', fasst die Kölner Buchautorin Claudia Pinl ('Männer lassen arbeiten') zusammen." – Faszinierend ist hier vor allem, dass auf eine radikalfeministische Autorin zurückgegriffen wird, die in einem anderen Buchtitel Männer schon mal als „Das faule Geschlecht" aburteilt. Pinls Büchern zufolge wird in unseren Unternehmen die Arbeit nur von Frauen geleistet, während Männer ihre Arbeitszeit mit sinnlosen Dienstreisen und Porno-Surfen im Internet vertrödeln. Als Mitte 2006 eine international vergleichende Studie enthüllte, dass deutsche Mütter viel weniger Zeit mit Erwerbsarbeit verbringen als andere Mütter Europas, ging ein Aufschrei durch die Medienlandschaft, und die deutschen Frauen mussten sofort vor dem Vorwurf der Faulheit in Schutz genommen werden.

Was allerdings die eigentliche in diesem Absatz vertretene These angeht: Vielen Untersuchungen zufolge werden Kindesmisshandlungen weit überwiegend von Müttern begangen. Und das Sozialforschungsinstitut Kopenhagen stellte fest, dass Kinder zwischen drei und fünf Jahren ein weniger problematisches Verhältnis zu alleinerziehenden Vätern hatten als zu Müttern in derselben Situation: Väter zeigten sich als toleranter, neigten weniger zu Wutanfällen und griffen weniger zu Strafen, um Konflikte zu lösen.[23] Die Folge: Während in früheren Jahrzehnten das Zerrbild vom Vater als prügelndem Familientyrannen gezeichnet wurde, ist es heutzutage eine Schande, wenn Väter angeblich zu nett sind.

„Frauen haben mehr vom Leben. Sie begreifen es umfassender. Denn Forscher vermuten, dass in weiblichen Gehirnen beide Hälften – rechts Gefühl, links Logik – stärker vernetzt sind als bei Männern. Von diesem Standpunkt aus betrachtet gehen bei Frauen Gefühl und Verstand Hand in Hand". – Hier haben wir es mit derselben Strategie zu tun wie weiter oben: Man nehme eine wissenschaftliche These, nämlich dass die Gehirnareale bei Frauen weit besser vernetzt seien als bei Männern, und presse diese in das von Anfang an angelegte Beobachtungsmuster: das der natürlichen Überlegenheit der Frau. Umgekehrt könnte man ja auch einen Schuh daraus fertigen: Weil der Mann sich, ob früher bei der Jagd oder später im Job, immer mehr auf eine Aufgabe konzentrieren musste, konnte er lernen, jegliches Störfeuer von anderen Teilen seines Gehirns auszublenden. Das macht ihn noch heute effektiver.

Tatsächlich wird aber schon die Behauptung, Frauen könnten so viel ganzheitlicher denken als Männer – und hätten deshalb „mehr vom Leben", wie die „Hörzu" schreibt – in unseren Medien künstlich aufgebläht. So berichtete im Oktober 2006 Lutz Jäncke, Professor für Neuropsychologie an der Universität Zürich, in einem Interview mit der Schweizer „Weltwoche" von seinen neuesten Forschungsergebnissen. Er hatte mit seinen Mitarbeitern die Verkabelung der beiden Hirnhälften bei Männern wie bei Frauen untersucht. Dabei stellten die Forscher fest, dass bei Frauen die Hirnhälften zwar tatsächlich „ein Stück weit" besser miteinander kommunizierten. „Wir haben aber herausgefunden", so Jäncke, „dass dies ein reiner Effekt der Hirngröße ist. Kleine Gehirne sind besser verkabelt, und Frauen haben nun mal im Schnitt kleinere Gehirne. Es gibt aber auch Frauen mit großen und Männer mit kleinen Gehirnen. Der Clou ist nun: Jene 20 Prozent der Frauenhirne, die so groß sind wie ein durchschnittliches männliches Hirn, sind genau gleich schlecht vernetzt wie Männerhirne. Und jene 20 Prozent der Männerhirne, die so klein sind wie ein durchschnittliches Frauenhirn, sind genau gleich gut verkabelt wie Frauenhirne. Die Variabilität ist so groß, dass man bei zwei Drittel der Probanden überhaupt keinen klaren Befund hat. Nur bei etwa einem Drittel kann man von einem deutlichen Geschlechterunterschied sprechen. Und so ist es mit vielen Merkmalen, die bei Männern und Frauen angeblich so verschieden sind."[24]

Wie steht es in diesem Zusammenhang eigentlich mit der in zahllosen Artikeln und Büchern hochgelobten Fähigkeit des weiblichen Gehirns zum sogenannten Multitasking, also dazu, mehrere Aufgaben gleichzeitig bewältigen zu können? Mit der Annahme, dass diese Begabung im Beruf äußerst praktisch sei, genießen Frauen bei der Einstellung heute vielfach Wettbewerbsvorteile.[25] Die Informatikerin Dr. Cornelia Brunner erklärt dazu[26]:

„Männer können häufig im Gegenteil zu Frauen kein Multitasking, also konzentrieren sie sich immer ganz auf eine einzige Aufgabe, was Frauen oft sehr schwierig finden. Das ist einer der Hauptgründe, warum Frauen ihr technisches Studium abbrechen oder die Arbeit aufgeben. Natürlich können Männer Multitasking lernen, wenn damit früh genug angefangen wird. Frauen können es nur deshalb, weil sie so erzogen werden, weil es von ihnen erwartet wird, im Gegenteil zu Männern. Es ist ja auch unmöglich, auf ein Kind aufzupassen, wenn man kein Multitasking kann! Diese Fähigkeit ist sehr wichtig für die Zusammenarbeit, deshalb werden zur Zeit Frauen für die technischen Berufe gesucht."

Hier allerdings beginnt man unweigerlich zu stutzen. Männer sollen eine Fähigkeit lernen, die, wenn man sie besitzt, dazu führt, dass man erfolglos bleibt und schließlich aufgibt? Aber trotzdem werden Leute mit dieser Fähigkeit gesucht? Irgendetwas kann da nicht ganz stimmen.

Tatsächlich hat die Fachwelt die angeblichen Vorzüge von Multitasking inzwischen als Mythos enthüllt: „Der Mensch ist nicht in der Lage, erfolgreich mehrere Dinge auf einmal zu tun. Das bestätigen Wissenschaftler in neuen Untersuchungen. Zwar beharren viele Unternehmer und Betriebsberater auf der Ansicht, verschiedene Aufgaben zugleich zu erledigen sei das Patentrezept gegen Dauerstress, gegen zu viel und zu langsam erledigte

Arbeit. Doch Psychologen, Neurowissenschaftler und Ökonomen widersprechen mittlerweile einhellig: Der Mensch mache bei solchem Vorgehen haufenweise Fehler, sein Gehirn sei der Doppelbelastung nicht gewachsen. Er verplempere sogar Zeit, und zwar mehr als ein Viertel, weil er Fehler wieder ausbügeln und sich an die jeweils nächste Aufgabe erinnern müsse. Jonathan Spira, Geschäftsführer der New Yorker Beratungsfirma Basex, befragte amerikanische Manager nach ihren Arbeitsgewohnheiten. 28 Milliarden Arbeitsstunden, so rechnete Spira danach aus, nehmen pro Jahr allein Unterbrechungen in Anspruch, die durch das ständige Wechseln der Tätigkeit entstehen. Spira errechnete bei einem angenommenen Stundenlohn von 21 Dollar einen gigantischen Verlust: Der sinnlose Versuch, im Job mittels Multitasking produktiver zu werden, koste die amerikanische Wirtschaft jedes Jahr 588 Milliarden Dollar. Vielleicht ist diese Schätzung sogar noch zu optimistisch. Denn Spira hat nicht die Spätfolgen berücksichtigt, die der Glaube ans Multitasken mit sich bringen kann. Ernst Pöppel prophezeit 'Konzentrationsstörungen und den Verlust des Kurzzeitgedächtnisses'. Daraus resultiere ein 'unzusammenhängender, schizoider Denkstil', so der Hirnforscher. 'Wir können keinen Kontext mehr verinnerlichen. Alles wird sofort wieder gelöscht, nichts bleibt dauerhaft im Gedächtnis.'"[27] Die allumfassende Frauen-sind-besser-Ideologie scheint also zu fatalen Konsequenzen zu führen.

Populäre Irrtümer wie diese habe ich in meinem Buch „Sind Frauen bessere Menschen?" weit gründlicher und detaillierter widerlegt. Das soll hier nicht wiederholt werden. Mir geht es in diesem Kapitel nur darum, diejenigen, die dieses Buch gelesen haben, und alle anderen wenigstens im Ansatz zusammenzuführen. Das Grundproblem bei Texten wie dem untersuchten „Hörzu"-Artikel liegt darin, dass sie Ideologie als Forschungsergebnisse ausgeben. Solche Texte werden massenweise von Frauen und Männern gelesen, die sich überlegen: „Hey, das ist Wissenschaft! Offenbar haben inzwischen Fachleute bewiesen, dass Frauen wirklich die überlegenen Menschen sind." Tatsächlich aber werden Untersuchungsergebnisse erstens so ausgewählt und zweitens so gedeutet, dass sie zu dieser Vor-Annahme passen.

Was in Wirklichkeit eine gesellschaftliche Benachteiligung von Männern darstellt, wird so interpretiert, dass es die These von der natürlichen Unterlegenheit von Männern zu stützen scheint. Naheliegende Fragen (wenn Frauen so viel zufriedener sind als Männer, warum werden sie dann noch immer mehr unterstützt und gefördert?) werden nicht gestellt. Auch das trägt zu der Aufteilung von eingebildeten „Dominetten" auf der einen und unterwürfigen „Fifis" auf der anderen Seite bei.

Wie gesagt, ein solcher Zeitschriftenartikel ist nur eine von Hunderten Varianten, wie solche Propaganda gerade in den scheinbar trivialen Formaten in unsere Stuben und Hirne flutet. Ein anderes, ebenso geradezu willkürlich gewähltes Beispiel: Am 16. Oktober 2004 strahlte Das Erste die Sendung „PISA – Der Geschlechterkampf" aus. Von Anfang an wird bei der Inszenierung dieses Denkwettbewerbs alles getan, um Frauen als das überlegene Geschlecht auf den Sockel zu stellen. Jörg Pilawa, Moderator des Abends, sah sie in einem Interview schon vor Beginn der Show als sichere Sieger. Und während der Sendung wird von Anfang an die volle Rhetorik des Frauen-sind-besser-Denkens aufgefahren. „Frauen sind besser multitaskingfähig", erfuhr man. Und dass die menschliche Intelligenz auf dem „weiblichen" X-Chromosom festgestellt worden sei, womit auch die feministische Zeitschrift „Emma" einige Zeit zuvor geprahlt hatte. (Tatsächlich ist diese Erkenntnis bedeutungslos, da bekanntlich auch Männer über ein X-Chromosom verfügen.) Immer wieder wurde das Publikum mit sexistischen Klischees wie „Männer machen eher auf dicke Hose, Frauen stellen ihr Licht unter den Scheffel" versorgt.

Ungeschickt war nur, dass nach jeder Aufgabe bekannt gegeben wurde, welches Geschlecht mit den Antworten auf die Denkaufgaben überwiegend vorne lag: „Die Männer haben der Wissenschaft ein Schnippchen geschlagen", wunderte sich Pilawas Kollegin Inka Schneider bei der Auswertung, so als ob es sich bei der Propaganda vom minderbemittelten Mann tatsächlich um Wissenschaft handelte und die Entdeckung denkender Männer so verblüffend sei wie der Nachweis für paranormale Fähigkeiten. Auch zeigte sich im Verlauf des Tests, dass die Männer die Aufgaben alleine lösten, Frauen hingegen sich aus dem Publikum heraus vorsagen ließen, ja sogar kleine Diskussionen mit ihrem Zuschauerblock führten. Was mit der Schlussfolgerung „Frauen nutzen ihre soziale Intelligenz eher" gelobt wurde.

Trotz allem Vorsagen lautete das Endergebnis des Abends: Männer schlugen die Frauen mit 54,5 zu 37,9 Prozent. Bei den Ehepaaren im Studio zogen die Männer den Frauen weit voraus. Sowohl im Studiopublikum als auch unter den Prominenten hatte der beste Mann mehr Antworten richtig als die beste Frau. Die betretene Fassungslosigkeit im Studio war deutlich zu spüren.

Dabei hätten die Macher der Sendung eigentlich gewarnt sein müssen, dass es vielleicht nicht die cleverste Idee war, die ständigen Überhöhungen von Frauen live und öffentlich auf die Probe zu stellen. Schon drei Jahre zuvor hatte Günther Jauch nämlich einen großen Publikums-Intelligenztest durchgeführt, bei dem sich die Männer mit einem um sechs Punkte höheren Intelligenzquotienten als führend herausstellten. Und auch hier hatte es bemerkenswert falsche Vorhersagen gegeben. Vor Beginn der Show nämlich wurde eine große Publikumsbefragung durchgeführt, welches der beiden Geschlechter man denn als das klügere einschätzen wurde. Dabei antworteten volle 75 Prozent mit „die Frauen". Nahe liegende Schlussfolgerung: Es hielten inzwischen nicht nur viele Frauen ihr eigenes Geschlecht für überlegen, sondern auch etliche Männer ihres für minderwertig.

Wie sie auf diesen Gedanken gekommen sind, darüber kann man trefflich spekulieren. Wissenschaftlich gut begründet war eine solche Vermutung jedenfalls nicht. Geschlechtervergleichende Tests hatten schon immer einen höheren Durchschnitts-IQ bei Männern ergeben. Zuletzt stellten dies britische Wissenschaftler im August 2005 bei einer 100.000 Probanden umfassenden Studie fest. Ergebnis: Der IQ von Männern liegt durchschnittlich fünf Punkte höher als der von Frauen, oberhalb von 125 Punkten finden sich doppelt so viele Vertreter des männlichen Geschlechts, und oberhalb der Geniequote von 155 Punkten kommt auf fünfeinhalb Männer statistisch sogar nur eine Frau. Paul Irwing vom Zentrum für Psychologie der Universität Manchester und einer der Leiter der Untersuchung befand, ihre Ergebnisse könnten vielleicht zum Teil erklären, wieso es mehr Männer unter den Schachmeistern, bei den Gewinnern von Mathematik-Wettbewerben oder unter den Nobelpreisträgern gäbe.[28]

Auch in der Vereinigung „Mensa", die nur nachweislich hochintelligenten Menschen offensteht, finden sich doppelt so viele Männer wie Frauen. Zuvor schon hatten geschlechtsneutrale Wissenstests bei 1.500 Universitäts-Studenten einen erkennbaren Vorsprung beim männlichen Geschlecht ergeben.[29] Dies erklärten sich die Forscher dadurch, dass die Interessensgebiete von Männern generell weiter gesteckt seien. Das erscheint nachvollziehbar: Wissensmagazine wie „Geo", „P.M." und Nachrichtenmagazine wie „Der Spiegel" werden immer noch überwiegend von Jungen und Männern gelesen, Zeitschriften wie „Gala", „Das goldene Blatt" und „Brigitte" überwiegend von Frauen. Für Paul Irwing stellte sich nun allerdings folgende Frage: „In der wahren Welt überrunden die Frauen immer mehr die Männer. Sie überrunden sie ganz sicher an der Universität. Warum schneiden sie dann nicht besser bei diesen Tests ab?"

Entsprechende Untersuchungen lassen sich wieder und wieder bestätigen. So berichtete im September 2006 die Zeitschrift „Focus", dass in einem so genannten „Scholastic Assessment Test (SAT)", den hunderttausend 17- bis 18-jährige amerikanische Universitätsanwärter absolvierten, junge Männern einen Intelligenzvorsprung von durchschnittlich 3,69 Punkten gegenüber den weiblichen Testkandidatinnen zeigten. Auch der sogenannte „g factor" erwies sich bei den jungen Männern als höher: Dieser Faktor, der Aufschluss über die allgemeine Intelligenz eines Menschen geben soll, dient als Indikator für ein erfolgreiches Studium und eine spätere Karriere. Aus den Ergebnissen ließen sich „extrem unpopuläre Schlüsse" ziehen, erklärte Philippe Rushton von der University of Western Ontario, der die Studie gemeinsam mit seinem Kollegen Douglas N. Jackson durchführte. Auch Rushton zeigte sich „ratlos" darüber, wie sich diese Ergebnisse damit vereinbaren ließen, dass Mädchen und junge Frauen in Prüfungen meist besser abschnitten als ihre männlichen Altersgenossen. [30]

Auch jene zentrale Frage kehrt also immer wieder zurück: Wenn Jungen und Männer intelligenter sind und mehr wissen, warum werden sie dann in ihrer Ausbildung von Frauen zurück-gedrängt? Halten wir unseren männlichen Nachwuchs möglicher-weise unter dem Schutz von Idealen wie „Gleichheit" und „Mäd-chenförderung" künstlich dumm? Schnell ist man hier bei der Diskriminierungsfrage angelangt – die allerdings für viele noch immer ein Tabu darstellt, wenn sie Männer betrifft. Dass dieses Tabu jedoch momentan immer mehr aufbricht, gerade was die Benachteiligung von Jungen im Schulunterricht angeht, werden spätere Kapitel zeigen.

In diesem Kapitel hier geht es noch darum, dass eine Propa-ganda, die Männer abwertet, so lange mit Wissenschaft gleich-gesetzt wird, bis selbst intelligente Menschen sie mit echter Wis-senschaft zu verwechseln beginnen. Und das geht über die Ge-schlechtergrenzen hinweg. Während Frauen selbstbewusst auf die Stärken ihres Geschlechtes pochen, machen sich fatalerwei-se gerade diejenigen Männer besonders klein, die eigentlich die Anwälte ihrer Geschlechtsgenossen sein müssten. So fragte sich der Chefredakteur der Zeitschrift „Men´s Health" in deren Edi-torial im September 2001: „Warum haben die grausamsten Ver-brechen an der Menschheit ausnahmslos Männer begangen? Auch alltägliche Gewalt ist überwiegend männlich: Frauen sind in den EU-Ländern nur zu etwa fünf Prozent als Urheber von Gewalt-delikten erfasst." Woraufhin er einen Evolutionstheoretiker, ei-nen Professor Hesch von der Organisation „hommage", erläu-tern lässt, dass in Männerhirnen ein hormongesteuertes Gewalt-zentrum liege. Hesch wörtlich: „Gewalt geht seit Menschheits-gedenken von Männern aus, nur von Männern. Frauen üben nie solche Gewalt aus. Sie wehren sich nur, wenn man ihren Nach-wuchs bedroht, wenn Männer sie vergewaltigen."[31] Dass solche Behauptungen grotesker Humbug sind, habe ich über knappe 100 Seiten hinweg in „Sind Frauen bessere Menschen?" ausgeführt, beginnend mit den Grundlagenwerken der wissenschaftlichen Aggressions- und Gewaltforschung über weibliche Gewalttaten in der Geschichte bis hin zu Terroristinnen und Mörderinnen unterschiedlichsten Hintergrundes in der Gegenwart. Um von Frauen ausgegangene Gewalt zu verneinen, muss man praktisch den gesamten vorliegenden Forschungskanon ignorieren.

Während Professor Hesch hier in fast schon abstoßend über-eifriger Manier den Fifi machte, waren es Frauen, die uns auf die tatsächliche Faktenlage hinwiesen. So stellte Sabine Etzold in der „Zeit"-Ausgabe 46/2001[32] unter der Überschrift „Auch Frauen sind zu allem fähig" klar, dass der Aggressionsforschung zufolge die Angriffslust unter beiden Geschlechtern ungefähr gleich verteilt ist: „Die Bielefelder Soziologin Christiane Schmerl hat die Argumentationsstränge dieser Forschung jetzt zusammengefasst und kommt zu folgendem Resultat: Wesentliche Unterschiede zwischen den Geschlechtern lassen sich nicht feststellen." Das häufigste Ziel weiblicher Aggression sei eine andere Frau, das zweithäufigste der eigene Ehemann. Das häufigste Motiv aber seien Männer und ihr Verhalten. Und in der Londoner *Times* ärgerte sich die britische Journalistin Melanie Philips darüber, wie unsinnig es sei, ständig von „Männergewalt" zu sprechen, wenn nur acht Prozent aller Männer über 18 als Gewalttäter auffielen, was ein starker Beleg dafür sei, dass Gewalt in Wahrheit extrem untypisch für Männer sei.[33]

Knappe zwei Jahre später, am 16. Juli 2003, fasste die katholische Universität Ingolstadt-Eichstätt in einer Pressemeldung[34] den aktuellen Forschungsstand über die Gewaltverteilung unter den Geschlechtern zusammen:

„'Gewalt ist männlich' – diese, typischerweise durch Medien vermittelte Aussage, ist falsch. Zu diesem Ergebnis kommen Wissenschaftler, die sich im Rahmen einer Tagung an der Katholischen Universität Eichstätt-Ingolstadt (KU) mit dem Themenfeld 'Geschlecht – Gewalt – Gesellschaft' auseinandersetzen. So zeigt sich beispielsweise, dass Konflikte und Widersprüche in den Biografien von Gewalttätern einen viel größeren Einfluss auf die Entstehung von Gewalt haben als das Geschlecht eines potenziellen Täters. Dies belegt beispielsweise eine Studie des Kriminologischen Forschungsinstituts Niedersachsen. Drei Tage lang diskutierten Wissenschaftler aus verschiedenen Disziplinen im Rahmen der Otto von Freising Fachtagungen an der KU neueste Forschungsergebnisse zu Gewalt in der Gesellschaft. Tagungsleiter Prof. Dr. Siegfried Lamnek, Inhaber des Lehrstuhls für Soziologie II, und seine Mitarbeiter hatten international führende Gewalt- und Genderforscher aus Soziologie, Kriminologie,

Pädagogik, Psychologie, Psychiatrie, Rechtswissenschaft, Geschichte und Sozialarbeit zu diesem Symposion in Eichstätt versammelt. Mit Hilfe eigener Theoriemodelle, Forschungsergebnisse und Erfahrungen aus der Praxis skizzierten sie die Möglichkeiten einer disziplinenübergreifenden, geschlechtsdifferenzierten Herangehensweise an das Gewaltphänomen, das im Zusammenhang mit dem gesellschaftlichen Wandel gesehen wird. Ausgangspunkt der Überlegungen war die zunehmende Aufmerksamkeit, die seit einigen Jahren in der massenmedialen Berichterstattung und in den Sozialwissenschaften dem Aufsehen erregenden Thema Frauengewalt – speziell mit Blick auf Vorfälle häuslicher Gewalt – gilt. Da allein die Problematisierung einer systematisch auftretenden Form von „männlicher" Gewaltausübung durch Frauen den üblichen Wahrnehmungen von Gewalt als ausschließlich männlichem Phänomen widerspricht, standen neben der Beschäftigung mit gegenwärtigen gesellschaftlichen Entwicklungen auch Fragen grundsätzlicher Art im Zentrum des Interesses. Hierzu gehört beispielsweise die Frage nach der gesellschaftlichen Funktion der 'traditionellen' Aufteilung in männliche Täter und weibliche Opfer oder die Frage, ob Emanzipation weibliche Verbrecher schafft. Ist die weibliche Delinquenz mitverantwortlich für den vielfach beklagten Anstieg der (Jugend) Kriminalität, oder ist Gewalt nach wie vor ausschließlich männlich besetzt? Prof. Dr. Ulrike Popp, Klagenfurt, verwies darauf, dass sich die vorherrschende Definition von Gewalt fast ausschließlich auf strafrechtlich relevante Delikte oder physische Gewalt mit Verletzungs- oder Tötungsfolgen beziehe. Jedoch belegten Untersuchungen zu den Ausdrucksformen weiblicher Aggression, dass eine Erweiterung des Gewaltbegriffes um Kategorien wie Mobbing, Stalking, psychische und verbale Gewalt das Verhältnis von männlicher zu weiblicher Täterschaft deutlich zu 'Ungunsten' der Frauen verschieben würde. Dagegen werde in den Medien und in weiten Teilen der Wissenschaft ständig darauf verwiesen, Gewalt sei ein Männermonopol, was zu einer erheblichen Verzerrung der gesellschaftlichen Realität beitrage. In den USA habe sich zum Beispiel gezeigt, dass im Bereich der häuslichen Gewalt Männer wie Frauen in ähnlichem Umfang gewalttätig würden – allerdings mit unterschiedlichen

Mitteln. Studien der Universität Potsdam zeigen, dass Männer bei sexueller Gewalt häufiger in Erscheinung treten und mit Gewalt eher die Frauen verletzen, bei physischer Partnergewalt Frauen dagegen ein breiteres Spektrum von Gewalt anwenden, berichtete Prof. Dr. Barbara Krahé. Bei Kindern und Jugendlichen sind Mädchen deutlich häufiger Opfer von Gewalt. Kirsten Bruhns vom Deutschen Jugendinstitut berichtete jedoch von einer Tendenz, wonach Mädchen und junge Frauen in gewaltbereiten Jugendgruppen im Streben nach Anerkennung für sich Handlungsoptionen in Anspruch nehmen, die nicht (mehr) mit geschlechtstypischen Verhaltenserwartungen übereinstimmen. Die politischen Konsequenzen, die mit einer ideologischen, also in diesem Falle 'faktenresistenten' Deutung empirischer Ergebnisse einhergehen, wurden schließlich bei der Frage der Prävention diskutiert. Mitarbeiter von Selbsthilfeorganisationen von Gewaltbetroffenen betonten die Bedeutung der Überwindung von geschlechtsbezogenen Tabus und falsch verstandener 'Geschlechterjustiz' bei häuslicher Gewalt im Hinblick auf eine Gleichstellung der Geschlechter vor dem Gesetz und auf das Durchbrechen des Gewaltkreises zwischen den Generationen, dem gegenwärtig Frauen, Männer, aber vor allem Kinder ausgesetzt sind."

Im August 2003 erschien ein lesenswerter Tagungsband mit sämtlichen Beiträgen, die im Rahmen des Symposiums vorgetragen wurden, beim Verlag Leske + Budrich.

Insbesondere zum Thema „Gewalt unter jungen Mädchen", das erst kürzlich in unseren Medien als ernsthaftes Problem wahrgenommen wird, lagen bereits 2001 eindeutige Erkenntnisse vor. So vermeldete Peter Döge in seinem Werk „Geschlechterdemokratie als Männlichkeitskritik" (Bielefeld 2001): „In einer Befragung von rund 3.500 SchülerInnen der 6. bis 10. Klasse unterschiedlicher Schulformen gaben 15 Prozent der Mädchen an, sich in den vergangenen zwölf Monaten mit anderen geprügelt zu haben, 8 Prozent der Mädchen hatten gemeinsam mit anderen jemanden verprügelt, 13 Prozent anderen gewaltsam etwas entwendet, 12 Prozent der Mädchen Schuleigentum beschädigt und 5 Prozent der Mädchen sogar Waffen mit in die Schule gebracht. Bundesweit ist seit 1995 die Zahl der Straftaten junger Mädchen (bis 18 Jahre) um 27 Prozent auf rund 120.000 Delikte gestiegen. Bei Jungen im gleichen Alter nahm die Quote im selben Zeitraum nur halb so stark zu. Dabei steigt besonders die Zahl der gefährlichen und schweren Körperverletzungen: Bundesweit schnellte sie seit 1995 bei Mädchen bis zum 14. Lebensjahr um fast 50 Prozent nach oben. Die verquere Einschätzung von Mädchen- und Jungengewalt führt in diesem Fall dazu, dass eine Lehrerin ein Mädchen, welches mehrmals jüngere Schülerinnen auf der Toilette der Schule verprügelt hatte, als 'Powermädchen' bezeichnet."[35]

Männer sind also nicht unsozialer als Frauen, sie sind nicht intellektuell unterlegen und sie sind auch nicht aggressiver. Stimmt denn wenigstens das beliebte männerfeindliche Klischee, dass Männer häufiger in der Gegend herumvögeln, weil ihnen im Gegensatz zu Frauen der evolutionäre Auftrag eingebrannt ist, ihren Samen und damit ihre Gene möglichst weit in der Gegend zu verstreuen? Sie ahnen es schon: Auch das ist pseudowissenschaftlicher Mumpitz. So zeigte sich im Oktober 2003 einer Umfrage zufolge, die die Zeitschrift „Freundin" in Auftrag gegeben hatte, dass 58 Prozent der deutschen Frauen schon einmal fremdgegangen waren. 42 Prozent der 25- bis 60-Jährigen hatten sogar gerade eine Affäre laufen, fand das Meinungsforschungsinstituts Gewis heraus. Bei den Männern waren es mit 46 Prozent nur unwesentlich mehr, die ein Verhältnis außerhalb ihrer festen Beziehung führten. 47 Prozent der Frauen genossen ihren Angaben zufolge den Seitensprung und bereuten ihn nicht.

Andere Studien kamen zu ähnlichen Ergebnissen. „Frauen sind ganz einfach die besseren Manager. Sie bekommen schon Arbeit, Ehe, Kinder unter einen Hut. Der Liebhaber ist da nur eine weitere Organisationsaufgabe", stellte die Sozialwissenschaftlerin Ingrid Weichelt von der Universität Tübingen nach Angaben der Hamburger Zeitschrift „Woman" fest, nachdem sie mit 600 Frauen Interviews zum Thema Seitensprung durchgeführt hatte. Ihren Erkenntnissen zufolge war oder ist sogar jede zweite Frau in Deutschland nicht immer treu. Jede fünfte Frau zwischen 25 und 35 hatte sogar schon zwei bis drei Seitensprünge hinter sich. Ihr Fazit: Frauen gingen genauso häufig fremd wie Männer. Insofern verwundert es nicht, wenn Erfahrungsberichte wie Martina Rellins „Ich habe einen Liebhaber" und vergleichbare Titel regelmäßig zu Bestsellern werden. Auch die Oldenburger Psychologin und Autorin Gisela Runte, die für ihr Buch „Wie Frauen fremdgehen" nach untreuen Damen suchte, zeigte sich überrascht über die riesige Resonanz. „Es geht den Frauen darum, zur eigenen Sexualität zu finden", wird sie von der Zeitschrift „Psychologie heute" zitiert. „Und Gefühle zu empfinden, die lange brachlagen."

Die auf den bisherigen Seiten angerissenen populären Fehlurteile und ihre Korrekturen durch die Wirklichkeit stellen nur die Spitze eines Eisbergs dar. Ich habe mich in anderen Texten weit ausführlicher damit beschäftigt. Aber schon jetzt kann man gut erkennen, dass bei diesem Spiel, das einige durchaus erfolgreich als „Wissenschaft" verkaufen, mit gezinkten Karten gespielt wird. Es geht ja nicht nur um den ärgerlichen Umstand, dass einige sämtliche Forschungsergebnisse unter den Tisch fallen lassen, die nicht zu ihren Vorurteilen passen. Insbesondere fällt bei der gründlichen Auseinandersetzung mit solchen Texten auf, dass ein- und dasselbe Faktum bei Frauen positiv und bei Männern negativ eingeordnet wird. Reagiert ein Mann mit Aggressionen, beweist das, dass sein minderwertiges Gehirn „auf Gewalt gepolt" ist; ein weibliches Geschöpf mit demselben Verhalten wird entweder als „überfordert" entschuldigt oder als „konfliktstark" und als „Powermädchen" gelobt. Männer, die fremdgehen, gelten als triebgeile, untreue Schweine, Frauen werden als „mutiger", „flexibler", „geschickter" und „entdeckungsfreudiger" bezeichnet. Wenn sie die bestehende Beziehung daraufhin verlassen, preist man sie als „entschlossener", „weitsichtiger", „partnermobiler" und „autonomer".

Recht anschaulich wird auch diese Doppelmoral in so trivialen Textsorten wie Artikeln aus deutschen Fernsehzeitschriften. So titelte etwa das Magazin „Funk Uhr" in seiner Ausgabe 28/2003: „Sind alle Männer Egoisten?" Der dazugehörige Artikel erhielt folgende Einleitung: „Seitensprung in der Besenkammer, 32 Jahre jüngere Geliebte, Baby mit 70: Bestsellerautorin Brigitte Blobel über Männer, die offenbar nur noch an sich denken". Im Artikel heißt es nach einer längeren Suada Blobels über die Art, wie prominente Männer ihre Partnerschaften führten: „Wenn zwei sich trennen, wird einer glücklich und der andere nicht, und in den meisten Fällen ist es eben so, dass nur die Männer auf der Straße des Sieges weiter vorangehen. Sie werden älter und faltiger und machen sich auf der Suche nach Glück und Lust oft genug lächerlich, aber sie sind mit sich und der Welt im Reinen. Währenddessen die abgelegten Frauen mit ihrer Verbitterung kämpfen – und nicht verstehen, warum Männer so sind. So egoistisch, so ausschließlich mit der Erfüllung des eigenen Glücks beschäftigt, dass sie das Unglück, das sie verursachen, nicht mehr wahrnehmen wollen. Was Boris Becker seiner Babs damals in der Besenkammer angetan hat: eigentlich unfassbar. Und doch irgendwie typisch Mann."

In der folgenden Ausgabe der „Funk Uhr" (29/2003) ging es um Frauen, die sich einen Seitensprung erlaubten. Diesmal fehlte der Hass gegen ein gesamtes Geschlecht. „Wenn Frauen fremdgehen", lautete die Überschrift neutral, und die Einleitung verriet: „Hier berichten vier Frauen von ihren Affären – und den Folgen. Für manche war es ein Sprungbrett aus der Ehe, für andere der Neubeginn ihrer Beziehung". Also fast schon etwas Positives. Auch im Text selbst blieben Frauen selbstverständlich das edlere Geschlecht: „Die Gesellschaft für Rationelle Psychologie hat herausgefunden: 42 Prozent der untreuen Frauen beginnen eine Affäre, weil sie sich danach sehnen, begehrt zu werden. 20 Prozent fühlen sich einsam in der Partnerschaft. 16 Prozent klagen über einen lieblosen Mann, und weitere 16 Prozent wollen sich mit einem Seitensprung an ihrem Gatten rächen." In der Ausgabe zuvor waren die Männer selbstverständlich nicht nach ihren Motiven befragt, sondern von einer „Bestsellerautorin" abgeurteilt worden. Auch in dieser Ausgabe bekamen die Kerle noch mal einen Tritt mit, indem die „Funk Uhr" eine „Psychologin" zitiert: Frauen ginge es „meist um die Erfüllung ihrer Sehnsucht nach Nähe, Zärtlichkeit, Vertrauen und Liebe. Männer dagegen suchen oft nur Selbstbestätigung." Die Vermutung, allein durch das Aufdecken konkreter Fakten (etwa dass Frauen entgegen allen Vorurteilen ähnlich häufig fremdgehen wie Männer) könnte man abwertende Klischees verändern, darf also als reichlich naiv gelten. Der „Funk-Uhr"-Psychologin zufolge ist ein Seitensprung – für Frauen, wohlgemerkt, für Frauen! – durchaus zu empfehlen: „Komplimente, Zärtlichkeiten – eine Affäre macht Frauen häufig selbstbewusster. Sie können ihre Bedürfnisse besser ausdrücken. Diese Selbstsicherheit kann sich auf die Ehe übertragen." Aufschlussreich ist in diesem Zusammenhang auch der deutsche Buchmarkt. Beim männlichen Geschlecht wird Unehrlichkeit als ein entsetzliches Laster präsentiert. Hier häufen sich Titel wie „Die Lügen der Männer", „Frauen durchschauen die Lügen der Männer", „Wenn Männer lügen", „Wenn Männer zu oft lügen" und was es da sonst noch alles gibt. Der Klappentext eines dieser Bücher, „Wenn Männer lügen", lautet: „Die ZDF-Moderatorin Heike Maurer beschäftigt sich eingehend mit einer typisch männlichen Untugend: der Lüge. Ihr Fazit: Männer sind die routiniertesten Lügner, und sie tun es immer und überall." Auch hier kann es den Erkenntnisgewinn fördern, wenn man das Wort „Männer" durch eine gesellschaftliche Gruppe ersetzt, für deren Diskriminierung heutzutage deutlich mehr Sensibilität besteht. Man stelle sich etwa ein Buch „Wenn Juden lügen" vor, dessen Klappentext lauten würde: „Die ZDF-Moderatorin XY beschäftigt sich eingehend mit einer typisch jüdischen Untugend: der Lüge. Ihr Fazit: Juden sind die routiniertesten Lügner, und sie tun es immer und überall." Das würde uns zu Recht schockieren, in ähnlicher Weise würde uns ein solcher Text über Polen oder Türken entsetzen – wenn es aber gegen Männer geht, dann gilt so etwas offenbar als geistreich und provokant und wird ohne weiteres hingenommen.

Besonders aufschlussreich aber ist, dass Lügen umgekehrt bei Frauen als Zeichen für Überlegenheit oder schlichte Notwendigkeit präsentiert wird. Hier lauten die Buchtitel dann: „Was Frauen verschweigen. Warum wir täuschen, heucheln, lügen MÜSSEN", „Frauen lügen anders. Die Wahrheit erfolgreich den Umständen anpassen" und natürlich „Frauen lügen besser". Klar. „Lügen ist eine Eigenschaft, aus der man selbst deutlich Nutzen ziehen kann, und es ist sicher gerechtfertigt, stolz auf diese Eigenschaft zu sein und sich deshalb zu schätzen", schreibt ja schon Ute Ehrhardt in ihren von weiblichen Käuferinnen förmlich aus den Regalen gerissenen Böse-Mädchen-Büchern. Moralische Bewertung ist immer noch fein nach Mann und Frau geteilt, und was beim einen verdammt wird, wird bei der anderen wie selbstverständlich gepriesen. Während uns in vielen Medien das weibliche Geschlecht immer noch als moralisch überlegen verkauft wird, wies eine Sozioland-Untersuchung zu diesem Thema[36] in eine andere Richtung. „Sind Männer etwa die ehrlicheren Menschen?" fragten sich die Leiter dieser Studie verblüfft. Es sieht ganz so aus, denn in fünf der sieben abgefragten Szenarien zur Alltagsmoral stellten sich die Frauen als unmoralischer heraus: Doppelt so viele Frauen wie Männer klauten Handtücher aus Hotels, 46 Prozent (gegenüber 31 Prozent bei den Männern) würden versehentlich zu viel herausgegebenes Wechselgeld einstecken und 70 Prozent (gegenüber 63 Prozent) illegale Raubkopien von Computerprogrammen annehmen. Auch einer alten, gebrechlichen Frau würden Männer in der Straßenbahn eher einen Sitzplatz anbieten. Das männliche Geschlecht lag in Sachen Regelüberschreitung nur vorne, wenn es darum ging, auf der Autobahn das Tempolimit zu überschreiten oder einen auf der Straße gefundenen Geldbeutel zu behalten. Dieses Ungleichgewicht deckte sich auch mit dem Selbstbild der Befragten: „Während 28 Prozent der Männer sich für einen moralischen Menschen halten, dem Normen und Werte sehr wichtig sind, gaben dies nur 16 Prozent der Frauen an."

Ist es jetzt also Zeit, den Spieß der Frauenbewunderung und Männerverachtung trotzig wieder umzudrehen und zu erklären, dass in Wahrheit doch Männer die besseren Menschen seien? Wohl kaum. Tatsächlich läuft dem beliebten Mythos, dass die beiden Geschlechter praktisch aus komplett anderen Welten stammten, die aktuelle Forschung stark entgegen. So nahm sich die US-amerikanische Psychologin Janet Shibley Hyde von der Universität Wisconsin 46 umfangreiche Meta-Analysen über Ähnlichkeiten und Unterschiede der Geschlechter vor und gelangte dabei zu der Schlussfolgerung, dass psychische Differenzen, falls diese überhaupt festgestellt werden konnten, als sehr gering ausfielen. Nur wenige Bereiche bildeten eine Ausnahme: So waren Männer Frauen in Dingen wie dem Weitwurf motorisch überlegen, onanierten häufiger und neigten eher zum körperlichen Ausüben von Aggression als das weibliche Geschlecht. Hyde arbeitete heraus, dass häufig der Kontext von Untersuchungen, also eine Schablone, in die schon viele Vorurteile eingeflossen waren, eine Rolle spielte. So konnte etwa Deborah Prentice von der Universität Princeton nachweisen, dass sich Männer bei Videospielen nur dann aggressiver als Frauen verhielten, wenn sie dem Experimentator zuvor bekannt gemacht worden waren. In anonymisierten Testsituationen hingegen agierten die Frauen aggressiver. Auch die Ansicht, dass vor allem Mädchen in ihrer Pubertät an einem schwachen Selbstwertgefühl litten, ließ sich nicht halten – stattdessen wiesen Untersuchungen dieses Problem bei Jungen häufiger aus. Da dies aber kaum thematisiert werde, so Hyde, blieb männlichen Jugendliche die notwendige Zuwendung und Unterstützung häufig versagt.[37]

Nun sind die Untersuchungsergebnisse, die Janet Hyde hier ausgewertet hat, seit längerem bekannt. Nur wurden sie bisher weder von den Medien breit diskutiert, noch sind sie besonders gefragt auf dem Buchmarkt. Mit den Erkenntnissen des oben erwähnten Züricher Neuropsychologen Lutz Jäncke verhält es sich nicht anders. Die großen Verlage sind viel interessierter an Titeln, welche Anreihungen von Geschlechterklischees à la „Männer sind vom Mars und Frauen von der Venus" pseudowissenschaftlich verpackt bestätigen, denn diese bieten nicht erst seit Allan und Barbara Pease regelmäßig Bestsellergarantie. Der deutsche Buchmarkt richtet sich nun einmal vor allem nach weiblichen Lesern aus, und für diese scheint das Lied von den überlegenen, aber zu kurz gehaltenen Frauen und den dumpfen, minderwertigen Männern ein Evergreen zu sein, von dem sie sich nur ungern trennen wollen.

Jüngstes Beispiel für diese Masche ist Louann Brizendines Erfolgstitel „Das weibliche Gehirn", das Anfang 2007 der Hoffmann-und-Campe-Verlag für Deutschland an Land zog.

Wohl nicht zuletzt weil Frauen darin als das von Natur aus überlegene Geschlecht gezeichnet wurden, stürzten sich die Medien von „FAZ" bis „Spiegel" augenblicklich darauf. Brizendines Weisheiten wie „Frauen haben einen achtspurigen Highway, um ihre Gefühle auszudrücken, Männer nur eine Landstraße" landeten allen Ernstes im Wissenschaftsteil der „Welt", Rubrik „Hirnforschung"[38]. Im selben Interview (das prompt auch die „Berliner Zeitung" druckte) verkündete Brizendine: „Das weibliche Gehirn besitzt mehr Kommunikationszellen als das männliche, was wiederum Einfluss nimmt auf den Wortschatz:

Erwachsene Frauen benutzen durchschnittlich rund 20.000 Wörter pro Tag. Den Männern hingegen reichen 7.000." (Was die angebliche Zahl gesprochener Worte pro Tag über den Wortschatz aussagen soll, erklärte Brizendine nicht; sicherheitshalber fragte die geschmeichelte Journalistin auch gar nicht erst nach.) Weitere „Erkenntnisse": Frauen seien emotional intelligenter, Männer aggressiver und dächten mehr an Sex. Dass Brizendine sich da als „bekennende Feministin" outet, verwundert nicht. In der Zeitschrift „Woman" forderte sie konsequent, „Frauen sollten besser bezahlt werden als Männer".[39] Spätestens ab da waren ihr Massen von Leserinnen sicher.

Die Sache hat nur einen winzigen Haken: Louann Brizendine erhielt für ihr Buch im Jahr 2006 den sogenannten „Becky Award", und das ist ein Preis, auf den man gerne verzichten würde: Er geht nämlich an Menschen und Organisationen, die sich in besonderer Weise durch linguistische Falschinformation hervorgetan haben. Die Preisverleiher, eine angesehene Organisation von Sprachwissenschaftlern, stellen über Brizendines Buch auf ihrer Website einige wesentliche Dinge klar:

„Die Rezensenten für das britische Wissenschaftsjournal „Nature" beschreiben das Buch als 'durchsetzt mit wissenschaftlichen Irrtümern'. Und der Linguist Mark Liberman von der Universität Pennsylvania hat in Zeitungskommentaren (...) Brizendines Behauptungen über die Sprache von Frauen und Männern gründlich widerlegt. (...) Es stellte sich heraus, dass Zahlen, auf die Brizendine sich bezogen hat, aus dem Buch eines Selbsthilfe-Gurus stammten, der sie sich einfach aus den Fingern gesogen hatte. (...) Es gibt auch keinerlei wissenschaftliche Grundlage für ihre Behauptung, dass Männer alle 53 Sekunden an Sex dächten und Frauen nur einmal am Tag oder dass Frauen emotional aufmerksamer seien, weil ihr empfindsameres Gehör ihnen ermöglicht, subtile Betonungen und Nuancen beim Sprechen zu hören, die Männern entgehen. Kurz: Wenn man sagen würde, Brizendines Behauptungen über Geschlechtsunterschiede in der Sprache seien nicht wirklich wissenschaftlich, legt das die Formulierung 'nicht wirklich' noch sehr großzügig aus. Dem unbenommen präsentierten die Medien das Buch in der Regel unkritisch, ohne seine Behauptungen Sprachwissenschaftlern oder

Neurologen vorzulegen oder anscheinend auch nur ihren eigenen Wissenschaftsautoren."[40]

Hierzulande lief es selbstverständlich nicht anders. Auch deutsche Medienmacher räumten Brizendine viel Raum ein, ohne die Substanz ihrer Aussagen ein wenig gegenzuchecken. Um etwa von dem Becky Award zu erfahren, hätte ein Klick in die amerikanische Wikipedia genügt.[41] Offenbar klingt aber die Botschaft von einer natürlichen Überlegenheit der Frau für viele so verheißungsvoll, dass man sie gar nicht anhand der Realität überprüfen möchte.

In einem ersten Fazit lassen sich nach diesem Kapitel also folgende vier Grundfaktoren festhalten, die zu der aktuellen Wahrnehmung von Männern als dem minderwertigen Geschlecht führen: Erstens: Identisches Verhalten wird bei Frauen positiv und bei Männern negativ bewertet. Zweitens: Erkenntnisse, die ein freundliches Licht auf Männer und ein weniger freundliches Licht auf Frauen werfen, fallen in der allgemeinen Darstellung häufig unter den Tisch, weil sie als nicht politisch korrekt erscheinen. Die daraus folgende Faktenverzerrung wird ignoriert. Drittens: Verhalten, das in dem Zwang der männlichen Geschlechterrolle begründet liegt, wird den Männern als persönliches Fehlverhalten vorgeworfen. Viertens: „Wissenschaftliche" Untersuchungen werden oft unter einer männerfeindlichen Grundannahme durchgeführt. Das äußert sich auch, wenn zu Themen wie Stalking, häuslicher Gewalt oder Kindesmissbrauch lange Zeit und teils bis heute wie automatisch nur Frauen über ihre Opfererfahrungen befragt werden und in diesen Fragestellungen grundsätzlich von männlichen Tätern ausgegangen wird. Wie bei einem morphologischen Kasten bestätigen die Ergebnisse dann natürlich eben jene Grundannahme, da alle Fakten rechts und links davon unter den Tisch fallen.

Das eigentliche Problem, so stellt sich inzwischen heraus, ist also weniger ein tatsächlicher „Niedergang der Männer", sondern ein öffentlicher Diskurs, der diesen Niedergang vortäuscht, weil er von einer eklatanten Männerfeindlichkeit geprägt ist. Darum soll es im nächsten Kapitel gehen.

3. DAS VERSCHWIEGENE PROBLEM MÄNNERFEINDLICHKEIT

„Es ist toll, eine Frau zu sein, weil man einen Mann in aller Öffentlichkeit ohrfeigen kann, da sowieso jeder davon ausgeht, dass die Frau im Recht ist."
Allan & Barbara Pease in: „Warum Männer nicht zuhören und Frauen schlecht einparken"

Es mag Leser geben, für die das Konzept von „Männerfeindlichkeit" an sich schon schwer als gravierendes gesellschaftliches Problem zu begreifen ist. Bekommen wir nicht immer und überall gesagt, dass Männer sozusagen der „Normalfall" sind, der gesellschaftliche Kern, die Träger der Macht, von denen allenfalls Unterdrückung ausgeht, die aber selbst keine Unterdrückung erfahren? Nicht ohne Grund wird in einem vermeintlich so sachlichen und neutralen Wörterbuch wie dem „Schülerduden Sexualität" der Begriff „Sexismus" definiert als „die Diskriminierung und Unterdrückung des weiblichen Geschlechts durch das männliche Geschlecht". Das Ironische daran ist, dass diese Definition selbst sexistisch ist, weil sie Diskriminierungen und Unterdrückungen von Männern unsichtbar macht. Das ist – leider – nur allzu typisch.

Männerfeindlichkeit definiere ich für dieses Buch als das Gegenstück zur Frauenfeindlichkeit, also als gesellschaftlich institutionalisierte Geringschätzung (bis hin zu Hass und Verachtung) gegen eine gesellschaftliche Gruppe und ihre Mitglieder auf der Grundlage ihres Geschlechts. Im Extremfall wird Männlichkeit als Ursache praktisch sämtlicher Probleme unserer Welt (Krieg, Umweltverschmutzung, Unterdrückung etc.) beschrieben. Dabei gelangte Männerfeindlichkeit häufig quasi durch die Hintertür des Feminismus in unsere Gesellschaft. Da Männer kollektiv als schuldig betrachtet wurden, sollten sie auch kollektiv bestraft werden, wie etwa in einem Interview Alice Schwarzers mit Simone de Beauvoir, einer Wegbereiterin der Frauenbewegung, deutlich wird. De Beauvoir führt darin aus: „Selbstverständlich ist es zu abstrakt zu sagen, wie ich es eine Zeit lang gesagt habe, dass man nur gegen das System angehen müsse. Man muss als Frau selbstverständlich auch gegen die Männer angehen. Schließlich ist man nicht ungestraft Komplize und Profiteur eines Systems, selbst wenn man es nicht geschaffen hat und es nicht von den Männern von heute geschaffen worden ist. – Ein Mann von 30 z.B. hat diese patriarchale Welt nicht geschaffen, aber er profitiert in einer gewissen Weise, selbst wenn er zu denen gehört, die nicht profitieren wollen. Er tut es trotzdem, denn er hat sicherlich eine Menge Dinge verinnerlicht. Folglich muss man einmal gegen das System angehen und zum zweiten den Männern, wenn schon nicht feindlich, so doch mindestens misstrauisch gegenüberstehen. Die Frauen müssen also zugleich das System und die Männer angreifen."[42] Das von de Beauvoir geforderte „Misstrauen" hätte der Philosoph Hegel als „Herrschaft des Verdachts" bezeichnet. Es trifft zunächst einmal jeden männlichen Menschen einzig und allein wegen seiner Geschlechtszugehörigkeit, und davon befreit werden können nur jene Männer, die sich der feministischen Ideologie durch entsprechend angepasste Äußerungen und Verhaltensweisen erkennbar unterworfen haben.

„Nun, gestern war ich mit einer Freundin zu einem Weiberquatschabend (...) Ein sehr angenehmes Café, ein wenig nicht so preiswert, der touristischen Lage geschuldet, aber lecker Angebot. Nun, obwohl ich schon gefunden hatte, was ich bestellen wollte, blätterte ich bis zur letzten Seite der Karte. Da, wo oft noch Infos etc. stehen. Ich ärger mich heute, das Blatt nicht herausgerissen zu haben als Beweis für irgendwann später mal ... Es war ein Pamphlet, wie [zwei Feministinnen dieses Forums, A.H.] es kaum besser hinbekommen würden. Und zwar folgenden (zusammengefassten) Inhalts:
Es werden ab sofort bis zur Verleihung des silbernen Bären nicht täglich, aber regelmäßig (wahrscheinlich nur, wenn der Chef nicht da ist, den meine Freundin kennt und mal drauf ansprechen wird, da er ein sehr korrekter, lebensnaher Mensch sein soll) Eintrittspreise von Männern

genommen. Nur von jenen. Die Begründung: Solidarität mit allen vergewaltigten und unterdrückten Frauen. Alle Männer sollen symbolisch für die Schuld „des Mannes an sich" zahlen. Es wurde auch daran gedacht, dass „Mann" da Widerspruch empfinden könnte. Also gab es einen (sinngemäß zitierten) Absatz: „Und wenn Du jetzt sagst, Du würdest so was nicht tun, es sind fast immer die Ehemänner, Brüder und Partner, die ihre Frauen vergewaltigen und ihnen Leid antun, Du könntest es also jederzeit auch werden und bist deshalb per se erstmal schuldig".

Meine Freundin und ich blieben dort, weil es ganz sicher nicht im Sinne des Ladenbesitzers ist, was da in den Karten ist. Aber es ist ein Beispiel für die Emanzenunkultur, die meiner Freundin eine Gänsehaut auf die Arme trieb, trotz der gestrigen Temperaturen. Ihre nicht ganz unberechtigte Frage war, in was für einer Gesellschaft wir leben, wie verkommen der Gedanke des Feminismus schon ist, wenn in einem stinknormalen Straßencafé (kein Frauenzentrum oder so) solch hetzerischer Blödsinn verbreitet werden kann, der durchaus Züge trägt, die einen an dunklere Zeitalter unserer Geschichte erinnern."

gekürztes Posting der feminismuskritischen Userin „Welfe" 2003 im Internet-Forum der Zeitschrift *Emma*

Dass Männerfeindlichkeit inzwischen geradezu selbstverständlich geworden ist, habe ich im vorangegangenen Kapitel bewusst durch so triviale Textformen wie einen „Hörzu"-Artikel und eine Fernseh-Unterhaltungsshow illustriert. Dabei äußert sich Männerfeindlichkeit in den folgenden drei Formen:

1.) Männer und ihre spezifischen Probleme bleiben unerwähnt. Deutlich wird das zum Beispiel an der oben zitierten Duden-Definition von „Sexismus", aber auch an Institutionen wie dem „Bundesministerium für Familie, Senioren, Frauen und Jugend", also praktisch für alle Bevölkerungsteile außer den im Erwerbsleben stehenden Männern. In Österreich gibt es als Abteilung des Sozialministeriums auch eine männerpolitische Grundsatzabteilung, die sich nach einem Regierungswechsel allerdings schnell wieder der herrschenden Ideologie anschloss: „Antifeministischer Politik wird ein Riegel vorgeschoben, weswegen ein neues, politisch-inhaltliches Konzept der Männerabteilung erarbeitet wurde", heißt es dazu knapp auf der ministeriellen Website.

2.) Männer als Gruppe erleiden konkrete Nachteile. Im folgenden Kapitel werde ich zahlreiche Beispiele erwähnen. Dass Männer diese Nachteile erleiden ist häufig die Folge einer der beiden anderen hier genannten Formen von Männerfeindlichkeit.

3.) Männer als Gruppe werden in Äußerungen und Texten massiv abgewertet. Dazu hatte ich im vorhergehenden Kapitel schon mehrere Beispiele genannt. Zur besseren Verdeutlichung dieses Problems kann ich hier aber noch einige weitere Fälle von männerfeindlichen Texten und Äußerungen anführen:

Die UN-Sonderbotschafterin Waris Dirie sinniert in ihrem internationalen Bestseller „Wüstenblume"[43]: „Vielleicht sollten die Frauen den Männern die Eier abschneiden, damit auf der Erde wieder ein Paradies entstehen kann. Die Männer würden ruhiger werden und sensibler mit ihrer Umwelt umgehen. Ohne diesen ständigen Ausstoß von Testosteron gäbe es keinen Krieg, kein Töten, kein Rauben, keine Vergewaltigungen." (Dass Diries Bestseller prägend für Kampagnen gegen Zwangsbeschneidungen war, es dabei aber häufig ausschließlich um die Beschneidungen von Mädchen und nicht die mindestens ebenso große Opfergruppe von Jungen geht, ist ein gutes Beispiel für die erstgenannte Form von Männerfeindlichkeit.)

Die international führende Feministin Catherine MacKinnon hielt im April 2005 eine Vorlesung an der Universität Stanford, in der sie den „Krieg der Männer gegen die Frauen" mit den von Terroristen begangenen Massenmorden des 11. September gleichsetzte. So wie die Terrorattacken seien die „Angriffe der Männer gegen Frauen" (MacKinnon nennt beispielhaft Massenvergewaltigung und Pornografie) sorgfältig geplant, gegen Zivilisten gerichtet und so ideologiegetrieben wie der islamische Fundamentalismus. MacKinnon führte aus: „Die Hauptbegründung für den Krieg im Irak war die Vorsorge gegen Bedrohungen durch Saddam Husseins Regime – weil wir Angst vor dir haben, können wir dich töten. Stellt euch vor, wie es wäre, wenn Frauen eines Tages dasselbe mit Männern täten."

Alice Schwarzer bekundete in dem „Emma"-Beitrag „Beyond Bitch"[44], nachdem Lorena Bobbit ihrem schlafenden Mann den Penis abgetrennt hatte: „Sie hat ihren Mann entwaffnet. (…) Eine hat es getan. Jetzt könnte es jede tun. Der Damm ist gebrochen, Gewalt ist für Frauen kein Tabu mehr. Es kann zurückgeschlagen werden. Oder gestochen. Amerikanische Hausfrauen denken beim Anblick eines Küchenmessers nicht mehr nur ans Petersilie-Hacken. (...) Es bleibt den Opfern gar nichts anderes übrig, als selbst zu handeln. Und da muss ja Frauenfreude aufkommen, wenn eine zurückschlägt. Endlich."

Die Zeitschrift „Jungle World" veröffentlichte in ihrer Ausgabe 48/2004 einen Artikel mit Passagen wie diesen: „Die Täter sind überall. Sie sind unauffällig, unscheinbar, überangepasst. Und sie sind viele, vielleicht fünf Millionen. Jeder fünfte deutsche Mann, der in einer heterosexuellen Beziehung lebt, verübt körperliche Gewalt an Frauen, schätzt der Hamburger Gewaltberater Joachim Lempert: 'In jedem Bus, in jeder Kinovorstellung ist man von Gewalttätern umgeben.' Obendrein begegnen viele Opfer ihrem Peiniger täglich – in der eigenen Wohnung. Weltweit protestieren Frauenorganisationen am 25. November gegen die ungebrochene Männergewalt." Von deutschen Männern etwa, „von denen rund 20 Prozent vorübergehend oder dauerhaft eine Frau misshandeln. Erst vor wenigen Wochen veröffentlichte die Bundesregierung eine Studie, die zwar nichts grundlegend Neues enthält, aber das hohe Gewaltniveau in Deutschland regierungsamtlich bestätigt (...) Würden die Untersuchungsergebnisse aus einer übel beleumundeten Diktatur gemeldet, verfiele Deutschland am 25. November wohl in einen Sturm der Empörung." Dass inzwischen Hunderte internationaler Untersuchungen – und zwar einschließlich einer in dem „Jungle-World"-Artikel erwähnten deutschen Studie! – eine Gleichverteilung der Täterschaft bei häuslicher Gewalt für beide Geschlechter erkannten, bleibt unerwähnt.

So verwundert es nicht, wenn der Gedanke von männlicher Täterschaft und weiblicher legitimer Rache auch in immer mehr

Filme eingeht: so etwa in der von der ARD ausgestrahlten Krimikomödie „Die Häupter meiner Lieben" mit Heike Makatsch und Christiane Paul. Die Fernsehzeitschrift „Funk Uhr" gab den Inhalt folgendermaßen wieder: „Maja und Cora, Freundinnen seit dem 16. Lebensjahr, verüben zunächst Mädchenstreiche, gehen dann zu kleineren Gehässigkeiten über – und werden schließlich zu Mörderinnen. Ihre Taten begehen sie stets ungeplant und improvisiert. Opfer sind immer die Männer, mit denen sie sich zeitweise gut unterhalten und bestens amüsiert haben. Aber irgendwann werden ihnen die Kerle einfach lästig ..." Wie die „Hamburger Morgenpost" berichtete[45], scheinen die Männer in diesem Film allesamt entweder „Säufer" oder „Vergewaltiger" oder einfach nur „sexgeil" zu sein, womit sie die Frauengewalt offenbar verdient haben, während die Frauen „vor prachtvollen Naturaufnahmen" und natürlich höchst „amüsant" ihre Morde begehen.

Ebenso bezeichnend wie ärgerlich ist, dass selbst wenn Männer politisch wahrgenommen werden, sie nicht als eine Gruppe präsentiert werden, die positiver Zuwendung bedarf, sondern häufig als Problem zwischen Lächerlich-Machen und Bedrohungsszenarien. So teilte ein Faltblatt der Hessischen Landeszentrale für politische Bildung zur Veranstaltungsreihe 2002 „Das Jahr des Mannes", herausgegeben von der kommunalen Frauenbeauftragten Wiesbaden (ein Männerbeauftragter existiert ja nicht), seinen Lesern mit: „Zum Beispiel wird erst langsam thematisiert, dass Gewalt und Kriminalität überwiegend ein Problem von Männern ist. ... Männer verfügen nach wie vor über sehr viel mehr Macht und Geld als Frauen, Frauen verfügen immer noch über sehr viel mehr soziale Kompetenzen und Fähigkeiten als Männer". Die Veranstaltungen, die im Rahmen dieses „Jahr des Mannes" angeboten wurden, trugen Titel wie „Neue Männer braucht das Land – wirklich?"; „Können Männer denken?" (diesen Titel wählte der „Wiesbadener Kurier" für einen Artikel über diese Veranstaltungsreihe); „Stehpinkeln – die letzte Bastion der Männer" (Diavortrag und Lesung von dem Berliner Diplom-Sozialwissenschaftler Klaus Schwerma, Mitglied von Dissens e.V.) sowie „MännerGewalt – die Täter". Damit die Veranstaltungsorte leichter zu finden waren, war ein Auszug aus dem

Frauenstadtplan beigefügt. Unterstützt wurde die Veranstaltungsreihe von den evangelischen und katholischen Familienbildungsstädten und der Arbeiterwohlfahrt. Man stelle sich eine ähnlich ressentimentgeladene Veranstaltungsreihe etwa zum „Jahr des ausländischen Mitbürgers" vor ...

Eine dermaßen stark in unserer Gesellschaft grassierende Männerfeindlichkeit hinterlässt ihre Spuren. Wie das Nachrichtenmagazin „Spiegel" berichtete[46], ließen die amerikanischen Psychologinnen Laurie Rudman und Stephanie Goodwin 204 Collegestudenten positiv und negativ besetzte Begriffe mit Frau oder Mann assoziieren. Versuchspersonen beiderlei Geschlechts brachten mit Wörtern wie „gut", „glücklich" oder „Sonnenschein" meist Frauen in Verbindung. Dem „Spiegel" zufolge stießen die Psychologinnen auf ein bezeichnendes Muster: „Frauen mit gut entwickeltem Selbstwertgefühl tendierten zum logischen Schluss: Wenn ich gut bin und eine Frau, heißt das, dass Frauen gut sind. Männer dagegen folgten der Logik: Wenn ich gut bin und ein Mann, heißt das noch lange nicht, dass Männer gut sind."

Eine ganze Reihe weiterer Beispiele von Männerfeindlichkeit habe ich in „Sind Frauen bessere Menschen?" zusammengestellt. Meine lange Zeit vergebliche Verlagssuche für dieses Buch (von 80 Verlagen gab es Absagen) illustriert, wie sich zwei der genannten Formen von Männerfeindlichkeit ironischerweise so miteinander verzahnt hatten, dass sie den Eindruck erweckten, dieses Problem existiere überhaupt nicht. Während die massive Abwertung von Männern extrem virulent war, sorgte Männerfeindlichkeit in der Form von „über die Probleme von Männern als Gruppe spricht man nicht" dafür, dass dieser Umstand einem Schweigetabu unterlag, so dass auf der Oberfläche die Dinge so aussahen, als sei alles in bester Ordnung. In Form eines Teufelskreises verstärkte sich das Problem nur noch weiter, etwa wenn in Internetforen Radikalfeministinnen posteten, gerade dass es mir nicht gelänge, auch nur einen einzigen Verlag für ein Buch über die Diskriminierung von Männern zu finden, belege, dass dieses Thema niemand ernst nähme, es sich also offensichtlich um reine Fantasterei handelte. Nach dieser absonderlichen Logik hatte es vor, sagen wir, 150 Jahren, keine Diskriminierung von Frauen gegeben, weil in den damaligen Zeitungen nirgends etwas über ein entsprechendes Problem zu lesen war. Erfreulicherweise fand während und nach der Veröffentlichungsphase meines Buches eine insgesamt positive Entwicklung dahin gehend statt, dass dieses Problem auch von anderen Forschern immer mehr wahrgenommen und diskutiert wird.

Eine Forscherin, die dieses Thema bereits sehr früh wahrnahm, aber in Deutschland kaum rezipiert wurde, war Judith Levine, die 1992 eine Studie unter dem Titel „My Enemy, My Love. Men-Hating and Ambivalence in Women´s Lives" herausbrachte. Darin gelangt Levine auf der Grundlage von 80 Tiefeninterviews zu dem Ergebnis, dass Männerfeindlichkeit keine individuelle Neurose darstelle, sondern ein „kollektives kulturelles Phänomen" sei. Männern wurden von fast allen Frauen abwertende Stereotype zugeschrieben; so würden sie unter anderem als kindisch, Nichtskönner, Ausbeuter oder Betrüger dargestellt. Levine arbeitete als Ursache solcher Einstellungen die Beziehungen der Frauen zu ihren Vätern sowie zur feministischen Bewegung ab den sechziger Jahren heraus. Zu einem ähnlichen Ergebnis gelangte fast zeitgleich, aber unabhängig von Levine 1991 Marion Rave in ihrer Analyse „Befreiungsstrategien. Der Mann als Feindbild in der feministischen Literatur". Bezeichnenderweise wurden diese Erkenntnisse aber von der späteren Forschung zunächst nicht aufgegriffen (und selbst heute geschieht dies nur rudimentär). Im Gegensatz zur Misogynie, also der Frauenfeindlichkeit, erhielt ihr Gegenstück, die Misandrie (Männerhass), als Forschungsbereich keinen hohen Status zugebilligt.

Entsprechende Analysen wurden immer nur punktuell durchgeführt. Am 17. Februar 2002 etwa berichtete die Schweizer „Sonntagszeitung" von einer Studie über weiblichen Sexismus, die die Sozialarbeiterin Sarah Meinrad und die Psychologin Meike Baumann angekündigt hatten. Darin sollte es um die abschätzige Reduktion von Männern auf ihre Körper gehen, ihre Diskriminierung am Arbeitsplatz, Mobbing, von Frauen ausgehende Gewalt oder sexuelle Anzüglichkeiten am Telefon. Zahlen über die Häufigkeit weiblichen Sexismus gebe es noch nicht. Wie der Artikel berichtet, habe der Erfolg der Aktion bereits alle Erwartungen übertroffen und die verantwortliche Projektleiterin Christine Wiedemann wurde vom Ansturm „der Medien und der Öffentlichkeit geradezu überrannt". Dies nahm sie als Bestätigung, dass Baumann und Meinrad die Situation richtig eingeschätzt haben und wissenschaftliche Studien zum Thema überfällig seien. In den USA, wo der neue sexistische Ton in Romanen und Krimis bereits Ausdruck gefunden habe, werde man ihrer Ansicht zufolge schon bald in Sachbüchern und Statistiken über das Phänomen lesen können. Wiedemann betont, dass Sexistinnen keineswegs zwangsläufig Feministinnen oder „Opfer eines Männerregimes" seien, sondern eher dem aktuellen Trend in der Werbung entsprächen, den Mann „wenn's sein muss" zum Trottel zu demontieren – so etwa in der Reklame für eine Salbe, in der eine nette Frau einen netten Mann in seine empfindlichen Bereiche schlägt. Meinrad und Baumann bekundeten auf ihrer Website: „Häufig handelt es sich bei den Täterinnen gerade nicht um Verliererinnen oder Opfer des Patriarchats. Als Motive für ihre Handlungsweise betrachten sie vielmehr einfach 'Spaß' oder eine mit Konkurrenzlust verbundene hohe Aggressionsbereitschaft. Dieser Sexismus von Frauen gegen Männer wird von der breiteren Öffentlichkeit völlig ignoriert."

Etwa zeitgleich, Ende 2001, erschien bei der kanadischen McGill-Queen's-University-Press die Analyse „Spreading Misandry. The Teaching of Contempt for Men in Popular Culture (dt. etwa: „Die Verbreitung von Männerfeindlichkeit. Wie in der populären Kultur die Verachtung von Männern gezüchtet wird"), erstellt von den Religionswissenschaftlern Paul Nathanson und Katherine Young. Diese verglichen die Feindseligkeit gegenüber Männern, die ihrer Erkenntnis nach unter anderem von einer bestimmten Fraktion des Feminismus angefeuert wurde, mit der Judenfeindschaft des Christentums: Christliche Führer hatten demnach nie zur Ermordung der Juden aufgerufen, hätten aber ein Klima der Ablehnung geschaffen, das für andere Menschen solche Taten möglich machte. In vergleichbarer Weise gebe es Nathanson/Young zufolge heute eine kulturelle Elite, die den Hass gegen Männer schüre, und Frauen, die daraufhin tatsächlich zur Gewalt, beispielsweise gegen ihren Partner, griffen. Einige ganz radikale Feministinnen wie Andrea Dworkin allerdings forderten Frauen sehr direkt auf, sich an ihren „Unterdrückern" gewaltsam zu rächen. Eine andere Parallele ziehen Nathanson und Young zum Marxismus. Der Feminismus habe lediglich das Feindbild ausgetauscht: Statt der „Bourgeoisie" müsse jetzt das „Patriarchat" umgestürzt und eine neue Utopie errichtet werden. Bis es soweit ist, dürfen sich Arbeiter bzw. Frauen immerhin moralisch überlegen fühlen. Und schließlich erkennen die beiden Forscher eine weitere Wurzel der Männerfeindlichkeit im Weltbild der nationalistischen Romantik, die schon vor weit über 100 Jahren eine Gruppe der anderen als von Geburt an moralisch, spirituell, intellektuell oder biologisch überlegen präsentierte. Längst überwunden geglaubter Essenzialismus und Dualismus kehrten heute auf diese Weise zurück. Schon im 19. Jahrhundert habe ein Geschlechterbild kursiert, in dem Frauen moralischer, sorgender, hegender, erdverbundener, gutmütiger und lebensbejahender erschienen als Männer. Im 21. Jahrhundert würden Frauen zusätzlich als umweltbewusster, ganzhirniger, „emotional intelligenter" und in vielerlei anderer Hinsicht überlegen dargestellt.

Nathanson und Young zufolge geben die bestehenden gesellschaftlichen Verhältnisse Grund zur Sorge. So sei nicht zu vernachlässigen, dass der männliche Teil der Bevölkerung durch Misandrie geschürte Vorurteile übernehmen könnte. Männer könnten das Bild, sie seien beispielsweise emotionskalt und gewalttätig, verinnerlichen – und somit derartige Persönlichkeitsmerkmale tatsächlich annehmen.

Die Autoren konstatieren, dass das Problem bei vielen Frauen gerade aus dem feministisch geprägten Spektrum sei, dass sie von Männern Liebe einforderten, aber selbst nur Hass und Verachtung zu geben hätten. Das Empfangen und Geben von Liebe bedingten jedoch einander. Im Augenblick züchte unsere männerfeindliche Gesellschaft genau jenes klischeehafte Feindbild, das sie so gern beklage.

Im Frühjahr 2006 ließen die beiden Forscher ihren Band „Legalizing Misandry" folgen, in dem es darum geht, wie auf der Grundlage von öffentlichen Herabsetzungen von Männern deren Diskriminierung vor dem Gesetz erfolge. Konkret behandeln sie dabei unter anderem die Bereiche Frauenquoten, Unterhalts- und Sorgerecht, Verbote von Pornografie und Prostitution sowie ein Erodieren der Unschuldsvermutung bei Fällen sexueller Belästigung und häuslicher Gewalt (bei männlichen Beschuldigten). Auch das Einsickern der feministischen Ideologie in akademische Texte ist in diesem Buch Thema. Als abschließender Band dieses Dreiteilers wird „Transcending Misandry", also die „Überwindung von Männerhass", angekündigt.

In Deutschland gibt es eine akademische Analyse des Männerhasses nur sehr vereinzelt. So vertritt der Soziologe Rainer Paris in seinem Essay „Doing Gender" die These, dass eine alles durchdringende Kultur des Misstrauens das Verhältnis zwischen Männern und Frauen nachhaltig vergiftet habe. Als Ursache dafür sieht Paris die ideologisierende Macht eines pervertierten Feminismus. Nach dem Motto, Frauen seien grundsätzlich die besseren Menschen, sei aus dem berechtigten Anspruch nach gleichen Chancen schlicht Rassismus geworden. Behindert durch die feministischen Scheuklappen würden die unterschiedlichsten männlichen Verhaltensformen (Höflichkeit, Flirt etc.) zu Angriff und Zurücksetzung uminterpretiert, was eine emotionale Verwüstung im Privat- und Intimleben erzeuge. Die Zeche dafür zahlten letztlich auch die Frauen, da sie sich statt mit der angestrebten Autonomie in einem Gefängnis emotionaler Einsamkeit wiederfänden. Die Lösung des Problems sieht Paris in der Rückkehr zu tradierten „asymmetrischen" Beziehungsmustern, in der trotz männlicher Dominanz erst wahre erotische Erfüllung und spielerische „Gleichberechtigung" möglich wäre.

Im Jahr 2004 widmete sich die vom Deutschen Bundestag herausgegebene Wochenzeitschrift „Das Parlament" in einer Ausgabe mit 41 Aufsätzen dem bislang stark vernachlässigten Thema Männer. Darin wendet sich Professor Gerhard Amendt vom Institut für Geschlechter- und Generationenforschung in Bremen mit seinem Beitrag[47] dem von ihm so bezeichneten „Verdammungsfeminismus" zu und schlägt damit zum Teil in dieselbe Kerbe wie zuvor Rainer Paris. Amendt befindet, dass „sich in den letzten 20 Jahren eine diffuse Feindseligkeit gegenüber Männern breitgemacht hat. Man begegnet ihr besonders oft an Universitäten, aber ebenso in TV-Redaktionen für Frauenbelange und vor allem in Gleichstellungsbürokratien. Das Feindselige ist so alltäglich geworden, dass schon kleine Jungen als Monster vorgestellt werden. (…) Niemand hat sich bis heute Gedanken darüber gemacht, warum Männer auf die verdammungsfeministischen Abwertungen nicht zornig reagiert haben. Statt dessen stehen sie der wabernden Verdammungskultur schweigend gegenüber. Aber für das beredte Schweigen gibt es keine einfachen Antworten, denn das Schweigen der Männer hat unendlich viele Gesichter. Die meisten haben ihre Etikettierung als Unholde im privaten und als Schuldige im öffentlichen Leben nicht einmal mitbekommen oder sie nur kopfschüttelnd angehört. Andere gehen mit ihren Partnerinnen oder allein ihre eigenen Wege, die das Althergebrachte fortsetzen oder es unauffällig Änderungen unterziehen. Wenige nur bieten der Verdammungskultur die Stirn."

Bei diesen wenigen Seitenbemerkungen blieb es in der deutschen Forschung zum Thema Männerfeindlichkeit, obwohl hiermit doch eigentlich das Thema erst eröffnet sein müsste: Woraus genau konstituiert sich dieser „Verdammungsfeminismus", wer sind seine Propagisten, wie stellt er sich zu anderen feministischen Strömungen bzw. grenzt sich von ihnen ab? Immerhin sind die ersten Schritte insoweit gemacht, als dieses Problem überhaupt gesehen und auch zur Sprache gebracht wird.

Dies geschah außerhalb der wissenschaftlichen Forschung natürlich vor allem in den Schriften der Männerbewegung (zur Mehrdeutigkeit dieses Wortes siehe das nächste Kapitel). Der älteste Text, den ich ausfindig machen konnte, stammt aus dem Jahr 1991: Es handelt sich um Fredric Haywards Beitrag „Male Bashing"; er wird in Steve Biddulphs Buch „Männer auf der Suche" (Beust 1996) zitiert. Hayward stellt fest[48]: „Besonders aufdringlich ist der Trend in der Werbung. Eine Auswertung von 1.000 nach dem Zufallsprinzip ausgewählten Werbesendungen hat ergeben, dass in allen (100 Prozent!) der darin dargestellten Mann-Frau-Beziehungen der Mann der Trottel war. Von dieser Regel gab es keine Ausnahme. Das heißt, in jeder der gezeigten Ehemann-Ehefrau oder Jungmann-Freundin-Interaktionen war der männliche Beteiligte der Depp. Einhundert Prozent der schlecht riechenden Personen waren männlichen Geschlechts. Einhundert Prozent der in einer Wettbewerbssituation Unterlegenen waren Männer. Einhundert Prozent derjenigen, die ohne die Chance, sich zu wehren, niedergemacht wurden, waren ebenfalls Männer. Bisweilen beleidigte der Mann die Frau, aber sie zahlte ihm das noch vor dem Ende des Werbespots heim und behielt immer das letzte Wort. Personen, die auf Ablehnung stießen, waren gleichermaßen zu einhundert Prozent männlichen Geschlechts. Einhundert Prozent der mit Wut Bedachten waren männlichen Geschlechts. Und einhundert Prozent der gezeigten Gewaltopfer waren Männer. Auch in der Fernsehunterhaltung wütet dieser Trend. Ganze TV-Sendungen sind inzwischen kaum mehr etwas anderes als ein irgendwie zusammengeschustertes Bündel männerfeindlicher Witze. Als ich einmal während einer einzigen Folge von 'Golden Girls' die entsprechenden Äußerungen gezählt habe, bin ich auf 31 Beleidigungen der Männer durch die Frauen und auf zwei Beleidigungen der Frauen durch die Männer gekommen. In Familienkomödien wie 'Die Cosby-Show' oder 'Familienbande' gilt das ungeschriebene Gesetz, dass die Mütter niemals zur Zielscheibe des Spotts werden dürfen. (...) Was die Literatur anbelangt, so schaue man sich nur einmal die Bestsellerlisten der vergangenen Jahre an: Es gibt schlicht keine frauenfeindliche Literatur, die es mit dem männerfeindlichen Ton aufnehmen könnte, wie er etwa in 'Wenn Frauen zu sehr lieben' angeschlagen wird. Zwei Autoren haben mir sogar erzählt, dass ihre Verlage sie unter Druck gesetzt haben, ihre Bücher zwecks Verkaufsförderung unter männerfeindlichen Titeln erscheinen zu lassen."

An diesem Problem von Männerdiffamierung hat sich in den letzten 15 Jahren nichts geändert. Männerfeindliche Reklame immerhin wird zumindest außerhalb Deutschlands als Problem klar benannt. So empörte sich Anfang 2006 etwa die Londoner *Times* über das „walnussgroße Gehirn von Werbefritzen, die sich an weibliche Käuferschichten anschleimen, indem sie Männer als unfähige Trottel zeigen".[49] In Deutschland sieht die Situation zwar ähnlich aus. Da rammen in Reklamespots Frauen Männern das Knie in die Hoden, werfen sie aus fahrenden Autos, wischen sie weg wie einen Schmutzfleck, ergötzen sich über Männer, die in TV-Serien geohrfeigt werden, ... man könnte vielerlei ähnliche

Dinge hinzufügen. Der Deutsche Werberat, der jeden frauenfeindlichen Sexismus scharf verurteilt, sieht von ähnlichen Stellungnahmen auch nach Beschwerdeanträgen von Männerrechtsgruppen regelmäßig ab.

Dabei bleiben solche teils offenen, teils sehr subtilen, unsere Kultur aber beständig durchdringenden Feindseligkeiten nicht ohne Folgen, wie Hayward schon 1991 feststellte: „Bedauerlicherweise lehrt uns der Sexismus, die Männer seien eine Art seit Jahrtausenden herrschender Riesenorganismus, der ohne weiteres ein oder zwei Generationen lang Prügel vertragen kann (und sogar verdient hat). Die Wahrheit ist jedoch, dass Männer dieselben Schwächen haben wie Frauen, und die mittlerweile eine Generation währenden Abwertungen haben bereits für die seelische Gesundheit zahlloser Männer verheerende Konsequenzen gehabt. Besonders aber leiden unter alledem die heutigen männlichen Jugendlichen, die nie etwas anderes als die derzeit üblichen Abqualifizierungen kennengelernt haben. Die derzeit populäre Männer-Abqualifizierung wendet sich an den weiblichen Konsumenten, von dessen Launen unsere Wirtschaft abhängt. Gewiss ist es wohltuend für Frauen, sich vorzustellen, dass Männer stets im Unrecht und die Frauen ausnahmslos unschuldig seien. Um der Gesellschaft insgesamt und der künftigen Intaktheit der Mann-Frau-Beziehung willen sollten wir jedoch mit dieser exzessiven Männer-Abwertung Schluss machen. Schon relativ wenig verärgerte Briefe reichen aus, um ein Unternehmen zur Rücknahme eines männerfeindlichen Werbespots oder den Hersteller oder Verkäufer eines beleidigenden Produktes zu Änderungen zu veranlassen. Wenn wir uns jedoch für die andere Möglichkeit entscheiden und weiterhin nach Lust und Laune Männer-Abwertung zulassen, so begünstigt das vielleicht die Entstehung einer Männerbewegung, die genauso wütend, aber weit aggressiver mit den Frauen umgeht, als dies die Frauenbewegung gegenüber den Männern praktiziert hat." Und das würden dann selbstverständlich von der „Hörzu" bis zur „Emma" wiederum die unterschiedlichsten Medienorgane als „Beleg" dafür missbrauchen, dass Aggression und Feindseligkeit etwas typisch Männliches sei.

In Deutschland kommt der Verdienst, sich in klaren Worten gegen Männerfeindlichkeit ausgesprochen zu haben, in letzter Zeit vor allem einem Werk zu, das weniger in den wissenschaftlichen als in den Lebenshilfe-Bereich fällt: das Buch „Liebe Drama Wahnsinn" (Goldmann 2005) der Schwestern Angela und Juliana von Gatterburg. Als Anstoß zum Schreiben nennen die Autorinnen die Geschlechterklischee-Sammlung „Warum Männer nicht zuhören und Frauen schlecht einparken" des Ehepaars Allan und Barbara Pease, die hierzulande nicht nur über etliche Monate auf Platz Eins der Bestsellerlisten stand, sondern von vielen sogar völlig naiv als die absolute und wissenschaftlich belegte Wahrheit über das Geschlechterverhalten betrachtet wurde. So berichten die Schwestern von Gatterburg, wie sie sich Exemplare dieses Buches zur eigenen großen Überraschung gegenseitig zu Weihnachten geschenkt hatten, nur um bei der Lektüre einigermaßen befremdet über das Buch und seinen enormen Erfolg zu sein. Wurden darin doch nicht nur alle Menschen als bessere Aufziehpuppen beschrieben, die allein Testosteron und Östrogen sowie dem steinzeitlichen Erbe unterworfen waren, die Peases taten sogar so, als seien alle Männer respektive alle Frauen im Wesen fast völlig gleich. Die Schwestern von Gatterburg beschlossen, die tatsächliche Forschungslage zu ergründen. Dabei stellten sie fest, dass ihnen hier ein männerfeindlicher neuer Biologismus im Wege stand, der weit über die Peases hinausreichte: „Liest man die verschiedenen modernen Theorien über Männer, wundert man sich, dass sie nicht regelmäßig gemeinsam in die Wälder verschwinden, um dort wie eine Horde Wildschweine zu jagen, im Erdreich zu buddeln und zu grunzen. Warum einige Männer aus der Art schlagen und keineswegs damit beschäftigt sind, ihren Samen immerzu an die Frau zu bringen, sondern lieber Autos bauen, dem Nobelpreis entgegenforschen und wunderbare Romane schreiben, erklären uns die Anthropologen leider nicht."

Die aktuelle Darstellung der Frauen sei dem diametral entgegengesetzt. Sie zeichnet „wundervolle weibliche Wesen", „monogam, wenig aggressiv, fürsorgliche, treu sorgende Nestbauerinnen, kurz – sie sind von Natur aus das friedliche, freundliche, sozial überlegene Geschlecht". Diese Zuschreibung nähmen Frauen dankbar an, denn „die Fähigkeit des Menschen zum Selbstbetrug ist unermesslich". Bemerkenswerterweise wucherte dieser Glaube an die Höherwertigkeit des Weiblichen weltweit in die Köpfe der Menschen hinein. Bei einer 16 Nationen umfassenden Studie etwa sollten Männern und Frauen positive und negative Eigenschaften zugeordnet werden. Ergebnis: Kulturübergreifend wurden Frauen als die „besseren Menschen" beschrieben, liebevoll, freundlich und gut, während Männer eher mit Negativem in Verbindung gebracht wurden. So wie sie ja auch in der populären Darstellung als „schlecht gelaunte Schimpansen" erschienen, als „soziale und sexuelle Idioten, die man einer gründlichen Dressur unterziehen muss".

Die Schwestern von Gatterburg tun auf der Grundlage wissenschaftlicher Studien ihr Möglichstes, um entsprechende Vorurteile zu widerlegen, gelangen allerdings zu dem Schluss, dass das schlichte Darlegen der Tatsachen nicht geeignet sei, das männerfeindliche Weltbild insbesondere vieler Frauen zu korrigieren. „Das Beharren darüber, wie Männer so sind, kippte irgendwann ins bornierte Vorurteil und offenbarte eine erstaunliche Intoleranz", befinden die Autorinnen. Sie beklagen „Frauen (…), die sich für Superfrauen halten und in ständiger Empörungsbereitschaft sind, wenn es um Fehler der Männer geht. Unentwegt stellen diese Frauen ihre Ansprüche, laut, vernehmlich, nachdrücklich. Sie glauben, sie hätten ein Recht darauf, dass ihre Wünsche erfüllt werden." Zu ihrer Unterstützung zitieren die Autorinnen den Publizisten Peer Teuwsen, der im Oktober 2004 die Sachlage im Schweizer „Tagesanzeiger" zusammenfasste: „Der Mann wurde zum Täter, die Frau zum Opfer. Der Mann steht dauernd auf dem Prüfstand, Männerfeindlichkeit (…) sei zum kulturellen Mainstream geworden." Da wundert es nicht, wenn die Diplompsychologen Ines Imdahl und Stephan Grünewald vom Kölner Institut Rheingold kürzlich eine handfeste Krise für die Männer von heute ausmachten – nicht nur infolge des Verlusts des klassischen Männlichkeitsbilds, sondern auch durch die enorme Erwartungshaltung des weiblichen Geschlechts. Dazu gehöre, „dass Männer politisch korrekt auf die Bedürfnisse der Frauen eingehen müssten, dabei verständnisvoll und antiautoritär sein sollten." Frauen kämen ihnen dabei aber nicht etwa hilf-reich entgegen, sondern meldeten grundsätzlich zurück, dass, egal wie die Männer sich verhielten, es immer „falsch" war. Zu be-haupten, „dass viele Frauen Männer überfordern mit widersprüch-lichen Anforderungen, dass sie viele Männer domestiziert und verweiblicht haben", sei allerdings keineswegs politisch korrekt. Vielmehr gelangen Angela und Juliana von Gatterburg zu der Erkenntnis: „Frau sein ist heute fast gleichbedeutend mit im Recht sein".

Ende 2006, das Manuskript zum vorliegenden Buch war bereits zum größten Teil geschrieben, bestätigte eine neue Unter-suchung die in diesem Kapitel dargelegten Thesen: „Männer in den Medien, so eine Studie des Österreichischen Sozialministe-riums, werden fast durchweg diskriminiert", berichtete der „Wies-badener Kurier" am 27. Oktober. „Auf 350 Seiten wird anhand Dutzender Beispiele aus dem gesamten deutschen Werbesprach-raum dargestellt, dass sie zu Trotteln gemacht werden, und zu Volltrotteln in der Vaterrolle. Die Autoren merken an, dass es als sexistisch empfunden würde, würden Frauen und Mütter so dar-gestellt. 2560 Frauen und Männer im Alter von 15 bis 93 Jahren wurden aufwendig befragt. Untersucht wurden 94 Werbespots und die 58 erfolgreichsten Kinofilme sowie 83 beliebtesten Fern-sehserien der letzten sechs Jahre."[50]

Die Studie des österreichischen Ministeriums[51] gelangt zu einer ganzen Reihe bemerkenswerter Ergebnisse, darunter den folgenden: „Weder männliche noch weibliche Rezipienten den-ken bewusst über die Masse anonymer Toter – hauptsächlich Män-ner – nach. Ein weiteres sehr auffälliges Merkmal medialer Män-ner ist deren „Funktionalisierungsdruck": Wenn Männer nicht oder nicht mehr die an sie gestellten Erwartungen erfüllen, dann werden sie abgewertet, problematisiert oder sind bestenfalls Stoff für die Komödie. Mut, Kompetenz, Intelligenz, Teamfähigkeit und vor allem Coolness sind für den Mann in den Medien ein „Must". Für die männlichen Rezipienten sind jedoch gerade Männer, die sich diesen Anforderungen widersetzen, die eigent-lichen „Helden". Auch die Sexualität fällt beim medialen Mann in den Bereich des unbedingten Funktionierens. Potenzproble-me, Potenzängste und Viagra sind keine medialen Themen für einen männlichen Protagonisten, maximal für Randfiguren oder Männer in der Komödie. Das steht aber im Gegensatz zu den sowohl männlichen als auch weiblichen Rezipienten, die sich auch hier durch eine realistischere Darstellung besser angesprochen fühlen würden. Väter sind die Stiefkinder der Filme, die Lachnummern der Serien und auch teilweise der Werbung und kein Thema in Lifestyle-Männerjournalen. Ein Vater ist selten ein Held. Ist er es doch, dann ist das ein Problem. Väter tragen sogar ein größeres Risiko eines gewaltsamen medialen Todes. Die Komödien- und Serienlandschaft gibt dem dummen, tollpatschigen Mann eine große Bühne, vielleicht als Demutsgeste vor dem weiblichen Publikum. Auffällig in der Werbung ist ein eher rüder Umgang mit den Männern – sie werden vom Stier niedergetrampelt, aus dem Auto geworfen, müssen Stacheldraht essen, laufen gegen Laternenmasten, werden von ihren Hunden nachgezogen und letztlich mit einem Küchentuch weggewischt –, der für die Frauen undenkbar wäre. Dünn gesät in der medialen Landschaft sind viele Männer, die in unserem täglichen Leben vorkommen: ältere Männer, Durchschnittsmänner, normale Buben und Burschen, Väter, Patchworkväter, Scheidungs- und Wochenend-Väter, physisch und psychisch kranke Männer, etc." Dass schon die jüngsten Leser entsprechend konditioniert werden, erklärte Hans-Heino Ewers, Chef des Instituts für Jugendbuchforschung an der Universität Frankfurt, am 9.10.2007 dem Magazin „Stern". Frauen werden im Jugendbuch als gescheit, cool und souverän dargestellt, Männer hingegen als „meist traurige Wesen, arbeitslos, untreu, unzuverlässig, nicht selten gewalttätig oder alkoholsüchtig. (...) Am besten kommen sie noch weg, wenn sie sich als schwul outen oder erst gar nicht in Erscheinung treten." Die neuen Klischees seien deshalb so verbreitet, weil rund 80 Prozent der Autoren weiblich seien: „Hier schreibt eine bestimmte Frauengeneration, die eigene Wunschvorstellungen bezüglich des gesellschaftlichen Rollenwechsels in ihren Texten verarbeitet. Ich entdecke immer wieder weibliche Allmachtsphantasien, die oft mit einer Destruktion der Männer einhergehen." Klaus Willberg, Vorsitzender der Arbeitsgemeinschaft von Jugendbuchverlagen und Chef des Stuttgarter Thienemann-Verlags kann bestätigen, dass jungenspezifische Belletristik kaum mehr in die Buchhandlungen kommt. „Diese wird – ganz objektiv gesehen – von der Lektorin bis zur Bibliothekarin von Frauen dominiert. Frauen bestimmen, was Männer lesen sollen."

Immerhin, so kann man in der Zusammenfassung festhalten, hat die Männerfeindlichkeit inzwischen ein Ausmaß erreicht, das auch von Frauen wahrgenommen und problematisiert wird. Auch hier setzt sich eine Entwicklung fort, die im Ausland bereits vor einigen Jahren begann. So beklagte im August 2001 Mary Kenny im britischen „Sunday Telegraph"[52] eine Gesellschaft, in der Frauen kontinuierlich in den Himmel gehoben und Männer schlecht gemacht werden: ob in der Werbung, Filmen, Daily Soaps oder in der Literatur. Dass da Selbstmorde, Autounfälle und Drogenmissbrauch bei Männern um so vieles höher sind als bei Frauen, sei nicht verwunderlich. Kenny folgte damit einem Statement der feministischen Schriftstellerin Doris Lessing, die mit ihren Büchern immer wieder als Kandidatin für den Nobelpreis gehandelt wurde. Bei einer Veranstaltung im Rahmen des Edinburgher Bücherfestivals 2001 beklagte Lessing[53] die Abwertung von Männern in unserer Gesellschaft und forderte diese auf, sich endlich gegen ihre sinnlose Erniedrigung zu wehren. Männer seien das neue stille Opfer im Geschlechterkampf. Als Beispiel nannte Lessing ihr Erlebnis in einer Schulklasse, in der die Lehrerin ihren neun- bis zehnjährigen Schützlingen die Ideologie vermittelt habe, dass an Ereignissen wie Kriegen allein das männliche Geschlecht die Schuld trüge: „Man konnte sehen, wie die Mädchen selbstzufrieden und eingebildet bis zum Platzen waren, während die Jungen zerknirscht dakauerten, sich für ihre Existenz entschuldigten und dachten, dass nach diesem Muster ihr weiteres Leben ablaufen würde." Lessing führte aus, dass Vorkommnisse wie dieses an Schulen die Regel seien und niemand es wage, dagegen die Stimme zu erheben, um nicht als Verräter am Feminismus gebrandmarkt zu werden.

Dass und wie Männer inzwischen dazu übergegangen sind, sich gegen ihre Diskriminierung zur Wehr zu setzen, soll das nächste Kapitel zeigen.

4. DIE ZIELE DER MÄNNERBEWEGUNG

„Für Männer ist es 1962", postuliert eine als „Dr. Helen" bekannte Internet-Journalistin aus der englischsprachigen Blogger-Szene[54] und meint damit, dass Männer heute in derselben Situation seien wie Frauen vor dem Beginn der Frauenbewegung – und dass es schmerzhaft klar sei, dass die meisten entweder nichts von ihrer Benachteiligung wissen oder es ihnen egal sei. Ähnlich wie es damals bei vielen Frauen der Fall gewesen sei, würden heute viele Männer das Ausmaß ihrer Diskriminierung nicht erkennen. Dem unbenommen führten viele von ihnen ein Leben in stummer Verzweiflung.

Diese Darstellung trifft die gegenwärtige Situation ziemlich gut. Ähnlich wie in den sechziger Jahren, als Tammy Wynette „Stand by your man" ins Mikrofon schluchzte, stehen heute viele Männer dermaßen bedingungslos auf der Seite der Frauen, dass es an Selbstverleugnung grenzt. Und auf eine komplette Verdrängung der eigenen Probleme hindeutet. Nachdem ich „Sind Frauen bessere Menschen?" veröffentlicht hatte, wurde das Buch von seinen männlichen Lesern insgesamt sehr positiv wahrgenommen; in der Regel ging die Reaktion in die Richtung von: „Endlich sagt mal einer was!" Viele freuten sich, dass sie endlich nicht mehr den Eindruck hatten, sich allein wegen ihrer Geschlechtszugehörigkeit nur noch geduckt und ständig für alles mögliche entschuldigend fortbewegen zu können. Bei einigen Lesern kam es aber auch zu auffälligen Extremreaktionen. Manche schienen sich sehr auffällig von den Erkenntnissen, die ich referierte, distanzieren zu wollen. („Ich und ernsthafte Probleme? Haha! Hahaha! Ich bin doch ein MANN! Der Moment, in dem ich anfange herumzuflennen wie andere Heulsusen hier im Lande, da kann ich mir auch ein rosa Reifröckchen anziehen und Gummitwist spielen!") Andere Leser berichteten mir, dass durch die Lektüre meines Buches regelrechte Verkrustungen in ihnen aufgerissen worden seien, so dass sie ganze Nächte vor Erregung und Wut kaum schlafen konnten. Bisher hatten sie immer nur das diffuse Gefühl gehabt, dass irgendetwas extrem falsch dabei war, wie in unserer Gesellschaft mit ihnen und anderen Männern umgesprungen wurde, aber sie hatten nie genau den Finger darauf legen können, was es war. Und jetzt lasen sie mein Buch, und es machte immer wieder Klick. Ein Wiedererkennungseffekt nach dem anderen.

Ganz allmählich begann „Sind Frauen bessere Menschen?" Einfluss zu nehmen. Zuerst wurde es auf vereinzelten und weitgehend unabhängig voneinander existierenden Webseiten aufgegriffen, die man als deutsche Dependancen der international ja bereits existierenden Männerbewegung begreifen konnte. Insbesondere die Väterbewegung war auch in Deutschland zumindest im Ansatz etabliert. Medienreaktionen auf mein Buch gab es zunächst nur vereinzelt. In dieser Phase war das Internet ein Gottesgeschenk; vielleicht würden wir ohne dieses Medium männerpolitisch heute noch im finstersten Mittelalter leben. Ein Diskussionsforum nach dem anderen sprang in die Höhe, die Leute empfahlen einander mein Buch, zitierten daraus. Ich schickte an ursprünglich nur ein Dutzend Leute einen kleinen Newsletter, der die Debatte begleiten sollte (die „Invisible Men") und der so tüchtig weitergesandt wurde und auf Mailinglisten landete, dass er plötzlich Hunderte erreichte. Ein Jahr später wurden die bis dahin erschienenen Ausgaben dieses Newsletters auf drei verschiedenen Websites archiviert und den Zugriffszahlen zufolge nicht mehr von Hunderten gelesen, sondern von Zehntausenden. Auf diese Weise über Bande gespielt erreichte ich dann doch noch die „klassischen" Medien, denn als Redakteure des „Focus" anlässlich einer Neuerscheinung Martin von Crevelds nach deutschen Männerrechtlern googelten, sprang ihnen allerorten der Name „Arne Hoffmann" entgegen. Der „Focus" machte das Thema zur Titelgeschichte, was zu einer Nachfrage weiterer Medien führte – wenn auch nur einiger weniger im Vergleich zu dem gigantischen Podium, das der Feminismus genießt.

In der Folgezeit wurden meine Texte häufig als Vorlage für neue Essays, Analysen und Flugblätter verwendet. Neben mir gab es noch einige weitere Autoren zu diesem Thema (Paul-Hermann Gruner wäre da etwa zu nennen, Matthias Matussek natürlich und das Duo Alexander Provelegios und Peter Köpf), aber viele waren es nicht. Das Verlagsgeschäft war für männerpolitische Themen schlicht zu unwirtlich. Einige Autoren veröffentlichten im Internet, manche nannten dabei ihren Namen, andere blieben anonym und wurden so zu unbesungenen Pionieren dieser neuen Emanzipationsbewegung.

Recht bald kristallisierte sich jedoch heraus, dass das reine Zusammentragen von Informationen und das Erstellen von Analysen, was die gesellschaftliche Benachteiligung von Männern angeht, nicht ausreichte, um die Dinge zum Besseren zu verändern. Immer mehr setzte sich die Einsicht durch, dass ein Strategiewechsel nötig war, hin zu gemeinschaftlicher politischer Arbeit an diesem Problem. Nachdem erste Anläufe zu einer umfassenden Vernetzung aus unterschiedlichen Gründen scheiterten, bildete sich schließlich die Männerrechtsorganisation MANNdat e.V. (www.manndat.de), deren Mitglieder mehr wollten als einfach nur durch Äußerungen im Web ihrem Ärger Luft verschaffen. Sie machten sich daran, durch zielgerichtete Aktionen wie Infostände, Leserbriefe und Petitionen die Situation von Männern nachhaltig zu verbessern. Dementsprechend ist es auch die Gruppe MANNdat, die in den wenigen Medienberichten zur Männerbewegung überhaupt genannt wird, beispielsweise im „Spiegel".

Ich will andere Gruppen, etwa den Berliner Männerrat, nicht herunterschreiben. Sie leisten auch vieles. Aber außerhalb der Väterbewegung halte ich MANNdat momentan für führend, was kompetente, professionelle und hartnäckige politische Arbeit angeht. Wer sich davon überzeugen möchte, kann sich auf der MANNdats-Website selbst einen Eindruck bilden.

Hier einfach mal eine Liste mit politischen Zielen der Männerbewegung aufzustellen ist aus mehreren Gründen weitaus leichter gesagt als getan. Die Kernfrage, die sich unweigerlich stellt, lautet zunächst einmal: Was ist eigentlich „die Männerbewegung"? Das ist schließlich kein geschützter Begriff. Insofern ist es kein Wunder, dass beispielsweise im Internet-Lexikon Wikipedia bei Einträgen wie „Männerbewegung", „Maskulismus" etc. definitorisch eine komplett chaotische Kraut-und-Rüben-Situation herrscht. Das liegt zum einen daran, dass verschiedene einander politisch extrem feindliche Lager mit jeweils großem Nachdruck versuchen, eine Deutungshoheit durchzusetzen, und zum anderen daran, dass, wenn man etwa bei Google „Männerbewegung" eingibt, zu den Top-Treffern katholische und evangelische Gruppen gehören, deren oberstes Ziel es nicht zu sein scheint, politische Forderungen durchzusetzen. Da die Bedeutung eines Wortes aus seiner Verwendung in der Sprache erwächst und „Männerbewegung" extrem unterschiedlich verwendet wird, kann es für den Begriff „Männerbewegung" keine oberste Definitionsmacht geben.

Andererseits müssen wir uns darüber im Klaren sein, worüber wir uns hier überhaupt unterhalten. Eine Möglichkeit dazu besteht darin, zunächst einmal auf jene Definitionen zurückzugreifen, die die zentralen Protagonisten einer sozialen Bewegung selbst anlegen. Erst danach kann man die Auffassung von Abweichlern und Kritikern einer solchen Bewegung mit in Betracht ziehen, um das Definitionsspektrum zu erweitern. Eine brauchbare Begriffsbestimmung zu „Maskulismus" existiert etwa von dem amerikanischen Väterrechtler Mark Toogood. Demnach sei Maskulismus 1.) ein männerfreundlicher Rahmen, um gesellschaftliche Probleme zu betrachten, 2.) der Glaube, Gleichheit zwischen den Geschlechtern bedeute, dass man Vorurteile gegen Männer und die Benachteiligung von Männern ebenso erkennt, wie dies bei Frauen der Fall ist, und schließlich 3.) eine Perspektive, die ein nicht-oppositionelles Gegenstück zum Feminismus darstellt. Die Feministin Wendy McElroy führt ergänzend aus: „Das Leitthema des Mainstream-Maskulismus ist die Forderung nach einem geschlechtsneutralen Zugang zu gesellschaftlichen Problemen wie zerbrochenen Familien, häuslicher Gewalt und Fortpflanzung. Wenn es also etwa um die Bekämpfung von häuslicher Gewalt geht, fordert der Maskulismus, dass die Polizei, das Justizsystem und soziale Netzwerke damit aufhören, von vorneherein Frauen als Opfer zu definieren. Und anzuerkennen, dass auch Männer Opfer sein können."[55]

Wenn ich mich an einer eigenen Definition versuche, ist mir zunächst einmal wichtig, dass für mich und Gleichgesinnte der Begriff „Männerbewegung" als Kurzform für „Männerrechtsbewegung" verstanden wird. Vom lexikalischen Standpunkt aus macht das die Bedeutung des Begriffes leider unschärfer; „Männerbewegung" wird hier allein aus praktischen Gründen dem klareren Ausdruck „Männerrechtsbewegung" vorgezogen: Man spart Zeit, indem man ein wirklich langes Wort ein wenig abkürzt, und wie bei allen sinn- und sachverwandten Wörtern geht in der Regel aus dem Kontext ohnehin hervor, was gemeint ist. Meine Definition wäre dann: „Die Männer(rechts)bewegung beruht auf der Auffassung, dass Männer in unserer Gesellschaft in bestimmter Hinsicht benachteiligt werden, und dass diese Benachteiligung beseitigt werden sollte." Da sie sich damit spiegelbildlich zum Feminismus verhält, der dieselbe These im Bezug auf Frauen vertritt, halte ich den Ausdruck „Maskulismus" als Synonym für die Männer(rechts)bewegung für angemessen.

Schon bei diesem Versuch eines Minimalkonsenses entstehen Spannungen. Beispielsweise gibt es viele Männerrechtler, die zu Recht argumentieren, die neue Männerbewegung tue sehr gut daran, eines zumindest nicht zu sein: ein Spiegelbild des Feminismus. Denn eines fällt bei all den Verdiensten auf, für die sich beispielsweise Alice Schwarzer gerade dieses Jahr wieder selbst feiert: Die unterschiedlichsten Bereiche, von Beschneidung bis zu häuslicher Gewalt, werden von ihr allein vor dem Hintergrund einer großen Feindseligkeit gegen Männer thematisiert. Dieser Männerhass ist das verbindende Glied all dieser Themen, und exakt aus diesem Grund können Themen von häuslicher Gewalt bis zu Beschneidung nicht auf einer geschlechtsübergreifenden Grundlage angesprochen werden, wie dies ideologiefreie Forscher seit Jahren nachdrücklich empfehlen. Stattdessen werden weibliche Täter und männliche Opfer ausgeblendet und marginalisiert, und immer wieder muss etwa in Schwarzers „Emma" die (unbelegte) Behauptung eingestreut werden, dass männliche Täter weit in der Überzahl seien.[56] Dieser Ansatz wird etwa von den Männerrechtlern aus dem Umfeld von MANNdat konsequent abgelehnt: Ihnen geht es gerade darum zu zeigen, dass beide Geschlechter Opfer und Täter sind und eine Lösung beiden Geschlechtern gerecht werden muss. Sozusagen eine zweite Front aufzumachen und sein Denken nun ebenso ideologisch nur noch auf Männer auszurichten, führte zu keiner Verbesserung, sondern zu einer Verschlimmerung der Situation.

Das ist ein guter Einwand. Ich würde ihm entgegenhalten, dass der „Maskulismus" lediglich eine Übergangslösung darstellen sollte, bis jene Tendenzen, die einer wahren Gleichberechtigung im Wege stehen, beseitigt sind und eine wahre Gleichheit von Männern und Frauen erzielt ist. Maskulismus macht insofern nur als Gegengewicht zum Feminismus Sinn, bis ein Ausgleich erreicht ist. Eine kontinuierliche Selbst-Überprüfung, ob man ab einem bestimmten Punkt nicht ein radikalfeministisches Schema mit männlichen Inhalten anlegt, wäre unbedingt notwendig.

Andere Männerrechtler würden mir widersprechen und die Auffassung vertreten, der Maskulismus sei deshalb sinnvoll, weil er eine über Jahrtausende hinweg in den unterschiedlichsten Völkern funktionierende und entweder von der Natur oder von Gott gewollte Urform des Geschlechterverhältnisses („Patriarchat") wiederherstellen wolle – eine Urform, die erst von der 68er-Bewegung zerstört worden sei, was zu etlichen Problemen unserer Tage (Zerfall der Familie etc.) geführt habe. An dieser Stelle beginnt in den Männerforen des Internets regelmäßig die schönste Massenkeilerei – genauso wie in den Frauengruppen der siebziger Jahre ideologische Zerwürfnisse oft aufs Heftigste ausgetragen wurden.

Bizarr ist es in jedem Fall, wenn sich etwa in der Wikipedia (Stand Juli 2007) unter dem Eintrag „Männerbewegung in Deutschland" die Formulierung findet: „Daneben entwickelte sich die Männerrechtsbewegung, zu der der Maskulismus und ein Teil der Väterbewegung zählt. Da sie sich explizit antifeministisch gibt, ist umstritten, ob sie überhaupt zur Männerbewegung zählt, da die Männerbewegung ursprünglich ein feministisches Projekt war." Das ist natürlich aus den oben erwähnten Gründen absurd: Mit welcher Berechtigung will man etwa Hunderten oder Tausenden von Männern, die sich gegen feministische Männerdiskriminierung wehren wollen, die Auffassung vermitteln, solange sie sich nicht der feministischen Ideologie anschlössen, seien sie nicht als Teil der Männerbewegung zu bezeichnen? Die Wirklichkeit richtet sich nicht nach den Definitionen der Wikipedia, auch wenn einige WikipedianerInnen das offensichtlich gerne so hätten.

Wenn man nur einmal die drei bis hierher skizzierten Strömungen betrachtet – die pro-feministische Männerbewegung, die auf Gleichstellung ausgerichtete Männerrechtsbewegung und die (je nach Sichtweise) traditionalistische bzw. reaktionäre Männerrechtsbewegung – und alle anderen Strömungen außen vor lässt, die sich ebenfalls als „Männerbewegung" bezeichnen (zum Beispiel die „mythopoetische" Fraktion der „Wilden Männer"), kann man, was ihre Ziele und Wege angeht, verschiedene grundsätzliche Kontroversen und Überschneidungen ausmachen.

Kontroversen zwischen der pro-feministischen Männerbewegung und beiden Fraktionen der Männerrechtsbewegung

Der erwähnte Wikipedia-Artikel nennt für die pro-feministische Männerbewegung Volker Ellis Pilgrims „Manifest für den freien Mann" (1977) als zentrales Werk und darin den Satz „Der Mann ist sozial und sexuell ein Idiot" als kennzeichnendes Zitat. Gleichzeitig bezeichnet er diesen Flügel der Männerbewegung als „antisexistisch".

An dieser Stelle würden die Männerrechtler schallend zu lachen beginnen, denn sexistischer als in diesem Pilgrims-Zitat geht es wohl kaum. Oder wäre ein Satz wie „Die Frau ist sozial und sexuell eine Idiotin" etwa auch antisexistisch? Hier würden die Männerrechtler den pro-feministischen Geschlechtsgenossen vorwerfen, ihre geschlechtsbezogene Diskriminierung nicht ausreichend zu reflektieren.

„Wir brauchen eine neue Männerbewegung", fordert etwa Karin Deckenbach. Man müsse die Männer „drängen, um nicht zu sagen: zwingen, zu ihrem eigenen Glück." Dabei seien „Daumenschrauben so nötig wie erlaubt". Und sie tönt weiter: „Wir brauchen vor allem neue Männer. Die können wir uns teilweise selbst erziehen."[57] Viele Mitglieder der pro-feministischen Männerbewegung würden hier begeistert nicken: Auch ein Hund, der durch einen hingehaltenen Reifen springt, bewegt sich ja dabei. Zum Credo der Männerrechtsbewegung gehört allerdings, dass man eigene Positionen und Ansprüche erheben kann, die unabhängig von feministischen Wünschen und Vorgaben sind – und das, obwohl man ein Mann ist!

Kontroversen zwischen dem auf Geschlechtergleichheit ausgerichteten und dem die althergebrachte Rollenverteilung befürwortenden Flügel der Männerbewegung

Den Traditionalisten zufolge übersehen die emanzipatorischen Männerrechtler, dass Frauen und Männer nun einmal nicht gleich sind, sondern allein schon von ihrer Biologie (Hormone etc.) unterschiedlich angelegt. Beiden Geschlechtern dieselben sozialen Rollen zuzuschreiben sei ohne immerwährende massive staatliche Eingriffe nicht möglich, wobei diese Eingriffe bestehende Ordnungen zerstörten. Dass sich bei sämtlichen Völkern dieser Erde, selbst bei von der Außenwelt komplett abgeschlossenen Stämmen, immer ein Patriarchat herausgebildet habe, sei kein Zufall. Die emanzipatorischen Männerrechtler (also meine eigene Fraktion) halten dagegen: Erstens leben wir mittlerweile in einer komplett veränderten Gesellschaft, die somit auch eine veränderte Lebenswirklichkeit erzwingt. In diesem Zusammenhang hat auch eine moralische Weiterentwicklung stattgefunden: Wir halten schließlich auch keine Sklaven mehr, nur weil die Sklaverei eine der ältesten und über Jahrtausende „bewährtesten" Arbeitsformen der Menschheit war. Zweitens stellte die ursprüngliche Rollenverteilung der Geschlechter in mehrfacher Hinsicht auch schon eine Benachteiligung für den Mann dar. Er war Kanonenfutter in Kriegen, überließ bei Schiffskatastrophen den Frauen freiwillig die Rettungsboote, um jämmerlich zu ersaufen, schuftete von Sonnenaufgang bis Sonnenuntergang unter oft unzumutbaren Zuständen, wobei er seiner Familie und dem häuslichen Bereich immer mehr entfremdet wurde – und was man alles mehr aufzählen könnte.

Eine weitere Kontroverse entsteht, was die Zusammenarbeit mit dem Feminismus angeht. Während von Autoren und Aktivisten der emanzipatorischen Männerbewegung (z. B. Warren Farrell und mir selbst) eine Zusammenarbeit mit wahrhaft antisexistischen Feministinnen wie Wendy McElroy für möglich, wenn nicht gar erstrebenswert gehalten wird, ist das für manche Traditionalisten ein Unding. Man müsse den Feminismus mit Stumpf und Stiel ausrotten, heißt es dann etwa, schließlich habe man nach dem Dritten Reich die Konzentrationslager auch außer Funktion gesetzt und nicht lediglich neu angestrichen. Auf diesem absonderlichen Niveau angekommen, kann man als emanzipatorischer Männerrechtler fast nur noch genauso polemisch zurückfragen, ob denn etwa das Frauenwahlrecht auch abgeschafft werden solle, da auch dieses erst durch Feministinnen erkämpft werden musste.

Überschneidungen zwischen der pro-feministischen Männerbewegung und den emanzipatorischen Männerrechtlern

Beide Fraktionen lehnen zum Teil Aspekte der traditionellen Männerrolle ab, beispielsweise die innere oder äußere Verpflichtung zum Soldatentum. Andererseits wird von pro-feministischer Seite argumentiert, die Wehrpflicht stelle einen gerechten Ausgleich dafür dar, dass Frauen die Kinder bekämen. Hier werden allerdings erzwungene Leistungen mit solchen vermischt, die freiwillig und aus eigenem persönlichem Interesse heraus geschehen, und es wird die Bedeutung des Vaters für den Nachwuchs ausgeblendet. Es handelt sich also um ein Scheinargument, das lediglich die bestehende Ungleichheit stützen soll.

Überschneidungen zwischen den beiden Fraktionen von Männerrechtlern

Beide Fraktionen wollen die drei von mir angesprochenen Formen der Diskriminierung von Männern beseitigen: die Herabsetzung von Männern in den Medien, gezielte Benachteiligungen von Männern (etwa die Wehrpflicht) und das leichtfertige Übergehen von Belastungen, die vor allem Männer betreffen (etwa die extrem hohe Rate von Männern, die an den Folgen ihrer Berufsausübung sterben, oder die unverhältnismäßig hohe Selbstmordrate unter Männern).

Ein besonderes Problem der Männerrechtsbewegung liegt darin, dass Vertreter beider Fraktionen die Vertreter der jeweils anderen Fraktion nur mit Mühe als „echte" oder „eigentliche"

Männerrechtler akzeptieren. Für viele Traditionalisten stellen emanzipatorische Männerrechtler lediglich Vertreter eines abgeschwächten Feminismus dar, sozusagen derselbe Kaffee, nur mit einem Schuss Milch darin. Die emanzipatorischen Männerrechtler wiederum ärgern sich über das in ihren Augen radikale Gepolter der Traditionalisten, das ihnen ihre politische Arbeit erschwere, da politische Gegner aus den radikalfeministischen Reihen nur auf besonders fundamentalistische Texte zu verweisen brauchen, um die gesamte Männerrechtsbewegung als einen frauenfeindlichen, reaktionären Haufen darzustellen. Aus ihrer Sicht sind die Traditionalisten in ihrem Fundamentalismus häufig nur das maskulistische Spiegelbild einer Alice Schwarzer.

Wie schon gesagt, gibt es keine überlegene Position, von der aus man urteilen könnte: „Du gehörst zur Männerbewegung und du nicht!" Was man aber durchaus tun kann ist festzustellen, wo das politische Hauptgewicht einer Bewegung liegt. Dazu kann man sich Fragen stellen wie:

Welche dieser Männerrechtler befinden sich im Mittelpunkt eines Netzwerks und welche nehmen Außenpositionen ein? Von welchen liegt ein Textkorpus vor, das von anderen Männerrechtlern auch vergleichsweise häufig angeführt und zitiert wird? Welche Männerrechtler stehen auch mit ihrem bürgerlichen Namen für ihre Sache gerade und welche verbergen sich hinter obskuren Internetnicks, also Decknamen? (Nebenbei bemerkt ist es ein beliebtes Spielchen von Feministinnen, sich unter einem solchen Nick in ein Männerforum zu begeben und zum Schein besonders radikale Positionen zu vertreten, die dann zur Abschreckung zitiert werden können.) Welche Männerrechtler sind nachweisbar auch über längere Zeit hinweg mit ernsthafter politischer Arbeit und mit konkreten Zielen beschäftigt? Und welche poltern nur in Internetforen herum, dass unsere Gesellschaft endgültig nicht mehr zu retten sei, wenn nicht bis spätestens heute Mittag die maskulistische Weltrevolution stattfände? Welche Männerrechtler werden überhaupt auch außerhalb ihrer Bewegung wahrgenommen? Welche Männerrechtler arbeiten pragmatisch und welche benutzen Versatzstücke, die man vor allem aus politischen Ideologien her kennt (Gruppe A ist Gruppe B von Natur aus überlegen, Gruppe B „unterdrückt" Gruppe A, eine ideale Gesellschaftsordnung ist durchsetzbar, an die Stelle einer Reform muss eine Revolution treten usw.)?

Die Männerrechtsbewegung ist der feministischen Bewegung allerdings nicht zuletzt deshalb politisch-moralisch einen Schritt voraus, weil bei den Männerrechtlern die Radikalen und die Fundamentalisten eher zu den Randfiguren gehören. Im Gegensatz dazu gehören Autorinnen wie Andrea Dworkin, Catharine MacKinnon und Valerie Solanas mit ihrem Männerhass und ihren Männervernichtungsfantasien zu den populärsten Vertreterinnen des Feminismus. Beispielsweise wird von Alice Schwarzer (Bundesverdienstkreuz) in der *Emma* (auflagenstärkste feministische Zeitschrift Europas) immer wieder gerne positiv auf deren Werke verwiesen. Das ist im übrigen für mich einer der Hauptpunkte, warum ich mit einer Alice Schwarzer keine Möglichkeit der politischen Zusammenarbeit sehe, so charmant und witzig sie sich bei Fernsehshows auch immer geben mag, mit aufgeklärteren und reflektierenderen Feministinnen aber durchaus.

Zuletzt sollte ich an dieser Stelle erwähnen, dass die von mir vorgenommene Dreiteilung der Männerbewegung nur ein sehr grobes und vereinfachtes Raster darstellt. Realistischer wäre es, sich die Männerbewegung als Kontinuum vorzustellen, denn auch bei den pro-feministisch Männerbewegten sickert so allmählich die Erkenntnis ein, dass Männer in bestimmten Punkten benachteiligt werden; zugleich gibt es sicher viele Männerrechtler, die in der einen politischen Frage eine „traditionelle" und in der anderen eine „emanzipierte" Position einnehmen.

Ich bin mit dem Begriff Maskulismus nicht ganz glücklich, suggeriert er doch, es wäre das männliche Gegenstück zum Feminismus. Das ist er mitnichten. Er entstand zwar als Gegenbewegung, um der einseitigen Bevorzugung von Frauen, den antidemokratischen und antifreiheitlichen Tendenzen des Staatsfeminimus und der Verächtlichmachung der Männer entgegenzutreten, verfolgt aber ganz andere Ziele als der Feminismus – statt einseitiger und egoistischer Vorteilsnahme auf Kosten der ganzen Gesellschaft geht es dem Maskulismus um die Wiederherstellung des partnerschaftlichen Verhältnisses von Männern und Frau-

en unter Anerkennung unterschiedlicher Bedürfnisse, um Freiheit in Verantwortung gegenüber Gesellschaft, Partnern und Kindern, um Wahrhaftigkeit im Diskurs und um demokratische Grundwerte. Maskulismus ist, im Gegensatz zum Feminismus, kein Selbstzweck: Er entstand aus Notwendigkeit und wird auch nur solange existieren, wie er notwendig ist, hat es auch nicht nötig, wie der Feminismus krampfhaft die Geschichte nach ideologischen Vorfahren zu durchsuchen oder sich einen pseudowissenschaftlichen Hintergrund zu konstruieren. Denn es ist wohl klar, dass in der modernen Gesellschaft ganz andere Probleme wichtig sind und gelöst werden müssen als eine herbeigeredete und durch nichts begründete Frauenbenachteiligung. Dabei steht außer Frage, dass eine sich verändernde Gesellschaft auch veränderte soziale Rollen bedingt – nur gilt dies natürlich für beide Geschlechter. Daher steht Maskulismus in der Tradition des freiheitlichen Humanismus, als zeitgenössische Ausprägung aufklärerischen Denkens. Maskulismus ist eine konstruktive gesellschaftspolitische Bewegung im Gegensatz zum destruktiven Feminismus. Maskulismus argumentiert – Feminismus polemisiert, daher ist Maskulimus bei möglichen Fehlern in der Argumentation angreifbarer, aber eben auch offen zum sachlichen Diskurs. Maskulismus lehnt eine einseitige, nur vom Feminismus definierte Männerrolle ab und gestaltet auf der Basis eines positiven Männerbildes männergerechte, aber partnerschaftliche und sozial verträgliche Lebensentwürfe. Maskulismus ist demokratisch und vertritt das Ideal des mündigen Individuums im Gegensatz zum autoritären Denken des Feminismus. Maskulismus hinterfragt gesellschaftliche Dogmen und Tabus, auch des Feminismus, um die gesellschaftliche Entwicklung zu fördern und aus der Stagnation zu führen. Daher spielt es auch keine Rolle, ob Maskulisten antifeministisch, wie ich etwa, eingestellt sind, da der moderne Feminismus vom ersten Tomatenwurf an autoritär, antidemokratisch und destruktiv war und sich seither kaum weiterentwickelt hat. Einige der modernen Tendenzen des Feminismus, wieder auf mehr Zu-

sammenarbeit zwischen den Geschlechtern und Anerkennung des anderen Geschlechts zu setzen, können durchaus positiv gewertet werden. Die verschiedenen Strömungen im Maskulismus mit ihren unterschiedlichen Ansätzen und den verschiedenen Graden der Akzeptanz feministischer Ansprüche zeigen die bunte Vielfalt möglicher Lebensentwürfe, die alle das gemeinsam haben, was Mannsein ausmacht: verantwortungsvolles Leben. Und: Ja – ich bin Maskulist.

Der Männerrechtler „Altschneider" im Internetforum von MANNdat e.V.

Was aber sind nun die Ziele der Männerrechtsbewegung? Ich denke, auch nach all dem bis hierhin Gesagten, dass man durchaus eine entsprechende Liste aufstellen kann. Voraussetzung ist, dass man dieser Liste einen gewissen Spielraum gewährt und sie nicht als allzu verbindlich betrachtet. Sicherlich geht es allen Männerrechtlern darum, die von ihnen erlebten Diskriminierungen zu beseitigen. Es ist aber gut möglich, dass verschiedene Männerrechtler hier unterschiedliche Wertigkeiten setzen, weil sie diese Diskriminierungen als unterschiedlich belastend bewerten. Männer sind schließlich nicht nur einfach Männer, sondern z.B. Väter, Singles, Studenten, Wehrpflichtige, Männer mit Migrationshintergrund, Homosexuelle, Behinderte und so weiter. Da die Männerrechtsbewegung eine junge und keine scharf umrissene Gruppe ist, werden von einzelnen auch immer wieder mal Gedanken eingebracht, die zu einer wahren Gleichberechtigung konsequent gedacht dazugehören, die sich aber noch in keinem „offiziellen" Forderungskatalog finden.[58]

Es ist auch denkbar, dass, um eine bestimmte Diskriminierung zu beseitigen, unterschiedliche Lösungsansätze bevorzugt werden. Wie ist es beispielsweise, wenn eine bestimmte Institution über eine Frauenbeauftragte verfügt, aber über keinen Männerbeauftragten, wie es in aller Regel der Fall ist? Eine Möglichkeit wäre, statt der Frauenbeauftragten ein Gleichstellungsbüro vorzuschlagen, das paritätisch mit einem Mann und einer Frau besetzt ist und sich den Problemen und Benachteiligungen beider Geschlechter widmet. Manche allerdings würden hier die

Hände über dem Kopf zusammenschlagen und ausrufen: „Jetzt geht der Quotenschwachsinn hier auch noch los! Als nächstes setzen wir dem Ausländerbeauftragten dann einen Deutschenbeauftragten gegenüber! Eine Streichung der Frauenbeauftragten wäre sinnvoller und würde außerdem unnötige Kosten einsparen." Letzten Endes kommt es hier auf den konkreten Einzelfall an, welches Vorgehen sinnvoller ist: Wenn nach einem Männerbeauftragten kein Bedürfnis besteht, brauche ich nicht allein aus Gleichheitsgründen eine solche Stelle einzurichten.

Auch innerhalb politischer Gruppen mit derselben Zielsetzung, etwa MANNdat, werden Verbesserungsvorschläge durchaus kontrovers diskutiert. Sie alle eint das Bedürfnis, die Benachteiligung männlicher Mitbürger bekannt zu machen und zu beseitigen. Die Wege, wie dieses Ziel erreicht werden kann, sind hingegen nur Ansatzpunkte. Dadurch, dass die Bedürfnisse im Fokus stehen, die Wege dorthin aber nicht festgelegt sind, bleiben Männerrechtler in ihrer politischen Arbeit konstruktiv und dialogfähig.

Ein anderer wichtiger Punkt ist, sich jeweils zu überlegen: Was kann ich selbst ändern, was nur gemeinsam mit anderen Männern, und was die Gesellschaft insgesamt? Letzteres ist leider oft der unbefriedigendste Weg, denn wenn es eines gibt, was wir Männerrechtler gelernt haben, dann dass sich Staat, Wissenschaft und Medien mit Vorliebe auf die Belange der Frauen stürzen und die der Männer links liegen lassen. Das verwundert nicht: Frauen stellen die Mehrzahl der Wählerinnen und Konsumentinnen und verfügen über eine seit Jahrzehnten etablierte, institutionalisierte und bestens vernetzte Lobby, von der wir Männer nur träumen können. Andererseits sind viele Probleme auf persönlicher Ebene nicht lösbar. Ich kann zwar für mich persönlich entscheiden, ob ich mich mit einer Frau treffe, die erwartet, dass nach dem Essen ich die Rechnung übernehme, aber ich kann nicht beschließen, dass ich keine Lust auf Wehr- oder Zivildienst habe, um stattdessen meine berufliche Karriere voranzutreiben. Das dürfen nur Frauen. Ein Problem, das ich nur zusammen mit anderen Männern lösen kann, wäre etwa, dass es so gut wie keine Beratungsstellen für erwachsene männliche Opfer von sexueller Gewalt gibt und keine entsprechenden Auffangeinrichtungen, wie sie vor allem die autonome Frauenszene für ihre Geschlechtsgenossinnen hervorgebracht hat. Besonders heikel ist übrigens eine vierte Gruppe von Problemen, die sich bislang weder auf persönlicher, noch auf staatlicher Ebene einfach so qua Beschluss ändern lassen – beispielsweise dass es viel zu wenig männliche Lehrer und Erzieher insbesondere für kleinere Kinder gibt und so die Jungen in ihrem Leben nicht genügend männliche Vorbilder haben, worauf sie diese Lücke vielleicht mit den Helden von Actionfilmen zu füllen versuchen.

Bei der folgenden Liste von Vorschlägen richte ich mich nach bekannten Vordenkern der Männerbewegung wie Warren Farrell und Cathy Young sowie nach meinen eigenen Ideen, nachdem ich mich über mehrere Jahre hinweg mit der Benachteiligung von Männern beschäftigt habe. Diese Auflistung beruht auf einem einige Jahre alten Text von mir[59] und wurde inzwischen von MANNdat e.V. aufgegriffen und eindrucksvoll erweitert sowie mit brauchbaren Querverweisen und Quellenangaben verlinkt.[60]

Aus den oben genannten Gründen können all diese Punkte nicht mehr als eine erste Diskussionsgrundlage darstellen, bei der es zunächst einmal darum geht, das gesamte Spektrum an bisher diskutierten Wünschen und Vorstellungen relativ breit darzustellen. Leider ist die Masse an gesellschaftlichen Benachteiligungen für Männer momentan derart gewaltig, dass man kaum weiß, welche man als erstes in Angriff nehmen sollte, wenn man denn überhaupt die Gelegenheit dazu hätte. Nachdem die Probleme und Anliegen von Männern für viele Leser komplettes Neuland darstellen dürften, muss ich an einigen Punkten etwas ausholen, um die Hintergründe wenigstens grob zu umreißen.

Dass Männer sieben Jahre früher sterben als Frauen ist wahrscheinlich so gut wie gar nicht biologisch bedingt. Beispielsweise sterben weit überwiegend Männer an gesundheitlichen Folgeschäden ihrer Arbeit, vom Herzinfarkt über Berufsunfälle bis zur Staublunge. Männer müssen gegen solch schädliche Arbeitsbedingungen mindestens so gut geschützt werden wie Frauen gegen sexuelle Belästigung am Arbeitsplatz. Erstaunlicherweise jedoch nimmt in der öffentlichen Debatte der Schutz vor einer unerwünschten Anmache von Frauen größeren Raum ein als der

Schutz vor dem Verlust des Lebens von Männern. Dabei sollte Männern auch stärker vermittelt werden, dass sie nicht ihre Gesundheit oder ihr Leben in einem der von der WHO so bezeichneten „Todesberufe" aufs Spiel setzen müssen, nur um mit dem erzielten Einkommen Frauen zu unterhalten.

In jedem Fall sollte das Renteneintrittsalter an die durchschnittliche Lebenserwartung angepasst werden. Das würde bei unserer momentanen Situation bedeuten, dass Männer vor Frauen in Rente gehen würden statt umgekehrt.

Selbst wenn Männer aus biologischen Gründen früher stürben als Frauen, müsste man versuchen, diesen Nachteil durch ein besser auf Männer zugeschnittenes Gesundheitssystem auszugleichen. Das Gegenteil ist momentan der Fall. Eine Auswertung von dreitausend medizinischen Zeitschriften im „Index Medicus" ergab, dass auf 23 Artikel über die Gesundheit von Frauen ein einziger kommt, der die Gesundheit von Männern zum Thema hat. Das zeigt sich auch im finanziellen Bereich, wenn etwa, wie in Kapitel 2 bereits erwähnt, für die Erforschung vor allem bei Frauen vorkommender Tumoren wesentlich mehr Geld ausgegeben wird als für typisch männliche Krebsarten, obwohl letztere häufiger sind. Auch eine Hautkrebsvorsorge bekommen Frauen in Deutschland ab 30 und Männer erst ab 45 Jahren bezahlt, obwohl es in der Altersgruppe zwischen 30 und 45 etwa 50 Prozent mehr Hautkrebserkrankungen bei Männern gibt als bei Frauen. Die Zeitschrift „Men's Health" macht seit Jahren (vergeblich) auf solche Missverhältnisse bei der Krebsbekämpfung aufmerksam – bis hin zu einer (ebenfalls vergeblichen) Petition an die Bundesgesundheitsministerin. Einen „Männerarzt", analog zum Frauenarzt, der die Angehörigen des weiblichen Geschlechts von der Jugend bis ins Alter regelmäßig betreut, untersucht und behandelt, fordern die Wiener Hormonforscher Meryn und Metka. Noch immer gibt es trotz der höheren Lebenserwartung der Frauen keinen Männergesundheitsbericht, wohl aber einen Frauengesundheitsbericht. Und 19 Frauengesundheitszentren, aber kein einziges Männergesundheitszentrum. Obwohl die Zahl Suchtgefährdeter unter den Männern höher ist als bei den Frauen, gibt es keinen Männersuchtbericht, wohl aber einen Frauensuchtbericht. Trotz alledem beschlossen im August 2000 die damaligen Regierungsparteien SPD und Grüne, die speziell auf Frauen ausgerichtete Gesundheitsfürsorge weiter zu fördern, und auch unter der momentanen Großen Koalition gibt es hier noch keine Hinweise für ein längst überfälliges Umdenken.

Manche Männerrechtler fordern, was die Krankenkassen angehe, eine Anpassung der Einzahlung von Beiträgen an die Auszahlung. Bislang zahlten Frauen nur etwa ein Viertel der Krankenkassenbeiträge, entnähmen ihr aber (wohl aufgrund ihres längeren Lebens) drei Viertel.

Depressionen sind bei Männern stark unterdiagnostiziert, galten noch vor wenigen Jahren als rein weibliches Leiden und bleiben auch heute noch bei Männern häufig unbehandelt. Dies gilt, obwohl beispielsweise Selbstmorde knapp dreimal so viele Männer wie Frauen zum Opfer haben (verdeckte Selbstmorde z.B. durch tödliche „Unfälle" unter Alkoholeinfluss nicht mitgerechnet). Wir sollten endlich beginnen, die Gründe dafür zu erforschen und gezielt Beratungs- und Hilfsangebote für Männer zu entwickeln, wie es sie für Frauen seit langem gibt.

Auch in anderer Hinsicht benötigen Männer dieselben Schutz- und Unterstützungsmaßnahmen wie Frauen. Zwei Beispiele: Obwohl Schätzungen zufolge knapp 90 Prozent der Obdachlosen männlich sind (auch hier könnte man die Gründe erforschen und bekämpfen), gibt es ein staatliches Sozialprogramm allein für die weibliche Minderheit von zehn Prozent. Und obwohl weit häufiger Männer Gewalttaten zum Opfer fallen, gibt es Vorkehrungen wie Frauentaxis, Frauenparkplätze, Selbstbehauptungstrainings etc. allein für das weibliche Geschlecht. Tatsächlich kann ein männlicher Rentner einem Überfall aber weit hilfloser gegenüberstehen als eine weibliche Zwanzigjährige.

Insbesondere sei in diesem Zusammenhang auf die Bereiche häuslicher und sexueller Gewalt verwiesen. Was häusliche Gewalt angeht, wissen wir seit mehreren Jahren, dass dabei die Täter mindestens zur Hälfte weiblich sind. Jochen Hoffmann von der Beratungsstelle des Männerzentrums Frankfurt/Main berichtet, dass jeder zweite Mann bei ihm über Gewalt von Frauenseite spreche. Keiner von ihnen käme aber auf die Idee, diese Gewalttaten anzuzeigen. Das stecke man(n) weg, so wie man früher Prügel als Junge weggesteckt habe. Es gibt bisher nur zwei Hilfsprojekte für männliche Opfer dieses Delikts (in Berlin und in Oldenburg). Beide erhalten im Gegensatz zu den mehreren hundert größtenteils über die öffentliche Hand finanzierten Frauenhäusern keinerlei staatliche Unterstützung. Stattdessen verdummte Rot-Grün die Republik mit „Info-Kampagnen", in denen ausschließlich Frauen als Opfer erschienen. Erfreulicherweise haben in den letzten Jahren die Medien ihre Verantwortung wahrgenommen und den aktuellen Forschungsstand der Bevölkerung deutlich vermittelt. Jetzt ist die Politik gefragt: Zum einen sind weitere Studien über die Situation in Deutschland notwendig. (Beispielsweise ist noch immer hoch umstritten, welches der beiden Geschlechter schwerer verletzt wird; die bislang vorliegenden internationalen Untersuchungen sind konträr. Auch muss ermittelt werden, inwiefern geprügelten Männern eventuell mit völlig anderen Angeboten geholfen werden kann als geprügelten Frauen.) Zum anderen geht es darum, den männlichen Opfern genauso stark Hilfe zukommen zu lassen wie weiblichen.

Vor der Polizei und dem Richter sollten bei häuslicher Gewalt beide Geschlechter gleich behandelt werden. Die Wahrscheinlichkeit, dass bei einem solchen Fall die Gewalt von der Frau ausging, beträgt ohne weitere Hinweise mindestens 50 Prozent. Darüber sollte die Öffentlichkeit nicht nur von einzelnen unabhängigen Journalisten, sondern endlich auch von staatlicher Seite aufgeklärt werden. Derzeit, so befand der renommierte Berliner Geschlechterforscher Willi Walter im Juni 2006, sei die Lage für Männer so, wie sie für Frauen vor 30 Jahren war, als es sich bei Gewalt gegen Frauen noch um ein Tabuthema handelte.[61] Auch weibliche Täter müssen in Programmen psychologischer Beratung lernen, Verantwortung für ihr Handeln zu übernehmen. Das Geld der Steuerzahler sollte nicht länger vorwiegend oder ausschließlich für Organisationen ausgegeben werden, die die Propaganda verbreiten, häusliche Gewalt sei ein Zeichen patriarchaler Unterdrückung – und so in Wirklichkeit nichts für die Lösung dieses Problems tun.

Organisationen, die von Frauen missbrauchte Jungen betreuen, haben ebenso ein Anrecht auf staatliche Unterstützung wie das umgekehrt für Gruppen gilt, die sich von Männern missbrauchten Mädchen widmen. Generell ist es dringend notwendig, das bislang sehr schwache Angebot für sexuell missbrauchte Jungen deutlich auszubauen.

Während es in den letzten Jahren gelungen ist, das Medientabu häuslicher Gewalt von Frauen zu brechen, ist dies noch nicht geglückt, was sexuellen Missbrauch durch Mütter und andere Frauen angeht. Und noch viel weniger, was sexuelle Übergriffe von Frauen gegen erwachsene Männer betrifft.

Lange Zeit wusste man auch deshalb praktisch nichts über Männer, die von Frauen zu unfreiwilligem Sex gebracht worden waren, weil die Sexualforscher schon von sich aus ausschließlich Frauen nach solchen Erlebnissen befragten. Allzu oft findet Wissenschaft leider nur vor dem Hintergrund stillschweigender Grundannahmen statt. Sexualforscher, die jedoch Männer und Frauen nach solchen Erfahrungen befragten, mussten feststellen, dass 94 Prozent der Männer (und 98 Prozent der Frauen) sagten, sie hätten in ihrer Collegezeit unerwünschte sexuelle Aktivitäten erlebt. Die Überraschung war noch größer, als man feststellte, dass 63 Prozent der Männer und 46 Prozent der Frauen angaben, unerwünschten Geschlechtsverkehr gehabt zu haben.[62]

Folgestudien kamen zu nicht ganz denselben Zahlen (das hängt immer stark von der jeweiligen Untersuchungsgruppe ab), aber durchaus vergleichbaren Größenordnungen (z.B. 49 Prozent der Männer und 40 Prozent der Frauen). Die Sexualforscher Struckman und Johnson berichten, dass 52 Prozent derjenigen Männer, die unerwünschte sexuelle Aktivitäten eingegangen waren, dies aufgrund psychologischen Druckes getan hatten, 28 Prozent aufgrund einer Mischung aus körperlichem und seelischem Zwang und zehn Prozent aufgrund körperlichen Zwangs allein.

Eine andere Befragung von männlichen Studenten in den USA ergab, dass 34 Prozent zum Sex genötigt worden waren: 24 Prozent von Frauen, vier Prozent von Männern und sechs Prozent von beiden Geschlechtern. In zwölf Prozent aller Fälle wurde der sexuelle Kontakt durch Festhalten oder Fesseln, körperliche Einschüchterung und das Androhen oder tatsächliche Zufügen von Verletzungen erreicht. Die Autoren der Studie erwähnen, dass in Vergewaltigungs-Krisenzentren zehn bis 20 Prozent der Opfer männlich sind, halten aber eine in Wahrheit höhere Zahl männlicher Opfer für gut möglich: Acht von zehn vergewaltigten Männern berichteten niemandem oder nur den engsten Freunden von diesem Vorfall. In einer Folgestudie berichteten drei Jahre später über vier Prozent männliche Collegestudenten, von einer Frau durch körperliche Gewalt zum Sex gezwungen worden zu sein.[63]

Zahlen, denen zufolge mehr Männer als Frauen gegen ihren Willen Sexualverkehr hatten, wurden auch von Dr. Charlene Muehlenhard bestätigt, einer der einflussreichsten und respektiertesten Sexualforscherinnen Nordamerikas. In einer Studie von 1988 sagten 84 Prozent der Frauen und 74 Prozent der Männer aus, sie hätten Druck erfahren, sexuelle Aktivitäten einzugehen, obwohl sie nicht wollten. Frauen schafften es indes eher, sich dagegen durchzusetzen: 39 Prozent von ihnen gaben an, unerwünschten Verkehr gehabt zu haben, gegenüber 49 Prozent der Männer.[64]

Im Jahr 2003 schließlich veröffentlichten die Wissenschaftler Krahé, Scheinberger-Olwig und Bieneck in dem akademischen Fachmagazin „Archives of Sexual Behavior" zwei neue Studien, für die sie mehrere hundert Männer über ihre Erlebnisse mit unfreiwilligem Sex befragten. In der ersten Studie berichteten 25 Prozent, in der zweiten 30 Prozent der befragten Männer, schon einmal mit einer Frau Sex gehabt zu haben, ohne damit einverstanden gewesen zu sein.[65]

Sexuelle Gewalt gegen Männer und ihre Folgen wird bislang vorwiegend in englischsprachigen akademischen Fachzeitschriften und nur wenigen Büchern behandelt (etwa Helen Benedicts „Recovery", Columbia University Press 2004). Im deutschen Sprachraum findet man Verhaltenstipps für Männer, die Opfer sexueller Gewalt durch weibliche Täter wurden, allein in Peter Becks und Uwe G. Seebachers „Rambo-Frauen" sowie meinem eigenen Ratgeber „Nummer Sicher" (Marterpfahl 2007). Hier wäre eine weitergehende Enttabuisierung sehr zu wünschen.

In ihrer Diplomarbeit „Häusliche Gewalt gegen Männer in heterosexuellen Partnerschaften – ein soziales Problem?" (HTWK Leipzig 2004) beschäftigt sich die Sozialpädagogin Susann Arnhold mit einer wesentlichen Frage: Dem Gesamtbild der Familien- und Konfliktforschung zufolge kommt häusliche Gewalt gegen Männer genauso häufig vor wie Gewalt gegen Frauen, aber nur Gewalt gegen Frauen wird als „soziales Problem" wahrgenommen, Gewalt gegen Männer hingegen nicht. Woran liegt das? Hier erkennt Arnhold als einen von mehreren zentralen Gründen, „dass in Deutschland kein politisches Gremium existiert, das erkennen lässt, dass es auch für Angelegenheiten, die Männer betreffen, zuständig ist. Bis heute gibt es in Deutschland kein Ministerium, das sich explizit mit Männerfragen auseinandersetzt. Das 'Bundesministerium für Familie, Senioren, Frauen und Jugend' (BMFSFJ) ist zwar dem Namen nach für Familienangelegenheiten zuständig, jedoch werden in der Bezeichnung Männer nicht ausdrücklich als Zielgruppe benannt (im Gegensatz zu Frauen). Auch im Berliner Senat gibt es keine Senatsverwaltung, die Männer in ihrer Bezeichnung erwähnt (im Gegensatz zu Frauen). Die Tatsache, dass es in Deutschland keine politische Institution gibt, die sich speziell mit Männerfragen auseinandersetzt, stellt die erste Schwierigkeit für die Problematisierer dar, den Tatbestand auf direktem Weg auf die politische Tagesordnung zu setzen. Es existiert kein direkter Ansprechpartner in der Politik, wenn es um Männerfragen geht. Die oben genannten Einrichtungen können sich bei direkter Ansprache auf ihre Bezeichnung und ihren (...) damit verbundenen Zuständigkeitsbereich beziehen. Da Männer in der Bezeichnung der politischen Instanzen nicht ausdrücklich als Zielgruppe benannt werden, können Männerfragen mit Bezug auf den Namen abgewehrt oder die Zuständigkeit verweigert bzw. weitergegeben werden."

Dieses Dilemma betrifft natürlich nicht nur die unbeachteten männlichen Opfer von häuslicher Gewalt, sondern auch alle anderen Anliegen und Probleme von Männern, welche unsere Gesellschaft ignoriert. Generell wird in der Politik das Bild vermittelt, dass die Forderungen von Frauen berechtigter seien als die von Männern. Warum kann sich ein Politiker damit brüsten, was er alles für Frauen getan hat, aber nicht damit, was er für Männer erreichte? Es gibt in der Bundesrepublik ein Bundesministerium und neun Länderministerien, in deren Bezeichnungen das Wort Frauen vorkommt, aber kein einziges Ministerium, das in seinem Namen Männer aufführt. Die meisten Sozialministerien listen Frauenpolitik auf ihren Homepages als Politikschwerpunkt auf, kein einziges definiert Männerpolitik als eigenen Politikbereich. Im Jahr 2003 veröffentlichte das BMFSFJ eine Studie über behinderte Mädchen in Deutschland („Einmischen – Mitmischen"), behinderte Jungen blieben außen vor. Dazu MANNdat: „Diese Einseitigkeit in der Jugendpolitik widerspricht der neuen europäischen Geschlechterrichtlinie – Gender Mainstreaming –, nach der immer die Lebenssituation beider Geschlechter zu berücksichtigen ist. Dabei wurde das Hauptreferat für diese Geschlechterrichtlinie in Deutschland ausgerechnet im BMFSFJ eingerichtet. Das BMFSFJ sollte deshalb eigentlich ein Garant für die Berücksichtigung der Situation beider Geschlechter sein. Wer von Gleichstellung spricht, sich aber nur für die Situation eines Geschlechtes interessiert, ist unglaubwürdig." Der Grünen-Politiker Peter Thiel, der auch im Berliner Männerrat aktiv ist, nannte bei der Bundestagswahl 2002 als eines seiner politischen Ziele die Umbenennung des bisherigen „Bundesministerium für Familie, Senioren, Frauen und Jugend" z.B. in ein „Bundesministerium für Geschlechter- und Generationenfragen" sowie die Schaffung einer Unterabteilung „Männerfragen" innerhalb der bestehenden Abteilung „Gleichstellung".

Ob es sinnvoll ist, Gleichstellungsstellen in öffentlichen Behörden in Stellen für Frauen- und Stellen für Männeranliegen zu splitten, ist (wie oben ausgeführt) umstritten. Eine positive Entwicklung wäre schon ein(e) Gleichstellungsbeauftragte(r), die/der dieses Amt ernst nimmt und sich um die Anliegen beider Geschlechter kümmert. Beispielhaft ist die ehemalige Gleichstellungsbeauftragte meines eigenen Landkreises, des Rheingau-Taunus-Kreises: Hilde Dyllong. Sie organisierte Veranstaltungen gemeinsam mit dem „Väteraufbruch", erweiterte den „Girlsday" um einen „Boysday" und sprach sich gegen die Tabuisierung von häuslicher Gewalt gegen Männer aus. Zu einer solchen Haltung gehört jedoch ein Maß persönlicher Reife, das nicht überall anzutreffen ist. So berichtete mir ein befreundeter Männerrechtler, er habe dem Gleichstellungsreferat des Deutschen Gewerkschaftsbundes ausführliche Informationen darüber zukommen lassen, wie Männer heute auf dem Arbeitsmarkt zu kurz kämen. Dabei sei er jedoch auf taube Ohren gestoßen: Man könne sich nicht auch noch mit der Benachteiligung von Männern beschäftigen. Dann sollte man sich allerdings auch nicht schönfärberisch „Gleichstellungsreferat" nennen.

Internationale (auch deutsche) Untersuchungen kamen zu dem Ergebnis, dass Frauen für ein- und dasselbe Delikt deutlich gnädiger bestraft werden als Männer. Selbst bei schwereren Straftaten werden Männer mit bis zu 70 Prozent höherer Strafe belegt. Hier wäre mehr Gerechtigkeit wünschenswert.

Ein spezielles Problem stellen Falschbezichtigungen gegen Männer bei Vergehen wie sexuellem Missbrauch und bei anderen Formen sexueller Gewalt dar. Durch verbesserte Aufklärung über die Häufigkeit falscher Beschuldigungen müssen ungünstige Faktoren wie einseitige Ermittlungen, Vorverurteilungen in den Medien usw. verhindert werden. Stattdessen ist besondere Sensibilität gegenüber allen Beteiligten bei solchen Vorwürfen erforderlich. Es ist nicht länger hinnehmbar, dass durch willkürliche Bezichtigungen Leben zerstört und Familien auseinandergerissen werden. In der Studie „Vergewaltigung und sexuelle Nötigung in Bayern"[66], herausgegeben 2005 vom Bayrischen Landeskriminalamt, heißt es beispielsweise: „Ein in der bisherigen kriminologischen Forschung weitgehend vernachlässigtes Thema ist das Vortäuschen von (§ 145 d StGB) und die falsche Verdächtigung wegen (§164 StGB) Vergewaltigungen und sexuellen Nötigungen – obwohl es sich dabei nicht um ein Problem handelt, das erst in der letzten Zeit an Aktualität und Relevanz gewonnen hätte. Anzeigen wegen des Vortäuschens von Vergewaltigungen und sexuellen Nötigungen oder der falschen Verdächtigung wegen dieser Delikte werden von der Polizei relativ selten an die Staatsanwaltschaft abgegeben. Dies steht zunächst im Widerspruch zur Einschätzung der in den für Sexualdelikte zuständigen Kommissariaten der Kriminalpolizei beschäftigten Beamtinnen und Beamten, die teilweise von einer sehr hohen Quote an Vortäuschungen / falschen Verdächtigungen ausgehen, ohne dabei allerdings auf Forschungsergebnisse oder selbst erhobene Daten zurückgreifen zu können. So äußerte ein Kommissariatsleiter im Zusammenhang mit unserer Aktenanalyse: 'Alle Sachbearbeiter von Sexualdelikten sind sich einig, dass deutlich mehr als die Hälfte der angezeigten Sexualstraftaten vorgetäuscht werden. Viele angezeigte Fälle lassen zwar die Vermutung einer Vortäuschung bzw. falschen Verdächtigung zu, berechtigen jedoch nicht zu einer entsprechenden Anzeige.' (...) Ein Tatnachweis für ein Vortäuschen oder eine falsche Verdächtigung ist insbesondere deshalb meist nicht zu führen, weil ein Geständnis des angeblichen Opfers nicht vorliegt. (...) Während die schwerwiegenden psychischen und sozialen Folgen von Vergewaltigungen und sexuellen Nötigungen für die Opfer bereits Gegenstand verschiedener Untersuchungen waren, fehlen Erkenntnisse über die Auswirkungen auf das weitere Leben der zu Unrecht einer derartigen Sexualstraftat Beschuldigten. Aus einigen der von uns analysierten Akten ließen sich Probleme erkennen, die noch näher untersucht werden müssten, beispielsweise: die gestörte Vertrauensbasis in partnerschaftlichen Beziehungen und zum engeren sozialen Umfeld; das Misstrauen oder auch die dauerhafte soziale Ausgrenzung im Bekannten- und Freundeskreis, im beruflichen Umfeld oder der Nachbarschaft; die Auswirkungen auf die Entscheidungen von Behörden (z.B. Polizei, Jugendamt, Vormundschaftsgericht); die Verunsicherung bei der Kontaktaufnahme zum anderen Geschlecht; das Entstehen eines generell negativen Frauenbildes beim falsch Verdächtigten. Besonders schwierig für die betroffene Person und dessen soziales Umfeld sind die Fälle, in denen das Verfahren wegen Vergewaltigung oder sexueller Nötigung nicht mit einem Freispruch wegen erwiesener Unschuld durch ein Gericht endet. Wenn trotz ganz erheblicher Zweifel an der Schilderung des Tatherganges durch das angebliche Vergewaltigungs- oder Nötigungsopfer von der Staatsanwaltschaft das Verfahren gem. § 170 II StPO eingestellt werden muss, weil weitere Indizien oder Tatzeugen fehlen, Aussage gegen Aussage steht und ein Tatnachweis mit der für eine Verurteilung ausreichenden Sicherheit nicht zu führen ist, befindet sich der fälschlich beschuldigte Mann in einer ähnlich schutz- und hilflosen Lage wie eine vergewaltigte Frau."

Auf den Punkt gebracht: Auch die Falschbeschuldigung einer Vergewaltigung oder eines ähnlich gelagerten Übergriffes stellt eine Form von Gewalt dar, die dauerhaft stark traumatisierend sein kann. Dass dieses Thema nicht nur in den Medien, sondern den Autoren zufolge ebenso sehr in der Forschung weiträumig umfahren wird, ist nichts weniger als ein Skandal.

Frauen dürfen zur Bundeswehr, Männer müssen dorthin. Das ist mit dem Gleichheitsgrundsatz der Verfassung nicht zu vereinbaren. Dies gilt auch deshalb, weil die Wehrpflicht zu einer ganzen Reihe negativer Konsequenzen für die weitere berufliche Laufbahn führen kann, wie im März 2007 Peter Tobiassen, Geschäftsführer der Zentralstelle deutscher Kriegsdienstverweigerer, erklärte. Anhand von Erfahrungsberichten im „Forum Wehrpflicht" zeigte er einige dieser Folgen auf, zu denen Arbeitslosigkeit, eine Unterbrechung der Ausbildung und ein Verlust des Studienplatzes gehören können. Frauen bleiben von solchen Konsequenzen verschont.

Auch innerhalb der Armee müssen Männer den Frauen gleichgestellt sein. Das ist bislang noch nicht der Fall. Als im November 2004 eine Debatte über Fälle von Misshandlungen in der Bundeswehr geführt wurde, wies der Geschlechterforscher Willi Walter darauf hin, dass Frauen auch in diesem Bereich größeren Schutz genießen als Männer: So dürfe die sexuelle Würde der Soldatinnen nicht verletzt werden. Wenn Männer davon betroffen seien, interessiere es aber niemanden. Walter hält gleichberechtigte Standards für Männer und Frauen für einen wichtigen Schritt zur Gewaltprävention. Dass Gewalt und Schikanen bei der Bundeswehr erschreckend häufig sind, zeigte sich in der wenige Wochen zuvor veröffentlichten Pilotstudie „Gewalt gegen Männer" des Bundesfrauenministeriums.

Gegen den Gleichheitsgrundsatz der Verfassung ist auch Paragraf 8 des Bundesgleichstellungsgesetzes gerichtet. Dort heißt es: „Sind Frauen in einzelnen Bereichen unterrepräsentiert, hat die Dienststelle sie bei der Vergabe von Ausbildungsplätzen, Einstellung, Anstellung und beruflichem Aufstieg bei Vorliegen von gleicher Eignung, Befähigung und fachlicher Leistung (Qualifikation) bevorzugt zu berücksichtigen, sofern nicht in der Person eines Mitbewerbers liegende Gründe überwiegen." Es gibt keine entsprechende Quotenregelung für Männer, die „in einzelnen Bereichen unterrepräsentiert" sind. Nach einem aktuellen Urteil des Europäischen Gerichtshofs (Aktenzeichen C-407/98

Abrahamsson und Anderson) sei sogar der Passus „von gleicher Eignung, Befähigung und fachlicher Leistung (Qualifikation)" nicht länger mit dem EU-Recht vereinbar. Eine Frau erhalte den gewünschten Job auch dann, wenn sie schlechter qualifiziert sei als ein männlicher Mitbewerber, solange dieser Unterschied nicht so groß sei, dass er gegen das Erfordernis der Sachgerechtigkeit bei der Einstellung verstoße. Diese Benachteiligung muss beseitigt werden.

Grundsätzlich ist es ethisch und politisch fragwürdig, eine „positive", vermeintlich „ausgleichende" Diskriminierung einzuführen. Zum einen wird dadurch suggeriert, dass der Zweck die Mittel heilige. Zum anderen kann sich daraus eine endlose Pendelbewegung entwickeln, bei der sich jeweils Mitglieder einer Gruppe an den Mitgliedern einer anderen Gruppe „rächen". Aber die Angelegenheit wird noch dubioser: Gründliche Recherchen lassen nämlich die Ansicht reifen, dass von der behaupteten Unterbesetzung von Frauen in Behörden oft keine Rede sein kann, sondern dass dort umgekehrt sogar eine Unterbesetzung von Männern besteht. So wird auf der Website des baden-württembergischen Sozialministeriums[67] dargelegt, dass der Anteil der weiblichen Beschäftigten schon im Jahr 2000 47,4 Prozent ausmachte (und somit inzwischen über die 50-Prozent-Marge gestiegen sein dürfte) und in der Kommunalverwaltung sogar schon über 60 Prozent betrug. Trotz des insgesamt höheren Beschäftigungsanteils der Frauen in diesen Verwaltungen wird das Männer diskriminierende „Gleichstellungsgesetz" aufrecht erhalten und die Erhöhung des Frauenanteils weiter voran getrieben. Aus dem erwähnten Bericht geht auch hervor, dass die Beschäftigtenzahl der Landesverwaltung um 6.232 Personen zurückging, aber der Frauenanteil um 3.640 Personen gestiegen ist. Für die 10.000 abgebauten Männer interessiert sich anscheinend niemand. Auch hier muss umgesteuert werden.

In diesem Zusammenhang steht eine besondere Delikatesse: Auf Bundesebene (und in vielen Ländern) wird Männern allein auf Grund des Geschlechtes das aktive und passive Wahlrecht entzogen, wenn es um Gleichstellungstätigkeiten geht. Damit behauptet man, dass Männer grundsätzlich nicht in der Lage wären, sich für eine echte Gleichberechtigung einzusetzen, was

einen klaren Fall von geschlechtsbedingter Diskriminierung darstellt. Diese grundgesetzwidrige Regelung wurde 2001 von Rot-
Grün in veränderter Form erneut beschlossen („Verordnung über
die Wahl der Gleichstellungsbeauftragten und ihrer Stellvertre-
terin in Dienststellen des Bundes", Gleichstellungsbeauftragten-
Wahlverordnung – GleibWV).[68] Hier muss darauf hingewirkt
werden, dass das Grundgesetz wieder zur Geltung kommt. Dass
Interessengruppen es geradezu beiläufig aushebeln, ohne dass
sich jemand dafür zu interessieren scheint, ist eine unmögliche
Situation.

Noch wird auf dem Arbeitsmarkt eine reine Frauenintegrati-
on in Männerberufe betrieben (wofür 200 Millionen Euro pro
Jahr ausgegeben werden), es findet jedoch keine entsprechende
Männerintegration in Frauenberufe statt. Das fällt deswegen besonders ins Auge, weil die Arbeitslosenquote der Männer etwa
15 Prozent höher ist als die der Frauen. In der Altersgruppe bis
25 Jahren waren Männer bei einer Stichprobe im August 2005
sogar um 34 Prozent häufiger von Arbeitslosigkeit betroffen als
Frauen. Damit ist Deutschland fast Spitze, was die Schlechter-
stellung der männlichen Jugendlichen auf dem Arbeitsmarkt gegenüber den weiblichen Jugendlichen betrifft. Die Arbeitslosenquote in Deutschland ist von 1991 bis 2004 bei Männern um 95
Prozent, bei Frauen um 27 Prozent gestiegen. An Zukunftstagen
(„Girls' Days") bekommen Mädchen die Chance, geschlechts-
unspezifische Berufe kennen zu lernen. Jungen wird diese Chance weitgehend gezielt vorenthalten, obwohl das „Forum Bildung"
die gleiche Teilhabe von Mädchen und Jungen an Maßnahmen
zur Erweiterung des Berufswahlspektrums auf geschlechtsuntypische Berufe schon kurz nach dem PISA-Schock empfohlen hat.
Das vorhandene Ungleichgewicht zu Lasten der Jungen und
Männer muss beseitigt werden.

Apropos PISA: Jungen weisen schlechtere Schulleistungen
auf und stellen auf Haupt- und Sonderschulen die Mehrheit, auf
Gymnasien die Minderheit. Pädagogen und Sozialwissenschaftler fordern seit langem mehr männliche Bezugspersonen im
Schulsystem und eine stärkere Berücksichtigung der Eigenarten
von Jungen in Unterricht und Erziehung. Auch die erschrecken-
den Zuwachsraten von psychologisch auffälligem Verhalten,

Aufmerksamkeits-Defizit-Syndrom, Hyperaktivität und anderen sozialpädagogisch relevanten Problemen treffen weit überproportional Jungen, was entsprechend eingeordnet und bewältigt werden sollte. Darüber hinaus weisen Jungen laut PISA-Studie eklatante Defizite in der Lesekompetenz auf; weit höher als die Defizite der Mädchen in den Bereichen Mathematik und Naturwissenschaften. Trotzdem werden nur Initiativen in Richtung mädchenorientiertes Lernen für Mathematik/Naturwissenschaften unternommen. Ein eigenes Kompetenzzentrum soll die Integration von Mädchen und Frauen in naturwissenschaftliche Bereiche forcieren. Etwas Ähnliches für die Probleme der Jungs gibt es nicht einmal ansatzweise, wäre aber überaus notwendig. Denn wo Defizite beim einen Geschlecht eine Förderung bedingen, muss dies auch für das andere Geschlecht gelten – doch da bleibt man bei der Feststellung der Defizite stehen und nimmt sie allenfalls zum Anlass für eine Abqualifizierung. „Das allerwichtigste Ereignis in der Gleichstellungspolitik war für mich die PISA-Studie", erklärt hierzu MANNdats-Mitglied Dr. Bruno Köhler. „Zum ersten Mal in der Geschichte wurden von einer neutralen Stelle die geschlechtsspezifischen Unterschiede erforscht. Und siehe da: Die von den Feministinnen (sogar noch bis heute!) behauptete sexistische Diskriminierung von Mädchen und Frauen im Bildungswesen ist nicht nur als Lüge entlarvt worden, sondern es hat sich herausgestellt, dass sogar die andere Seite – die Jungen – diskriminiert werden. Bis heute hat sich der Feminismus von diesem Schock nicht erholt und bastelt an irgendwelchen Alibiprojekten im Bildungsbereich herum, um die Untätigkeit der Bildungspolitik bei der Bekämpfung der Bildungsdiskriminierung von Jungen möglichst lange hinauszuzögern."

Auch die speziellen Probleme ausländischer Jungen müssen von der Politik entsprechend gewürdigt werden. Dies geschieht zur Zeit noch nicht. So stellte das Bundesministerium für Familie, Senioren, Frauen und Jugend im Jahr 2004 eine Studie über die Situation der Migrationskinder in Deutschland vor, die sich ausschließlich mit der Situation der weiblichen Jugendlichen beschäftigte: „Die Situation der Jungen wird unter den Tisch gekehrt", befand daraufhin MANNdat: „Die Ausländerbeauftragte der Bundesregierung Marieluise Beck (Grüne) mahnt die bessere Förderung ausländischer Schülerinnen an. Sicher sinnvoll, aber was ist mit den ausländischen Jungen?" Das Ministerium stelle die PISA-Ergebnisse auf den Kopf: „Es ist längst bekannt, dass ausländische Jungen die schlechtesten Schulleistungen erbringen. Es nützt niemandem, wenn diese mit einem schlechten Abschluss die Schule verlassen und so kaum eine Chance auf Arbeit haben. Aus diesem Grunde ist das nachrangige Interesse an der Situation männlicher ausländischer Jugendlicher völlig unpassend."

Was Menschen aus dem islamischen Kulturkreis angeht, wird in letzter Zeit häufig über Zwangsheiraten und Ehrenmorde unter den in Deutschland lebenden Türken berichtet. Dabei ist fast nur von weiblichen Opfern die Rede. Dass auch türkische Männer gegen ihren Willen von ihren Familien verheiratet werden, bleibt unerwähnt – ebenso die Tatsache, dass ein beachtlicher Teil der Opfer von Ehrenmorden in Deutschland Männer sind (in der Türkei sogar zwei Drittel).

Der verfassungsmäßig garantierte Gleichheitsgrundsatz wird auch von Einrichtungen in öffentlichen Institutionen gebrochen, die von beiden Geschlechtern finanziert werden, die aber nur Frauen benutzen dürfen: beispielsweise die Frauenbibliotheken an unseren Universitäten. In all diesen Fällen fordern Männerrechtler ein Ende der Geschlechter-Apartheid.

Im akademischen Bereich ist es darüber hinaus dringend notwendig, die sogenannten Gender Studies nicht länger automatisch nur unter feministischer Perspektive durchzuführen, sondern entweder einen neutralen Blickwinkel einzunehmen, oder aber Frauen- und Männerperspektive gleichermaßen zu berücksichtigen. Dies hängt allerdings vor allem davon ab, wo die einzelnen Wissenschaftler, auch die Studenten, ihre persönlichen Schwerpunkte setzen. Nach allem, was ich momentan vom akademischen Nachwuchs höre und was auch an Anfragen von studentischer Seite bei mir eingeht, findet hier ohnehin gerade eine Verschiebung statt. Nachdem man das Thema „Frauen" bis in die letzte Verästelung hinein untersucht hat, finden es viele offenbar weitaus spannender, sich auch für Männer zu interessieren – und zwar jenseits des bislang vorherrschenden Blickwinkels „Männer als Täter".

Die Rechte der Väter müssen unbedingt gestärkt werden. Es ist kein Wunder, dass es der Väterbewegung als erster Gruppe der Männerrechtler gelang, eine öffentliche Debatte anzustoßen. Eines der Grundprobleme ist, dass viele Väter für ihre Kinder zwar Unterhalt zahlen müssen, die Mütter aber den Kontakt mit ihnen sabotieren. Dies kann durch verschiedene Maßnahmen unterbunden werden: etwa indem man Unterhalt und realen Umgang aneinander koppelt. Hartnäckig verweigerter Kontakt würde demnach den Entzug des Unterhalts und bei schwerwiegenden Fällen sogar des Sorgerechts bedeuten. Grundsätzlich sollte Sorge- und Umgangsrecht bei beiden Eltern liegen, gleichgültig ob sie verheiratet sind, geschieden oder getrennt leben. Die gemeinsame Verantwortungsgemeinschaft für das gezeugte Leben kann nicht einseitig zerstört werden.

In diesem Zusammenhang gehört auch der Paragraf 1626a aus dem Bürgerlichen Gesetzbuch gestrichen. Er stellt eine Benachteiligung nichtehelicher Väter dar, indem er ihnen das Sorgerecht für ihre Kinder nur dann zugesteht, wenn die Mutter damit einverstanden ist. Auch gerichtlich können diese Männer eine Übertragung des Sorgerechts nicht durchsetzen. Insofern sind sie nur Väter von Mutters Gnaden und können bei Konflikten leicht ausgegrenzt werden. Unterhalt für das Kind zahlen müssen sie allerdings, was die Angelegenheit besonders grotesk macht. Väterrechtler fordern, dass mit Anerkennung der Vaterschaft das gemeinsame Sorgerecht gelten solle, solange keine Kindeswohlgefährdung nach § 1666a BGB vorliegt.

Jeder Mann hat das Recht, sich problemlos Gewissheit darüber verschaffen zu können, ob er der Vater eines bestimmten Kindes ist oder nicht. Wie sich in der Diskussion um die Erlaubnis privater Vaterschaftstest zeigte, ist die Quote an sogenannten „Kuckuckskindern" (Kindern, die in Wahrheit von einem anderen Mann gezeugt wurden, ohne dass der angebliche Vater das weiß) recht hoch. Sie wird zwischen fünf und zehn Prozent angesetzt. Verständlicherweise sind viele Männer nicht bereit, die Kinder anderer Väter auf eigene Kosten großzuziehen. Allerdings kann der Vorschlag „Ich würde gerne einen Vaterschaftstest machen lassen" enorme Spannung in eine Beziehung oder eine Familie bringen, da er großes Misstrauen ausdrückt. Hier gibt es aus den Reihen der Männerbewegung vor allem zwei Lösungsvorschläge: eine Legalisierung selbstbestimmter Vaterschaftstests oder aber ein verpflichtender Abstammungstest direkt nach der Geburt. In jedem Fall inakzeptabel ist eine Kriminalisierung von Männern, die eine Straftat der Personenstandsfälschung aufdecken möchten, wie dies derzeit von Justizministerin Zypries geplant wird. Falls ein Betrug der Mutter aufgedeckt wird, soll selbstverständlich keine Unterhaltspflicht bestehen.

Wir wissen inzwischen, dass Väter, deren Nachkommen gegen ihren Willen abgetrieben wurden, dadurch häufig traumatisiert sind. Wenn wir die Abtreibungen schon nicht unterbinden können, sollten wir diesen Vätern wenigstens jede nötige Hilfe zukommen lassen, damit psychisch zurechtzukommen. Gegenwärtig wird das Thema „Choice for Men" in der amerikanischen Männerbewegung intensiv diskutiert. Gerichtsanhängig ist ein Fall – allerdings aus der sozusagen umgekehrten Blickrichtung –, bei dem eine Frau ihrem Partner über Jahre hinweg versicherte, er brauche nicht zu verhüten, da sie nicht mehr schwanger werden könne, um jetzt Unterhalt für den gezeugten Nachwuchs einzufordern.[69]

Am 6. März 2006 berichtete die „Welt"[70] von einer bislang unveröffentlichten Studie des Bundesfrauenministeriums, der zufolge auch Väter unter der Doppelbelastung von Beruf und Familie leiden: „Bislang werde stets angenommen, dass die Doppelbelastung nur Frauen treffe." Tatsächlich hatten Männerrechtler (darunter ich selbst in „Sind Frauen bessere Menschen?") dieses Problem längst wiederholt thematisiert, was aber nicht zur Kenntnis genommen wurde, weil Männerrechtler eben für viele Journalisten und Politiker unsichtbar bleiben. Auch in diesem Bereich haben wir darüber hinaus mit irreführenden Forschungsergebnissen zu kämpfen, die dadurch entstehen, dass schon die Grundvoraussetzungen einseitig gewählt werden. So ging im Jahr 2002 eine Studie durch die amerikanische Presse, der zufolge Frauen pro Woche durchschnittlich 27 Stunden mit der Hausarbeit verbringen, Männer hingegen nur 14. Es gab den üblichen Aufruhr über ausgebeutete Frauen und faule Männer – bis der Männerrechtler Glenn Sacks nachwies, dass ein anderes Ergebnis dieser Untersuchung bei der Berichterstattung geflissentlich

„übersehen" wurde: Männer verbrachten pro Woche durchschnittlich 14 Stunden mehr am Arbeitsplatz. Die Doppelbelastung traf sie also – insbesondere wenn man andere Faktoren wie den meist längeren Weg hin zur Arbeitsstätte mit einbezog – sogar noch ein wenig stärker[71]. Eine weitere Verzerrung tritt hinzu, weil eine einfache Addition von Beruf und Hausarbeit (also Kochen, Bügeln, Putzen etc.) bei beiden Geschlechtern insofern irreführend ist, als viele überwiegend von Männern erledigte Tätigkeiten (Behördengänge und Korrespondenz, Reparaturen, Gartenpflege etc.) dabei außen vor bleiben. Wer die Doppelbelastung von Frauen also etwa im Rahmen von Gender-Mainstreaming-Ansätzen bekämpfen will, sollte fairerweise dasselbe auch bei Männern tun.

Dass Männer besser bezahlte, aber schwerer zumutbare (beispielsweise schmutzigere, belastendere oder gesundheitsgefährdendere) Berufe als Frauen ausüben, um das dadurch verdiente Geld Frauen zugute kommen zu lassen, wird bereits etabliert, noch bevor überhaupt eine feste Partnerschaft besteht. So ergab im Jahr 2007 eine Umfrage der Kontaktagentur Parship, dass es auch vier Jahrzehnte nach dem Beginn der neuen Frauenbewegung für lediglich ein Prozent der Befragten vorstellbar ist, dass die Frau beim ersten Date zahlt. Wenn es Frauen zugute kommt, wird also plötzlich an den traditionellen Spielregeln festgehalten, und ein wahrhaft emanzipierter Mann gilt auf einmal als „knauserig". Schon früh lernen Männer auf diese Weise, dass sie für die bloße Anwesenheit von Frauen zu zahlen haben, und nicht umgekehrt. Hier muss sich vor allem in den Köpfen noch einiges ändern.

Die sexistische Herabwürdigung von Männern in unseren Medien muss ebenso sozial geächtet werden wie die Herabwürdigung von Frauen. Es gibt keinen Grund, die Diffamierung von Männern als einen Akt politischer Befreiung zu preisen. Hier geht es selbstverständlich nicht um Zensur, sondern darum, dass gegen entsprechende Slogans („Männer sind Schweine", „Nur ein toter Mann ist ein guter Mann" und viele andere mehr) nachdrücklich Einspruch erhoben und eine Gegenposition eingenommen werden sollte. Es wäre auch fair, Männer nicht nur als Schurken oder Probleme darzustellen, beispielsweise als Menschen, die ihre Männlichkeit zu Gewalttaten treibe, sondern auch als Helden (Stichwort 11. September). Oder einfach als Menschen. Diskriminierungen von Männern sollten in den Medien genauso thematisiert werden wie Diskriminierungen von Frauen.

Einzelne Männerrechtler fordern eine Aufarbeitung des Feminismus und seiner teils verheerenden Folgen, so wie es in Deutschland zumindest eine versuchte Aufarbeitung anderer fataler Ideologien gegeben habe. Dabei sollten auch die Namen derjenigen klar benannt werden, denen die fatalen Konsequenzen der feministischen Ideologie zu verschulden seien, um diese zumindest symbolisch dafür haftbar zu machen. Es sei undenkbar, jetzt einfach zur Tagesordnung überzugehen, als wäre nichts geschehen, während die Brandstifter(innen) in Ehren grau werden könnten.

Mit der Unterstützung von Ernährungswissenschaftlern könnte mehr Aufklärung über in Wahrheit gesundheitsgefährdende Schönheitsideale bei Männern sinnvoll sein. Wie etwa Christian Heidrich in der *Rheinischen Post* vom 29. September 2006 berichtete, haben inzwischen rund 90.000 deutsche Männer mit Essstörungen zu kämpfen – und erhalten bei den Beratungsstellen keine Hilfe, weil deren Angebote praktisch durchgehend nur für Frauen ausgelegt sind. Nicht anders sei es bei dem Hilfsangebot in Kliniken, zitiert Heidrich die Einschätzung Oskar Knops, des Fachreferenten für Suchtfragen beim Caritasverband für das Bistum Aachen, der das Problem zur Sprache bringen will. Auch Männer könnten den ständig beworbenen Schönheitsidealen nicht mehr ausweichen: „Der Wunsch nach straffen Muskeln und einem Waschbrettbauch lasse (sie) im Extremfall sehr exzessiv Sport treiben oder zu Medikamenten greifen, die jegliche Zunahme verhindern." Hier muss die Gesellschaft in ähnlicher Weise sensibilisiert werden, wie das bei Frauen seit längerem der Fall ist.

Wenn wir aus gutem Grund Zwangsprostitution und Frauenhandel bekämpfen, so argumentieren einige, dann sollten auch gegen den „Männerhandel" entsprechende Maßnahmen ergriffen werden. In dem „Telepolis"-Artikel „Wie im Lager"[72] berichtete Helmut Lorscheid am 28.05.2003 über die Praktiken in Zusammenhang mit den rund 4.000 Werkvertragsarbeitern aus

Rumänien, die jährlich hierzulande arbeiten (meistens am Bau, immer häufiger aber auch in großen Schlachthöfen). Während den Männern bei ihrer Anwerbung 1.200 Euro im Monat, geregelte Arbeitszeit sowie kostenlose Unterbringung und Transport versprochen worden war, begann ihr Arbeitstag dann in Wahrheit um drei Uhr morgens, dauerte manchmal länger als 14 Stunden und pro Tag galten zweimal 15 Minuten Pause als ausreichend. Lorscheid: „Die versprochenen 1.200 Euro erhielten sie nach eigenen Angaben nie. Immer wieder gab es Abzüge – für die überfüllte Unterkunft genauso wie für das benötigte Arbeitsmaterial (Messer, Kettenhandschuhe, Stiefel etc.) Alles mussten sie bezahlen. Abrechnungen wurden ihren Aussagen nach von den Arbeitern blanko unterschrieben, für mögliche Kontrollen durch das Arbeitsamt wurden im Vorfeld bestimmte Aussagen hinsichtlich der angeblichen Arbeitszeit und Entlohnung vorsorglich einstudiert. Weil Löhne aus dem November und Dezember ausstanden, entschlossen sich die Arbeiter zu einem Streik. Was folgte, war die Androhung des Firmenvertreters, er werde sie allesamt rausprügeln und mit dem Bus nach Hause verfrachten. Als auch diese Drohung nichts half, wurden die Streikenden tatsächlich am folgenden Tag in ihrer Unterkunft in Badbergen brutal verprügelt. Eines der Prügelopfer musste mit Knochenbrüchen ins Krankenhaus, mit dem Kopf von einem der Arbeiter wurde ein Waschbecken zerschlagen." Das Visum der Männer sei an ihre Arbeit gebunden. „Verlieren sie diese Arbeitsstelle, etwa weil sie sich beschweren oder aus irgendeinem anderen Grund (ein beliebter Kündigungsgrund ist der Vorwurf angeblichen Diebstahls), müssen sie das Land verlassen und sind darauf angewiesen, ihren Lohn von der Heimat aus, etwa von Rumänien aus, einzuklagen." Aus dieser Schilderung werden mancherlei Parallelen zur Situation von osteuropäischen Zwangsprostituierten offensichtlich. Nur ist das Schicksal von Frauen ein riesiges Medienthema, das von Männern nicht. Der Vollständigkeit halber sollte hinzugefügt werden, dass im Februar 2007 auch Vorwürfe der Zwangsprostitution von jungen Rekruten in der russischen Armee durch die Medien gingen. Es könnte interessant werden zu sehen, ob Organisationen zur Bekämpfung von Zwangsprostitution auch männliche Opfer thematisieren werden (und damit glaubwürdig bleiben), falls weitere solcher Fälle ruchbar werden.

Auf internationaler Ebene sind Diskriminierungen von Männern generell zu bekämpfen. Nur mühsam können sich derzeit etwa Menschenrechtsgruppen Gehör verschaffen, die kritisieren, dass bei internationalen Kampagnen gegen Beschneidung männliche Opfer dieser Praktik außer Acht gelassen werden. Tatsächlich findet die Beschneidung von Jungen überall dort statt, wo auch Mädchen beschnitten werden. Sie ist mindestens genauso häufig. (Der Menschenrechtsorganisation NOCIRC zufolge kommt Beschneidung von Jungen sogar sechsmal so häufig vor, wie NOCIRC zuletzt im Oktober 2006 in einem Schreiben an die Vereinten Nationen erklärte, in dem sie dagegen protestierte, dass männliche Beschneidungsopfer von den UN übergangen werden[73].) In Ländern der Dritten Welt werden solche Verstümmelungen auch um nichts weniger brutal vorgenommen als bei Mädchen, und die entstandenen Schädigungen sind gleichermaßen ernst zu nehmen. Beispielsweise berichtete die New York Times vom 1. August 2001, dass in diesem Jahr allein in Südafrika bereits 35 Jungen an den Folgen ihrer Beschneidung zu Tode gekommen waren.

Verstümmelung und Tod führen bei Mädchen und Frauen zu internationalen Kampagnen, bei Jungen und Männern ist dies oft nicht einmal eine Zeitungsmeldung wert. Womit wir beim Thema des nächsten Kapitels wären.

5. Gleiches Recht auf Leben!

Ich habe dieses Buch mit Kapiteln über Männerdiskriminierung in den Medien begonnen, weil dies ein zentrales Problem ist, von dem viele andere Probleme abhängen. Der Umstand, dass viele Männer auf den unterschiedlichsten Gebieten stark benachteiligt werden, wie das vorhergehende Kapitel aufgezeigt hat, der Umstand auch, dass bisher nur allzu wenig gegen diese Diskriminierungen unternommen wird, das lässt sich beides auf das Zerrbild zurückführen, das in unseren Medien über Männer existiert. Insofern war die radikalfeministische Propagandastrategie höchst erfolgreich: Nachdem der Mann als Bedrohung, als Krankheit, als Mangelwesen dargestellt und dieses Bild in so viele Köpfe wie möglich gehämmert worden war, konnte man auf dieser Basis sämtliche Bestrebungen der Männer nach mehr Rechten ins Zwielicht rücken. Insbesondere in vielen Internet-Diskussionen kann man das regelmäßig beobachten: Die Männer wollen besseren Schutz vor häuslicher Gewalt, nachdem weit über hundert Studien aus aller Herren Länder belegt haben, dass sie in ähnlichem Ausmaß zu Opfern werden wie Frauen? Pah, damit wollen sie doch nur davon ablenken, dass in Wahrheit sie das Tätergeschlecht darstellen! Väter wollen auch nach der Scheidung noch Kontakt zu ihren Kindern pflegen? Pustekuchen, die wollen in Wahrheit doch nur Kontrolle über ihre Ex ausüben und sich vor dem Unterhalt drücken! Männerrechtler thematisieren die hohe Rate falscher Anschuldigungen bei sexuellen Übergriffen? Wer davon spricht, ist vermutlich selbst ein Triebtäter! Bis jetzt spielen Medienvertreter jeglicher Ausrichtung brav mit und widmen viel Platz den geschlechtspolitischen Forderungen von Frauen, aber bestenfalls minimalen den geschlechtspolitischen Forderungen von Männern.

Ein zweites Problem, das so zentral ist, dass es ein eigenes Kapitel verdient hat, ist das Recht auf Leben. Es bedarf wohl keiner näheren Begründung, warum das Recht überhaupt zu existieren das wesentlichste aller Rechte darstellt und ihm alle anderen Rechte bzw. Benachteiligungen untergeordnet sind. Insofern ist es besonders besorgniserregend, dass auch dieses Recht offenbar eher Frauen zugebilligt wird und Männer ins zweite Glied zurückgestoßen werden.

Einer Umfrage des amerikanischen Justizministeriums zufolge empfinden es beispielsweise 41 Prozent aller US-Bürger als weniger schlimm, wenn eine Ehefrau ihren Mann ersticht als wenn ein Mann seine Ehefrau ersticht. Ein Teil der Befragten betrachtete das Erstechen eines Ehemannes sogar als weniger schlimm als den Verkauf von Marihuana.[74] Wie kommen solche absonderlichen Bewertungen zustande? Es mag schlicht ein wesentlicher Bestandteil unserer conditio humana sein: Männer waren seit Menschheitsgedenken entbehrlicher als Frauen. Zur Not reichte ein Mann aus, um Dutzende von Frauen zu schwängern und so für den Fortbestand unserer Art zu sorgen, während eine umgekehrte Verteilung (eine Frau und Dutzende von Männern) nicht so gut funktionieren würde. Mag auch sein, dass es bei den meisten von uns zum psychischen Grundmuster gehört, eine Frau als Mensch wahrzunehmen, der beschützt werden muss, während der Mann eher als Konkurrent oder Bedrohung wahrgenommen wird, so dass ein paar weniger von dieser Sorte nicht schaden können. Und schließlich kann es einfach daran liegen, dass fast alle von uns Frauen zuerst und damit sehr prägend über unsere Mutter kennenlernen und damit besonders tiefe Liebe und zugleich besondere Abhängigkeit, physisch wie emotional, identifizieren, was wir dann auf andere Frauen übertragen. Unser Vater, der uns diese Kindheitsidylle (wenn es denn eine ist) durch seine Arbeit ebenfalls erst ermöglicht, ist durch eben diese Arbeit auch häufig abwesend. Das alles zusammengenommen hat vermutlich ohnehin schon zu einem Zwei-Klassen-Denken in Bezug auf das Gewähren von Schutz geführt. Die vielfache Abwertung von Männern durch viele Feministinnen (und ihre männlichen Fifis) hat das nur verstärkt.

„Wir sind es gewohnt, dass Männer sterben, durch die ungezählten Toten in den Medien der Unterhaltungsbranche gewöhnen wir uns daran!" – stellt Astrid von Friesen in ihrem Buch „Schuld sind immer die anderen" fest. „Da sind es zu 98 Prozent Männer. Stellen wir uns einmal einen klassischen Western vor, in dem sich in einer einzigen Szene rund 500 Indianerinnen und Cowgirls gegenseitig abschlachten würden." Bei männlichen

Opfern haben wir uns längst an ein entsprechendes Bild gewöhnt. Allerdings sollte es vorderstes Ziel einer zivilen Gesellschaft sein, solcherlei Prägungen zu überwinden und eine Unterteilung von Menschen in verschiedene Gruppen, was ihr Lebensrecht angeht, aufzubrechen. Leider scheitern an dieser Aufgabe viele.

Auch hier sind an erster Stelle die Medien zu nennen, weil sie, wie eben ausgeführt, unsere Art zu denken entscheidend mitbestimmen. Natürlich schreiben kein Journalist und keine Journalistin explizit, dass Frauen ein höheres Recht auf Leben genießen sollten als Männer. Stattdessen geht diese Botschaft unterschwellig in die Artikel ein. Vier willkürlich gewählte Beispiele aus der jüngsten Vergangenheit:

1. Etliche Männer wurden im Irak von Terroristen entführt, gefoltert, mit ihrem nahenden Tode bedroht und schließlich umgebracht. Als im November 2004 erstmals eine Frau ermordet wurde, ging ein Aufschrei durch die Medienlandschaft. So berichtete das Nachrichtenmagazin „Spiegel"[75] wie folgt: „Mit der Britin Margaret Hassan haben Geiselnehmer im Irak erstmals eine Frau getötet. Damit wurde eine neue Stufe der Gewalt erreicht." Die Nachricht dieser Grenzüberschreitung sei: Die Terroristen sind zu grenzenloser Brutalität entschlossen. Solange nur minderwertiges Männerleben vernichtet wurde, schien die Brutalität nur halb so schlimm zu sein.

2. Ob es eine Naturkatastrophe war, die besonders viele Opfer forderte, ein Terroranschlag oder anderes Unheil: Formulierungen wie „darunter auch viele Frauen und Kinder" oder „Unter den Opfern waren auch Frauen und Kinder" sind sehr häufig. Dass der Tod eines Kindes besonders tragisch ist, erscheint nachvollziehbar, aber warum müssen, wenn beispielsweise 17 Männer und drei Frauen ums Leben kommen, die drei Frauen besonders hervorgehoben werden? So wunderte sich der amerikanische Männerrechtler Carey Roberts[76] über Amnesty-International-Verlautbarungen zur Lage in Afghanistan wie: „Im Jahre 2000 wurden mindestens 15 Menschen öffentlich hingerichtet, einschließlich einer Frau, die gesteinigt wurde." Warum, so fragt Roberts mit Recht, wird diese eine Frau so besonders hervorgehoben, dass die 14 männlichen Toten dagegen fast in den Schatten rücken? Eine ähnlich schräge Formulierung konnte man in

einem Artikel des „Spiegel"[77] über eine Serie von Terroranschlägen im Irak finden: „Wie die irakische Polizei mitteilte, gab es neben den 13 Toten mindestens 21 Verletzte. Die Autobombe explodierte nahe der Dijala-Brücke im Südosten der Stadt. Unter den Toten waren fünf Frauen, wie ein Polizeisprecher mitteilte."

3. Als die israelische Armee im Krieg gegen den Libanon Streubomben einsetzte, fand das Andreas Zumach in einem Artikel für die „tageszeitung" vom 26. Juli 2006 vor allem aus einem Grund verwerflich: „Davon sind überwiegend Zivilisten betroffen, unter ihnen ein hoher Anteil von Frauen und Kindern." Für männliche Zivilisten gehören Tod und Verstümmelung offenbar zum Geschlechtsrisiko. Dabei ist Zumach kein Einzelfall: Der Frauen-und-Kinder-Sexismus hatte während des Libanonkrieges bei Journalisten aller Couleur Hochsaison, egal ob sie sich darüber beklagten, dass die Hisbollah sich hinter „Frauen und Kindern" verstecke oder die Israelis auf „Frauen und Kinder" schössen. Und als im August 2007 eine neue Diskussion um den Schießbefehl an der Grenze der DDR aufflammte, wurde in etlichen Presseartikeln als besonders „skrupellos" und „perfide" gewichtet, dass dieser sich auch auf „Frauen und Kinder" erstreckt habe. Es ist womöglich nur eine Frage der Zeit, bis es in Berichten über Katastrophen, Bombenanschläge und ähnliche Tragödien heißen wird: „Gott sei Dank: Unter den Opfern waren nur Männer!"

4. Die „Frankfurter Allgemeine Zeitung" veröffentlichte am 9. Mai 2006 auf der ersten Seite ihres Feuilletons eine Betrachtung über den Untergang der Titanic. Darin findet sich der Satz: „Niemand vergisst, dass sich Matrosen als Frauen verkleideten, um, abstoßende Sinnbilder des menschlichen Überlebensdrangs, einen rettenden Platz zu erschleichen." Nun wurde im Falle der Titanic und anderer Schiffsunglücke nicht nur nach Geschlechtern selektiert, was Rettungsmaßnahmen angeht; es hatten auch die Angehörigen der höheren Klassen bessere Überlebenschancen als niedriger gestellte Passagiere. Würde ein FAZ-Journalist in ähnlicher Weise über den „abstoßenden Überlebensdrang von Mitgliedern der Unterschicht" schreiben? Wohl kaum. Aber wenn Männer nicht einsehen wollen, dass ihr Leben entbehrlicher sein

soll als das von Frauen, dann gilt das noch ein Jahrhundert später als ekelhaft.

Medien stützen diese Form von Selektion aber auch, indem sie darüber entscheiden, worüber sie berichten und worüber nicht. Staatlich angeordnete geschlechtsbezogene Massentötungen haben in der gesamten Welt weit überwiegend Männer zum Opfer, aber das wird nicht zur Kenntnis genommen, darüber wird nicht berichtet. Sexuelle Belästigung von Frauen am Arbeitsplatz war in den Neunzigern ein Riesen-Medienthema, dass weit überwiegend Männer an den Folgen ihrer Berufsausübung sterben nicht. Eine erste „Bilanz" des Irakkrieges[78] und seiner US-amerikanischen Opfer spricht von 1.983 gefallenen Männern und 17 gefallenen Frauen. Wären schwarze und weiße Soldaten miteinander in einen Krieg geschickt worden und mehr als hundertmal soviel Schwarze als Weiße dabei getötet worden, würde das in den Medien ohne Zweifel als Symptom für rassistische Gesellschaftsstrukturen thematisiert. Aber wer spricht von Sexismus, wenn das Kanonenfutter weit überwiegend männlich ist? Es scheint sich auch außerhalb der Männerbewegung kein Mensch dafür zu interessieren, dass hierzulande mehr als doppelt so viel Männer wie Frauen Selbstmord begehen. Wäre es umgekehrt, würden sich Politiker und Journalisten überschlagen vor Betroffenheit und sie würden das, ähnlich wie die allgemein kürzere Lebenserwartung im umgekehrten Fall, als deutlichstes Merkmal für eine von Sexismus durchseuchte Gesellschaft anprangern. In der Realität trifft es hauptsächlich Männer, und das wird schulterzuckend zur Kenntnis genommen.

Ob es um Krieg geht oder um Straßenkriminalität, immer wieder werden Männer in deutlich größerem Ausmaß Opfer als Frauen. Dennoch ist „Gewalt gegen Frauen" eine stehende Wendung, von „Gewalt gegen Männer" wird kaum gesprochen. Eine Eingabe bei der Internet-Suchmaschine Google führte zu einem Missverhältnis von 35 zu 1. Ohne die rührige Internet-Tätigkeit der Männerbewegung in den letzten Jahren wäre dieses Missverhältnis noch viel deutlicher.

Der Sozialwissenschaftler Hans-Joachim Lenz, der auch eine Praxis für Geschlechterforschung und Weiterbildung betreibt, gilt im deutschen Sprachraum als der Experte für das Thema „Jungen und Männer als Opfer". Seit über einem Jahrzehnt macht er in verschiedenen Artikeln und Buchbeiträgen darauf aufmerksam, wie wenig diese Opfergruppe öffentlich wahrgenommen wird. Besonders fatal ist, wie aus einem seiner Texte hervorgeht[79], dass dieses Schweigen auch von den ansonsten hochgelobten, durch den Feminismus angeblich „emanzipierten" Männern fortgesetzt wird.

Lenz führt aus: „Die Tabus gegenüber männlichen Opfern finden sich – was im ersten Augenblick staunen lässt – auch bei den 'neuen' und 'bewegten' Männern. In sozialarbeiterisch tätigen Männerprojekten liegt der Fokus eindeutig auf der Arbeit mit männlichen Tätern. Dies ist die Voraussetzung, um öffentliche Mittel zu erhalten. Die von Männern erlittenen Gewalterfahrungen hingegen gelten als nicht 'politikfähig', sie verschwinden hinter dem Klischee von 'Opfer sind Frauen und Männer sind Täter'. Die Übergriffe von Männern interessieren erst, wenn sie in der Maskierung als männliche Täter auftreten. Um es noch klarer zu sagen: Damit Männer in ihrer Verletzbarkeit Aufmerksamkeit erfahren, 'müssen' sie sich als Täter inszenieren. Dafür gibt es dann ein mit Milliardenbeträgen ausgestattetes riesiges Heer von Kontrolleuren, Bändigern und Strafverfolgern. Dieses reicht von der Sozialarbeit über die Polizei bis zur Justiz und versucht mit mehr oder weniger Erfolg, sich der männlichen Täter zu bemächtigen und mit diesen umzugehen. Auch die sogenannte 'Männerforschung' ist von der Verdrängung der Opferperspektive und der Identifizierung mit der Täterperspektive gekennzeichnet. (...) Eine Vermutung für diese nicht überwundene Geschlechtsblindheit lautet: Auch die 'neuen' Männer sind traditionell sozialisiert und identifizieren sich – in etwas anderem Outfit – mit dem hegemonialen Männlichkeitsmodell. Opfersein und Passivität hingegen erfordert ein radikales Infragestellen von Mannsein. Solange die 'neuen' Männer gegen (männliche) Täter und für weibliche Opfer kämpfen, sind sie aktive Beschützer – der Frauen. Sie bleiben damit aktiv – und können damit ihre eigenen Erfahrungen von 'Sich-zur-Verfügung-Stellen, Ausgeliefertsein und Opfersein' weiterhin verdrängen. Lieber Märtyrer (oder Held) als Opfer. Zu fragen ist, in welchem Auftrag die 'neuen' Männer eigentlich handeln? Ein Perspektivenwechsel hinsichtlich einer Sensibilisierung für Gewaltübergriffe, die gegen Jungen und Männer gerichtet sind, ist notwendig. Im Zentrum einer solch veränderten Sichtweise müsste stehen, dass die noch verborgene soziale Problemstellung männlicher Opfererfahrungen überhaupt wahrgenommen und damit in ihrer politischen Brisanz anerkannt wird. Ein langer Weg liegt vor uns, bis Mädchen und Jungen, Frauen und Männern die gleiche Würde und Unverletzlichkeit ihrer Person zugebilligt werden und die Verletzbarkeit von Frauen und Männern der Ausgangspunkt neuer Solidaritäten zwischen den Geschlechtern werden könnte."

Diese Kritik trifft einen der Hauptpunkte, warum ich und andere Männerrechtler mit diesen „neuen Männern" so unzufrieden sind: Neben direkten Opfererfahrungen (beispielsweise von häuslicher Gewalt) werden von ihnen häufig auch sämtliche anderen Erfahrungen gesellschaftlicher Diskriminierung ignoriert und beiseite gewischt. Insofern erscheinen mir die Männerrechtler als die „noch neueren Männer", sozusagen Protagonisten des nächsten Schritts. Denn erst sie sprechen dezidiert von ihren gesamtgesellschaftlichen Opfererfahrungen und entziehen sich so dem bisher gültigen Modell einer herrschenden Männlichkeit. (Diese These macht auch Sinn, wenn man sich individuelle Biografien ansieht: Männerrechtler wie Warren Farrell oder auch ich selbst verkörperten zunächst den Typus des pro-feministischen „neuen Mannes", bevor wir uns auf eine Ebene bewegten, die eine Stufe höher lag.) Mit ihren Opfererfahrungen rufen diese Männer zum Teil heftige, teils aberwitzige Reaktionen hervor. So konnte ich beispielsweise über Jahre hinweg in Internetdiskussionen beobachten, wie sich besonders radikal auftretende Feministinnen und besonders traditionell auftretende Männertypen („ich hab einen Porsche und viel Kohle, drohe bei Konflikten mit Gewalt und lass mir von keinem was sagen") gegen die „flennenden Jammermaskus" und „Plärrer" verbündeten. Nach langjährigen Beobachtungen dieser Art bin ich insofern zu dem Eindruck gelangt, dass sich viele Feministinnen trotz aller heuchlerischen Rhetorik nicht für einen wirklich neuen Mann interessieren, der auch über seine Gefühle und seine Leidenserfahrungen sprechen kann, sondern nur bis zu einer Stufe, auf der sie ihn noch für ihre Zwecke ausnutzen und kontrollieren können. Stock-reaktionäre Geschlechterklischees wie „Jungen weinen nicht!" und „Ein Indianer kennt keinen Schmerz!" werden gerade von vielen Feministinnen am Leben erhalten. Die Härte, die sie sonst verteufeln, fordern sie an dieser Stelle ein. Auch in der Zeitschrift „Emma" werden Männer als Opfer (beispielsweise häuslicher Gewalt) durchgehend ausgeblendet; stattdessen ist für sie die Rolle des Täters vorgesehen. Positiv wird ohnehin nur in Bezug auf jene Männer berichtet, die sich der Ideologie der *Emma* unter-worfen haben.[80]

Hallo Sie armen alleine gelassenen Männer, Ihre Seite ist ein-fach nur reaktionär und frauenfeindlich, kann es sein, dass Sie alle ein Problem damit haben, von der Mutter Ihrer Kinder getrennt zu sein – es macht so den Eindruck. Und warum gewähren die ach so bösen Frauen den armen Männern nicht den Umgang mit Ihren Kindern??? Haben Sie vielleicht auch vor der Trennung Ihre Frau regelmä-ßig verprügelt, und hat sie nun einfach Angst um ihre Kin-der? Einmal Schläger – immer Schläger! Oder weigern Sie sich auch vehement Unterhalt zu zahlen, der Ihrer Ex-Frau zusteht und leben wie die fette Made im Speck? Männer sind doch so weinerlich, arme Kerle, die bösen Frauen wollen nur an Euer Geld. So eine Internet Seite wie Ihre sollte verboten werden, genau so wie Ihr ganzer Verein von Männer-Heulsusen!!!!!!!!

Email einer Wibke K. an Vaeternotruf.de, gesendet am 20. August 2006: eine durchaus typische Reaktion auf Män-ner, die über ihre Leidenserfahrungen sprechen

Ein besonderes Problem ergibt sich, wenn das Ausblenden männlicher Opfer, eben weil es sowohl auf menschlichen Grund-reflexen wie auf politisch aktuellen Tendenzen basiert, instru-mentalisiert wird. In manchen Fällen verdeckt ein zunächst rit-terlich und fürsorglich wirkender Mantel der Frauenhilfe, dass es Opfer erster und zweiter Ordnung gibt. Über die Opfer erster Ordnung, die Frauen, wird sich bevorzugt gekümmert, ihr Lei-den wird in den Vordergrund gerückt. Die Opfer zweiter Ordnung, die Männer, werden beim Verteilen entsprechender Wohltaten nach hinten gestellt. Auch hier drei Beispiele:

Erstens: Am 16. Januar 2005 hatte Heidemarie Wieczorek-Zeul, Bundesministerin für wirtschaftliche Zusammenarbeit und Entwicklungshilfe, verkündet, die außerordentlich hohe Hilfsleistung der deutschen Bundesregierung für die Opfer der Tsunami-Flutkatastrophe in Südasien geschlechtsspezifisch zu verteilen: Die Hilfe solle „vor allem Frauen und Kindern zugute kommen". Weshalb beispielsweise Familienväter, die durch die Flutkatastrophe ebenfalls obdachlos geworden sind und außerdem vielleicht sogar ihre Einkommensquelle verloren haben, wegen ihres Geschlechts weniger Hilfe bekommen sollen als Frauen, erscheint vielen Männerrechtlern schwer verständlich. MANNdat erklärte in einer Pressemitteilung: „Wir bedauern, dass selbst bei einer solchen Katastrophe manche nicht in der Lage sind, über ihren Schatten zu springen und einfach nur helfen können, ohne Ansehen des Geschlechts. So ist die erfreulich hohe Hilfeleistung aus Deutschland mit einem Wermutstropfen versehen, mit einem Stück Sexismus made in Germany."

Zweitens: Wenige Monate zuvor, zum Welt-AIDS-Tag im November 2004, hatte MANNdat bereits eine Kampagne der Bundesregierung zur AIDS-Bekämpfung als einseitig kritisiert: „Frauen helfen, Männer ignorieren – daran fühlten wir uns erinnert, als wir von der speziell für Frauen angelegte deutschen Kampagne gegen AIDS anlässlich des diesjährigen Welt-AIDS-Tages hörten. Es erweckt den Anschein eines Desinteresses an Jungen- und Männergesundheit in Deutschland, wenn man AIDS als ein vorrangiges Frauenproblem suggeriere, der Immunschwäche, von der Männer in Deutschland ca. viermal so häufig betroffen sind wie Frauen", so der MANNdats-Koordinator für Männergesundheit Dr. Bruno Köhler. „Für eine spezielle Frauen-AIDS-Kampagne ist Geld da, für einen Männergesundheitsbericht nicht." Der Welt-AIDS-Tag solle genutzt werden, um Betroffenen zu helfen und auf deren Probleme hinzuweisen – und zwar unabhängig vom Geschlecht. Auch die UNO hatte im Jahr 2004 den Welt-AIDS-Tag ausdrücklich Frauen und Mädchen gewidmet, und in Aufklärungsbroschüren hieß es irreführend: „AIDS ist weiblich."

Drittens: Ebenfalls im Jahr 2004 hatte die Menschenrechtsorganisation Amnesty International eine weltweite Kampagne „Hinsehen und handeln: Gewalt gegen Frauen beenden" angestoßen, die Männerrechtler aus den USA wie aus Deutschland als problematisch empfanden. Menschenrechte seien universeller Natur und untrennbar. Genauso unsinnig wie speziell „Menschenrechte für Rothaarige" oder „Menschenrechte für Linkshänder" einzufordern sei es, Frauen als gesonderte Opfergruppe herauszugreifen. Sobald bei Opfern von Gewalt und Verfolgung nach Gruppen unterschieden werde, beginne Apartheid. Allenfalls verlaufe das wahre Gefälle nicht zwischen Männern und Frauen, sondern zwischen arm und reich, Hunger und Überfluss, Freiheit und Terror. Die Frauen der Dritten Welt kämpften, anders als im reichen Westen, an der Seite ihrer Männer um die Emanzipation. Schließlich bleibe Amnesty nicht mehr unabhängig, sondern lasse sich ideologisch von der feministischen Bewegung vereinnahmen, etwa wenn sie wie in dieser Kampagne die Steinigung einer Frau in Nigeria und häusliche Gewalt in Deutschland als „Gewalt gegen Frauen" zusammenfasse (was bei häuslicher Gewalt schlicht unsinnig ist). „Klar soll man sich gegen Gewalt an Frauen aussprechen", erklärte die Amnesty-Kritikerin Jolanda Wyss, die selbst ein Projekt gegen sexuelle Gewalt leitet, in einem Interview mit der Zeitschrift „eigentümlich frei". „Was mich (aber) an der ganzen Geschichte stört, das ist einfach, dass wir die Gewalt an Frauen immer so hervorheben müssen, als wäre sie eine bekämpfenswertere Gewalt." Tatsächlich aber stellten Männer im Krieg wie in Zivilgesellschaften die weitaus größte Gruppe aller Gewaltopfer. Bestimmte Menschenrechtsverletzungen betreffen fast ausschließlich Männer (oft tödlich endende Zwangsarbeit) oder zumindest weit überwiegend (die Todesstrafe). Im Sudan hatten Massenmorde an Männern dazu geführt, dass der Frauenanteil der Bevölkerung dort mittlerweile 70 Prozent beträgt, in Afghanistan wurden Männer sechsmal häufiger Opfer von Landminen oder Übergriffen der Taliban-Miliz. Aber an eine Amnesty-Kampagne „Gewalt gegen Männer beenden" ist nicht zu denken.

Für eine auf Spenden angewiesene Organisation macht es taktisch natürlich mehr Sinn, auf bestimmte Vorstellungen – etwa denen vom besonders betroffenen und besonders schützenswerten Opfer Frau – zurückzugreifen, auch wenn sie mit den Realitäten wenig zu tun haben. Wie stark die ideologische Aufladung hier ist, zeigte sich auch daran, wie unwirsch das Protestschreiben der Männerrechtler von vielen Amnesty-Mitgliedern aufgenommen wurde. Ein Empfänger unterstellte den Protestlern beispielsweise, dass sie entweder selbst Gewalttaten begangen hätten oder planten, solche zu begehen. Ein Münchner ai-Gruppenleiter drohte nach Erhalt der Protestmail gar mit der Hinzuziehung eines Rechtsanwaltes, falls auch nur eine einzige weitere Kontaktaufnahme dieser Art stattfinden sollte. Er sei nicht bereit, sich inhaltlich mit dem Protestschreiben auseinanderzusetzen, da ihm der darin enthaltene „Mangel an Sachkenntnis" eine differenzierte Auseinandersetzung unmöglich mache. Verschiedene ai-Ortsgruppen verschickten eine offenbar von der Amnesty-Zentrale vorgegebene Standardantwort, die inhaltlich auf die einzelnen Punkte kaum einging. Allerdings meldeten sich auch mehrere Unterstützer und Sympathisanten von Amnesty International zu Wort, die der vorgebrachten Kritik nachdrücklich und in vollem Umfang zustimmten. Als ich mich bei Amnesty nach einer kurzen Stellungnahme erkundigte, erhielt ich von der Pressestelle zunächst die Antwort der ai-Genderexpertin weitergeleitet: „Ein Schreiben wie das genannte ist Amnesty International nichts Neues. Der von Ihnen so bezeichnete ‚Unmut' ist derselbe und lohnt die Auseinandersetzung nicht." Der Name dieser „Gender-Expertin" war von ai auch nach dreimaligem Nachfragen nicht zu erhalten.

Dass man auch dazulernen kann, beweist die bereits genannte Menschenrechtsorganisation Gendercide Watch. Sie beschäftigt sich mit Massentötungen, die auf das Geschlecht der Opfer ausgerichtet sind. Ursprünglich wurde der Ausdruck „Gendercide" bezeichnenderweise nur für die Massentötungen von Frauen verwendet. Und nur solche Fälle wurden auch untersucht und angeprangert. Oft sei es Gendercide Watch zufolge sogar so, dass schon schlechte Lebensbedingungen von Frauen für größeres internationales Aufsehen sorgen als Tausende von umgebrachten Männern. Heute geht Gendercide Watch davon aus, dass staatlich angeordnete geschlechtsbezogene Massentötungen in der gesamten Menschheitsgeschichte wie in der Gegenwart weit überwiegend Männer zum Opfer hatten und haben. Dieser Punkt werde aber weder von der Politik, noch von anderen Menschenrechtlern zur Kenntnis genommen. Gendercide Watch bezeichnet dies als eines der größten Tabus unseres Zeitalters.

Auch andere Menschenrechtler stellen sich den Realitäten. So weist die Menschenrechtsorganisation Human Rights Watch immer wieder darauf hin, dass beispielsweise in den USA wegen der vielen Vergewaltigungen in Gefängnissen landesweit insgesamt mehr als doppelt so viele Männer wie Frauen vergewaltigt würden, dieses Thema aber kein öffentliches Interesse fände. Dasselbe Prinzip gelte für kriegerische Konflikte, befand der Professor für internationale Studien Adam Jones. Er untersuchte 2001 die Berichterstattung über den Kosovo und kam dabei zu dem Schluss, dass nur die vergewaltigten Frauen als Opfer beklagt wurden, obwohl es fast mit Gewissheit weit mehr männliche Vergewaltigungsopfer gegeben habe. Auch hätten vergewaltigte Frauen mehr Aufmerksamkeit erhalten als ermordete Männer.

Zurück nach Deutschland. Hier sind staatlich angeordnete Massenmorde, Zwangsarbeit mit Todesfolge und andere derart gravierende Probleme unbekannt. Dass Männer offenbar als entbehrlicher als Frauen gelten, zeigt sich hierzulande vor allem in einem Bereich: im Gesundheitswesen.

Die Zeitschrift „Men's Health" hatte Ende 2001 schon zum Thema gemacht, dass deutsche Männer in diesem Bereich massiv benachteiligt werden. Sie legt dar: Während in den USA ähnlich wie in Großbritannien eine Behörde für Männergesundheit eingerichtet werden soll, nachdem Männer bei jeder einzelnen der zehn häufigsten Todesursachen vorne liegen, und sich auch die Weltgesundheitsorganisation an Veranstaltungen zum Tag des Mannes (3. November) besonders beteiligen wird, schläft die deutsche Bundesregierung noch immer tief und fest. Hier fehlt vom Männergesundheitsbericht (wie in Österreich) über Männerärzte bis zu Initiativen oder gar einem Sonderbeauftragten für das Geschlecht, das sechs oder sieben Jahre früher ins Gras beißt, so ziemlich alles. Häufige Männerkrankheiten wie Prostatakrebs werden, was Gelder für Erforschung und Behandlung angeht, gegenüber Frauenkrankheiten stark vernachlässigt. Die damalige Bundesgesundheitsministerin indes lehnte schon eine bloße Interview-Anfrage des Magazins mit einem kurzen Fax ab: „Bisher ist Medizin weitgehend eine Männerdomäne. Deshalb ist es notwendig, die Frage der Frauengesundheit zu einem speziellen Thema zu machen."

Andere Medien konnten sich der Logik der Ministerin nicht anschließen. Der „Spiegel" machte die medizinische Unterversorgung von Männern gar zur Titelgeschichte. In dem dazugehörigen Artikel konnte man erfahren, dass sich inzwischen zwar 50 deutsche Ärzte hatten zum „Männerarzt" weiterbilden lassen, aber 1.000 gebraucht würden, um die kritisierte Unterversorgung zu beenden[81]. Selbst die weitgehend unpolitische „Bunte" widmete sich in Heft 34/2005 diesem Thema. In ihr äußerte sich Professor Frank Sommer vom Klinikum Eppendorf der Uni Hamburg zur besorgniserregenden gesundheitlichen Situation von Männern. Sommer ist Lehrstuhlinhaber der weltweit ersten Universitätsprofessur für Männergesundheit[82] und erkennt Männer als „die wahren Sorgenkinder der Medizin", die im Gesundheitswesen grob benachteiligt würden, so etwa bei der Krebsvorsorge. Fatal sei es auch, dass bei Männern über 70 die Selbstmordrate achtzig Mal so hoch wie bei Frauen liege.[83]

Gefruchtet haben solche Artikel wenig. Selbst hartnäckiges Engagement von Medizinern verlief bislang erfolglos. Im Jahr 2001 wurde im Sinne des sogenannten Gender Mainstreaming (worin viele nicht zu Unrecht reine Frauenförderung unter schönerem Namen erkennen) ein „Frauengesundheitsbericht" veröffentlicht. Das machte soweit durchaus Sinn, denn die Medizin hatte die Notwendigkeit eines geschlechterspezifischen Gesundheitssystems in der Tat festgestellt. Nur folgte auf diesen Bericht bezeichnenderweise niemals ein Männergesundheitsbericht. Mehrere Ärzte machten sich dafür in einer eigens gegründeten Initiative stark, deren Initiatoren Prof. Dr. Klaus Hurrelmann (Universität Bielefeld) und Dr. Matthias Stiehler (Dresdner Institut für Erwachsenenbildung und Gesundheitswissenschaft) waren. Es wurden etwa 90 Männerinitiativen, Institutionen und Wissenschaftler angesprochen, von denen etwa zwei Drittel antworteten und sich dieser Forderung anschlossen. „In den Ministerien scheinen weiterhin einseitige Vorstellungen vorzuherrschen, nach denen Männer als Profiteure geschlechtsspezifischer Ungleichheiten nicht ihrerseits in Not sein können. Es ist zu befürchten, dass Deutschland auf diesem Feld den Anschluss an die Entwicklung in anderen Ländern (USA, Australien, Österreich) verliert, wenn nicht bald zumindest mit der angemessenen Analyse der Probleme begonnen wird", hieß es etwa im „Deutschen Ärzteblatt".[84]

Noch deutlicher war zuvor schon Dr. Ludger Beyerle in der „Ärzte Zeitung"[85] geworden: „Für die Männer gibt es nichts zu melden und nichts zu holen. Niemand fragt, warum nur Bruchteile der Krebsvorsorge-Gelder, die Frauen seit Jahrzehnten kassieren, in die Prävention männlicher Tumore fließen. Keine Ministerin hat in der Vergangenheit den Gedanken auch nur angetippt, die Gründe für die sechs Jahre kürzere Lebenserwartung der Männer wissenschaftlich zu hinterfragen. Ein Männergesundheitsbericht oder gar ein neues Vorsorgeprogramm für die Hauptzahler – wo kämen wir da hin! Der führenden Damenriege im Gesundheitswesen ist trotz Änderungswünschen am Rollenverhalten der Geschlechter wenig daran gelegen, den Mann außerhalb seiner Zahlmeisterrolle zu lokalisieren. Gemessen an den Wartezeiten bei Ärzten und Operationen ist die gesundheitliche Versorgung in Deutschland so schlecht wie seit den siebziger Jahren nicht mehr. Davon nicht im geringsten angekränkelt, disponieren die Ministerinnen flottweg Milliardenbeträge nach Sexismus und Belieben."

Mehr und mehr entpuppten sich Männer als die Gruppe, die am meisten ins Gesundheitswesen einbezahlte, aber am wenigsten davon profitieren durfte. Wenn man sich all diese Stellungnahmen von Ärzten einmal ausführlich durchliest, kommt man um einen Schluss nicht herum: Das feministische Umstricken des Gesundheitssystems hatte mit Gleichberechtigung längst nichts mehr zu tun. Eine bessere Versorgung von Frauen beispielsweise mit Schlaf- und Beruhigungsmitteln und anderen Psychopharmaka geht schon seit einigen Jahren auf die Kosten toter Männer.

Es entspann sich ein längerer Briefwechsel zwischen den Ärzten und dem Bundesgesundheitsministerium sowie anderen Stellen[86], wobei das Ministerium die Forderungen der Mediziner immer wieder zurückwies. Am 24. Juli 2002 ließ das Ministerium mitteilen: Es bestehe an einem Gesundheitsbericht auch für Männer „kein unabweisbares Bundesinteresse, das angesichts der knappen Haushaltsmittel die Ausschreibung eines solches Projektes rechtfertigen oder sogar fordern würde." Und dabei ist es dann geblieben.[87]

6. EIN HARTER KAMPF

„Das politische Leben der Bundesrepublik Deutschland wird zwar noch immer vorwiegend von Männern kommentiert, aber von Frauen kommuniziert", erkannte Frank Schirrmacher in seinem Artikel „Männerdämmerung" in der „Frankfurter Allgemeinen Zeitung" vom 1. Juli 2003. „In dem Maße, in dem politische Meinungsbildung diskursiv geworden ist, haben die Fernsehsender Frauen zu 'Gastgebern' des politischen Prozesses gemacht. Sabine Christiansen, Sandra Maischberger, Maybrit Illner, Anne Will und Marietta Slomka sind ohne Zweifel die einflussreichsten politischen Vermittlungsinstanzen des Fernsehens. Man muss nicht Feminist sein, um in dieser noch vor Jahren unglaubwürdig erscheinenden Erfolgsgeschichte eine bewusste Entscheidung der Gesellschaft zu sehen. Sie ist offensichtlich im Begriff, die Macht neu zu verteilen, weil sich nicht nur die Diskurse, sondern auch die Anforderungen an die Vermittler verändern. Diese Operation ist sehr viel umfassender als bislang bekannt. Die entscheidenden Produktionsmittel zur Massen- und Bewusstseinsbildung in Deutschland liegen mittlerweile in der Hand von Frauen. In komplizierten, zuweilen von höfischen Intrigen begleiteten Strategien haben Frauen mehr oder minder deutlich die Zuständigkeit für gewaltige Komplexe der Bewusstseinsindustrie übernommen. Der größte Fernsehbetreiber Europas, der größte Magazinverlag, der größte Buchverlag der Welt, einer der fünf größten Musikkonzerne der Welt, kurzum: der Bertelsmann-Konzern untersteht längst dem Willen einer Frau, Liz Mohns, die die vergangenen Monate seit Thomas Middelhoffs Entlassung dazu nutzte, ihre Macht im Konzern auszubauen. Der größte Zeitungsverlag Europas gehört Friede Springer, die mit äußerster Konsequenz und Entschiedenheit über Jahre hinweg ihre Macht konsolidiert hat. Insgesamt sind damit fast 80 Prozent der Bewusstseinsindustrie in weiblicher Hand. Eine Telefonistin, ein Kindermädchen, eine Schauspielerin und Schriftstellerin und eine Stewardess definieren das Land. Was einer heute denkt, läuft vorher über die Fließbänder dieser Frauen. Und es war mehr als eine Pointe, als Sandra Maischberger Liz Mohn mit dem Satz 'Guten Tag, Chefin!' begrüßte." Eben weil die Dinge genauso liegen wie Schirrmacher sie treffend beschreibt, wurde er nach diesem Artikel aus den verschiedensten Richtungen angegiftet. In der Regel stellte man Schirrmacher als mal wieder so einen hin, der von der Gleichberechtigung der Frau überfordert war. Schließlich gab es doch auch noch viele Männer, die in der Medienwelt tätig waren. Und an genau diesem Punkt war Schirrmacher nicht konsequent genug, indem er nur von den Frauen sprach und ihre männlichen Fifis außen vor ließ.

Wobei der Ausdruck „Fifi" hier vielleicht etwas unfair ist. Ein männlicher Redakteur tut eben, was er tun muss, um beruflich zu überleben. Er sieht, dass die Hauptkonsumenten der von ihm hergestellten Ware Fernsehprogramm weiblich sind, weil Männer nachmittags um drei in der Regel im Büro sitzen oder am Fließband stehen und abends meistens erschöpft sind und früh zu Bett gehen, weil sie am nächsten Morgen auch wieder früh raus müssen. Also konzipiert er TV-Serien, Talkshows und viele andere Formate, die der weiblichen Sicht auf die Wirklichkeit entsprechen. Die Kommissarinnen werden dann zu fehlerlosen Superheldinnen und die Männer zu Volltrotteln oder Monstern. Wenn es um soziale Streitfragen geht, bleibt die Perspektive der Männerrechtler ohnehin außen vor. Denn auch da überlegt man sich als Redakteur schon, ob man nicht ein leichteres Leben hat, wenn man bei der weiblichen Machtübernahme lieber gefügig mitspielt, sich keinen heftigen Konflikten, den von Schirrmacher angeführten Intrigen, oder dem Unmut weiblicher Zuschauerschaft aussetzt.

Der immense Erfolg der Frauenbewegung beruht insofern entscheidend darauf, dass sie sich die Kontrolle über die Medien gesichert hat und so darüber befinden kann, worüber hierzulande auf welche Weise berichtet wird. Der ganz große Teil dessen, was ich zwei Kapitel zuvor als Ziele der Männerbewegung benannt habe, kommt in den klassischen Medien nicht vor. Oder wann haben Sie die letzte Fernsehsendung gesehen, den letzten Zeitungsartikel gelesen, in dem es um Themen wie diese ging:

„Nur ein toter Mann ist ein guter Mann" – Wie bekämpfen wir die Misandrie? Todesberufe: Wie Männer bei ihren Jobs Leib und Leben ruinieren. Ärzte auf den Barrikaden: Wo bleibt der

Männergesundheitsbericht? Obdachlosigkeit ist männlich! Wir erforschen die Gründe. Selbstmord: Warum weit überwiegend Männern das Leben zu viel wird. Das große Tabu: Sexuelle Gewalt von Müttern und anderen Frauen. Amnesty oder Femnisty? Wie eine Menschenrechtsorganisation mit Sexismus Mitglieder wirbt. Bis zu Verstümmelung und Tod: Beschneidung bei Jungen.

Mit großer Wahrscheinlichkeit haben Sie auch von folgenden vier Nachrichten nie etwas mitbekommen. Sie alle betreffen Ereignisse, die sich Ende 2006 zugetragen haben, aber von unseren Medien praktisch durchweg ignoriert wurden:

Gegen eine Gewaltstudie der Vereinten Nationen zum Thema „Violence Against Women" protestierten weltweit Zehntausende von Männern und Frauen, weil darin männliche Opfer häuslicher Gewalt konsequent ausgeblendet wurden.[88]

Internationale Fluggesellschaften wie die British Airways erlauben männlichen Passagieren nicht mehr, neben Kindern zu sitzen.[89]

Luzius Wildhaber, Präsident des Europäischen Gerichtshofs für Menschenrechte, ermahnt Deutschland, weil unser Staat Urteile dieses internationalen Gerichts, wenn sie die Menschenrechte von Vätern betreffen, entgegen internationalen Abkommen ignoriert.[90]

Ein italienischer Vater, der zwölf Jahre lang seinen eigenen Sohn nicht sehen durfte, überschüttete sich in einer Nachrichtensendung, in der er zu Gast war, mit Benzin und konnte erst in letzter Sekunde davon abgehalten werden, sich selbst anzuzünden.[91]

Sie können sicher sein, dass sie von solchen Vorkommnissen erfahren hätten, wenn die Betroffenen Frauen gewesen wären. Der Themen gäbe es etliche mehr, sie werden nur nicht gesehen. Sie sollen nicht gesehen werden.

Die logische Konsequenz: Männer sind sich dieser Ausgrenzung natürlich bewusst, ebenso wie der Tatsache, dass sie nur schwer etwas dagegen unternehmen können. Viele ziehen sich innerlich grollend in sich zurück. Vom „Schweigen der Männer" ist die Rede, auch wieder im vorwurfsvollen Tonfall natürlich, als ob nicht völlig klar wäre, dass ich, wenn ich täglich erlebe, dass ich nichts zu sagen habe, dann auch wirklich irgendwann meinen Mund halte. Bei einigen Männern ist es so, dass wie bei einem kochenden Wasserkessel, bei dem ständig ein Pfropfen die Tülle verstopft, es irgendwann zur Explosion kommt. Himmlisch, frohlocken da Radikalfeministinnen, da haben wir ja gleich noch einen tollen Beleg dafür, dass Männer aggressiv, wehleidig und einfach nicht belastbar sind. Währenddessen können sich absurderweise die Frauen immer noch als bessere Menschen und zugleich ewige Opfer fühlen, weil nur über weibliche Opfererfahrungen in den Medien gesprochen werden darf.

„Nie in der Geschichte", erklärt dazu der amerikanische Männerrechtler Warren Farrell „gab es eine herrschende Klasse, die arbeitete, um sich Diamanten leisten zu können, die sie den Unterdrückten geben konnte, in der Hoffnung dafür von ihnen geliebt zu werden. Frauen sind die einzige 'unterdrückte Gruppe', deren 'unbezahlte Arbeit' sie in die Lage versetzt, für fast fünf Milliarden Dollar jährlich Kosmetika zu kaufen und die zu allen Tageszeiten mehr fernsieht als ihre 'Unterdrücker'." Und genau deshalb bleibt auch dieser Blickwinkel in den Medien schön außen vor. Wenn die westeuropäische Frau ein Leben genießt, von dem in der restlichen Welt und quer durch die Geschichte Menschen kaum zu träumen wagten, dann holt sie sich ihre Opfererfahrung eben aus zweiter Hand. Dementsprechend werden unsere Bestsellerlisten beherrscht von Büchern, in denen Frauen aus anderen Kulturen über ihre schlimmen Erfahrungen berichten oder in denen es um weibliche Opfer von Verbrechen wie Zwangsprostitution oder um Frauenschicksale aus vergangenen Epochen geht. Da wird solidarisch mitgelitten und aus lustvollem Masochismus eine Identifikation eingegangen. Wir armen Frauen hatten und haben es eben immer schwer! Und woran liegt das? Sind nicht die Taliban vor allem Männer? Was macht also der ausgegrenzte Vater, der beim Bund schikanierte und gedemütigte junge Mann oder der von weiblichen Übergriffen und Missbrauchserfahrungen zerquälte Sohn, wenn sie sehen, dass sie mit ihrem realen, gegenwärtigen Leiden in den Medien bestenfalls als Randfiguren vorkommen dürfen? Gott sei Dank hat sich im letzten Jahrzehnt ein neues Medium herausgebildet, in dem die Ausgrenzungsmechanismen der etablierten Medien nicht so gut funktionieren: das Internet. Dementsprechend wurden dort mit Webseiten und Diskussionsforen auch die ersten Bastionen der Männerbewegung geschlagen, und es waren diese Punkte, von denen aus wir in andere politische und gesellschaftliche Diskussionsforen hinübergingen. In dem Moment, in dem ich diese Zeilen schreibe, Juli 2007, besteht eine bizarre Spaltung. Während Männerrechtler in den traditionellen Medien praktisch keine Rolle spielen, sieht es im Web genau andersherum aus. Im Diskussionsforum der „Aktion Mensch" (vormals „Aktion Sorgenkind") liegt die Geschlechterdebatte zwischen Männerrechtlern und Feministinnen, was die Zahl der Postings angeht, ungeschlagen weit an der Spitze; der zweite Platz, das ebenfalls hochaktuelle und brisante Thema „Zuwanderung", bringt es nicht einmal auf ein Drittel an Beiträgen.[92] Und das Internet-Diskussionsforum der Zeitschrift „Emma" machte schließlich die Pforten dicht, weil, so ist mein starker Eindruck, es dort eben zu keiner gegenseitigen Selbstbeweihräucherung von Frauenfrauen kam, sondern zu monatelangen, erbittert geführten Schlachten zwischen Vertretern beider Fraktionen, wobei zu allem Übel auch noch Vertreter der feministischen Liga zu den übelsten Methode teils hart an der Grenze zur Strafbarkeit griffen.

Wenn man sein Weltwissen aus Fernsehen oder Radio bezieht, hat man den Eindruck, als gäbe es solche Kontroversen nicht. Das ist der Grund, warum ich diesem Buch den Titel „Männerbeben" gegeben habe. An der Oberfläche sieht es noch so aus, als seien sämtliche Strukturen in bester Ordnung, während es im Untergrund immer mehr und mehr brodelt, bis es irgendwann zu den ersten tektonischen Rissen im Gefüge kommen wird. Wobei, das sollte man hinzufügen, diese geteilte Welt nicht allein im Zusammenhang mit der Männerbewegung zutage tritt. So ergab die Shell-Jugendstudie 2002, dass insbesondere die nachrückende Generation ihre Meinung vor allem im Internet vertritt, weil sie bei den traditionellen – reaktionären? – Medien für ihre Sichtweisen und Probleme keinen Zutritt erhält. Bei der Männerbewegung ist dies nur umso fataler, weil der Geschlechterkonflikt einer der zentralsten, jeden einzelnen betreffenden und auch den Alltag beherrschenden Konflikte ist.

Das Internet ist dann auch die Plattform, von der aus wie in einer Graswurzelrevolution die klassischen Medien erreicht werden müssen. Immer mehr kristallisierte sich bei meiner eigenen politischen Arbeit heraus, dass Männeranliegen in Verlagen, Presse und TV keinen Schnitt machen konnten und dass vermutlich eben dieser Umstand dafür sorgen würde, dass man diese Meinungsunterdrückung kaum publik machen konnte. Insofern hatte ich von Anfang an ganz stark auf das weltweite Netz als Möglichkeit zur Verbreitung meiner Erkenntnisse gesetzt. Damit erreicht man, anders als mit Zeitung und Fernsehen, zwar lange nicht die ganz breite Bevölkerung, aber es war immerhin ein Anfang.

Nun sind Feministinnen auch nicht dumm, wenn es um strategische Fragen geht. Auch ihnen musste klar sein, dass frau bei steigendem Druck nur begrenzte Zeit lang den Deckel auf dem Topf halten konnte. Irgendwann würden sich Männerrechtler und Feminismuskritiker schon Gehör verschaffen. Das galt es zu unterbinden, am besten, indem man die momentan strukturell vorhandene Übermacht konsequent ausnutzte. Zwei Hauptstrategien boten sich vielen Frauenrechtlerinnen hier offenkundig an: Einschüchterung und Denunziation. Einschüchterung, damit die Männer auch weiterhin nicht mehr wagten, den Mund aufzumachen, und Denunziation, damit ihnen hoffentlich niemand zuhörte, weil das doch alles ganz fürchterliche, frauenverachtende Gestalten gewesen seien.

Warum konnte man ganze Jahrzehnte lang nichts in unseren Medien von Kritik am Feminismus hören oder lesen, so dass der Eindruck entstehen könnte, es gäbe an dieser Ideologie gar nichts zu kritisieren? Klappen Sie das Buch einmal für eine Minute zu und denken Sie scharf über diese Quizfrage nach. Schlagen Sie es dann wieder auf und lesen Sie sich als kleinen Tipp bei der Lösung durch, wie mit Menschen umgesprungen wurde, die an einem oder mehreren Punkten den Feminismus zu kritisieren wagten.

Esther Vilar: „Als Frauenhasserin, Reaktionärin, Faschistin wurde sie beschimpft", schildert Ulla Rhan die Fakten zutreffend über 30 Jahre später[93]. „Hasstiraden, tätliche Angriffe, ja

Morddrohungen gehörten über Jahre hinweg für Esther Vilar zum Alltag. In der legendären Fernsehdiskussion, die unter dem Titel 'Hennen-Hack-Duell' in die Annalen der Geschichte eingehen sollte, zog Alice Schwarzer im Februar 1975 alle Register, um sie mundtot zu machen. Der Mann ist der Böse, die Frau ist die Gute. Dass das ein für alle Mal klar ist! Widerspruch gilt nicht!" Vilar musste wegen der ständigen Anfeindungen aus Deutschland auswandern.

Warren Farrell: Der weltweit vermutlich einflussreichste Männer- und Väterrechtler wurde von Feministinnen und profeministischen Männern wie Michael Kimmel als Befürworter von Vergewaltigung und Inzest verleumdet. Seine früheren profeministischen Bücher wurden in Zeitungen besprochen, und er durfte zu dieser Zeit noch in Fernsehsendungen erscheinen. Beides riss schlagartig ab, sobald er sich auch für die Rechte der Männer einzusetzen begann. Immer mehr Zeitungen und Sender lehnten als Folge politischen Drucks Texte von ihm und Interviews mit ihm ab.

Neil Lyndon: Bis Dezember 1990 war Lyndon einer der bestbezahlten und angesehensten Journalisten Großbritanniens, schrieb für die „Times", den „Independent" und den „Evening Standard". Dann veröffentlichte er einen Zeitungsartikel, in dem er eine wachsende Feindseligkeit gegenüber Männern in den Medien beklagte und zur Sprache brachte, dass die zunehmende Kontaktsperre vieler Väter zu ihren Kindern ein schwerwiegendes Problem darstelle. Darüber hinaus vertrat er die Thesen, dass nicht Mädchen, sondern Jungen in unseren Schulen benachteiligt würden und dass das Gesundheitssystem in Fragen wie etwa der Krebsvorsorge nicht Frauen, sondern Männer vernachlässige. Da sein Artikel als Angriff auf die Grundlagen des Feminismus verstanden wurde und allgemeine Einigkeit darüber bestand, dass der Feminismus heilig war, wurde über Lyndon geurteilt, er müsse offensichtlich schwer psychisch gestört sein, moralisch verkommen, impotent, einen zu kleinen Penis haben oder nicht in der Lage sein, eine Frau zu finden. Lyndon war zu diesem Zeitpunkt glücklich verheiratet und hatte einen Sohn. Als er wenig später ein Buch zum selben Thema herausbrachte, „No More Sex Wars", erklärten AkademikerInnen, das Buch solle verbrannt und Lyndon erschossen werden. In erster Linie attackierten ihn Menschen, die das Buch nicht gelesen hatten. Ihm wurden Frauenfeindlichkeit und rechtes Gedankengut unterstellt. Infolge dieser ständigen öffentlichen Attacken zerbrach seine Ehe, seine Frau wendete sich verstärkt dem Alkohol zu und beteiligte sich schließlich an den Angriffen auf ihren Exmann. Sie erstritt sich das volle Sorgerecht für den Sohn unter anderem, indem sie dem Gericht Auszüge aus Lyndons lästerlichen Schriften präsentierte. Gleichzeitig wurde Lyndon beruflich und gesellschaftlich weiterhin ausgegrenzt und sein Einkommen fiel von mehreren tausend Pfund pro Monat auf einige hundert. Schließlich musste er Privatinsolvenz anmelden und sein Haus kam unter den Hammer.

Erin Pizzey: Pizzey, die Mitbegründerin des ersten Frauenhauses der Welt, problematisierte später, dass das Thema häusliche Gewalt von Feministinnen gekapert wurde und wies darauf hin, dass aktuellen Studien zufolge die Hälfte der Opfer männlich seien. Sie konnte keine öffentlichen Reden mehr halten, ohne von Frauenrechtlerinnen niedergeschrien zu werden, und wurde das Opfer von Telefonterror, Morddrohungen gegen sie und Mitglieder ihrer Familie. Jemand schoss auf ihr Haus und brachte ihren Hund um. Schließlich flüchtete sie aus England nach New Mexico.

Susanne Steinmetz: Ihre Forschungen wiesen erstmals auf die hohe Rate männlicher Opfer bei häuslicher Gewalt hin. Sie und ihre Kinder wurden mit dem Tode bedroht. Bei dem Treffen einer Bürgerrechtsbewegung, bei dem sie sprechen sollte, ging eine Bombendrohung ein.

Professor Neil Gilbert: Gilbert erklärte die Messfehler in den Studien zweier Feministinnen, die fälschlicherweise behaupteten, jede vierte Frau sei bereits Opfer einer Vergewaltigung geworden. Es gab Protestdemos, bei denen Schilder mit den Worten „Tötet Neil Gilbert" geschwenkt wurden.

Dr. Karin Jäckel: 1997 machte Jäckel mit ihrem Buch „Der gebrauchte Mann" darauf aufmerksam, dass auch Männer Scheidungsopfer werden können. Im Jahr 2005 schaffte es dieses Thema auf die Titelseiten von „Focus" und „Spiegel". Ein knappes Jahrzehnt zuvor hatten Frauengruppen Dr. Jäckel noch Mord,

Entführung und Brandschatzung angedroht, Buchhändlerinnen boykottierten ihre Werke oder erklärten auf Nachfrage fälschlich, sie seien vergriffen. Verlagslektorinnen ließen Manuskripte untergehen und Verträge platzen.

Ursula Enders: Enders ist die Gründerin und Vorsitzende der gegen sexuellen Missbrauch gerichteten Organisation „Zartbitter". In der 2003 erschienenen Neuauflage ihres Buches „Zart war ich, bitter war's" beklagt sie, wie enorm schwierig es sei, in diesem Bereich weibliche Täterschaft zur Sprache zu bringen. „Die wenigen engagierten Frauen (und Männer), die schon Anfang der 90er Jahre 'Frauen als Täterinnen' zum Thema machten, wurden gemobbt." So sei ihrem Mitarbeiter Dirk Bange „Hass und Empörung" entgegengeschlagen, als er dieses Tabu brach. Ursula Enders: „Auch versteigen sich einige Dogmatikerinnen dazu, mich dafür zu beschimpfen, dass sie mangels Alternative einer vergleichbaren Forschung durch eine Frau dazu gezwungen sind, die Studien meines Kollegen zu zitieren. Fortan gelte ich in einigen Kreisen endgültig als 'Verräterin an der Frauenbewegung'. Im Sommer 2000 spricht mich eine Fachfrau ganz unvermittelt darauf an, dass sie in den 90er Jahren öfters eine extrem hasserfüllte Stimmung im Publikum erlebt hat, sobald ich als Referentin das Wort Täterinnen auf Veranstaltungen nur ausgesprochen habe. Damit bestätigt die Fachkollegin die Berechtigung der von meinen Kolleginnen und Kollegen schon vor Jahren verordnete Schutzmaßnahme: Sie haben mir längst untersagt, ohne Begleitung eines kollegialen 'Bodyguards' auf überregionale Veranstaltungen zu fahren, damit ich in 'Fachdiskussionen' stets eine Unterstützung habe."

Katharina Rutschky: Sie machte eine Hysterisierung im Zusammenhang mit sexuellem Missbrauch zum Thema (und wurde damit später von anderen Forschern und Publizisten bestätigt). Daraufhin erhielt sie Morddrohungen per Post. Wenn sie auf Veranstaltungen zu diesem Thema sprechen wollte, wurde sie körperlich bedroht („Für das, was du sagst, gehört dir die Fresse poliert!"), bis sie aus Todesangst um Hilfe zu schreien begann.

Eva Herman: Herman hinterfragte in ihrem Buch „Das Eva-Prinzip", ob feministische Forderungen für Frauen, Männer und

Kinder wirklich gedeihlich seien. Dem war im Frühjahr 2006 ein Artikel mit ähnlicher Ausrichtung in der Zeitschrift „Cicero" vorausgegangen.[94] Darin erklärte Herman die Emanzipationsbewegung für weitestgehend gescheitert: „Die Frauen, die vor knapp einem halben Jahrhundert entschlossen und hoffnungsvoll dem Ruf der Emanzen und Feministinnen auf dem Weg nach weiblichem Erfolg folgten, sind im beruflichen Kampf gegen die Männer am Ende ihrer Kräfte und Ressourcen angelangt." Es sei sinnvoller, zur altbewährten Rollenverteilung zwischen den Geschlechtern zurückzukehren. Die erwarteten Anfeindungen gegen Herman erfolgten wie bestellt von denjenigen, die ihr ganzes Leben nach dieser Ideologie ausgerichtet hatten[95] – die Zeitschrift „Emma" versuchte gar, eine Kampagne zu starten, die Eva Herman ihren Job als Tagesschau-Moderatorin kosten sollte. Tatsächlich zog sich Herman wenige Monate später aufgrund dieser Kontroverse von ihrer Sendung zurück.[96]

In ihrem Buch schrieb sie zu diesen Vorgängen: „Ich habe jenen Feministinnen der ersten Reihe verziehen, die in einer heimlich organisierten Kampagne versuchten, mich bei meinen Tagesschau-Vorgesetzten zu diskreditieren, und die etliche Leute konkret dazu aufforderten, meine Entlassung zu verlangen. Ich gebe zu, im ersten Moment war ich schockiert, dass diese Verleumdungsaktion und Denunziation ausgerechnet von jenen Emanzen initiiert wurden, die für Feminismus, Freiheit und das Selbstbewusstsein der Frauen in Deutschland eintreten. Einstmals gehörte zu ihrem Kampfprogramm auch die freie Meinungsäußerung von Frauen – die ja im übrigen im Grundgesetz verankert ist. Heute werden die Kämpferinnen von einst zwar mit dem Bundesverdienstkreuz bedacht, andere Ansichten aber lassen sie offenbar nicht zu. Mehr noch: Sie haben bewiesen, dass sie Menschen mit anderen Überzeugungen existenziell vernichten wollen."

Und wie ich am eigenen Leibe erleben musste, hat Eva Herman in dieser Hinsicht Recht. Mehrere der geschilderten Vorfälle waren mir schon bei der Recherche zu „Sind Frauen bessere Menschen?" bekannt geworden. Durch das Schicksal von Neil Lyndon & Co. gewarnt, wusste ich schon, womit ich bei diesem Buch rechnen durfte: Mit einer fast kompletten Schweigeblokkade auf Medienseite (dafür gibt es in der amerikanischen Männerbewegung bereits den festen Begriff „lace curtain"), aber dafür heftigsten Anfeindungen von radikalen Feministinnen bis hin zu anhaltenden Schmutzkampagnen und dem Versuch, mich beruflich fertigzumachen. Als Karriereschritt für einen jungen Autor empfahl sich also alles, was mit Männerrechten und Feminismuskritik zu tun hatte, ganz sicher nicht. Ich beschloss, das Buch trotzdem herauszubringen. Alles, was ich über von ihren Frauen geprügelte Männer und von ihren Müttern missbrauchte Söhne sowie über die massive Tabuisierung ihrer Leidensgeschichten erfahren hatte, ließ mir keine andere Wahl. Als ich begann, an meinem Buch zu arbeiten, konnte ich noch nicht ahnen, dass Menschen wie Professor Bock zeitgleich an anderer Stelle das Tabu über männliche Opfer von Gewalt in der Partnerschaft aufbohren würden. Insofern hatte ich damit gerechnet, als einsamer Rufer in der Wüste dazustehen und ähnlich wie Lyndon als geisteskranker Widerling, den man nicht weiter ernst nehmen solle, niedergemacht zu werden, was mir allerdings die Chance wert war, wenigstens einige Leser auf die verschwiegenen Erfahrungen solcher männlicher Opfer aufmerksam zu machen, um zumindest langfristig etwas anzustoßen.

Was ich teils Jahre nach der Veröffentlichung meines Buches tatsächlich erlebte, waren zunächst einmal massive Anfeindungen und Verleumdungen quer durchs Internet. „Arne Hoffmann als Person war ein (kurzfristiges) Medienphänomen, weil er so kontrovers und provokativ war und beim Durchschnittsbürger Ekel ausgelöst hat, der ja auch (kurzfristig) fasziniert", steht beispielsweise heute noch über mich in der Wikipedia. Als Autorin firmiert eine gewisse „Barb", die in einer Sachdiskussion mit mir derart den Kürzeren gezogen hatte, dass sie nichts mehr darauf entgegnen konnte. (Der ganze Streit ist nachzulesen auf der Diskussionsseite zu dem Wikipedia-Eintrag über mich.) Kleiner Tipp an andere Männerrechtler: In Internet-Diskussionen auf der Sachebene überzeugender als Feministinnen zu sein stellt sich in der Regel als schwerer Fehler heraus, denn viele von ihnen werden sich Monate später an anderer Stelle im Netz in deiner Abwesenheit rächen, indem sie versuchen, dich durch den Schmutz zu ziehen. Jauche wie die von „Barb" wird alle paar Tage in irgendeinem Internet- oder Usenet-Forum über mich ausgegossen. Typischerweise sind solche Heckenschützinnen geradezu panisch um ihre Anonymität besorgt, während sie andererseits nicht die geringsten Hemmungen haben, dich aus dieser Deckung heraus zu beschimpfen und zu verleumden. Mit „Scharlatan" und „Plagiator" laufen sich die Leute in der Regel nur warm; vom „Pädophilen" bis zum „Neonazi" bin ich in solchen Hasskampagnen schon alles gewesen, was man sich als extremstes Feindbild nur vorstellen kann – vielleicht abgesehen vom Mitglied der al Qaida, aber das kommt bestimmt auch noch.

Als ich die Anfrage einer Redakteurin der „Bild der Frau" nach männlichen Opfern häuslicher Gewalt in eines unserer Webforen stellte, rief ein männliches Mitglied dieses feministischen Klüngels unter Nennung seines Internet-Nicks „Hannibal" bei der Redaktion an und behauptete, ich würde in meinem Buch Werbung für Vergewaltigungen machen. Mit einer feministisch orientierten Frau, die in Webforen zur Geschlechterdebatte schon extrem berüchtigt war, versuchte ich naiverweise trotz aller Warnungen und trotz aller politischen Differenzen, eine persönlich vertrauensvolle Beziehung herzustellen. Das stellte sich als keine gute Idee heraus. Sie verwendete die privaten Informationen, die sie in unseren Telefonaten mitbekommen hatte, dazu, mich über Jahre hinweg in von ihr eingerichteten Webforen des Internet-Forenanbieters Parsimony mit übelsten Angriffen unterster Schublade zu verfolgen: ob es um mein Aussehen ging, meine vermeintlichen sexuellen Qualitäten, meine Lebenssituation, den Tod meiner Mutter oder andere Dinge. Auch wenn ich in einer Fernsehsendung zu anderen Büchern interviewt wurde, schien sie keine davon zu verpassen und reagierte in ihren Foren darauf mit hämischen Kommentaren, wobei sie ganze Szenen dazufantasierte, bis ihr der Parsimony-Leiter schließlich wegen Stalkings für alle Zeit die Foren kündigte. Auch Telefonterror habe ich erlebt und schließlich sogar tatsächlich einen ausgefeilten Versuch, meine Existenz als Autor zu vernichten, was mich Zehntausende von Euro und mein zentrales berufliches Standbein gekostet hatte. Inzwischen veröffentliche ich neue Erfolgstitel bei einem Verleger, der um diese Hintergründe weiß. Aber selbst wenn eine denunziatorische Attacke auf einen einzelnen prominenten Männerrechtler glücken würde, dürfte sie die Männerbewegung insgesamt mittlerweile nicht mehr aufhalten können.

Es ist ein wenig absurd, dass sich viele dieser Feindseligkeiten gerade gegen mich richteten, nachdem ich erklärtermaßen gerade kein Hardliner, sondern auf einen fairen Ausgleich bedacht bin, was von den allermeisten meiner Leserinnen auch so verstanden wird. Entweder liegt es daran, dass ich für dieses radikalfeministische Grüppchen als der prominenteste, überzeugendste und einflussreichste Männerrechter gelte, oder es reicht tatsächlich schon aus, dass Männer über ihre Benachteiligungen sprechen und eigene Forderungen stellen, damit bei einigen Frauen grenzenloser Hass entsteht. Auch meine Mitstreiter sind in dieser Hinsicht Kummer gewohnt. Sie erlebten bösartig verfälschende Darstellungen über ihr Privatleben, Unterstellungen des Sex-Tourismus, öffentliche Gleichsetzungen mit dem belgischen Kinderschänder und -mörder Dutroux und mit Holocaust-Leugnern. Über mich hieß es, es sei kein Zufall, dass meine Initialen dieselben seien wie die von Adolf Hitler. Bei einer Frau, die sich für geprügelte und missbrauchte Männer einsetzte, wurde diagnostiziert, sie müsse wohl am Stockholm-Syndrom leiden (einer psychotischen Identifizierung mit dem Täter). Einer unserer Gegner mietete sich eine amerikanische Website und verleumdete darauf mehrere Männerrechtler mit vollem Namen plus aus dem Web geklauten Fotos als „Psychopathen, Worcoholics, Transsexuelle" und mit einigen weiteren wild zusammengeschusterten Beschimpfungen mehr. Generell schien bei all diesen Taktiken die Strategie darin zu bestehen, Männerrechtler dermaßen tief zu kränken und zu verletzen, dass sie es sich in Zukunft zweimal überlegten, ob sie für das „Tätergeschlecht" wirklich noch einmal den Mund aufmachen wollten. Getürkte Mails mit gefälschten Absender-Adressen sollten innerhalb der Männerbewegung Konflikte schüren, Internet-Postings mit falschem Nick den Ruf der Männerbewegung beschädigen. Schnell mussten die Forenleiter lernen, damit umzugehen. Von Frauen als engelhaften Lichtwesen, welche die männlichen Halbmenschen auf den Pfad der spirituellen Erlösung geleiteten, wie sie von Dieter Otten und anderen pro-feministischen Männerforschern fantasiert wurden, war in der Realität wenig bis gar nichts zu spüren.

Mir ist bekannt, dass Kindheit und Jugend einiger dieser Frauen selbst durch schlimme Erfahrungen geprägt waren. Insofern kann ich ein mangelndes emotionales Gleichgewicht durchaus nachvollziehen.

Allerdings kann ich es nicht als Freibrief dafür betrachten, noch Jahrzehnte später massives Mobbing gegen jeden zu fahren, der sich für die Anliegen von Männern einsetzt. Zumal ich bei vielen den deutlichen Eindruck habe, dass sich hinter ihrem Verhalten keine Spur von früheren Traumatisierungen verbirgt, sondern schlicht ein gerüttelt Maß an Egomanie und Narzissmus: Zeit seines Lebens standen sie als Frauen im Mittelpunkt alles politischen und medialen Gehätschels, und dass jetzt Männer eigene Ansprüche stellen, erscheint als eine solche Zumutung, als würde ein verwöhntes Kind plötzlich ein Geschwisterchen bekommen und in Zukunft nicht mehr allein im Zentrum des allgemeinen Interesses stehen. Da schleicht man sich doch lieber mit einem großen Kissen ans Bettchen nebenan und versucht, das Balg mit aller Kraft zu ersticken.

All diese bis hierhin geschilderten Entwicklungen sind Gründe, warum das devote Kuschen vieler Fifis so fatal ist, denn dadurch erscheint selbst stark psychopathisches Verhalten im Nachhinein als berechtigt. Zu diesem Thema hat auch die Therapeutin Astrid von Friesen (siehe Kapitel 8) noch einiges zu sagen.

Aufgehalten haben uns all diese Widerwärtigkeiten letztlich nicht, im Gegenteil. Wir wissen, dass etwas wirklich im Argen liegt, wenn andere Menschen solche Manöver offenbar als völlig legitimes Verhalten in der politischen Auseinandersetzung betrachten. Wie sagte doch Juliane Jacobi so treffend in der Zeitschrift „Feministische Studien" unter der Überschrift „Feministischer Terror": „Wir haben es hier mit einer auch aus anderen politischen Bewegungen bekannten Mischung zu tun, die sich zusammensetzt aus Erleuchtung über den richtigen Weg, Betroffenheit und der tiefen Überzeugung, auf der richtigen Seite zu stehen und deshalb legitimerweise über das zu entscheiden, was überhaupt öffentlich gesagt werden darf." Offenbar, so Jacobi, habe sich zu diesen Personen noch nicht „herumgesprochen, dass der Feminismus durch keine reine Lehre und auch nicht durch allein selig machende Glaubenssätze verbürgt" sei und deshalb auch Kritiker das Recht hätten, ihre Auffassung zu äußern, ohne auf persönlicher und beruflicher Ebene niedergemäht zu werden.

Die Tendenzen waren schon seit langem absehbar. Nun geht es in die Vollen. Ein Problem der Maskulitisten sind die Anklagen gegen Männer wegen Kindesmissbrauch. Männer missbrauchen Kinder. Diese Tatsache ist den Maskulitisten schon lange ein Dorn im Auge. Nicht, weil Kinder missbraucht werden, sondern weil diese Tatsache schwarze Flekken auf der Weste der Männchen hinterlässt. Zumindest bei denen, die sich mangels anderer Identifikationsmöglichkeiten mit ihrem kläglichen Mannsein plagen. Zunächst das Gejaule, dass Männer (mit denen sie sich identifizieren als homogene Masse) dadurch ja irgendwie schlecht dastehen. Der nächste Schritt war dann derjenige, auf den Missbrauch mit dem Missbrauch abzustellen. Das ist das maskulistische Phänomen, dass vorzugsweise Feministinnen Männern unbegründet einen Missbrauchsvorwurf reindrücken aus niederen Beweggründen, obwohl da gar nichts war. Es steigert sich soweit, dass per se jeder Vorwurf zunächst als bösartige Verleumdung diffamiert wurde. Mit dem Effekt, dass Opfer sekundär viktimisiert werden und der Lüge bezichtigt werden. Weiterer Effekt natürlich nachlassende Anzeigebereitschaft, da der Trend dazu ging zu fordern, dass Müttern das Sorgerecht entzogen und dem Missbraucher übertragen werden sollte. Der nächste Schritt war dann, die Frauen als die wahren Missbraucherinnen hinzustellen. Es wurde die übliche Zahlenjonglage auf unbewiesenem Material betrieben. Motto: Frauen sind ja viiiel schlimmer. Auch eine Möglichkeit der „Reinwaschung". Und wieder auf Kosten der Opfer. Denn natürlich gibt es auch Opfer von Frauen, natürlich gibt es auch weibliche Missbraucher. Doch darum geht es der Maskulitistenbewegung ja nicht, sondern lediglich um Ablenkung vom Mann. Der letzte, aktuelle Schritt ist nun, Pädophilie als etwas Gutes darzustellen. Denn die männlichen Pädos drängt es nach Selbstverwirklichung und „Entdiskriminierung". Sie verstecken sich nicht mehr, sondern kriechen aus ihren Löchern und erzählen uns von ihrer Kinder-Liebe. Was tut da der folgsame Maskulitist? Natürlich ist die Feministin schuld. Nun an der „Sexualhysterie" und der Sexualfeindlichkeit. Feministinnen kriegen ja bekanntlich keinen Stecher ab, und deswegen sind sie frustriert. Und gönnen es den Kindern nicht, mehr Sex zu haben als sie selbst. Daher müssen Feministinnen zwanghaft alles Sexuelle abwerten und schon Kindern ihr Recht auf Sex mit Erwachsenen absprechen. Missbrauchte Kinder leiden ebenso wie vergewaltigte Frauen nur darunter, dass ihnen eine Traumatisierung von verklemmten Feministinnen eingeredet wurde. Schon A.H. hat uns das genau erklärt. Daher, so die Maskulitis-Masche, müssen nur die feministischen Selbsthilfegruppen abgeschafft werden, und das Problem der missbrauchten, vergewaltigten Kinder wird sich erledigt haben. Dann können Kinder sich frei entfalten und entdecken, dass es doch sehr viel Spaß macht, dem Onkel Freude zu bereiten. Immerhin liebt sie der Onkel dafür auch ganz doll. Zumindest solange, wie das Objekt der Begierde noch ins Beuteschema passt. Dass diese Maskulitisten einen Dachschaden höchsten Grades aufweisen, wird jedem klar sein. Wieso sie ihren Dreck eigentlich völlig ungehindert loslassen können, ist schon weniger einsichtig. Wie kommt es eigentlich, dass Pädo-Drecksvolk sich völlig unbehelligt öffentlich austauschen können, dass Masku-Drecksäcke ihren misogynen Frauenmordfantasien und Herrenmenschengedanken frönen können, Mordaufrufe ablassen, Gewalt propagieren, während Frauenforen und Mailinglisten von Missbrauchsopfern von diesen Dreckschweinen geflooded, gespammt und kaputt gemacht werden können? Es ist endlich an der Zeit, dass diesen kleinen Mistkäfern gezeigt wird, wohin sie gehören: nämlich auf den Misthaufen der Geschichte. Ich stelle dagegen keine allgemeine Aufforderung zur Gewalt, aber sehr wohl die Forderung zur Gegenwehr. Auch die Nazis wurden zunächst nicht weiter ernst genommen in ihren kackbraunen Uniformen und ihrer wirren Paranoia. Bis sie sich zusammengerottet und alle umgebracht oder vertrieben

haben, die noch denken konnten. Wo bleiben die Gegen-
stimmen, diejenigen, die dem Umwesen der Maskulitisten
und Pädophilen Einhalt gebieten? Maya

Dieser Text gegen die Männerbewegung wird seit Jahren immer mal wieder in diversen Internetforen veröffentlicht. Wie bei solchen Texten üblich, kann eine bestimmte Verfasserin zwar mit einer gewissen Wahrscheinlichkeit vermutet, aber nicht nachgewiesen werden; auch Kürzel wie „A.H." statt „Arne Hoffmann" sollen offenbar rechtliche Schritte (etwa wegen Verleumdung) erschweren. Bemerkenswert ist zudem, dass für die zahlreichen äußerst diffamierenden Unterstellungen in diesem Beitrag jeglicher Beleg fehlt – und das nicht ohne Grund. Texte dieser Art sind kein Ausnahmefall, sondern gingen und gehen von einem kleinen, aber stark fanatisierten Grüppchen recht häufig aus.

„Feministinnen behaupten, dass der Maskulismus eine ausschließlich männliche Perspektive bewirbt, die auf die Kosten von Frauen geht", erläutert die liberale Feministin Wendy McElroy in ihrem Essay „Gender Issues Impacted by Masculinists" vom 3. Juni 2003. „Diese Feministinnen deuten auf extreme und verärgerte Ausdrucksformen des Maskulismus, als ob sie repräsentativ für die gesamte Bewegung wären. Dann wird auf der Grundlage dieses radikalen Randes Maskulismus als frauenfeindlich gebrandmarkt." McElroy erwähnt in diesem Zusammenhang einen Report namens „Eine kurze Geschichte der Väterrechtsbewegung", den die international führende feministische Organisation NOW veröffentlicht hatte. Dieser Bericht, so Wendy McElroy, „griff Männerrechtsgruppen dafür an, dass sie mit Feministinnen um staatliche Zuschüsse in Wettbewerb traten und steigerte sich in ganz und gar persönliche Angriffe auf bekannte Männerrechtler hinein. Er gelangte zu dem Fazit, dass die 'Agenda' von Väterrechtsgruppen darin bestünde, 'Unterhaltszahlungen zu umgehen, Frauen in Armut zu stürzen und einen patriarchalen Überbau aufrechtzuerhalten, in dem Frauen und Kinder den Status von Eigentum erhielten'. Nach dem Backlash zu urteilen, zeigen Maskulisten also Wirkung. Ich weiß das aus eigener Erfahrung, weil meine Website ifeminists.com, die für gleiche Rechte für Männer eintritt, in den letzten Monaten einen dramatischen Anstieg an Droh- und Hassbriefen von Radikalfeministinnen erhalten hat. Jeder Schuss zielte auf das Thema Männerrechte. Und die Spannung wird nur noch steigen. Männer, die das Recht beanspruchen, ein aktiver Teil im Leben ihrer Kinder zu sein, werden nicht klein beigeben. Frauen, die erkennen, dass dieser Anspruch gerechtfertigt ist, werden sich nicht einschüchtern lassen." In einem Beitrag vom 29. Mai 2007[97] kündigte McElroy an, an sie gerichtete Hassmails fortan zu veröffentlichen. Sie begann mit dem Wunsch einer Radikalfeministin: „Ich hoffe, dass du 20 Mal massenvergewaltigt wirst und dass dir niemand glaubt." Wünsche, sie möge vergewaltigt werden, berichtet McElroy, erhalte sie von feministischer Seite überraschend häufig. Manchmal würden diese Fantasien auch detailliert ausgestaltet.

Die meisten Attacken auf deutsche Männerrechtler laufen auf einem niedrigeren Aggressionsniveau ab als die oben geschilderten, aber sie sind kaum weniger polemisch. Manche Angriffe drehten sich darum, dass Männer sich überhaupt das Recht herausnahmen, über ihre Leidenserfahrungen zu berichten und sie ändern zu wollen. Ein starker Mann, so schienen viele Frauenbewegte zu denken, sollte doch gefälligst die Klappe halten und alles erdulden. Ein Indianer kennt schließlich keinen Schmerz. Wurde in einem Politforum auf ein Forum der Männerbewegung verlinkt, höhnte bestimmt bald irgendeine Feministin zurück: „Ja, das ist ein toller Tipp für männliche Jammerlappen! Da treffen sich triefäugige Heulsusen, nennen sich stolz Männerrechtler, bloß weil ihnen die Frau weggelaufen ist, und flennen sich gegenseitig was vor". Das Wort „Jammermaskus" wurde von angeblich emanzipierten Frauen genauso gerne verwendet wie von ihren männlichen Unterstützern, deren Männlichkeit in Wahrheit offenbar dermaßen brüchig war, dass sie immer wieder beweisen mussten, dass sie sich bestimmt nicht beklagen würden wie diese Schwächlinge. Sie doch nicht!

Wenn Männer nicht dafür niedergemacht wurden, dass sie sich dem bisherigen Rollenklischee entzogen, dann wurden sie dafür angegriffen, dass sie diesem Rollenklischee sehr wohl entsprachen: Es wurde ihnen eine ungezügelte Aggressivität unterstellt. Mal abgesehen davon, dass man dem inneren Nirwana nahe sein müsste, wenn man unter den geschilderten Umständen nicht irgendwann gereizt reagieren würde, wurden hier Aggressionen in einem Ausmaß zusammenfantasiert, das mit der Wirklichkeit nichts mehr zu tun hatte. Ähnlich wie Wendy McElroy über die NOW-Aktivistinnen in Amerika berichtet, machte sich in Europa der deutsch-französische Sender Arte mit einem bizarren Propaganda-Abend daran, ein groteskes Feindbild aufzubauen. Von einer „Vätermafia" war da die Rede, viele pro-feministische Männer traten als „Experten" auf, um abfällig über die Väterrechtler zu richten, und es war von angeblichen Gewalttätigkeiten der Väterrechtler die Rede, ohne dass man erfuhr, was um Gottes Willen damit gemeint sein sollte. Beim Nachrecherchieren stellte sich heraus, dass britische Väterrechts-Aktivisten lila Pulver auf Premierminister Blair gesprüht hatten, um so auf seine in ihren Augen sexistische Politik hinzuweisen. Hier von „Gewalttätigkeiten" zu sprechen, ist schon von einer besonderen Perfidität.

Vielleicht stellen wir einmal einen kleinen Vergleich an. Als die Suffragetten das Frauenwahlrecht erkämpften, was genauso eine Selbstverständlichkeit sein sollte wie der Kontakt von Vätern zu ihren Kindern, warfen sie Schaufensterscheiben ein, zündeten Landsitze an und verübten Sprengstoffanschläge auf öffentliche Gebäude. In den siebziger Jahren griffen Feministinnen an der Bremer Universität anlässlich einer „Frauenwoche" Männer tätlich an, feministische Porno-Gegnerinnen warfen Brandbomben in Videoläden und Feministinnen, die glaubten, dass eine bestimmte Frauenmode sexistisch sei, taten dasselbe mit Geschäften für Damenbekleidung. Kritikerinnen bestimmter feministischer Thesen wie Erin Pizzey und Katharina Rutschky wurden körperlich massiv bedroht.[98]

Am 12. April 2007 berichtete Ulrike Schulz in der „Berliner Umschau" über das Treiben einer Gruppe feministischer Terroristinnen in den siebziger und achtziger Jahren: „Die Anschläge der 'Roten Zora' waren im Selbstverständnis der Gruppe als Warnungen gemeint, die gleichzeitig die Bevölkerung aufrütteln sollten. Der erste Anschlag wurde 1974 gegen das Bundesverfassungsgericht in Karlsruhe im Zusammenhang mit dem Paragrafen 218 verübt, um den es auch bei dem Anschlag von 1977 gegen die Bundesärztekammer ging. (...) Mit den Anschlägen von 1983 auf das Genzentrum der Firma Schering und von 1985 auf die Gesellschaft für Biotechnologische Forschung bei Braunschweig protestierte man gegen die humangenetische Debatte, die eine Selektion von behinderten und nichtbehinderten Nachkommen gewährleisten sollte. Die nächsten Anschläge richteten sich gegen Siemens und die Computerfirma Nixdorf (...). Auch auf Filialen des Bekleidungsunternehmens Adler gab es 1987 mehrere Brandanschläge. Ein Bombenanschlag auf die Lufthansa in Köln soll auch auf das Konto der 'Roten Zora' gehen, sowie Anschläge auf Sexshops. Nach der Festnahme der feministischen Schriftstellerin und ehemaligen Redakteurin der *Emma*, Ingrid Strobl, und ihrer Verurteilung zu fünf Jahren Haft wegen 'Unterstützung einer terroristischen Vereinigung' spaltete sich die Gruppe in einen Teil, der an den militanten Aktionen festhalten wollte, und einen, der sie aufgab."[99]

Die heute allerorts hochgelobte „Emma"? In der Tat: Alice Schwarzer selbst machte sich über die Friedensbewegung lustig, die sich von jedem Farbbeutel dramatisch distanziere, und forderte: „Kündigen wir also der Verlogenheit des Diktats vom 'gewaltfreien Widerstand' die Zustimmung auf. Und sagen wir endlich laut, dass vor allem der Druck der anderen Seite entscheidet, wie stark wir uns zur Wehr setzen müssen."[100] Man stelle sich einmal vor, Männerrechtler würden so sprechen, so handeln wie Feministinnen.[101] Bei Männern genügt schon harmloses Farbpulver, damit sofort wieder auf das Klischee von „den gewalttätigen Kerlen" zurückgegriffen wird.

In der „Diskussionsrunde" nach diesem ARTE-Beitrag unterhielt sich die zuständige Redakteurin mit einer Feministin und einem pro-feministischen Mann, die sich, welche Überraschung, beide als ausgesprochene Kritiker der Männerrechtsbewegung herausstellten. Ein Vertreter der Männerrechtler selbst wurde sicherheitshalber erst gar nicht eingeladen. Kurz: Die Sendung war als Propaganda dermaßen durchsichtig und für ARTE eine derartige Blamage, dass es schon fast wieder lustig war. Selbst die feminismusfreundliche Berliner „tageszeitung" beklagte in einem Artikel Cosima Schmitts am 22. März 2005 einen „gefühligen Rückgriff auf ein Opfer-Täter-Stereotyp: Der ewig böse Mann, die qua Natur gute Frau. Das aber hilft nicht den Müttern und schon gar nicht den Kindern. Sondern höchstens der Einschaltquote."

Der ARTE-Schmonzes, so wenig er einer näheren Auseinandersetzung standhalten konnte, wurde von den Ideologinnen der feministischen Bewegung indes eilfertig aufgegriffen. Die „Emma" verwies darauf und riss sich sofort den Kampfbegriff „Vätermafia" unter den Nagel. Auch im Wikipedia-Artikel zum Thema Maskulismus findet sich selbstverständlich ebenfalls ein Link auf Arte – und ein Link zu einem Artikel der linksradikalen Zeitschrift „Konkret", der Väterrechte in eine nicht nachvollziehbare Verbindung mit Antisemitismus brachte[102] .

Einer der von ARTE in diesem Beitrag Porträtierten ist der Väterrechtler und „Spiegel"-Redakteur Matthias Matussek. Er schildert im Vorwort der Neuauflage 2006 seines Klassikers „Die vaterlose Gesellschaft", wie manipulativ und verantwortungslos die ARTE-Journalistinnen vorgingen: *„Im letzten Jahr erhielt ich in London, wo ich mit meiner Familie lebte, Besuch von einer Redakteurin des ARTE-Kanals, die einen Film über Väter-Initiativen und Aktivisten drehen wollte, und mich als den 'Missionar der deutschen Männerbewegung', als der ich von der 'Stuttgarter Zeitung' einst tituliert wurde, befragen wollte. Sie wollte, wie sie sagte, auch den Männern und ihren Anliegen einmal Gehör verschaffen, ganz fair. Mir gefiel das. Meine Frau bewirtete sie und ihr Team mit Kaffee und Kuchen, und mein Sohn stellte einige aufgeregte Fragen, die die Redakteurin allerdings eher unwirsch beantwortete. Sie konnte nicht so mit Kindern. Und sie legte Wert darauf, dass er bei der anschließenden Filmerei nicht zu sehen war, nicht er, nicht meine Frau. Sie wollte mich allein. Sie wollte mich grimmig, vor meinem Computer. Dann fragte sie nach den militanten Väter-Aktivisten in London, nach der Wirkung meines Buches in Deutschland, nach meinen Leserreisen, nach den Männern, die meine Lesungen besuchten, nach wütenden Männern in der Situation kom-*

pletter Ohnmacht - ich hatte auf meinen Lesereisen mit Hunderten von ihnen Kontakt. Ich antwortete ihr, ich erklärte, ich plädierte leidenschaftlich für mehr Gerechtigkeit, und ihr Nicken sah aus, als nicke sie aus Mitgefühl. Drei Monate später lief der Film. Er lief unter dem Titel: 'Wenn Väter sich rächen'. Er zeigte ein Sammelsurium von Männern, die als vereinsamt, neurotisch oder als schlechte Verlierer charakterisiert wurden, und ich war ihr Einpeitscher. Die Interviews wechselten immer wieder mit düsteren Szenen ab, in denen ein Mann ein Mädchen verführt und anschließend vergewaltigt. Die Botschaft war klar: Die in dem Film gezeigten Männer wurden als Gewalttäter vorgeführt, besonders die, die in Scheidung und im Streit mit ihren Ex-Frauen lebten. Man muss sich das vorstellen: Für dieses plumpe, verhetzte Machwerk war der öffentlich-rechtliche Sender ARTE bereit, ein Produktionsteam nicht nur nach London, sondern nach Paris, ja sogar nach Kanada reisen zu lassen, wo es sich Interviews von Väter-Aktivisten erschlich, die in dem Beitrag dann verleumdet wurden. Ich schrieb an die Intendanten und schilderte den Fall. Sie hatten den Film nicht gesehen und machten mir klar, dass sie auch nicht gedächten, das zu tun. Sie hätten meinen Brief an die Chefredaktion weitergeleitet. Die Redakteurin, fügten sie noch zu, sei Mitglied dieser Chefredaktion. Die Chefredaktion meldete sich nie. Stattdessen erhielt ich in jenen Tagen einen anonymen Brief, der in Berlin aufgegeben worden war. In diesem Brief wurde ich als Gewalttäter beschimpft. Er schließt mit den Worten: 'Auch wenn du dich in London versteckst - wir werden dich finden.' Meine Frau hatte Angst um mich. Auch mir wurde mulmig. Ich gab den Brief an die Polizei weiter und schrieb noch einmal an die ARTE-Intendanz. Ich gab eine Kopie des Drohbriefes bei, um zu dokumentieren, dass derartige Filme nicht folgenlos bleiben. Bis heute habe ich keine Antwort darauf erhalten."

Während ARTE Männerrechtler als „Vätermafia" verteufelte, verspottete sie „taz"-Chefin Bascha Mika in einer Diskussion mit dem MANNdats-Vorsitzenden Dr. Eugen Maus als „Jammerlappen". Und als Maus in der SWR-Talkshow „Quergefragt" die Diskriminierung von Männern in unserer Gesellschaft skizzierte, verhöhnte ihn die Boulevardfeministin Thea Dorn mit Sprüchen wie „Ich weine gleich" und setzte die Männer, die für ihre Rechte eintraten, als „hysterisch" herab.[103] Die persönlichen Herabsetzungen erinnern frappant an die Zeit vor 30 Jahren, als es noch umgekehrt lief und alte Machos Frauenrechtlerinnen ebenfalls als „hysterisch", gerne aber auch als „lesbisch", „neurotisch" und „frigide" beschimpften. Dieselben Frauen, die sich damals zu Recht über solche Unsachlichkeiten empörten, haben nichts daraus gelernt: Alice Schwarzer, Bascha Mika, Thea Dorn und viele andere Medienfrauen sind inzwischen selbst in die Pantoffeln der alten Machos von damals geschlüpft.

Heutzutage erfordert es weit mehr Zivilcourage, sich für die Rechte von Männern einzusetzen als für die von Frauen. Man sollte zumindest damit rechnen, dass die harten Attacken, die auch auf beruflicher Ebene gegen mich geführt wurden, ebenso andere Männerrechtler treffen werden, sobald diese einen ähnlichen Bekanntheitsgrad wie ich erreichen. Bislang sind beispielsweise die Aktivisten von MANNdat von Schlägen unter die Gürtellinie verschont geblieben – das könnte sich ändern, sobald sie immer sichtbarere Erfolge einfahren. Hier dürfte es dann notwendig sein, auf die alten, in Verruf gekommenen männlichen Tugenden zurückzugreifen: etwa Mut, Verantwortungsgefühl, Stehvermögen, Durchsetzungskraft und moralische Stärke.

Insbesondere letzteres, der moralische Aspekt, ist nicht zu unterschätzen. Männerrechtler haben als direkten Lohn für ihren Einsatz wenig zu erwarten. Die wenigsten von uns sind selbst Opfer von häuslicher Gewalt, Genitalverstümmelung, Menschenhandel oder sexuellem Missbrauch. Und während Einsatz für Frauen, Ausländer, Behinderte usw. mit einem gesamtgesellschaftlichen Schulterklopfen belohnt wird, darf jeder, der sich für Männer einsetzt, nur mit Hasstiraden rechnen.

Hier passt eine Weisheit des dänischen Philosophen Sören Kierkegaard, der erkannte, dass wahrhaft moralisches Verhalten ein gewisses Maß an Selbstverleugnung erfordert. Die wahrhaftige Einstellung eines Menschen, der seinen Nächsten tatsächlich liebt, bedeutet Kierkegaard zufolge, das eigennützige Begehren aufzugeben, um selbstlos für das Gute zu arbeiten - um dann oft eben aus diesem Grunde geradezu als Krimineller gebrandmarkt, beleidigt und lächerlich gemacht zu werden. Einen solchen Entschluss zu fassen erfordert allerdings einen hohen Grad an ethischer Reife. Viele Menschen, die wir heute als moralische Vorbilder betrachten, waren zu ihren Lebzeiten hochumstritten, wenn nicht geradezu verhasst: Die Kette reicht von Sokrates über Jesus und Gandhi bis zu Martin Luther King. Niemand von ihnen galt in der Gesellschaft, als er lebte, als politisch korrekt. Das Beste, was Männerrechtler tun können, ist, aus solchen Idealen neue Stärke zu ziehen.

Allerdings hat sich in den letzten Jahren herausgestellt, dass ein sinnvolles politisches Vorgehen nicht in Endlosprügeleien ausgerechnet mit ideologischen Hardlinerinnen besteht, sondern darin, dass man Leute anspricht, die für kluge Argumente offen und ansprechbar sind.

Es erscheint nachvollziehbar, warum viele Feministinnen gerade auf eine Strategie der persönlichen Denunzierung zurückgegriffen haben. Sie müssen schon ziemlich bald erkannt haben, dass unsere Argumente sinnvoll und unsere Forderungen verständlich sind. Insofern galt es offenbar zu verhindern, dass viele Menschen die von uns zusammengetragenen Fakten und Schlussfolgerungen überhaupt zu sehen bekamen. Verlage sollten diese Bücher nicht veröffentlichen, Medien nicht darüber berichten, Leser sie nicht studieren. Da war das von der Frauenbewegung etablierte Feindbild Mann eine große Hilfe. Wenn der Mann an sich schon als eine Mischung aus Monster und Witzfigur gehandelt wurde, dann galt eben das in noch viel größerem Ausmaß für diejenigen, die für die Rechte von Männern eintraten. Sie können sehr schnell in ein falsches Licht gestellt werden. Umgekehrt würde diese Masche für Männerrechtler übrigens nicht funktionieren, weil es in unserer Gesellschaft keinen Frauenhass gibt, der dem allgegenwärtigen Männerhass gleichkommt.

Andererseits bin ich, was die Zukunft der Männerrechtsbewegung angeht, insgesamt sehr zuversichtlich. In meinem Newsblog zur Geschlechterdebatte „Genderama" hatte ich lange

Zeit ein Zitat Salman Rushdies als Motto eingefügt: „Wenn immer ein Schriftsteller einen Gedanken veröffentlicht, kann diesem widersprochen werden – lebhaft, vehement, sogar gewalttätig. Aber der Gedanke kann nicht mehr nichtgedacht sein. Das ist das große und unvergängliche Geschenk, das ein Schriftsteller dieser Welt macht." Das ist kein frommer Wunsch, das bewahrheitet sich tatsächlich. Als ich vor acht Jahren begonnen hatte, „Sind Frauen bessere Menschen?" zu schreiben, hatte ich in dieser Hinsicht noch mit dem sogenannten Gethsemané-Syndrom zu kämpfen, nämlich einer extremen Isolation. Wenn mich Bekannte fragten, an welchem Thema ich gerade schreiben würde, und ich erwiderte, es ginge um die Diskriminierung von Männern in unserer Gesellschaft, dann schauten mich manche an, als wollte ich aufdecken, dass es sich bei vielen Bundestagsabgeordneten in Wahrheit um Außerirdische handelte. Darauf folgte kurz nach der Veröffentlichung meines Buches eine Phase, als sich zwar viele Menschen für dieses Thema interessierten, ich aber bei etlichen Internetdebatten immer wieder persönlich anwesend sein musste, damit die ersten Männerrechtler, die noch nicht alle Fakten und Quellen aus dem Ärmel schütteln konnten, von den Vertreterinnen der herrschenden Lehre nicht niedergebügelt wurden. In den letzten Jahren hat es die Männerrechtsbewegung geschafft, bei argumentativen Auseinandersetzungen komplett unabhängig von mir zu werden, und das macht mich sehr stolz.

Vor einigen Tagen konnte ich eine Diskussion nachlesen, die Anfang Juni 2006 im Forum gesellschafter.de der *Aktion Mensch* geführt wurde[104]. Sie ist in der Art ihres Ablaufs sehr typisch. Ein Diskussionsteilnehmer erwähnte beiläufig, dass Männer im gleichen Ausmaß Opfer häuslicher Gewalt werden wie Frauen. Ein anderer mit dem Nicknamen „Schmidtchen Schleicher" reagierte darauf mit der gegen solche Aussagen fast schon üblichen Form von Polemik: „Sag mal, was bist du denn für einer? Woher beziehst du denn deine Kalauer? Selten so gelacht. 'Gewalt an Frauen ist genauso verbreitet wie Frauengewalt an Männern.' Nee, is klar, guter Witz. Manchmal würde man denken, schön wär's, wenn sie sich besser wehren könnten. Von mir aus kann's auch Männerhäuser geben, warum nicht. Wär das denn schlimm? Alles über Frauenhäuser hast du wohl aus RTL-Doku-Soaps oder aus einschlägigen Fachblättern wie dem St.-Pauli-Kurier, oder? Sehr lustig, das zwar. Aber es trägt nicht gerade zu einer konstruktiven Diskussion bei, oder? PS: Hüte deine Zunge! Nicht dass dir die bösen Radikalfeministinnen noch nach dem Leben trachten, deinen Nachwuchs verschleppen und deine Frau/Freundin umdrehen."

Wie man sieht, wachsen Dummheit und Stolz noch immer auf demselben Holz. Je weniger Ahnung manche Menschen in der Sache haben, desto mehr plustern sie sich auf, wenn es darum geht, Klischees abzuspulen. Wer eine Behauptung aufstellt, die der feministischen Ideologie widerspricht, der kann natürlich nur zu den Ewiggestrigen gehören. Dieser Schuss, der vor fünf Jahren vielleicht noch gesessen hätte, wurde für „Schmidtchen Schleicher" im Jahr 2006 allerdings zum Rohrkrepierer. Noch am selben Abend äußerten sich eine ganze Reihe von Diskussionsteilnehmern, die nicht nur deutlich besser informiert als „Schmidtchen Schleicher" waren, sondern die aus dem Stand auch etliche passende deutsche Studien und Statistiken mit den korrekten Quellenangaben anführen konnten: nüchtern, sachlich und gerade auch dadurch sehr überzeugend. Von dem komplett entblößten „Schmidtchen Schleicher" war für den gesamten Rest der Diskussion nichts mehr zu hören. Die Zahl der geschlechterpolitisch bestens informierten Männer ist inzwischen offenkundig groß genug, um allen Möchtegern-Demagogen erfolgreich entgegenzutreten. Dazu kommt als weiterer Vorteil ein inzwischen hoher Grad der Vernetzung: Wenn irgendwo im Internet Geschlechterpolitik diskutiert wird, setzt häufig jemand den passenden Link in eines der Männerforen, und Menschen, die sich mit dem Thema gut auskennen, klinken sich in diese Debatte ein. Das bringt als weiteren Vorteil mit sich, dass die Strategie, mich und andere Männerrechtler persönlich zu diskreditieren, nicht mehr greift. Es gibt inzwischen Hunderte von Leuten, die das, was ich angefangen habe, auf eigene Faust fortführen können. Und täglich werden es mehr. Die radikalfeministische Liga wird auf Dauer um eine Diskussion auf Sachebene nicht mehr herumkommen. Sehr hübsch kann man diese Entwicklung auch bei der bereits mehrfach erwähnten Wikipedia beobachten. Schon seit längerem wird darüber diskutiert, ob dieses Online-Lexikon sich mit bewährten Lexika wie etwa der Enzyklopädia Britannica messen könne. Zu den Argumenten, die dagegen ins Feld geführt werden, gehört, dass es sich in traditionellen Lexika niemand erlauben dürfe, Unsinn zu verzapfen, weil seine wissenschaftliche Reputation davon abhänge. Die Anonymität der Wikipedia hingegen erlaube jedem, der sich für einen Experten hält, fröhlich draufloszufaseln. Aber die Vorwürfe gehen inzwischen deutlich weiter: Wie die „Süddeutsche Zeitung" berichtete, hatte die Wikipedia von Kritikern inzwischen den Spitznamen „Wikiprawda" verliehen bekommen. International wird diskutiert, ob es innerhalb der Wikipedia ein bestens eingerichtetes Netzwerk von meist linken Ideologen gäbe, das kompetente Autoren davon abhalte, an dieser Enzyklopädie mit Beiträgen mitzuwirken, die als „ideologisch inkorrekt" gelten[105].

Der Wikipedia-Grundsatz „Artikel müssen unter einem neutralen Standpunkt geschrieben werden" verkümmert dann in Wirklichkeit oft dazu, dass die Beteiligten darüber abstimmen, was als „neutraler Standpunkt" zu gelten hat. Dabei haben die Wikipedia-Administratoren oft die letzte Entscheidungsgewalt, und die Stimmen von Leuten, die sich in der Wikipedia-Hierarchie schon gut eingenistet haben (z.B. weil sie mangels Berufsqualifikation genügend Zeit für solche Dinge haben), sind einflussreicher als die Stimmen von echten und neuen Experten, die oft als „Trolle" abgewatscht werden. Von dem bekannten Wikipedia-Kritiker Andrew Orlowski stammt daher der treffende Satz: „Wenn du ein Experte bist und bei der Wikipedia helfen möchtest, bereite dich auf monatelange Streitereien vor – normalerweise mit Leuten, die von dem Thema keine Ahnung haben." Als im November 2005 der Vorwurf durch die Medien ging, dass mehrere hundert Wikipedia-Einträge aus DDR-Lexika stammen sollten, überraschte das vor diesem Hintergrund nicht. Gerade bei politischen Themen findet man in der Wikipedia weniger einen tatsächlich neutralen Standpunkt als vielmehr einen Standpunkt, der unter politisch links stehenden Studenten allgemein als Konsens gilt.

Ausfälle wie den zitierten von „Barb" gegen mich sollen durch die Wikipedia-Richtlinien eigentlich unterbunden werden.

So wird dort beispielsweise darum gebeten, von persönlichen Angriffen abzusehen, und die Regel aufgestellt: „Wer in einem sehr emotionalen Verhältnis zu einem bestimmten Thema steht, sollte auf eine Mitarbeit in dem betroffenen Themengebiet verzichten, um die Neutralität nicht zu beeinträchtigen." Das bleibt jedoch eine fromme Bitte, und wenn sie jemand ignoriert, hat dies auch keine Konsequenzen. Nicht nur mein eigener Wikipedia-Artikel wird, wie sich aus der Versionsgeschichte erkennen lässt, massiv von einer Frau mitgestaltet, die mich offenkundig hasst; in ähnlicher Weise waren „Barb" & Co. bei vielen anderen Artikeln unterwegs, die das Thema Männer und Männerrechte betreffen. Experten von außen werden so in der Tat durch den Umgangston in der Wikipedia abgeschreckt, zentrale Fakten und Argumente sind oft entweder gar nicht oder erst nach langem Ringen einzubringen. Bestimmte Artikel („Väteraufbruch für Kinder") wurden erst mal auf die Löschliste gesetzt und mussten um ihre bloße Existenzberechtigung kämpfen, andere Artikel (etwa eine Liste mit Autoren der Männerbewegung) wurde von einigen WikipedianerInnen auf Dauer völlig blockiert, weshalb sie bis heute nicht existieren. Das ist um so absurder, wenn man bedenkt, dass es Wikipedia-Einträge selbst für „Quietscheentchen" gibt, für „Nasebohren" und für „Klabusterbeeren" (die kleinen Kügelchen, die man zwischen seinen Pobacken finden kann). Politisch unkorrekte Artikel hingegen, wie sie in der amerikanischen Wikipedia problemlos möglich sind – etwa eine Liste von Männerrechtsorganisationen[106] – hätten unter dem Einfluss deutscher IdeologInnen keine Chance. Ebenfalls ein Löschantrag wurde erst einmal gegen das „Portal: Männer"[107] eingebracht (ein „Portal: Frauen" konnte seit Jahren unangegriffen bestehen), das sich zwar schließlich durchsetzen konnte, aber, was durch einen Blick auf die Versionsgeschichte deutlich wird, vor allem von der rührigsten Wikipedia-Feministin mitgeprägt wurde: eben jener schnell zu Beleidigungen greifenden „Barb", die auf den Diskussionsseiten zu Wikipedia-Artikeln vor allem als Veranstalterin sogenannter „Edit-Wars", also Grabenkämpfen um das Formulieren einzelner Artikel, angegriffen wurde.

Wenn man sich die Diskussionsseite von Wikipedia-Artikeln wie „Maskulismus" einmal genauer durchliest, enthüllt sich recht

schnell, dass das Bild, das „Barb" & Co. von der Männerrechtsbewegung besitzen, alles andere als neutral, sondern stark ab-
wertend gefärbt ist. Offenbar herrschen hier Eindrücke wie „unwissenschaftlich", „frauenfeindlich" und „reaktionär" vor. Konkreten Nachfragen nach Belegen für solche Annahmen wird
mehrfach und sehr hartnäckig ausgewichen. Typische Erwide-
rungen sind herablassende rhetorische Floskeln wie diese: „Nimm
einen Kurs in sozialwissenschaftlicher Methodik. Dann nimm
einen Kurs in Logik. – Glaubst du das wirklich? – Ich will mich
hier nicht damit brüsten, dass ich Soziologie studiert habe (Gender war nur ein Teil meiner Schwerpunkte), aber eine grobe Kenntnis der Sachlage ist nützlich für eine Diskussion. – Bisher haben
sich alle Leute schlapp gelacht, mit denen ich darüber geredet
habe. - Vielleicht glaubt ja Ihre Freundin Ratio Ihnen? – Es zeigt
mal wieder, dass du dich mit dem Thema einfach nicht auskennst
und ich frage mich auch, warum du dir nicht Artikel wählst, zu
denen du qualifizierte Inhalte beitragen kannst."

In der Regel sind solche Äußerungen nicht die rhetorische
Begleitmusik zu Argumenten, das sind die „Argumente". Durchgehend wird die Strategie gefahren, Menschen mit abweichen-
der Meinung durch bloße Arroganz wegzumobben. Immerhin
bekommt „Barb" darauf in der Regel ebenso kühle wie klare
Antworten. Gerade seit Mitte 2006 wurden ihre rhetorischen
Manöver von nüchterneren Wikipedianern durchschaut und benannt, was zu einer stetigen Verbesserung und Versachlichung
der Artikel führte. Insofern wäre es unfair, die Gesamtheit der
Wikipedianer für die Strolche unter ihnen in Sippenhaft zu nehmen. Dem unbenommen ist die Wikipedia als System für eifern-
de IdeologInnen mit genügend Zeit sehr angreifbar.

Der Computerwissenschaftler Jerome Lanier, der den Begriff der „virtuellen Realität" prägte, brachte in einem Interview
mit dem „Spiegel" die Crux der Wikipedia auf den Punkt: „In
der Wikipedia-Welt bestimmen jene die Wahrheit, die am stärksten besessen sind. Dahinter steckt der Narzissmus all dieser kleinen Jungs, die der Welt ihren Stempel aufdrücken wollen, ihre
Initialen an die Mauer sprayen, aber gleichzeitig zu feige sind,
ihr Gesicht zu zeigen." Wie sich gezeigt hat, stehen „kleine Mädchen" dem wenig nach. Lanier kommt in diesem Zusammenhang

auch auf das Phänomen zu sprechen, dass diejenigen, die andere öffentlich anprangern, selbst meist anonym bleiben: „Die Leute verraten ja nicht einmal ihren richtigen Namen. Die verstecken sich hinter falschen, erfundenen Identitäten. Wer unsichtbar ist, ist unangreifbar. Die Wahrheit hingegen bekommen sie nur mit Verantwortlichkeit". Diese Erkenntnis gilt nicht nur speziell für die Wikipedia, sondern umfassend für zahllose Blogs und Foren im Internet. Nachdem ich die verrücktesten Angriffe sowohl gegen mich als auch gegen das Thema, das ich vertrete, von anonymer Seite erfahren habe, meist von schillernden Gestalten, die sich in feministischen Foren ebenso schillernde Identitäten mitsamt passenden Decknamen gebastelt hatten, weiß ich sehr gut, wovon ich hier spreche. Eigentlich müsste jeder Internetnutzer eines verinnerlichen: Wenn irgendjemand für Behauptungen nicht mit seinem echten Namen einstehen kann, dann hat man zunächst einmal allen Grund, ihren Wahrheitsgehalt anzuzweifeln.

Viele Menschen sehen in der Wikipedia inzwischen lediglich ein bloßes Kommunikationsforum für junge Leute. Waren die bisherigen Ausführungen zu diesem Thema also lediglich viel Lärm um nichts? Wohl kaum. Erstens inszeniert sich die Wikipedia selbst noch immer als seriöses und bedeutendes Lexikon und wird von vielen, die keine Tiefenanalyse vornehmen, auch entsprechend wahrgenommen. Schüler und Studenten, die über die Männerbewegung ein Referat schreiben wollen, dürften mit großer Wahrscheinlichkeit auf die Wikipedia zurückgreifen. Aber davon einmal ganz abgesehen kann uns die Wikipedia auch schlicht als besonders transparentes Beispiel dienen: Durch ihre Diskussionsseiten werden Ablauf und Struktur vieler Debatten durchsichtig, die sonst nur hinter den Kulissen stattfinden. Ich glaube nicht, dass es in Redaktionen und Verlagen wesentlich anders abläuft, wenn es darum geht, neutrale oder gar positive Darstellungen der Männerbewegung zu unterbinden. Nur erfährt man es nie.

Manchem Leser mag sich die Frage stellen, woher diese herabsetzende Aggressivität rührt, die in den hier aufgeführten Äußerungen deutlich wird. Natürlich gilt es hier zunächst einmal an die nahe liegenden Gründe zu denken: Männer werden in der feministischen Ideologie als Bedrohung gesehen, die es abzuwehren gilt. Niemand verliert gerne eine öffentliche Diskussion. Das Arbeitsklima in der Wikipedia gilt generell als schlecht, und auch sonst sind manche Menschen im Internet schnell mit Worten zur Hand, die sie dem Gegenüber nie direkt ins Gesicht sagen würden. Aber ich denke, hier spielt noch etwas mehr herein.

Eine Strategie von „Barb" & Co., Erkenntnisse abzuschmettern, die der althergebrachten feministischen Lehre zuwiderlaufen, besteht in dem Argument, dass „Theoriebildung" in der Wikipedia keinen Platz habe, sondern nur anerkannte Fachliteratur. Grundsätzlich macht das Sinn, weil dadurch sämtlichen esoterisch-obskuranten Sondertheorien eine Aufwertung durch Lexikalisierung verweigert wird. Allerdings kann dieses Verfahren von interessierter Seite auch als Totschlagargument genutzt werden, um jegliche neuen Erkenntnisse abzuwehren, die einem bestimmten System des Wissenschaftsbetriebs zuwiderlaufen. Gerade in Diskussionen mit „Barb" und „Katharina" schimmerte häufig der Gedanke durch: „Das haben wir an der Uni nicht gehabt, also kann es nicht stimmen." Tatsächlich sind aber gerade die Gender-Wissenschaften seit langem derart ideologiebelastet, dass dies die wissenschaftliche Forschung beeinträchtigte. (Siehe dazu mein Interview mit Andreas Reich im zweiten Teil dieses Buches sowie zahlreiche Beispiele in „Sind Frauen bessere Menschen?").

Ebenso habe ich in „Sind Frauen bessere Menschen?" bereits den Begriff der „kognitiven Dissonanz" erwähnt, auf den ich hier gerne noch einmal zurückgreife, weil er für die Aufklärungsarbeit der Männerbewegung ein zentrales Problem darstellt. Eine kognitive Dissonanz, also ein „gedanklicher Missklang", tritt häufig auf, wenn ich mich an ein sehr festes Weltbild gewöhnt habe und plötzlich auf neue Informationen stoße, die diesem entgegenlaufen, es also erschüttern könnten. Diese Erfahrung wird als unangenehm erlebt, weshalb man versucht, sie zu vermeiden: Man blendet die neuen Informationen aus und konzentriert sich stattdessen umso mehr auf jene Informationen, die das gewohnte Weltbild bestärken. Diese werden eher überschätzt, wohingegen die neuen Informationen abgewertet werden. Behauptungen, die den bisherigen Glauben eines Menschen bestätigen, erscheinen als sehr wahrscheinlich, Behauptungen, die ihm zuwiderlaufen, als höchst unwahrscheinlich und daher zu vernachlässigen. Eine Erschütterung des Weltbilds löst noch dazu häufig Angst aus, gegensätzliche Informationen erscheinen dann als unangenehm oder bedrohlich. Das ist nachvollziehbar: Wenn ich Jahre meiner Ausbildung investiert habe, um zu „erkennen", inwieweit Frauen in unserer „patriarchalischen Gesellschaft" benachteiligt werden, und ich nach dem Ende meiner Ausbildung plötzlich damit konfrontiert werde, dass viele Männer über ihre eigenen Benachteiligungen sprechen, stellt das für mich unweigerlich eine gewisse Entwertung dar: eine Entwertung vielleicht von Lebenszeit, dem Wert meiner Ausbildung oder gar von mir als Person. Das bedeutet aber vor allem ein Problem für den Maskulismus, denn die Erkenntnisse, auf denen er beruht, so fundiert sie auch sind, werden zunächst einmal von vielen spontan abgewehrt.

Die Kommunikationswissenschaftlerin und Medienpädagogin Sabine Schiffer erläutert hierzu in einem anderen Zusammenhang, aber sehr passend: „Erwartung verlangt Konsonanz, Bestätigung des Erwarteten, und begünstigt diese (...). Das bedeutet, dass bereits ein bestätigendes Beispiel ausreichen kann, um ein Vor-Urteil als verifiziert anzuerkennen, während auch eine Vielzahl von Gegenbeweisen übersehen werden. Diesem Mechanismus unterliegen Journalisten, Redakteure und Politiker ebenso wie Alltagsmediennutzer. Diesen selektiven Verarbeitungsvorgang bestätigen sowohl Ergebnisse aus der Kognitionsforschung, der Psychologie, der Sozialisationstheorie sowie der Linguistik und der Medienwissenschaften."[108] Das Vorurteil vom aggressiven, unterdrückerischen und im Vergleich zu Frauen leicht zurückgebliebenen Mann ist heute nicht nur in den Kreisen der politischen Linken derart vorherrschend, dass Bestätigungen dieses Klischees begierig gesucht, Widersprüche aber als „unwissenschaftlich" abgetan werden müssen.

Natürlich sind Maskulisten nicht die ersten, die mit dem hier skizzierten Problem konfrontiert wurden. Beispielsweise glaubten Mediziner über viele Jahrhunderte hinweg eine These, die erstmals von dem griechischen Anatom Claudius Galen aufgestellt wurde: nämlich dass das menschliche Herz dazu diente, das Blut eines Menschen zu erhitzen, und das Gehirn dazu, es zu kühlen. Als im Jahr 1628 der britische Arzt William Harvey behauptete erkannt zu haben, dass das Herz mehr eine Art Pumpe darstellte, die das Blut durch den Kreislauf trieb – was heutzutage als offensichtliches Allgemeinwissen gilt –, erklärten das seine Medizinerkollegen für komplett lächerlich. Sie konnten diesen Herzschlag nicht hören, von dem Harvey sprach! Von dem Venezianer Emilio Parisano, der damals als zentrale medizinische Autorität galt, erhielt Harvey eine hübsche Antwort: „Dass ein hörbarer Pulsschlag in der Brust entsteht, wenn das Blut von den Venen zu den Arterien transportiert wird, solches können wir ganz gewiss nicht wahrnehmen und wir glauben auch nicht, dass dies je passieren wird, solange uns Harvey nicht seine Hörhilfe leiht ... Auch behauptet er, dass diese Bewegung einen Puls erzeugt, und mehr noch: ein Geräusch, welches wir tauben Menschen allerdings nicht hören können, und es gibt keinen in ganz Venedig, der dies vermag." Der Tonfall Parisanos unterscheidet sich kaum von dem in der Wikipedia – nur dass man als Wikipedianer keine besondere Fachautorität nachweisen muss, sondern allein die Behauptung genügt, dass man diese besäße.

Noch besser allerdings veranschaulichen zwei Experimente, wie bereitwillig wir Menschen sind, „störende" Informationen auszublenden. Eines davon erfand der Psychologe Daniel Simons von der Universität von Illinois.[109] Dabei wird den Versuchspersonen ein 25 Sekunden langer Videoclip mit sechs Menschen gezeigt. Drei tragen weiße und drei schwarze T-Shirts. Die in den weißen Hemden werfen sich gegenseitig einen Ball zu, und die in den schwarzen Hemden tun dasselbe mit einem anderen. Während dieses mehrfachen Ballwechsels schlurft ein Typ im Gorillakostüm in die Mitte des Spielfelds, trommelt auf seiner Brust und tappt dann wieder davon. Dabei ist der Bursche in keiner Weise besonders getarnt. Und doch ist die weit überwiegende Mehrzahl der Menschen, denen man dieses Video zeigte, nicht in der Lage, diesen Eindringling zu sehen, solange man ihnen vorher die Aufgabe gegeben hatte, genau zu zählen, wie viele Ballwechsel das Team in den weißen Hemden hinbekam.

In Deutschland wurde dieses Experiment vor allem dadurch bekannt, dass es in einer Sendung der Wissenschafts-Spielshow „Clever!" mit Barbara Eligmann und Wigald Boning gezeigt wurde. Weder die beiden Kandidaten, noch offenbar der Großteil des Publikums konnten sich nach dem Betrachten des Films entsinnen, außer dem Ballwechsel irgend etwas Auffälliges entdeckt zu haben. Der Vorschlag „War es vielleicht ein Gorilla?" stieß auf verständnislose Ablehnung. Ich als Fernsehzuschauer hatte den Gorilla selbst erst sehr spät wahrgenommen, und das vermutlich auch nur, weil vor dem Zeigen des Videos besonders betont wurde, man solle nur auf die Ballwechsel achten, und ich es durch mein leidenschaftliches Interesse an Bühnenmagie gewohnt bin, dass, wenn meine Aufmerksamkeit auf einen bestimmten Punkt gezwungen werden soll, meistens irgendwo anders etwas geschieht, was ich besser nicht sehen sollte.

Man stelle sich vor, es hätte keine Möglichkeit gegeben, den Film einfach ein zweites Mal zu zeigen. Den offenkundigen Reaktionen der Zuschauer nach hätte jeder, der behauptet hätte, einen Gorilla gesehen zu haben, mit den üblichen Abwehrmechanismen rechnen müssen: heftige Ablehnung, schließlich Lächerlichmachen und Aggression. Der hat doch einen an der Klatsche, da war kein Gorilla – ich weiß doch, was ich gerade gesehen habe! Nun behaupte ich, dass es im übertragenen Sinne in der Geschlechterforschung und -debatte genauso abläuft. Statt „Achten Sie nur auf die Ballwechsel!" schärft man den Menschen eben ein „Achten Sie nur auf die Diskriminierung von Frauen!" Dabei werden auch ganz offensichtliche „Gorillas", die eigentlich jedem auffallen müssten – etwa dass ebenso die meisten Obdachlosen Männer sind wie diejenigen, die die schmutzigsten, anstrengendsten und gefährlichsten Berufe ausüben –, glatt übersehen.

Ein zweites anschauliches Experiment, das in diesem Zusammenhang passt, belegt die hartnäckige Resistenz von ideologischen Überzeugungen gegenüber jeglichen Fakten. Das Team um den Psychologen Drew Westen von der Universität Emory in Atlanta, Georgia, bat kurz vor der US-Präsidentenwahl 2004 Anhänger der beiden konkurrierenden Parteien unter einen Magnetresonanzscanner: ein Gerät, das die Aktivität in den verschiedenen Hirnbereichen misst. Daraufhin lasen sie den Versuchsteilnehmern Statements der beiden Wettbewerber um das Präsidentschaftsamt George Bush und John Kerry vor, gefolgt von einer

Handlung oder einem weiteren Statement des betreffenden Politikers, welches dazu im erkennbaren Widerspruch stand. Dieser Kontrast legte den Eindruck nahe, der betreffende Kandidat sei unehrlich oder versuche, auf zwei Hochzeiten gleichzeitig zu tanzen, um Wähler abzuschöpfen.

Das Ergebnis des Tests: Bush-Anhänger sahen ihren bisherigen Standpunkt bestätigt, Kerry-Unterstützer den ihren. Interessant war hierbei, was im Gehirn der Probanden ablief, wenn sie auf Widersprüche bei ihrem eigenen Kandidaten hingewiesen wurden. Dort fand nämlich keinerlei erhöhte Aktivität in Hirnarealen statt, die normalerweise bei Argumentationen tätig sind, sondern stattdessen in jenen Regionen, von denen man annimmt, dass sie mit dem Regulieren von Gefühlen und dem Klären von Konflikten zu tun haben. Letzten Endes waren die Versuchspersonen damit beschäftigt, Wege zu finden, um Informationen zu ignorieren, die sich nicht einfach beiseite wischen ließen. „Die Testpersonen haben im Prinzip ihr kognitives Kaleidoskop so lange gedreht, bis sie zu den Schlussfolgerungen kamen, die ihnen am besten passten", erläuterte Westen. Daraufhin sprang das Belohnungszentrum ihres Gehirns an und verstärkte sie so darin, ihre bisherigen Ansichten zu zementieren, statt durch neue Fakten hinzuzulernen.[110]

Die Ergebnisse dieser Untersuchung haben Westen zufolge weitreichende Aussagekraft. Schließlich betreffen sie nicht nur die Anhänger von Präsidentschaftskandidaten, sondern beispielsweise auch Richter, Unternehmer, Wissenschaftler, Journalisten und Lektoren. In einer Gesellschaft, in der die feministische Weltsicht häufig die Deutungshoheit innehat, haben neue Fakten nur eine geringe Wirkung, um solche fest gefügten Einstellungen zu verändern. Häufig werden sie sogar kontraproduktiv sein.

Aussichtsreicher kann hingegen ein Unterfangen mit dem Ziel sein, Menschen zu überzeugen, die sich mental noch nicht hinter fest gefügten Ansichten verschanzt haben. Um diese Personen zu erreichen, ist die Wikipedia ein geeignetes Instrument. Erfreulicherweise lassen sich dort kundige Fachleute immer weniger durch abwehrende Rhetorik davon abhalten, ihren Beitrag zu leisten. So lieferte auf der Diskussionsseite zum Eintrag „Maskulismus" der Wikipedianer „Christian" auf den gebetsmühlenhaft wiederholten Nonsens, Männerrechtler würden „sämtliche Erkenntnisse der soziologischen Forschung ablehnen, weil sie diese für feministisch unterwandert hielten" die passende Erwiderung: „Nein, meine Damen – so manches Ergebnis der Sozialforschung kann man tatsächlich von vornherein ablehnen, im besonderen dann, wenn eine ideologische Sichtweise die wissenschaftliche Neutralität verschleiert. Statistiken, und das weiß jeder, der schon einmal eine angefertigt hat, kann man von vornherein so angelegen, dass 'erwartete Ergebnisse' dabei herauskommen. Bestes Beispiel ist eine aktuelle Studie der TU Darmstadt zum Thema Stalking (www.le.ac.uk/pc/aa/stalking/stalking_german.html). Die Fragen des Erhebungsbogens sind nicht etwa geschlechtsneutral gestellt, sondern es wird der/die Kriminelle grundsätzlich als 'der Stalker' benannt und bei den diversen Antwortmöglichkeiten die männliche Form gewählt: 'Er hat angerufen, er hat mir Briefe geschickt etc.' Ein Großteil der Fragestellungen sind suggestiv formuliert, und auf die Fragen, ob Zuflucht in einem Frauenhaus genommen wurde oder der Frauen-Notruf gut beraten hatte, können männliche Opfer nicht antworten. Also scheint diese vermeintlich neutrale Studie so etwas wie eine 'Zielgruppe' zu besitzen. Und es sind eben genau solche 'Studien', oder ähnlich gelagerte 'Forschungen', die von Maskulisten abgelehnt werden."

Zu behaupten, dass Männerrechtler die komplette Soziologie für feministisch unterwandert halten, ist Unsinn. Ebenso unsinnig wäre es allerdings zu leugnen, dass ein bestimmter Zweig der Soziologie, die Geschlechter- oder Gender-Wissenschaften, stark dem Einfluss der feministischen Ideologie unterliegen. Nicht zuletzt feministische Akademikerinnen wie Daphne Patai und Noretta Koertge, die selbst in diesem Bereich unterrichten, machten in ihren Büchern auf diese bedenkliche Entwicklung aufmerksam.[111]

Als anschauliches Beispiel dafür, wie politischer Druck in die freie wissenschaftliche Debatte eingreift, mag der Fall von Professor Lawrence Summers dienen, ehemaliger Finanzminister unter Bill Clinton und bis vor kurzem Präsident der amerikanischen Elite-Universität Harvard. Im Januar 2005 hielt Summers bei einer Wissenschaftskonferenz eine Rede über die Frage, woran es liege, dass Frauen in den oberen universitären Rängen der Naturwissenschaften sowie der Mathematik unterrepräsentiert seien. Bei den denkbaren Gründen verwarf er zunächst Diskriminierung, weil das bedeuten würde, dass eine Universität, die Frauen nicht benachteiligte, im Wettbewerb davonziehen könnte, indem sie schlicht jene Top-Akademikerinnen anheuerte, die anderswo diskriminiert wurden. Übrig blieben als mögliche Gründe, dass Frauen weniger bereit seien als Männer, sich einer 80-Stunden-Arbeitswoche ohne jede eigene Flexibilität zu unterwerfen, sowie dass Frauen aufgrund angeborener Eigenschaften weniger Zugang zu Mathematik und Naturwissenschaften finden als Männer (aber dafür z.b. sprachlich begabter sind), was auch aufgrund verschiedener Forschungsergebnisse belegt sei.

Nun werden angeblich naturbedingte Unterschiede zwischen den Geschlechtern gerne angeführt, wenn dabei Männer schlechter wegkommen. Wenn Frauen dabei schlechter wegkommen könnten, gelten solche Thesen als Skandal. Ob Summers These richtig war oder falsch, wurde infolgedessen nicht auf der Basis wissenschaftlicher Argumente diskutiert, sondern vor dem Hintergrund öffentlicher Empörung. So erklärte Professorin Nancy Hopkins, die bei dieser Rede anwesend war, wenn sie nicht sofort den Saal verlassen hätte, wäre sie bei Summers Worten entweder in Ohnmacht gefallen oder sie hätte sich übergeben müssen. Die feministische Organisation NOW zimmerte augenblicklich eine Pressemitteilung, in der sie Summers Rücktritt forderte. Begeistert strickten die Medien aus dieser Geschichte Schlagzeilen für die Titelseiten. Die journalistische Ereiferung über die als „frauenfeindlich" bezeichneten Bemerkungen war auch in der deutschen Berichterstattung zu spüren. Gegen Summers erging ein Misstrauensvotum seiner Fakultät, er sah sich schon wenige Tage nach seiner Rede zu zahllosen Entschuldigungen veranlasst und dazu, weitere 50 Millionen in eine verbesserte Frauenförderung zu pumpen. Das alles nützte ihm nichts: Ein gutes Jahr später musste er von seinem Posten zurücktreten und hält somit den Rekord der kürzesten Amtszeit für einen Harvard-Präsidenten.

„Das Ganze dreht sich nur um political correctness, reine Ideologie", äußerte sich dazu der Harvard-Juraprofessor Alan

Dershowitz.[112] „Und was mich besorgt ist, dass das, was an deutschen und französischen Universitäten in den späten 60er Jahren geschah, hier auch geschehen könnte. An manchen Unis erhielt die extreme Linke damals ein intellektuelles Monopol. Ich habe Angst, dass das hier auch passieren könnte. Ich stimme mit vielen Dingen, die Summers gesagt hat, nicht überein. Aber ich will alle Positionen an dieser Universität vertreten haben, und finde es falsch, dass eine 'Political-Correctness-Polizei' Leute vom Campus jagt, wenn es Meinungsverschiedenheiten gibt."

Im Februar 2007 nahm die Frauenrechtlerin Drew Gilpin Faust die Präsidentschaft von Harvard ein – unter großem Applaus der international führenden feministischen Organisation NOW. Kritisch äußerten sich hingegen die Mitglieder des Independent Women's Forum, die glauben, dass es besser wäre, wenn Frauen auch ohne solche politischen Manöver zu Führungspositionen kämen. Harvard habe sich kaum stärker einer „politisch korrekten Viktimologie" andienen können, hieß es auf der Website dieses Forums.[113]

Die CNN-Journalistin Kate O'Beirne, die in ihrem Buch „Women Who Make the World Worse" (Sentinel 2006) Fälle wie den um Lawrence Summers zusammengetragen hat, zitiert darin auch die Neurologin Raquel Gur von der Universität von Pennsylvanien, die sich mit Geschlechtsunterschieden im Gehirn beschäftigt: „Ich wurde selbst von Frauen, die auf einen Universitätsabschluss hin studierten, gebeten, meine Forschungen einzustellen oder wenigstens ihre Ergebnisse nicht mehr zu veröffentlichen. Sie haben Angst, dass Frauen die Errungenschaften der letzten 20 Jahre verlieren, wenn publik wird, dass die Geschlechter nicht gleich sind. Ich stimme da nicht zu." Die feministische Psychologin Alice Eagly, die 1975 in die Geschlechterforschung einstieg, weil sie hoffte, auf Erkenntnisse über eine starke Ähnlichkeit von Männern und Frauen zu stoßen, dabei aber enttäuscht wurde, musste dieselben Erfahrungen machen. „Bloße Forschungsergebnisse haben auf einen tief verwurzelten Konsens kaum Auswirkungen", erklärte sie. Die meisten Fachbücher der Psychologie spielten Geschlechtsunterschiede herunter, weil ihre Autoren davor zurückscheuten, etwas zu sagen, was die Leser verärgern könnte. Als Eagly ihre Erkenntnisse bei einem Jahrestreffen der Amerikanischen Psychologenvereinigung APA vortrug, waren die Reaktionen des Publikums auch entsprechend feindselig: „Einige Leute stampften mit den Füßen. Andere starrten mich grimmig nieder."[114] Nun stehen die Erkenntnisse Eaglys in starkem Kontrast zu jenen Janet Hydes, die ich im zweiten Kapitel erwähnt habe und die von einer starken Ähnlichkeit der Geschlechter ausgehen. Beide Wissenschaftlerinnen stehen keineswegs für sich allein, sondern vertreten zwei regelrechte Lager der Geschlechterforschung. Ich habe für mich persönlich keinen Hehl daraus gemacht, dass ich weit eher Janet Hyde zuneige. Der Punkt ist aber, dass man der Wahrheit nur näher kommen kann, indem man unterschiedliche Forschungsergebnisse einander gegenüberstellt – und nicht indem man theatralisch den Handrücken an die Stirn legt, behauptet, beim Hören bestimmter Äußerungen fast ohnmächtig zu werden, und daraufhin eine Medienkampagne lostritt, die einen Menschen mit unwillkommener Meinung das Amt kostet. Die Freiheit von Forschung und Lehre ist unter solchen Umständen längst nicht mehr gegeben, sondern dem Einfluss feministischer Ideologie unterworfen. Insofern ist die Wikipedia kein besonders schlimmer Einzelfall, sondern lediglich Spiegelbild dessen, was auch sonst im akademischen Bereich geschieht.

Der englische Satiriker Jonathan Swift, von dem unter anderem auch „Gullivers Reisen" stammt, sagte einmal: „Wenn man etwas Neues hat, will niemand davon hören. Dann will es niemand glauben. Man wird bekämpft und verlacht. Wenn es sich durchgesetzt hat, erscheint es allen selbstverständlich." Politische Veränderungen benötigen eben ihre Zeit. In den USA der fünfziger Jahre konnte sich auch noch niemand vorstellen, dass dort kurz nach der Jahrtausendwende eine Schwarze Außenministerin sein würde. Die Männerbewegung hat mit ihrem Kampf um gleiche Rechte gerade erst begonnen. Aber wir haben durchaus schon erste Erfolge zu verzeichnen.

7. DIE ERSTEN ERFOLGE DER MÄNNERBEWEGUNG

Wenn die Zeit für eine Idee reif ist, dann bahnt sie sich ihren Weg. Die 80 Verlagsabsagen für das Manuskript von „Sind Frauen bessere Menschen?" konnten die Gedanken der Männerbewegung letztlich genausowenig aufhalten wie all die bösartigen Angriffe unter der Gürtellinie. Alles, was man tun konnte, war, uns möglichst viele Knüppel zwischen die Beine zu werfen, damit wir nicht so schnell vorankamen. In der Tat gehen viele männerpolitische Entwicklungen in unserem Land geradezu nervtötend langsam vonstatten, aber das gilt – Stichwort „Reformstau" – sicher auch für viele andere politische Felder. Die Strukturen sind hierzulande vielfach sehr starr, einmal etablierte Lobbys sind recht mächtig, und oft haben Politiker und Journalisten den Kontakt zur Bevölkerung sichtlich verloren. Dennoch kommt man nicht umhin festzustellen: Es tut sich etwas. Im Sommer 2001 suchte ich noch händeringend nach einem Abnehmer für mein Manuskript über das praktisch nicht existente Thema Männerrechte. Sechs Jahre später, im Sommer 2007, ist bereits einiges in Bewegung geraten.

Es findet erstmals professionelle Männerpolitik statt

Bis vor wenigen Jahren gab es entweder überhaupt keine Politik, die sich speziell für die Anliegen von Männern als Gruppe stark machte, oder keine, die den Namen „Männerpolitik" verdiente. Und einige Zeit lang sah es auch so aus, als würde es diese niemals geben. Es strömten zwar massenweise benachteiligte Männer in Internetforen, um dort in zahllosen ellenlangen Postings ihrem Ärger und ihrer Verzweiflung Luft zu machen und ihrer festen Überzeugung, dass sich, Herrgott noch mal!, endlich grundlegend etwas ändern müsse.

Aber wenn es um konkrete politische Arbeit ging, die eine Chance hatte, auch etwas zu bewirken, fanden viele Schreiberlinge offenbar keine Zeit mehr dazu. Lieber schwadronierte man darüber, dass sich wohl niemals etwas zum Besseren entwickeln würde und die gesamte Welt ganz furchtbar schlimm sei. Erste Versuche, die Leute in Mailinglisten zusammenzubringen und Kapazitäten zu bündeln, verliefen im Sande. Jeder wartete darauf, dass andere etwas unternahmen, und die vorhandene Energie wurde mit wesentlich größerer Begeisterung in interne Streitereien investiert.

Wenn man diesem Treiben zusah, hätte man für die Zukunft der Männerbewegung tiefschwarz gesehen, wenn man sich nicht gleichzeitig durch Zeitzeugenberichte völlig im Klaren darüber gewesen wäre, dass es in der Frauenbewegung der sechziger und siebziger Jahre in keiner Weise anders ausgesehen hatte, was internen Hickhack anging. Auch damals lagen diverse Weiberräte, Frauen-Lesben-Gruppen und andere Frauenbündnisse einander in der Haaren, weil immer wieder eine Fraktion der anderen vorwarf, nicht wirklich radikal genug zu sein, immer noch vom patriarchalen Denken infiziert oder anderweitig mit dem falschen Bewusstsein behaftet. Am sichtbarsten traten diese Spannungen zutage, als eine autonome Gruppe das Redaktionsbüro der *Emma* verwüstete. Im Vergleich dazu ging es bei den Männerrechtlern ausgesprochen zivil zu. Und trotzdem war es ein großer Schritt nach vorne, als schließlich die Gruppe MANNdat aus der Taufe gehoben wurde – vor allem, als sie unter Beweis stellte, dass Männerrechtler in der Lage waren, kontinuierlich und nachhaltig an politischen Projekten zu arbeiten. Sicherlich ist es richtig, dass verschiedene Vätergruppen hier den Weg geebnet hatten, und auch den Berliner „Männerrat" und die „Interessengemeinschaft beruflich und gesellschaftlich benachteiligter Männer" möchte ich nicht unerwähnt lassen. Und doch war MANNdat die erste Gruppe, die Männerpolitik zum einen großflächiger als nur auf das Väterthema begrenzt vertrat und dies zum anderen mit einer beeindruckenden Ausdauer und Professionalität tat.

Der Trick lag darin, nicht nur auf kompetente Weise Pressemeldungen, Petitionen, Leserbriefaktionen und Infokampagnen durchzuführen, sondern vor allem diese Verve dauerhaft beizubehalten und sämtliche Frustrationen einfach wegzustecken, die damit verbunden waren, dass man mit seinem Engagement immer wieder gegen eine Betonmauer rannte. Wieder und wieder mussten die Jungs von MANNdat die Erfahrung machen, dass die Interessen und Ansichten von Männern abgebügelt wurden, weil sie nicht dem politisch korrekten Zeitgeist entsprachen. Aber MANNdat blieb beharrlich am Ball und machte sich immer mehr einen Namen. Insofern war es kein Wunder, dass es der Name „MANNdat" war, von dem man immer häufiger hören und lesen konnte.

Auch wenn dicke Bretter gebohrt werden mussten, erwiesen sich MANNdat-Aktionen immer häufiger auch als erfolgreich. Nicht jedes Mal war der Erfolg messbar – etwa wenn bei einem Infostand in einer Fußgängerzone Flyer verteilt wurden, geschickt designte Aufkleber mit männerpolitischen Denkanstößen entstanden oder neue Websites und Unterschriftsaktionen Aufmerksamkeit erregten. Eine der in meinen Augen gelungensten Aktionen war der Parteienvergleich zur Männerpolitik anlässlich der Bundestagswahl 2006. Vermutlich war dies das erste Mal, dass viele Politiker gefragt wurden, in welcher Weise sie sich konkret für Männer und nicht nur für Frauen einsetzten. In der Pressemitteilung der Initiative hieß es: „Wie stehen Parteien zu Jungen- und Männerbelangen? Die Frauenpolitik der Parteien zeigt den Frauen auf, was sie bezüglich ihrer Interessen wählen, wenn sie eine Partei wählen. Doch was wählen Männer bezüglich ihren Belangen, wenn sie wählen? Welche Partei will die Diskriminierung der Väter im Sorge- und Umgangsrecht abbauen und welche will sie ausbauen? Welche der Parteien will die 'Jungenkrise' endlich bekämpfen und welche will Männerzwangsdienste endlich abschaffen? Gibt es eine Partei, die nach über 30 Jahren die hoffnungslos veraltete Männerkrebsfrüherkennung auf einen neuen Stand bringen will?"

Anhand der von den Parteien erhaltenen Antworten, die häufig nur offenlegten, wie armselig es in Sachen Männerpolitik wirklich aussah, erstellte MANNdat auch eine Bewertung, die auf den Erfahrungen der politischen Praxis in der Vergangenheit beruhte. Alle im Bundestag vertretenen Parteien hatten diese Bewertung kommentiert. Über das Gesamtbild konnte sich jeder Interessierte anhand der MANNdat-Website informieren und wusste so, welche Partei seine Interessen wahrnahm und welche nicht. Einen greifbaren Erfolg gab es auch, als sich die Mitglieder von MANNdat gegen ein Plakat der durchaus lobenswerten

Stiftung „Bündnis für Kinder – gegen Gewalt" einsetzten. In einer bei solchen Plakataktionen gelegentlich vorkommenden Grobschlächtigkeit hieß es: „Eins von ihnen mag mit Papa nicht alleine sein. (...) Jedes 5. Kind ist Opfer von Misshandlung, Missbrauch und Vernachlässigung". Dass hier der Vater wieder als Buhmann diente, nur weil es dem Klischee entsprach, während in Wahrheit die Überzahl aller Kindesmisshandlungen von Müttern begangen wird, empfanden viele als verunglimpfend und herabsetzend. Die Proteste der Männerrechtler stießen auf ungewohnt offene Ohren. Zunächst erklärte das „Bündnis für Kinder" freundlich: „Mit Sicherheit ist es nicht unser Ziel, uns ausschließlich auf Väter als vermeintliche Täter zu konzentrieren. (…) Mit unseren Plakaten wollen wir Menschen für dieses Thema sensibilisieren: Gewalt im direkten häuslichen Umfeld von Kindern. Auch von Vätern kann Gewalt gegen Kinder ausgehen. Es geht dabei aber nicht darum, Männer zu diskriminieren." Als MANNdat freundlich, aber bestimmt anhaltende Bedenken äußerte, ließen sich die Kinderschützer schließlich davon überzeugen: „Unser Anliegen ist es, zu einem breiten Bündnis für Kinder zusammenzuführen, nicht zu spalten. Nachdem das von Ihnen angesprochene Plakat zu Einwänden geführt hat, haben wir uns entschieden, dieses nicht mehr zu verwenden."

Sicherlich würden sich viele noch häufigere, schnellere und beeindruckendere Erfolge wünschen. Aber dabei wird übersehen, dass es sich bei MANNdat um eine relativ kleine Gruppe handelt, die erst seit kurzem besteht. Wenn jeder Meckerer und Bedenkenträger stattdessen zum Unterstützer würde – oder seine eigene männerpolitische Gruppe auf die Beine stellen würde –, dann wäre der Geschlechtergerechtigkeit mehr gedient. Das Entscheidende, das MANNdat geleistet hat, ist zu zeigen, dass zielgerichtete männerpolitische Arbeit tatsächlich möglich ist. Bangemachen gilt jetzt nicht mehr. MANNdat hat alle Möglichkeiten, eine bleibende Institution zu werden: Wenn alte Mitglieder ausscheiden, stoßen neue dazu. Und selbst wenn sich die gesamte Mannschaft morgen Vormittag komplett zerstreiten und den Verein auflösen würde, dann lassen sich die bisherigen Texte, Strategien und Erfahrungen wieder für neue Ansätze verwerten. Mit MANNdat ist konzertierte Männerpolitik erstmals real geworden und aus der Sphäre der ungeordneten Einzelaktionen (ein Leserbrief hier, eine Boykottdrohung dort) herausgetreten.

Auch MANNdat entfaltet seine größte Wucht bisher über das Internet. Pro Monat verzeichnete diese Gruppe Mitte 2007 auf ihre Website circa 160.000 Zugriffe von über 20.000 Besuchern. Besonders bemerkenswert ist die Entwicklung der Besucherzahlen: Die Anzahl der Besucher pro Monat hatte sich innerhalb der vorhergehenden zwölf Monate mehr als verdreifacht. Während früher das Diskussionsforum der Website besser besucht war als ihre Informationssammlung, erhielt die Homepage inzwischen doppelt so viele Besucher wie das Forum, was auf den vermehrten Besuch von Außenstehenden schließen lässt und ein Indiz dafür ist, dass die Gruppe MANNdat ihr Ziel, Menschen außerhalb ihrer engeren Interessengemeinde zu informieren, zunehmend besser erreicht. Insgesamt, so berichtet MANNdat-Mitbegründer Dr. Eugen Maus, sei vor allem die Resonanz des Fachpublikums, beispielsweise auf eine von MANNdat herausgegebene Jungenleseliste, außerordentlich gut.

Zuletzt sollte nicht erwähnt bleiben, was MANNdat auch unter moralischen Gesichtspunkten kilometerweit über feministische Gruppierungen hinaushebt. Von solchen Frauengruppen richten sich immer mal wieder Anfragen an Männergruppen, ob diese nicht Anlaufstellen für männliche Opfer von häuslicher Gewalt, Zwangsheirat etc. kennen würden. Aber in ihren öffentlichen Verlautbarungen über diese Themen sprechen dieselben feministischen Gruppen ausschließlich von den weiblichen Opfern und unterstützen dadurch eine gigantische Gehirnwäsche der Bevölkerung. Während von den MANNdat-Mitgliedern nie geleugnet wurde, dass unter den Tätern bei häuslicher Gewalt vermutlich etwa die Hälfte immer noch männlich sind, blenden praktisch alle feministischen Gruppen bei diesem und anderen Themen die Täter ihres eigenen und die Opfer des anderen Geschlechtes schlicht aus, um mit dieser sexistischen Darstellung die Öffentlichkeit zu manipulieren. Für MANNdat hingegen ist völlig klar, dass Gewalt beide Geschlechter betrifft und bei beiden Geschlechtern bekämpft gehört.

Wir haben auch in diesem Jahr wieder einiges in die Wege ge-
leitet, um die nach wie vor bestehenden Diskriminierun-
gen von Männern in Deutschland zur Sprache zu bringen,
aber auch zu ihrer Überwindung beizutragen. Die positi-
ven Rückmeldungen, die wir auf unsere Öffentlichkeitsar-
beit im Allgemeinen, den AIDS-Flyer, die Jungen-Leseli-
ste, die Krankenkassenstudie, die Petitionen und viele an-
dere Aktivitäten erhalten haben, bestätigen uns in der Rich-
tigkeit unseres Vorhabens. Die Bekanntheit von MANN-
dat lässt sich gut beziffern: Google listet uns (mit qualifi-
zierten Links!) ca. 65.000 Mal. Sie zeigt sich aber noch
besser bei anderen Gelegenheiten: Ende November lud uns
das SWR-Fernsehen zu einem Streitgespräch zum Thema
Männerbenachteiligung ein. Es war kein Zufall, dass wir
als Gesprächspartner angesprochen wurden. Die SWR-
Redaktion hat natürlich recherchiert und ist ebenso na-
türlich auf unsere Seite mit beeindruckenden, schlüssigen
und überzeugenden Faktendarlegungen gelangt. Unüber-
sehbar beziehen sich immer häufiger Medienleute, Politi-
ker und auch Fachleute aus angrenzenden Disziplinen auf
unsere Darlegungen. Teilweise lesen sich deren Veröffent-
lichungen zum Thema wie Zitate von unseren Seiten. Zu-
mindest bestätigt uns dies, dass wir nicht etwa paranoid
einem Hirngespinst nachhängen, sondern dass wir mit die-
sen gemeinsam eine Gruppe von gesellschaftlichen „Pio-
nieren" bilden, die jenseits verordneter Sichtweisen schwer-
wiegende Gegenwartsprobleme erkennen und angehen. Der
Verein ist angewachsen – und zwar maßvoll, wie wir das
gewünscht haben, um handlungs- und entscheidungsfä-
hig zu bleiben. Aus ursprünglich 7 Gründungsmitgliedern
sind inzwischen insgesamt ca. 45 ordentliche Mitglieder,
Fördermitglieder und assoziierte Mitglieder geworden, ganz
zu schweigen von einigen hundert ideellen Unterstützern,
die uns mit Informationen beliefern, sich mit den unter-
schiedlichsten Anliegen an uns wenden oder ihre Verbun-
denheit mit unseren Zielen auf verschiedene Weise zum
Ausdruck bringen.

Aus der MANNdat-Neujahrsrundmail 2007

Das von Ministerin Zypries geplante Verbot anonymer Vaterschaftstests verschaffte der Männerbewegung erstmals ein großes Medienecho.

Viele Feministinnen und einseitig auf Fraueninteressen ausgerichtete Politikerinnen hatten über die Jahrzehnte hinweg miterlebt, dass Männer klaglos oder doch zumindest ohne nennenswerten Widerstand Gesetze und Regelungen hinnahmen, die sie selbst stark benachteiligten. Dementsprechend wurden ihre Vorstöße verständlicherweise auch immer kühner und einseitiger. Allerdings gibt es immer auch den einen Tropfen, der das Fass zum Überlaufen bringt.

Was die Männerentrechtung in Deutschland angeht, war dieser Tropfen das von Justizministerin Zypries angedrohte Verbot privater Vaterschaftstests. Der Hintergrund: Wie beispielsweise das „Deutsche Ärzteblatt" berichtete[115], ziehen einer am 1. August 2004 veröffentlichten britischen Universitätsstudie zufolge fast vier Prozent aller Väter unwissentlich Kinder auf, die sie nicht selbst gezeugt haben; sogenannte Kuckuckskinder. Bei der Untersuchung, die zu diesem Ergebnis gelangte, handelte es sich um eine Metastudie, welche die Ergebnisse von 35 Untersuchungen in einem Zeitraum von 54 Jahren zusammenfasste. Wir haben es hier also mit sehr soliden Zahlen zu tun. Die ermittelten vier Prozent bezogen sich dabei jedoch auf Untersuchungen, bei denen die Väter keinen Verdacht schöpften, sondern die Enthüllung irgendwann aus Zufall, etwa wegen medizinischer Tests, erfolgte. Die Vermutung liegt nahe, dass in Fällen, bei denen ein angeblicher Vater ohnehin schon zweifelt, die Rate deutlich höher liegt. Fachmagazine wie die „Zeitschrift für das gesamte Familien-Recht" schätzen sogar, dass es sich bei zehn Prozent der Geburten in Deutschland um Kuckuckskinder handelt. Unter diesen Umständen ist es verständlich, wenn sich ein Mann, sobald für ihn bestimmte Verdachtsmomente vorliegen, gerne Gewissheit darüber verschaffen möchte, ob sein angeblicher Nachwuchs tatsächlich von ihm stammt. Das kann er zum Beispiel tun, indem er mit einem Wattestäbchen Speichel aus dem Mund des Kindes entnimmt, den er dann an ein privates Testlabor schickt, um dort untersuchen zu lassen, ob seine DNS mit der des Kindes übereinstimmt.

Gegen solche diskreten DNS-Tests kündigten Gesundheitsministerin Ulla Schmidt und Justizministerin Brigitte Zypries ein Verbot an, weil sie gegen das „Selbstbestimmungsrecht der Frau" gerichtet seien. Nach dem Selbstbestimmungsrecht des Mannes, sich darüber Klarheit zu verschaffen, ob „sein" Kind jetzt wirklich sein eigenes war, wurde nicht gefragt. Wenn es nach dem Willen der Ministerinnen gegangen wäre, hätte ein Mann, der sich seiner Vaterschaft unsicher war, die Einwilligung der Mutter gebraucht, um einen Gentest durchzuführen. Das wirkte einigermaßen grotesk, denn gerade eine Frau, die ihren Mann betrogen hatte, würde wohl kaum in einen solchen Test einwilligen. Setzte man diesen aber auf einen reinen Verdacht hin gerichtlich durch, konnte dies sowohl der Partnerschaft als auch der Beziehung zum Kind einen schweren Schaden zufügen.

Es war insofern absehbar, dass die Männerrechtsbewegung dieses Ungleichgewicht zum Thema machen würde. Diesmal allerdings blieben ihre Aktivisten nicht länger einsame Rufer in der Wüste, sondern stießen auf eine breite Resonanz, eben weil der weit überwiegenden Mehrzahl der Männer und vielen Frauen die Fragwürdigkeit des geplanten Gesetzes sehr klar war. Eine von Wolfgang Wenger (siehe Interviewteil) ins Netz gestellte Online-Petition gegen die Pläne der Ministerinnen brachte es innerhalb kürzester Zeit auf knapp tausend Unterschriften, woraufhin das Magazin „Men's Health" darüber berichtete[116].

Es dauerte nicht lange und andere Medien, vom „Focus" bis zur „Bild"-Zeitung sowie verschiedene Fernsehsender, stiegen ein. Bald konnte sich Wenger vor Interviewanfragen kaum noch retten. Auch Spiegel-Online berichtete über den Konflikt: „Seit die Absicht durchgesickert ist, machen Männerrechtler gegen das Vorhaben mobil – mit Petitionen und Unterschriftensammlungen, alarmistischen Flugblättern und empörten Leserbriefen. Der Streit um den Kuckuckskinder-Test scheint fast so viele Emotionen zu wecken wie einst der hitzige Konflikt um die Reform des Abtreibungsrechts."[117] Und so wie die Abtreibungsdebatte den Feministinnen endgültig die Tür zur öffentlichen Wahrnehmung öffnete, tat Zypries' „Schlampenparagraf", wie er bald genannt wurde, dasselbe für die Maskulisten. Zuvor wussten die meisten Medienkonsumenten noch nicht einmal, dass es so etwas wie

„Männerrechtler" überhaupt gab. Im Lauf der Debatte äußerten sich auch immer mehr Juristen, die durch das drohende Verbot die Grundrechte von Männern schwer verletzt sahen. Mitglieder der Opposition und zahlreiche Journalisten zeigten sich gleichermaßen befremdet über das Ansinnen der Ministerinnen. Selbst beim grünen Koalitionspartner kam es zu lautstarken Gegenstimmen – so etwa von der grünen Fraktionsvorsitzenden Katrin Göring-Eckardt. Unterstützung erhielt Zypries indessen von der damaligen Frauenministerin Renate Schmidt (SPD), der grünen Ministerin Renate Künast sowie der Grünen-Gesundheitsexpertin Biggi Bender. Letztere outete ihre Geisteshaltung mit der Bemerkung, es dürfe keinen „Bonus für männliche Feigheit geben". Derartige Tests seien gegen die Interessen von Frauen und Kindern gerichtet und müssten bestraft werden.

Professor Dr. Gerhard Amendt vom Institut für Geschlechter- und Generationenforschung an der Universität Bremen gab solch durchschaubarer Rhetorik in einem offenen Brief an Justizministerin Zypries die passende Antwort: „Dass auch Ihre Koalitionspartner Alltagstugenden bemühen und vollmundig fordern: 'Es darf keinen Bonus für männliche Feigheit geben!' ist kein Zufall, sondern lässt auf tiefe Zuversicht und ein tiefes historisch begründetes Vertrauen in männlichen Mut schließen. Die schiere Angst, dass sich daran in Zukunft etwas ändern könnte, ist allerdings nicht zu verkennen. Nur: Als brandneuer Entwurf für die Beziehungen zwischen Männern und Frauen lässt sich diese Konzeption nicht ausgeben, denn sie bleibt bei der Zuweisung und Zuschreibung von Qualitäten an Männer, die auch von Frauen zu erwarten sind. Männliche 'Feigheit' (sei es der kleine Junge, der nicht weint, oder der Soldat, der vor dem Feind nicht flieht ...) unter Strafe zu stellen, sind Männer gewohnt. (...) Als feige soll gelten, wer den intimen Zweifel, ohne ihn an die große Glocke zu hängen, ohne Gerichte und partnerschaftliches Plazet ausräumen will. Zwischen Ihrer arglosen Entgeisterung über das Misstrauen der Männer gegenüber Frauen und den Ahnungen einer grünen Abgeordneten von einer rasant um sich greifenden männlichen Feigheit besteht ein verblüffender Zusammenhang. In beidem drückt sich eine Befürchtung aus; die Befürchtung, dass eintritt, was beide, die Ministerin und die Abgeordnete, wünschen: Männer ändern sich; aber sie ändern sich nicht, wie sie sollen, sondern wie sie es wollen – nicht mehr an weiblichen Wünschen orientiert. Das lässt Furcht aufkommen, die auch vor Politikerinnen nicht haltmacht, denn die Veränderung enthält Wagnisse. Die Folge: ärgerliche Hilflosigkeit, die im gegebenen Fall zum entsetzten Beschwören schwindender männlicher Tugenden führt."[118] In der Tat fällt auf, dass hier ähnlich wie beim Vorwurf „Jammerlappen" an Männer, die für ihre Rechte eintreten, ausgerechnet von feministischer Seite dann an traditionell männliches Rollenverhalten (Tapferkeit, Opfermut etc.) appelliert wird, wenn es Frauen gerade wieder in den Kram passt. Die Forderungen nach einem wahrhaft „neuen Mann" stellen sich so schnell als Lippenbekenntnisse heraus.

Solcher Rhetorik unbenommen zeichnete sich in einer Online-Umfrage des Bayrischen Rundfunks[119] eine Mehrheit von knapp 90 Prozent gegen ein Verbot privater Vaterschaftstest heraus. Selbst Datenschützer erklärten Zypries Argumentation für unsinnig.[120] Inzwischen bezeichneten Männerrechtler Zypries ironisch als ihre beste PR-Arbeiterin.

Schließlich blieb der Ministerin wenig anderes übrig als einzulenken. Sie zog das angekündigte Gesetzesvorhaben zurück und erklärte in einem Interview mit dem „Hamburger Abendblatt", dass sie sich in Zukunft auch den Anliegen der Männer widmen wolle.[121] So erwäge sie verschiedene Möglichkeiten, was die Anfechtung einer angeblichen Vaterschaft angehe: „Zum Beispiel könnte man niedrigere Anforderungen an die Beweislast stellen, so dass es künftig für eine Klage genügen könnte, ernsthafte Zweifel zu haben. Wir denken auch über ein Verfahren nach, in dem man seine Vaterschaft nicht anfechten muss, sondern feststellen lassen kann."

Dass es überhaupt ein höchstrichterliches Urteil brauchte, um die Selbstverständlichkeit festzuhalten, dass Männer ein Recht auf die Kenntnis ihrer Nachkommenschaft besitzen, war schon skandalös genug. Am 13. Februar 2007 entschied das Bundesverfassungsgericht, dass es notwendig sei, Vaterschaftstests zu legalisieren. Eine gerichtliche Anfechtung der Vaterschaft durch eigenmächtig vorgenommene Tests war demnach weiterhin nicht möglich; allerdings müsse der Gesetzgeber bis zum 31. März des nächsten Jahres ein rechtliches Verfahren zur Feststellung der Vaterschaft schaffen. Entgegen der bisherigen Auffassung von Ministerin Zypries bewertete das Gericht das Recht des Mannes auf Informationen über seine Nachkommenschaft höher als das Recht der Frau, Seitensprünge zu vertuschen.

„Verfassungsgericht stärkt Männerrechte" jubelte Spiegel-Online, von einem „Fortschritt für Väter" sprach die „Welt". Die „FAZ" schrieb am Tag nach dem Urteil Tacheles über die bisherige unhaltbare Situation: „Im Scheidungs- und Sorgerecht haben sich die Gewichte zwischen den Geschlechtern seit den siebziger Jahren so zum Nachteil der Männer verschoben, dass der Trauschein für den einen Teil zur Lebensversicherung, für den anderen zum unkalkulierbaren Risiko geworden ist. Sie zeigt, wie unbekümmert der Gesetzgeber über elementare Grundrechte von Vätern hinweggegangen ist. Es ist geltendes (Un-) Recht, dass Mütter ihr exklusives Wissen darüber verschweigen dürfen, wer wessen Vater oder Kind ist, gerade auch dann, wenn sie damit nur eigene materielle Vorteile verteidigen. Das ist so, als würde es der Fiskus bei Verdacht auf Steuerhinterziehung ins Belieben des Steuerschuldners stellen, ob er seine Vermögensverhältnisse aufdecken möchte. Es ist eine bodenlose Gemeinheit, dass ein Mann praktisch sein Familienleben zerstören muss, um die vage Chance auf Klärung seiner Vaterschaft zu gewinnen."[122] So klare und deutliche Worte waren, wenn es um Männerrechte ging, in der Presselandschaft bisher höchst ungewohnt.

Viele Politiker begrüßten das Urteil, stellten aber auch weitergehende Forderungen. Die bayrische Justizministerin Beate Merk (CSU) betonte, es sei nun dringend geboten, Vätern „einen Rechtsanspruch auf Durchführung eines offenen legalen Abstammungstests" zu verschaffen. Der rechtspolitische Sprecher der Unionsfraktion im Bundestag, Jürgen Gehb (CDU), warnte vor einer von Ministerin Zypries geplanten Kriminalisierung heimlicher Tests, weil dadurch der zur Unterhaltszahlung für ein Kuckuckskind in die Pflicht genommene Ziehvater zusätzlich bestraft würde. Auch Andreas Schmidt (CDU), Vorsitzender des Rechtsausschusses im Bundestag, erklärte im Interview mit dem Deutschlandradio am 16. Februar, Ministerin Zypries sei mit ihrer geplanten Kriminalisierung selbstbestimmter Vaterschaftstests auf einem Irrweg gewesen. Aber eigentlich müssten sich sämtliche Politiker an die eigene Nase fassen: „Wir haben hier wirklich zu lange versäumt, etwas zu regeln im Sinne der Väter oder der vermeintlichen Väter, auch im Sinne der Wahrheit."[123] Es war die Männerbewegung, die die Politiker aus ihrem Tiefschlaf aufgeschreckt hatte.

Viele Männer und Frauen, die sich in den unterschiedlichsten Internetforen (nicht nur der Männerbewegung) äußerten, sahen das Karlsruher Urteil indes zu einem guten Teil kritisch. Kernpunkt dieser Kritik war, dass der eigentliche Ausgangspunkt – die Straftat einer Personenstandsfälschung durch die Mutter – bei der Debatte deutlich zu kurz komme und einzig das Bestreben des Mannes, die Wahrheit zu erfahren, mit den verschiedensten Hürden bis hin zur Kriminalisierung unter Androhung einer Freiheitsstrafe verbunden wurde. Professor Gerhard Amendt äußerte sich in der „Welt" vom 19. Februar 2007 über entsprechende Bestrebungen von Ministerin Zypries sehr deutlich: „Die gegen die Männer gerichtete Strafwut scheint symbolisch hoch aufgeladen. Männer sollen über die Klärung der Vaterschaft hinaus irgendwie in die Knie gezwungen werden. Das hat selbst jene Männer, die beim Anblick von Frauen nur Unschuld vermuten, ziemlich hart getroffen. Ein Aufschrei geht quer durch die Parteien: Nicht mit uns! Indes warten einige noch ab, weil sie männliche Selbstverleugnung noch immer mit männlicher Tugend verwechseln und Empörung nur äußern, wenn Frauen ihnen das zuvor gestattet haben. Was aber bringt die Justizministerin so in Fahrt, dass sogar ihr Ruf als hervorragende Juristin beschädigt wird? Liegt es vielleicht daran, dass ihr Gefühl für Gerechtigkeit in der Politik hier auf Frauen begrenzt bleibt? Allzu überraschend wäre es nicht, zumal in den letzen Jahren in der Politik die Bevorzugung von Frauen mit der Schmähung der Männer korrespondierte. Nun wird diesmal der Strom der Männermissachtung sichtbar. Es ist wie mit dem Krug, der so lange zum Brunnen geht, bis er bricht."

Ministerin Zypries indes bekräftigte Mitte 2007, an einer Kriminalisierung privater Vaterschaftstest festhalten zu wollen. Dafür erhielt sie in Männerkreisen inzwischen den Spottnamen „Ministerin Zynisch". „Die Gerechtigkeitsministerin sieht die Konsequenzen ganz genau", postete beispielsweise ein Männerrechtler mit dem Nick „Maesi" in einem Diskussionsforum. „Diese sind sogar wesentlicher Teil ihres Kalküls. Ein Vater, der an seiner Vaterschaft zweifelt und sie deshalb unbedingt überprüfen will, hat zwei Möglichkeiten: Er tut es heimlich und begeht nach dem Willen von Frau Zypries eine Straftat, für die er auch später zur Rechenschaft gezogen werden kann und zumindest rechtlich als Bösewicht dasteht, oder er beantragt eine öffentliche Untersuchung, die unweigerlich den Familienfrieden stört, ja mit erheblicher Wahrscheinlichkeit sogar die Familie zerrüttet. Die Botschaft des Gerechtigkeitsministeriums ist vollkommen klar: Wer als Mann eine behauptete Vaterschaft anzweifelt, ist ein Schwein! Entweder weil er mit einem heimlichen Test eine Straftat begeht, oder weil er mutwillig eine Familie zerstört. Es ist für einen intelligenten Menschen unmöglich, diese Zwickmühle, in die ein zweifelnder Vater durch die vorgeschlagenen Gesetze manövriert werden soll, zu übersehen."[124]

Nach den erneuten männerfeindlichen Vorstößen von Ministerin Zypries sagen Beobachter bereits einen Testtourismus vieler scheinbarer Väter in die Niederlande voraus. Die Männerrechtsgruppe MANNdat hält einen verpflichtenden Abstammungstest bei der Geburt für die sinnvollste Lösung und nennt dafür auf ihrer Website über ein Dutzend guter Gründe.[125]

Die hohe Rate häuslicher Gewalt gegen Männer wurde umfassend zum Thema gemacht.

Der Kampf gegen häusliche Gewalt befand sich auf einem recht guten Weg, bevor er unter die Feministinnen fiel. So berichtet Erin Pizzey, die Begründerin der modernen Frauenhausbewegung und Autorin des ersten Buchs über häusliche Gewalt überhaupt („Scream Quietly Or The Neighbours Will Hear", 1974), in der „Daily Mail" vom 22. Januar 2007 folgendes über ihre Erfahrungen: „Ich war entschlossen, die Kette der Gewalt zu durchbrechen. Aber als die örtliche Zeitung die Geschichte über unser Haus aufgriff, begann ich mir über eine ganz andere Bedrohung Gedanken zu machen. Ich wusste, dass die radikalfeministische Bewegung massiv an Zulauf verlor, weil vernünftigere Frauen ihre männer- und familienfeindliche Ausrichtung ablehnten. Also suchten die Feministinnen jetzt nicht nur nach einem Thema, sondern sie wollten auch Geld. 1974 organisierten die Frauen, die in meiner Zuflucht lebten, ein Treffen in unserem örtlichen Gemeindesaal, um andere Gruppen zu ermuntern, im ganzen Land Zufluchtsstätten zu eröffnen. Wir waren verblüfft und verängstigt über die radikalen lesbischen und feministischen Aktivistinnen, die ich dort teilnehmen sah. Diese wählten sich selbst in eine landesweite Bewegung. Nach einem hitzigen Streit verließ ich mit meinen misshandelten Müttern den Saal – und was ich am meisten befürchtet hatte, geschah. Innerhalb weniger Monate kaperten die Feministinnen die Bewegung zur Bekämpfung häuslicher Gewalt, nicht nur in Großbritannien, sondern international. (...) Sie profilierten sich mit vereinfachenden Äußerungen, die genauso dumm wie parteiisch waren: 'Alle Frauen sind unschuldige Opfer der Gewalt der Männer', erklärten sie. Sie eröffneten die meisten Zufluchtsstätten des Landes und verboten Männern, darin zu arbeiten oder in ihrer Verwaltung zu sitzen. (...) Mit der ersten Spende, die wir 1972 erhielten, hatten wir auch einen männlichen Spielgruppenleiter eingestellt, denn wir spürten, dass unsere Kinder die Erfahrung guter, sanfter Männer brauchten. Wir entwarfen ein Behandlungsprogramm für Frauen, die erkannten, dass auch sie gewalttätig und dysfunktional waren. Und wir konzentrierten uns auf Kinder, die durch Gewalt und sexuellen Missbrauch verletzt waren. Die feministischen Flüchtlinge allerdings fuhren damit fort, Trainingsprogramme zu entwerfen, die ausschließlich männliche Gewalt gegen Frauen beschrieben. Langsam wurde der Polizei und anderen Organisationen das Gehirn dahingehend gewaschen, dass sie die Forschungsergebnisse ignorierten, die bewiesen, dass auch Männer Opfer sein konnten. Trotz Attacken in der Presse durch feministische Journalistinnen und trotz anonymer Drohanrufe fuhr ich damit fort zu argumentieren, dass Gewalt ein erlerntes Verhaltensmuster aus der frühen Kindheit sei. Als ich Mitte der achtziger Jahre mein Buch 'Prone to Violence' über gewaltbereite Frauen und ihre Kinder veröffentlichte, wurde ich von Hunderten feministischer Frauen belagert, die Schilder schwenkten wie 'Alle Männer sind Schweine' und 'Alle Männer sind Vergewaltiger'. Wegen Drohungen, mir Gewalt anzutun, konnte ich mich nur unter Polizeischutz im Land bewegen."[126]

Wie wir alle wissen, war die Kombination aus feministischem Terror und feministischer Gehirnwäsche überaus erfolgreich – auch in Deutschland. Als ich im März 2000 für die weithin unbekannte Frankfurter Zeitschrift „Novo" einen Artikel über häusliche Gewalt gegen Männer verfasste, stand ich damit mutterseelenallein auf weiter Flur. Trotz der zahlreichen Studien, die ich als Beleg zitierte, schien meine darin vertretene These, dass Gewalt in der Partnerschaft zu mindestens gleichem Anteil von Frauen ausgeht, vielen Lesern höchst abenteuerlich vorzukommen. Bis heute werde ich deshalb aufs Heftigste angefeindet, und bei dem Versuch, dem erdrückenden Übermaß der Untersuchungen und Statistiken zu entgehen, führen manche Feministinnen die absonderlichsten Drehungen und Windungen durch. Mal wird beklagt, dass solche Studien noch nicht für den deutschen Raum vorlägen, sondern lediglich aus den USA, Großbritannien, Kanada, Neuseeland und etlichen anderen Staaten. Gerade dass deutsche Männer sexistischerweise weniger gründlich nach ihren Gewalterfahrungen befragt wurden, legte man als Argument gegen die Opfer aus. Inzwischen hat sich die Forschungslage auch hierzulande deutlich gebessert, und oh Wunder!, auch wir sind keine Insel der Seligen, wo alles ganz anders abläuft als im Rest der Welt. In einem anderen Anlauf versuchen manche, das Dunkelfeld gleich völlig zu ignorieren und sich ausschließlich nach den polizeilichen Kriminalstatistiken zu richten, wobei sie aber geflissentlich übersehen, dass Männer aus Scham weitaus häufiger über ihre Gewalterfahrungen durch Frauen schweigen als umgekehrt. Wenn von 100 geprügelten Frauen 90 keinem Dritten von ihrem Schicksal erzählen und von 100 geprügelten Männern 99 den Mund halten, dann kommt bei in Wahrheit gleicher Opferzahl in der Statistik auf zehn weibliche Opfer nur ein männliches. Insofern sind Dunkelfelduntersuchungen weit aussagekräftiger. Ein dritter Versuch, die Zahl männlicher Prügelopfer herunterzurechnen besteht in der Argumentation, all diese Untersuchungen hätten mit der sogenannten Konflikttaktikskala eine irreführende Erfassungsmethode zugrunde gelegt. Dies wird von

Kriminologen wie Professor Michael Bock mit Nachdruck bestritten. Auf die Kritik an der Konflikttaktikskala geht insbesondere der Bericht „Gewalt in der Familie" des Österreichischen Ministeriums für Soziales (2001) ein, der insgesamt zu dem Ergebnis kommt, dass „die Raten gewalttätiger Männer und Frauen maximal ein Drittel voneinander abweichen. Einige Untersuchungen konnten dabei eine höhere Rate von Gewalt gegen Männer, andere wiederum eine höhere von Gewalt gegen Frauen nachweisen."

Damit sind wir jenseits allen Hickhacks darüber, wer jetzt bei den Opferzahlen wirklich die Nase vorn hat, als ob es dafür einen Preis zu gewinnen gäbe, schon ein gutes Stück weiter als noch vor zehn Jahren. Insbesondere der feministischen Ideologie passen männliche Opfer in diesem Ausmaß noch immer nicht ins Konzept. 1994 etwa schrieb Ann Jones in einer Sonderausgabe der Zeitschrift „Ms." (der amerikanischen „Emma") zum Thema „Gewalt gegen Frauen": „Männer sind böse. Frauen sind gut. Häusliche Gewalt bedeutet das Prügeln von Frauen, und jeder Mann, der sich am Empfangsende einer weiblichen Faust wiederfindet, ist entweder ein Lügner oder ein Freak." Diese Stellung ließ sich trotz aller Verrenkungen nicht mehr länger halten.

Versucht worden war es lange genug. Schon Mitte der Neunziger Jahre hatte eine vom Kriminologischen Forschungsinstitut Niedersachsen im Auftrag der Bundesregierung erhobene Untersuchung ein Verhältnis von 1,7 Millionen geprügelten Frauen zu 1,6 Millionen geprügelten Männern ergeben. Das Ergebnis dieser Studie wurde von ihrem Auftraggeber, dem Frauenministerium der Bundesregierung, jedoch nur unter der Hand veröffentlicht. Da es damals noch keine Männerrechtsbewegung gegeben hatte, war das auch problemlos möglich gewesen. Als Folge davon blieb häusliche Gewalt gegen Männer in den Medien etwas, über das man sich herzlich amüsieren konnte. Als Boris Becker Fänge von seiner Angetrauten Barbara bezog, kommentierte das die Presse trocken mit „Satzball Babs." Und als durch die Medien ging, dass US-Präsident Bill Clinton von seiner Frau geprügelt wurde, konnte eine Moderatorin von Radio FFH daraufhin unbekümmert kommentieren: „Sie müssen zugeben, es hat uns doch alle amüsiert." In etlichen Fernsehserien, ob in „Balko", „Marienhof" oder „Melrose Place", lief dasselbe Muster ab. Der Mann machte eine dumme Bemerkung, versuchte vielleicht, die Frau seines Interesses auf unhöfliche Weise anzubaggern, sie scheuerte ihm eine und ging damit als „Siegerin" aus der Situation hervor. Und wenn es um reale Gewalttaten gegen Männer ging, konnte Alice Schwarzer ganz unverhohlen von „Frauenfreude" sprechen.

Erst als sich zu Beginn des neuen Jahrtausends in Deutschland eine Männerbewegung herausbildete, die den sexistischen Umgang mit häuslicher Gewalt als eines der ersten Probleme ins Visier nahm, veränderte sich der Umgang der Medien mit diesem Thema. Ironischerweise war es auch hier ein von feministisch geprägten Ministerinnen ausgehecktes Gesetzesvorhaben, das für viele den Bogen überspannte: das von den ehemaligen SPD-Ministerinnen Bergmann und Däubler-Gmelin eingebrachte „Gewaltschutzgesetz", in dessen Begleitpropaganda wie selbstverständlich von weiblichen Opfern und männlichen Tätern die Rede war. Auch hier kam es für eine gewisse Zeitspanne zu einer Spaltung der Geschlechterdebatte in den deutschen Medien: Im Internet und Usenet diskutierte man vornehmlich über die neu entdeckten männlichen Opfer. In der restlichen Medienlandschaft war der Tabubruch noch nicht vollzogen und es wurden nach einem Trommelfeuer einseitiger Informationen aus den Ministerien ausschließlich Frauen als Opfer wahrgenommen. Als etwa der Berliner Journalist Joachim Bell im Jahr 2001 der sonst so progressiven taz einen hervorragend recherchierten und geschriebenen Artikel zum Thema häuslicher Gewalt gegen Männer anbot, lehnte die Redaktion ihn ab, weil sie die in dem Beitrag aufgeführten Fakten so gar nicht glauben konnte – und sich offenbar gar nicht erst die Mühe machte, eigenhändig nachzurecherchieren.

Am 12. Juli desselben Jahres aber begann die Wende. An diesem Tag brach die SWR-Sendung „Ländersache" das Fernseh-Tabu über Männer als Opfer von häuslicher Gewalt. Sowohl Professor Michael Bock als auch ich selbst wurden dazu an der Universität Mainz interviewt. Bereits eine knappe Woche später, am 18. Juli 2001, waren geprügelte Männer erstmals nicht nur als Schatten im Fernsehen zu sehen: Damit war Günther Jauchs

Stern TV ein Novum in der deutschen Fernsehgeschichte. Nicht nur dass erstmals bundesweit über das Tabuthema geprügelte Männer gesprochen wurde, vor allem wurden die Folgen von weiblicher Gewalt sehr drastisch gezeigt: zunächst anhand von Gerichtsfotos, dann kamen in einem eingeschnittenen Beitrag drei Opfer selbst zu Wort, darunter der von seiner Frau blind geprügelte Wolfgang Futter, der auch selbst als Gast in der Sendung auftrat. Am 3. August 2001 griff das „Wiesbadener Tagblatt" als erste deutsche Zeitung häusliche Gewalt gegen Männer an prominenter Stelle auf, nämlich auf Seite zwei. Am 28. November 2001 berichtete die „Stuttgarter Zeitung" über eine von Professor Gerhard Amendt vom Institut für Geschlechter- und Generationenforschung der Uni Bremen erstellte Studie über Paare in der Trennungsphase, die zum Ergebnis hatte, dass Handgreiflichkeit in weit größerem Ausmaß von Frauen ausgingen. (Bemerkenswert war, dass die „Stuttgarter Zeitung" diese Meldung durch das Foto einer Frau garnierte, die gegenüber einem aggressiven Mann schützend die Hände vors Gesicht hält.)

Im Jahr 2002 entdeckten mehrere Fernsehsendungen das Thema für sich: eher unbeholfen „Mona Lisa", deutlich fundierter das Wissenschaftsmagazin „Sonde", ironisierend „Polylux", professionell und zugleich politisch korrekt „Kontraste", oberflächlich und zum Teil verharmlosend „Akte 02". Als Folge davon kam es auch zu einer verstärkten Presseberichterstattung (etwa in der „Welt am Sonntag", dem „Bonner Generalanzeiger", dem „Mannheimer Morgen", dem Berliner „Tagesspiegel", dem Düsseldorfer „Express", dem Hamburger „Abendblatt", der „Rheinischen Post", der „Frankfurter Rundschau", der „Psychologie heute", endlich auch der „taz", und schließlich gar der Lifestyle-Illustrierten „Max" sowie der „Bild der Frau"). Die Aufmerksamkeit der Medien wurde dadurch sehr gefördert, dass der Berliner Peter Thiel mit der Meldung an die Öffentlichkeit ging, in seiner Heimatstadt das erste deutsche Männerhaus zu planen. Das Sat.1-Frühstücksfernsehen führte mit Thiel ein zehnminütiges Interview. Weiter tabuisiert blieben lediglich Einzelelemente der Debatte, etwa dass männliche Gewaltopfer vor staatlichen Instanzen oft ein zweites Mal zum Opfer werden und dass für die bisherige schiefe Wahrnehmung des Themas zu einem Gutteil feministische Propaganda die Verantwortung trug. Einem Experten, der dazu in einem ARD-Magazin befragt wurde, hatte man gar eingeschärft, auf gar keinen Fall den Feminismus zu kritisieren, wenn er wolle, dass dieser Beitrag „durchkomme". Nichtsdestoweniger fand zu diesem Zeitpunkt eine flächendeckende mediale Aufklärung der Bevölkerung statt, was geprügelte Männer anging, und nur wenige Organe (etwa die „Emma" oder eine Wahlkampf-Broschüre der Grünen) konnten stur an ihrem bisherigen Weltbild festhalten. Und auch wenn die Berichterstattung im Jahr 2002 boomte und danach wieder ebenso stark zurückging – einfach weil dieses Thema keine News mehr darstellte – ging das Interesse von Medienseite nie völlig verloren. So veröffentlichte im Dezember 2004 die Frauenzeitschrift „Young - woman's magazine" in der Beratungsecke des Nighttalkers Jürgen Domian einen zwei Seiten langen Artikel über Frauengewalt in der Partnerschaft. Aufhänger war eine entsprechende Anfrage der 24-jährigen Tina, die ihren Freund prügelte („ein bis zweimal die Woche"), ihn aktuell sogar krankenhausreif geschlagen hatte. Neben dem Artikel konnten die jungen Leserinnen interessante Zahlen erfahren: Ihnen zufolge wurden 43 Prozent der Männer und 37 Prozent der Frauen schon mal von ihrem Partner misshandelt – mit Verletzungsrisiko. (Die exakten Zahlen variieren natürlich von Studie zu Studie.) Darunter wiederum befand sich ein Interview mit dem Experten Helmut Wilde vom Männerbüro Trier sowie ein Link zur Pilotstudie des Frauenministeriums über männliche Opfer von Gewalt.[127]

Um eben diese Studie kam das Ministerium nach all dem Medienwirbel und dem politischen Druck offenbar nicht mehr herum. Dabei schlug ihm, nach all den schlechten Erfahrungen verständlicherweise, nicht nur Wohlwollen, sondern auch Unmut und Misstrauen entgegen. „Weil sich das Familienministerium dieser Wahrheit nicht länger mehr verschließen kann, lässt es jetzt auch Erfahrungen von Männern mit Gewaltepisoden erforschen", ätzte beispielsweise Professor Gerhard Amendt, Professor am Institut für Geschlechter- und Generationenforschung in Bremen, in der „Welt" vom 24. September 2004. „Mutig wird nach solchen Episoden vor allem zwischen Männern außer Haus gesucht, ganz vorsichtig nur nach dem, was sich in Partnerschaften ereignet. Das fragwürdige Frauenprivileg auf den Opferstatus könnte schließlich Klientinnengruppen verschrecken. Dabei wissen wir doch – nicht erst aus meiner Scheidungsforschung mit 3.600 Männern –, dass allein in der Scheidungskrise, sicher eine der schwersten im privaten Leben, 64,4 Prozent der vielfältig abgestuften psychischen und körperlichen Gewalthandlungen von der Partnerin ausgehen, 14,8 Prozent von beiden und 14 Prozent von den Männern. Die Büchse der Pandora wird geöffnet und sichtbar wird – wie die ersten Ergebnisse zeigen –, dass es vielen Männern im privaten Bereich nicht viel anders als vielen Frauen ergeht, wenn die sprachliche Verständigung in sich zusammenstürzt."

In der Tat war die noch immer einseitige Gewichtung des Frauenministeriums unübersehbar: Zu ihren Opfererfahrungen wurden weniger als 300 Männer interviewt, aber 10.000 Frauen. Insofern war eine der ersten Verlautbarungen des Ministeriums, sobald die Ergebnisse der Studie vorlagen[128], dass weitere Forschungen notwendig seien. Zwei Schlüsselsätze aus dem Genderreport des Frauenministeriums lauten: „Wie in der repräsentativen Frauenbefragung gab etwa jeder vierte Befragte an, ein- oder mehrmals körperliche Übergriffe durch die aktuelle oder frühere Beziehungspartnerin erlebt zu haben. Dieser zunächst erstaunliche Befund hat sich bereits in Ergebnissen internationaler Forschung gezeigt."[129]

In einer späteren Mitteilung aus dem Ministerium, die mir vorliegt, hieß es, dass, was die befragten Männer angehe, „aufgrund der kleinen Fallzahl keine Verallgemeinerung für die Grundgesamtheit der in Deutschland lebenden Männer erfolgen" könne. 10.000 befragte Frauen hingegen seien „eine verhältnismäßig große Fallzahl in der Gewaltprävalenzforschung und (...) hinsichtlich der Repräsentativität in keiner Weise angreifbar". Man muss sich diese politische Manipulation wirklich einmal klar vor Augen führen: Das Frauenministerium lässt eine großangelegte Studie über Gewalt gegen Frauen und eine kleine Studie über Gewalt gegen Männer durchführen und argumentiert danach, Handlungsbedarf gebe es nur bei Gewalt gegen Frauen, weil nur hierzu eine ausreichend große Studie vorliege. Und das, obwohl diese Studien bei beiden Geschlechtern eine identische

Rate an Betroffenen zeigten! Unbeeindruckt ließ frau ausrichten: Eine weitere, diesmal repräsentative Studien unter den Männern durchzuführen, sei nicht geplant.[130] Und tatsächlich kündigte das Frauenministerium am 27.9 2007 einen Aktionsplan an, der Gewalt gegen Frauen mit 133 Maßnahmen bekämpfen soll, wobei Ministerin von der Leyen sich explizit auf die Gewaltstudie von 2004 berief. Dabei überging sie die damalige Kritik an dieser Studie ebenso wie jegliche Form von Gewalt gegen Männer. Die Medien flankierten diese Politik durch ebenso einseitige Artikel und Fernsehsendungen – so etwa die Talkshow „Menschen bei Maischberger" vom 9. Oktober 2007, die wegen ihrer verzerrenden Darstellung des Themas zu vielfachen Protesten führte.

In Einzelfällen immerhin schien man den Mitarbeiterinnen des Ministeriums Zugeständnisse abringen zu können. So kam Mitte 2005 Renate Augstein, im Ministerium zuständig für den Bereich Frauenhäuser, bei einer Tagung der evangelischen Männerarbeit zum Thema „häusliche Gewalt" nicht umhin einzuräumen, dass es notwendig sei, ein Konzept auch für männliche Opfer zu schaffen. Sie reagierte damit auf die Forderung Heinz-Georg Ackermeiers, Theologischer Vorsitzender der Männerarbeit der Evangelischen Kirche in Deutschland (EKD), das Thema weiblicher Gewalt gegen Kinder und Männer zu enttabuisieren.[131] Dies blieb allerdings ein reines Lippenbekenntnis, faktisch geschehen ist nichts.[132]

Eine sehr positive Entwicklung jedoch bestand darin, dass das Thema häuslicher Gewalt gegen Männer von ganz unterschiedlichen Gruppen und Organisation aufgenommen wurde, bei denen es sich um keine Männerrechtler im engeren Sinn handelte. Beispielsweise wies im November 2004 der Verein verantwortungsvoll erziehender Väter und Mütter (VEV) in einer Medienoffensive darauf hin, dass mindestens 50 Prozent der häuslichen Gewalt von Frauen ausgehe.[133] In diesem Zusammenhang wehrte sich der VEV auch gegen ein neues Polizeigesetz, dem zufolge Personen aus dem gemeinschaftlichen Haushalt entfernt werden dürfen, die der Gewalt gegen Haushaltsmitglieder dringend verdächtigt werden – was den althergebrachten Vorurteilen nach weit eher Männer treffen dürfte. Täterinnen werde sogar das Sorgerecht für das gemeinsame Kind zugeschrieben. Und auch ein anderes Tabu fiel, als die Kassler Hauptgeschäftsstelle der evangelischen „Männerarbeit" darauf aufmerksam machte, dass in Deutschland Hunderte von Kindern durch ihre eigenen Eltern (man könnte konkretisieren: laut Bundeskriminalamt mehr als doppelt so häufig durch die eigenen Mütter) bis zum Tod misshandelt werden.[134] Wie in einer Spiegelung vertrauter feministischer Slogans erkannte die „Männerarbeit" in der Familie häufig keinen Ort der Geborgenheit, sondern vielmehr einen Ort der Gefahr. Dabei werde Frauengewalt gegen Kinder und Männer trotz der inzwischen vorliegenden Forschungserkenntnisse noch immer wissenschaftlich und öffentlich verharmlost.

Dieses neu entdeckte und zugleich so intensiv behandelte Thema hinterließ seine Spuren dann auch bei den Nachwuchswissenschaftlern. Studentinnen und Studenten der Sozialwissenschaften sowie der Kriminologie widmeten sich den damit verbundenen Fragestellungen verstärkt in ihren Abschlussarbeiten. Überraschend häufig erreichen mich selbst Anfragen um tiefer gehende Informationen. Eine brillante Zusammenstellung dieser sich immer breiter auffächernden Forschungsliteratur liefert bis heute die Website des bereits erwähnten Männerbüros Trier.[135]

Auf dem Buchmarkt waren jetzt wissenschaftliche Aufsatzsammlungen („Geschlecht, Gewalt, Gesellschaft", Verlag für Sozialwissenschaften 2003) ebenso zu finden wie Ratgeber für Betroffene („Rambo-Frauen", USP-Publishing 2005). Neueste US-amerikanische Forschungsliteratur führte die Debatte weiter voran. Linda Mills „Insult to Injury: Rethinking our Responses to Intimate Abuse" (Princeton University Press) etwa verwirft die bisherigen Glaubenssätze der feministischen Ideologie und empfiehlt für den Umgang mit den Tätern völlig neue Wege: Heilung und Wandlung statt Scham und Strafe. Bis hin zum südafrikanischen Erzbischof und Friedensnobelpreisträger Desmond Tutu erhielt dieser neue Ansatz höchstes Lob. Durch besonders gründliche Quellenarbeit zeichnet sich Thomas B. James Buch „Domestic Violence: The 12 Things You Aren't Supposed to Know" (Aventine Press) aus. Ein eigenes Kapitel dokumentiert Dutzende von Studien, die belegen, dass entgegen den Behauptungen des deutschen Frauenministeriums nicht Frauen, sondern Männer bei häuslicher Gewalt die schwereren Verletzungen davontragen, ein weiteres erläutert volle 78 Gründe, warum Männer über ihre Opfererfahrungen so selten berichten. Eine verdienstvolle Passage stellt schließlich zusammen, welche Faktoren (statt „das Patriarchat") verschiedenen Untersuchungen zufolge tatsächlich stark zu Gewalttaten in der Partnerschaft beitragen (unter anderem geringes Selbstwertgefühl, Armut, Arbeitslosigkeit, Alkoholismus, Drogensucht, geistige Störungen, Stress, biologische und neurologische Einflüsse, Zusammenleben und/oder Elternschaft zweier sehr junger Partner, emotionale oder körperliche Misshandlungen in der Kindheit, schwache Eltern-Kind-Bindungen und so weiter).

Auch in Deutschland nahmen Medien und Politik in einem Prozess gegenseitiger Rückkopplungen immer weiter aufeinander Einfluss. So wehte auch auf Länderebene bald ein „wind of change". Lange Zeit nämlich hatten die Männerrechtler von MANNdat mit dem Justizministerium des Saarlandes zunächst keine guten Erfahrungen gemacht.[136] Insbesondere Ministerin Ingeborg Spoehrhase-Eisel sei durch männerdiskriminierende Stellungnahmen aufgefallen: Themen waren etwa Tricks, um einen Partner loszuwerden sowie eine mutwillig einseitige Darstellung von Tätern bei häuslicher Gewalt als männlich. Selbst die Medien versuchte sie im sexistischen Sinne zu indoktrinieren: „Ein Herzensanliegen an die Presse: Schreiben Sie nicht mehr von einem Familiendrama. Es sind männliche Täter und weibliche Opfer." Und tatsächlich ließen sich zumindest einzelne Journalisten vor den Karren dieser Ideologie spannen. Im Jahr 2004 allerdings wurde das Amt des saarländischen Justizministers von Josef Hecken (CDU) übernommen, der es vorzog, ohne ideologische Scheuklappen durch die Gegend zu laufen: In einer Pressemitteilung lud er für den 2. Dezember 2004 zu einer Informationsveranstaltung zum Thema „Männliche Opfer häuslicher Gewalt".[137] In der Einladung hieß es: „Häusliche Gewalt gegen Männer wird in der Gesellschaft tabuisiert. Insbesondere, weil betroffene Männer nicht über sie berichten. Gilt es doch als 'unmännlich', sich als Opfer von häuslicher Gewalt zu offenbaren. Das Ergebnis einer Gewaltstudie des Bundesministeriums für Familie, Senioren, Frauen und Jugend ist erschreckend: jedem vierten der befragten Männer widerfuhr einmal oder mehrmals mindestens ein Akt körperlicher Gewalt." (Gemeint war hier offensichtlich speziell Gewalt in der Partnerschaft, denn irgendeine Erfahrung von Gewalt haben weit mehr Männer in ihrem Leben gemacht, siehe den nächsten Absatz.)

Teilweise dienten die hochoffiziellen Erkenntnisse über die bisher übersehenen männlichen Opfer bei Gewalt in der Partnerschaft dazu, auch anderweitig übersehene männliche Opfer endlich zu thematisieren. So berichtete unter der Überschrift „Wenn Männer zu Verlierern im Geschlechterkampf werden: Klagen über Benachteiligung und Gewalt – Gleichstellungspolitik konzentriert sich bisher auf Frauen – Forderung nach Bewusstseinswandel in der Gesellschaft" die „Welt" vom 22. September 2004[138] über die vom Bundesfrauenministerium vorgestellten Gewaltstudien und kommentierte die dort vorherrschende Einseitigkeit: Obwohl sechs von sieben Männern bereits einmal Gewalterfahrungen gemacht haben, liege der Schwerpunkt des Ministeriums noch immer bei der Bekämpfung von Gewalt gegen Frauen. Da auch Männer ein Recht auf Schutz und Unversehrtheit hätten, fordere der Geschlechterforscher Hans-Joachim Lenz einen Bewusstseinswandel und eine Gleichstellungspolitik, die auch die Probleme von Männern berücksichtige.

Diese Forderung unterstütze unter anderem Reiner Wanielik von der Fachstelle für Jungenarbeit des Paritätischen Bildungswerkes Rheinland-Pfalz/Saarland und benannte auch Problemfelder, die mit häuslicher Gewalt wenig zu tun haben: Männer stürben in Deutschland sieben Jahre früher als Frauen, hätten häufiger mit Herz-Kreislaufproblemen und Süchten zu kämpfen und begingen drei von vier Selbstmorden. Leider laute die Maxime immer noch: „Ein Mann klagt nicht und beißt die Zähne zusammen." Damit brachte er die wesentlichen Themen der Männerrechtsbewegung, die ich in den vorangehenden Kapiteln erörtert habe, auf den Punkt.

Die Forschung über Gewalt in der Partnerschaft wurde auch im Jahr 2006 weiter vorangetrieben, und die bisherigen Ergebnisse erscheinen bestätigt. So zeigte eine 32 Nationen umspannende Studie der Universität New Hampshire über sexuelle Gewalt unter unverheirateten studentischen Paaren, dass in der größten Gruppe beide Geschlechter, Männer wie Frauen, gegenüber ihrem Partner gewalttätig waren. Bei der zweitgrößten Gruppe waren die Frauen die einzigen, die körperliche Gewalt ausübten.[139] Im Jahr 2007 zeigte sich in zwei amerikanischen Studien bei nicht-wechselseitiger Gewalt in der Partnerschaft ein Frauenanteil von 70 Prozent bei den Tätern. Gleichzeitig geben Frauen in einer erschreckend hohen Rate bei Befragungen an, dass sie solche Gewalthandlungen gegen Männer als in Ordnung empfinden. Wenige Wochen später bestätigte eine neuseeländische Studie dieses internationale Sample: Auch sie zeigte, dass, wenn in einer Partnerschaft nur eine Person gewalttätig sei, es sich überwiegend um die Frau handele. Und auch hier äußerte Kirsten Robertson, die Leiterin dieser Studie, ihre Besorgnis über eine enorme Trivialisierung von Frauengewalt: „Wenn Frauen gefragt werden, ob es ein Mann verdient hat, geschlagen zu werden, lachen sie häufig. Dann erwidern sie, oft verdienten die Männer das, da sie immer wieder Dinge täten, die einen kirre machten."[140]

Im Dezember 2006 belegte diese mangelnde Einfühlsamkeit bei männlichen Opfern ein Experiment, das der amerikanische Sender ABC in seiner Nachrichtensendung „Primetime" ausstrahlte und das von der Bürgerrechtsgruppe RADAR (Respecting Accuracy in Domestic Abuse Reporting) mit einem Preis für wahrhaftige Berichterstattung im Journalismus ausgezeichnet wurde.[141] Hierbei wurde eine Frau gegenüber einem Mann in einem öffentlichen Park scheinbar gewalttätig. Eine versteckte Kamera filmte die Reaktionen vorbeikommender Passanten. „Primetime" berichtete, dass bei vorangegangenen Experimenten dieser Art, bei denen der Angreifer männlich und das Opfer weiblich gewesen waren, Passanten sich häufig eingemischt hatten. Nicht so bei verteilten Geschlechterrollen. Hier zeigten sich 163 Passanten komplett unbeteiligt. Eine Gruppe von vier Frauen schickte eine von ihnen als Botschafterin zu dem sich streitenden Paar, diese zog aber wieder ab, als die Schauspielerin ihr erklärte: „Das ist nicht deine Angelegenheit!" Eine andere dieser Frauen verständigte allerdings über ihr Handy die Polizei. In deutlichem Kontrast dazu stand die Reaktion einer anderen Passantin, die an dem Paar vorbeizog, in einer Geste der Solidarität ihre Faust in die Luft stieß und ihrer Geschlechtsgenossin ein „Gut für dich.

Du rockst, Mädchen!" zurief.[142] „Wir müssen genauso viel Wind um Gewalt machen, die von Frauen begangen wird, wie um Männer, die sich gewalttätig benehmen", fordert Professor Murray Straus, der seit Jahrzehnten in diesem Bereich tätig ist. Die Hälfte der Täter stur zu ignorieren, behindere sämtliche Anstrengungen, das Problem häuslicher Gewalt in den Griff zu bekommen.

In dieser Hinsicht ist immer noch einiges zu tun. Insbesondere die staatlichen Stellen tun alles, um sich hinter einem längst überholten Kenntnisstand einzumauern. So tönt das niedersächsische Ministerium für Soziales, Familie, Frauen und Gesundheit auf seiner Website zum Thema häuslicher Gewalt entgegen inzwischen immerhin drei Jahrzehnte alten Forschungsergebnissen: „Wissenschaftliche Studien zeigen, dass von Gewalt in der Familie ganz überwiegend Frauen betroffen sind. Nur fünf Prozent bis zehn Prozent der Opfer sind männlich."[143] In ähnlicher Weise verkündet der Berliner Senat auf seiner Website: „Häusliche Gewalt wird in über 80 Prozent der Fälle von Männern ausgeübt". Es fehlt jeder Beleg, wie man zu dieser Behauptung kommt. Und im folgenden Text heißt es: „Alle Berliner Maßnahmen, die zur Bekämpfung und zum Abbau von Gewalt gegen Frauen beitragen, sind im Berliner Aktionsplan (2002–2006) zur Bekämpfung von häuslicher Gewalt zusammengefasst."[144] Auch in der Presse findet man immer wieder unbelegte, aber gebetsmühlenartig wiederholte Behauptungen, dass Opfer häuslicher Gewalt „fast ausnahmslos Frauen waren und sind."[145] Die feministischen Terroristinnen, die drei Jahrzehnte zuvor Erin Pizzey in die Mangel genommen hatten, können so noch heute die Früchte ihrer Gewaltdrohungen genießen.

Im Sommer 2007 machte der Regisseur Jan Bonny häusliche Gewalt gegen Männer zum Thema seines Films „Gegenüber". Das Deutschlandradio schilderte auf seiner Website[146], worum es darin ging: „Hinter der bürgerlichen Fassade bekommt Anne immer wieder aggressive Ausbrüche. Ihr harmoniesüchtiger Mann Georg nimmt die Schläge und Tritte mit Händen, Schuhen oder einem riesigen gläsernen Salzstreuer stumm hin, seine beschwichtigende Passivität treibt die Eskalation sogar noch voran." Ironischerweise war auf dem Foto neben dem zitierten Artikel, ähnlich wie Jahre zuvor in der „Stuttgarter Zeitung", ein Mann zu sehen, der seiner Frau heftig ins Gesicht schlug. Es sieht so aus, als ob sämtliche Aufklärung gegen die in vielen Köpfen verankerten Bilder kaum ankommen kann. Alice Eaglys Erkenntnis, dass Forschungsergebnisse allein auf einen einmal etablierten Konsens keine Auswirkung haben, bestätigt sich hier. Gefährdet wird die bisherige Aufklärungsarbeit seit November 2006 zudem durch eine auf zwei Jahre angelegte Kampagne der Organisation terre des femmes, in der häusliche Gewalt sehr sexistisch als Gewalt von Männern gegen Frauen definiert wird, was zahlreiche Medien begeistert aufgreifen.[147] Wie uns die Experten erklären, ist eine solche Einseitigkeit einer zielführenden Bekämpfung von häuslicher Gewalt zwar nicht dienlich, aber die verschiedenen Lobbyorganisationen verfügen inzwischen über ein weitaus besser ausgebautes PR-Netz als bloße Experten. Die Männerbewegung hat also weiterhin einiges an Arbeit vor sich, damit PolitikerInnen die Augen nicht länger vor den Tatsachen verschließen können.

Die Benachteiligung von Jungen wird als Problem erkannt

„Jungs sind in der Schule systematisch benachteiligt", stellte Marion Schmidt im Untertitel eines Beitrags für die „Süddeutsche Zeitung" so selbstverständlich fest, als ob uns das immer schon klar gewesen wäre.[148] Ihren Artikel leitet sie ein mit den Worten: „'Wenn wir wirklich wollen, dass es unsere Töchter mal leichter haben, müssen wir es unseren Söhnen schwerer machen.' Das stand vor genau 20 Jahren in der Zeitschrift „Emma", und heute, so scheint es, haben die Feministinnen dieses Ziel erreicht."

Lange Zeit hatten nur vereinzelte Journalistinnen (fast durchgehend Frauen) auf die Benachteiligung von Jungen im Schulunterricht hingewiesen. Insbesondere Sabine Etzold tat sich hier in ihren Artikeln für die „Zeit" sehr positiv hervor. Schon 2002 hatte sie in ihrem Artikel „Die neuen Prügelknaben" klargestellt: „Nicht Mädchen, sondern Jungen werden in Schule und Elternhaus benachteiligt. Doch die Erkenntnis setzt sich bei Pädagogen nur zögernd durch".[149] Zwar gelte „feministisch inspirierten Reformpädagogen die Mädchenförderung bis heute als besonderes Anliegen", doch die Förderung richte sich an die falsche

Adresse. Unter Bezug auf Erziehungswissenschaftler, die PISA-Studie und einen Vergleich von Noten und Abschlüssen gelangte auch Etzold zu der Schlussfolgerung: „Jungen werden allein aufgrund ihres Geschlechts diskriminiert." Sie zeigt auf, dass es eine Abwertung von Jungen gibt, welche direkt die Abwertung von Männern in unserer Gesellschaft spiegelt: „Sie werden als sozial und sexuell inkompetent, kommunikationsunfähig und schwach im Bewältigen von Konflikten beurteilt. Sie gelten als problematisch, ihr Verhalten erscheint aufgesetzt." Positive Eigenschaften („mutig, durchsetzungsfähig, aufmüpfig") würden hingegen selten genannt. Etzold: „In der Schule schlägt sich diese Abwertung unbewusst unter anderem darin nieder, dass Jungen schlechtere Zensuren bekommen – auch wenn sie die gleiche Leistung erbringen." Dazu kommt, dass sie in der Pubertät häufig nicht wissen, in welche Richtung sie sich entwickeln sollten – eben weil in unserer Gesellschaft alles Männliche massiv herabgesetzt wird.

In einem weiteren *Zeit*-Artikel wies Sabine Etzold auf eine Langzeitstudie hin, die Rainer Lehmann von der Berliner Humboldt-Universität im Auftrag der Stadt Hamburg durchgeführt hatte und die auf eine Bevorzugung der Mädchen hinwies, die „allenfalls teilweise durch ein höheres Leistungsniveau begründet werden" konnte. Als möglicher Grund für diese Bevorzugung wurde eine „schulkonformere Einstellung" der Mädchen genannt. „Mit anderen Worten", so Etzold: „Mädchen sind braver als Jungen, sie passen sich besser an und machen ihren Lehrern weniger Schwierigkeiten. Was, wenn es denn stimmt, Stoff zum Nachdenken über die Aussagekraft von Schulnoten liefert."[150]

Irrwitzig ist die immens verzögerte Zeit, mit der Politik und Medien auf solche Erkenntnisse reagierten. Die ersten Untersuchungen, die auf eine Diskriminierung von Jungen durch Lehrerinnen hinweisen, reichen zurück bis 1964. In meinem 2001 erschienen Buch „Sind Frauen bessere Menschen?" erwähne ich entsprechende Erkenntnisse aus den siebziger Jahren. Dr. Karin Jäckel machte Ende der neunziger Jahre sehr deutlich, dass Jungen in unseren Schulen mit ihren Bedürfnissen und ihrer Persönlichkeit zu kurz kommen. In den USA veröffentlichte Christina

Hoff Sommers ihr Buch „War Against Boys. How Misguided Feminism is Harming Our Young Men", in Deutschland die Familientherapeutin Gisela Preuschoff ihr Buch „Arme Jungs", in dem sie konstatierte: „Die Pädagogik für Jungen hinkt der Erziehung der Mädchen Jahrzehnte hinterher." Immer noch ziele sie auf Anpassung, Zwang und Beschämung statt auf Förderung wie bei den Mädchen.

Die Fakten wurden Jahrzehnt um Jahrzehnt stur ignoriert, weil ein Zeitgeist existierte, der nur eine Benachteiligung des weiblichen Geschlechts, welchen Alters auch immer, sehen wollte. Was die Jungen angeht, beginnen jetzt zumindest mit einigen Jahren Verspätung die Alarmglocken zu klingeln. Die auffallende Benachteiligung von Jungen sei „noch nicht so recht ins öffentliche Bewusstsein gedrungen", vermeldete der „Fränkische Tag" am 23. Juli 2005 und machte darüber hinaus darauf aufmerksam, dass sich diese Diskriminierung auch über das Schulsystem hinaus erstrecken könne, da es für niedrig qualifizierte männliche Jugendliche kaum noch Arbeitsplätze gebe. Das Endresultat einer jahrzehntelang betriebenen einseitigen Förderung allein des weiblichen Geschlechts im Erziehungswesen könnte also in letzter Konsequenz eine Zukunft sein, die aus Scharen arbeitsloser Männer und vielen hoch qualifizierten Frauen in Top-Jobs bestehe. Als im Jahr 2004 die Ergebnisse der zweiten IGLU-Studie (IGLU: Internationale Grundschul-Lese-Untersuchung) für Deutschland vorgelegt wurden, verkündeten plötzlich von n-tv über die „taz" bis zur „Financial Times" die unterschiedlichsten Medien exakt jene Form der Benachteiligung als bahnbrechende Neuigkeit, von der Sabine Etzold schon Jahre zuvor gesprochen hatte. Professor Wilfried Bos, der wissenschaftliche Leiter der IGLU-Studie für Deutschland nämlich, legte als ihre Schlussfolgerung dar, dass Mädchen offenbar für Wohlverhalten und Angepasstheit mit guten Noten belohnt würden.

Als zweiten Faktor der Benachteiligung nannte Professor Bos, dass durch die Auswahl der zu lesenden Texte Jungen immer mehr die Freude am Lesen genommen werde – im Gegensatz zu Mädchen. Ein Grund dafür könnte darin liegen, dass die meisten Pädagogen weiblich sind und ihren eigenen Geschmack bei der Lektüreauswahl durchsetzen, wohingegen Lektüre, die Jungen anspricht, beispielsweise Science Fiction, in einer irritierenden Kenntnislosigkeit als „Schund" abqualifiziert wird.

Auch der Börsenverein des deutschen Buchhandels äußerte sich zu dieser Debatte.[151] Er befand es ebenfalls als wenig verwunderlich, dass Jungen weniger lesen als Mädchen, denn ihre Bedürfnisse lasse man unter den Tisch fallen: „Wenn Jungen lesen, wollen sie sich informieren. Der geringe Marktanteil von Sachbüchern zeigt, dass hier ein Vermittlungsbedarf besteht", erklärte Anja zum Hingst für den Börsenverein. Und Klaus Willberg, Vorsitzender der Arbeitsgemeinschaft von Jugendbuchverlagen, fügte hinzu: „Thema Nr. 1 bei Jungen ist nicht Technik, auch nicht Fußball oder Action, sondern Sex. Darauf wird zu wenig eingegangen. Es ist einfacher, pubertierende Jungen als Nichtleser zu stigmatisieren, als sich mit Büchern ihrer tatsächlichen Lebenswelt zu stellen." Von der Lektorin bis zur Bibliothekarin bestimmten Frauen, was Männer lesen sollen. Und das ist bekanntlich auch bei der Literatur für Erwachsene so. Andernfalls hätte die Männerbewegung als ganzes und ihre Autoren im einzelnen wohl auch kaum einen so schweren Stand auf dem Buchmarkt. Konsequenz: Die einseitige Ausrichtung auf Anliegen der Frauen untermauert das allgemeine Vorurteil, dass die Anliegen der Frauen sehr viel wichtiger seien als die von Männern, was wiederum für neue Paletten von Büchern über die Anliegen von Frauen führt ...

Im Februar 2005 erschien Katrin Müller-Waldes Buch „Warum Jungen nicht mehr lesen und wie wir das ändern können". Darin schildert sie an einigen Stellen auch die üblichen Abwehrreaktionen: „'Das kann nicht sein!' meint Maya, 33, Journalistenkollegin der ARD. Kopfschüttelnd lehnt sie sich zurück, gerade so, als fühle sie sich körperlich unwohl bei dem Gedanken, dass Jungen das schwächere Geschlecht zu werden drohen. 'Ich will nicht, dass das wahr ist', platzt es aus ihr heraus. 'Das stellt doch alles auf den Kopf, die ganze Frauenbewegung'." Ja, das kann hart sein, wenn in den Elfenbeinturm der feministischen Ideologie ganz unvermittelt die Wirklichkeit eindringt. Katrin Müller-Walde führt weiter aus, dass es immer wieder Bestrebungen gegeben habe, auf die Benachteiligung von Jungen aufmerksam zu machen: „Noch wirken Petitionen an den Bundestag, Jungen zu fördern, die im Jahr 2004 durch Vereine wie MANNdat oder Elterninitiativen eingebracht wurden, wie ein Tropfen auf den heißen Stein. Doch sie werden zahlreicher, weil Aussitzen nicht das geeignete Mittel ist, der Herausforderung Boys' Underachievement im gesamtgesellschaftlichen Maßstab zu begegnen." Ja, da sind sie wieder, die Jungs von MANNdat, die sich, anders als der Rest der Republik, schon sehr frühzeitig dieses Themas angenommen hatten: Sei es in den erwähnten immer wieder neuen Petitionen, sei es in einer gelungenen Liste mit Lese-Empfehlungen speziell für Jungen, die von zahlreichen Interessierten dankbar angenommen und weiterempfohlen wird. Am 27. Juni 2006 veröffentlichte MANNdat eine Studie, die aufzeigte, dass die Bildungsministerien der Länder weiter die Interessen von Jungen vernachlässigten. In einer MANNdat-Pressemitteilung hieß es: „Die Selbstdarstellungen der deutschen Bildungsministerien im Internet wurden dazu auf folgende Themen untersucht: Allgemeine Bildungssituation von Jungen, Jungenleseförderung, männliche Lehrerquote, Förderung von Jungen für geschlechtsuntypische Berufe, gleiche Teilhabe von Jungen am Zukunftstag. Zusätzlich wurde den Ministerien ein Fragenkatalog geschickt. Die Auswertung der Internetseiten und der Befragung ergibt ein erschreckendes Bild: Lediglich das Bildungsministerium von Niedersachsen konnte mit 'gut' bewertet werden. Danach folgen Bayern, Baden-Württemberg, Hamburg und Brandenburg mit jeweils 'ausreichend'. Der Rest ist mangelhaft oder ungenügend. Die schlechtesten Noten erhielten Berlin und das Bundesbildungsministerium."

Auch das bundesweit erscheinende Mittelstands-Magazin *P.T.* zeigte sich entsetzt darüber, was diese Studie an den Tag brachte. „Die Ergebnisse sind verheerend: Eine Thematisierung der jungenspezifischen Leseproblematik wurde 'immerhin' noch in zehn von 16 Länderministerien gefunden, spezifische Jungenleseprojekte aber nur in zweien. Der stetig fallende Männeranteil bei den Lehrern ist kein Thema. In nur drei Ministerien wurde die Problematik überhaupt erwähnt. Konkrete Maßnahmen gibt es aber auch dort nicht. Am deutlichsten tritt die regelrechte Jungenfeindlichkeit zutage, wenn es um deren Teilhabe am Zukunftstag geht. Von diesem wurden sie nämlich von vornherein ausgeschlossen – daher auch der Name 'Girls' Day', der seit 2000 jährlich stattfindet."[152] Sowohl die komplette Studie als auch eine Zusammenfassung sind auf der Website von MANNdat abrufbar. Die Krise ist mittlerweile indes so offensichtlich geworden, dass es sich die politischen Entscheidungsträger nicht mehr allzu lange leisten können, die Männerrechtler so konsequent zu ignorieren wie in all den Jahren zuvor. Untersuchung türmt sich auf Untersuchung, und im Herbst 2006 bildete die 15. Shell-Jugendstudie den vorläufigen Höhepunkt der dramatischen Erkenntnisse. Frauen seien bald die neue Bildungselite in Deutschland und verfügten über weit bessere Karrierechancen als die Männer, die sich in Haupt- und Sonderschulen gesammelt hatten und zurückgeblieben waren, erklärte der Bielefelder Sozialwissenschaftler Klaus Hurrelmann, der diese Studie leitete. „Bald haben wir 15 bis 20 Prozent abgehängte junge Männer, die benachteiligt sind", warnte Hurrelmann. Dann sei Männerförderung angesagt. Dezidiert warnte er vor einem „Krieg der Geschlechter", was von Frauenministerin von der Leyen allerdings flugs beiseite gewischt wurde. So erklärte sie der „Berliner Zeitung" am 29. September 2006: „Ich finde es nicht schlimm, dass Mädchen in Sachen Bildung an den Jungen vorbeiziehen. Wären die Zahlen anders herum, würde kein Hahn danach krähen. Man würde es als Gott gegeben betrachten." Diese Sätze muten reichlich bizarr an, nachdem man zwischen Koedukationsdebatte und Girls' Day die verschiedensten Register gezogen hatte, den „benachteiligten Mädchen" in den Sattel zu helfen, solange sie noch hinter den Jungen zurücklagen. Jetzt, wo die Sachlage sich umgekehrt darstellt, tat von der Leyen dies mit einer Handbewegung ab: „Wenn Mädchen in der Schule aufholen, ist das nicht Besorgnis erregend, sondern überfällig."[153]

Aufholen? Orwell lässt grüßen: Der Shell-Jugendstudie zufolge gehen 47 Prozent der Mädchen aufs Gymnasium, aber nur 40 Prozent der Jungen, acht Prozent mehr Mädchen wollen Abitur machen, dafür sind sechs Prozent mehr Jungen sitzen geblieben. Man mag sich gar nicht vorstellen, wie unsere Gesellschaft wohl aussieht, wenn die Mädchen die Jungen endlich „eingeholt" haben. Es sei allerhöchste Zeit, befand das erwähnte „P.T.-

Magazin", „den politisch Verantwortlichen klarzumachen, dass die Heranzüchtung leseunfähiger Arbeits- und Zahlsklaven männlichen Geschlechts in Deutschlands staatlichen Schulen von der Gesellschaft nicht hingenommen werden kann."[154] Einen kleinen Vorgeschmack darauf, wie sich konsequente Vernachlässigung der Bedürfnisse von Jungen auswirken kann, hat man in den letzten Jahren durch mehrere Schüler erhalten, die zu Amokläufern wurden – und durch deren Trittbrettfahrer, die solche Taten ankündigten, sie aber nicht durchführten. Wenigstens das Bundesland Nordrhein-Westfalen will darauf mit einer stärkeren Förderung von Jungen reagieren. Im Dezember 2006 erklärte seine Schulministerin Barbara Sommer (CDU), Jungen hätten andere Bedürfnisse als Mädchen und müssten dementsprechend auch andere Angebote erhalten.[155] Das ist ein erster Schritt in die richtige Richtung – schade, dass es solch schrecklicher Taten bedurfte, bis es endlich dazu kam.

„Wo bleibt der Boys' Day?" fragte am 15. April 2006 auch Uwe Wittstock in der „Welt".[156] Sein Artikel endete mit dem Satz: „Warum soll die Frage nach der Hilfs- oder Förderungsbedürftigkeit eines Geschlechts eigentlich allein mit Blick auf die paar Alphatiere entschieden werden?" Diese Argumentation passt bestens auch in die Geschlechterdebatte über Erwachsene, denn auch hier hatte sich die Frauenbewegung mit ihren Thesen vom „herrschenden Geschlecht" weit mehr an den wenigen Prozent an Männern ausgerichtet, die es ins obere Management oder die hohe Politik geschafft hatten, als an Müllfahrern und Bauarbeitern. Aber auch hier bricht die Debatte allmählich auf.

Männerdiskriminierung insgesamt wird zunehmend als Problem erkannt

Dass „der Mann" sich in einer tiefen Krise befand, war so offensichtlich, dass es in unseren Medien nicht übersehen werden konnte. Lange Jahre und oft auch heute noch wurde und wird das allerdings als eine selbst verschuldete beziehungsweise aus männlicher Minderwertigkeit heraus verschuldete Krise gedeutet. In der Regel wurde noch nicht gesehen, dass die Krise des Mannes auch insofern selbst verschuldet war, als er aus einer Art übersteigertem Ritterlichkeitsdenken heraus zehnmal lieber und engagierter dabei half, echte oder auch nur behauptete Benachteiligungen von Frauen aus dem Weg zu räumen, als sich um die Benachteiligung zu kümmern, die er selbst und seine eigenen Geschlechtsgenossen erfuhren. Mittlerweile wird die Benachteiligung von Männern in unserer Gesellschaft wenigstens immer wieder mal punktuell in den Medien beleuchtet. Da gab es eine „Spiegel"-Titelgeschichte um die Benachteiligung von Männern im Gesundheitswesen, und in den Jahren 2004 und 2005 erschienen in den Nachrichtenmagazinen „Spiegel", „Focus", „Profil" (Österreich) und „Facts" (Schweiz) weitere Titelgeschichten über den Mann als Scheidungsopfer. „Facts" titelte am 2. Dezember 2004 mit der Schlagzeile „Rechtlose Väter, knallharte Mütter". In den Artikeln dieser Ausgabe hieß es mit erstaunlicher Unverblümtheit, dass sich Väter oft „nicht einmal mit Hilfe der Polizei gegen egoistische Mütter durchsetzen" könnten. Die Situation sei paradox: „Seit Jahren werden die sogenannten neuen Väter in der Öffentlichkeit gekrault und gestreichelt. Die Frauen haben erreicht, was sie jahrzehntelang forderten: ein Umdenken in der Gesellschaft. Und sie müssten, so sollte man meinen, alles daran setzen, dass ihnen diese neue Spezies Vater, die sie in mühseliger Überzeugungs- und Erziehungsarbeit herangezüchtet haben, erhalten bleibt. Doch sobald das Familienidyll zerplatzt, hat der Vorzeigevater ausgedient. Und es sind die Frauen, die dafür sorgen, dass er per Gerichtsurteil in die Rolle des Zahlpapis zurückspediert wird."

Am Thema Scheidungsväter hängte der „Spiegel" die Titelgeschichte seiner Ausgabe 49/2004 über die Diskriminierung von Männern auf. Darüber hinaus ist dieser Artikel besonders bemerkenswert, weil hier erstmals ein Beitrag in einer überregionalen, viel gelesenen Zeitschrift Männerrechtler („Maskulisten") als neue soziale Bewegung öffentlich machte. Dem „Spiegel" zufolge wurden ihre Mitglieder früher „belächelt", aber „auf einmal ernst genommen". Der Artikel beleuchtete das gesamte dazu gehörige Themenfeld und erwähnte unter anderem die „roten Männer in der SPD", den „Väteraufbruch für Kinder", die Väterschutzorganisation „pappa.com", die Gleichverteilung der Geschlechter bei häuslichen Gewalttaten (mit dem Mainzer Kriminologieprofessor Bock im Zitat), die aktuelle Väterstudie Professor Gerhard Amendts, den Missbrauch mit dem Missbrauch, Kindesentführungen und Blockaden des väterlichen Kontakts durch Mütter sowie die „gängige Vorwurfskultur gegen Männer". Vergleichbar mit dieser umfassenden Abdeckung des Themas war lediglich die Titelgeschichte vom „Focus" 15/2003, in der es mit Martin van Crevelds und meinen Büchern als Aufhänger um Frauen als „Das privilegierte Geschlecht" ging. Der „Focus" hat bei der Besetzung des Themas also anderthalb Jahre Vorsprung, allerdings wurde sein Beitrag häufig auch als reine Provokation verstanden. Das allerdings war keineswegs dem „Focus" zuzuschreiben, sondern vor allem zwei äußeren Umständen: Das Thema war für die ans Frauenbedauern gewöhnte Öffentlichkeit brandneu und insofern irritierend, und es hatte Anfang 2003 noch keine über die Väterbewegung hinausgehende Gruppe von Männerrechtlern so weit Fuß gefasst, dass man von anerkannter politischer Arbeit mit konkreten Zielen sprechen konnte. Bereits anderthalb Jahre später war das sehr wohl der Fall.

Überaus auffällig ist eines: „Focus" und „Spiegel" sind beides klare Leitmedien. Sehr häufig setzen sie Themenschwerpunkte, die dann von anderen Medien aufgegriffen werden und sich zu regelrechten Thementrends und Kampagnen entwickeln. Diese Wirkung können auch kleinere Beiträge entfalten: So hatte beispielsweise der „Spiegel"-Artikel, der zu der medial enorm ausgeschlachteten Affäre um eine Rede des Bundestagsabgeordneten Martin Hohmann führte, einen Umfang von gerade mal zwei Seiten. Hier ist es schon bemerkenswert, dass selbst Titelgeschichten, die in beiden Magazinen erschienen sind, von anderen Medien nur minimal aufgegriffen wurden. Am besten kann ich das für die „Focus"-Titelgeschichte beurteilen, bei der ich im Mittelpunkt stand: Das Medienecho danach war insbesondere im Vergleich zu der Wucht der Story, bei der es immerhin um die Lebensbedingungen eines ganzen Geschlechts ging, ausgesprochen dürftig. Ebenso wenig ging nach dem „Spiegel"-Artikel die Berichterstattung über Männerrechtsgruppen sprunghaft in die Höhe.

Für diese verhaltene Reaktion sehe ich zwei Hauptursachen. Die eine liegt in der vorherrschenden politischen Korrektheit begründet. Mir ist es schon mehrmals passiert, dass ich zum Thema

Männerrechte oder zum Thema häuslicher Gewalt gegen Männer interviewt wurde und mir meine Gesprächspartner danach mitteilten, sie seien sich aber noch nicht sicher, ob sie dieses Thema bei ihrer Chefredakteurin oder einer Frauenbeauftragten im Sender vorbei bekämen. Die zweite Ursache könnte darin bestehen, dass manchmal die Zeit für ein bestimmtes Thema noch nicht reif ist. Diese Erfahrung mussten auch andere schon machen. Als etwa 1978 die „Emma" erstmals über den sexuellen Missbrauch von Kindern berichtete und daraufhin mit einem gewaltigen Medienecho rechnete, blieben die erwarteten Reaktionen gleichermaßen aus. 15 Jahre später war es für jeden Mediennutzer geradezu unmöglich, mit diesem Thema nicht konfrontiert zu werden.

In diesem Zusammenhang fällt auch auf, dass sich sogar die eigentlichen Männermagazine diesem Thema entziehen. Die „Men's Health" griff immerhin die Vernachlässigung von Männergesundheit auf, stilisiert sich ansonsten aber analog zu den biedersten und bravsten Frauenzeitschriften: So wie diese ihren Leserinnen mit Koch-, Back- und Modetipps etc. lediglich Anleitungen geben, wie sie ein besonders attraktives und verwertbares Weibchen sein können, instruiert die „Men's Health" in gleicher Weise ihre Leser hin auf ein möglichst korrektes Ausfüllen der Männerrolle. Eher findet man in ihr den hundertfünfzigsten Artikel, wie man sich einen Waschbrettbauch zulegt, um damit zur Not unter Schädigung der eigenen Gesundheit den Bedürfnissen mancher Frauen nachzukommen, als dass die Bedürfnisse der Männer selbst sowie deren Durchsetzung Themen der Artikel wären. Wenn Bedürfnisse erfüllt werden, dann geschieht das auf einem recht niedrigen Niveau, nämlich mit Fotos halb nackter Frauen, die allerdings erst wieder neue Bedürfnisse schaffen, für deren Erfüllung Mann sich dann angeblich wieder zu verbiegen hat.

Bei den anderen Männerzeitschriften steht es weitgehend ähnlich. Allein das Magazin „GQ" tanzte einmal aus der Reihe, als es in einem Artikel ausführlich über Männerrechtler im Kampf für die wahre Gleichberechtigung informierte.[157] Das „vom Feminismus verzerrte Gesellschaftsbild" wurde in diesem Beitrag ebenso erwähnt wie die vorherrschenden sexistischen Klischees gegen Männer (etwa als „vertrottelt und gewalttätig"), die Abzocke bei der Scheidung, die kürzere Lebenserwartung und die fehlende Unterstützung von Männeranliegen in der Politik. In dem Artikel fand man die Website „Der Maskulist" als Internet- und mein Buch „Sind Frauen bessere Menschen?" als Buch-Tipp. Zutreffend hieß es, dass ich in meinem Werk Besonnenheit und ein kritisches Hinterfragen eingeschliffener Denkweisen fordere. Möglicherweise ist „GQ" für ein solches Thema eher geeignet als andere Männermagazine, da in ihm der dauerironische Tonfall, als ob die Artikel von unsicheren Pubertierenden für unsichere Pubertierende geschrieben worden seien, deutlich geringer ausgeprägt ist. Da Politiker sich häufig nur dann in Bewegung setzen, wenn sie von Medienseite nachhaltig dazu angetrieben werden, ist es fast nur logisch, dass auch hier der Zug nur sehr allmählich in Fahrt gerät. Nachdem in Österreich innerhalb des Ministeriums für Soziales auch eine männerpolitische Grundsatzabteilung geschaffen wurde, blieben die erwarteten, mal höhnischen, mal empörten Anfeindungen von feministischer Seite nicht aus. Gerne verwendet wurde offenbar auch der bekannte Sexismus selbstinszenierter Opfer: Solange die Gleichstellung der Frauen nicht erreicht sei, brauche es keine Einrichtung für Männer. Doch die starke Nachfrage Tausender von Bürgern bestätigte bald diejenigen, die diese Entwicklung mutig vorangetrieben hatten.

Gerald Grosz, ehemaliger Pressesprecher von Sozialminister Haupt, bezeichnete die Abteilung für „männerpolitische Grundsatzangelegenheiten" insofern als einen vollen Erfolg und sah auch keinerlei „Geschlechterkampf" zwischen ihr und der in derselben Etage untergebrachten „mächtigen und großen" Abteilung für Frauen.[158] Eine größere Herausforderung scheint es darzustellen, dass sich nicht mehr als fünf Mitarbeiter einer Flut von Anrufern mit einem Bedürfnis nach Beratung ausgesetzt sehen. Beratung ist aber gar nicht ihre eigentliche Aufgabe, sondern vielmehr Angelegenheiten wie die Begutachtung von Gesetzesentwürfen sowie die Zusammenarbeit mit der Forschung. So vergab die Abteilung unter anderem eine Studie über „männliche Scheidungsopfer" – dass hier Bedarf besteht, wurde dadurch deutlich, dass die meisten Anrufer Probleme in diesem

Bereich (überhöhte Unterhaltszahlungen, Verweigerung des Besuchsrechts durch die Mutter) nannten. Eine Juristin der Männerabteilung erklärte: „Bei der derzeitigen Höhe des Unterhalts, der bis zu 22 Prozent des Nettoeinkommens reicht, ist es für diese Männer kaum möglich, eine zweite Existenz aufzubauen."

Vor diesem Hintergrund einer starken Nachfrage aus der Bevölkerung entstand in Österreich, anders als in Deutschland, auch ein politischer Wettstreit, bei dem die Parteienvertreter sich in ähnlicher Weise zu profilieren suchen, was sie alles für Männer tun, wie das in Deutschland nur mit Blick auf das weibliche Geschlecht getan wird. So machte am 3. November 2004 (internationaler Tag des Mannes) Ursula Haubner, damals Staatssekretärin des Österreichischen Sozialministeriums, nachdrücklich darauf aufmerksam, dass Männerpolitik ein wichtiger Bestandteil der Familien- und Geschlechterpolitik sei. Insofern sah sie Österreich mit der Gründung der „Männerpolitischen Abteilung", dem ersten österreichischen Männergesundheitsbericht und der ersten europäischen Väterkonferenz im September in Wien als beispielhaft. Sie plane als zukünftige Schwerpunkte weitere väterpolitische Maßnahmen, den Ausbau von Männerberatungsstellen sowie familienfreundliche Arbeitszeiten. Andrea Kuntzl, Familiensprecherin der oppositionellen SPÖ, forderte noch mehr Engagement ein: etwa einen Vaterschutzmonat und den Ausbau der Väterkarenz.

Leider war dies aber nur ein kurzer Frühling für die Männer: Nachdem es im Januar 2007 in Österreich einen Regierungswechsel hin zu einer Großen Koalition gab, sind die Wiener Ministerien wieder stramm nach der feministischen Ideologie ausgerichtet. So wird inzwischen auch dort Gender Mainstreaming propagiert, wobei unter der Überschrift „Chancengleichheit von Frauen und Männern" von insgesamt 25 Initiativen 14 rein frauenspezifisch, aber keine einzige rein männerspezifisch angelegt ist. Die „Interministerielle Arbeitsgruppe für Gleichbehandlungsfragen" besteht aus 25 weiblichen Mitgliedern und keinem einzigen Mann; dementsprechend sind sämtliche Förderprogramme, der Girls' Day, die Scheidungsberatung etc. auch ausschließlich auf Frauen ausgerichtet. Die Bundes-Gleichbehandlungskommission ist zu 100 Prozent mit Frauen besetzt; nicht anders sieht es in der „Gleichbehandlungsanwaltschaft" aus. Solche Entwicklungen sind ein deutliches Anzeichen dafür, dass auch dort, wo es zunächst Verbesserungen für Männer zu geben scheint, diese immer wieder neu behauptet werden müssen.

Was Deutschland angeht, steht der CDU/CSU-Abgeordnete Markus Grübel noch ziemlich allein, der im Mai 2003 die, wie die Berliner „taz" daraufhin schrieb, „erste Männerrechtler-Rede des deutschen Bundestages" gehalten hatte.[159] Zu einer erneuten Rede Grübels, die sich diesem Thema widmete, kam es am 10. März 2005.[160] „Wir brauchen eine neue Partnerschaft zwischen den Geschlechtern", stellte Grübel darin fest. „Darum fordern wir in unserem Antrag 'Tatsächliche Gleichberechtigung durchsetzen' die Bundesregierung auf, in der Gleichstellungspolitik stärker als bislang auf einen Geschlechterkonsens hinzuwirken und darauf zu achten, dass Gleichstellungspolitik Frauen und Männer im Blick hat." Klar benannte er die Einseitigkeiten der bisherigen Politik: „Während die Bundesregierung jährlich einen Frauengesundheitsbericht vorlegt, gibt es kein entsprechendes Gegenstück für Männer. Während sich viele Bundestagsdrucksachen mit dem Thema Frauen in Männerberufen befassen, ist das Thema Männer in Frauenberufen nicht relevant. Es gibt Girls' Days für Mädchen, aber keine Boys' Days für Jungen. Nach wie vor sind spezielle Angebote für Männer im Scheidungsfall Mangelware. Während es landauf, landab Frauentage, Frauenwochen und ähnliches gibt, sind Männertage so selten wie die blaue Mauritius. Der vorliegende Antrag von SPD und Bündnis 90/Die Grünen 'Auf dem Weg in ein geschlechtergerechtes Deutschland – Gleichstellung geht alle an' lässt zwar vermuten, dass es um Männer und Frauen geht. In den konkreten Ansätzen werden die Männer aber völlig ausgeblendet. Rechts blinken und links abbiegen – das führt nicht ans Ziel."

Rückendeckung erhielt Grübel von dem bereits erwähnten Professor Gerhard Amendt vom Institut für Geschlechter- und Generationenforschung in Bremen. Der hatte sich im Oktober 2004 in der Zeitschrift „Aus Politik und Zeitgeschichte", herausgegeben von der Bundeszentrale für politische Bildung, zu diesem Thema geäußert: „Jenseits der zerstörerischen Kampfdynamik zwischen Geschiedenen hat in der öffentlichen Beurteilung von Männern ein Weiteres herausragende Bedeutung angenommen: ein äußerst abschätziges und von bösartiger Häme verzerrtes Männerbild." Diese Karikatur entstehe auf der Grundlage männerfeindlicher Mythen, welche „vom sogenannten Genderfeminismus, dem Nachfolger des 'Equityfeminismus', jenseits des wissenschaftlichen Diskurses im Schutzraum abgeschotteter Förderprogramme an Universitäten entwickelt" worden seien. „In den USA haben sie sich zu einer Art feministischen McCarthyismus – einer Generalisierung von Kritikwürdigem mit Mitteln der kollektiven Hysterisierung wie weiland beim Antikommunismus – verdichtet, der eine paranoid gestimmte Verfolgung von Männern an liberalen Universitäten ausgelöst hat."

Einen Monat später legte Amendt mit seinem bereits in Kapitel 3 zitierten Artikel über den „Verdammungsfeminismus" in der Bundestags-Zeitschrift „Das Parlament" nach. In der Öffentlichkeit gelte, so Amendt, dass „progressive" Männer aus der Frauenbewegung gelernt hätten, „bewahrende", also traditionell orientierte Männer hingegen nicht. Amendt empfindet diese These als „fragwürdig, zumal nicht klar ist, was Männer 'lernen' sollen. Erstaunlicherweise folgen auch progressive Männer letztlich dem klassischen Selbstbild eines Versorgers von Frau und Kind. Der abschätzigen Kritik an der Männlichkeit geben sie grundsätzlich Recht; besonders dass Gewalt nur vom Mann ausgeht und keine von der Frau. Was im Widerspruch zur Forschung steht. Sie sehen für sich nur eine Zukunft, wenn sie sich dem Verdammungsfeminismus unterwerfen und die Männlichkeit wie einen verschlissenen Mantel ablegen. Damit ihnen die Sinnstiftung nicht abhanden kommt, unterwerfen sie sich dem Urteil, nach dem sie an allem schuld sind, was Frauen unbefriedigt lässt."

Diese Devotheit wird auch im folgenden Kapitel noch einmal aufgegriffen. Hauptthema darin wird allerdings die sich immer stärker abzeichnende Krise des Feminismus sein, die wohl nicht zufällig mit dem Erstarken einer Männerbewegung zeitlich zusammentrifft. Hier spitzt sich der Geschlechterkonflikt plötzlich doch noch erneut zu, obwohl er von weiblicher Seite (und vielen männlichen Hofschreibern der Damen) schon sehr beharrlich als gewonnen erklärt worden war. Fällt das „Jahrtausend der Frau" etwa doch noch ins Wasser?

8. IST DER FEMINISMUS
NOCH ZU RETTEN?

Kwinne: Insofern ist es, wie ich finde, müssig, den Männern den Feminismus als Heilserfahrung auch für sie zu verkaufen. Die feministische Umgestaltung der Gesellschaft hin zu einer menschlicheren wird nicht ohne umfassende Macht- und Privilegienverluste von Männern abgehen. Und das wird den Jungs wehtun — im Portemonnaie, im täglichen Zeitbudget, im Herzen, in der Psyche.

Tabasco: Wird es, wird es. Wenn Du ihnen aber ständig vor den Latz knallst, wie hoch der Preis für sie ist, fangen sie an zu bocken. (...) Also müssen wir ihnen die Sache „schmackhaft" machen. Realpolitik ist Marketing pur.

Diskussion zweier Feministinnen im Internetforum der feministischen Zeitschrift „Emma", 2004

„Die Frauenbefreiung wird auch die Männer befreien." So lautete ein weiteres marketingtechnisches Versprechen, das die auch heute noch international führende Feministin Gloria Steinem im Jahre 1970 in einem Artikel in der „Washington Post" gegeben hatte.[161] Zieht man heute Bilanz, fällt diese allerdings ernüchternd aus. Brachte die Frauenbewegung dem „Unterdrückergeschlecht" doch unter anderem so nette „Vorteile" wie eine häufige Kontaktsperre zwischen Vater und Kind, das ständige Damoklesschwert falscher Anschuldigungen häuslicher und sexueller Gewalt bei gleichzeitigem Zurückdrängen aller Berichte über männliche Opfer, eine öffentliche Diskriminierung von Männern als entweder Trottel/Versager oder Unholde, eine groteske Pseudowissenschaft unter anderem über die naturgegeben überlegene Frau sowie zahlreiche Denk- und Sprechverbote. Das Ziel vieler Feministinnen, mittels einer Durchideologisierung der Gesellschaft den „besseren Menschen" zu schaffen, ist auf ähnliche Weise gescheitert wie andere solcher Experimente zuvor.

Die Situation ist einigermaßen grotesk. Sicherlich feiert der Feminismus geradezu absurde Triumphe – etwa wenn mit dem sogenannten „Gender Mainstreaming" unsere Gesellschaft von einem Apparat durchzogen wird, der nicht nur den FAZ-Journalisten Volker Zastrow an sowjetische Kadersysteme erinnerte. „Kaderpolitik will von oben nach unten auf allen staatlichen und gesellschaftlichen Ebenen alle Entscheidungen ihren Maximen unterwerfen. Die Institutionen werden von linientreuen Kadern durchdrungen, die überall ein Prinzip der 'Parteilichkeit' zur Anwendung bringen", führte Zastrow aus. „Gender Mainstreaming wird von der Spitze beliebiger Organisationen her als sogenanntes 'Top-down'-Prinzip durchgesetzt. Es soll auf allen Ebenen bei allen Entscheidungen verwirklicht werden. Agenturen des Gender Mainstreaming schulen etwa Beamte in der Anwendung der Gender-Perspektive. 'Damit gibt es', wie Dr. Barbara Stiegler von der Friedrich-Ebert-Stiftung erläutert, 'keine Person in einer Organisation, die sich diesem Prinzip nicht verpflichtet fühlen muss.'".[162] „Kritiker der Gender-Ideologie haben an den Universitäten keine Chance", berichtete am 19.9.2007 Ferdinand Knauss im „Handelsblatt", weshalb „eine von der Gender-Theorie unabhängige Geschlechterforschung fast nicht existiert. (...) Wie streng die Sanktionen gegen Andersdenkende sind, erfuhr 2004 ein Professor an einer deutschen Universität, der in einem Essay Gender-Mainstreaming als totalitäre Steigerung der Frauenpolitik bezeichnet hatte. Der Wissenschaftsminister untersagte ihm unter Androhung disziplinarischer und strafrechtlicher Konsequenzen, derartiges weiter zu publizieren. 'Diskutieren wollte niemand, dagegen bekam ich anonyme Droh- und Schmähanrufe sowie soziale Distanzierungen und Ridikülisierungen', sagt der Wissenschaftler, der anonym bleiben möchte."[163] Vor diesem Hintergrund verwundert es nicht, dass die Journalistin Bettina Röhl in der Online-Ausgabe der Zeitschrift „Cicero" vom April 2005 Gender Mainstreaming als „eine Art totalitärer Kommunismus in Sachen Sex und Geschlechterbeziehung" bezeichnete.[164] Röhl erkannte klar, dass sich hinter dem kaum verständlichen Anglizismus „Gender Mainstreaming (GM)" nichts weiter als alter Wein in neuen Schläuchen verbarg: „Von spezifischen Männerrechten oder dem Ausgleich von klassischen Männerbenachteiligungen, die es auch gibt, ist in den bisher veröffentlichten Texten zu GM an keiner Stelle die Rede. Frauen in den Beruf und an die Macht, sprich in die Führungspositionen in Politik, Wirtschaft und Kultur. Männer an den Herd und in die traditionell zu 100 Prozent von Männern besetzten Schwerstarbeiten wie Untertagebau, Kampftauchen, Firefighten (die ausdrücklich von der Frauenministerin nicht genannt werden). Kinder in die Krippen, Mädchen in die GM-Förderprogramme, Jungs in die Gender Mainstream-Umerziehungsschule, wo sie die historischen Verbrechen der Männer an den Frauen büffeln. (...) Nur schwach kann GM verbergen, dass hier eine Art pseudowissenschaftlicher 'Rassismus' und letztlich auch Sexismus zwischen den Geschlechtern initiiert wird." Die Propagisten des Gender Mainstreaming seien „so wie die gescheiterten Kommunisten im Begriff, ihre Weltformel mit pseudowissenschaftlicher Massenliteratur zu unterlegen, in Gesetze zu pressen und lautlos in allen Ministerien zu implementieren". Den deutschen Steuerzahler kostete die Umsetzung von Gender Mainstreaming-Maßnahmen bis zum Jahr 2006 volle 1,1 Milliarden Euro.[165]

Im März 2007 stellte das Mittelstands-Magazin „P.T." die Frage, wie die „massive Diskriminierung" des männlichen Geschlechts in unserer Gesellschaft zu erklären sei, und gelangte zu einer klaren Antwort: „Der Schlüsselbegriff heißt 'Gender Mainstreaming'. Dahinter verbirgt sich die Verpflichtung der Politik, weibliche und männliche Belange gleichermaßen zu berücksichtigen. Und selbstverständlich gilt das auch für die Bildungsministerien. In der Praxis aber wird Gender Mainstreaming mit Frauenförderung übersetzt. Beispiele gefällig? Das Bundesbildungsministerium listet unter dem Titel Gender Mainstreaming ausschließlich Frauenprojekte auf. In Rheinland-Pfalz, wo Frauen- und Bildungsministerium unter einem Dach vereint sind, ist das Thema ausschließlich im Ressort Frauen aufgeführt. In Sachsen-Anhalt und Bremen werden als geschlechtsspezifische Gleichstellungsmaßnahmen trotz der schlechteren Bildungssituation von Jungen ausschließlich Frauen und Mädchenförderprojekte genannt. Den sprichwörtlichen Vogel aber schießt der Internet-Auftritt Schleswig-Holsteins ab. Unter der Überschrift 'Das Ministerium für Bildung und *Frauen* und seine Aufgaben' heißt es wörtlich: 'Im *Frauen*ministerium wird Politik gemacht für jene, die Unterstützung brauchen und für alle, die wollen, dass *Frau-*

en mehr Gestaltungsmöglichkeiten in Staat, Gesellschaft und Wirtschaft erhalten. Das Ministerium unterstützt Projekte, die *Frauen* mit neuen Ideen in der Ausbildung, im Beruf oder im öffentlichen Leben voranbringen. Ziel ist hierbei vor allem, die eigenständige Existenzsicherung von *Frauen* zu fördern. Doch auch der Schutz von Familienmitgliedern vor Gewalt gehört zu den wichtigen Aufgaben der *Frauen*ministerin. Darüber hinaus werden hier alle Vorhaben der Landesregierung daraufhin geprüft, wie sie sich auf die Lebenswirklichkeit von *Frauen* auswirken.' Wenn die zuständige Ministerin Ute Erdsiek-Rave dann noch gegenüber dpa äußert, den Schulen gelinge es 'häufig nicht, Mädchen und Jungen gleichermaßen zu fördern', klingt das wie purer Zynismus. Was glaubt Frau Ministerin denn, woran das wohl liegt? Das Beispiel Schleswig-Holsteins ist typisch für Deutschland. Es ist das Ergebnis von 30 Jahren uneingeschränkter Frauenförderung, die jedes Maß verloren hat und mittlerweile auch die systematische Diskriminierung von Männern, männlichen Jugendlichen und Kindern einschließt. Doch wer öffentlich Kritik an den katastrophalen Folgen eines Feminismus übt, der nichts – aber auch gar nichts – mit Gleichberechtigung zu tun hat, wird als Frauenfeind verschrien und mundtot gemacht."[166]

Zu diesem einerseits gibt es allerdings auch ein andererseits, und auch das ist typisch. Wenn immer eine bestimmte Ideologie dermaßen stark in eine Gesellschaft eingesickert ist, dass sie eine unterdrückerische Form von Herrschaft ausübt, entsteht bei der Bevölkerung ein immer größer werdender Widerwillen. So berichtete der Magdeburger Soziologie-Professor Rainer Paris in einem Leserbrief an die „Frankfurter Allgemeine", veröffentlicht am 14. Juli 2006: „In einer ostdeutschen Stadtverwaltung haben einige Frauen gegen das oktroyierte Gender Mainstreaming eine schöne phonetische Abwehrstrategie entwickelt: Sie sprechen das G in Gender als kurzes G wie in Gans oder Grünkohl aus und halten auch nach mehrmaliger Berichtigung an ihrer 'falschen' Aussprache fest. Das hatte man schon zu DDR-Zeiten gelernt: Wenn der von oben verordnete ideologische Blödsinn auch nicht zu verhindern ist – sich dumm anzustellen kann nicht verboten werden." Gleichzeitig rangiert als heftigstes Schimpfwort unter Jugendlichen heute „Feministin", berichtete der Psychologe Allan

Guggenbühl in der Schweizer „Weltwoche" (Ausgabe 25/2006). Es sei fast schon auf der gleichen Ebene angesiedelt wie „Fascho". In der Männerbewegung hat sich hier inzwischen der Begriff „Femischismus" etabliert, womit eine Weltsicht angeprangert wird, welche die Menschen in zwei Klassen teilt und – wie Alice Schwarzer und die zahlreichen Valerie-Solanas-Anhängerinnen – Gewalt gegen Mitglieder der als minderwertig und bedrohlich fantasierten männlichen Klasse anscheinend durchaus gutheißt. Anfang 2007 feierte die Zeitschrift „Emma" ihr dreißigjähriges Bestehen. In einer vor Selbstbeweihräucherung platzenden Sonderausgabe schrieb sich die Redaktion sämtliche Veränderungen, die Frauen in diesen drei Jahrzehnten zugute gekommen waren, als eigene feministische Verdienste zu. Realistisch betrachtet ist es aber sinnvoll zu fragen, ob nicht die weit überwiegende Mehrzahl all dieser Veränderungen schlicht einer veränderten wirtschaftlichen Entwicklung zu verdanken waren, einem Umbau von der industriellen zur Dienstleistungsgesellschaft, flankiert durch die Erfindung der Pille. Dadurch war es Frauen in großer Zahl möglich, berufstätig zu sein, sie wurden auch vermehrt im Berufsleben gebraucht, und diese Entwicklung zog viele notwendige Folgen nach sich. Die Veränderungen, für die sich Alice Schwarzer & Co. derzeit feiern lassen und nicht minder selbst feiern, fanden auch in Ländern statt, in denen es keine Alice Schwarzer gab. In der Türkei etwa sind heute 50 Prozent der Professoren und 57 Prozent der leitenden Manager, die Banken, Firmen und Museen führen, weiblich – eine Emanzipation, von der man in Deutschland nur träumen kann.

Stattdessen könnte die Ideologie des Feminismus, die zeitgleich mit dem Umbruch zur Dienstleistungsgesellschaft stattfand, eher für vieles Negative verantwortlich sein, was das Verhältnis der Geschlechter zueinander betrifft.

Auch immer mehr Frauen sind zunehmend missmutiger mit der Lebenswirklichkeit, die der Feminismus für sie geschaffen hat. So beklagt Ulla Rhan in ihrem Buch „Fuck & Go", dass „wir noch heute unter dem Schatten einer Emanzipationsbewegung stehen, die mit der generellen Verteufelung des Mannes den Ton zwischen den Geschlechtern vergiftet und im weiblichen Hirn ein Feindbild verankert hat, das uns zu Angstbeißerinnen macht".[167] Und Katja Doubek sekundiert in ihrem Buch „Glück im Job – Pech in der Liebe": „Kein Zweifel, die Vorkämpferinnen und Mitstreiterinnen der Frauenbewegung haben den zielbewussten berufstätigen Frauen von heute die Wege in einer Weise geebnet, wie das nie zuvor der Fall war. Doch während am Zahltag das Bankkonto meist ein erfreuliches Haben aufweist, ist auf dem persönlichen Glückskonto ein dickes Soll zu beklagen."[168]

Am 8. März 2005, dem „Weltfrauentag", verzweifelten in der linken „tageszeitung" wie in der rechten „Welt" Journalistinnen gleichermaßen am deutschen Feminismus. „Hilfe, es ist der 8. März!" hieß es in der „taz"[169], und Pascale Hugues führte aus: „Am 8. März erklären die Frauen den Männern den Krieg. (…) Ein Tag voll alarmistischer Statistiken und deprimierender Evaluationen. An diesem Tag lassen sich Frauen, die stolz auf ihre Talente und Stärken sind, nicht selbst hochleben, sondern sie formieren sich zu einem Opfergang, bei dem sie sich Rechenschaft ablegen über ihre Unterwerfung unter die männliche Autokratie." Was speziell unseren Staat angeht, urteilt die in Deutschland lebende Französin: „In keinem anderen europäischen Land gibt es derart viele Demarkationslinien zwischen Männern und Frauen: 'Frauencafés', 'Frauenparkplätze', 'Frauenbeauftragter'." Wie anders seien doch die Frauenrechtlerinnen Frankreichs, die selbst in der hitzigsten Phase ihres Kampfes die Männer niemals ausgrenzten. Gleichzeitig bezeichnete Mariam Lau in der „Welt" den Internationalen Frauentag als eines der „traurigsten Rituale der Bundesrepublik".[170] „Müde und routiniert", so Lau, „spulen die zuständigen Beschwerdeführerinnen ihre Listen ab: zu wenig Frauen in Führungspositionen, zu wenig Vereinbarkeit von Familie und Beruf, und obendrein wird ein eklatanter Mangel an Frauenparkplätzen beklagt. Obwohl jeder weiß: Den Frauen ist es noch nie so gut gegangen. Sie stellen etwa die Hälfte der Deutschen mit höherer Schulbildung, der Parteimitglieder der großen Volksparteien, den Großteil der Angestellten und Dienstleistenden, und wenn sie auf den Chefetagen, vor allem im Vergleich zu anderen westlichen Ländern, mit etwa vier Prozent jämmerlich unterrepräsentiert sind, dann liegt das zu mindestens gleichen Teilen an eigenen Entscheidungen, Schwächen, Bequemlichkeiten wie an männlichen Ressentiments. Dass speziell den

Gebildeten unter den Frauen so häufig der Mut zu Mann, Kind oder Karriere fehlt – auf dieses Problem hat der Feminismus nicht nur keine Antwort, er hat es auch selbst erzeugt. Jahre der männerfeindlichen Hetze, des geschürten Misstrauens, der Warnungen vor Frauenschändern und sexuellem Missbrauch mit Steckbriefen auf den Damentoiletten haben zu einem Klima beigetragen, in denen der heimliche Vaterschaftstest vielen Männern als letzter Ausweg erscheint."

Selbst Länder dieser Erde, die noch trutzigere Hochburgen des Feminismus darstellten, sind in dieser Hinsicht ins Schleudern geraten. Beispiel Schweden: Nachdem Irene von Wachenfeldt, Führerin der Frauenorganisation ROKS (Reichsverband der Frauen- und Mädchenhilfe in Schweden), in einer Fernsehdokumentation Männer als Tiere und wandelnde Dildos bezeichnet hatte und die feministische Soziologie-Professorin Eva Lundgren ihre Überzeugung äußerte, dass nichtgewalttätige Männer eine Minderheit seien, fiel die Zahl der Wähler, die sich überhaupt nur vorstellen konnten, für eine feministische Partei zu stimmen, von 22 auf 15 Prozent. Derweil brachte in Großbritannien der BBC-Nachrichten-Veteran Michael Buerk ähnlich wie hierzulande Schirrmacher zur Sprache, dass fast alle großen Jobs in Rundfunk und Fernsehen von Frauen besetzt seien, die jetzt darüber entschieden, was die Öffentlichkeit sehen und hören dürfe. Während ein überbordender Feminismus Männer inzwischen zu bloßen Samenspendern habe verkommen lassen, so Buerk, werde das Leben inzwischen nach den Regeln der Frauen gelebt.[171] Wobei diese Frauen inzwischen feststellen, dass sie dabei immer mehr über ihre eigenen Füße stolpern. Das macht sich nicht nur in der beklagten emotionalen Misere bemerkbar, die in der Verteufelung des Mannes begründet liegt. Auch auf anderen Feldern sind bedenkliche Entwicklungen kaum noch zu übersehen: Junge Mädchen trinken und rauchen mehr denn je, sie neigen immer häufiger zu Prügeleien und anderen Gewalthandlungen, als erwachsene Frauen malochen sie immer mehr – und schließlich sterben sie immer früher. Die Sterblichkeitsrate der Männer und Frauen werde sich in Zukunft überschneiden, vermeldet Tony Leandro, Sekretärin des britischen „Continuous Mortality Investigation"-Büros, was die Lebenserwartung der

Europäer angehe. Die Schere zwischen den Geschlechtern klaffe immer weniger auseinander. Im superfeministischen Schweden hat sie sich völlig geschlossen. Das ist keine Überraschung, wenn Frauen inzwischen mit demselben beruflichen Stress fertig werden müssen wie Männer. So sieht es eben aus, wenn man sich, um mit Alice Schwarzer zu sprechen, „eine Hälfte des Himmels" erfolgreich erobert.

Während eine feministisch ausgerichtete Frau wie Susanne Gaschke angesichts der nicht eingetretenen Utopie mit ihrem Buch „Die Emanzipationsfalle" einerseits in Selbstmitleid badet, andererseits mit ihrem „Zeit"-Artikel „Ihr Versager" noch einmal gegen uns Männer nachtritt, ziehen immer mehr Feministinnen die Notbremse. Zu ihnen gehören in Deutschland weitgehend unbekannte, aber in den USA intensiv diskutierte Vertreterinnen einer neuen Generation wie Renee Denfeld („The New Victorians. A Young Women's Challenge to Old Feminist Order") und Katie Rophie („The Morning After. Sex, Fear and Feminism"). Sie nehmen den Feminismus ihrer Vorgängergeneration als männerfeindlich, unterdrückend und beim Thema sexueller Gewalt unnötig alarmistisch wahr. Zu ihnen gehören aber auch und gerade die einstigen Vordenkerinnen dieser Bewegung. Doris Lessing war da mit ihrem Appell „Wehrt euch, Männer!" nicht die einzige. Noch vor ihr brandmarkte die feministische Ikone Julia Kristeva die Frauenbewegung als „zum Teil totalitär", um sich scharf von ihr zu distanzieren. Dabei wies sie darauf hin, dass ihre sehr anspruchsvollen Arbeiten von der Frauenbewegung falsch verstanden bzw. von Radikalfeministinnen unrechtmäßig angeeignet worden seien und dass sie das Gruppendenken, das von manchen feministischen Anführerinnen propagiert wird, als undemokratisch erachte. Auch die kanadische Autorin Betty King reiht sich bei den Abweichlerinnen ein: „Damals in den Siebzigern und Achtzigern war Feminismus noch kein schmutziges Wort, sondern etwas, worauf man stolz sein konnte. Jetzt wird es mit Auf-Männer-Einprügeln und Intoleranz in Verbindung gebracht. Ich schäme mich für das, was aus der Frauenbewegung geworden ist. Es ist nicht das, was ursprünglich beabsichtigt wurde, nämlich dass einfach jeder dieselben Rechte und Pflichten hat. Mir scheint, dass viele dieser radikalen Gruppen vergessen haben, dass mit neuen Rechten auch mehr Verantwortung einhergeht."[172]

Auf einem sehr anspruchsvollen theoretischen Level setzt sich Janet Halley, lesbische Feministin und Juraprofessorin an der Harvard Law School, in ihrem Buch „Split Decisions" (Princeton University Press 2006) mit den blinden Flecken der feministischen Ideologie auseinander. Sie problematisiert als Kernstück dieser Ideologie die von ihr so bezeichnete Verletzungstriade, ein Dreieck, welches sich zusammensetzt aus „weiblicher Verletztheit" plus „weiblicher Unschuld" plus „männlicher Unverletzbarkeit". Ausgeblendet werden in diesem Dreieck weibliche Unverletztheit (siehe etwa falsche Beschuldigungen sexueller Übergriffe), weibliche Schuld (siehe Frauen als Täter) sowie männliche Verletzbarkeit (siehe weite Teile des vorliegenden Buches). Kern des Feminismus ist, wenn man Halley konsequent folgt, mithin ein Ausblenden von sehr vielem, was in der Realität zwischen beiden Geschlechtern geschieht. Fragwürdig ist das Halley zufolge deshalb, weil weibliche Emanzipation somit auf einem Berg ignorierter männlicher Opfer erwächst, was kaum als wahrhaft befreiend und moralisch akzeptabel betrachtet werden könne. Aber die Verletzungstriade kann auch auf Kosten von Frauen gehen, führt Halley aus: „Falls der Feminismus tatsächlich einen machtvollen, grundlegenden Diskurs darstellt, könnte er durchaus zu dem Leiden von Frauen formend beitragen, wenn er z.B. darauf besteht, dass eine vergewaltigte Frau eine Verletzung erlitten hat, von der sie sich wahrscheinlich niemals je erholen wird. Was aber, wenn vergewaltigte Frauen, die an diese feministische Sentenz glauben, sich daraufhin tatsächlich niemals erholen?" Als ich ähnliche Bedenken in „Sind Frauen bessere Menschen?"formuliert habe, wurde mir von feministischen Sturmtrüpplern sofort unterstellt, ich würde „Vergewaltigungen verharmlosen": ein Vorwurf, der seinerseits natürlich extrem verletzend ist, was wiederum – siehe oben – von feministischer Seite ignoriert wird. Manchmal möchte man sich aus der Debatte ganz zurückziehen und einfach abwarten, bis Feministinnen wie Halley selbst darauf kommen, wo sie in die Irre laufen, aber es geht hier um konkrete Opferhilfe, und da möchte ich mich von ideologischen Hardlinerinnen ungern einschüchtern lassen.

Hierzulande gebührt Martina Schäfer das Verdienst, als (neben Marion Rave und Katharina Rutschky) eine der ersten Feministinnen auf die Schattenseiten dieser Ideologie hingewiesen zu haben. In ihrem Buch „Die Wolfsfrau im Schafspelz" führt sie aus: „Beinahe jede der gegenwärtigen politischen Parteien oder Bewegungen hat sich im Laufe ihres Bestehens einmal mit der eigenen Stellung zu und möglicherweise sogar der Herkunft ihrer Ideen aus autoritärem und rassistischem Gedankengut früherer Zeiten auseinandersetzen müssen. Einzig die Frauenbewegung scheint bis heute von diesen Vorwürfen verschont geblieben zu sein." Doch würden deren „autoritäre, rassistische, antisemitische und chauvinistische Elemente" sowie „extrem menschenverachtende Bilder und Gedanken" lediglich ignoriert. „Zumindest was die Forderung nach Eigenreflexion und kritischer Aufarbeitung der eigenen Standpunkte betrifft", seien die Ansprüche der Frauenbewegung an der Frauenbewegung selbst spurlos vorübergegangen. „Wir Frauen haben übersehen, dass wir nicht von einem anderen Stern jungfräulich in diese verdorbene Welt gepurzelt sind, sondern dass wir selbst Teil und Inhalt des Systems sind." Und Schäfer wundert sich, warum sie so lange gebraucht hat, um bestimmte Fehlentwicklungen zu erkennen: „Warum haben wir frauenbewegten Frauen dies in all den Jahren nicht bemerkt? Es ist jene Frage, die man an totalitäre Systeme gleich welcher Art stellen muss: Merkt denn niemand, was hier los ist – rechtzeitig, so dass man etwas dagegen unternehmen kann?"

Diese lange vernachlässigte kritische Eigenreflexion beginnen einige Feministinnen offenbar gerade nachzuholen. Besonders hervorzuheben sind dabei, was Buchveröffentlichungen angeht, die französische Intellektuelle Elisabeth Badinter und die deutsche Journalistin Astrid von Friesen. Sicher, viele männliche Leser werden sich schon gleich vom Anfang von Elisabeth Badinters „Die Wiederentdeckung der Gleichheit" abgestoßen fühlen. In diesen und vielen anderen Passagen zeigt sie sich als eine in der Wolle gefärbte Feministin, eine Alice Schwarzer Frankreichs. „Du wirst Vater sein, wenn ich es will und wann ich es will", erwähnt Badinter da als einen der Erfolge der Frauenbewegung, und auf der nächsten Seite zählt sie dazu: „Alles was ihm gehörte, gehörte nun auch ihr. Aber nicht alles, was ihr gehörte, gehörte auch ihm." Dass mit beiden Entwicklungen eben nicht Gleichheit, sondern Ungleichheit verbunden ist, nur jetzt zu Lasten der Männer, gelingt ihr anscheinend noch nicht recht zu reflektieren. „Soziale Gewalt und sexuelle Gewalt sind letztlich dasselbe", heißt es ein paar Seiten weiter. „Der Schuldige, auf den man mit dem Finger zeigt, ist natürlich der Mann, der Mann als solcher." Diesem Unsinn sitzt sie später in ihrem Buch noch einmal auf, als sie den feministischen Film „Baise-moi" verteidigt, in dem junge Frauen in einem ausschweifenden Amoklauf nach Lust und Laune etliche Männer demütigen und ermorden. Badinter: „Es war vielleicht nicht schlecht, durch einfache Umkehrung der Rollen den Männern den Schrecken ihrer eigenen Gewalt vorzuführen. Dass sie wenigstens einmal in der Position von Opfern erscheinen, könnte einen pädagogischen Nutzeffekt haben." Sicher doch. Allerdings fürchte ich, dass die Millionen von Männern, die vom Massenmorden ermattet abends nach Hause kommen, dann einfach zu müde sind, um noch lange über den Gehalt feministischer Machwerke nachzugrübeln. So wie jedem Rassisten ein nigerianischer Drogenhändler als Beweis dafür dient, dass alle Schwarzen Verbrecher seien, so hält es Frau Badinter an dieser Stelle eben mit den Männern.

Also alles wie gehabt aus dem radikalfeministischen Lager? Mitnichten. Häufig hält sich der Stil von Badinters Ausführungen in einer eigentümlichen Schwebe, so dass man sich fragt, ob sie hier noch ihre eigene Auffassung vertritt oder nur alte Positionen wiedergibt, zu denen sie längst in deutliche Distanz gerückt ist. Und dann gibt es da wieder jene Stellen, die in einem radikalfeministischen Traktat so irritierend auffallen wie Zirkusclowns im Nonnenkloster. Drei Beispiele:

Beispiel Eins: Badinter diskutiert klug die ausufernde Definition von Vergewaltigung („Darf man eine Vergewaltigung und eine unfreundliche oder verletzende Bemerkung mit derselben Vokabel erfassen?") und die abenteuerliche Zahlenakrobatik der international vielleicht einflussreichsten Feministin: „So behauptet Catharine MacKinnon, dass 44 Prozent der Amerikanerinnen Opfer einer Vergewaltigung oder versuchten Vergewaltigung geworden seien und dass sich die Zahl der Opfer eines Inzestes mit

dem Vater auf 4,5 Prozent und mit anderen männlichen Familienmitgliedern auf zwölf Prozent belaufe, 'was eine Summe von
43 Prozent aller achtzehnjährigen Mädchen ergibt'. Abgesehen
davon, dass die Berechnungen kaum nachvollziehbar sind und
die Quelle der Zahlen nicht nachgewiesen wird, darf man hier
mit gutem Grund eine Manipulation vermuten. (...) Offenbar geht
es darum, das Bild des weiblichen Opferlamms und des gewalttätigen Mannes zu dramatisieren." Auch wenn die EU-Kommis-
sarin Anna Diamantopolou ein europäisches Gesetz gegen sexuelle Belästigung damit begründe, dass „40 bis 50 Prozent der
Frauen in Europa unerwünschte sexuelle Avancen" hinnehmen
müssten, sei unverständlich, was man unter „unerwünschten sexuellen Avancen" zu verstehen habe: „Eine deplatzierte Geste?
Ein Wort zu viel? Ein allzu tiefer Blick?" Badinter gelangt zu
dem Fazit: „Als Folge dieser Entwicklung werden alle Frauen
Opfer und alle Männer Schuldige. Angeklagt wird die Männlichkeit selbst."

Beispiel Zwei: Badinter erkennt, dass dieser „dualistische
Gegensatz eine neue Geschlechterhierarchie zur Folge" habe,
„von der man sich doch zu lösen vorgab". Ausgehend von der
Massenhysterie in Zusammenhang mit sexuellem Missbrauch
Ende der neunziger Jahre und ihren naiven Glaubenssätzen („Das
Kind sagt die Wahrheit") folgert sie: „Unmerklich kommt zu der
Vorstellung, das Opfer – so auch das weibliche – habe immer
recht, der Gedanke hinzu, es verkörpere das von der Macht des
Bösen bedrohte Gute." Diese Macht des Bösen ist natürlich der
Mann, und die „Erlösung" von diesem Bösen werde von manchen Feministinnen als wahrhaft „messianische Aufgabe" gesehen. Badinter bringt hier sehr gut auf den Punkt, wie sehr der
Feminismus für einige in den Rang eines Religionsersatzes gerückt ist, der zwischen matriarchalischem Urparadies, utopischer
Heilsverheißung und schlichtem Die-Nebel-von-Avalon-Kitsch
verwabert. „Doch durch die ständig wiederholten Behauptungen,
dass Frauen weniger kriegerisch, weniger selbstgefällig, konkreter, mehr um andere besorgt, dem Kampf um Leben und Freiheit
stärker verpflichtet seien, tritt gleichsam als Umkehrbild ein zur
Karikatur verstärktes Porträt des Mannes hervor." Er ist das
Monster, das bekämpft und besiegt werden muss, damit sich die

Pforten des neuen Garten Eden wieder öffnen. „All diese Diskurse, die seit mehreren Jahren im Schwange sind, schufen die Vorstellung, Frauen seien chronisch die moralisch Überlegenen, die 'Guten' schlechthin." Das sei mit der Realität jedoch schwer in Übereinkunft zu bringen, wenn man etwa an die erschreckend hohen Zahlen denke, die Misshandlungen von Kindern oder Alten betreffe: „Werden Kinder und Alte nur der Obhut von Männern überlassen?" Badinters erstes Fazit: „Wer die Gewalt zum traurigen Vorrecht der Männer macht, Normales und Pathologisches vermengt, wird falsche Diagnosen stellen und deshalb kaum die rechte Arznei verordnen."

Beispiel Drei: In diesem Zusammenhang kommt Badinter nicht umhin, die Verdrängung von weiblicher Gewalt anzusprechen: „Bei den Feministinnen ist das Thema tabu. Alles, was die Überzeugungskraft des Begriffs männlicher Herrschaft und des Bildes vom weiblichen Opfer beeinträchtigen könnte, bleibt undenkbar und ungedacht. Ist dennoch davon die Rede, dann stets nach dem gleichen Schema: Erstens ist weibliche Gewalt statistisch bedeutungslos, zweitens ist sie stets nur Antwort auf männliche Gewalt, drittens ist sie legitim." Bei der Beschäftigung mit dem Dritten Reich etwa hatten deutsche Feministinnen und Historikerinnen weibliche Täterschaft „fast 40 Jahre lang nahezu vollständig gemieden" und sich stattdessen „auf die Aktivitäten von Widerstandskämpferinnen oder die weiblichen Opfer des Nationalsozialismus" beschränkt. So entstand ein Mythos, den die von Badinter angeführte Historikerin Claudia Koonz mit dem Bonmot zusammenfasst: „Die Männer waren Nazis und die Frauen unschuldig." Diese Zuteilung halte sich bis in die Gegenwart, wofür der Völkermord in Ruanda einen traurigen Beleg biete. Unter den Personen, die für diesen Völkermord angeklagt worden waren, befanden sich auch 3.564 Frauen. „Aber ist das Schweigen der Medien, das sich um diese Frauen hüllt, nicht verblüffend?" fragt Badinter und weist darauf hin, dass diese Frauen gefoltert, zur Vergewaltigung aufgerufen und getötet haben, dass sie an diesem Völkermord „massiv und entscheidend" beteiligt gewesen waren und dass die Ideologen dieses Genozids diese Beteiligung mit einkalkulierten, weil ihre Pläne sonst nicht aufgegangen wären. Aber auch die steigende und oft erschrekkende Mädchengewalt in den französischen Städten – Badinter spricht von „Brutalität“ und „Bestialität“ und nennt einige schokkierende Fälle – sei in der Berichterstattung ein Tabu, auch werde „die Strafbarkeit ein- und derselben Handlung geringer eingeschätzt (...), wenn sie ein Mädchen und nicht ein Junge begangen hat.“ Ein kanadischer Bericht zur Jugendgewalt folgert: „Die Neigung zu Gewalt und Aggression ist bei jungen Männern nicht unbedingt größer. Bildung und Milieu sind für Jugendkriminalität offenbar bessere Indikatoren als das Geschlecht.“ Mit solchen Zitaten schlägt die Feministin Badinter auch all jenen politisch korrekten Wissenschaftlern ins Gesicht, die wie Professor Hesch von der Organisation „hommage“ ernsthaft beteuern, dass Gewalt seit Menschheitsgedenken ausschließlich von Männern ausgehe und Frauen sich allenfalls zur Wehr setzten.

Das sind nur einige der Punkte, die Badinter in ihrem gelungenen Werk anspricht. Auch an anderen Stellen streift sie immer wieder Thesen, die eins zu eins aus den Texten von Männerrechtlern stammen könnten. Etwa wenn sie anmerkt, wie „verwerflich“ es sei, „jemandem eine Vaterschaft aufzuzwingen, der sie ausdrücklich abgelehnt hat.“ Oder wenn sie erkennt, dass in den letzten Jahren eine ganze Reihe neuer Delikte geschaffen wurden, die „vorwiegend die Männer im Visier“ hatten sowie „Gesetze, die den Frauen zugute kommen – was völlig problemlos und sogar mit starker Unterstützung des vermeintlichen Unterdrückungsgeschlechts über die Bühne ging, „ohne dass es zu irgendwelchen Protesten der Männer gekommen wäre.“ Kann da am Ende etwas nicht ganz stimmen im feministischen Feindbild?

Ein sehr großer Teil von dem, was die „Feministin der ersten Stunde“ Elisabeth Badinter in ihrem Werk erkannt hat, hätte genauso aus meinem einige Jahre zuvor veröffentlichten „Sind Frauen bessere Menschen?“ stammen können – Erkenntnisse, für die ich quer durchs Internet gemobbt worden bin. Wieder und wieder spürt man beim Lesen förmlich, dass Badinter diese neuen Erkenntnisse noch immer nicht völlig verarbeiten und in ihr altes Denken eingliedern kann, dass aber etwas in ihr aufbricht wie wenn alter, verfrosteter Winterboden von den ersten Frühlingsblumen durchstoßen wird. Noch lange kann von einem Garten keine Rede sein, aber all diese farbenfrohen Blüten sind unübersehbar *da*. Gerade dass es sich bei Badinter so langsam und zögerlich vorwärts bewegt, kann ihr indes nur zum Vorteil gereichen. Denn so bescheinigt ihr etwa Ulrike Fell in der „Süddeutschen Zeitung", dass Badinter „mutig neue Wege" einschlage, während Männerrechtler, die auf diesen Wegen schon eine gute Strecke weiter sind, bislang in der „Süddeutschen" noch keine Erwähnung gefunden haben. Trotzdem darf Mann sich freuen: Zwar werden viele Medienorgane Gedanken zur Gleichberechtigung auch unter Einbeziehung der männlichen Interessen zunächst nur dann aufgreifen, wenn sie von weiblicher Seite geäußert werden, aber da immer mehr Frauen auf diesen Trichter kommen, ist diese Umsetzung nur eine Frage der Zeit. Irgendwann wird man uns vermutlich zu verkaufen versuchen, dass die Männerrechte eine Idee der Frauenbewegung gewesen seien, aber immerhin sind sie dann verwirklicht. So zitiert Badinter zustimmend und sehr treffend die Anthropologin Margaret Mead: „Wenn ein Geschlecht leidet, leidet das andere ebenfalls." Was bedeute, dass der radikale Feminismus immer weniger Chance habe, Gehör zu finden.

Drei Jahre nach dem Erscheinen von Elisabeth Badinters Buch in Frankreich veröffentlichte in Deutschland Astrid von Friesen „Schuld sind immer die anderen. Die Nachwehen des Feminismus: frustrierte Frauen und schweigende Männer". Ursprünglich sollte das Buch „So haben wir das nicht gewollt" heißen, was nach einer Art Entschuldigung geklungen hätte: Astrid von Friesen war als Journalistin unter anderem für die feministische Zeitschrift „Emma" tätig gewesen. Und auch in ihrem neuen Buch vertritt sie noch den festen Glauben daran, dass jede fünfte Frau Opfer einer Vergewaltigung geworden sei oder dass Frauen wegen ihrer Geschlechtszugehörigkeit weniger verdienten als Männer. Ebenso fallen ihr zum Thema Beschneidung/Genitalverstümmelung ärgerlicherweise nur weibliche Opfer ein.

Das Loslösen von einmal fest etablierten Weltbildern ist nun einmal immer schwierig, zumal wenn die alten Ideologien von den Medien noch immer derart massiv unterstützt werden. Aber auch Astrid von Friesen befindet sich spürbar im Umbruch! Das liegt zum einen offenbar an ihrer Lektüre: Immer wieder zitiert sie zentrale Passagen aus den Schriften von Männerrechtlern wie

Warren Farrell und Paul-Hermann Gruner. Das scheint zum anderen aber auch daran zu liegen, dass sie in ihrer therapeutischen Praxis mit so viel Realität konfrontiert wird, dass keine Frauen-als-Opfer-Ideologie auf Dauer dagegen an kann. Immer wieder führt von Friesen Fälle an, die einem als Leser die Haare zu Berge stehen lassen. Ein Mann, von dem von Friesen berichtet, trug ein T-Shirt mit der Aufschrift „Ich hasse Penisse!", verstand das Penetrieren als unterdrückerischen Akt und versuchte deshalb, anhand von Schwulenpornos vergeblich, seine sexuelle Orientierung zu ändern. Ein anderer zieht für das Wochenende auf den Dachboden, wenn seine Frau einen Liebhaber empfängt, und überlässt ihm das Ehebett. Ein dritter fährt seine Frau zu ihrem Liebhaber, weil sie keinen Führerschein besitzt, und wartet zwei Stunden im Wagen. Fifis, wohin man blickt.

Und die Frauen fühlen sich trotzdem als ewige Opfer! Einer Dame musste von Friesen bei der Paartherapie erst auf die Sprünge helfen, dass sie in der gegenseitigen Aufrechnung der von beiden bewältigten Arbeit komplett übersehen hat, dass ihr Mann acht bis zehn Stunden pro Tag berufstätig ist, um die Familie zu ernähren. Von Friesen bezeichnet das als „eine häufig anzutreffende Fixierung und negative Weltbeschränkung: Als 'Arbeit' gilt nur das, was im Inneren des Hauses verrichtet wird. Noch nicht einmal Tätigkeiten außerhalb des Hauses (Rasenmähen, Auto reparieren, Regenrinne säubern ...), auch Berufstätigkeit wird oftmals nicht dazugezählt. Aber das Geld ist selbstverständlich für beide zugänglich und das meiste wird von Frauen ausgegeben." Eine andere Klientin von Friesens, kinderlos, reduziert ihren Acht-Stunden-Job auf zwei Stunden pro Tag und bezeichnet das Gassigehen mit ihrem eigenen Hund plötzlich als überlastende Arbeit, woraufhin ihr Mann ein schlechtes Gewissen bekommt. Eine dritte nimmt ohne das Wissen ihres Mannes die Spirale heraus, so bekommen die beiden drei Kinder, für die der Vater jetzt zahlen, sie nach der Trennung aber nicht sehen, nicht einmal Weihnachten mit ihnen telefonieren darf. Und weder Richter noch Sozialarbeiter unterstützen ihn.

An dieser Stelle legt von Friesen ihren Finger auf einen besonders wunden Punkt. Man mag über die Männer den Kopf schütteln, die sich von ihren Frauen zum Hündchen machen lassen, aber oft genug sorgen andere Fifis dafür, dass ihnen kaum eine andere Wahl bleibt. Das sind nicht nur die Medienfritzen und „Männerforscher", die mit ihrem Dauerfeuer auf die männliche Psyche diese jahrzehntelang in Fetzen geschossen haben, während sie den Frauen so viel Zucker in den Hintern bliesen, dass er irgendwann nicht mehr vom Sofa hochzuwuchten war. „Superfeministisch", so von Friesen, „sind bis heute auffallend viele männliche Sozialarbeiter und Familienrichter geblieben", welche die Menschenrechte von Vätern und Kindern auf Kontakt zu ihren Familienangehörigen nur selten unterstützten. Von Friesen berichtet von einer Mutter, deren Kinder emotional derart verwahrlosten, dass ein zehnjähriger Sohn schon wegen Selbstmordgedanken in die Psychiatrie eingewiesen werden musste, während der von den Kindern innig geliebte Vater den Herzenswunsch und die besten Voraussetzungen hatte, diese Kinder zu sich zu nehmen. 18 Monate lang jedoch gelingt es der Mutter durch Lavieren und Manipulieren außer dem Richter einen ganzen Trupp von Leuten hinzuhalten, darunter zwei Gutachterinnen, eine vom Gericht bestellte „Anwältin des Kindes", eine Therapeutin und einen Sozialarbeiter. „Wie in ungezählten Fällen", schreibt von Friesen zu recht (die Väterforen im Internet sind voll davon): „Eine Mutter hat in Deutschland die Macht, sechs Fachleute auszutricksen und alle Auflagen des Gerichts zu torpedieren! In Frankreich würde sie wegen dieser Gehirnwäsche und der seelischen Misshandlung der Kinder dafür ins Gefängnis wandern und die Kinder kämen dauerhaft zum Vater! Und nicht erst, nachdem ein kleines Kind lebensmüde geworden ist!" Währenddessen, man muss es noch einmal erwähnen, sitzen Journalistinnen von ARTE zusammen und fantasieren einen hochgradig demagogischen Beitrag zurecht, der von der „Rache der Väter" schwatzt und solchen Müttern Bestätigung verschafft. Da soll sich einer wundern, wenn ein Familienvater, der genau weiß, wie in unserem Staat die Karten gemischt sind, seine Frau lieber zu ihrem Liebhaber fährt, als dass er über Jahre hinweg seine Kinder kaum noch sehen kann? Da soll man verblüfft darüber sein, dass beide Geschlechter langsam überschnappen, das eine aus einem Machtrausch heraus, das andere aus schierer Verzweiflung?

Von Friesen vertritt die These, dass diese Frauen „irgendwo, hoffentlich" ein schlechtes Gewissen plage, und zu ihrer Entlastung den Ehemann als Sündenbock bräuchten. Sie befindet: Wenn Scheidungsmütter von 26 väterlichen Besuchswochenenden im Jahr an 18 davon das Kind nicht herausgäben oder es bedrohten mit „Wenn du zu deinem Vater gehst, mach ich deine Katze tot", dann sei etwas völlig falsch gelaufen „und Gerichte haben keine andere Aufgabe, als dies zu unterbinden. In Frankreich gibt es einen ganzen Katalog von Strafen für ein manipulierendes Elternteil: Angefangen damit, dass der ausgegrenzte Elternteil keine Alimente mehr zahlen muss bis hin zu drei Jahren Gefängnis!" Und: „Das Elternteil, welches sich gegen den Willen des anderen mit den Kindern vom gemeinsamen Wohnort entfernt, muss dem Zurückgebliebenen die Reisekosten zu den Kindern finanzieren!" Deutsche Väterrechtler fordern Vergleichbares für Deutschland schon seit Jahren, der Europäische Gerichtshof zieht deutschen Gerichten in Sachen Menschenrechte auch für Väter immer wieder mal die Haxen stramm, aber nichts bewegt sich. Als die DDR-Diktatur den Kontakt von Familienmitgliedern zueinander unterband, wurde das mit vollem Recht als „brutal und zerstörerisch" angeprangert. Gesamtdeutsche Gerichte lassen deutsche Medien und Politiker von solchen Vorwürfen weitgehend unbehelligt. „Wir Frauen haben in den vergangenen 50 Jahren viele Freiheiten errungen", bilanziert Astrid von Friesen. „Doch überzeugende neue Visionen wurden nicht gefunden. In England spricht man schon von einer 'Femokratie', wenn Männer auf das Samenspenden reduziert werden. Männer, als angebliches Übel für alles und jedes auf der Welt, haben mit ihren patriarchalen Vorrechten auch die Wertschätzung verloren – und, was mich tief erschreckt, sie kämpfen nicht dagegen an, sondern leiden geduldig, devot bis zur Selbstvernichtung. Ich sehe unendlich viele Männer, die, was das eigene Leid angeht, bis zur Starre verstummt sind, die weiterhin wie brave Esel den Karren der Familie ziehen, aber sich selbst nicht zu Gehör bringen." Oh, wir versuchen es schon, möchte man hier einwenden. Aber wenn wir es versuchen, werden wir entweder von jenen nicht gehört, die inzwischen die Macht über die Mikrofone besitzen, oder uns wird dermaßen übel mitgespielt, dass wir es uns zweimal überlegen, ob wir noch einmal den Mund aufmachen. Und in aller Regel sitzt irgendwo einer dieser Fifis, die ihr Arrangement mit den Damen gemacht haben, ob das ein Sozialarbeiter ist, ein Richter oder ein Männerforscher, und die auf ihre Weise durchaus davon profitieren, wenn sie anderen Männern von hinten ordentlich ins Kreuz treten. Leider hat der Feminismus neben allen männlichen Untugenden oftmals auch viele männliche Tugenden wie Rückgrat, Mut, Verantwortungsgefühl und Solidarität gleich mit abgeräumt. „Jungs sind dumm. Werft Steine nach ihnen", berichtet von Friesen über eine derzeit beliebte T-Shirt-Aufschrift in den USA und beteuert: „Bei aller Härte der jahrzehntelangen Auseinandersetzungen mit zementierten männlichen Strukturen: Das haben wir nicht gewollt!" Und sie beschließt ihr Buch mit den Worten: „Es geht um eine neue Emanzipationsbewegung. Die der Frauen ist zwar noch lange nicht beendet und hat, wie jede heftige Bewegung, heftige Unruhen verursacht. Jetzt sind die Männer dran sich zu befreien, um eine neue Mitte für sich selbst zu finden: jenseits vom Macho, aber auch jenseits vom großen Dulder."

Einer der letzten Versuche, die Existenzberechtigung des Feminismus zu retten, statt sich endlich den Diskriminierungen des bislang vernachlässigten männlichen Geschlechts zu widmen, besteht in dem ständigen Lamento darüber, dass Frauen angeblich bei gleichem Job und gleicher Leistung weniger verdienen würden als Männer. „Zweiundsechzigtausendvierhundert Wiederholungen ergeben eine Wahrheit", persiflierte Aldous Huxley diese Strategie in seinem Roman „Schöne neue Welt". Auch der populäre Irrtum der Lohndiskriminierung wird bis heute so beständig immer wieder aufgewärmt, dass viele es nicht einmal weiter zur Kenntnis nahmen, als ihn die damalige Bundesfrauenministerin Renate Schmidt im „Tagesschau"-Chat am 3. Juni 2003 öffentlich für unsinnig erklärte: „Frauen verdienen ja nicht weniger", erklärte sie. „Bei gleicher Tätigkeit, gleicher Qualifikation und gleicher Berufserfahrung wird es sehr schwer nachzuweisen sein, dass es tatsächlich in nennenswertem Umfang (von Einzelfällen abgesehen) eine ungleiche Bezahlung gibt. Nur leider hapert es im Regelfall daran, dass es wegen der häufigeren Unterbrechung der Erwerbstätigkeit eben nicht die gleiche Berufserfahrung ist, und es häufig auch nicht die gleichen Tätigkeiten sind. Ansonsten ist Lohndiskriminierung auch heute schon bei uns verboten. Und jede Frau hat die besten Chancen, eine Klage zu gewinnen, wenn es eine ungleiche Bezahlung bei sonst gleichen Voraussetzungen gibt." Manchmal geht die feministische Argumentation dahin, dass typische Frauenberufe schlechter bezahlt würden als typische Männerberufe, woraufhin eine finanzielle Aufwertung solcher Frauentätigkeiten gefordert wird. Das dürfte in einer freien Marktwirtschaft kaum funktionieren. Auch wird bei dieser Logik automatisch davon ausgegangen, dass diese Berufe schlechter bezahlt würden, weil es Frauenjobs seien und unsere Gesellschaft die Leistung von Frauen weniger schätze. Der Gedanke, dass viele Menschen gerne einen deutlich höheren Preis für eine Tätigkeit zahlen, wenn sie ein Mann statt eine Frau für sie ausführt, erscheint jedoch nicht sonderlich überzeugend. Da macht es schon mehr Sinn, umgekehrt zu denken: Vielleicht gehen ja deshalb viele Frauen in diese Berufe, weil sie angenehmer sind und die schlechtere Bezahlung dafür von den Frauen hingenommen wird, weil sie im Gegensatz zum Mann nur höchst selten eine komplette Familie zu ernähren haben.

Der international führende Männerrechtler Warren Farrell hat zu diesem Thema ein komplettes Buch geschrieben: „Why Men Earn More: The Startling Truth Behind the Pay Gap – and What Women Can Do About It", herausgegeben von der American Management Association. Darin erklärt Farrell ausführlich, dass die schlechtere Bezahlung von Frauen nicht auf Diskriminierung, sondern auf Lebensstil-Entscheidungen der Frauen selbst zurückzuführen ist. Um eine Frau mitzuversorgen, die sie lieben, sind Männer weit eher bereit, Überstunden auf sich zu nehmen, eine weitere Fahrt zum Arbeitsplatz, Berufe, die mit einem finanziellen oder körperlichen Risiko, mit weniger Kontakt zu anderen Menschen oder mit besonderen Unannehmlichkeiten verbunden sind: Insgesamt führt Farrell 25 solcher Entscheidungen bei der Berufswahl auf. Frauen entscheiden sich im Gegensatz dazu eher für erfüllende Aufgaben und eine flexible Zeiteinteilung in einem angenehmen Umfeld. Da solche Jobs stärker nachgefragt werden, kann es sich ein Arbeitgeber auch leisten, sie weniger gut zu bezahlen.

„Wer sagt denn, dass Frauen nicht auch einen Betonmischer bedienen können? Wer sagt denn, dass wir nicht auch nachts bei Regen Eisenbahnschienen verlegen können? Wer sagt denn, dass wir nicht auch jede Drecksarbeit erledigen können? Wir können das! Wir WOLLEN bloß nicht. Wir wollen die GUTEN Jobs, den Rest sollen die haarigen Nutztiere erledigen. Wir wollen in die Chefetage, an die Schreibtische der Macht! Das Dumme ist nur: Wenn frau das offen fordert, klingt das ein ganz klein wenig egozentrisch. Deshalb müssen wir leider bis auf weiteres so tun, als wollten wir wirklich dieselben Rechte in der Arbeitswelt wie Männer."

Nicole Riebling und Fabian Zonk: Lexikon für Frauen/Lexikon für Männer. Schwarzkopf & Schwarzkopf 2002

Farrells Argumentation ist inzwischen auch in der deutschen Debatte zu hören. Im Juli 2006 stellte auch das Statistische Bundesamt klar, dass „die Gehaltsdifferenzen bei Mann und Frau nicht zwingend darauf schließen (lassen), dass Frauen für die gleiche Arbeit schlechter bezahlt werden. Verantwortlich seien vielmehr Unterschiede in der männlichen und weiblichen Arbeitnehmerstruktur. Diese seien beispielsweise gekennzeichnet durch Unterschiede im Anforderungsniveau, der Verteilung auf besser und schlechter bezahlte Wirtschaftszweige, der Größe der Unternehmen, der Zahl der Berufsjahre, der Dauer der Betriebszugehörigkeit und des Ausbildungsniveaus."[173]

Wer es genauer wissen will: Susanne Wilpers vom Kölner IT-Dienstleister „denkwerk" legt dar, dass Frauen im Schnitt weniger als Männer arbeiten: rund zwölf Stunden pro Woche gegenüber 22,5 Stunden bei den Männern.[174] Dass die These von den „frauenunterdrückenden Männern" nirgendwohin führt, erkennt auch Nicola Liebert in der „tageszeitung"[175]. Sie führt aus: „Ich habe selbst nie einen männlichen Chef und auch keine männlichen Kollegen getroffen, die mich aktiv an der Karriere gehindert hätten. Im Gegenteil, es gab eine ganze Menge, die mich aktiv gefördert haben." Sie vermutet andere Gründe: „Da muss ich nur mich selbst betrachten und meine Weigerung, eine karrierefördernde 50- bis 60-Stunden-Woche im Büro längerfristig zu akzeptieren (ehrlich, schon 40 Stunden sind für meinen Geschmack unanständig). Ich kann über Angestellte nur staunen, die sich fast ihre gesamte wache Zeit mit scheinbarer Begeisterung für die Profitmehrung irgendeines Unternehmens engagieren, das im Zweifel nur Ressourcen verschwendet. Selbst als Angestellte in einer Organisation zur Weltverbesserung hatte ich nach einiger Zeit im Büro genug vom Weltverbessern und wollte endlich meine Beziehung und mein übriges Privatleben, meine kulturellen Interessen und mein Lieblingshobby pflegen: morgens ausschlafen. Auch ohne Kinder eine schlechte Voraussetzung für eine steile Karriere."

Da befindet sich Nicola Liebert in voller Übereinstimmung mit der Wirtschaftswissenschaftlerin Barbara Bierach, die in ihrem Buch „Das dämliche Geschlecht" die Frage stellt, wo „die Frauen nach zehn Jahren Trainee- und Frauenförderungsprogrammen geblieben" seien. Ihre Antwort: Die Frauen haben schlicht andere Pläne. Sie studieren bevorzugt Geisteswissenschaften statt karriereorientierter, technischer oder betriebswirtschaftlicher Studiengänge, lesen statt Fachliteratur lieber Belletristik und ziehen sich spätestens ab Mitte 30 als Ehefrau eines gut verdienenden Mannes zurück, statt sich selbst dem zermürbenden, aufreibenden Gerangel um Macht und Karriere auszusetzen. Anke Diez, Leiterin der Wissenschaftlichen Weiterbildung der Universität Karlsruhe, sieht als einen wesentlichen Grund eher mangelnden Mut bei den Frauen: „Während Männer Herausforderungen annehmen, auch wenn das Arbeitsfeld neu ist, und dann daran wachsen, trauen sich Frauen Neues erst dann zu, wenn sie wirklich überzeugt sind, dass sie es bereits können."[176] Im März 2006 schließlich wurde das Ergebnis einer Studie der Universität Bonn veröffentlicht, dem zufolge Frauen beim Gehalt sehr stark auf Nummer sicher gehen: „Haben sie die Wahl zwischen einem Fixgehalt und leistungsabhängiger Bezahlung, entscheiden sie sich weit häufiger als ihre männlichen Kollegen für ein festes Einkommen. Dies gelte selbst dann, wenn Frauen ansonsten mehr verdienen könnten."[177]

Wie steht es mit der beliebten These, Frauen würden auf Teilzeitstellen „verdrängt"? Am 19. Februar 2007 erklärte dazu die BWL-Professorin Sonja Bischoff: „Die Quote der Frauen, die

Teilzeit arbeiten wollen, ist seit 1998 gestiegen, die der Männer gesunken. Fragt man, was sie mit der gewonnenen Teilzeit anfangen würden, antworten 62 Prozent der Frauen mit Familie und Haushalt. Bei den Männern antworten ebenfalls 42 Prozent mit Familie, aber Haushalt kommt natürlich nicht vor. Null Prozent. Guckt man noch genauer hin, kommt heraus, dass drei Viertel der Männer gewonnene Freizeit nutzen wollen für Reisen, Sport, Fitness und Weiterbildung. Das heißt, die bereiten den nächsten Karriereschritt vor. Das macht schon nachdenklich."[178]

Eine Amazon-Rezensentin zu Barbara Bierachs „Das dämliche Geschlecht": *Das Gefühl, dass Frauen selbst schuld an der Misere sind, so selten im Management vertreten zu sein, beschlich mich bereits vor zwei Jahren als 23-jährige Studentin der BWL. Als es darum ging, einen Studentensprecher zu wählen, war ich die einzige Frau, die sich zur Wahl stellte. Das gleiche passierte beim Aufbau einer Studentenvereinigung. Wiederum war ich die einzige, die von der Frauenseite vertreten war und das nicht etwa, weil die Frauen nicht gewählt worden waren, sondern nur, weil sich keine andere zur Wahl gestellt hatte. Beim Lesen des Buches wurde mein Eindruck nun bestätigt. Bemerkenswert finde ich nur, wie sehr es die Frauen bereits geschafft haben, den Männern zu verinnerlichen, dass diese die Schuld an ihrer Misere tragen. Als ich in meiner WG ansprach, dass es an den Frauen liegt, so selten im Management vertreten zu sein, meinte meine Mitbewohnerin knapp, vielleicht haben sie ja gar kein Interesse daran. Mein Mitbewohner hingegen diskutierte mit mir ausführlich, wie sehr Frauen doch beim Aufstieg von der Männerwelt diskriminiert werden.*

Die Thesen, die Farrell, Bierach & Co. vertreten, kann ich aus eigener Erfahrung nur unterstützen. An der Universität Mainz beispielsweise existiert eine Bibliothek mit Material zur Geschlechterforschung, die (mit Ausnahme eines speziellen „Männeröffnungstages") speziell nur Frauen zugänglich ist, obwohl sie natürlich auch von den Studiengebühren der Männer mitfinanziert wird. Ein Argument, mit dem diese Diskriminierung begründet wird, lautet, solange Professorinnen dermaßen seltener als Professoren vorkommen, seien es nicht wir Männer, die sich über Diskriminierung beklagen sollten. Nun war eine Bekannte von mir für ein dortiges Frauenbüro tätig und hatte dabei auch die Gelegenheit, junge Professorinnen zu interviewen. Dabei gelangte sie zu zwei Erkenntnissen, die sie mir mitteilte: Weibliche Professorinnen seien deshalb so selten, weil viele Studentinnen diesen Job nicht ausführen möchten, und das Frauenbüro sei vor allem deshalb notwendig, weil viele Frauen beruflich derart unselbstständig seien, dass sie ein spezielles Coaching bräuchten. „Das stellst du dir nicht vor!" berichtete sie mir kopfschüttelnd. Bewusste Diskriminierung (wie die Einrichtung einer speziellen Frauenbibliothek) mit einer lediglich vermuteten Diskriminierung zu begründen, führt in jedem Fall in die Irre.

Aus eben diesem Grund ist es in einem Buch über Männeranliegen auch notwendig zu erklären, warum eine angebliche Lohndiskriminierung von Frauen ein Mythos ist. Auf den ersten Blick hat dieses Thema mit Männerrechten überhaupt nichts zu tun, und man könnte sich leicht auf den Standpunkt stellen, dass man Frauen in diesem Irrtum ja auch problemlos verharren lassen kann, wenn sie sich partout nicht besser informieren möchten. Nur fällt eben sehr auf, dass, sobald Männer ihre sehr legitimen Wünsche nach Verbesserungen äußern, ihnen von feministischer Seite reflexartig entgegengehalten wird: „Solange Frauen noch immer weniger verdienen/weniger häufig in den Führungsetagen vertreten sind, sind mehr Rechte für Männer zweitrangig."[179] Das bedeutet im Klartext: Solange die Gesetze der Marktwirtschaft nicht außer Kraft gesetzt werden bzw. etliche Frauen gegen ihren Willen ins Management gezwungen werden, haben die Anliegen von Männern in der Geschlechterdebatte keine Rolle zu spielen. Insofern ist es eminent wichtig darauf hinzuweisen, dass längst nicht mehr Frauen, sondern inzwischen die Männer das weit überwiegend benachteiligte Geschlecht sind.

Nicht zuletzt gibt es nämlich eine weitere Form von Lohndiskriminierung, die in der deutschen Debatte häufig übergangen wird. In 39 Beschäftigungsfeldern, deckte Warren Farrell auf, verdienen Frauen sogar zwischen 5 und 43 Prozent mehr als

Männer – beispielsweise, wenn sie Firmen dabei helfen, eine größere Ausgewogenheit der Geschlechterverteilung in den oberen Rängen herzustellen und somit mehr Regierungsaufträge zu erhalten. Dieses Denken scheint sich auch in Deutschland zu etablieren: Wie das „Manager-Magazin" im April 2006 berichtete, gab beispielsweise DaimlerChrysler-Vorstandschef Dieter Zetsche bei der Streichung von rund 6.000 Stellen die Weisung aus, die weiblichen Führungskräfte zu schonen. Und auch die unterschiedliche Honorierung in verschiedenen Branchen kann zu Lasten der Männer gehen, wie im Oktober 2004 eine Auswertung von Gehältern durch die Hamburger Vergütungsberatung PersonalMarkt ergab: „Eine Personalentwicklerin, Mitte 30, verdient durchschnittlich sogar mehr als ihr männlicher Kollege – sie geht mit 49.900 Euro brutto pro Jahr nach Hause, ihr gleichaltriger männlicher Kollege mit 47.600 Euro. Eine Softwareentwicklerin um die 30 kommt demnach auf 47.500 Euro, ihr gleichaltriger männlicher Kollege nur auf 44.400 Euro." Vor diesem Hintergrund weist Tim Böger, Geschäftsführer von Personal-Markt, das beliebte Vorurteil von den „armen Frauen" zurück, die bei gleicher Qualifikation generell diskriminiert würden: „Vor solchen Pauschalurteilen warne ich ausdrücklich. Unsere Zahlen haben gezeigt, dass Frauen in vielen Branchen und Berufen mindestens genau so viel verdienen wie ihre männlichen Kollegen – in einigen Berufen sogar mehr."[180]

Auch im Sektor Teilzeitbeschäftigung liegen Frauen in Fragen des Verdienstes vorne, so heißt es im Ersten Datenreport zur Gleichstellung von Frauen und Männern in Deutschland (Genderreport), genauer gesagt in Kapitel 3 unter „Erwerbseinkommen von Frauen und Männern": „Teilzeitbeschäftigte Frauen verdienen mehr als teilzeitbeschäftigte Männer. (...) So liegt der Bruttojahresverdienst von Frauen, die weniger als 18 Stunden pro Woche arbeiten, 2002 bei 122 Prozent des Verdienstes von Männern in dieser Beschäftigungsform." Nur wird hier eben nicht die Öffentlichkeit ständig darauf aufmerksam gemacht, dass „Männer 22 Prozent weniger verdienen und deshalb für die Gleichberechtigung noch einiges getan werden müsse".[181] Es scheint ohnehin gerade zu einer Trendwende auf dem Arbeitsmarkt zu kommen, die zu Lasten der Männer geht. „Junge, hoch qualifizierte Frauen unter 30 Jahren verdienen mehr als ihre männlichen Pendants", berichtete die „Financial Times Deutschland" am 22. Juni 2006. „Zu diesem Ergebnis kommt eine neue Studie des Deutschen Instituts für Wirtschaftsforschung (DIW). Durchschnittlich sieben Prozent weniger als ihre weiblichen Kollegen verdienen hoch qualifizierte Männer unter 30 Jahren."[182]

Dass Männer das neue Opfer beruflicher Diskriminierung sind, ermittelten die Wirtschaftswissenschaftler Dr. Peter Riach und Dr. Judith Rich in einer grundlegenden Untersuchung. „Wir waren völlig überrascht von dem, was wir herausgefunden haben", teilte Riach der englischen Presse mit.[183] Die Forscher hatten Hunderte angebliche Bewerbungsschreiben an verschiedene Firmen in unterschiedlichen Branchen gesandt und dabei jedes Mal dieselbe Qualifikation und Berufserfahrung angegeben, aber zwischen weiblichen und männlichen Absendern abgewechselt. Im Bereich Ingenieurswesen hatten die „Philips" noch immer bessere Chancen auf ein Vorstellungsgespräch als die „Emmas", aber die „Emmas" lagen nicht nur bei Sekretariatsaufgaben vorne, sondern auch in den Bereichen Bankwesen und Computerprogrammierung. Offensichtlich heuern in der modernen Berufswelt ganz ohne jede Quotenregelung die Arbeitgeber eher Frauen als Männer an.

Dieser Trend dürfte sich in den kommenden Jahren eher noch verstärken, behauptet Christian Schwägerl in der „Frankfurter Allgemeinen" vom 7. Juni 2006: „Noch können sich Frauen, geht es um ihre Rolle in der Gesellschaft, Wehleidigkeit erlauben. Wer älter als 30 Jahre alt ist, dem wurde der Opfergestus förmlich eingeimpft. Inzwischen müssen sich die dafür verantwortlichen Feministinnen aber um die Zukunft ihrer Ideologie sorgen. (...) Ein gigantisches Frauenbeförderungsprogramm steht bevor, weil auf dem Arbeitsmarkt der Zukunft die Frau als das stärkere Geschlecht dastehen wird. Das Jahr 2010 markiert den Zeitpunkt, zu dem in Deutschland ein Umbruch der demografischen und ökonomischen Verhältnisse anläuft, der tradierte Geschlechterfrontverläufe heillos verwirren wird. Dann beginnt die Zeit, in der es nicht mehr zu viele junge Leute gibt, die in den Arbeitsmarkt drängen, sondern viel zu wenige. Junge Frauen werden dabei eine besondere Rolle spielen. In jeder Fünfjahresperiode bis 2025 werden eine Million Deutsche mehr in Rente gehen, als 15- bis 19-Jährige nachrücken. Unternehmen, Behörden, Forschungsstätten sind dann mit einem dramatischen Mangel konfrontiert. Bis 2050 wird das 'Erwerbspotenzial' dem Bundesinstitut für Berufsbildung zufolge um mehr als elf Millionen Menschen schrumpfen. Wer diese Zahl mit der Arbeitslosigkeit verrechnet und auf goldene Zeiten setzt, irrt: Gesucht werden Qualifizierte. Frauen werden auf dem Arbeitsmarkt begehrt sein, weil sie in großer Zahl Bildung, Energie und Motivation frei Haus mitbringen. Darin unterscheiden sie sich zugleich in wachsendem Maß vom anderen Geschlecht." Warum Frauen motivierter und energievoller als Männer sein sollten, geht aus Schwägerls Artikel nicht hervor. Recht hat er allerdings, was die Bildung angeht, wo man über Jahrzehnte hinweg ja auch engagiert Mädchenförderung betrieb und Jungen vernachlässigte. Schwägerl erinnert daran, dass sich der von ihm skizzierte Umbruch auf dem Arbeitsmarkt bereits seit Jahren abzeichnet: „Die Zahl der erwerbstätigen Frauen wuchs zwischen 1991 und 2004 um rund 1,1 Millionen, während die Zahl der erwerbstätigen Männer um rund 1,4 Millionen sank. Seit 1991 sind in Industrie, Bergbau, Baugewerbe und anderswo zweieinhalb Millionen einfache Jobs verschwunden. Betroffen davon sind hauptsächlich Männer. In derselben Zeit entstanden 1,5 Millionen neue Stellen für Akademiker. Knapp 60 Prozent dieser neuen Stellen haben Frauen eingenommen. Die Zahl berufstätiger Akademikerinnen ist seit 1991 um 70 Prozent gewachsen, der Zuwachs bei Männern betrug 23 Prozent. Schon diskutieren die Fachkreise, ob Frauen Männer mittelfristig aus dem Arbeitsmarkt verdrängen."

Der Feminismus hat sich zu Tode gesiegt. Ging es ihm ganze Jahrzehnte lang darum, mehr Frauen an die Schaltstellen der Macht zu bekommen, kippt die Situation nun dahin gehend, dass an diesen Schaltstellen mehr Nachfrage besteht, als sich Frauen bereit finden zu erfüllen. Eigentlich müsste man jetzt umdenken und sich endlich dem vernachlässigten männlichen Geschlecht zuwenden, wie es die ersten Feministinnen zu recht fordern. Dieses Umdenken fällt aber offenbar vielen in der Wolle gefärbten Feministinnen schwer, die in ihrer Ausbildung, ihrer Lektüre und in den Medien immer wieder gelernt haben, sich ausschließlich auf Frauen zu konzentrieren: Frauen, Frauen, Frauen, Frauen, Frauen. Nachdem es hier in unserer westlichen Gesellschaft aber keine Benachteiligungen mehr gibt, die zu beseitigen wären, geht das gesamte feministische Räderwerk in den Leerlauf, wobei es sich immer mehr überhitzt und nur noch in der Lage ist, immer irrwitzigeren Schrott zu produzieren – wie diesen: In den ostdeutschen Städten Zwickau und Dresden wurde die Gleichberechtigung bei Verkehrsampeln eingeführt. Dort erhielt das Ampelmännchen, das den Fußgängern symbolisch „Warten" (rot) oder „Gehen" (grün) anzeigt, jetzt ein weibliches Gegenstück – unter großem Applaus der Politikerinnen. „An diesem Beispiel zeigt sich deutlich, dass auch Frauen sehr wohl in der Lage sind, Führungspositionen auszuüben", lobte die CDU-Sozialministerin Helma Orosz den Umbau der Ampeln. Begeistert äußerte sich auch Zwickaus Gleichstellungsbeauftragte Monika Zellner: „Ich hoffe, dass die Ampelfrau im Verkehr viel Aufmerksamkeit erregt. Vor allem bei Männern. Denn die gehen häufig bei Rot über die Ampel." Kristina Winkler, Dresdens Gleichstellungsbeauftragte, befand, die Ampelfrau könne „uns als Symbol dienen und uns täglich daran erinnern, dass es für eine wirkliche Gleichberechtigung noch viel zu tun gibt."[184] Prima, mag mancher sarkastisch einwenden, mit der Einrichtung politisch korrekter Verkehrsampeln gehen die Gelder für den Aufbau Ost endlich mal an die richtige Stelle. Die „Welt" kommentiert: „In der DDR, wo bekanntlich mehr Frauen berufstätig waren als im Westen, hat sich 40 Jahre lang keiner an der patriarchalischen Dominanz des Ampelmanns gestört. Erst musste der westdeutsche Quotenjargon die Hirne infizieren, bevor jemand auf die Idee mit den Ampelfrauen kommen konnte."[185] In der Tat haben wir in Westdeutschland mit derlei Kokolores einen gewissen Vorsprung. Wenige Jahre zuvor nämlich versuchte die Hamburger Justizsenatorin Peschel-Gutzeit mit einem „Straßennamengleichberechtigungsprogramm" zu punkten. Die Idee: Um gegen das Übergewicht prominenter Männernamen auf Straßenschildern vorzugehen, sollen diese jetzt um die Namen weiblicher Verwandter ergänzt werden, also etwa mit Beethovens Frau und Bachs Oma. Als das Geläster in den Medien über diese Schnapsidee überhand nahm, war davon bald nichts mehr zu hören.

Nachdem an der Universität Konstanz trotz zehnjähriger Frauenförderung (!) der Frauenanteil unter den Professoren immer noch nur zehn Prozent beträgt, wird weder die feministische Ideologie noch einmal genauer überprüft, noch darüber nachgedacht, ob die weit überwiegende Mehrzahl der Frauen vielleicht gar kein Interesse an einer Professur hat, so dass man fördern könnte auf Teufel komm raus, ohne dass das etwas brächte. Stattdessen soll das Problem durch einen Austausch in der Anrede gelöst werden: aus „meine Damen und Herren" wird „meine Herren und Damen".[186] Eine der Damen, die für diesen Mumpitz verantwortlich zeichnet, habe ich noch als eine frühere Dozentin an der Universität Mainz (Fachbereich Komparatistik) erlebt. Damals war sie bekannt dafür, auch männliche Studenten konsequent mit „Studentinnen" anzusprechen, um das Geschlechtergefälle zu bekämpfen. Kein Witz.

Grillen ist frauenfeindlich – oder zumindest haben die Steaks einen frauenfeindlichen Beigeschmack. Die Verdinglichung des Fleisches beim Grillen beschreibe denselben Mechanismus, der auch bei der Gewalt eines Mannes gegen eine Frau zum Ausdruck komme. Das ergab eine Studie des Fachbereichs Soziologie an der Universität Freiburg.[187] Praktisch: Müsste statt des Mannes üblicherweise die Frau die Steaks umdrehen, könnte man mit nur wenig Aufwand zum selben Ergebnis kommen, denn selbstverständlich würde dann „die Frau durch die patriarchale Gewalt wieder einmal auf ihre Rolle als Köchin beschränkt".

Noch unterdrückerischer als Grillen im Sommer sind Schneemänner im Winter. Das fand Dr. Tricia Cusack, die an der Universität von Birmingham Kunstgeschichte unterrichtet, nach fünfjährigen (!) akademischen Untersuchungen heraus. Ein Schneemann nämlich war ausschließlich männlich, er war ausschließlich weiß und er rauchte. Wenn also im Vorgarten eines Hauses eine solche Gestalt stehe, so Cusack, dann nutze sie gerade die emotional befrachtete Weihnachtszeit, um ihre reaktionäre Botschaft zu vermitteln: Während der wohlgenährte, patriarchale Mann den öffentlichen Raum symbolisch für sich beanspruche, sei die Plätzchen backende Frau an den häuslichen Herd zurückverwiesen. Oder, in Cusacks Worten: „Die Verortung des Schneemannes in der halböffentlichen Sphäre des Gartens oder Felds verstärkt ein räumlich-soziales System, in welchem der Frau der häuslich-private und dem Mann der kommerziell-öffentliche Bereich zugeordnet wird." Besonders bedenklich sei es, wie sehr dieser Symbolismus durch die Verwendung von phallischen Symbolen unterstützt werde: Der Zylinder, der Reisigbesen und vor allem die Karotte sprächen eine mehr als eindeutige Sprache. Cusack zufolge tragen Schneemänner dazu bei, Frauen zu ihrem zweitklassigen Status in der Gesellschaft zu verdammen. Außerdem verkörperten sie mit ihren ausdruckslosen, entindividualisierten Augen und mit ihrem fetten Wanst die Gier des Kapitalismus. Frauen und ethnische Minderheiten empfänden die Allgegenwart weißer Schneemänner als bedrohlich. Unsere Welt brauche dringend mehr Schneefrauen und Schneepersonen, die unterschiedlichen Völkern und Ethnien angehörten. Noch einmal: Wir haben es hier nicht mit einer Satire zu tun! Dr. Cusacks Verschwörungstheorie erschien in dem akademischen Journal „New Formations" und wurde am Neujahrstag 2001 im Radioprogramm der BBC diskutiert. Die in England führende Grußkartenfirma Hallmark sah sich veranlasst, die Behauptung zurückzuweisen, dass die auf ihren Weihnachtskarten abgebildeten Schneemänner bewusst einen sexistischen oder rassistischen Unterton beinhalteten. Nach der Veröffentlichung gewann der Name Tricia Cusack vor allem im Internet schlagartig an Bekanntheit – wenn sich auch die Webpages und Foren, auf denen man ihre Thesen im Originalzitat verbreitete, eher darüber lustig machten. Weder der Sexismus-, noch der Rassismusvorwurf wurde sonderlich ernst genommen. Stattdessen stellten die User zahlreiche Fragen, für deren Beantwortung Frau Dr. Cusack sich vielleicht noch einmal ein paar Jahre Zeit nehmen sollte: Wo sonst sollte man einen Schneemann aufbauen als im Vorgarten – schließlich war das der Ort, wo man den Schnee fand? Würde ein Schneemann am Herd in seiner Lebensdauer nicht ein wenig beeinträchtigt sein? Könnte der Umstand, dass Schneemänner ausschließlich weiß waren, damit zusammenhängen, dass sie aus *Schnee* bestanden – nur einmal als These in den Raum gestellt? Wie genau stellte Dr. Cusack es sich eigentlich vor, aus dieser Substanz eine politisch korrekte dunkelhäutige Dame zu formen? Sollten wir Quoten für Schneepersonen einführen, die aus dem bräunlichen

Schneematsch am Straßenrand gefertigt sind? Weiß nicht schon jeder Vierjährige, dass Schneemänner deshalb einen „dicken Wanst" haben, weil ein größerer Schneeball auf einem kleineren einfach nicht lange sitzen bleibt? Kann man von Kindern wirklich erwarten, statt eines einfachen Schneemannes eine Eisskulptur der Jungfrau von Orleans zu gestalten? Manche sahen schon die nächste „sozialwissenschaftliche" Analyse auf sich zukommen, in welcher der Weihnachtsmann als skrupelloser Ausbeuter von Elfen und Rentieren entlarvt wird. Andere stöhnten einfach nur: „Ich wünschte, ich wäre eine feministische Akademikerin und man würde mich für so einen Blödsinn bezahlen."

Warum hält sich die feministische Ideologie trotz all dieser Absurditäten noch immer? Ganz einfach: Weil es inzwischen eine regelrechte Industrie gibt von Frauenbeauftragten, Quotenfrauen, Bürokratinnen, Politikerinnen, Journalistinnen, „Spezialistinnen" und anderen Frauen sowie nicht wenigen Männern, deren Arbeitsplatz und damit finanzielle Existenz davon abhängt, der Öffentlichkeit mit immer neuen Themen und Parolen weiszumachen, dass für Frauen die „wahre Gleichberechtigung" noch längst nicht erreicht sei, sondern noch viel dafür getan werden müsse. Andernfalls verlören etliche hoch subventionierte Jobs ihre Daseinsberechtigung. Gestützt wird dieser Moloch durch viele weitere Frauen, die noch mehr Vorteile für sich und ihre Geschlechtsgenossinnen herausholen wollen, sowie durch Männer, die sich den ständigen Vorwürfen der Frauenfeindlichkeit entziehen möchten. Im Endeffekt landen so Milliarden von Euro in einer Maschinerie, die dafür Erkenntnisse wie die von den frauenfeindlichen Schneemännern produziert. Der Ruf des Feminismus wird so allerdings immer weiter ruiniert, und auch in der marktgängigen Frauenliteratur kommt man nicht mehr umhin, dieser Tatsache ins Gesicht zu sehen. „Kein Geschlecht ist das bessere, und wenn Alt-Feministinnen weiterhin behaupten, dass Frauen das wertvollere sind, dann schreie ich", droht etwa Bestseller-Autorin Anne West. „Denn sie verhalten sich damit genauso wie jene Männer vor ihnen, die versucht haben, das weibliche Geschlecht zu unterdrücken und zu disziplinieren. Intelligent und menschlich ist das nicht."[188] Aber dafür macht es sich politisch und journalistisch momentan bestens bezahlt.

9. DIE ZUKUNFT DER GESCHLECHTER

Dass der Feminismus sich als nicht so recht zukunftsfähig erweist, das haben inzwischen auch viele Frauenrechtlerinnen gemerkt. Vielfach war deshalb in den Jahren 2006 und 2007 werbewirksam von einem „neuen Feminismus" die Rede, der sich allerdings recht bald als alter Wein in neuen Schläuchen entpuppte – was unter anderem dadurch klar wurde, dass seine Protagonistinnen immer noch vom alten Feminismus hingerissen waren, ihn etwa als „eine der großen Erfolgsgeschichten des 20. Jahrhunderts" darzustellen suchten.[189] Eine dringend notwendige ideologische Generalüberholung war auf diese Weise nicht zu leisten.

Wie aber könnte eine mögliche Alternative aussehen? „Die sähe so aus", erklärt die Initiative MANNdat, „dass man das Gerede vom partnerschaftlichen Geschlechterverhältnis und von Geschlechterdemokratie endlich einmal ernst nähme, beide Geschlechter fordert und fördert, ihnen Rechte und Pflichten zuweist, anstatt die einen immer weiter zu privilegieren und die anderen immer mehr zu entrechten. Die sähe so aus, dass wir zu einer ganzheitlichen Sicht der Dinge kämen, die sowohl benachteiligte als auch privilegierte Frauen, sowohl reiche und mächtige als auch unterdrückte und ohnmächtige Männer wahrnimmt, statt sich ewig in immer gleichen Klischees von der Unterdrückung des einen Geschlechts durch das andere zu ergehen. Die sähe so aus, dass es endlich einmal zu einem freien, ehrlichen, ausgewogenen Geschlechterdialog ohne Tabus, Denk- und Redeverbote käme, auch wenn Frauen dabei einmal schlecht wegzukommen drohen und Männer gut."

MANNdat befindet zutreffend: „All das konnte bislang der alte Feminismus nicht leisten. Der neue wird es auch nicht können, alleine schon deshalb nicht, weil dieser Begriff inzwischen gewissermaßen historisch belastet ist. Feminismus, dieses Wort verschreckt die Männer nur noch. Sie wissen, dass sie von ihm nichts Gutes zu erwarten haben, weil sie in dieser Schmierenkomödie nur als Bösewichte gebraucht werden. Nach allem, was wir von Thea Dorn und Sylvana Koch-Mehrin so hören, ist das im neuen Feminismus nicht anders als im alten. Der alte Feminismus lebte von der Unterstützung und der Solidarität der Männer. Auf die wird der neue Feminismus verzichten müssen. Gute Voraussetzungen dafür, dass sich diese Kopfgeburt schon bald als Totgeburt herausstellen dürfte."

Die Karten im Spiel der Geschlechter werden also derzeit neu gemischt. Dabei verstärken zwei weitere Faktoren die neue Unübersichtlichkeit: die demografische Krise und ein verstärktes Zuwenden der Frauen hin zur traditionellen Rollenverteilung. Beides wurde ab dem Sommer 2006 ausgiebig diskutiert. Wo die einen über eine verheißungsvolle Rückkehr der familiären Geborgenheit frohlockten, raunten andere Unheil verkündend von der drohenden Wiederkehr des Patriarchats. Gegen beide Fraktionen ließe sich einwenden, dass sich historische Entwicklungen erstens nicht umstandslos rückgängig machen lassen und dass wir zweitens in einer immer heterogeneren und partikularisierteren Gesellschaft leben, in der selbst starke Trends nicht mehr automatisch die gesamte Bevölkerung erfassen.

Überspitzt gesagt: Jemand, der die letzten beiden Jahrzehnte lang als Single gelebt hat, wird nicht, nur weil er plötzlich in der Zeitung etwas vom drohenden Aussterben der Deutschen liest, spontan beschließen, eine Familie zu gründen und viele Kinder in die Welt zu setzen. Dem Argument von der angeblichen Unumkehrbarkeit historischer Entwicklungen allerdings wird gerne mit dem Sozialismus als Gegenbeispiel erwidert: Wenn sich vier Jahrzehnte Sozialismus überwinden ließen, so geht diese Logik, warum dann nicht auch vier Jahrzehnte Feminismus? Vielleicht beginnt gerade auch dieses vielen Menschen aufgezwungene System unter seiner eigenen Last zusammenzubrechen?

Wie dem auch sei: Im Wechselspiel der unterschiedlichsten politischen Entwicklungen ist es gewagt, konkrete Prognosen für die Zukunft abzugeben. Fünf Punkte gibt es allerdings, bei denen sich gewisse Trends für die nähere Zukunft heute schon recht deutlich abzeichnen.

I. Hochmut kommt vor dem Fall: Die Entsolidarisierung zwischen Männern und Frauen wird wachsen

Als ich 2001 mein Buch „Sind Frauen bessere Menschen?" herausgab, stellte ich es mit folgenden Worten der Öffentlichkeit vor: „Ein Ende des immer neu angeheizten Geschlechterkampfes ist überfällig. Auch in Deutschland wird es immer notwendiger, dass beide Geschlechter gemeinsam eine Zukunft erkämpfen, die von gegenseitiger Zuneigung und fairer, respektvoller Partnerschaft geprägt ist. Das Steuer gehört in die Hand einer neuen Generation von Frauen und Männern, die die überholten Feindbilder, Klischees und Ideologien durch gesicherte Fakten und Lösungswege für beide Geschlechter ersetzen."

Soviel zu einer hübschen Utopie. Es muss wohl eine beachtliche Neigung zu Wunschträumen vorhanden sein, wenn man über 600 Seiten hinweg darlegt, wie häufig Männer in unserer Gesellschaft mit Gülle übergossen wurden, um dann noch davon auszugehen, dass sie das alles einfach so hinnehmen und vergessen könnten. „Unser Feind ist meist nicht, wie im großen Krieg, der klar bestimmbare Fremde", hatte Alice Schwarzer 1983 getönt, „sondern häufiger der eigene Mann: der Vater, Bruder, Geliebte, Sohn."[190] Schließlich seien „Körper, Seele und Verstand von Frauen okkupiert von Männern, besetzt mit Gewalt." Zustimmend zitiert Schwarzer ein „Frauenjahrbuch", dem zufolge „cirka 80 Prozent des ehelichen Beischlafs Vergewaltigungen darstellen, ohne dass jemand eingreift."[191] Knappe 25 Jahre später, Alice Schwarzer hatte vom unterdrückerischen Patriarchat inzwischen zweimal das Bundesverdienstkreuz verliehen bekommen, feierte sie ihre Ideologie triumphierend als Erfolgsgeschichte. An der männerfeindlichen Rhetorik hatte sich indes auch bei jenen Frauen nichts geändert, die in Schwarzers Fußstapfen folgten. Karin Deckenbach bereits zitiertes Buch, dem zufolge im Machtkampf gegen Männer „Daumenschrauben so nötig wie erlaubt"[192] seien, erschien ja nun nicht 1976, sondern im Dezember 2006. Man stelle sich nur einmal vor, dass die Männerbewegung so wie Schwarzer und Deckenbach über Frauen sprächen oder Konzentrationslagerfantasien à la Solanas als „befreienden Hass" preisen würden! Nein, das überlassen wir doch gerne den Feministinnen.

Es ging und geht hier allerdings um mehr als um einige ver-
biesterte Radikalemanzen. Alice Schwarzer wird für ihren Männerhass von ganzen Scharen von Frauen geliebt und gepriesen.
Auch Bücher mit Titeln wie „Nur ein toter Mann ist ein guter
Mann" wurden nicht nur von einigen wenigen Autorinnen geschrieben, sondern vor allem massenweise von Leserinnen ge-
kauft. Die Böse-Mädchen-Welle war ein richtiggehender Trend
gewesen, und die Männerverachtung flutete auch im neuen Jahrtausend noch ungebrochen fort. Aktionen wie der „AMICA-Nie-
ten-Check" (Motto: „Männer, die Sie sich sparen können") und
vergleichbare Bücher taten so, als ob die Partnersuche eine Som-
merschlussverkaufsveranstaltung wäre, bei der es Ausschuss zum
Aussortieren gäbe. Der Ullstein Verlag gab gar ein Buch mit dem
Titel „Sternzeichen Scheißkerl" heraus und stellte es der weiblichen Zielgruppe mit den Worten vor: „Hier finden Sie treffsiche-
re Methoden und Wege, um wirklich jeden Scheißkerl auf Erden
schon am Sternzeichen zu erkennen. Ein Leitfaden, um den Ab-
schaum der Männerwelt rechtzeitig zu orten, geschickt um den
Finger zu wickeln und beizeiten fallen zu lassen." 2006 wird gar
die gesamte Männerwelt als Ausschuss präsentiert: „Warum
Männer zu nichts taugen", erklärt Annette Zinkant in ihrem Buch
für den Krüger-Verlag (der mit dem hübschen Motto: „Frauen
sind einfach besser"). Dem Verlagstext zufolge beschwert sich
Zinkant darüber, dass in den Hollywoodfilmen immer so tolle
Kerle zu sehen seien, während im wahren Leben offenbar all
ihre Beziehungen scheiterten, weil ihr beispielsweise nur Männer über den Weg liefen, „die beim Ausgehen getrennte Rechnungen verlangen und danach Sex wollen". Offenbar bewegt sich
Zinkant sonst in Kreisen, in denen Sex gegen Geld aufgerechnet
wird, und alles andere macht sie fassungslos. Der Verlag scheint
darauf zu spekulieren, dass sich viele Leserinnen mit Zinkants
Entgeisterung identifizieren können.

Von der Ausbeutung von Männern nach einer Scheidung
braucht man in diesem Zusammenhang gar nicht erst zu reden.
„Mein Ex-Mann ist jetzt mein Sklave", lautete der Name einer
Yahoo-Gruppe, die es in kürzester Zeit auf knappe tausend Mitglieder brachte. „Das deutsche Scheidungsrecht gibt einer rach-
süchtigen Ex-Frau eine Keule in die Hand, gegen die man kaum

ankommt", stellte Väterrechts-Autor Matthias Matussek fest und beklagte eine rücksichtslose Spaßgesellschaft, die in ihren Journalen insbesondere Frauen ständig die Botschaft um die Ohren hämmere: „Power dich nach oben! Scheiß auf den Kerl! Hauptsache, du machst deinen Schnitt!"[193]

Man kann zwar postulieren, dass die Frauenbewegung auch deshalb schneller und erfolgreicher als die Männerbewegung war, weil sie auf ein vereinendes Feindbild Mann zurückgreifen konnte, während die Männerbewegung kein Feindbild Frau pflegt. Aber dass all diese Feindseligkeiten über Jahrzehnte hinweg ganz ohne weiteres weggesteckt werden, ist vollkommen illusorisch. Als die Etablierung der Dienstleistungsgesellschaft und die Erfindung der Pille den Frauen viele neue Freiheiten möglich machte, waren die allermeisten Männer nur allzu bereit, Frauen beim Erobern und Genießen dieser Freiheiten behilflich zu sein. All der radikalfeministische Hass, all die spektakuläre Randale wären nicht notwendig gewesen. Allerdings bedeutet Freiheit immer auch Verantwortung. Und viele Männer gewinnen mehr und mehr den Eindruck, dass viele Frauen mit ihrer neuen Freiheit nicht besonders verantwortungsbewusst umgehen. Sich auf die Position eines pubertierenden „Mädchens" zurückzuziehen und einfach nur zu schauen, wie viel man mit dem Motto „Alles meins!" abgreifen kann, bevor Papa böse wird, ist eher nicht das, was wir uns unter einem Gegenüber auf gleicher Augenhöhe vorgestellt hatten.

Tatsächlich bin ich der Meinung, dass es um mehr als um eine momentane Krise geht. Das Problem ist essenziell, und daher ist es auch nicht getan, hier und da ein paar Gesetze zu ändern, damit wieder alles in Butter ist. Das Problem ist für mich die Frauenfixiertheit, der Mutterwahn, die grundlegende Frauenbegünstigung, die es in unserer Gesellschaft gibt. Sogar Männer, die als Kinder schwer von der Mutter misshandelt wurden, lassen nichts über sie kommen und sind auf der Suche nach der nächsten Heiligen, die sie dann heiraten wollen. Ich habe einen Freund, der von seiner Mutter körperlich und seelisch misshandelt wurde. Er verteidigt sie immer noch. Diese Frauenverherrlichung will

die Frauen heilig und rein – z.B. frei von bösen sexuellen Gelüsten. Die heilige Madonna! Diese Männer sind dann bis ins Mark erschüttert, wenn die Frauen sie verlassen wollen. Es kommt zu Kurzschlusshandlungen, bis hin zum Mord. Diese Menschen hast du oft vor dir, wenn sie noch verheiratet sind. Sie lassen nichts über die Frauen und ihre Frau kommen, lachen dich aus, wenn du von Scheidungsopfern berichtest, sagen, diese sind selber Schuld. Wenn dann ihre Scheidung ansteht, gehen ihnen die Augen auf. Dasselbe gilt für die gesamte Gesellschaft: Solange Frauen den Männer die ILLUSION gelassen haben, dass sie die Größten und Besten sind, haben die Männer gespurt, sind arbeiten gelaufen und haben das Geld brav zu Hause abgegeben. Haben die Frauen vergöttert und ihnen Kühlschränke und Waschmaschinen erfunden. Durch den Feminismus gehen ihnen jetzt die Augen auf. Sie merken, dass was nicht stimmt – einige erkennen sogar, dass es nie gestimmt hat. Andere heulen, dass sie die alten Zeiten wieder haben wollen. Lieber betrogen sein, als die Wahrheit sehen. Das hätte nie passieren dürfen, dass den Männern die Augen aufgehen. Die Frauen werden noch die Feministinnen verfluchen! Eva Herman hat schon angefangen! Aber inzwischen ist den Männern etwas klar geworden: Dass es im Kern nicht stimmt! Dass eine essenzielle Krise da ist. Wir sind schon immer betrogen worden!
Wolfgang Wenger, gepostet im Internetforum „Wie viel 'Gleichberechtigung' verträgt das Land?"

Ulla Rhan erklärt in ihrem Buch „Fuck & Go" sehr hellsichtig und klar, welche Beziehungsdynamik mittlerweile zwischen den Geschlechtern entstanden ist. Dabei richtet sie sich vor allem an ihre weiblichen Leserinnen: „Einerseits verweigern wir uns vehement der Hausfrauenrolle und weisen jeden männlichen Wunsch nach Versorgung zurück, andererseits schreien wir nach dem Kavalier, der uns auf Händen trägt, uns in Watte packt und wie selbstverständlich im Restaurant die Rechnung für uns mit übernimmt. Wenn sich einer längerfristig bindet, rutscht er sogleich in die Rolle des Hauptverdieners. Und geht eine Ehe schief, darf er erst recht löhnen. Warum machen die Männer das überhaupt mit?"[194] Ihre rhetorische Frage beantwortet Rhan, indem sie davon berichtet, wie die Reaktionen jener Menschen ausfielen, die sie in der Vorbereitung für ihr Buch befragte: „Während kaum einer meiner weiblichen Gesprächspartner ein gutes Haar an den 'Herren der Schöpfung' ließ und fast alle die Gründe für ihr Alleinsein in männlichen Unzulänglichkeiten sahen, schlugen die Männer ganz andere, sehr viel leisere Töne an. Die meisten wiesen mich schon bei der Terminvereinbarung darauf hin, dass sie aber auf keinen Fall als Frauenhasser gesehen werden wollten. 'Ich bin pro Frau', beteuerten gleich mehrere noch am Telefon. Kamen sie aber erst einmal ins Erzählen, wurde bei allem Wohlwollen dennoch deutliche Kritik, manchmal sogar ungeheure Wut laut. Männern, denen von Frauen nur allzu oft mangelnde emotionale Ausdrucksfähigkeit vorgeworfen wird, echauffierten sich über die Ungerechtigkeit der gängigen Rollenbilder und die weibliche Kontrollsucht. Sie stöhnten über finanzielle Ausbeutung und klagten über Verunsicherung, Ängste und zunehmende Unlust. Sich heutzutage zu einer Frau zu bekennen, so das allgemeine Fazit, käme einer freiwilligen Versklavung gleich."[195]

Bemerkenswert an diesen Offenbarungen ist auch, dass Männer im Gegensatz zu Frauen offenbar glauben, über ihre vielfältigen Frustrationen nicht offen sprechen zu dürfen. Von dem Schweizer Aphoristiker Charles Tschopp stammt die Feststellung: „Wo Gewalt regiert, gibt es nur zwei Parteien. Die eine schreit öffentlich ja, die andere knirscht ingrimmig nein." Herrscht im Geschlechterverhältnis insgesamt Gewalt – gegen Männer? In etlichen von ihnen, die von außen betrachtet wie die wohldressiertesten Fifis wirken, brodelt es innerlich extrem. Über Jahrzehnte hinweg, hat man ihnen eingetrichtert, dass sie ihre Wut nicht offen zeigen dürfen, weil diese „Neigung zur Aggression" lediglich ein weiteres Merkmal für männliche Minderwertigkeit sei. Aber wenn Menschen glauben, dass sie ihre Wut nicht offen zeigen dürfen, dann lassen sie diese häufig nur in eine passive Aggression umschlagen. Das bedeutet: Rückzug, Beziehungsunlust, Gesprächsverweigerung. Ähnlich wie Ulla Rhan hat auch die Bestseller-Autorin Anne West für ihr Buch „Der Venus-Effekt" sich die Urteile vieler Männer über heutige Frauen ange-hört und dabei auch entsprechende Zitate zusammengetragen. Dabei gelangt sie zu dem Fazit: „Noch hat der Frauenhass, als Äquivalent zum Männerhass (Männer sind halt alles Schweine und so weiter), sich nicht so durchgesetzt, aber, wer weiß, im schlimmsten Fall kann es uns passieren, dass wir Frauen dem-nächst ständig damit beschäftigt sind, gegen Klischees anzuar-beiten und uns zu erklären. Genauso wie es Männer seit 20 Jah-ren tun ...“[196]

Jahrzehntelang sah es so aus, als hätten Schwanz-ab-Schwar-zer & Co. mit ihren Attacken gegen Männer triumphiert. Statt-dessen, so schält sich jetzt immer mehr heraus, könnte zuletzt die viel geschmähte Esther Vilar recht damit behalten, dass auf einer solchen Basis kein Geschlechterfriede herzustellen ist. „In Wirk-lichkeit aber schneiden wir uns ins eigene Fleisch", erläutert Ulla Rhan ihren Leserinnen. „Denn wenn wir so weitermachen, wird irgendwann kein Mann mehr längerfristig etwas mit uns zu tun haben wollen. Es gibt da eine alte Kaufmannsregel, die besagt, dass ein unzufriedener Kunde tausend andere vergrault. Für je-den Rosenkrieg, der geführt wird, taucht ein kleines Heer von Single-Männern im Untergrund ab."[197] Und sie wird noch deut-licher: „Jetzt schon haben immer mehr Männer die Nase voll. Sie verabschieden sich aus dem Part des Gentleman-Lovers, weil es zu viele Frauen gibt, die ihre Dienste zwar liebend gern in Anspruch nehmen, sie aber oft nicht einmal mit einem Lächeln dafür belohnen. Sie lassen sich nicht mehr so leicht den Ich-lie-be-dich-Sand in die Augen streuen, der sie früher einmal blind in die Versorgerrolle tappen ließ. Die Kerle wissen heute, was ih-nen blüht, wenn sie sich unter unsere Fuchtel begeben, und es muss einer schon sehr dicke Tomaten auf den Augen haben, um es freiwillig zu tun. Die einst so willigen Sklaven proben den Aufstand. Das Maß ist voll! Sie sind wütend, und wer wütend ist, differenziert nicht mehr. Ihr Zorn richtet sich nicht gegen eine einzelne von uns, die einem von ihnen im konkreten Einzelfall übel mitgespielt hat. Er richtet sich gegen uns alle: gegen die Weiber."[198]

Die deutschen Männer seien beziehungsmüde geworden, ver-meldete die Deutsche Presseagentur schon am 18. Juni 2002 auf der Grundlage einer repräsentativen Umfrage des Hamburger GE-WIS-Instituts. „67 Prozent von ihnen wollen keine feste Partnerschaft mehr eingehen. Unter den 31- bis 45-Jährigen scheuen sogar 71 Prozent vor einer dauerhaften Bindung zurück." Als Grund wurden unter anderem „schlechte Erfahrungen" genannt, manche wollten sich einer Frau auch schlichtweg nicht öffnen. Seit 2002, behaupte ich, hat sich diese Entwicklung eher noch verschärft.

Ein Faktor, der viele Männer zu einem autonomeren Leben befreit hat, ist die immer leichtere Verfügbarkeit von Pornografie, beispielsweise durch das Internet. Als Alice Schwarzer & Co. in den Siebzigern gegen diese Erotika zu Felde zogen, lautete ihre Parole noch „Pornografie ist die Theorie, Vergewaltigung ist die Praxis". Die Behauptung dahinter war: Wenn Männer sich erotische Filme anschauten, stieg daraufhin ihre Neigung, Frauen Gewalt anzutun. Diese These hat sich in der Forschung jedoch nicht als haltbar erweisen. Jetzt, im Jahr 2007, erklärte die bekannte amerikanische Feministin Naomi Wolf in einem Essay, was vielleicht wirklich hinter der feministischen Abneigung gegenüber Pornos stecken könnte: „Ihr Effekt besteht nicht darin, Männer in reißende Raubtiere zu verwandeln. Im Gegenteil: Der Ansturm der Pornografie ist verantwortlich dafür, die Lust der Männer auf echte Frauen abzutöten (...). Weit davon entfernt, sich nach Pornos verrückte junge Männer vom Leibe halten zu müssen, sind junge Frauen darüber besorgt, dass sie als Wesen aus bloßem Fleisch und Blut nicht mehr deren Aufmerksamkeit erwecken, geschweige denn halten können. (...) Als ich in den Siebzigern erwachsen wurde, war es noch immer ziemlich cool, einem jungen Mann die tatsächliche Gegenwart einer nackten, willigen jungen Frau anzubieten. Es gab mehr junge Männer, die mit nackten Frauen zusammen sein wollten, als nackte Frauen auf dem Markt waren. Wenn man nichts wirklich Alarmierendes an sich hatte, erhielt man schon eine ziemlich begeisterte Reaktion allein darauf, dass man auftauchte. (...) Aber im neuen Jahrtausend war eine Vagina – die früher einen ziemlich hohen 'Tauschwert' hatte, wie Marxisten es nennen würden – nicht mehr genug. Sie wurde auf der Reizskala kaum noch wahrgenommen."[199]

Was Naomi Wolf verständlicherweise als ärgerlich empfindet, bedeutet für viele Männer allerdings einen Akt der Befreiung. Sie brauchen sich nicht mehr auf Verhaltensweisen einzulassen, die ihnen eigentlich kaum zumutbar erscheinen, nur um in den Genuss von Sex zu gelangen. Stattdessen werden sie autonom und besorgen es sich immer öfter alleine.

In einem Artikel vom November 2005 wendet sich die amerikanische Journalistin Kathleen Parker gegen die Annahme, Männer seien nur deshalb verstört, weil sie mit emanzipierten Frauen nicht zurechtkämen, wie es oft leichtfertig heißt: „Männer haben sich nicht von klugen, erfolgreichen Frauen abgewandt, weil diese klug und erfolgreich sind. Weit eher wenden sie sich ab, weil dieselbe feministische Bewegung, die Frauen ermuntert hat, klug und erfolgreich zu sein, sie ebenso ermuntert hat, sich gegenüber Männern feindselig und herabsetzend zu verhalten. Was immer schief lief, Männer waren schuld. Während der letzten 30 Jahre wurden sie entweder als Chauvinistenschweine gebrandmarkt, als unterhaltsflüchtige Väter oder als brutale Schläger, die ihre Frauen misshandelten. Zur selben Zeit, als Frauen wollten, dass ihre Männer die Familie ernährten, wollten sie genauso, dass sie sich wie Freundinnen verhielten: ihre Gameshows aufzeichnen, das Baby füttern und wickeln und mit ihnen die Flohmärkte besuchen. Und dann, als sich Werauchimmer zum Softie entwickkelte, wollten Frauen, dass er die Biege machte. Wenn Kinder im Spiel waren, erhielten Frauen das Sorgerecht und Männer die Rechnung. Das Ausradieren von Männern und Vätern aus dem Leben ihrer Kinder war die verachtenswerteste Errungenschaft des Feminismus. Die Hälfte aller Kinder wird heute Nacht in einem Zuhause ohne Vater schlafen. Haben wir wirklich geglaubt, all das würde Männern nichts ausmachen?"[200]

Einen ganz eigenen Weg zur Erleuchtung wählte die lesbische amerikanische Journalistin Norah Vincent: Sie verkleidete sich ein Jahr lang als Mann und erlebte in dieser Zeit Bowlingclubs ebenso wie Strip-Bars, ein Kloster und eine Therapiegruppe. Über ihre Erfahrungen berichtete sie schließlich in ihrem Buch „Self-made man" (Viking 2006). Am aufschlussreichsten sind Norah Vincents Berichte von der Datingszene. Zum einen musste sie feststellen, dass sie vor jeder Frau, mit der sie überhaupt nur näher in Kontakt treten wollte, zuerst einmal schaulaufen musste. Auch wenn die angeflirteten Damen selbst nicht sehr viel zu bieten hatten, erhoben sie sehr weitreichende Ansprüche, deren Erfüllungen sich oft gegenseitig ausgeschlossen hätten: deutlich selbstbewusst, aber auf keinen Fall arrogant etwa. Am beliebtesten war die Mischung: ein richtiger Kerl, ein Fels in der Brandung, der eine Frau auch schon mal leidenschaftlich aufs Bett schleudern sollte, aber bitte gleichzeitig empfindsam, sensibel, mit Sinn für Poesie und ohne Scheu, seine Gefühle zu zeigen. „Wenn Frauen vom Madonna-Hure-Komplex gefangen sind", so Vincent, „dann sind es Männer genauso von einem Krieger-Minnesänger-Komplex." Besonders erschwert wurde dieses Schaulaufen zusätzlich dadurch, dass die von Vincent angesprochenen Frauen ihr zunächst mit unverhohlenem Misstrauen begegneten und jedes Verhalten erst einmal gegen sie auslegten. Wo Männer, denen sie als Mann begegnete, „ihm" erst mal unterstellten, dass er in Ordnung sei, solange er nicht das Gegenteil zeigte, unterstellten die Frauen erst einmal das Schlechteste: „Sie neigten dazu, in jedem Mann, den sie trafen, einen Wolf zu sehen, also machten sie aus jedem Mann, den sie trafen, einen Wolf – selbst wenn es sich bei diesem Mann um eine Frau handelte." Vincent räumt ein, dass sie als Frau auf dieselbe Sichtweise konditioniert worden war: „Ich habe die Textsammlungen des radikalen Feminismus gelesen, und indem ich ihrer Führung folgte, glaubte ich, dass sämtliche Männer vom Patriarchat beschmutzt seien." Jetzt, mit veränderter Perspektive, fiel ihr aber auf, wie zerstörerisch diese Sichtweise war. Die Feindseligkeit, mit der ihr all diese Frauen immer wieder begegneten, begann, in ihr selbst feindselige Gefühle gegen jene Frauen auszulösen.

Zum Schluss ihres Buches fordert auch Vincent eine Emanzipationsbewegung für Männer: „Die Heilung der Männer ist auch im Interesse der Frauen, obwohl diese Heilung für Frauen bedeutet zu akzeptieren, dass auf einer Ebene Männer nicht nur ebenfalls – hier kommt das befürchtete Wort – Opfer des Patriarchats sind, sondern (und das wird am schwersten zu schlukken sein) Frauen für dieses System mitverantwortlich sind, manchmal genauso viel investiert haben und genauso aktiv wie die Männer selbst waren, um Männer in ihrer Rolle zu halten."

Der letztgenannte Aspekt, man muss es betonen, wird bislang selbst von den meisten langjährigen Männerforschern beharrlich ignoriert. „Böses Foul!" höre ich die eine oder andere Leserin nach all diesen harten Worten ausrufen. „Was kann ich denn für all die männerfeindlichen Miststücke? Warum werde ich in Sippenhaft genommen, nur weil ich zufällig ebenfalls weiblich bin? Ist das nicht genauso bescheuert, wie wenn Simone de Beauvoir auch die freundlichsten Männer in Kollektivhaft nimmt, nur weil diese angeblich ebenfalls alle 'Komplizen und Profiteure' eines patriarchalen Systems seien?" Diese Frage spießt exakt einen der zentralen Streitpunkte in der Männerbewegung auf. Wenn Sie mich fragen: Ja, das ist dasselbe, und es ist in der Tat genauso dämlich. Eine Kollektivschuld begründen zu wollen ist ethisch niemals haltbar. In dieselbe Richtung argumentiert Glenn Sacks, einer der bekanntesten Männerrechtler der USA, der in einem Essay speziell davor warnte, den feministischen Fehler zu übernehmen und „die Frauen" insgesamt zum Gegner zu erklären. Allerdings erhielt Sacks eine Widerrede von dem vielleicht bekanntesten britischen Männerrechtler, der praktisch nur unter seinem Internet-Pseudonym „Angry Harry" bekannt ist. Dieser vertrat pointiert die These, dass durchaus Frauen im allgemeinen zur Verantwortung gezogen werden sollten: „Schließlich haben Frauen im allgemeinen sehr wenig getan, um die Flut der Männerfeindlichkeit aufzuhalten. Sie haben schweigend dabei zugesehen, dass Menschen, von denen sie behaupteten, sie zu lieben, betrogen, verteufelt und benachteiligt wurden. Tatsächlich verhalten sich Frauen im allgemeinen sehr egoistisch und ziehen aus dem heutigen sexistischen System ihren Vorteil." Eben dies wolle er mit sämtlichen legitimen Mitteln bloßstellen.

Ähnliche Stimmen bekomme ich auch von deutschen Männerrechtlern zu hören: Zwar ließen sich heutzutage die wenigsten Frauen als (Radikal-) Feministinnen bezeichnen, sie segelten aber de facto sehr bequem im Windschatten der ihr Geschlecht begünstigenden Verhältnisse. Auch die unideologische neue Generation von Frauen schweige und genieße und nehme wie selbstverständlich alles voll in Anspruch, was von den radikaleren Vorgängerinnen durchgesetzt worden sei. Eine allgemeine Dienstpflicht für Frauen beispielsweise wird aus Rücksicht auf weibliche Wählerstimmen von keiner einzigen Politikerin eingefordert – Gleichberechtigung hin oder her. Auch „die Frauen" jüngerer Jahrgänge könnten sich längst in aller Stille ins Fäustchen lachen.

Wem immer man bei dieser Kontroverse zustimmen mag, man sollte dabei doch nicht übersehen, dass sie sich um die Frage dreht, wie man sich unter dem Aspekt der Gerechtigkeit verhalten *sollte*. Das ist aber nur ein Teil des Problems. Ein anderer, ganz wesentlicher Teil ist, was tatsächlich *passiert*. Und hier lässt sich erkennen, dass viele Männer sich ganz allgemein von „den Frauen" zurückziehen. Vielleicht gar nicht einmal, um sie damit zu bestrafen. Sondern einfach, weil sie schon so viel Abscheuliches erlebt haben, dass sie kein Risiko mehr eingehen möchten, schlichtweg nicht mehr vertrauen können. Das Ergebnis: Böse Mädchen kommen zwar überall hin, finden sich dort aber mutterseelenallein wieder. Tja, davon hat die liebe Ute Erhardt in ihren Lobliedern auf antisoziales Verhalten leider nichts geschrieben. Diese Krise verschärft sich noch einmal, weil sie sich nicht nur auf emotionaler Ebene abspielt.

Die amerikanische Feminismuskritikerin Camille Paglia sagte einmal: „Es wird nicht mehr als eine einzige Naturkatastrophe nötig sein, damit diese ganze künstliche Welt zusammenstürzt, und plötzlich wird jeder nach den Klempnern und Bauarbeitern rufen. Nur maskuline Männer der Arbeiterklasse werden die Welt zusammenhalten."[201] Wie es momentan aussieht, braucht es noch nicht einmal eine Naturkatastrophe, damit der Ruf nach starken Männern wieder lauter wird. Eine wirtschaftliche Krise reicht offenbar vollkommen aus. Schon in den neunziger Jahren fragten sich viele Frauen, ob sie der Feminismus nicht schlicht fürchterlich veralbert hätte, indem er vor allem dazu führte, dass sie jetzt genauso malochen mussten wie die Kerle. (Nun, nicht *genauso*, die wirklich zerschindenden Knochenjobs blieben ihnen weiterhin erspart, aber schlimm genug!) Bücher wie Annette Hillebrands „Macht Arbeit Frauen wirklich glücklich?" und Claudia Schreiners „Wenn Frauen zu viel arbeiten" legten beredtes Zeugnis über diesen wachsenden Zweifel ab.

Auch Eva Herman erhielt auf den Leserbriefseiten von Zeitungen und Zeitschriften von weiblicher Seite überraschend häufig Zustimmung für ihre Worte – Zuschriften, die sie in einem zweiten Buch zusammenstellte. Aber ist diese Zustimmung wirklich so überraschend? Frauen suchen noch immer vor allem den Ernährer, muss der Bamberger Familienforscher Hans-Peter Blossfeld konstatieren, und die Soziologin Cornelia Koppetsch von der Berliner Humboldt-Universität sieht das als Grund dafür, dass Frauen vorwiegend Fächer wie Germanistik und Romanistik studieren: „Frauen erlauben sich eher eine Selbstverwirklichungsorientierung und den Luxus, in Bereiche zu gehen, die auf dem Arbeitsmarkt nicht so nachgefragt sind. Sie wissen, dass sie nicht eine Familie ernähren müssen – höchstens sich selbst."[202] Als Folge dieser weiblichen Selbstverwirklichung geht regelmäßig das Geschrei um die angeblich so benachteiligten Frauen durch die Medien, und man wirft mit immer dickeren Geldbündeln nach ihnen, damit sie es in der Arbeitswelt so gemütlich wie möglich haben. Und trotzdem, so vermeldete am 27. Juni 2006 der Schweizer „Blick", wolle einer wissenschaftlichen Umfrage von Forschern der Universität Genf zufolge fast jede zweite Frau „zurück an den Herd".[203] Mit diesem Ergebnis habe man nicht gerechnet, musste Professor Sandro Cattacin, der die Studie leitete, zugeben. Logisch, schließlich wurde man von den Medien tagaus, tagein nur mit der feministischen Weltanschauung versorgt – wiewohl schon Schwarzer-Vorbild Simone de Beauvoir forderte, Frauen sollten erst gar nicht das Recht erhalten, Hausfrau sein zu können, weil sonst vermutlich zu viele Frauen von diesem Recht Gebrauch machen würden. Cattacins Erklärung für das Ergebnis seiner Untersuchung: „Frauen sind auf dem Arbeitsmarkt zu Konkurrenten geworden, und die Gleichberechtigung stellt höhere Anforderungen an den einzelnen als die traditionelle Rollenteilung. Als Reaktion darauf gibt es eine Flucht zu einem romantischen Weltbild." Dass in Deutschland Umfragen zu ähnlichen Ergebnissen führen, habe ich in „Sind Frauen bessere Menschen?" bereits ausgeführt. In ähnlicher Weise habe ich in Kapitel 2 des vorliegenden Buches auf die Emnid-Studie verwiesen, der zufolge 70 Prozent aller Frauen zwischen 14 und 29 Jahren von ihrem Partner erwarten, dass er in der Lage sein sollte, den Unterhalt für beide alleine zu stemmen. Derselben Studie zufolge hätten 66 Prozent der von Emnid befragten Damen übrigens gern gleichzeitig einen Herrn an ihrer Seite, der seinen Job zugunsten der Familie hinten anstellt – aber diese Kombination fällt wohl schlicht in die Kategorie, dass viele Frauen an Männer einander komplett widersprechende und unerfüllbare Ansprüche stellen. Und wenn Männer an diesem logischen Widerspruch scheitern, heißt es, sie seien in der Krise.

Mehr und mehr entpuppt sich der Feminismus, so wie wir ihn größtenteils kennen, als eine Luxus-Ideologie, die vor allem in einer Phase zur Blüte gelangen konnte, als die ökonomischen Gegebenheiten besonders günstig waren: der von einem starken Wirtschaftswachstum geprägten Periode bis Mitte der siebziger Jahre bzw. die Periode direkt danach, als wir noch deren Früchte genießen konnten. In diesem Zeitraum war es für eine Frau schlicht eine angenehme Alternative zur oft drögen Hausfrauentätigkeit, bei einem angenehmen Teilzeitjob noch ein wenig dazuzuverdienen und nebenher unter Menschen zu kommen, sich zu beweisen und zu „verwirklichen". Und wenn der Mann da nicht schleunigst Platz machte, wurde er als Unterdrücker beschimpft.

Diese Phase währte allerdings nur wenige Jahrzehnte. Die Gegenwart sieht anders aus. Statt dass sie einen liebevollen Partner haben und zusätzlich ein paar Stunden am Tag in der Nähe ihres Wohnorts etwas hinzuverdienen, sind etliche Frauen jetzt alleine und müssen sehen, wie sie selbst über die Runden kommen, was häufig Überstunden, vom Arbeitgeber geforderte Flexibilität und andere Belastungen bedeutet, die wiederum dazu führen, dass die nötige Zeit für den Aufbau und Erhalt eines sozialen Netzwerks fehlt. So lernen jetzt auch immer mehr Frauen kennen, was die so vehement eingeforderte „andere Hälfte des Himmels" an Einsamkeit, Stress und Selbstverleugnung alles bedeutet.

Zu einem ähnlichen Ergebnis gelangen auch Angela und Juliana von Gatterburg in ihrer Analyse „Liebe Drama Wahnsinn". Auf der Suche nach dem Traumpartner nähmen „zunehmend junge, attraktive, gut ausgebildete und beruflich erfolgreiche Frauen zwischen 20 und 35 Jahren" therapeutische Hilfe in Anspruch. Eine entsprechende Therapie gestalte sich allerdings eher schwierig, denn das gesellschaftlich und medial gestützte Motto dieser

Frauen laute: „So lästige Dinge wie an sich arbeiten, die Liebe lebendig halten, Ansprüche auch mal runterschrauben, kann man getrost anderen überlassen." Hinter diesen Vorstellungen, so äußerte sich eine von den Autorinnen dazu befragte Psychologin, „stecke eine geradezu kindliche Heilserwartung". Ein Hauptanspruch zahlloser Frauen auch nach Jahrzehnten der Emanzipation sei der Mann als Versorger und Erfolgstyp: „Es geht den Frauen um Geld, aber auch um Status und Ansehen. Berufliches Versagen wird als persönliches Versagen gesehen – da können die Zeitungen noch so viel schreiben von Konjunktur- und Jobkrise." Bemerkenswert sei, dass diese Forderungen wie selbstverständlich auch von Frauen gestellt werden, die selbst nicht gerade einen besonders beeindruckenden Beruf ausübten. Offenbar fühlten sie sich durch einen erfolgreichen Mann auf- und durch einen erfolglosen abgewertet – „was nicht gerade für ein stabiles Selbstbewusstsein spricht". Bizarrerweise wünschten sich viele Frauen „einen richtigen Mann, also einen Mann, der erfolgreich ist, Geld verdient, Ansehen hat, dem aber die Karriere nicht so wichtig ist, dass er sich nicht gleichzeitig um Ehefrau, Haus, Kinder und Hund kümmert und seine weiblichen Anteile entdeckt und pflegt." Sicher, so die von Gatterburgs, dürfe jede Frau solche Fantasien hegen – „nur sollte sie nicht erwarten, dass all diese sich widersprechenden Wünsche erfüllt werden."

Die von den Gatterburgs geschilderten Damen sind das Produkt einer schizophrenen Medienkultur, in der zwei Hauptthemen die meisten Frauenmagazine bestimmen: Erstens: Warum sind alle Männer widerwärtige Schweine? Und zweitens: Was kann ich tun, um auf Männer anziehend zu wirken? Das Resultat sind zahllose Frauen, die verzweifelt nach einem Partner suchen, aber fast jeden potenziellen Kandidaten unweigerlich herabsetzen müssen.

Wie sich das bei Männern bemerkbar macht, durfte ich erfahren, als ich mich Anfang 2006 für die Recherche an einem Ratgeber zum Thema Cyberflirts bei der Internet-Kontaktbörse Friendscout24 anmeldete und dort über einige Wochen hinweg mehrere Dutzend Frauen anschrieb. Behilflich war mir dabei ein Profil zur Selbstdarstellung, bei dessen Verfassen mir zwei befreundete Psychologinnen behilflich waren und das eigentlich hätte erfolgreich sein müssen. Resultat: keine einzige Antwort. Wir veränderten das Profil und setzten den Schwerpunkt jetzt eher auf „kreativ und witzig" statt „ehrlich und zuverlässig" (wiewohl diese Charaktereigenschaften in beiden Profilen enthalten waren). Wieder keine Antwort. Dafür fielen mir immer mehr Kontaktanzeigen von Frauen auf, die sich in ihrer Selbstdarstellung darüber beschweren, dass „hier bei Friendscout ja sowieso nur Schrott" herumlaufe.

Ich kontaktete jetzt nochmals die zuvor von mir vergeblich angesprochenen Frauen, stellte mich ihnen als Buchautor bei der Recherche vor und bat sie um Rückmeldung, warum sie auf meine Kontaktanzeige nicht reagiert hatten. Auch darauf erhielt ich von lediglich vier Frauen überhaupt eine Antwort. Eine stellte sich als Deutsch-Russin heraus, die unsere Sprache nur gebrochen spricht, einer passte mein Foto nicht in ihr „Beuteschema", einer dritten ist mit „Vanilla Sky" und „Mulholland Drive" mein Filmgeschmack zu intellektuell (sie ist Lehrerin). Eine vierte, die mindestens seit meinem eigenen Einstieg bei Friendscout dort aktiv war, erwiderte, man bekäme dort als Frau ungefähr 28 Kontaktmails pro Tag und könne unmöglich auf jedes einzelne antworten. Trotz der Besorgnis von Naomi Wolf ist die männliche Nachfrage offenbar durchaus noch stark genug.

Meine negative Erfahrung scheint durchaus typisch zu sein, wenn ich mir etwa anschaue, was in Internetverbraucherportalen wie ciao.de oder bei „Stiftung Warentest" über die Erfolgschancen für Männer auf dem Online-Kontaktmarkt zu erfahren ist. Und gerade das macht die Situation bestürzend. Da bekommen Frauen über Monate hinweg geschätzte 28 Kontaktmails pro Tag und beklagen sich dann darüber, dass das angeblich alles Knallchargen seien und sie niemand Passendes fänden? Wie kann das angehen?

Der Autor Thomas Kirschner berichtet in seinem Buch „Liebe über Grenzen" recht anschaulich über seine Erfahrungen bei der Suche nach einer Partnerin per Kontaktanzeige. Besonders war ihm aufgefallen, dass selbst wenn er mit einer Frau, die er auf diese Weise kennenlernte, einen schönen Abend verbracht hatte, diese Dame zum Ende des Treffens häufig auf Distanz zu gehen schien. Er hatte den deutlichen Eindruck, dass im Kopf dieser Frauen ein innerer Monolog ablief wie dieser: „Gut, gut, mag sein, dass dieser Typ ganz okay ist, er gibt sich ja auch alle Mühe. Aber soll ich ihn jetzt wirklich mit nach Hause – und damit in mein Leben – nehmen? Was werden meine Nachbarn denken? Und was soll ich ihm sagen, wenn er mich dann übermorgen schon wieder treffen will, da hab ich doch ein Date mit Joachim, und der ist eigentlich auch ein toller Hecht. Und überhaupt: Wer bin ich denn, dass ich mir gleich am ersten oder zweiten Abend eine Blöße gebe? Soll der Typ doch erst mal zeigen, was er so drauf hat! Wenn er wirklich so gut ist wie er behauptet, dann wird er sicher sowieso bald wieder anrufen und mir noch ein paar schöne Komplimente machen. Und bis dahin werde ich noch Rainer und Claus eine Chance geben, sich zu beweisen. Schließlich bin ich ja noch jung! Festnageln lassen kann ich mich auch später noch."

Nun könnten Sie mich an dieser Stelle fragen, was Sie denn die privaten Fantasien und Spekulationen von Herrn Kirschner angingen? Fakt ist aber, dass sein Eindruck von vielen anderen Männern, mit denen ich mich über solche Themen ausgetauscht habe, geteilt wird. Das Verhalten der fraglichen Damen macht ja kurzfristig betrachtet auch auf gewisse Weise „Sinn", denn wenn ich 28 Zuschriften pro Tag bekomme, kann ich mir zumindest erfolgreich einreden, dass es vernünftiger wäre, noch ein bisschen weiter auszutesten, bis ich endlich einen Hauptgewinn am Haken habe. Nur kommen aber viele Frauen, so scheint es, aus dem Testen gar nicht mehr heraus. Offenbar fühlen sie sich wie in einem gigantischen Supermarkt mit einer unendlichen Angebotskette, wo sie, sobald sie sich entscheiden, von immensen Zweifeln gepackt werden, ob sie nicht ein oder mehrere viel bessere Angebote übersehen haben. Glücklicher wird man durch diese Einstellung offensichtlich nicht. Thomas Kirschner – und er ist da kein Ausnahmefall, sondern eher ein typischer Vertreter seiner Art – reagiert auf die weiblichen Ansprüche jedoch mit Verweigerung. Er hat keine große Lust, sich mit anderen darin zu messen, wer am schönsten durch die hingehaltenen Reifen springen kann: „Irgendwann war mir klar: Ich wollte für keine Frau mehr Männchen machen. Ich hatte ein klares Angebot: nämlich mich, mein Leben, mein Herz, mein komplettes Commitment. Ich wollte nicht monatelang taktieren und hofieren, nach möglichen Nebenbuhlern Ausschau halten und versuchen, sie auszustechen. Ich wollte offen und fair spielen: Hier ist mein Angebot. Nimm es, oder lass es sein. Aber das schien nicht das Spiel zu sein, das eine intelligente, gut aussehende „Cosmopolitan"-Leserin aus bestem Hause spielen wollte. Sie wollte Prinzessin spielen. Das war mir aber leider zu langweilig. Und ich hatte den Verdacht – nein: ich wusste aus eigener schmerzlicher Erfahrung wie auch aus allzu vielen Geschichten anderer Männer, dass diese Art von Prinzessin ihr verdammtes Recht auf Unverbindlichkeit selbst dann noch einfordern würde, wenn man gerade wegen ihr sein komplettes Leben umgebaut und sich in riesige Verpflichtungen gestürzt hatte, um ihr genau das Leben zu ermöglichen, nach dem sie immer gequengelt hatte". Inzwischen ist Kirschner mit einer Russin glücklich verheiratet, die er gezielt über den internationalen Kontaktmarkt kennengelernt hatte. Sicherlich trägt der Gedanke, es gebe ein quasi unerschöpfliches Reservoir bereitstehender Partner, dazu bei, dass einige Frauen überzeugt davon sind, sich auch herablassendstes Verhalten leisten zu können. Vor einiger Zeit setzte in einem unserer Männerforen mal jemand einen Link auf ein Posting im Internetforum von freundin.de, um dies zu veranschaulichen:

Ey kennt Ihr das? Ihr seid chic in ner Disco mit euren Mädels, wollt nur mal tanzen und dann das: eine Lusche von Mann, Bauch, Glatze, dünne Ärmchen kommt auf Euch zu, weniger beschwipst als betrunken, und Ihr dürft Euch das anhören: Ey Hübsche, Du bist geil.... Ich glaube, ich muss hier nicht weitermachen! Und dann gibt's da noch die anderen: die superschüchternen: Milchgesichter: „Äh...*stotter* Also, ich bin der Kai und Du?" Lol. Einfach lustig!

Spontane Reaktionen der Männer, die das kopfschüttelnd lasen, waren: *Wenn die ersten Falten bei diesen größenwahnsinnigen Gören kommen und sie kein Alpha-Männchen mehr finden, das auf Kommando wie ein dressiertes Äffchen seine Kunststückchen vorführt, dann ist das Geflenne groß. Dann erinnert sich Madame daran, dass die „normalen Durchschnittsmänner" auch Menschen sind. Nur sitzen die längst im Flieger nach Thailand ...* sowie: *Kannst du dich daran erinnern, an die zahlrei-*

chen Artikel in der 'Zeit', 'Faz' und sonstigen Zeitungen, wo das Gejaule der Mädels über fehlende Männer für eine Familiengründung Hochkonjunktur hatte? Tja, woher das wohl kommt? Es fällt den Damen wohl schwer, sich an die eigene Nase zu fassen. Und das sind nur stellvertretende Aussagen. Die „Frauenverachtung", die viele Emanzen vor Jahrzehnten bei den Männern herbeifantasierten, ist inzwischen häufig real geworden und wird durch ein ganz bestimmtes weibliches Verhalten begründet. Die einmal und immer wieder von weiblicher Seite aufgekündigte Solidarität zwischen den Geschlechtern, solange sich die Frauen auf der Siegerstraße wähnten, kann nicht mir nichts dir nichts wieder hergestellt werden, nur weil jetzt wieder der Ernährer und Beschützer gefragt ist. Als Eva Herman für eine Rückkehr zu den traditionellen Geschlechterrollen plädierte, war in den Männerforen wenig davon zu verspüren, dass hier alte Patriarchaten wieder Morgenluft gewittert hätten, wie es manche Feministinnen schon unheilschwanger raunten. Stattdessen stießen Eva Herman und ihre Schwestern im Geiste weit eher auf Ablehnung und Hohn. Einige Beispiele:

- *Ist der Schluss nicht, dass wir die Frauen eigentlich gar nicht mehr zurück an unserem Herd haben wollen? Die tun ja grad so, als ob diese bequeme Variante zur Not und bei Bedarf immer noch offenstünde. Wir sind doch nun – wider Willen – mit allen Wassern gewaschen worden und durften doch erkennen, welch materialistische Ambitionen die Frau hegt, wenn sie an eine Ehegemeinschaft denkt. Auch halte ich es für ein Gerücht, dass in Krisenzeiten die Männer von sich aus auf den Trichter kommen, nun den Karren aus dem Dreck zu ziehen. Es ist einfach nur, dass Frau und Staat es gerne hätten und es gerne sehen würden, und so wird das dann kolportiert.*

- *Ich muss lachen: Jetzt bin ich wieder „starker deutscher Mann" und bekomme einen Schulterklopfer. Jetzt darf ich schon mal einen ur-männlichen Scherz machen über die Frauen und bekomme einen heißen Blick, na sicher doch.*

- *Ja, ich hoffe auch, dass die Männer hierzulande so weit sind, sich um Kind und Haushalt zu kümmern und damit lieber einer selbstbestimmten Tätigkeit nachzugehen, als fremdbestimmt zu arbeiten, um das Geld für die Familie zu beschaffen. Das kön-*

nen die Frauen tun – immerhin investiert die Gesellschaft viel Geld und Aufwand, um Frauen in allen Berufsbereichen zu fördern und in möglichst allen Berufen einen möglichst hohen Frauenanteil mit möglichst hohen Verdiensten zu erreichen, während Männer zunehmend an den Rand gedrängt werden. Das ergibt nur dann Sinn, wenn Frauen künftig die Versorgerrolle übernehmen, mit allen Konsequenzen. Es geht also weniger um Wettbewerb, sondern darum, das sonst gesellschaftliche Investitionen in Billiardenhöhe in den Sand gesetzt wären. Daher habe ich auch nie das Problem verstanden, dass Akademikerinnen kinderlos seien – wer eine teure Universitätsausbildung hat, sollte eigentliche nicht den Wunsch haben, sich danach ins Hausfrauendasein zurückzuziehen.

- Das gefällt mir. Eine eindeutige Absage an Eva Herman, aber eben nicht im Emmas Sinne! Wieso sollen wir Euch wieder durchfüttern? Jetzt macht mal selbst, und zeigt, dass ihr es auch könnt, wenn man Euch all Eure Vergünstigungen, Sonderförderungen und Alimente streicht! Ist nicht immer die Rede von fairem Wettbewerb?

- Ich sage immer, dass wir niemals vergessen sollten, dass Staat und Frau sich in Friedenszeiten und Wohlstand auch nicht einen Millimeter in Richtung Mann bewegt haben. Nicht ein einziges Zugeständnis gerade beim Thema Sorgerecht war doch drin. Wir haben es doch noch vor den Augen. Der Mann und sein Werk war gut genug, es zu verjuchteln, es auseinanderzunehmen und maßlos auszubeuten.

Mit hoher Wahrscheinlichkeit, so vermuten einige, werden sich zwar viele Männer finden, die bereitwillig wieder von Strickgruppe auf Macho umschalten. Aber möglicherweise sind es nicht genug. Auch die oben erwähnte Studie Professor Sandro Cattacins gelangte zu dem auffallenden Ergebnis, dass sich mehr Frauen als Männer zurück nach den Zuständen von gestern sehnten. Woran könnte das nur liegen?

II. Männer werden sich der Arbeitswelt zunehmend entziehen

Dass viele Männer in Zeiten von Globalisierung und Wirtschaftskrise längst nicht mehr dieselben Chancen auf eine beeindruckende Karriere haben wie vor einigen Jahren, dürfte inzwischen auch dem letzten klar geworden sein. Genauso wenig überrascht es, dass Frauen sich in diesen herben Zeiten wieder einen Ernährer und Beschützer als Partner wünschen. Dabei begegnet ihnen jedoch, wie ich in der vorigen Passage ausgeführt habe, immer öfter nur ein höhnisch ausgestreckter Mittelfinger. Viele Männer bleiben konsequenterweise auf dieser Stufe der Verweigerung nicht stehen. Sie stellen sich die nahe liegende Frage, wieso sie sich eigentlich weiterhin bis zur Selbstausbeutung schinden sollen, wenn sie dafür mit Partnerschaft und Familie ohnehin nicht entsprechend belohnt werden.

„Millionen von Männern", berichtete die „New York Times" am 31. Juli 2006 über die Situation in den USA, „Männer in der Blüte ihres Lebens zwischen 30 und 55 Jahren, haben sich dem geregelten Berufsleben entzogen. Sie lehnen Jobs ab, die sie für unter ihrer Würde halten, oder sind nicht in der Lage, Arbeit zu finden, für die sie qualifiziert sind, selbst als eine wieder wachsende Wirtschaft neue Gelegenheiten dazu bietet."[204] In Deutschland sieht es nur unwesentlich anders aus, vermeldet am 20. Juli 2006 die Journalistin Mercedes Bunz fassungslos für das Berliner Stadtmagazin „Zitty": „Männer wollen keine Karriere mehr machen. Sie wollen keine Familie gründen. Kurz, sie weigern sich, zu Stützen dieser Gesellschaft zu werden." Das hat sie klug erkannt. Für *diese* Gesellschaft wollen wir wirklich keine Stützen mehr werden. Und warum nicht? Die Antworten lauten diesseits wie jenseits des Atlantiks gleichermaßen.

In den USA liefert die uns bereits bekannte männerfreundliche Bloggerin „Dr. Helen" die passende Erklärung[205]. Sie fragt sich, wer mehr Spaß am Leben habe – ein arbeitsloser Müßiggänger oder „die pflichtbewussten Väter und Ehemänner, die sich die Idee haben verkaufen lassen, dass ein Mann Geld herbeischaffen, mit den Kindern und dem Haushalt helfen und sich nicht beklagen sollte. Warum sollte es uns überraschen, dass Männer ihre Rolle als Ernährer abwerfen, nachdem 'Experten' und Feministinnen sie jahrelang durch den Schmutz gezogen haben? Jetzt nehmen Männer sich endlich deren Ratschläge zu Herzen und entdecken sich selbst, entspannen sich, geben ihre bisherige Rolle auf – und dann macht man sich Sorgen, weil sie keinen Job haben? Der 'New-York-Times'-Artikel weist darauf hin, dass diese Männer bis morgens um elf ausschlafen können, ihre Lieblingsbücher lesen, ihren Interessen wie dem Studium des Klavierspiels nachgehen und ihr Leben auf eine Weise erforschen, wie es ihnen in der Vergangenheit immer unmöglich war. Vielleicht ist das gut für ihre Emotionen. Die Gesellschaft nervt Männer seit Jahrzehnten damit, dass sie sich mehr um ihr Gefühlsleben kümmern sollen. Jetzt ist die Nachricht bei ihnen angekommen. Warum beschwert sich irgendwer?"

Sind Dr. Helens Ausführungen nur eine Idealisierung von Arbeitslosigkeit? Das sind sie nicht, wenn es sich dabei um eine freie Entscheidung handelt. Nach allem, was ich von Hunderten Männern gehört habe, die sich in der Hoffnung auf Familienglück als Arbeitstiere ins Joch haben spannen lassen, fühlen sich viele von ihnen damit alles andere als zufrieden. Oft genug endete das erhoffte Partnerglück in einem Fiasko – das Zeitschriften wie die „Hörzu" als „wachsende Flexibilität der Frauen" bejubeln. Der Single, der wenig verdient, aber mehr Freizeit genießt, hat mehr vom Leben.

Auch Mercedes Bunz hat auf ihr Klagelied in der „Zitty" die passende Antwort bekommen. Ein Leser, der seinen Online-Kommentar mit „Salvatore" unterzeichnet, erwidert ihr: „Nun haben Medien und Frauen Männern über Jahrzehnte erzählt, sie seien überflüssig, gewalttätig, dumpf und sowieso ein Irrtum der Natur. Da ist es doch kein Wunder, dass sie keine Stützen der Gesellschaft werden wollen. Warum sollten sie denn? Und wozu sollten sie Karriere machen wollen? Um andere Männer auszustechen, um Frauen zu imponieren? Heutige Männer haben an beidem kein Interesse. Sie verstehen sich untereinander viel zu gut, um dauernd in Konkurrenz miteinander treten zu wollen. Für wen sollten sie das tun, für Frauen? Danke, kein Interesse. Und warum sollte ein Mann eine Familie gründen wollen? Er kann auch ohne wunderbar leben. Eine Familie ist für einen Mann ohnehin eine fragile Angelegenheit. Jede Frau kann jeden Mann schneller aus der Familie entfernen, als der Gender Mainstreaming aussprechen kann. Das Schöne ist doch, das ist alles überhaupt nicht nötig: Man kann genug Geld zum Leben verdienen, ohne sich für eine Karriere krummzulegen, eine Person braucht ja nicht viel, man kann Frauen kriegen, ohne eine Beziehung geschweige denn eine Familiengründung anzustreben, und eine Gesellschaft, die einen Ewigkeiten lang als Depp bezeichnet hat, muss man nicht stützen. Macht sich etwa langsam das dumpfe Gefühl breit, dass Männer vielleicht doch nicht so überflüssig sind? Pech! Viele haben gemerkt, dass Überflüssigsein eine Menge Freiheit mit sich bringt. Die will man nicht mehr missen. Sollen Frauen doch Karriere machen. Das wollten sie doch. Dann also los! Oder ist das vielleicht doch nicht so toll?"[206] Tatsache ist: Etliche Männer haben längst den entscheidenden Schritt zu ihrer Emanzipation getan. Sie haben erkannt, dass die Arbeit, die sie tun oder nicht tun, in keinerlei Beziehung zu ihrem Wert als menschlichen Wesen steht. Für viele Männer war das ein evolutionärer Schritt. Aber er ist geglückt. Dass etliche Frauen darüber alles andere als begeistert sind, sondern lautstark zu greinen beginnen, ist klar: Der Mann, der sich allein über seine berufliche Leistung und Finanzkraft definierte, war als Ernährer und Zahlesel, im Zweifel auch nach einer Scheidung, bei weitem praktischer. Nun, es mag vor ein paar Jahrzehnten auch Männer gegeben haben, die mit der – eher halbherzigen – Emanzipation der Frauen aus ihrem althergebrachten Rollenkorsett alles andere als glücklich waren. Und auch sie mussten lernen, damit klarzukommen.

Inzwischen stellt sich sogar die Frage, ob sich Männer zunehmend nicht nur der Arbeitswelt, sondern auch anderen gesellschaftlichen Sphären entziehen werden. Auch dies fällt seit 2006 verstärkt ins Auge, nämlich nachdem eine verstärkte Diskussion um das Leben in virtuellen Online-Welten wie „World of Warcraft" oder „Second Life" entstand.[207] Weit überwiegend Männer scheinen aus dem faschistoiden Teil des Internets (Kontaktbörsen, wo sie nach Einkommen und Aussehen bewertet und daraufhin belohnt oder abgestraft werden) in den nicht-faschistoiden Teil umzuziehen: eben jene virtuellen Gesellschaften, in denen statt einem durchtrainierten Körper und einem hübschen Gesicht Persönlichkeit und Charakter eine Rolle spielen. Wo sich jeder mit Brüsten, Hintern und Muskeln ausstatten kann, wie er lustig ist, zählen plötzlich wieder Sozialverhalten und innere Werte. Auch über den Rückzug vieler Männer aus der realen in die virtuelle Welt und die Frage, ob sie angesichts der herrschenden Zustände nicht ausgesprochen verständlich ist, wurde bislang kaum diskutiert. Dabei ist sie nicht ganz unproblematisch – denn auch jene Männer, die dauerhaft in virtuelle Welten abtauchen, fehlen, wenn es darum geht, unsere ganz reale Welt für Männer und Frauen wieder menschlicher zu machen.

III. Der Riss durch die Männerbewegung wird sich vertiefen

Ich war mit der Arbeit an diesem Buch zur Hälfte fertig, als ich in einen unerwarteten Konflikt geriet. Dazu gibt es eine kleine Vorgeschichte: Oberste Priorität in meinen Veröffentlichungen hat neben den Männerrechten mein Engagement gegen sexuelle Gewalt – egal ob Männer und Jungen oder Frauen und Mädchen davon betroffen sind. Beispielsweise ging das Honorar für meine erste veröffentlichte Kurzgeschichte komplett an die Organisation „Zartbitter", die sexuellen Missbrauch bekämpft.[208] Mitte 2006 hatte ich mit „Die Sklavenmädchen von Wiesbaden" einen Krimi herausgebracht, der sich um das Thema Zwangsprostitution dreht, und in diesem Zusammenhang beschlossen, ein Viertel meines Autorenhonorars an die Organisation „Solwodi" („Solidarität mit Frauen in Not") zu spenden, welche die Opfer von Menschenhandel unterstützt. Diesem Entschluss ging wie immer bei meinen Büchern eine eingehende Beschäftigung mit der Fachliteratur zum Thema voraus. Auch auf meiner privaten Homepage schaltete ich einen Link auf Solwodi.

Im Juni 2006 brach wegen dieses Links in einem Forum der Männerbewegung plötzlich eine öffentliche Empörung über mich aus, die man sich kaum vorstellen kann.[209] Die Namen der Beteiligten, soweit sie mir überhaupt bekannt sind, spielen hier keine Rolle: Der Streit ist, was die persönliche Ebene angeht, längst Schnee von gestern – er dient mir lediglich dazu, eine bestimmte Entwicklung anschaulich zu machen. Sie werden gleich sehen, worauf ich hinauswill. Der Streit begann damit, dass ich von einem Menschen, den ich nicht näher kannte, barsch aufgefordert wurde, mich gefälligst für meinen Link zu Solwodi zu rechtfertigen: „Hast du aktuell Grund, dich beim Feminat einzuschleimen?" wurde ich von ihm gefragt und als „Extremist" beschimpft. Andere Besucher dieses Forums stiegen schnell ein: Solwodi sei ganz klar eine sexistische Organisation, da sie sich nur um weibliche Opfer kümmere und nicht auch um männliche. Der Unmut richtete sich jedoch ausdrücklich nicht nur gegen Solwodi, sondern dagegen, dass ich „überhaupt eine" Organisation unterstütze, die Zwangsprostitution bekämpfe. Ein weiterer Diskussionsteilnehmer zeigte sich „angewidert" (ob über mich oder über Solwodi bleibt unklar) und führte aus: „Alle Solwodi-Texte, die ich kenne, sind jedenfalls einfach nur widerlich, und du erweist der Männerwelt sicherlich keinen guten Dienst damit, derartiges Volk zu unterstützen." Ein dritter meinte: „Vielleicht lässt sich damit wesentlich mehr Geld verdienen als mit einem weiteren Männerrechtler-Buch. Wenn man denn schon auf mehreren Hochzeiten tanzen muss/will, dann sollten gewisse Hochzeiten doch tabu sein." In diesem Stil ging das öffentliche Standgericht über mich einige Zeit lang weiter, und die Angriffe wurden immer schriller. „War der 'Emma'-Restposten in deiner Gegend in letzter Zeit im Sonderangebot?" hieß es. Und „Mit dem Feind macht man keine Geschäfte", sowie: „Wie wär's zur adäquaten Fortsetzung der Karriere als Gastschreiber bei der 'Emma'? Sicher, ganz koscher sind die jetzt nicht, aber die setzen sich doch für Frauen ein." Man fühlte sich von mir „beschissen und in den Rücken gefallen". Als ich diese Attacken von mehreren Seiten, die mich schockierten und fassungslos machten, schließlich mit Entschiedenheit zurückwies, konterten meine Angreifer mit „getroffene Hunde jaulen" und warfen mir vor, dass ich „auf ein paar Fragen" nicht souverän und sachlich reagiert hätte, also offenbar nicht in der Lage sei, mit Kritik umzugehen. Eine Sachdiskussion wurde immer wieder durch extreme Feindseligkeit unmöglich gemacht.

Ich möchte an dieser Stelle betonen, dass die allerwenigsten Mitglieder der Männerbewegung die Bekämpfung sexueller Gewalt als anrüchig empfinden. Ein Großteil der heftigen Reaktionen, die hier auf mich einprasselten, wird aber zumindest verständlicher, wenn man sie unter dem Aspekt dessen betrachtet, was ich zuvor als „Entsolidarisierung der Geschlechter" beschrieben habe. Viele Männerrechtler sind mehr als nur ein wenig verbittert darüber, dass etliche Hilfs- und Menschenrechtsorganisationen bis hin zu Amnesty International sich einer Opferhilfe vor allem für Frauen widmen und sich willfährig einem feministischen Zeitgeist andienen, um damit politisch zu punkten. Immer wieder höre ich von Männern, dass sie sich in einer Zwickmühle fühlen: Einerseits würden sie solchen Organisationen gerne Spenden zukommen lassen, um Notleidenden zu helfen, andererseits sehen sie aber nicht ein, die damit verbundene sexistische Ideologie zu finanzieren. Gerade wenn es um weibliche Opfer geht, werden Opferhilfe und Männerhass miteinander vermischt, und letzteres scheint sich immer wieder hinter ersterem zu verbergen.

Zu diesem Dilemma tritt häufig ein geradezu hysterischer Alarmismus: So streute Alice Schwarzer in der „Emma" vor der Fußball-WM 2006 Zahlen von angeblich 40.000 Zwangsprostituierten, die nach Deutschland kommen sollten, was wie so häufig nur allzu bereitwillig von vielen Journalisten und Frauenorganisationen übernommen wurde. Schnell stellte sich heraus, dass diese Horrorzahlen absolut wirklichkeitsfremd waren. Razzien nach Zwangsprostituierten verliefen in aller Regel ergebnislos. Im Februar 2007 kam Bruno Waterfield, Brüsseler Korrespondent für den Londoner „Daily Telegraph", noch einmal auf dieses Thema zurück: „Letzten Sommer sprachen grelle Schlagzeilen von 40.000 Frauen, die von Menschenhändlern nach Deutschland geschmuggelt würden, um für die Fans der Fußballweltmeisterschaft prostituiert zu werden. Die Wahrheit sieht komplett anders aus. Jüngst freigegebene Dokumente der Europäischen Union enthüllen, dass die deutsche Polizei nur fünf Fälle von Menschenhandel zum Zweck der sexuellen Ausbeutung in Verbindung mit der internationalen Fußballmeisterschaft aufgedeckt hat. Im Gegensatz zu den Horrorgeschichten über versklavte Afrikanerinnen, Lateinamerikanerinnen, Asiatinnen oder Russinnen kamen diese fünf aus jetzigen oder baldigen Mitgliedstaaten der EU, und alle waren in der Lage, frei nach Deutschland einzureisen. Tatsächlich war eines der Opfer aus Deutschland, zwei waren aus Bulgarien, eines kam aus der Tschechischen Republik und bei einem ungarischen Opfer handelte es sich um einen zwanzigjährigen Mann."[210] Es gibt weitere Gründe, warum manche Gegnerinnen von Zwangsprostitution nicht nur auf positive Resonanz stoßen. Bei einigen von ihnen, so leider auch der Solwodi-Frontfrau Lea Ackermann, schimmert eine fragwürdige Vermengung von Zwangsprostitution und freiwilliger Prostitution durch, wofür Ackermann auch von mehreren Seiten – einschließlich mir – kritisiert wurde. Manche Männer sind besorgt wegen der eigentlich sinnvollen Solwodi-Forderung, auch die Freier von Zwangsprostituierten zur Verantwortung zu ziehen, weil sie befürchten, trotz ihrer Unkenntnis über die Situation einer aufgesuchten Prostituierten kriminalisiert zu werden. Wenn Ackermann sich dann schließlich auch noch mit einer Alice Schwarzer gemein macht, kann man eine gewisse Gereiztheit bei einigen Männerrechtlern durchaus nachvollziehen.

All das erklärt aber noch nicht die Heftigkeit der Polemik gegen Solwodi und mich, die sich in diesem Forum abgespielt hatte. Ich für meinen Teil finde es erschreckend, welch geringe Priorität bei manchen Menschen die Bekämpfung von sexueller Gewalt hat, ja, dass sie sogar auf offene Feindseligkeit stößt. Ja, es wird in der Tat feministischerseits mal wieder mit zu hohen Opferzahlen hantiert, aber erstens können dafür die realen Opfer überhaupt nichts und zweitens gibt es keine Schwelle, ab der Zwangsprostitution bekämpft gehört, während sie unterhalb dieser Schwelle noch tolerabel ist. „Zartbitter" hat mit seiner Unsinnsparole von „jedes dritte Mädchen" der Aufklärung in Sachen sexueller Missbrauch auch einen Bärendienst geleistet, aber deshalb ist die Bekämpfung von sexuellem Missbrauch trotzdem notwendig. Solwodi ist nicht nur in Deutschland tätig, sondern auch in anderen Ländern, insbesondere Afrika, wo Zwangsprostitution noch weit mehr grassiert, und statt bloß daherzuschwatzen, leistet diese Organisation ganz konkrete Hilfe. Wenn jemand feministisch angehauchten Formulierungen in einigen Solwodi-Texten größeres Gewicht einräumt als dem ganz konkret lebensrettenden Einsatz der Solwodi-Mitglieder, dann hat er seine Prioritäten nicht ganz auf der Reihe.

Der zweite Punkt, der mich an den Anfeindungen wegen eines Links auf meiner privaten Homepage verärgerte, als wäre es Werbung für eine verfassungsfeindliche Organisation, war das Auftreten vieler Leute, als ob ich gegen eine „maskulistische Korrektheit", wenn nicht gar eine maskulistische Parteilinie verstoßen hätte, und jetzt eigentlich ein Parteiausschlussverfahren eingeleitet werden müsste. Da es so etwas nicht gibt, ein „freier Zugang zu Prostituierten" auch nie irgendwann als offizielle Forderung von Männerrechtlern erhoben wurde, kam es hier zu diesem Strafgericht, das mich an die Schilderungen über kollektivistische Studentengruppen der siebziger Jahre erinnerte. So wie damals Radikale innerhalb des SDS jeden persönlich niedergemacht haben sollen, der ihre extremen Ansichten nicht teilte, wurde ich jetzt von einigen als Verräter gebrandmarkt, der alles in Frage stelle, wofür „wir" stünden. Auf diese agitatorische Vorlage stiegen auch prompt einige Leute ein. Insofern spiegeln Teile der Männerrechtsbewegung in vierfacher Weise den so inbrünstig abgelehnten radikalen Feminismus. Erstens: So wie man sich dort stur weigert, auch männliche Opfer zu sehen, wurden hier weibliche Opfer konsequent beiseite gewischt. Nachdem ich mich acht Jahre lang aus gutem Grund ausschließlich männlichen Opfern gewidmet hatte, brach nun enorme Empörung über mich hinein, weil ich mich außerhalb meines männerpolitischen Engagements einmal auch weiblichen Opfern zugewandt hatte. Einige taten tatsächlich so, als würde ich mir dadurch selbst widersprechen und an Glaubwürdigkeit verlieren, so als ob ich früher für sexuelle Gewalt gewesen sei und heute gegen legale Prostitution wäre. Im Gegenteil: Mir erscheint eine Männerbewegung kaum glaubwürdig, die von einem nicht-sexistischen Blick auf Opfer spricht, nur um dann ihrerseits die weiblichen Opfer auszublenden. Zweitens ähnelt dieser Flügel der Männerbewegung den Radikalfeministinnen insofern, als individuelle politische Entscheidungen durch eine Anspruchshaltung des kollektiven „Wir" und eine hysterische Empörung als politisch unkorrekt angeprangert werden, komplett mit Rechtfertigungsdruck, Angriffen unter der Gürtellinie und Ausgrenzungsmechanismen. Drittens ist es abenteuerlich, wenn sich Männerrechtler einerseits über die mangelnde Reflexionsfähigkeit des Feminismus ereifern und darüber, dass das Weltbild der Alice-Schwarzer-Riege in den siebziger Jahren stecken geblieben sei, sie aber selbst an fundamentalistischen Positionen festhalten und bei jeglicher Modifikation „Verrat" und „Betrug" zu schreien beginnen. Viertens schließlich besteht eine bemerkenswerte Ähnlichkeit darin, dass die Möchtegern-Täter sich im Nachhinein als Opfer inszenieren, weil sie das Echo meiner deutlichen Antworten nicht vertragen konnten. Einige weitere Aspekte, die nicht in diesem, sondern in anderen Vorkommnissen zu verzeichnen waren, weisen ebenfalls auf eine Spiegelung eigentlich typisch feministischer Sichtweisen in Teilen der Männerbewegung hin: beispielsweise die Annahme einer Kollektivschuld aller Frauen oder die undifferenzierte Ausdeutung der unterschiedlichsten, selbst sinnvollen Gesetze als „Unterdrückungsinstrumente des Matriarchats". Bei manchen Männerrechtlern hat man den Eindruck, sie sind Alice Schwarzer nach einer Geschlechtsumwandlung.

Kurz: Dieselben Untugenden, die beim radikalen Feminismus bis aufs Blut bekämpft wurden (nämlich egozentrisch, rücksichtslos und rechthaberisch zu sein und gänzlich unterschiedliche Dinge über denselben Kamm zu scheren) finden sich inzwischen auch in den Reihen der Männerbewegung. Allerdings fanden sich bei dem von mir geschilderten Konflikt nach kurzer Zeit auch eine Reihe von Männerrechtlern, die diesen Kräften in die Parade fuhren. Einer bezeichnete das kollektive Eindreschen auf mich als „beschämend", ein anderer erinnerte daran, dass er selbst schon als „schlimmer als Alice Schwarzer" beschimpft worden sei. Eine weibliche Aktivistin der Männerbewegung stellte klar, dass es an solchen Widerwärtigkeiten, wie sie sich hier abgespielt hatten, lag, dass sie sich zunehmend aus solchen Foren zurückgezogen habe. Einer wandte ein: „Interessant finde ich aber, dass deine Meinung, die hier offenbar als männerpolitisch inkorrekt wahrgenommen wird, direkt als Extremismus bezeichnet wird. Wie sagte Nietzsche so schön: 'Wer lange genug mit Monstern kämpft, soll aufpassen, dass er nicht selbst zum Monster wird.' Und irgendwie ist es nur logisch, dass die Männerbewegung all die Fehler wiederholt, die im Feminismus mal vorkamen. Und eine Bewegung mitzubegründen, um dann wegen mangelnder Linientreue abgewatscht zu werden: So läuft die Geschichte wohl." Dafür erhielt er Zustimmung: „Der antiliberale Geist des Feminismus ist nicht an feministische Inhalte gebunden, er kann sich vielmehr mit jeder Sache verbinden. Die Männerbewegung ist davor zu warnen. Andererseits warne ich auch davor, die Streitereien hier im Forum als repräsentativ anzusehen: gerade die, die am lautesten schreien, tun dies, weil sie im Grunde in der Minderheit sind." Woran ein anderer anknüpfte: „Aber da sie ohnehin nicht mehr wollen, als sich ein wenig Luft machen und sich wichtig vorkommen, können wir sie dabei auch lassen. Das werden sie in 30 Jahren noch tun und nicht mehr. Wichtig können sie nur werden, wenn der Teil der Männerbewegung, der wirklich nach außen auftreten will, sie wichtig nimmt und einbezieht. Und deshalb sind sie hier."

Ein Diskussionsteilnehmer brachte schließlich den nahe liegenden Gedanken ein, dass es der Männerbewegung und der Bekämpfung von Zwangsprostitution gleichermaßen nützen könne, wenn letztere nicht allein von feministischen Ideologinnen usurpiert werde, sondern auch von Menschen mit einem differenzierten Blick auf die Sache. Auf wichtige Themen nur mit Verweigerung zu reagieren, statt eigene Ansätze einzubringen, stelle keine empfehlenswerte politische Option dar. Vielleicht könne man so eher darauf hinwirken, dass keine reinen Fantasiezahlen an die Presse gegeben würden. Und ein weiterer Diskutant äußerte seinen Standpunkt deutlich: „Jungens, der Feind ist der Feminismus, die Politik, die Männer benachteiligt und ausgrenzt – ganz sicher nicht Arne Hoffmann. Arne hat sich ja wohl einige Verdienste als Männerrechtler erworben, er engagiert sich immer noch und hat mehr bewegt, als es manche von uns ihr Lebtag schaffen werden. Aber er ist nicht 'die Männerbewegung' und die Männerbewegung ist auch nicht Arne, es wird ihm ja wohl noch erlaubt sein, seine eigenen Entscheidungen zu fällen, was er für gut und richtig hält. Wenn man unbedingt kritisieren will, dann doch wohl sachlich und kurz und dann ist gut. Und wir sollen emanzipierte Männer sein, welche die Gesellschaft erneuern können, denen man abnimmt, das Maskulismus eine gute Alternative ist, deren Argumenten man guten Gewissens Gehör schenken kann? Ich lese hier in letzter Zeit viel zu viel Zeug, das mich an die alten Sandkastenrangeleien erinnert – jeder will mal der Anführer sein. Leute, der Job eines 'Führers der Männerbewegung' ist verdammt schlecht bezahlt."

Er ist nicht nur verdammt schlecht bezahlt, er ist ein reines Zuschussgeschäft. Das ist aber nicht der einzige Grund, warum in der Männerbewegung flache Hierarchien bevorzugt werden.

Es ist natürlich wichtig, dass es Ansprechpartner nach außen, beispielsweise für Journalisten, gibt. Davon abgesehen kenne ich aber keinen einzigen Männerrechtler, der sich jemals um die Rolle einer Führungsperson beworben hätte. Sollen die Feministinnen ihre Alice Schwarzer haben, wenn sie unbedingt jemanden brauchen, zu dem sie aufsehen können – uns interessiert das weniger. Auch ich selbst sehe mich nicht als Leitfigur, sondern viel eher in der Rolle eines Pioniers, Scouts oder Chronisten.

Das sei aber nur eine Nebenbemerkung. Für wesentlicher halte ich den Konflikt, der innerhalb der Männerbewegung anwächst und hin und wieder unvermittelt ausbricht. Nicht nur gegen mich, auch gegen andere „gemäßigte" Männerrechtler, gerne auch gegen die Organisation MANNdat, wird von radikaleren Aktivisten immer wieder scharf geschossen. Oft geschieht das durch Leute, die selbst sehr darauf achten, im Schutz der Anonymität zu bleiben und lediglich durch selbst gewählte Internetnicks bekannt zu sein. Aus diesem Schatten heraus kann man natürlich leicht mehr „Radikalität" und „Konsequenz" einfordern. Jene Männerrechtler, die mit ihrem bürgerlichen Namen hinter der Sache stehen und von denen ich einige für dieses Buch interviewt habe, fallen eben gerade nicht durch markige Sprüche auf, sondern durch verantwortungsbewusstes, differenziertes, politisch reifes Handeln. Wer sich in diesem Sinne für die Rechte der Männer einsetzt, muss schon über ein gehöriges Quäntchen Idealismus verfügen.

Das bisher Gesagte dürfte allerdings auch bedeuten, dass die jetzt schon existierende Zersplitterung der Männerbewegung sich nur noch verschärfen wird. Teils heftig ausgefochtene Konflikte zwischen einzelnen Aktivisten und Fraktionen gab es immer schon. Bislang konnte vor allem deshalb der Deckel auf dem Topf gehalten werden, weil allen Beteiligten klar war, dass die Männerbewegung noch verhältnismäßig schwach war und ihre Kräfte besser für die Auseinandersetzung mit der feminisierten Gesellschaft aufwenden sollte. Dieser Konsens scheint sich jedoch immer mehr aufzulösen. Es gibt einen nicht zu unterschätzenden Teil der Männerbewegung, der statt auf Dialog, Überzeugungsarbeit und Aufklärung auf massive Konfrontation setzt. Im Jahr 2007 nahm er sich etwas zurück, weil die Gruppe MANNdat mit ihrem Vorgehen erkennbare Erfolge vorweisen konnte. Aber er dürfte an Radikalität deutlich gewinnen, falls diese Erfolgskette irgendwann abreißen sollten.

Welcher Flügel der Männerbewegung, Gemäßigte oder Radikale, wird sich schließlich durchsetzen? Ganz einfach: Jede Gesellschaft bekommt die Männerbewegung, die sie verdient. Wenn Politik und Medien in den nächsten Jahren weiterhin nur einäugig darauf stieren werden, was man alles für die Damen tun kann, während sie die Kerle ignorieren, dann werden Männerrechtler wie ich, die auf Dialog setzen und versuchen, Opfer bei beiden Geschlechtern wahrzunehmen, immer mehr zu Lachnummern werden. Dann wird der radikalere Flügel immer mehr Zulauf von jenen Männern bekommen, die solche Ungerechtigkeiten auf ihre Kosten ausgesprochen wütend machen. Viele Politiker und Journalisten tragen in ihrer Blindheit immer mehr Sprengstoff zusammen und werden vermutlich (wie schon bei anderen Themen, etwa Bildung und Zuwanderung) unglaublich verdattert sein, wenn sie heftige Explosionen aus ihrem Elfenbeinturm herausjagen. Vermutlich ist nach dem „Pisa-Schock" und dem „Rütli-Schock" ein „Männer-Schock" nur eine Frage der Zeit.

IV. Die Politik wird nach Männerinteressen fragen müssen

Allerdings glaube und hoffe ich durchaus, dass Politiker sich noch bevor es zum großen Knall kommt auch danach erkundigen werden, was Männer wünschen – selbst wenn das geschlechterpolitisch einen revolutionären Gedanken darstellt. Der Grund liegt schlichtweg in der zu Beginn dieses Kapitels erwähnten demografischen Krise, die ja jetzt schon zu einem der politischen Leitthemen geworden ist. Die Zahlen, die in den Medien gehandelt werden, lauten: Die Geburtenrate in Deutschland ist auf durchschnittlich 1,35 Kinder pro Frau gefallen, aber um unsere Sozialsysteme aufrecht zu erhalten, müssten es mindestens 2,2 Kinder sein. Mittlerweile sind diese konkreten Zahlen etwas in Zweifel gezogen worden, aber es dürfte unstrittig sein, dass die stark zunehmende Versingelung und Überalterung unserer Gesellschaft den Sozialsystemen massiv schaden.

Da man gewohnt war, sich wie selbstverständlich allein den Frauen zu widmen, war die spontane Reaktion, von einem Gebärstreik zu sprechen und zu überlegen, was man dem weiblichen Geschlecht denn noch alles Gutes tun könne. Allerdings waren schon in den vergangenen Jahrzehnten Millionen, wenn nicht Milliarden in Förderprogramme für das angeblich weit überlegene Geschlecht investiert worden, ohne dass es zu den gewünschten Ergebnissen geführt hatte. Besonders kluge Menschen erinnerten sich nun plötzlich daran, dass zum Kinderkriegen normalerweise zwei gehören.

Bereits am 3. Dezember 2004 hatte die Journalistin Maike Rademaker in einem Artikel der „Financial Times Deutschland" die beliebte Annahme korrigiert, für die sinkende Zahl der Geburten in Deutschland seien vor allem Akademikerinnen verantwortlich. In Wahrheit entschieden sich vor allem schlecht verdienende Männer in unsicheren Beschäftigungsverhältnissen gegen den Nachwuchs, weil sie keine Familie ernähren können. Dies zeige sich in neuen Erkenntnissen des Deutschen Instituts für Wirtschaftsforschung. So kommt Rademaker zu dem Schluss: „Da bei Akademikerinnen so ausführlich darüber nachgedacht wird, wie man sie zum Kinderkriegen animieren kann, sollte man das bei Männern auch tun. Aus den Zahlen ergibt sich: Wer an Löhnen und Kündigungsschutz rüttelt und nicht für einen Berufsabschluss bei Jungs sorgt, der bastelt mit an der demografischen Krise." Rademaker hat recht: Dem Familienreport 2005 zufolge hat sich zwischen 1992 und 2005 die Zahl der Männer, die keine Kinder haben wollen, mehr als verdoppelt! Was ist in diesen 13 Jahren geschehen? Könnte ein Zusammenhang damit bestehen, dass sich in derselben Zeit eine politische Bewegung von Vätern und anderen Männern gebildet hat, die sich deutlich zu kurz gekommen fühlen?

Im Moment ist es vor allem die Politik, die die Männerbewegung behindert. Vor allem Politiker/innen sind es, die auf die Annehmlichkeiten archaischer Männerrollen nicht verzichten möchten. So ist es die Politik, die Männer heute genauso wie vor 150 Jahren mit ihrer Zwangswehrpflicht für Männer in antiquierten Rollenkonzepten festhält. Es sind Politiker/innen, die von Anfang an Jungen aus dem Zukunftstag („Girls' Day") ausgegrenzt haben, was sich erst mit wachsendem öffentlichem Druck allmählich zu ändern beginnt, und es sind Politiker/innen, die mit dem Unterhaltsrecht die Ernährungsrolle des Mannes zementieren und die Väter diskriminieren, indem sie in Artikel 6 des Grundgesetzes nur Mutter und Kind explizit unter Schutz und Fürsorge des Staates stellen. Frauenpolitik will Männer in die Erziehungspflicht nehmen, aber ihnen die gleichen Rechte vorenthalten. Irgendwann aber müsste eigentlich immer mehr Politikern und Journalisten auffallen, dass die Rechnung nicht aufgeht: Ich kann nicht einerseits durch eine männerfeindliche Politik dafür sorgen, dass immer weniger Männer Nachwuchs in die Welt setzen, dafür jedoch immer mehr Männer arbeitslos werden oder aufgrund einer erdrückenden Unterhaltslast jegliche Motivation zu Arbeit und Leistung verlieren, insgesamt also die Einnahmen rapide senken, und andererseits immer mehr staatliche Unterstützung in eine Frauenförderung stecken, die weitgehend ins Leere läuft. Früher oder später dürfte die Realität der leeren Kassen überzeugender sein als die Wolkenkuckucksheime der Ideologinnen.

Ein weiterer Faktor, der Einfluss auf die Debatte nehmen könnte, sind die vermehrten Fortschritte bei der Entwicklung einer „Pille für Männer". Leider macht sich auch hier die Diskriminierung von Männern im Gesundheitswesen bemerkbar: So werden neue Verhütungstechniken für Männer zumindest in den USA nur dann finanziell unterstützt, wenn sie zugleich vor einer HIV-Infektion schützen, während neue Verhütungsmittel für Frauen, die das nicht tun, ohne weiteres staatliche Förderungsmittel erhalten.[211] Falls eine solche Form der Verhütung in den nächsten Jahren allerdings auf den Markt kommt, dürfte der Zeugungsstreik noch einmal zunehmen. Je rasanter die Geburtenzahl in den Keller rauscht, desto stärker stellt sich Politikern die Frage, wie sie Männer motivieren können, Nachwuchs zu zeugen. Und dann wird man diese Politiker darauf hinweisen, dass die Forderungen der Männerbewegung, Diskriminierungen zu beseitigen, seit Jahren auf dem Tisch liegen.

Im Ansatz sind Entwicklungen, die auch Männer und ihre Benachteiligungen in den Blick zu nehmen beginnen, jetzt bereits abzusehen. Als Indizien dafür dürften nicht nur (auf sehr niedrigem Niveau) zunehmend häufige männerpolitische Artikel in den großen Tageszeitungen gelten[212], sondern auch ein

Aufgreifen dieses Themas durch die Politik. Außer dem für dieses Buch interviewten Bundestagsabgeordneten Markus Grübel (CDU) machten in der Vergangenheit zwei Europaabgeordnete von sich reden: Daniel Caspary und Markus Pieper. Diese ersuchten, wie die Presseagentur Reuters am 13. Oktober 2006 vermeldete, nach langen Jahren der Frauenförderung von der Europäischen Union nun Unterstützung für Männer: „Derzeit gebe es bei der Förderpolitik eine Schieflage zu Lasten der Männer. Die EU-Politik zur Gleichberechtigung dürfe 'keine ideologische Mogelpackung sein'. In Deutschland seien 60 Prozent der Jugendlichen ohne Schulabschluss Männer. Und zudem seien jugendliche Männer in der EU öfter arbeitslos als junge Frauen." Das Alter Daniel Casparys – er ist Jahrgang 1976 – könnte sehr wohl ein Hinweis darauf sein, dass eine Förder- und Gleichberechtigungspolitik für Männer vor allem ein Zukunftsthema für die nachrückenden Generationen darstellen wird.

Im Dezember 2006 schließlich begann sich eine dezidierte „Männerpartei" ins politische Geschehen Deutschlands einzumischen; im August 2007 folgte eine eigenständige Männerpartei in der Schweiz. Auch wenn die Zukunft kleiner Parteien mit begrenztem Themenspektrum immer ungewiss ist, so stellt doch auch dies ein Signal dar, dass für eben diese Themen ein Ansprechpartner in der Parteienlandschaft vermisst wurde, so dass man von einer Etablierung dieser Parteien wichtige Impulse erhoffen könnte.

Auch auf Regierungsebene werden Männeranliegen allmählich zum Thema. So stellte im August 2007 die norwegische Ministerin für Gleichstellung, Karita Bekkemellem, der Öffentlichkeit ein 32-köpfiges Panel vor, das sich in Bereichen wie Gesundheit, Scheidung und Erziehung den Männerrechten widmen soll. Seine Mitglieder setzten sich aus bereits bekannten Persönlichkeiten aus den unterschiedlichsten Feldern zusammen (Politiker, Künstler, Sportler, Unternehmer etc.), die eine öffentliche Diskussion zum Thema Männerrechte in Schwung bringen sollen.[213] In Deutschland mahlen die Mühlen langsamer. Aber immerhin erkannte das Frauenministerium in einer Pressemitteilung vom 26.09.2007, Gleichstellungspolitik werde „von der jungen Generation überwiegend als Reparatur- und Subventionspolitik für Frauen wahrgenommen, nicht als Politik für beide Geschlechter. In ihrer Wahrnehmung werden Männer von der Gleichstellungspolitik nicht berücksichtigt." Deshalb verfolge das Bundesministerium nunmehr „den Ansatz, beide Geschlechter in die Gleichstellungspolitik einzubeziehen." Man kann nur hoffen, dass dieser Einsicht auch tatsächlich ein Umsteuern folgt und es nicht bei kosmetischen Korrekturen bleibt.

V. Die „Umerziehung" der Männer wird scheitern

„Die Familienpolitik der Bundesregierung hat zwei Ziele: die Verstaatlichung der Kinder und die Umerziehung der Männer", stellte der Professor für Kommunikationswissenschaft Norbert Bolz am 20. Februar 2007 in einem Beitrag für das Deutschlandradio fest.[214] „Was das für die Seelen der Kinder bedeutet, wird man wohl erst in Jahrzehnten beurteilen können. Aber die Folgen für die Männer liegen schon heute auf der Hand. Zum ersten Mal, seit sich der moderne Staat als Anstalt der Daseinsfürsorge versteht, sollen erwachsene Menschen umerzogen werden. Es geht um die 'reeducation' des Machos zum fürsorglichen Mann." Dabei gebe es eine verblüffende Allianz zwischen Feministinnen, Politikern und Bevölkerungswissenschaftlern.

Diese Allianz wurde von langer Hand vorbereitet. Seit Jahrzehnten ist es gängige Praxis, Männer nicht zu fragen, was sie *wollen*, sondern sie dahin zu bringen, das zu tun, was sie *sollen*. Nicht umsonst nannte Esther Vilar ihr Buch „Der dressierte Mann". Das Dressieren oder „Erziehen" von Männern gehört zu den zentralen Elementen unserer Kultur. Im Buchhandel findet man so hübsche Titel wie „Der Mann. Auswahl – Haltung – Erziehung" (von Kerstin Matthies und Mariann Ludewig) und „So erziehen Sie Ihren Mann" (von W. Bruce Cameron). Auf dem Klappentext teilt uns dieser Fifi mit: „Seit Jahrhunderten versuchen Frauen, ihre männlichen Mitmenschen zu angenehmeren Zeitgenossen zu erziehen – bislang mit wenig Erfolg." Könnte man sich einen Buchtitel „So erziehen Sie Ihre Frau" vorstellen?

Ebenfalls im deutschen Buchhandel wird ein „Boyfriend-Trainings-Set" (Goldmann-Verlag) mit folgenden Worten angepriesen: „Rettung ist nah. Mit diesem Trainings-Set bekommen Sie noch den hoffnungslosesten Fall in den Griff. Es enthält alles, um den Mann an ihrer Seite zu Höflichkeit, Rücksichtnahme, Treue und anderen wünschenswerten Tugenden zu erziehen. Das beiliegende 'Beziehungs-Pflege-Buch' enthält Regeln, die sogar der Dümmste versteht. Im 'Punkteverzeichnis' wird dann der Fortschritt Ihres Partners aufgezeichnet und Abzug bzw. Zugewinn von Bonuspunkten vermerkt. Außerdem gehören zu dem Set gelbe Aufkleber als Warnsignale, goldene Sternchen für den Fall, dass das von Ihnen gesteckte Ziel erreicht wurde und natürlich auch der unvermeidliche rote Sticker, der das Ende des gemeinsamen Weges signalisiert. Wenn Sie also die Entwicklung Ihrer Beziehung nicht dem Zufall überlassen wollen und noch die Hoffnung im Herzen tragen, dass Männer trotz aller Mängel lernfähig sind, ist dieses Trainings-Set Ihr unverzichtbarer Begleiter im Alltag." Das geht hierzulande offenbar problemlos durch, ohne dass es zu größeren Protesten kommt. In England etwa ist man da schon sensibler – und renitenter. So musste sich der staatliche britische Fernsehsender BBC bei seinen Zuschauern nach heftigen Protesten für die Ausstrahlung der Fernsehsendung „Bring Your Husband to Heel" (zu deutsch etwa: „Führ deinen Ehemann bei Fuß") entschuldigen. Darin sollte eine Hundetrainerin Frauen beibringen, mit den bei Vierbeinern erfolgreichen Methoden auch Männer zu dressieren – z.B. dazu, dass sie sich statt ihrer Arbeit am Computer den Forderungen der Frauen widmeten.[215]

Dieses Konzept ist keine ganz neue Idee: So gab es einen berühmten Artikel mit demselben Inhalt in einem englischen Domina-Magazin, der dann von der deutschen Zeitschrift „Amica" adoptiert wurde. Und auch hier hat der deutsche Buchhandel zwischen „Wie erziehe ich meinen Mann? Vom Streuner zum treuen Begleiter" und „Jetzt ändere ich meinen Mann" (mit Methoden des „Dog-Trainings") allerhand zu bieten. Im Kino drohen derweil Filme wie „Shaggy-Dog – Hör mal, wer da bellt". Hauptfigur ist der erfolgreiche Staranwalt Dave, der sich kaputt schuftet, um seine Familie zu ernähren, was in der feministischen Filmideologie natürlich dahin gehend übersetzt werden muss, dass er komplett karrieregeil ist und gar nicht merkt, wie sehr seine Familie darunter leidet. Zur Strafe verwandelt er sich immer wieder in einen Hund. „Mit einem Mal", so verrät uns die Filmwerbung, „sieht er seine Frau und die Kinder aus einer völlig neuen Perspektive: vom Wohnzimmerteppich aus, mit den Augen des besten Freundes der Familie. Dadurch gewinnt Dave völlig neue Einblicke und liebend gern wäre er jetzt ein besserer Vater und Ehemann. Aber wie soll er – als Hund?"

Versuchen Sie denselben Quatsch mal mit einer Frau statt einem Mann, und Sie haben garantiert eine Menge Ärger am Hals. Das Kuriose an all diesen Beispielen ist, dass in den erwähnten Buchverlagen und Produzententeams von Filmen und Fernsehsendungen mit Sicherheit auch Männer tätig sind. Über besonders viel Selbstrespekt scheinen diese nicht zu verfügen.

Die Vorstellung von einem Mann als einem Menschen, der umerzogen gehört, ist, wie Professor Bolz zutreffend ausführte, inzwischen so stark in unserer Kultur verankert, dass sie von der Politik übernommen wurde. „Familienministerin will die Männer umerziehen", schlagzeilte die „Frankfurter Allgemeine Zeitung" am 18. November 2005. Ministerin von der Leyen hatte am selben Tag im Interview mit der „Welt" erklärt: „In Deutschland ist eine Veränderung in der Väter- und Männerrolle, hin zu einem tatsächlich gleichberechtigten Partner, überfällig. Männer, die dazu nicht bereit sind, werden keine Partnerin mehr finden."

Es sieht so aus als habe die Ministerin die Wesenszüge einer gestörten Gesellschaft perfekt verinnerlicht. Wir wissen aus der Reklameforschung, dass Werbung dann besonders gut zu funktionieren scheint, wenn weniger das Produkt selbst beworben wird, das man verkaufen möchte, als vielmehr damit verbundene Lebensgefühle, beispielsweise „Exotik" oder „Freiheit und Abenteuer". In einer Gesellschaft, die immer stärker von Vereinzelung und Einsamkeit geprägt wird, ist es sinnvoll, wenn Produkte eine Befreiung davon versprechen: „Nimm diese Süßigkeit, dann klingeln plötzlich ganz viele Freunde an deiner Tür". Oder „Trink diesen Sekt/Kaffee, dann erhältst du charmanten Besuch". Oder: „Benutze dieses Spülmittel, dann klappt's auch mit dem Nachbarn". Ursula von der Leyen tut exakt dasselbe, nur bewirbt sie kein Produkt, sondern eine Ideologie: „Tu, was ich von dir verlange, sonst bleibst du einsam und alleine." Man stelle sich vor, ein männlicher Minister würde heute behaupten: „Frauen, die nicht bereit sind, die Rolle der braven Hausfrau auszufüllen, werden keinen Partner finden" – das wäre für jeden sofort durchschaubar. Zu einem guten Teil steckt in „Supermutti" von der Leyens Worten aber auch das Konzept vom Liebesentzug als altbewährtem Erziehungsmittel der Mittelschicht, wenn die Kleinen nicht spuren. Sollte Sohnemann unartig sein, setzt es in von der Leyens politischem Haushalt keine Schläge, sondern es droht der Entzug von Liebe. Mutti geht auf Distanz. Dieser Machtmechanismus läuft weit unsichtbarer ab, ist dadurch perfider und zugleich wirkungsvoller. Die Sehnsucht nach Nähe und Zuwendung wird ausgenutzt, um denjenigen, der sie empfindet, brav übers Stöckchen springen zu lassen. Wenn dieses System besonders gut funktioniert, merkt der Betreffende schon gar nicht mehr, dass seine Angepasstheit einem recht massiven Druck entsprungen ist, sondern er bildet sich ein, das geforderte Verhalten selbst erbringen zu wollen. Das ist Neurotizismus in Höchstform. Vielleicht hat von der Leyen diese Denkweise selbst schon komplett verinnerlicht. Und vielleicht ist genau diese Einstellung auch verantwortlich für dieses ins Gesicht festgefrorene Dauerlächeln, das der Ministerin im Kabarett den Spitznamen „Vollzeit-Grinsekatze" eingebracht hat. Wenn von der Leyen – und mit ihr viele andere „Superfrauen" – dieses zerstörerische Konzept weiterhin auch einer ganzen Generation von Männern aufzwängen möchte(n), könnte das fatale Folgen haben. Schon heute sind die Männer weit mehr als die Frauen bereit, sich den Wünschen ihres Partners anzupassen. Das ergab eine Studie der Online-Partneragentur Parship, über die der „Spiegel" am 19. Juni 2006 berichtete. Für diese Untersuchung befragte die Agentur zusammen mit einem Düsseldorfer Marktforschungsinstitut 1.000 Singles nach ihrer Kompromissbereitschaft in einer Partnerschaft – die Männer lagen in allen Punkten in Führung: So erklärten sich etwa deutlich mehr Männer als Frauen dazu bereit, den Kinderwunsch des Partners zu akzeptieren, berufliches Fortkommen für die Partnerschaft zurückzustellen und dem Partner den Vortritt vor dem eigenen Freundeskreis zu geben. Das Geschlecht der „Frauenunterdrücker" und „Egomanen" macht also offenbar ohnehin schon alles, was man von ihm will.

Läuft also alles wie geschmiert? Keineswegs. So hatte schon im Jahr 2003 eine Umfrage des Möllner INRA-Instituts für die

Zeitschrift „Elle" ergeben, dass sich 78 Prozent der befragten Männer verstellen, um den Frauen zu gefallen. Das habe nicht nur häufig eine Identitätskrise zur Folge; vor allem gälten Männer, die jedem weiblichen Kommando gehorchen und in erster Linie pflegeleicht sind, keineswegs als besonders erotisch, sondern erobern statt der Funktion eines Partners eher die eines „guten Freundes". Für mein Buch „Unberührt. Menschen ohne Beziehungserfahrung" habe ich mich mit Dutzenden solcher Schicksale beschäftigt. Währenddessen erleben die bei der Partnersuche glücklosen Männer, dass Serienkiller wie Ted Bundy in den Gerichtssälen von hingerissenen Frauen belagert werden, die ihnen Blumensträuße, Liebesbriefe und Heiratsanträge zukommen lassen.

Nun will von der Leyen gar nicht, dass Männer sich verstellen, um eine Partnerin zu finden, sondern dass sie von sich aus das wollen, was verlangt wird, um nicht alleine zu bleiben. Sich so weit manipulieren zu lassen, dass man fremde Bedürfnisse zum Schluss für seine eigenen hält, ist jedoch nur der Höhepunkt der Neurose. Eine solchermaßen entstandene Störung kann sich schließlich in ganz massiven Problemen niederschlagen – beispielsweise auf dem Gebiet der Sexualität. „Männer, die mit Erektionsstörungen zu uns kommen, sind meistens welche, die den Frauen alles recht machen wollen", berichtet Jochen Hoffmann vom Informationszentrum für Männerfragen in Frankfurt. Dieses Dilemma wird in wissenschaftlichen Fachbüchern wie „Sexualmedizin" (Urban und Fischer 2001) schon seit einigen Jahren diskutiert. „Aus männlicher Sicht ist das Verhältnis zu Frauen schwieriger geworden, gespickt mit Fallstricken und Risiken", heißt es dort. Gerade auch für jüngere Männer seien Frauen zu einer „diffusen Quelle des Unbehagens" geworden, was auch damit zusammenhänge, dass der sexuelle Umgang miteinander immer wieder neu interpretiert, gedeutet und beurteilt werde, so dass Ungezwungenheit kaum noch möglich erscheine. „Es gibt verschiedene Anzeichen, die darauf hindeuten, dass Quantität und Qualität der Sexualität in Paarbeziehungen stärker von Frauen als von Männern reguliert wird. Die negative Konnotierung männlicher Sexualität macht diese – mehr oder minder auch in der Selbstwahrnehmung der Männer – zum Problem, wenn nicht gar zur Gefahr. Zusammen mit dem viel stärker gewordenen Anspruch der Frauen auf sexuelle Selbstbestimmung, Initiative und der Bereitschaft, Wünsche und Abneigungen deutlich zu äußern, hat dies viele Männer in eine defensive Haltung geführt und ihr Selbstverständnis nachhaltig gestört. Schon vor Jahren hat Schorsch (1989) das problematische Doppelgesicht der oberflächlichen Pazifizierung der männlichen Sexualität mit der Ausgrenzung aggressiver Anteile aufgezeigt." Mit anderen Worten: Während Frauen – sinnvollerweise – in den letzten Jahren immer mehr dazu ermuntert worden sind, ihre eigenen Bedürfnisse zu benennen und einzufordern, wurde dasselbe bei Männern als aggressiv und „böse" abgewertet. Diese müssen „egoistische" Bestandteile ihrer Sexualität entweder verleugnen oder aber ständig verteidigen und rechtfertigen, was auf Dauer nicht wirklich gesund ist. In einer Untersuchung des Leipziger Sexualwissenschaftlers Kurt Starke etwa „zeigte sich, dass schon 16- bis 17-jährige Jungen im Zusammenhang mit sexuellen Themen von Versagens- und Kompetenzängsten geplagt werden, dass sie die sexuelle Begegnung mit einer Frau weniger herbeisehnen als oftmals geradezu fürchten, und dass sie die sexuelle Lust verlieren bzw. gar nicht entwickeln können. Die Identifizierung männlicher Sexualität als Problem und (potenzielle) Bedrohung macht den Grenzgang, den Identitätswechsel, der für das erotische Erleben so zentral ist, für viele Männer zum Risiko." Da Aggression und Sexualität schwer voneinander zu trennen seien, führe diese Entwicklung darüber hinaus zu einer Verkümmerung und Aushöhlung der Sexualität und zu einer Abspaltung von der Lebendigkeit.

Fatalerweise hat sich auch hier die Frauenbewegung zu Tode gesiegt, indem sie nicht bei der eigenen Befreiung stehen geblieben ist, sondern mit ihrem ständigen Gekrittel gleichzeitig ein neues Gefängnis für Männer geschaffen hat. Im Ergebnis sind viele Frauen jetzt sexuell befreit, haben aber keinen Spaß mehr daran, weil das Bett von der Luststätte zur Problemzone geworden ist. Und dabei ist die ausbleibende männliche Lust lediglich ein sichtbarer Indikator für viel gravierendere, tiefer liegende Probleme in der Mann-Frau-Beziehung insgesamt.

Auch hier haben die intelligenteren Feministinnen schon gemerkt, dass die Sache grotesk schief gelaufen ist, und lehnen deshalb das Konzept einer „Umerziehung" des Mannes deutlich ab. Der Ausdruck allein wecke fatale Erinnerungen, bemerkt beispielsweise Elisabeth Badinter: „Die ausgesprochene oder unausgesprochene Parole 'Den Mann verändern' (statt 'Gegen das besitzergreifende Verhalten mancher Männer kämpfen') geht auf eine totalitäre Utopie zurück." Und Astrid von Friesen sekundiert mit ihrer Erfahrung als Therapeutin: „Frauen tun alles, sobald sie den Mann fest haben, um ihn nach ihrem Gutdünken umzuerziehen, in Richtung Weiblichkeit, Fügsamkeit, Unterordnung, letztendlich Kastration." Wie sie mit einem kastrierten Mann glücklich werden sollen, scheinen sie sich dabei nicht zu überlegen.

Insofern geht auch Professor Bolz in dem oben erwähnten Beitrag für das Deutschlandradio nicht davon aus, dass eine solche Umerziehung glücken wird: „Offiziell loben ja alle den 'neuen Mann', der Hausarbeit und Kindererziehung 50:50 mit seiner Frau teilt. Aber werden solche Männer tatsächlich von Frauen begehrt? Hier ist Skepsis angebracht, denn die Welt des Begehrens ist eine ganz andere als die Welt der Political Correctness. Denn man kann leicht beobachten, dass Frauen Männer verachten, die sich von anderen Männern dominieren lassen und es nicht schaffen, sich in ihrer Lebenswelt Respekt zu verschaffen. Frauen mögen Männer, die karriereorientiert, fleißig und ehrgeizig sind." Hierzu wird im folgenden Kapitel noch einiges zu sagen sein.

Die Rettung einer erfüllten und gleichberechtigten Partnerschaft kann offenbar nur darin bestehen, dass auch Männer wieder lernen, ihre Wünsche und Forderungen genauso deutlich zu äußern wie Frauen, und gleichzeitig in der Lage sind, Forderungen, bei denen sie untergebuttert werden, zurückzuweisen. Nur so trifft man sich auf Augenhöhe. Selbstverständlich muss man in Beziehungen mit anderen Menschen lernen zu verhandeln und Kompromisse zu schließen. Wenn allerdings diese Kompromisse aufgrund des Zeitgeistes nur noch von einem Geschlecht erwartet werden, läuft etwas extrem verkehrt.

Ein sehr erfolgreicher Werbeslogan bei Frauen war „Ich will so leben, wie ich bin. Du darfst!" Männer hingegen drangsaliert man vor allem mit der Forderung „So musst du sein" – wobei in die unterschiedlichsten Richtungen gleichzeitig gezerrt wird. Da ist Ursula von der Leyen mit ihrem Konzept einer gleichberechtigten Partnerschaft hier, die tatsächliche Mehrzahl der Frauen mit ihrem Wunsch nach einem Ernährer dort, nebenher verdienen sich diverse Männerzeitschriften und –ratgeber eine goldene Nase damit, den Männern ein Programm zu verkaufen, mit dem sie angeblich zum begehrten Sexhengst werden – kein Wunder, dass manche Männer immer unsicherer und orientierungsloser werden. Vielleicht wäre es ein erster Schritt zu ihrer Befreiung, wenn sie lernen, den Lärm von außen so weit wie möglich abzuschalten, in sich hineinzuhorchen und herauszufinden, welches Leben sie denn selbst gerne führen möchten – um das dann auszuprobieren und, falls dies ihre Erwartungen erfüllt, auch so weit wie möglich durchzusetzen. Darum geht es im nächsten Kapitel.

Am Wochenende traf ich einen befreundeten Pastor, mit dem ich schon viele Gespräche über die „Männerbewegung" geführt habe. Der erzählte mir eine Geschichte vom letzten Jahr. Er war mit einigen Konfirmanden (13-14-jährigen Jungs und Mädchen) auf einer längeren Freizeit. Die Jungs gingen abends immer die Mädels besuchen und machten zusammen Gaudi. Eines Abends bei einer Besprechung verlasen die Mädels plötzlich 95 Thesen für die Jungs, die sie sich vorher ausgedacht hatten. Es waren Bedingungen für die Jungs, um auch weiterhin die Mädels besuchen zu dürfen. Teilweise waren sie sehr persönlich verfasst (gut riechen, frische Unterhosen, artig anklopfen ...). Anfangs war alles noch recht spaßig, aber mit jeder These wurden die Gesichter der Jungs immer länger. Die Thesen wurden dann an der Tür zum Mädchenflügel angeheftet. Die Jungs waren ziemlich betroffen und der Pastor – gut vorinformiert schon von mir – sagte zu ihnen: Wenn ihr das alles erfüllt, seit ihr dressierte Pudel. Das war eine große Erleichterung für die Jungs und sie reagierten sehr gesund: Sie zerrissen die Thesen und stellten die Besuche bei den Mädels ein. Schon am nächsten Tag kamen erste Liebesbriefe von den Mädchen, mit der Bitte an die Jungs, sie doch wieder zu besuchen! **(Wolfgang Wenger im Internetforum von MANNdat)**

10. ROLLENFREIHEIT FÜR MÄNNER

Am 8. Mai 2006 berichtete der Fernsehsender n-tv über die Ergebnisse einer repräsentativen Befragung, die Schulforscher der Universität Dortmund unter 14- bis 16-jährigen Jungen durchgeführt hatten. Der ideale Mann, so befanden die Schüler, sei in erster Linie gut aussehend, stark, intelligent und witzig. Außerdem wurden Harmonie, Zuverlässigkeit und Sicherheit als Ideale aufgeführt. Auch was die Partnerin eines solchen Mannes anging, hatten die Jungen ein konkretes Bild vor Augen: Sie sollte vor allem zuverlässig sein, treu und angepasst. Autor Peter Zimmermann vom Institut für Schulentwicklungsforschung (IFS): „Jungen haben anscheinend Angst vor starken Frauen. Strebsame, durchsetzungsstarke Frauentypen werden von 72 Prozent abgelehnt."[216]

Zunächst mal: Ein Hoch auf die Jungen! Offenbar haben sie trotz ihres Aufwachsens in unserer feministisch durchideologisierten Gesellschaft die Fähigkeit entwickelt, ganz klar eigene Vorstellungen und Idealbilder zu entwerfen und auch zu benennen. Pfui allerdings über Peter Zimmermann, der gleich als erstes den Jungen dafür eines auf den Deckel geben musste. Wie genau darf man sich sein Vorgehen als Forscher vorstellen? „Liebe Jungs, bitte sagt mir mal ganz unbefangen, was ihr euch so von einem idealen Mann und einer idealen Frau vorstellt. Ihr könnt ruhig ganz offen sein! Denn wenn sich eure Antwort als nicht politisch korrekt herausstellen sollte, werde ich mich schleunigst davon distanzieren."

Möglicherweise haben die Jungen lediglich ein sehr gutes Gespür dafür entwickelt, dass man in unserer heutigen Gesellschaft Frauen vor allem dann als „durchsetzungsstark" bezeichnet, wenn es sich um arrogante, selbstgefällige Zicken handelt, was aber niemand so klar aussprechen möchte, weil er Angst hat, dann als frauenfeindlich zu wirken. Umgekehrt haben Frauen nicht die geringste Angst, „strebsame, durchsetzungsstarke" Männer als Machos oder karrieregeile Egomanen anzufeinden.

Und kein Forscher käme auf den Gedanken, falls Teenagerinnen in einer Umfrage Machos ablehnen, zu urteilen: „Offenbar haben diese Mädchen Angst vor starken Männern." Aber was Frauen erlaubt ist, dürfen Männer eben noch lange nicht. Das werden auch die Dortmunder Schüler irgendwann lernen, wenn sich Peter Zimmermann & Co. noch etwas Mühe geben.

Wenn heutzutage von einem „Aufbrechen der starren Geschlechterrollen" die Rede ist, dann scheint damit vor allem gemeint zu sein: Die Frau sollte sich immer mehr Wahlmöglichkeiten erobern, und der Mann darf sich nehmen, was jeweils übrig bleibt. Immer mehr Männer jedoch fragen sich, was sie eigentlich als Gegenleistung für die Erfüllung der unterschiedlichsten Forderungen erhalten. Oder sie stellen fest, dass Trendforscher bei den von ihnen propagierten Männerbildern noch nicht mal mehr wie früher nur zwischen Macho und Softie wild hin- und herspringen, sondern dass zwischen „Ironic Man", „Care Man" und „Lad" angeblich bald jeden Monat ein neuer Typ gefragt ist, ja, dass diese Trends sich stellenweise schon selbst überholen: Als endlich auch im letzten Winkel Deutschlands angekommen war, dass der amerikanischen Trendforscherin Marian Salzman zufolge der „Metrosexuelle" aber so was von der Mann der Zukunft sei, hatte diese schon längst eine rasante Wende eingeschlagen und präsentierte dessen Gegenstück, den „Übersexuellen" als den jetzt nun aber wirklich letzten Schrei. Und nicht zuletzt stellen zahllose Männer fest, dass das Werbeversprechen „Erfülle Erfordernis XY und du findest garantiert eine tolle Partnerin!" ganz einfach nicht funktioniert. Insofern verweigern sie sich den gängigen Rollenerwartungen mehr und mehr.

Dass dies allerdings zu heftigsten Konflikten führt, belegt ein Interview, das die Zeitschrift „Matto Matteo" mit dem Münchner Autor und Psychologen Hermann Meyer durchführte. Hier ist ein Auszug im Langzitat sinnvoll:

MattoMatteo: Gibt es noch andere Faktoren, die den Mann in die derzeitige Misere getrieben haben?

Meyer: Heute zeigt sich folgendes Bild: Die Frau versucht, die Vorteile der traditionellen Frauenrolle mit den Vorteilen, die sich aus der Emanzipation ergeben, zu verbinden. Sie möchte, dass der Mann nach wie vor um sie wirbt, sie ausführt, mit ihr

Essen geht, ihr schickes Cabrio und die Urlaubsaufenthalte finanziert. Gleichzeitig stellt sie aber den Anspruch, frei und unabhängig zu sein und keine Verpflichtung eingehen zu müssen, wie Essen zuzubereiten oder sonst irgendwelche Gefälligkeiten zu erweisen. Doch auch der Mann strebt es an, eine für ihn vorteilhafte Verbindung zwischen der alten Rollenteilung und der emanzipierten Lebensform zu erreichen. Er wünscht sich eine Frau, die ebenfalls einem Beruf nachgeht, um ihn dadurch etwas finanziell zu entlasten. Gleichzeitig jedoch sollte sie sich voller Freude auch ihren hausfraulichen Pflichten widmen. Bei diesem Kampf, die eigenen Interessen durchzusetzen, steht die Frau immer öfter auf dem Siegerpodest. Das heißt, sie hat doppelten Vorteil und der Mann doppelten Nachteil. Das Gleichgewicht zwischen Geben und Nehmen stimmt nicht mehr, das bei der traditionellen Rollenteilung noch streng geregelt war. Plötzlich ist der Mann der Lackierte. Er gibt nur noch und bekommt nichts mehr. Er soll Karriere machen, soll der Frau finanziell und materiell was bieten, soll der ideale Ehemann, der ideale Liebhaber, der ideale Vater und der ideale Hausmann sein und soll das Kunststück fertig bringen, all diese Rollen unter einen Hut zu bringen. Während früher die Devise hieß: Hinter jedem erfolgreichen Mann steht eine Frau, die die Hintergrundarbeit erledigt, die es ihm überhaupt erst ermöglicht, sich auf Beruf und Karriere zu konzentrieren, muss man heute den Hut vor jedem Mann ziehen, dem es gelungen ist, trotz Frau erfolgreich zu sein. Noch deutlicher formuliert: Versucht ein Mann wirklich, all die Erwartungen einer Frau zu erfüllen, die an ihn gerichtet werden, läuft er Gefahr, über kurz oder lang der Sozialhilfe zur Last zu fallen oder in Extremfällen sogar, dass sein Unbewusstes versucht, indem es den Hebel auf Exitus schaltet, ihm auf dem Friedhof endlich die letzte Ruhe zu gewähren.

MattoMatteo: Was halten Sie von einer Emanzipation des Mannes? Könnte darin nicht eine große Chance bestehen?

Meyer: Wenn die Männer ihre zugewiesene Rolle genau so verweigern würden, wie das in den letzten Jahren und Jahrzehnten die Frauen gemacht haben, dann herrschte Heulen und Zähneknirschen beim anderen Geschlecht. Es würden fast über Nacht alle Partnerschaften auseinander brechen. Zwölf Mitglieder ei-

ner Münchener Männergruppe machten den Versuch, bei ihrer Freundin oder Ehefrau sämtliche Rollen, die man wie selbstverständlich dem Manne aufbürdet, zu verweigern, um in Erfahrung zu bringen, was dann passieren würde. Sie weigerten sich, all die Dinge zu tun, die ansonsten ein Mann eben so zu tun hat. Sie steckten keine Geldbörse ein, wenn sie mit der Frau zum Essen ausgingen, sie weigerten sich, Chauffeur zu spielen, sie erklärten, dass sie mehr Zeit für sich selbst brauchten, dass sie keine Lust mehr hätten, als Lokal-, Konzert-, Opern-, Operetten- oder Theater-Begleiter zu fungieren, dass sie nicht mehr zum Shopping mitgehen wollten, dass es sie langweilte, ihre Schwiegermutter zu besuchen, dass sie auf Grund der Überlegung, dass das Leben so kurz sei, nur noch halbtags arbeiten werden, dass sie keinen Euro mehr für Geschenke, Klamotten und für ihre Einrichtungswünsche investieren wollten, sie rührten keinen Finger mehr bei tropfenden Wasserhähnen und ausgebrannten Glühbirnen, sie weigerten sich, der Frau ständig zuzuhören, sondern sprachen selbst von sich und ihren Problemen. Keines der Mitglieder in der Männergruppe hielt den vereinbarten Versuchszeitraum von vier Wochen durch, denn die Reaktionen des weiblichen Geschlechts waren fürchterlich: Tag und Nacht wilde Streits, Aggressionen en masse. Wut und vor allem sexuelle Verweigerung. Doch auch der Mann möchte gerne um seiner selbst willen geliebt werden und nicht nur deshalb, weil er artig sein Rollenspielchen absolviert. Die wirkliche Emanzipation des Mannes sieht ganz anders aus, als die Frauen es ihm vorgeschrieben haben. Nicht stricken, häkeln, waschen, putzen, einkaufen, Kartoffeln schälen, Salat putzen, kochen, backen, braten, abspülen, abtrocknen und Kinder hüten ist hier angesagt, sondern die Infragestellung der zugewiesenen Männerrolle, der tausend Selbstverleugnungsrituale, die er bisher ohne Murren exerziert hat.

Nach Hermann Meyers Schilderung liegt die Frage nahe: Aber wie um Himmels willen kann ich meinem Rollengefängnis entkommen, wenn dabei unweigerlich ein Riesenterror auf mich wartet? Schließlich hat es ja kein einziger dieser Münchner Männer durchgehalten! Dabei könnte es sich allerdings um dieselbe Fangfrage handeln wie wenn man sich bei einem Pädagogen erkundigt: Was soll ich denn bitteschön machen, wenn mein Kind im Supermarkt immer wieder einen Tobsuchtsanfall bekommt und meine Ermahnungen komplett ignoriert? Da muss ich ihm doch einen Klaps geben! Darauf würden viele Pädagogen antworten: „Wenn Ihr Kind im Supermarkt immer wieder einen Tobsuchtsanfall bekommt und Ihre Ermahnungen ignoriert, dann ist vermutlich vorher schon etwas Gravierendes schief gelaufen."

Nun würde ich im Leben nicht auf den Gedanken kommen, Frauen und kleine Kinder gleichzusetzen, aber der Gag ist derselbe: Man sollte nicht erst dann beginnen, die Weichen zu stellen, wenn ein Zug einmal in voller Fahrt ist, weil sonst selbstverständlich eine Katastrophe passiert. Natürlich tickt eine Frau aus, wenn ihr Partner urplötzlich eine komplett andere Gangart einlegt und überhaupt keine Kompromisse mehr schließt. Ich kenne die von Herrn Meyer beschriebene Männergruppe nicht, aber ein wenig macht mir seine Schilderung den Eindruck, als sei das „Experiment" bewusst oder unbewusst so überzogen durchgeführt worden, dass es schief gehen musste. Vielleicht um sich insgeheim zu bestätigen, dass ein Ausbruch aus der gewohnten Rolle ja sowieso nicht möglich sei?

Fest steht, dass jeder, der sich einer ihm gesellschaftlich zugeschriebenen Rolle entzieht, mit Konflikten leben muss. Er wird es lernen müssen, sich seine Rollenmobilität zu nehmen, ohne sich von Abwertungen irritieren zu lassen.

Das ging den Feministinnen nicht anders: Die ersten Feministinnen, die ihr Recht auf höhere Bildung einforderten, wurden als „Blaustrümpfe" betitelt, die ersten Frauen, die für ihre Gleichberechtigung kämpften, als „Mannweiber", die ersten Frauen, denen ihr Beruf sehr wichtig war, galten als „Karrieretussen", und wenn sie noch dazu Kinder hatten als „Rabenmütter". So wie viele Frauen sich erkämpfen mussten, stark sein zu dürfen, ohne vom anderen Geschlecht als unweiblich abqualifiziert zu werden, müssen jetzt umgekehrt Männer ihr Recht einfordern, schwach sein zu dürfen, ohne vom anderen Geschlecht als „Jammerlappen", „Loser" oder „Weicheier" abgewertet zu werden.

Meine Stalkerin, von der ich in Kapitel 6 berichtet habe, hatte einmal versucht, mich damit lächerlich zu machen, dass ein Pionier der Männerbewegung wie ich noch zu Hause bei seinem

Vater wohnt. Da hat jemand den Schuss nicht gehört: Genauso gut hätte sich vor 40 Jahren jemand darüber empören können, dass eine Frauenrechtlerin alleinstehend und berufstätig ist statt eine vorbildliche Hausfrau. Auch der Männerbewegung kann es nicht darum gehen, die althergebrachten Rollenbilder möglichst perfekt auszufüllen, sondern vielmehr neue Männerrollen zu erobern und zu etablieren, indem sie herausfinden, was ihnen selbst am besten tut. Auf dieser Basis können sie dann eine Partnerin finden, die zu ihnen passt – statt ihr Leben in vorauseilendem Gehorsam danach auszurichten, was denn momentan so gefragt sein könnte. Motto: Selbstbestimmung statt Fremdbestimmung. Wenn männliche Studienanfänger überwiegend Fächer wählen, die ihnen günstige Jobaussichten bieten, um damit eine Familie zu ernähren, statt Fächer, die ihnen Spaß machen, ist dann wirklich ein übergroßer Egoismus von Frauen das Problem oder nicht vielmehr ein mangelnder gesunder Egoismus bei Männern? Um meinen Interviewpartner Simon Gunkel zu zitieren: „Kompromisse kann man in einer Beziehung machen, aber schon vorher auf die eigenen Wünsche zu verzichten und dann von diesem Standpunkt aus noch mal Kompromisse zu machen, ist ein Rezept zum Unglücklichsein."

Auf den folgenden Seiten habe ich Ihnen einmal beispielhaft vier männliche Rollenmodelle zusammengestellt. Jedes könnte für einen bestimmten Typus Mann – nicht für jeden! – das richtige sein. Jedes wird allerdings auch immer wieder stark diffamiert.

1.) Der Hausmann und Vollzeit-Papa

Auf den ersten Blick erscheint dies als das Rollenmodell der Zukunft, der sogenannte „neue Mann". Schließlich wurde vom Feminismus jahrzehntelang gefordert, dass Männer ihre gewohnte berufsfixierte Geschlechterrolle verlassen und Frauen auf der Karriereleiter Platz machen sollten. Sei das männliche Ego etwa so zerbrechlich, wurde gehöhnt, dass es sich allein durch Job und Leistung definieren könne und ein Mann unter Potenzängsten zu leiden beginne, wenn es seine Frau war, die die Brötchen verdiente? Und so begannen einige Männer, den Rollentausch mit ihrer Partnerin einmal auszuprobieren. Ironischerweise gehen solche männlichen Bestrebungen bis zurück zur Beat-Generation der sechziger Jahre im Gefolge von John Kerouac & Co. „Der wahrhaft befreite Mann", hieß es damals schon, „ist einer, dessen Frau statt seiner arbeitet." Nur wurden diese Männer von der Gesellschaft als Tagediebe und Schmarotzer angesehen. Daran hat sich im Lauf der letzten Jahrzehnte bestenfalls graduell etwas geändert.

Anfang 2002 erschien in der Broschürenreihe „Zukunftsforum Politik" der Konrad-Adenauer-Stiftung eine von den Männerforschern Peter Döge und Rainer Volz herausgegebene Studie unter dem Titel „Wollen Frauen den neuen Mann? Traditionelle Geschlechterbilder als Blockaden von Geschlechterpolitik".[217] (Keine Stiftung hat je eine wissenschaftliche Untersuchung darüber in Auftrag gegeben, ob Männer die neue Frau wollen.) In der Einleitung zu dieser Studie heißt es: „Wenn sich Lebensplanung oder Verhaltenseinstellungen eines Partners ändern, muss der andere Teil mitziehen, sonst kann es sich nicht zum Ganzen fügen. Obwohl dies seit einiger Zeit bekannt ist und immer mehr Männer bereit sind, sich von traditionellen Rollenbildern zu befreien, geht es nicht wirklich voran. Was sind die Ursachen? Mit der vorliegenden Publikation analysieren wir mögliche Gründe. Offenbar stehen der Gleichberechtigung nicht nur strukturelle, gesetzliche oder gar ideologische Hindernisse entgegen. Es gibt auch andere 'weiche' Faktoren, zum Beispiel das Verharren von Frauen in alten Rollenklischees, die das Zusammenleben maßgeblich beeinflussen."

Bislang sei die Debatte recht einseitig verlaufen: „Ein Blick auf die bisherige Geschlechterpolitik zeigt, dass Männer kaum ihr Gegenstand und ihre Bündnispartner waren. Abgesehen von einigen wenigen Appellen an die vermeintliche Faulheit der Männer bei der Hausarbeit und abgesehen von Maßnahmen gegen männliche Gewalttäter waren Männer bisher kein Ziel von entsprechenden Maßnahmen und Programmen. Geschlechterpolitik war überwiegend Frauenpolitik, nur Frauen hatten demzufolge ein Geschlecht. Männer blieben außen vor, blieben weitgehend geschlechtslos. Dabei waren die Rollen eindeutig verteilt: Frauen wurden als die vorwärts Treibenden, Männer in toto als die Blockierer bei der Neugestaltung der Geschlechterverhältnisse angesehen, 'neue Männer' blieben auf diese Weise zwischen allen Stühlen".

Die Autoren stellten ihre Untersuchung in einem Artikel der Berliner „tageszeitung" am 21. Februar 2002 vor. Wie die folgenden Auszüge aus diesem Beitrag zeigen, könnte eine bisher weitgehend ausgeblendete Abwertung des „neuen Mannes" vor allem durch die weibliche Bevölkerung ausschlaggebend dafür sein, dass sich dieser Lebensentwurf nur schwer durchsetzt: „Zentrale Blockaden für aktive Väter, so das Ergebnis, sind: Vorurteile bei Vorgesetzten und Kollegen, aber auch bei Kolleginnen und sogar bei den eigenen Partnerinnen. Sie stellen die Fürsorgekompetenz ihrer Männer in Frage. Nach Ansicht der schwedischen Frauenforscherin Ulla Björnberg wurde gerade diesem Umstand bisher viel zu wenig Aufmerksamkeit eingeräumt. (...) Daten aus verschiedenen europäischen Ländern, die wir in unserer Studie analysiert haben, zeigen eine Reihe von Widersprüchlichkeiten. Nicht nur bei Männern, auch bei Frauen findet sich 'verbale Aufgeschlossenheit bei bestehender Verhaltensstarre' – um die Lieblingsbeschreibung der vormaligen Frauenministerin Bergmann zu gebrauchen. So schätzen sich Frauen noch immer als kompetenter in Haushaltsfragen ein. Einige der befragten Frauen begegnen einem größerem Engagement ihrer Männer im Haushalt gar mit Unbehagen. Zudem ist auch die Einstellung zum aktiven Vater ambivalent: Diesen Typus, verkörpert durch den viel gepriesenen 'neuen Mann', finden Frauen zwar 'sympathisch'. Doch gleichzeitig sind erschreckend viele von ihnen der Ansicht, dass diese Rolle nicht 'wirklich' zu einem Mann passe. Sie empfinden sie als unmännlich. Zudem sprechen viele Frauen den Männern schon vor der Geburt des Kindes die Fürsorgekompetenz ab und kümmern sich daher lieber selbst um das Kind; der Mann wird zum Assistenten degradiert. Insbesondere in traditionellen Arbeitermilieus zeigt sich ein großes Interesse von Frauen an einem 'starken' Mann. Diese Frauen sind auch keineswegs an der Aufnahme einer Erwerbsarbeit interessiert, selbstbestimmte Hausarbeit wird vielmehr als Chance gesehen, monotoner und unqualifizierter Arbeit zu entkommen. Einer schwedischen Untersuchung zufolge plädieren gar die Männer nach der Geburt eines Kindes eher für eine Vollzeittätigkeit ihrer Frauen, während diese mehr an Teilzeit interessiert sind. Auch in der Bundesrepublik finden Mütter und Väter mit Kindern bis zu neun Jahren ein Vollzeit-Vollzeit-Modell nicht wünschenswert, rund zwei Drittel der befragten Frauen wollen Teilzeit arbeiten."

Liegt vor uns möglicherweise nicht ein Wettkampf der Geschlechter über die besten Plätze im Berufsleben, sondern darum, wer sich aus der stressigen Berufswelt zurückziehen darf und wer vor den Karren gespannt wird, um seine Familie durchzuschleppen? Peter Döges und Rainer Volzens Studie enthält sogar noch einige Erkenntnisse, die über den „taz"-Artikel hinausgehen. Angesprochen wird beispielsweise „die Ratlosigkeit gutwilliger und einsichtsfähiger Männer, wenn sie in die feministische 'Beziehungsfalle' geraten: Sagen sie etwas zur Geschlechterfrage, ist es Anmaßung, sagen sie nichts, ist es Desinteresse; bleiben sie untätig, weil die Frauen ja das bessere Recht haben, den Weg zu bestimmen, ist das 'typisch Mann' und er will nichts verändern; versuchen sie, sich aktiv gegen den Sexismus zu engagieren, ist das 'typisch Mann', er will das Kommando übernehmen".

In den skandinavischen Ländern seien gut ausgestattete finanzielle Angebote in der Lage, den Verdienstausfall eines Vaters zu kompensieren, der Elternzeit in Anspruch nimmt. Auch gebe es „eine breit ausgebaute Infrastruktur der öffentlichen Kinderbetreuung sowie spezielle auf Männer zugeschnittene Maßnahmen wie den 'Papa-Monat'". Dennoch berichteten gerade die aktiven Väter „von massiven Blockaden hinsichtlich eines größeren familiären Engagements." Unter anderem habe eine in Schweden zu Beginn der neunziger Jahre eingesetzte Kommission versteckte Diskriminierungen durch Mütter aufgedeckt, die Männer bevormundet oder ihnen die Kompetenz als Väter abgesprochen hatten. Hier falle auf, dass bislang die Gründe dafür, warum die meisten Frauen Elternzeit in Anspruch nahmen, weniger gründlich untersucht wurden als warum viele Männer darauf verzichteten.

Einige weitere Erkenntnisse der Studie: 44 Prozent der Frauen zwischen 18 und 45 Jahre sind lieber Hausfrauen. 80 Prozent der Frauen sind mit ihrer Hauptverantwortung für den Haushalt zufrieden. 60 Prozent der Frauen finden, Erziehungsurlaub passt nicht zum Mann. Nur gut ein Fünftel der in einer Untersuchung befragten Frauen könnte sich in einen Mann verlieben, der „interessant und achtbar ist, aber ohne Macht". Macht rangiere bei ihnen als ausschlaggebender Faktor fürs Verlieben, noch vor Geld, Charme und Eloquenz. Schönheit oder Intelligenz des Mannes sind dieser Untersuchung zufolge kaum ausschlaggebend. Die Frauen selbst sind daran interessiert, nach außen einen 'starken Mann' vorweisen zu können, der ihr eigenes Prestige erhöht. Dabei kommt es mitunter zu paradoxen Effekten: In manchen Situationen bestehen die Frauen rigider als die Männer auf der Einhaltung der Konventionen, um keinen Zweifel an der Männlichkeit des Ehemannes aufkommen zu lassen. Kurz: Die Studie von Volz und Döge entlarvt sämtliche feministische Propaganda von bösen Männern, die arme Frauen vom Berufsmarkt verdrängen und zu einem Hausfrauen-Dasein zwingen, sie dabei unterdrücken und ausbeuten, als kompletten Unfug.

Dabei betritt diese Untersuchung nicht einmal völliges Neuland. Schon das von Karin Hertzer und Christine Wolfrum 2001 veröffentlichte „Lexikon der Irrtümer über Männer und Frauen" wies auf solche Umstände hin, etwa indem es die Hamburger Therapeutin Bärbel Raulf zitierte: „Keine Frau will auf Dauer einen, der sich auf ihre Kosten durchs Leben ziehen lässt und selbst nichts auf die Beine stellt". (Männern scheint es hingegen zugemutet werden zu können, Frauen „auf ihre Kosten durchs Leben zu ziehen"). Der Hamburger Familienanwalt Kristen sekundiert: „Für die meisten Frauen ist es unerträglich, wenn der Mann auf ihre Kosten lebt. Sie haben das Gefühl, für Liebe zahlen zu müssen. Tatsächlich reichen 17 Prozent meiner Klientinnen aus diesem Grund die Scheidung ein. Tendenz steigend!"

Einer meiner besten Freunde ist ein gutes Beispiel. Auch auf ihn war jahrelang die Dauerbeschallung eingeprasselt, der zufolge Männer ihre überalteten Rollenvorstellungen schleunigst zu ändern hatten. Insofern war er als Student fortschrittlich, emanzipiert und aufgeschlossen und lernte eine ebensolche Kommilitonin kennen. Die beiden verliebten sich ineinander und bekamen Nachwuchs. Mein Freund stellte die Arbeit an seiner Doktorarbeit zurück und ging Geld verdienen, damit seine Partnerin ihre Examensarbeit schreiben und sich um das Kind kümmern konnte. Danach tauschten sie die Rollen, und er wollte sich jetzt um Kind, Haushalt und seine eigene Doktorarbeit kümmern. Das funktionierte nicht lange. Bald schon warf ihm seine Partnerin vor, dass er „zu wenig darstelle", er solle gefälligst seine Doktorarbeit vergessen und „die Versorgerrolle übernehmen". Als er sich dem verweigerte, kündigte sie die Beziehung auf. (Redakteure wie die der „Hörzu" würden vor ihr vermutlich auf Knien liegen für so viel „Flexibilität".) Anderen Bekannten von mir geht es nicht anders. In einigen Fällen, in denen Männer ihre Versorgerrolle übernahmen, suchten ihre Partnerinnen sich irgendwann einen „besseren Versorger".

Liegt das allein an einer eigenwilligen Besetzung meines Bekanntenkreises? Mitnichten. Seit Jahren sprechen Umfragen und Studien eine deutliche Sprache:

Im Jahre 2003 fand die Soziologin Pamela Smock bei ihren Befragungen von 700 Frauen mit festem Partner heraus, dass diejenigen von ihnen eine Heirat ablehnten, deren Partner ein niedrigeres Einkommen und eine geringere Bildung als sie selbst aufwiesen. Auch das weist auf eine gewisse Zurückhaltung beim weiblichen Geschlecht hin, selbst den größten Teil des Familieneinkommens beizusteuern.

Im August 2003 äußerten bei einer Umfrage der Zeitschrift „Marie Claire" 70 Prozent der befragten Frauen, dass Männer in der Lage sein müssen, eine Frau zu ernähren. Einen Mann, der sich an den Herd stellt, wünschten sich hingegen nur 28 Prozent. Etwas mehr als die Hälfte erwartete von Männern, dass sie erfolgreich sind.

Im September 2006 ergab eine Emnid-Umfrage, dass 55 Prozent der Frauen, aber nur 46 Prozent der Männer dem Satz zustimmen, „Kinder, Familie und ein harmonisches Heim sind wirklich die größte Aufgabe für Frauen." Entgegen aller feministischen Propaganda findet man die Dinosaurier in der Geschlechterdebatte demnach überwiegend beim weiblichen Geschlecht.

Am 10. Juli 2007 berichtete die britische „Daily Mail" sehr ausführlich über die hohe Scheidungsrate, von der Paare mit der politisch propagierten neuen Rollenaufteilung betroffen sind: „Es ist die bitterste Ironie: Tausende von Männern, die ihre Arbeitsstelle aufgegeben haben, um sich um ihre Kinder zu kümmern, werden von ihren ehrgeizigen Frauen verlassen – die überhaupt erst wollten, dass sie zu Hause blieben." Der „Daily Mail" zufolge sind die Hausmänner in England ein stark wachsender Trend. Ihre Zahl stieg seit 1993 um 83 Prozent, und dem Amt für nationale Statistiken zufolge umfasst sie mittlerweile mehr als 200.000 Väter, die ihre Karrieren aufgaben, um ihre Kinder erziehen zu können. Allerdings, so wird die Scheidungsanwältin Vanessa Lloyd-Platt zitiert, führe die Entscheidung, die Frau die Brotverdienerin sein zu lassen, zu einem schädlichen Effekt bei der Hälfte dieser Partnerschaften. „Meine Warnung wäre, lange und gründlich darüber nachzudenken, ob der Mann zu Hause bleiben soll", führt Lloyd-Platt aus. „Ich weiß, dass die Frau als Brotverdienerin sehr im Trend liegt, aber meiner professionellen Erfahrung nach wird diese Entscheidung die Ehe belasten. Am Anfang mag es lustig sein zu sagen 'Ich habe einen Hausmann', aber die Frau wird es ihrem Mann bald verübeln, wenn er finanziell nicht in der Lage ist, seinen eigenen Teil beizutragen. Sie wird sich denken: 'Du unterstützt mich nicht'. In jedem von uns, glaube ich, sitzt ein tief verankerter Glaube, dass Männer die Beschützer sein sollten. Ein allmählicher Mangel an Respekt frisst sich in die Beziehung, und das bringt Männer in eine sehr verwundbare Position." Nach einer Scheidung werden diese „neuen Männer" noch mehr über den Tisch gezogen als der Rest ihrer Geschlechtsgenossen: Richter orientieren sich häufig an den alten Rollenmodellen, denen zufolge die Kinder zur Mutter gehören und der Mann Unterhalt zu zahlen hat – was ihm nach Jahren außerhalb einer beruflichen Beschäftigung natürlich extrem schwer fällt. Einige aufrüttelnde Fallschilderungen ergänzen den Artikel.[218]

Wenn Ministerin von der Leyen vor dem Hintergrund all dieser Erfahrungen aus In- und Ausland behauptet, Männer, die zu dem von ihr propagierten Rollenverhalten nicht bereit seien, würden keine Partnerin finden, dann wird sie durch die Lebensrealität Lügen gestraft. Das Gegenteil ist der Fall: Ein Mann, der auf die Propaganda der Ministerin hereinfällt, hat momentan noch beste Chancen, sich sein Leben sehr schwer zu machen.

Die geschilderten Zahlen und Fakten irritieren, weil wir aus den Medien die von Alice Schwarzer & Co. lautstark vertretene

Forderung nach einem „neuen Mann" bestens im Ohr haben. Was dabei vergessen geht: In Deutschland leben etwa 40 Millionen Frauen. Die Auflage von Schwarzers „Emma" beläuft sich aber auf nicht einmal 40.000 Exemplare.[219] Man muss sich das einmal richtig bewusst machen: Alice Schwarzer spricht für weniger als ein Promille aller Frauen in unserem Land! Dass sämtliche Journalisten bei den verschiedensten Fragen wie automatisch Alice Schwarzer als Sprecherin der Frauen heranziehen, verzerrt unser Bild von der Wirklichkeit stark und sagt vor allem etwas über die Armseligkeit des deutschen Journalismus aus, wenn es um das Geschlechterthema geht.

All das bedeutet jedoch nicht, dass Männer, die die Ernährerrolle ablehnen, überhaupt keine Chance hätten. Bei den verschiedenen Umfragen zeigt sich noch immer ein stattlicher Anteil an Frauen, die solche Ansprüche nicht stellen. Das Hauptproblem dürfte darin liegen, bloße Lippenbekenntnisse von einer konsequenten Haltung zu unterscheiden, die auch dann noch bestehen bleibt, wenn sie sich in der eigenen Partnerschaft bewähren muss. Männern, die hier Rollenpioniere spielen möchten, muss in jedem Fall klar sein, dass ihnen trotz allem feministischen und medialen Getöse in Wahrheit ein scharfer Gegenwind ins Gesicht weht und sie nicht gerade offene Türen einrennen, sondern sie sich diese Lebensweise, die Frauen wie selbstverständlich zugebilligt wird, erst mühevoll erkämpfen müssen.

2.) Der Macho

In seinem Herkunftsland Spanien bedeutet das Wort „Macho" schlicht „männlich" und ist kaum mit einer negativen Bedeutung belegt. Hierzulande ist das bekanntlich anders: Machos gelten als halbe Steinzeitmenschen, weil sie immer noch glauben, dass Frauen an den Herd gehören. In Karikaturen erscheinen sie als aggressiv und rüpelhaft, aber auch ein bisschen debil. Ihre Männlichkeit müssen sie mit Status- und Potenzsymbolen wie einem teuren Auto sowie einem ständigen Kräftemessen immer wieder aufs Neue unter Beweis stellen. Möglicherweise verdeckt die verständliche Abwertung einer narzisstischen Überspitzung des Machotums jedoch die Frage, ob es nicht auch ein gesundes Machotum geben kann: selbstbewusste, forsche Männlichkeit mit einer durchaus traditionellen Auffassung von Geschlechterrollen, die sich möglicherweise nicht umsonst recht lange bewährt haben. Ein solcher Macho findet, dass Frauen an den Herd gehören und er fürs Geldverdienen zuständig ist? Das dürfte ihm Erfolg bei der Partnersuche bringen, denn ein Großteil der Frauen sieht es offenbar nicht anders. Dieselbe anziehende Wirkung dürfte seine viel geschmähte Selbstdarstellung haben, solange sie nicht peinlich oder selbstzerstörerisch wird. Letzteres hätte dann allerdings nichts mehr mit Machismo zu tun, sondern mit Dummheit, und davor sind auch die Softies und Frauenversteher nicht gefeit.

Machos könnten mit ihrer Einstellung sogar länger leben als andere Männer, fand Roni Beth Tower, Gerontologin an der New Yorker Columbia-Universität heraus – und ihre Frauen auch. Tower befragte für das Fachjournal „Psychosomatic Medicine" 300 ältere Ehepaare und stellte fest, dass Männer, die der klassischen Rollenverteilung entsprechend für ihre Frauen einen „Fels in der Brandung" darstellten, eine deutlich höhere Lebenserwartung genießen als solche, die ihre Frauen als wesentliche emotionale Stütze benötigen. Towers und ihre an der Studie beteiligten Kollegen vermuten, dass eine große emotionale Abhängigkeit von ihrer Frau für Männer belastenden Stress bedeuten kann – unter anderem, weil sie besorgt einem möglichen Tod ihrer Partnerin entgegensahen.[220]

Generell könnte die Neigung von Machos, eine starke geschlechterspezifische Aufgabenteilung vorzuziehen (Männersachen vs. „Weiberkram"), eine nicht unwesentliche Entstressung bedeuten. Zum einen muss der Zuständigkeitsbereich der beiden Geschlechter nicht immer wieder neu ausgehandelt werden; er steht von vornherein fest. Zum anderen entgeht ein solcher Macho der negativen Erfahrung, die viele „neue Männer" gerade fassungslos erleben, nämlich dass sie sich inzwischen um beide Bereiche (Geldverdienen und Haushalt, Babywickeln und Reparaturen) zu kümmern haben, während ihre Partnerin sich beidem immer mehr entzieht. Dafür wurde inzwischen der Ausdruck „Atlas-Syndrom" geprägt, benannt nach der Gestalt aus der griechischen Mythologie, die der allgemeinen Vorstellung nach das Gewicht der Welt auf ihren Schultern tragen muss.

Die betroffenen Männer arbeiten genauso hart wie frühere Generationen, um ihre Familie zu ernähren, und schlagen sich mit den Anforderungen anstrengender Berufe herum, aber zusätzlich wollen sie den neuen Rollenanforderungen gerecht werden, möchten sich um alles und jeden kümmern, sind aber irgendwann ausgebrannt und landen auf der Couch des Psychiaters. Die Opfer rangieren von Lastwagenfahrern bis zu Ärzten. „Das Syndrom befällt Männer, die zu gut sind", erklärt Dr. Tim Cantopher, einer der führenden Psychologen Englands. „Sie sind zu stark, leistungsfähig und besorgt. Es sind Menschen, auf die sich jeder verlassen und an die sich jeder wenden kann, wenn er Hilfe braucht. Jetzt wird von ihnen erwartet, dass sie auch das Kochen, das Baden der Kinder und das Bügeln übernehmen, und sie haben den unglaublichen Stress entdeckt, den Multitasking mit sich bringt. In einigen Fällen hat es zu Gefühlen überwältigender Hilflosigkeit und Unfähigkeit geführt, die in einer Depression enden können."[221]

Drei Jahre später, Anfang 2006, hat übrigens auch die Zeitschrift „Emma" (in der Gestalt ihrer Mitarbeiterin Lisa Ortgies) dieses Syndrom entdeckt, berichtet darüber aber erwartungsgemäß nur in der altbekannten Haltung höhnischer Herablassung und mit der kaum zwischen den Zeilen versteckten Botschaft, dass Frauen eben wesentlich mehr aushielten als die wehleidigen Männer. O-Ton Ortgies: „Fest steht nur, dass auch dort, wo beide berufstätig sind, die Frau doppelt soviel Zeit in die Hausarbeit investiert wie ihr Mann. Das ergab der Vergleich der wöchentlichen Arbeitsstunden in fast allen Studien."[222] Sicher, Schatz. Erstens: Bei solchen Studien wurde „Hausarbeit" in der Regel so definiert, dass typisch männliche Beschäftigungen wie Reparaturen und Schneeschaufeln darin gar nicht erst auftauchten. Zweitens: Wenn beide berufstätig sind, bedeutet das in der Mehrzahl aller Fälle, dass die Frau Teilzeit arbeitet und der Mann Vollzeit, also beispielsweise vier Stunden gegenüber acht (die beim Vollzeitarbeitenden meist längere Wegstrecke noch nicht mal mitgerechnet). Doppelt soviel Zeit für die Hausarbeit aufwenden kann pro Tag zwei Stunden für die Frau bedeuten und eine für den Mann. Er kann pro Tag also gut neun Stunden beschäftigt sein und sie sechs, aber in der feministischen Statistik sieht es so aus, als mache *er* sich einen faulen Lenz und *sie* sei furchtbar zu bedauern. Drittens: Das Atlas-Syndrom befällt ja gerade Männer, die sich auf die ständige feministische Indoktrination einlassen und so schließlich beruflich und im Haushalt deutlich mehr leisten als die holde Angetraute.

Der feministischen Propaganda ist es äußerst erfolgreich gelungen, unter dem Schlagwort „Doppelbelastung" den Eindruck zu erzeugen, dass Frauen um so vieles mehr von ihren unterschiedlichen Aufgaben in Anspruch genommen würden als Männer: Job, Haushalt, Kindererziehung – ein einziges Rotieren von morgens früh bis abends spät, während der Pascha längst daheim auf der Couch liegt oder mit seinen Kumpels in der Kneipe hockt. Im April 2007 jedoch veröffentlichten drei Wirtschaftswissenschaftler (Michael Burda von der Berliner Humboldt-Universität, Daniel Hamermesh von der Universität Texas und Philippe Weil von der freien Universität Brüssel) eine Studie, die auch diesen beliebten Mythos von weiblicher Benachteiligung Lügen straft: Die Forscher hatten Daten aus Befragungen in 25 Ländern analysiert, in denen es darum ging, wie Menschen ihre Zeit verbringen. Dabei waren die Teilnehmer darum gebeten worden, in Tagebüchern festzuhalten, womit sie an den verschiedenen Tagesabschnitten beschäftigt waren. Ergebnis: In den reicheren Ländern, zu denen auch Deutschland zählt, arbeiten Männer im Schnitt 7,9 Stunden pro Tag und Frauen im Schnitt ebenfalls 7,9 Stunden pro Tag. Des weiteren fanden die Forscher heraus, dass selbst Wissenschaftler, insbesondere Soziologen, weit überwiegend dem Irrtum anhingen, Frauen würden mehr arbeiten als Männer. Dass die Belastung in Wahrheit gleich verteilt war, hatte man zwar auch in früheren Untersuchungen schon festgestellt, aber diese Erkenntnis wurde von weit verbreiteten Behauptungen, Frauen seien deutlich mehr als Männer in Anspruch genommen, förmlich zugeschüttet.[223]

„Frauen beklagen sich gerne über den angeblich faulen Mann, der nicht im Haushalt hilft, und über ihre enorme Belastung durch die Hausarbeit", beginnt der Verband „Eltern in Deutschland e.V." eine dringend notwendige Klarstellung. „Der siebte Familienbericht des Bundesministeriums für Familie, Senioren, Frauen und Jugend weist dieses deutschlandweite Wehklagen in das Reich der Märchen und Mythen. Tatsächlich verbrauchen Männer mehr Zeit für Kinderbetreuung, Hausarbeit und Erwerbstätigkeit. Mit 452 Minuten pro Tag arbeiten sie pro Tag 15 Minuten mehr für ihre Familie als Frauen. Im Monat kommen dabei ca. 4 Stunden Mehraufwand auf die Männer zu. Insgesamt investieren Männer und Frauen in Deutschland ca. 7 Stunden pro Tag in ihre Familie. Von der Bundesfamilienministerin Ursula von der Leyen wurde der 24-Stunden-Arbeitstag der Mutter mit Kind kreiert. Auch dies wird durch die seriösen Zahlen als Märchen entlarvt. Denn die angegebenen Zahlen wurden bei Familien erhoben, in denen mindestens ein Kind unter 6 Jahren lebte. Warum Frauen die Situation ihrer tatsächlichen Arbeitsbelastung nicht realistisch einschätzen können, bedarf dringender Klärung. Man könnte vermuten, dass die Polemik der Frauengruppen, die Hausarbeit seit Jahrzehnten verteufelt und als Sklaverei für Frauen bezeichnet, hier tiefe Spuren hinterlassen haben könnte.“[224]

Jedenfalls verhält sich der so gern als dümmlich verschriene Macho in diesen Punkten klüger. Er lässt Ortgies Geplapper an sich abperlen, überlässt seiner Partnerin die Hausarbeit und sich selbst das Geldverdienen und – wie er vermutlich sagen würde – „fertig ist der Lack“. Und zwar ohne dass er sich hinterher auch noch verhöhnen lassen muss. Mit derselben Konsequenz bleibt er unbeirrt von allem Zeitgeist-Gerede auf seinem Weg.

Damit schützt er nicht nur sich selbst vor einer überbordenden Anspruchshaltung. Offenbar wird seine Einstellung auch zunehmend von Frauen goutiert. So entdeckte die Zeitschrift „Woman“ am 30. Mai 2006 den „Neo-Macho“, über den sie einer dazugehörigen Pressemitteilung zufolge leicht konsterniert berichtete: „Er macht ihr keine Komplimente. Interessiert sich keine Sekunde für ihre Probleme im Job. Und die Blumen zum Geburtstag hat er mit ihrer Kreditkarte bezahlt ... Was für ein Mistkerl, dürfte die überwältigende Mehrheit der Frauen denken. Aber (...) ausgerechnet diese Art Neo-Macho taucht verstärkt in Paarbeziehungen auf!“ Das „mittlerweile normale frauenversteherische Verhalten vieler Männer“ tue Partnerschaften nicht immer gut, berichtet „Woman“ weiter und zitiert als Beispiel den indischstämmigen Briten Nirpal Dhaliwal, Ehemann von Englands scharfzüngigster Zeitungskolumnistin Liz Jones: „Eine starke Alpha-Frau braucht einen Mann, der ihre neurotischen Anfälle ignoriert und dafür sorgt, dass sie mit den Füßen auf dem Boden bleibt!" Vielleicht ist das einfach eine Haltung, die viele weich gespülte deutsche Fifis erst wieder lernen müssen?

Mythen über Hausarbeit und Hausfrauengehalt
1. Hausarbeit und Kinderbetreuung sind ein Vollzeit-Job. Das mag in den 1950er Jahren noch so gewesen sein. Heute gibt es aber bessere Haushaltsgeräte, Fertiggerichte, sehr viele Wegwerfprodukte, die nicht mehr aufwendig gepflegt werden müssen usw. So hat sich der Zeitaufwand für einen durchschnittlichen Haushalt auf 2 Stunden täglich verringert. Und wie viel Zeit Eltern im Durchschnitt für ihre Kinder aufwenden, wurde vor kurzem in einer Studie ermittelt. Es waren 15 min täglich. Da Männer häufiger auf Vollzeit arbeiten als Frauen, lagen sie mit 9 min darunter, während die Frauen mit durchschnittlich 21 min etwas darüber lagen. Somit ist die durchschnittliche Hausfrau heute 2 Stunden und 21 Minuten effektiv mit Haushalt und Kindern beschäftigt.
2. Eine Hausfrau opfert sich ausschließlich für ihren Partner auf. Üblicherweise leben beide Partner in einem Haushalt, sind also auch beide für die Hausarbeit verantwortlich. Und für gemeinsame Kinder sind ebenfalls beide Partner verantwortlich. So erledigt eine Hausfrau 1 Stunde der täglichen Hausarbeit einzig und allein für sich selbst. Und auch 15 min der Kinderbetreuung erledigt sie einzig und allein für sich selbst. Für ihren Partner arbeitet sie also im Durchschnitt nur 1 Stunde und 6 Minuten täglich.
3. Arbeiten am und im Haus werden ausschließlich von Frauen erledigt. Es gibt eine ganze Menge Arbeiten, die viele Frauen grundsätzlich an Männer weiter delegieren: Herausbringen des Mülls, Gartenarbeiten (die auch in Mietwohnungen häufig anfallen, wenn es Grünanlagen, aber keinen Hausmeister gibt), diverse Reparaturen am und im Haus und am Auto, Wechseln von Winterreifen etc. Bezeichnenderweise werden diese Arbeiten nie zur Hausarbeit gezählt und fallen bei entsprechenden Studien häufig

unter den Tisch. Darüber hinaus leisten viele Männer, vor allem aus der jüngeren Generation, heute aber sehr wohl auch ihren Beitrag zur klassischen Hausarbeit. Auch dann, wenn die Partnerin Hausfrau ist. Das senkt die effektiven Arbeitszeiten der Hausfrauen weiter.

4. *Hausfrauen werden für ihre Arbeit nicht bezahlt. Tatsächlich haben sie sehr wohl gesetzlichen Anspruch auf einen Teil des Einkommens ihrer Partner, zumindest wenn sie verheiratet sind. Auch bei unverheirateten Paaren gibt es häufig nur ein Konto, und nicht selten verwalten die Frauen das Geld. Fakt ist auch, dass Frauen mehr Geld ausgeben als Männer, weshalb viele Unternehmen sie als hauptsächliche Zielgruppe betrachten. Wenn bei einem Paar nur der Mann arbeitet und die Frau als echte Hausfrau keinerlei eigene Einkünfte hat, lebt sie selbstverständlich ausschließlich vom Einkommen ihres Partners. Und das für weniger als 1 Stunde effektive Arbeit täglich. So ist eine Hausfrau tatsächlich also nicht unter-, sondern überbezahlt.*

5. *Hausfrauen sind nicht fürs Alter abgesichert. Auch im Alter lebt die Hausfrau vom Geld ihres Mannes, und wenn er stirbt, steht ihr Witwenrente zu. Zusätzlich ist es durchaus üblich, dass ein Mann für seine Frau eine Privatrente abschließt, wenn sie Hausfrau ist.*

6. *Hausfrauen haben es besonders schwer, wenn sie wieder in der Beruf einsteigen möchten. Es gibt immer wieder Fördermaßnahmen des Arbeitsamtes, die nur für Frauen vorgesehen sind. Männer dagegen können bei Arbeitslosigkeit zusehen, wo sie bleiben.*

7. *Erwerbsarbeit ist Selbstverwirklichung. Erwerbsarbeit dient zuallererst dazu, Geld für die Lebenshaltungskosten und vielleicht noch für den einen oder anderen Luxus heranzuschaffen. Manche Menschen haben Glück – ihnen macht ihr Job wirklich Spaß. Viele jedoch würden beruflich gern kürzer treten oder mal etwas ganz anderes tun – sie können es aber nicht, weil sie das Geld brauchen. So ist Erwerbsarbeit für die Mehrheit der Menschen mehr lästige Pflicht als Selbstverwirklichung. Und aus genau diesem*

Grunde zieht es auch so viele Frauen zum Hausfrauenle-
ben hin.

*8. Hausfrauen sind von ihren Männern abhängig. Tatsächlich
kann eine verheiratete Hausfrau ihren Anteil am Einkommen ihres Ehemannes sogar einklagen. Es wird schon seit
Jahren emsig daran gearbeitet, ein Gesetz einzuführen, das
Ehegatten dazu verpflichtet, ihre Konten vor den Partnern
offen zu legen. Gedacht ist das einzig und allein dafür, den
wenigen Frauen, die tatsächlich nicht wissen, wie viel Geld
ihre Ehemänner haben, auch noch ein Gesetz in die Hand
zu geben, um das nachzuprüfen und gegebenenfalls mehr
Geld verlangen zu können. Es gibt im Gegenzug aber kein
Gesetz, das eine Hausfrau dazu verpflichtet, für dieses Geld
auch irgendeine Gegenleistung zu erbringen. Wenn sie also
den ganzen Tag auf der Couch liegt und Talk-Shows sieht
und ihr Mann nach Feierabend noch die Hausarbeit erledigt oder wenn ihr Mann von seinem Einkommen Dienst-
personal für die Hausarbeit finanziert, darf er trotzdem für
seine werte Ehefrau zahlen. Und zwar auch noch nach einer Trennung, selbst dann, wenn sie die Ehe z.B. durch
Fremdgehen zerstört hat. Gibt es auch noch Kinder, dann
kann ein allein verdienender Mann sicher sein, dass seine
Frau diese Kinder zugesprochen bekommt und dass er dann
auch noch Unterhalt für die Kinder zahlen darf. Oft werden die gesamten Unterhaltsansprüche für Ex-Frau und
Kinder so hoch angesetzt, dass der Ex-Mann sie gar nicht
erfüllen kann. Und er muss obendrein noch damit rechnen, die Kinder nicht mehr oder nur noch selten sehen zu
dürfen. Das gemeinsame Sorgerecht hat daran nicht viel
geändert. Dieses Szenario hat jeder klar denkende Ehemann und Vater vor Augen, wenn es in der Beziehung mal
kriselt. So sitzt dann tatsächlich die angeblich abhängige
Hausfrau generell am längeren Hebel und kann ihrem
Ehemann alles diktieren, was sie möchte. Wenn man das
alles negiert und seine Argumentation auf alle diese Denkfehler aufbaut, dann wird diese Argumentation damit automatisch falsch, ganz egal, welche Kenntnisse man dort*

hinein packt. Natürlich gibt es die klassische Nur-Hausfrau kaum noch. Die Lebenshaltungskosten steigen seit Jahren schneller als die Einkommen, und so wird es für die Männer immer schwieriger, die Familien allein zu ernähren. Dazu kommt, dass Männer mehr von Arbeitslosigkeit betroffen sind als Frauen. So arbeiten viele Frauen auf Teilzeit. Aber wer hindert sie daran, das Geld, das sie so verdienen, zum Teil für private Altersvorsorge zu verwenden? Materieller Unterhalt für Frauen war und ist in der Rechtsprechung immer und überall ein zentrales Thema. Das allein sorgt schon dafür, dass gerade Hausfrauen nicht zu kurz kommen.

Der Männerrechtler „Garfield" 2004 in dem Internet-Diskussionsforum „Wie viel Gleichberechtigung verträgt das Land?"

3.) Der Frauen-Importeur

Eine dritte Gruppe von Männern, die ich hier kurz erwähnen möchte, findet an deutschen Frauen so wenig Gefallen, dass sie sich bei ihrer Partnersuche dem Ausland zuwenden. Sie orientieren sich an Internet-Kontaktbörsen wie www.thaifrauen.org oder Organisationen wie der Bundesvereinigung internationaler Partnervermittlungen (im Web unter www.bvi-pv.de). Auch sie werden massiv diffamiert – beispielsweise als schmierige Typen, die von der gleichberechtigten deutschen Frau überfordert seien und sich deshalb lieber eine unterwürfige Frau „per Katalog bestellen". Aber das sind unfaire Schläge unter die Gürtellinie. Die angegriffenen Männer sind in der Regel nicht von der Emanzipation der Frau überfordert, sondern verweigern sich schlicht und ergreifend schlechten Eigenschaften, die sie bei deutschen Frauen als zu häufig wahrnehmen, beispielsweise Zickigkeit, Illoyalität und die Neigung, einen Partner auszunutzen. Die Metapher vom Auswählen per Katalog schließlich könnte wunderbar auch in unsere Kultur der Internet-Partnerbörsen passen, bei denen eine Frau pro Tag 28 Angebote erhält und dann auswählt, welches in ihr „Beuteschema" passt. Bezeichnenderweise ist sie in diesem Zusammenhang nicht zu hören.

Ausführlich äußerte sich Professor Albrecht Göschel, Experte für Wirtschaftswissenschaften und Gesundheitsversorgung, auf dem Esslinger Gesundheitskongress „Männerleben" am 18. März 2006 zu diesem Thema. Während in den vergangenen Jahrzehnten die Häufigkeit der Eheschließungen in Deutschland um etwa 58 Prozent dramatisch zurückgegangen sei, so Göschel, haben die Eheschließungen deutscher Männer mit ausländischen Frauen stark zugenommen – und zwar allein zwischen 1996 und 2001 um über 43 Prozent. Göschel: „Es könnte also durchaus sein, dass die Lebensform Ehe und Familie für die Männer in Deutschland in der Tendenz nur noch mit Ehefrauen aus anderen europäischen und außereuropäischen Ländern und vor allem aus anderen Kulturen möglich ist oder möglich zu sein scheint." Dabei sei die Berichterstattung der Medien über den internationalen Heiratsmarkt dessen Wirklichkeit in keiner Weise angemessen: „Mit wenigen Ausnahmen werden Ehen, die über den weltweiten Heiratsmarkt vermittelt werden, bevorzugt in der Nähe von Prostitution, Menschenhandel, Clan-Betrügereien und organisiertem Verbrechen angesiedelt. In der entwicklungspolitischen und finanzwissenschaftlichen Literatur werden die Dinge deutlich anders gesehen. Hier hebt die Internationale Arbeitsorganisation (ILO) die hohe Bedeutung des Sex-Tourismus für das wirtschaftliche Wachstum südostasiatischer Länder wie Thailand oder den Philippinen hervor. Studien der Weltbank über die Heimatzahlungen von Migranten aus Entwicklungsländern, und damit auch Heiratsmigranten aus Entwicklungsländern zeigen, dass diese Heimatzahlungen nach den ausländischen Direktinvestitionen die wichtigste Quelle für Geldströme aus den Industrieländern in die Entwicklungsländer sind."[225] Möglicherweise ist es nur eine Frage der Zeit, bis auch diese Realitäten ideologisch bedingte Vorurteile überwinden.

Allerdings wäre es illusorisch anzunehmen, dass ausländische Frauen nicht ebenfalls durch Macht korrumpierbar wären. Sobald sie realisieren, dass in Deutschland Männer höchst geringschätzig behandelt werden – oder dass ihnen das deutsche Scheidungsrecht sehr viele Waffen in die Hand gibt und dem Mann sehr wenige –, dürfte so manche Neuzugezogene ihren eigenen Ego-Trip entwickeln.

4.) Der überzeugte Single

Zu der vierten Gruppe von Männern, die ich hier nennen möchte, gehören jene, die nicht nur übergangsweise als Single leben, weil sie eben momentan nicht die passende Partnerin gefunden haben, sondern die sich bewusst für das Single-Dasein als angenehmere Lebensform entschieden haben. Häufig handelt es sich hierbei um Männer, die selbst schon höchst negative Erfahrungen mit den heutigen Frauen gemacht haben und die über ihren Freundes- und Bekanntenkreis sowie aus den Medien erfahren haben, dass sie hierbei keine Einzelfälle darstellen. Dabei kann die bewusste Wahl fürs Single-Dasein ausgesprochen entlastend sein, solange man sich ein soziales Umfeld von sehr guten Freunden beiderlei Geschlechts bewahrt: Es werden enorme zeitliche und finanzielle Ressourcen frei, die man für eine sehr angenehme Lebensführung nutzen kann, und man ist nicht mehr gezwungen, sich bei höchst einseitigen „Kompromissen" immer wieder zu verbiegen, sondern bleibt autonom und selbstbestimmt. Der im letzten Kapitel angeführten GEWIS-Umfrage zufolge gehören überzeugte Single-Männer nicht einmal mehr einer Minderheit an. Die demografische Krise in Deutschland ist da nur die logische Folge.

Die amerikanische Journalistin Sasha Cagen hat mit ihrem Buch über „Quirkyalones" einen neuen Trendbegriff für diese Massenbewegung geschaffen. Darin definiert sie solche Menschen als eigenständig, unabhängig, individuell, auf angenehme Weise egozentrisch, kreativ und offen für alles Neue. (Cagens Buch fokussiert sich hauptsächlich auf weibliche Quirkyalones, was diese Fülle an positiven Bewertungen erklären dürfte.) „Quirkyalones haben keine Lust, sich mit irgendeinem x-Beliebigen zusammenzutun, nur um nicht allein zu sein", erklärt Cagen dort, und: „Quirkyalones feiern die Emanzipation von der zwangsverordneten Zweisamkeit und wehren sich gegen die künstliche Silikonversion von Liebe, die in Film und Fernsehen ständig propagiert wird." Letztere Erkenntnis ist mit dem Hit „Liebe wird oft überbewertet" der Kreuzberger Lassie Singers inzwischen auch in die Popmusik eingegangen.

Ein beliebter Einwand gegen dieses Bekenntnis zum Singletum ist die Frage, ob man denn keine Angst z.B. vor Einsamkeit im Alter empfinde. Dieses Argument tut so, als stelle das Eingehen einer Partnerschaft eine auch nur annähernde Garantie dagegen dar. Ich muss nur an die enorm hohen Scheidungszahlen denken, um das zu bezweifeln: Während für eine Frau eine Partnerschaft durchaus noch sinnvoll sein kann, weil sie entweder auf einen Ernährer oder fette Beute durch Scheidung oder Erbschaft spekulieren kann, bietet sich dieser Vorteil für Männer eher nicht. Und diese Haltung hat auch nichts mit Zynismus zu tun: Lebenskluge Therapeutinnen und Autorinnen wie Astrid von Friesen und Ulla Rhan haben dieses Missverhältnis ebenfalls längst erkannt.

Bei allem Positiven, das viele Männer dem Single-Dasein abgewinnen können, dürfte es allerdings für nicht wenige lediglich das geringere von zwei Übeln darstellen. Immer mehr Prostituierte bieten inzwischen sogenannten „Girlfriendsex" an (mit Zungenküssen und anderen sanften Zärtlichkeiten), der, obwohl er deutlich teurer ist, offenbar stark nachgefragt wird. Das lässt darauf schließen, dass viele Männer einen weit größeren Wunsch nach Nähe als nur nach bloßer Triebbefriedigung haben. Und dass sie mit einer Simulation von Nähe vorlieb nehmen, lässt darauf schließen, dass für sie echte Nähe bei Frauen nicht mehr zu finden ist.

Die Vorstellung, dass nur Losertypen, die beim weiblichen Geschlecht ewig glücklos bleiben, sich für die Rolle des Langzeitsingles entscheiden, ist jedenfalls nicht mehr als ein Klischee. Das beweist wohl niemand besser als der Hollywoodstar George Clooney. Millionen Frauen werden die Knie weich, wenn sie nur seinen Namen hören, aber er lebt lieber alleine mit seinem Hausschwein Max. Frauen, erklärte er, seien ihm einfach zu anstrengend.

Essenz

Nun habe ich hier vier Männertypen vorgestellt, die in den Köpfen vieler Menschen nur als Karikaturen existieren: Der Hausmann mit Wischmopp und Kittelschürze, der Macho mit Brusthaartoupet und Goldkettchen, der vor Internetbildern sabbernde „Sextourist" und der Hagestolz, der „keine abbekommen hat". Was könnte der Grund für all diese beliebten Herabsetzungen sein? Könnte es sein, dass sich jeder dieser Männer auf seine Weise den übersteigerten Anforderungen mancher Frauen frech verweigert und ihnen den Mittelfinger entgegenstreckt? Der Hausmann verweigert sich dem weiblichen Anspruch, versorgt zu werden, der Macho der politischen Korrektheit im Zeitalter des Feminismus, der Mann, der im Ausland auf Partnersuche geht, den deutschen Frauen, und der ewige Junggeselle den Frauen ganz allgemein. Das kann man denen natürlich nicht einfach so durchgehen lassen! Die entziehen sich einfach sämtlichen Anforderungen und lachen sich heimlich ins Fäustchen! Klar, dass es da dieselbe Häme gibt wie gegen „Blaustrümpfe" und „Flintenweiber" Jahrzehnte zuvor. Da muss Mann sich schon entscheiden: Solche Anfeindungen in Kauf nehmen und dafür ein besseres Leben führen oder sich lieber wieder in Reih und Glied zwingen lassen, um allen bissigen Kommentaren (oft von Leuten, die es überhaupt nichts angeht) zu entkommen?

Die Antwort fällt einfach, weil man als Mann heutzutage ohnehin in einer ständigen Zwickmühlensituation gehalten wird: Männern wird von weiblicher Seite mal signalisiert, dass sie das Bild des „starken Kerls", mal das Bild des „politisch korrekten neuen Mannes" erfüllen sollen, aber wann immer Mann sich an eines dieser Bilder anzupassen versucht, wird Mann genau dafür verächtlich gemacht. Insofern fällt die Wahl leicht: Am besten ignoriert Mann diese Wunschbilder und führt sein Leben so, wie Mann es selbst am besten findet.

Ich möchte betonen, dass diese vier Rollenkonzepte nur Beispiele darstellen. Wesentlich ist, dass einzelne Männer ihre ganz individuelle Entscheidung treffen. Nicht ohne Grund hat die Männerbewegung gerade in liberalen Zeitschriften wie „Novo" und „eigentümlich frei" eine Basis gefunden. Die allermeisten von uns sind sich wohl darüber einig, dass wir Männer von Staat, Medien usw. in keiner Weise Unterstützung erhalten und es so auf die freie Wahl des einzelnen ankommt, um sich diesem System zu entziehen.

Ich habe bereits in früheren Kapiteln darüber gesprochen, dass sich die Männerbewegung der Frauenbewegung dadurch überlegen zeigen sollte, dass sie nicht nur stur auf die Leiden und Anliegen der einen Hälfte der Menschheit starrt und die der anderen ausblendet. Aber es gibt noch einen weiteren Faktor, der verdeutlicht, dass die Männerbewegung wirklich der nächste, weiterführende Schritt ist und nicht lediglich Feminismus mit männlichem Vorzeichen: Während der Feminismus mit dem Versprechen antrat, Frauen und Männer zu einer wahren Vielfalt von denkbaren Rollen und Lebensentwürfen zu befreien, versucht er in der Praxis nur allzu oft, die beiden Geschlechter in ideologisch erwünschte Rollenvorgaben zu zwängen. Schon Simone de Beauvoir sagte, dass Frauen eben nicht die Freiheit haben sollten, sich für eine Hausfrauenrolle zu entscheiden, Dr. Karin Jäkkel schrieb ein ganzes Buch über die Verunglimpfung der „Nur-Hausfrau" im Feminismus, Eva Herman wurde für ihre Propagierung dieser Rolle insbesondere von voll berufstätigen Medienfrauen stark angefeindet. Für lesbisch liebende Frauen wurde dieselbe Toleranz eingefordert, die das Schwarzer-Team sadomasochistisch liebenden Frauen verweigerte. Gleichzeitig findet sich in der „Emma" auch 2007 noch eine permanente Herabwürdigung der „alten Männlichkeiten, die Frauen vergessen sollten" bei gleichzeitiger Preisung der „neuen Väter" als einzig akzeptabler Spezies Mann. Auch hier sollte sich die Männerbewegung als überlegen erweisen und aufzeigen: Es gibt für beide Geschlechter der Möglichkeiten viele, solange sie für sich und ihre Beziehungen einen Weg finden, damit glücklich zu werden.

Leider wird der Wunsch von Männern, selbst zu entscheiden, welches Leben sie führen möchten, nicht nur rhetorisch torpediert. So ergab eine Umfrage unter amerikanischen Frauen, dass 24 Prozent von ihnen bereit wären, absichtlich die Pille zu „vergessen". 48 Prozent von ihnen gaben an, ihre Männer täglich zu belügen. Von diesen hatten 84 Prozent ein völlig reines Gewissen.[226] Es wäre einmal interessant zu sehen, ob eine deutsche Umfrage ähnlich ausfiele. Esther Vilar hat für diesen Betrug den treffenden Ausdruck „passive Vergewaltigung" gefunden, denn wie bei einer tatsächlichen Vergewaltigung wird hier das Selbstbestimmungsrecht einer Person der eigenen Lust zuliebe bewusst und kaltschnäuzig übergangen.

In Deutschland macht die „Emma"-Journalistin und „frau tv"-Moderatorin Lisa Ortgies für diese Form sexuellen Missbrauchs öffentlich Reklame. Frauen mit kinderunwilligen Männern sollten diese doch einfach „zu ihrem Glück zwingen", verkündete sie in der Sendung „Harald Schmidt" vom 9. November 2005, worauf selbst dem sonst immer schlagfertigen Schmidt keine passende Antwort mehr einfiel. Unbekümmert führte Ortgies weiter aus, dass sie diese Auffassung bereits zuvor in ihrer Sendung vertreten habe und völlig fassungslos darüber sei, dass etliche Männer dem WDR großen Ärger mitgeteilt hatten.

Nun waren etliche DDR-Apparatschiks sicherlich auch höchst verständnislos darüber, dass sich die blöde Bevölkerung nicht so einfach „zu ihrem Glück zwingen" ließ. Die Einstellung, dass man mir nichts, dir nichts die Lebensplanung eines anderen Menschen komplett ignorieren und sie der eigenen Lebensplanung unterjochen kann, ist normalerweise Kennzeichen einer ernsthaften psychischen Störung wie etwa des Narzissmus. Die deutsche Rechtsprechung indes stützt dieses Denken. Wenn sich eine Frau ihren Lebenstraum vom Kind erfüllen möchte, kann sie sich das ertricksen und hinterher den geleimten Kerl für sich und das Kind anschaffen gehen lassen. Ob er sich ein anderes Leben erträumt hätte, interessiert sie dabei genauso wenig, wie sich ein Zuhälter für die Lebenswünsche seiner „Pferdchen" interessiert. Seltsam, seltsam – warum nur trauen immer mehr Männer hierzulande den Frauen nicht mehr? Ist die Frauenbewegung mit Parolen wie „Mein Bauch gehört mir" eigentlich nicht mal für ein freies Durchsetzen von Lebensentwürfen eingetreten, selbst wenn bereits ein gezeugtes Wesen existierte? Mit Lisa Ortgies und anderen Trash-Feministinnen ist die Frauenbewegung, soviel steht fest, endgültig auf der untersten Stufe angekommen. Dass sich bei diesen Damen immer mehr Männer zurückziehen, verwundert nicht.

Für den männlichen Teil unserer Bevölkerung suchen wir schon lange: die neue Frau.
Ihre Aufgaben: Gemeinsam mit Ihrem Partner führen Sie eine gleichberechtigte Partnerschaft und teilen sich die Aufzucht des Nachwuchses. Im Falle einer Trennung der Kleingesellschaft sind Sie bereit, faire Lösungen zu finden, die Kinder zu gleichen Zeitteilen (wahlweise wochen- oder monatsweise) dem Vater zur Betreuung zu überlassen, ver-

zichten auf Falschbeschuldigungen und darauf, Kinder als Waffe zu verwenden. Da Vater und Mutter sich auch nach einer Trennung im gleichen Maße um die Betreuung der Kinder kümmern, sehen Sie es als selbstverständlich an, Ihren Lebensunterhalt in vollem Umfang selbst zu bestreiten (Schwedische Klausel).

Ihr Profil: Sie sind eine liebevolle, zuverlässige Persönlichkeit, der es selbstverständlich ist, neben inneren Werten auch auf ein gepflegtes Äußeres zu achten. Aussehen und Gewicht spielen eine untergeordnete Rolle, sollten jedoch als Kriterium für die eigenen Vorstellungen vom Aussehen des gewünschten Partner einfließen. Sie sind in der Lage, den Partner als gleichberechtigten, erwachsenen Menschen zu betrachten und verzichten deshalb darauf, ihn nach Ihren Vorstellungen umerziehen zu wollen. Sie sind bereit, in gleichem Maße auf Ihren Partner Rücksicht zu nehmen und auf seine Bedürfnisse einzugehen, wie Sie es von ihm erwarten. Insbesondere verzichten Sie auf regelmäßiges Nörgeln, Schmollen und Herumzicken. Die Gestaltung aufwendiger und lautstarker Szenen im häuslichen Bereich ist Ihnen fremd. Komplimente und kleine Geschenke erwarten Sie grundsätzlich nur dann, wenn auch Sie Ihrem Partner Aufmerksamkeiten im gleichen Umfang zukommen lassen (8.März/3.November, Muttertag/Vatertag ...). Die hälftige Bezahlung von Rechnungen bei gemeinsamen Unternehmungen innerhalb der Kennenlernphase sind für Sie selbstverständlich. Fragen, deren ehrliche Antwort Sie nicht hören wollen, stellen Sie gar nicht erst, um dem Partner das Lügen zu ersparen. Auf Kritik reagieren Sie so, wie Sie es von Ihrem Partner erwarten. Gleiches gilt für Ihre Kompromissbereitschaft. Sie betrachten die Aussagen Ihres Partners grundsätzlich als Sachinformationen und äußern Ihre eigenen Meinungen, Wünsche und Ansichten klar und ohne versteckte Andeutungen. Mit der Bedienung von Bohrmaschine, Hammer und Radschlüssel sind Sie vertraut und führen Kleinreparaturen selbstständig aus. Sie verfügen über einen qualifizierten Berufsabschluss und bemühen sich, im gleichen Umfang *wie Ihr Partner zum Familieneinkommen beizutragen. Bei Ihrer Partnerwahl haben menschliche Werte größere Bedeutung als Sozialprestige, Gehalt und Vermögen des potenziellen Partners spielen für Ihre Entscheidung keine Rolle. Diskriminierungen von Männern stören Sie ebenso wie Diskriminierungen von Frauen, und Sie sind auch bereit, sich gegen die Benachteiligung männlicher Mitbürger zu engagieren. Erfahrungen im Umgang mit Männern und den im Haushalt anfallenden Arbeiten sind wünschenswert, aber nicht zwingend erforderlich. Es ist für Sie selbstverständlich, das gleiche Arbeitspensum zu leisten wie Ihr Partner. Dabei werden alle für die Familie anfallenden Arbeiten gleichberechtigt gewertet.*

Wir bieten: Eine harmonische Partnerschaft. Eine glückliche Familie. Gegenseitigen Respekt auch im Fall einer Trennung mit fairem Umgang und Freude an den gemeinsamen Kindern. Die Hälfte der innerhalb der Partnerschaft erarbeiteten Vermögenswerte und Rentenansprüche. In Deutschland lebende Frauen sind ausdrücklich zur Bewerbung aufgefordert, da die Zahl der freien Stellen für die „Neue Frau" regelmäßig die Anzahl der Bewerbungen um ein Vielfaches übersteigt. Auf Grund des neuen Gleichstellungsgesetzes verzichten wir darauf, Männer anzusprechen, da deren Diskriminierung von der Politik wahlweise als positive Diskriminierung oder als sozial erwünscht betrachtet wird.

Ihre Bewerbung senden Sie uns gerne per Mail an: info@manndat.de

„Stellenanzeige", veröffentlicht im März 2007 auf den Internetseiten von MANNdat.

Auch Männer werden ihre Freiheit, zwischen verschiedenen Rollenentwürfen wählen zu dürfen, erst erkämpfen müssen. Folgende bereits geschilderten vier aktuellen Entwicklungen könnten entscheidend dazu beitragen:

Erstens: Zunächst einmal gibt es auch hier eine normative Kraft des Faktischen. Der Feminismus erstarkte in einer wirtschaftlichen Hochphase, die zu Verteilungskämpfen führte, bei denen schließlich auch die Frauen mitmischten. Das derzeit sinkende Lohnniveau bei einer gleichzeitig stark steigenden Nachfrage nach Frauen auf dem Arbeitsmarkt kann dazu führen, dass das Bild vom männlichen Ernährer zunehmend ins Wanken gerät und Frauen ihre Partnerwahl stärker von anderen Kriterien abhängig machen. Das ist einerseits die Chance der Männer, die sich eine Partnerin wünschen, welche zum Familieneinkommen wenigstens zum gleichen Teil beiträgt. Andererseits könnte die Jobkrise auch den Kurs des klassischen Macho weiter steigern lassen.

Zweitens: Eine einfach anzuwendende „Pille für den Mann" würde das Risiko vermindern, ein von einem anderen Mann gezeugtes Kind untergeschoben zu bekommen. Männer könnten auch Lisa-Ortgies-Frauen („Schatz, du brauchst kein Kondom, ich nehme doch die Pille!") aushebeln, indem sie ohne das Wissen ihrer Partnerin für eine zusätzliche Verhütung sorgen. Beides bedeutet, dass Männer weniger leicht zu einer Vaterschaft und allem, was damit verbunden ist, verpflichtet werden können – mithin also auch eine größere Freiheit bei der Wahl von Lebenskonzepten genießen.

Drittens: Der inzwischen unübersehbare emotionale Rückzug von Männern, aber auch ihr sich verschlimmerndes sexuelles Versagen führen dazu, dass Frauen, die keine Pleite in Bett oder Partnerschaft erleben möchten, auch die Anliegen der Männer verstärkt ernst nehmen werden. Es ist insofern kein Zufall, wenn Ulla Rhan zum Schluss ihres Buches „Fuck & Go" ihre Geschlechtsgenossinnen zu Verhaltensweisen auffordert, wie sie original auch von der Männerbewegung stammen könnten. So etwa: „Machen wir uns klar, dass Männer auch Menschen sind, und entlassen wie sie aus ihrer Feindbild-Rolle!" sowie „Hören wir auf, Männer ständig unter dem Gesichtspunkt unserer materiellen Absicherung zu betrachten!" Ganz zu schweigen von „Stülpen wir Männern nicht ungefragt unser Lebenskonzept über. Und vor allem: Jubeln wir ihnen niemals ein Baby unter!"

Viertens: Die Männerbewegung wird weiter erstarken. Mit welchen Menschen und Ideen man es dabei zu tun hat und wie auch Sie selbst sinnvoll dabei mitwirken können, darum geht es im folgenden Kapitel dieses Buches.

11. Alle Mann an Bord

In diesem Buch habe ich gezeigt, wie wichtig es ist, unsere Gesellschaft wieder männerfreundlich zu machen, und ich habe Menschen vorgestellt, die diesem Ziel sehr viel persönlichen Einsatz widmen. Dafür konnten sie bereits erste Erfolge ernten, aber noch stehen wir ganz am Anfang, und vor uns liegt ein steiler Weg. Hier sind lange verpönte „männliche" Eigenschaften wie Kampfgeist, Abenteuermut, Zielstrebigkeit, Durchhaltevermögen und Durchsetzungskraft wirklich einmal gefragt.

Noch ist die Zahl der Männerrechtler, die sich konstruktiv und beharrlich politisch einsetzen, recht überschaubar. Viele Männer wissen (auch aufgrund einer noch immer recht zurückhaltenden Berichterstattung in den Medien) nicht einmal, dass es überhaupt eine politische Bewegung gibt, die für ihre Rechte kämpft. Sie fühlen sich zwar immer häufiger zu kurz gehalten oder über den Tisch gezogen, konnten ihre Frustrationserfahrungen aber bislang nicht in politisches Engagement umschlagen lassen. Wieder andere wissen durchaus von der Existenz dieser Bewegung, sie scheuen aber die Mühe, sie zu unterstützen, solange sie noch in den Kinderschuhen steckt, oder haben zu große Angst, als Frauenfeind gebrandmarkt zu werden, wenn sie für die Rechte ihres eigenen Geschlechts eintreten. Sobald die Bewegung einmal in voller Fahrt ist, werden diese Leute sicherlich aufspringen und haben es dann plötzlich „schon immer gesagt". Und schließlich kommen auf jeden, der sich bei MANNdat oder einer ähnlichen Organisation in fundierter, nachhaltiger Öffentlichkeitsarbeit engagiert, sicherlich drei Großmäuler, die hinter einem Internet-Nick wie „Ich-trau-mich-nicht-mal-meinen-Namen-zu-sagen" in Männerrechtsforen herumzutrompeten, dass hier ja doch nur alles Weicheier seien, die nie was auf die Beine bekämen und dass es verdammt noch mal Zeit sei, endlich mit der Faust auf den Tisch zu hauen, weil man die Geißel des „Femischismus" sonst niemals losbekäme. Auch diese Leute scheinen genau zu registrieren, dass politische Veränderung Arbeit bedeutet und dass damit die Gefahr verbunden ist, massiv angegangen zu werden. Da sollen ihnen mal lieber die anderen die

Kartoffeln aus dem Feuer holen: Aber gefälligst pronto, Herrgott noch mal![227] Möglicherweise wird es wegen dieses Mangels an ernsthaftem, langfristigem Engagement auch nichts mit der Männerbewegung. Das wäre eine schlechte Nachricht für Frauen und Männer. Denn worauf die andere Schiene der Entwicklung hinausläuft, habe ich bis hierhin ausführlich dargestellt: auf Resignation und Rückzug der Männer sowohl bei gesamtgesellschaftlichen Problemen als auch in der Partnerschaft. Und vielleicht sind auch deshalb viele Frauen in Sachen Männerrechte schon engagierter als viele Männer, weil sie diese Entwicklung mit ihren feinen Antennen bereits sehr genau registrieren.

Die Männer und Frauen, die ich für das vorliegende Buch interviewt habe, habe ich jedenfalls nicht zufällig ausgewählt. Das sind die Leute, von deren Schlag die Zukunft der Geschlechterdebatte in Deutschland abhängt. Da ist kein Fifi dabei, aber auch kein großsprecherischer Möchtegern. Es sind Menschen, die etwas geleistet haben oder gerade dabei sind, etwas zu leisten, und vor denen man deshalb Respekt haben darf.

Vor einigen Jahren schon habe ich die fünf Aspekte benannt, die meiner Einschätzung nach die größten Hindernisse für das politische Engagement von Männerrechtlern bilden:

1.) Ganz oben steht der sogenannte „lace curtain" („Spitzenvorhang"). Dies ist ein gängiger Begriff in der amerikanischen Männerbewegung: Er bezeichnet den Umstand, dass ihre Anliegen und ihre Veröffentlichungen im Gegensatz zu den feministischen Texten von den Medien weit überwiegend ignoriert werden.

2.) Vielen Männern wird oft erst dann klar, dass ihr Geschlecht auf vielfache Weise diskriminiert wird, wenn sie selbst in der Patsche sitzen: ihnen also z.B. fälschlich sexueller Missbrauch unterstellt wird, sie von ihrer Frau geschlagen werden oder nach einer Scheidung ihr eigenes Kind nicht mehr sehen dürfen. Vorher denken sie, alles sei wunderbar, und wenn sie den Ärger an der Hacke haben, haben sie nicht mehr die Zeit, die Nerven oder das Geld, sich zu allem anderen auch noch männerpolitisch zu engagieren.

3.) Andere schrecken davor zurück, sich für ihre Rechte einzusetzen, weil sie befürchten, dass ihnen dann sofort der Vorwurf entgegengeschleudert wird, frauenfeindlich zu sein. Oder ein Weichei, oder kindisch und selbstgerecht, keine abbekommen zu haben, etc. Wie berechtigt solche Befürchtungen sind, weiß jeder, der sich in entsprechende Diskussionen begeben hat. Die Waffen der Beschämung und des politisch korrekten Dogmatismus werden sehr gezielt gegen Männer eingesetzt, die für ihre Sache einstehen.

4.) Das andere Extrem zu diesem Handicap ist es, sich selbst im Wege zu stehen, indem man vorsichtshalber jeden angreift, der weiblich ist oder eine andere Meinung vertritt. Viele Frauen unterstützen jedoch unsere Anliegen, lassen sich durch solche Angriffe nicht mehr verunsichern, und der Wahrheitsfindung hat eine kontroverse Debatte noch nie geschadet.

5.) Ein nicht zu vernachlässigender Grund für politische Untätigkeit mag schließlich der Eindruck sein, gegen die feministische Übermacht in Politik, Medien, Justiz und dem Rest der Gesellschaft ja doch nichts ausrichten zu können. Viele werden anscheinend apathisch, weil sie den Eindruck haben, dass ihr Kampf ohnehin aussichtslos ist, und weil sie sich nicht vorstellen können, als einzelne oder kleine Gruppe eine tatsächliche Veränderung bewirken zu können. Sie werden Opfer ihrer eigenen Ungeduld.

Die Feministinnen Jennifer Baumgardner und Amy Richards haben in ihrem Buch „Manifesta" (ein Wiederbelebungsversuch des Feminismus für das neue Jahrtausend) einige beliebte Fehleinschätzungen über erfolgreiches politisches Engagement aufgeführt, die sich auch Männerrechtler hinter den Spiegel stecken können:

„Politischer Aktivismus, wenn er nur nachdrücklich genug betrieben wird, bringt einen sofortigen und entscheidenden Sieg."

Das hat noch nie und in keiner Hinsicht gestimmt, auch nicht für Frauen: Beispielsweise war die erste Frau, die in den USA ein Wahlrecht für Frauen einforderte, Margaret Brent im Jahr 1648! (Dass damals auch 98 Prozent der Männer in den USA nicht wählen durften, wird in der Debatte gern verschwiegen, aber das ist hier nicht der Punkt.) Vor Ungeduld fast tobenden Männerrechtlern würde es vielleicht nicht schaden, sich einmal näher damit zu beschäftigen, wie das Frauenwahlrecht erkämpft werden musste: nämlich mit Gefängnisstrafen, Hungerstreiks und Zwangsernährung. Heutzutage empfindet es so mancher Väterrechtler als unzumutbar, 20 Euro auszugeben, um zum Ort einer Demonstration zu fahren und diese zu unterstützen. Die ersten Frauen, die ein freies Recht auf Abtreibung forderten, gingen dafür vor hundert Jahren auf die Straße, und ihre Enkelinnen hätten vermutlich selbst in den siebziger Jahren keine Erfolge errungen, wenn die Wirtschaft im Übergang von der Industrie- zur Informations- und Dienstleistungsgesellschaft nicht massenhaft weibliche Arbeitskräfte gebraucht hätte. Bis der sexuelle Missbrauch von Mädchen überhaupt als öffentliches Thema durchgesetzt werden konnte, brauchte es jahrelang immer neue Anläufe, Zurückweisungen und Frustrationen. „Politik bedeutet ein starkes langsames Bohren von harten Brettern mit Leidenschaft und Augenmaß", hatte der Soziologe Max Weber dazu einmal festgestellt.

„Politischer Aktivismus kann nur erfolgreich sein, wenn er gigantische Menschenmengen auf die Straße bringt."

Richtig ist, dass solche Menschenmassen auch dem letzten Zweifler signalisieren, wo die Probleme liegen, und sich hartnäckiges Engagement in all den Jahren zuvor so endlich auszahlt. Letzten Endes ist es jedoch sehr oft nur ein verhältnismäßig kleiner Kreis von Leuten, die sich an zahllosen kleinen Einzelaktionen abarbeiten, damit die nötige politische Wirkung entstehen kann. In unserem historischen Gedächtnis landen aber nicht diese Einzelaktionen, sondern die plakativen Medienbilder von den vielen Menschen mit den Spruchbändern und Transparenten.

„Politische Erfolge sind vor allem der Wirkung eines charismatischen Superführers zu verdanken."

Auch hier gilt, dass etwa Mahatma Gandhi oder Martin Luther King den Medien nur eine günstige Gelegenheit boten, die Anliegen, die sie stellvertretend für viele verkörperten, an einer Person festzumachen. Und natürlich haben sie eine beachtliche Lebensleistung vorzuweisen. Aber die von ihnen verkörperten Anliegen wurden in der Regel bereits lange vor und auch nach ihnen vertreten. Politische Führer hätten überhaupt keinen Einfluss ohne ihre unzähligen Mitstreiter, die Flugblätter verteilen oder im Internet für ein Thema werben, deren Gesichter aber nie im Fernsehen erscheinen. Schließlich besteht die Gefahr, dass sich ein politischer Führer auf eine längst unhaltbar gewordene Position so oft öffentlich festgelegt hat, dass er oder sie nicht mehr davon abweichen kann, ohne das Gesicht zu verlieren: Alice Schwarzers Verranntheit in Behauptungen wie „Pornografie erzeugt sexuelle Gewalt" ist ein gutes Beispiel.

Die Ausgangslage der Männerrechtler ist alles andere als ideal: Wir leben in einer Gesellschaft, in der Politiker mit Ideen wetteifern, was noch alles für Frauen getan werden könnte. Die andere Hälfte der Wähler bleibt außen vor. In den Medien sieht es kaum anders aus. Was kann nun jeder einzelne, was können Sie beispielsweise dafür tun, um dieses Ungleichgewicht wenigstens ein Stück weit auszutarieren und Ihre Anliegen wieder hörbar zu machen? Ich habe Ihnen hier einige Ratschläge zusammengestellt, die teils der Literatur zum Thema „erfolgreiches Engagement" entnommen sind (insbesondere Christopher Kusch: The One-hour Activist, Jossey-Bass 2004, war mir hier eine große Hilfe), teils von meinen eigenen Erfahrungen als Aktivist und Journalist getragen werden.

Einige Vorschläge

Machen Sie den Mund auf, wenn in Ihrem privaten Umfeld jemand männerfeindliche Bemerkungen vom Stapel lässt, die Sie ärgern. Das bedeutet nicht, dass Sie sich analog zu einer Radikalemanze verhalten müssen, für die jeder Blondinenwitz die Gelegenheit zu einer Strafpredigt über „patriarchalen Sexismus" bietet. Wir brauchen keine Blockwarte der politischen Korrektheit jetzt auch noch auf der anderen Seite. Aber es ist nicht nur legitim, sondern sogar sinnvoll, einem Gesprächspartner mitzuteilen, wenn man über irgendetwas missgestimmt, verärgert oder besorgt ist. Solche Gefühle verschwinden nicht, nur weil man darüber schweigt. Stattdessen scheint sich bei vielen Männern immer mehr Wut innerlich anzustauen, die sich schließlich zum vielleicht nicht immer günstigsten Zeitpunkt in einem großen Knall entlädt.

Ich glaube nicht, dass es nötig ist, sich gegenüber jeder dämlichen Bemerkung zu Tode beleidigt oder pikiert zu geben. Ihnen steht ein ziemlich breites Repertoire möglicher Reaktionen zur Verfügung. Beispielsweise die freundliche Nachfrage: Vor ein paar Jahren echauffierte sich eine Kommilitonin von mir über zwei Männer, die versucht hatten, sie (unaufdringlich) anzuflirten, obwohl sie doch sichtlich jenseits der 40 und damit aus Studentinnensicht offenbar schon scheintot waren. In ihren spitzen Bemerkungen schwang so ziemlich jedes Klischee mit, womit man schon immer das Begehren „lüsterner alter Knacker" ins Zwielicht gestellt hat. Ich erkundigte mich freundlich bei meiner Kommilitonin, wie viel Jahre sie mir z.b. noch zugestehen würde, um auch an jüngeren Frauen noch interessiert sein zu dürfen. Das brachte sie ziemlich aus dem Konzept, und aus der Klischeekaskade entwickelte sich ein ernsthafteres Gespräch. In derselben Weise können Sie auf andere Themen freundlich, aber bestimmt reagieren. Kommt Ihnen beispielsweise jemand mit irrwitzigen Behauptungen über „Männergewalt gegen Frauen", können Sie ihn in ruhigem Tonfall danach fragen, ob ihm die aktuelle Forschungslage bekannt ist.

Generell empfehle ich für solche Gespräche zwei verschiedene Strategien, und beide kann man hervorragend durch die richtigen Bücher erlernen. Wenn Sie sich ernsthaft mit jemandem unterhalten möchten, an dem Ihnen persönlich etwas liegt, sollten Sie es mit Marshall B. Rosenbergs „Gewaltfreie Kommunikation" versuchen. Handelt es sich allerdings nur um einen kurzen verbalen Schlagabtausch, und keiner von Ihnen hat ernsthaftes Interesse an einer tiefer gehenden Unterhaltung, dann hilft es einfach, wenn Sie eine kleine Bandbreite schlagfertiger Antworten parat haben. Auch dafür gibt es eine Unzahl von Trainingsbüchern, selbst wenn manche von ihnen (etwa „Frauen kontern besser") gleich im Titel Männer ausgrenzen und herunterputzen. Suchen Sie sich ein Buch aus, das Ihnen zusagt und gestalten Sie die Grundtechniken nach Ihrem eigenen Bedarf um. Ein guter englischsprachiger Ratgeber für konstruktive Kommunikation zwischen den Geschlechtern ist Warren Farrells „Women Can´t Hear What Men Don´t Say".

Erwähnenswert ist in diesem Zusammenhang eine Umfrage, die das australische Magazin „The Age" durchführte.[228] Dabei nannten Männer drei Gründe, warum sie sich nicht in die Geschlechterdebatte einbrachten: „Erstens hatten sie Angst davor, von aggressiven Feministinnen niedergebrüllt zu werden, die ihre Ansichten beiseite wischten. Zweitens hatten sie das Gefühl, auch sie seien Opfer, aber Frauen hörten ihnen nicht zu. Drittens waren sie verwirrt darüber, was Frauen eigentlich wollten und was das angemessene Verhalten darstellte." Hört sich so an, als seien die australischen Verhältnisse kaum anders als die deutschen. Auch hierzulande darf sich jeder, der die feministische Ideologie kritisiert, verdammt warm anziehen, auch hierzulande werden Männer, die sich als Opfer präsentieren, ignoriert oder als lächerlich dargestellt, und auch hierzulande weichen die in den Medien präsentierten feministischen Wünsche der Frauen massiv von denen ab, welche die Mehrheit der Frauen in Umfragen nennt.

Wie wichtig es ist, hier einfach mal den Mund aufzumachen, statt seinen Unmut höchstens seinen besten Freunden hinter vorgehaltener Hand mitzuteilen, verrät eine Reihe aufsehenerregender Studien aus den 1960er Jahren, die die Rassentrennung in den Südstaaten der damaligen USA zum Thema hatten. In all diesen Studien zeigte sich, dass die Amerikaner die Macht der öffentlichen Unterstützung gegen die Rassentrennung bei weitem unterschätzt hatten. So erbrachte eine berühmte Studie des Soziologen Hubert J. O'Gorman, dass nur einer von drei weißen Südstaatlern selbst die Rassentrennung für sinnvoll hielt, aber fast zwei von dreien glaubten, die Mehrheit der Weißen sei dafür! Die Gegner einer Rassentrennung waren also deutlich in der Mehrheit, glaubten aber, sie seien deutlich in der Minderheit. Wären ihnen die wahren Verhältnisse klar gewesen, dann hätten sie sich vermutlich viel deutlicher dafür ausgesprochen und auf ihre Abgeordneten entsprechend eingewirkt, dass auch Schwarzen endlich die vollen Bürgerrechte zuerkannt werden.[229] Möglicherweise verhält es sich mit den Männerrechten nicht anders.

Informieren Sie sich so gut wie möglich – egal ob Sie nur im privaten Kreis Ihre Sichtweise vermitteln oder sich im größeren Rahmen politisch einbringen möchten. Wenn Sie wirklich wissen, was Sache ist, werden Sie nicht von jedem Gegenargument gleich umgeworfen, Sie geraten nicht in die Gefahr, sich durch Halbwissen zu blamieren, und Sie verrennen sich nicht in Aktionismus, der wenig zu einer tatsächlichen Problemlösung beiträgt. Wenn man aktuelle Bücher über die junge Generation der Feministinnen in den USA liest, kann es einem manchmal das Herz zerreißen, wie viel idealistische Arbeit manche Frauen in durchaus ehrenwertes Engagement stecken, das aber zu einer echten Lösung wenig beiträgt, weil ihr Weltbild mehr von Ideologie als von Faktenwissen geprägt ist.

Fundierte Sachkenntnis ist insbesondere wichtig, wenn Sie andere Menschen im Sinne Ihres Engagements aufklären oder als Unterstützer anwerben möchten. Vielleicht möchten Sie sich ein kleines Info-Archiv zusammenstellen, das beispielsweise aus Texten aus wirklich seriösen und verlässlichen Quellen besteht. Ich selbst habe mir beispielsweise ein kleines Info-Paket aus den meiner Ansicht nach besten Links zum Thema „Gleichverteilung der häuslichen Gewalt unter den Geschlechtern" zusammengestellt. Kommt im privaten Kreis das Gespräch auf dieses Thema, kann ich meinem Bekannten sagen, dass ich ihm die Links gerne noch am selben Abend zumailen werde. Schreibe ich einen Leserbrief an eine Zeitung, eine Zeitschrift oder einen Internet-Auftritt, wo nur die eine Hälfte von Gewalt in der Partnerschaft dargestellt wird, kann ich mit diesen Quellen deutlich machen, dass ich weiß, wovon ich spreche. Und wenn mich zum Beispiel eine Studentin anmailt, die über einen meiner Artikel zu diesem Thema gestolpert ist und gern nähere Informationen hätte, dann kann ich sie in Sekundenschnelle kompetent versorgen.

Wichtig bei solchen „Info-Paketen" ist allerdings, dass Sie Ihre Ansprechpartner nicht mit einem unverlangten Wust an Papier zumüllen, der diese vielleicht überhaupt nicht interessiert. Eine Mail mit ein paar Links als unverbindliches Angebot hingegen ist nicht besonders aufdringlich. Ein Packen abkopierter Artikel, vielleicht noch mit einem Begleitschreiben „Lesen Sie sich das unbedingt mal durch, ich ruf Sie dann morgen an und wir diskutieren darüber" schreit nur: „Achtung, ein Irrer!" Ich habe selbst schon solche Stapel erhalten, und selbst wenn es ein Thema ist, das mich normalerweise interessieren würde, reagiere ich auf so was nur unwillig bis gereizt. Meine Zeit ist knapp, und in die Planung ist bereits Lektüre eingerechnet, über deren Auswahl ich gerne selbst entscheiden würde. Wenn ich einen Brief mit ein oder zwei beiliegenden Artikeln erhalte, denke ich mir: „Das muss dem Menschen ja sehr wichtig sein, mal lesen, dauert ja nicht lange." Erhalte ich hingegen ganze Stapel, denke ich, da hat einer eine Meise. Verschicken Sie größere Mengen besser nur, wenn Sie bei jemandem Appetit geweckt haben und er Sie ausdrücklich danach fragt.

Eine der besten Möglichkeiten, öffentlich darauf aufmerksam zu machen, was einen gesellschaftlich stört und was man sich wünschen würde, ist ein abgedruckter Leserbrief. Politikern und anderen Amtsträgern sollte klar sein, dass solche Briefe die effektivste Methode darstellen herauszufinden, was in den Köpfen der Bevölkerung vorgeht. Viele gehen davon aus, dass eine Person, die sich schriftlich zu Wort meldet, stellvertretend für mindestens hundert weitere steht, die dasselbe denken, aber zu bequem sind, zur Feder zu greifen. Und auch wir Normalbürger studieren Leserbriefseiten doch immer ganz gerne, um herauszufinden, was wohl unsere Nachbarn zu bestimmten Themen denken. Damit ein Leserbrief auch abgedruckt wird und Wirkung zeigt, gibt es eine Reihe gängiger Tipps:

Wenn Sie direkt an Politiker oder andere Entscheidungsträger schreiben, würde ich Ihnen raten, statt einer Mail einen richtigen Brief zu verfassen, weil dieser eindrucksvoller ist und nicht so schnell weggeklickt werden kann, mithin also eher zur Kenntnis genommen wird. Das gilt nicht für Leserbriefe, im Gegenteil: Bei einem Text, der ihnen fertig per Mail zugeht, sparen sich die Redakteure das leidige Abtippen. Sie können ihn eins zu eins übernehmen und haben so rasch wieder einen Teil ihrer Zeitungsseite gefüllt.

Fassen Sie sich kurz! Ein Leserbrief ist kein Essay, bei dem Sie das Für und Wider jedes Argumentes beleuchten sollen, und er ist auch keine Gelegenheit, alles rauszulassen, was Sie zu dem Thema immer schon mal sagen wollten. Oft rekapitulieren Sie dabei ohnehin nur Argumente, die in den Medien bereits intensiv diskutiert werden. Sie glauben gar nicht, was man aus seinen Briefen alles rauskürzen kann. Meine ersten Leserbriefe waren, obwohl ich mich bemüht hatte, mich auf einen oder zwei Absätze zu beschränken, für einen Abdruck noch immer zu lang. Heute schaffe ich es, einen Leserbrief praktisch überall unterzubekommen, wo ich möchte (mit der einzigen Ausnahme des „Spiegel", wo man mit besonders präzisen oder originellen Aussagen gegen eine enorme Konkurrenz an anderen Schreibern antreten muss). Am klügsten ist es wirklich, wenn Sie sich auf einen oder maximal zwei zentrale Aspekte konzentrieren, die Ihrer Ansicht nach bislang unter den Tisch gefallen sind.

Rechnen Sie trotzdem mit Kürzungen beim Abdruck. In aller Regel werden solche Briefe nie sinnentstellend gekürzt. Und wenn ausgerechnet Ihr Lieblingsargument bei der Veröffentlichung wegfällt, dann hätten Sie vielleicht besser einen Brief schreiben sollen, der sich ausschließlich mit diesem Argument befasst.

Meinungsstärke ist bei einem Leserbrief nicht nur erlaubt, sondern sogar explizit erwünscht. Das wundert nicht: Viele Leserbriefseiten verfügen über einen hervorgehobenen Absatz, dem zufolge die veröffentlichten Zuschriften keineswegs immer die Meinung der Redaktion darstellen. Das erlaubt es einer Zeitung, auch Meinungen zu publizieren, die zu äußern sich die Journalisten selbst nicht immer trauen würden.

Aber: Bleiben Sie sachlich, schnappen Sie nicht über und geifern Sie nicht. Andernfalls erreichen Sie nur den gegenteiligen Effekt – nämlich dass sich die Leute, die Ihren Brief lesen, darüber amüsieren, was für überspannte Menschen es doch gibt. Damit wären Sie ein schlechtes Aushängeschild für Ihre Anliegen. Geschickter ist es, interessant zu schreiben (durch eine ungewöhnliche Sichtweise oder indem Sie einen Anknüpfungspunkt wählen, zu dem viele Leser eine Beziehung haben dürften), witzig und informativ. Ein einfacher Satzbau ist bei weitem besser als Schachtel- oder Bandwurmsätze. (Falls Sie Ihren Schreibstil verbessern möchten, gibt es dafür wohl keine gelungeneren Ratgeber als die Bücher von Wolf Schneider.)

Lesen Sie Ihren Brief in jedem Fall auf Sprache und Inhalt konzentriert Korrektur. Auch im Schriftbild sollte Ihr Brief problemlos lesbar sein.

Es kann hilfreich sein, wenn Sie Ihren Leserbrief mit „Zum Abdruck freigegeben" kennzeichnen und auch Ihre Anschrift und Telefonnummer vermerken. Dann haben Redaktionen nämlich die Möglichkeit gegenzuchecken, ob der Brief auch wirklich von Ihnen stammt und nicht irgendein Spaßvogel in Ihrem Namen Meinungen veröffentlichen will, die nicht die Ihren sind. Diese Möglichkeit, also etwa beim angeblichen Absender eines Briefes anzurufen, wird von Redakteuren auch wirklich genutzt.

Es bringt wenig bis gar nichts, Leserbriefe einfach so ins Blaue hinein zu schreiben: Sie benötigen schon einen aktuellen Aufhänger. In der Regel wird das ein Artikel sein, der gerade in der fraglichen Zeitschrift erschienen ist. Hier ist es sinnvoll, zeitnah zu reagieren und nicht erst zwei Wochen später, weil Sie dann erst dazu kommen. Dann kann sich nämlich oft niemand mehr so recht an den entsprechenden Beitrag erinnern. Denken Sie daran, dass Leserbriefe nicht nur zum Nörgeln dienen müssen, sondern durchaus auch unterstützend und zustimmend sein können. Selbst wenn Ihr Brief nicht abgedruckt wird, erhält dadurch zum Beispiel ein Journalist, der sich einem Thema besonders kompetent oder mutig gewidmet hat, eine wichtige Rückendeckung, von der vielleicht auch seine Kollegen und Redaktionsleiter Zeugen werden.

Besonders wirkungsvoll können konzertierte Leserbriefaktionen sein, bei denen sich mehrere Leute verbünden, um zu ein und demselben Thema zu schreiben. Hierzu wäre es allerdings sehr hilfreich, wenn Sie bereits Teil eines entsprechenden Netzwerks sind. Aber auch in solchen Fällen ist es weit sinnvoller, wenn jeder seinen Brief für sich alleine schreibt und darin verdeutlicht, warum ihm persönlich gerade dieses Thema auf den Nägeln brennt. Vor Jahren hatte ich einmal in einem Internetforum eine Leserbriefaktion vorgeschlagen und beispielhaft einen Brief vorformuliert. Prompt schnappten sich etliche Leute exakt meinen Brief, setzten ihren Namen darunter und mailten ihn an die Redaktionen. Die Empfänger reagierten eher genervt. Kein Wunder: Aktionen, die dermaßen gesteuert aussehen, machen immer den Eindruck, den Betreffenden sei das Thema nicht mal wichtig genug, dass sie in eigenen Worten ihre Argumente darlegen, sondern lediglich dazu, einen vorgefertigten Text in ihre Mail zu kopieren und abzuschicken. Das wirkt nicht sehr überzeugend. Andererseits, auch das muss gesagt werden, ist es immer noch besser, solche Texte zu übernehmen und mit seinem eigenen Namen zu unterstützen als komplett die Klappe zu halten, weil man sich z.B. sprachlich zu unsicher fühlt.

Ein Männerrechtler schrieb mir vor einigen Jahre über die Effektivität von Leserpost einmal folgende Mail: „Ich habe auch schon die Erfahrung gemacht, dass man mit persönlichen Briefen an Entscheidungsträger herantretend schon etwas erreichen kann. So sah ich vor ein paar Monaten in meiner Programmzeitschrift das Bild einer Filmszene, in der ein Mann von einem Stromschlag erwischt wurde. Daneben fand sich der Kommentar einer offensichtlich feministisch angehauchten Redakteurin: 'Ach, träfe doch alle Männer der Schlag!' Da der PC grade an war, schrieb ich der Chefredakteurin dieser Zeitschrift schnell eine Mail, in der ich sie fragte, ob sie derlei ideologische Kampfpropaganda unterstütze. Eine Woche später schrieb sie mir zurück, sie hätte sowohl mit der betreffenden Redakteurin gesprochen, als auch im wöchentlichen Meeting alle Redakteurinnen (!) angewiesen, auf sexistische und menschenverachtende Kommentare zukünftig zu verzichten. Ich weiß, ein kleiner Erfolg, der aber zeigt, dass man manchmal etwas erreicht, wenn man seinen Hintern bewegt."

Allerdings, und auch da darf man sich nichts vormachen, gibt es auch immer wieder Fälle, bei denen JournalistInnen für jegliche Argumente völlig unzugänglich sind. So veröffentlichte am 15. Juli 2007 die „Apotheken-Umschau" einen Artikel, der die Täter bei häuslicher Gewalt einmal mehr automatisch als männlich fantasierte. So hieß es vom Gewaltschutzgesetz, laut diesem Gesetz dürfe der Täter „weder Kontakt zu seiner Frau noch den Kindern aufnehmen". Ich schickte daraufhin eine Mail ab, in der ich erklärte, dass Gewaltforscher inzwischen von einer annähernden Gleichverteilung ausgehen, und fügte auch drei zentrale Internetlinks für einen Überblick über die aktuellen Studien zu diesem Thema bei. In der Antwort, die ich daraufhin von Christine Wolfrum, der Autorin des Artikels, erhielt, ging sie mit keiner Silbe auf diese Studien ein, sondern behauptete ungerührt und ohne jeden Gegenbeleg, dass Männer ja wesentlich seltener als Frauen von Gewalt betroffen seien. Überhaupt solle man männliche Gewalt nicht mit weiblicher aufrechnen (was eine Standardantwort ist, sobald man über Opfer sprechen möchte, die keine Frauen sind). An dieser Stelle fühlt man sich unweigerlich an die Erkenntnis erinnert, dass „bloße Forschungsergebnisse auf einen tief verwurzelten Konsens kaum Auswirkungen" haben. Die tatsächlichen Forschungsergebnisse waren für Christine Wolfrum genauso unsichtbar wie der mitten im Raum stehende Gorilla bei dem in Kapitel 6 geschilderten psychologischen Experiment; genauso unhörbar wie im 17. Jahrhundert der menschliche Pulsschlag für Ärzte, die überzeugt davon waren, dass das Herz das menschliche Blut erhitze und das Gehirn es kühle. Wo vor einigen Jahrzehnten Erin Pizzey & Co. von Feministinnen noch mit Morddrohungen bedacht werden mussten, sobald sie über die Gleichverteilung bei häuslicher Gewalt sprachen, genügt es im Jahr 2007, den auf diese Weise erzwungenen „Konsens" in der nicht-akademischen Öffentlichkeit aufrechtzuerhalten, indem frau in ihren Veröffentlichungen den tatsächlichen Stand der Forschung schlicht ignoriert. Andererseits hat nicht jeder Journalist das Naturell einer Christine Wolfrum, und Sie haben insofern durchaus Chancen, aufklärend tätig zu sein.

Neben dem Leser- oder Zuschauerbrief gibt es die Möglichkeit, politische Gremien oder Persönlichkeiten des öffentlichen Lebens anzuschreiben (eventuell mit einer Kopie an die Medien, dann wäre das ein sogenannter „offener Brief"). Hier ist es sinnvoll, nicht nur eine Meinung zu äußern, sondern damit eine konkrete Forderung oder einen Appell zu verbinden. Ansonsten gelten dabei dieselben zentralen Regeln wie beim Leserbrief: Konzentrieren Sie sich auf einen oder zwei Hauptpunkte, statt kreuz und quer alles anzusprechen, was Ihnen am Herzen liegt, und äußern Sie sich nicht herablassend oder feindselig, sondern respektvoll, wenn Sie eine positive Wirkung erzielen wollen. Die wenigsten Menschen lassen sich von dem „Argument" überzeugen, dass sie Deppen seien. In den Fällen, in denen es zutrifft, erst recht nicht. Andererseits sind auch in solchen Briefen offene Worte nicht grundsätzlich verboten, und Sie dürfen durchaus zeigen, wenn Sie sich über etwas ärgern.

Briefe sind nicht die einzige Möglichkeit, mit unseren gewählten Repräsentanten oder den Menschen, die für sie arbeiten, in Kontakt zu kommen. Sie können sich auch telefonisch an sie wenden oder Parteimitglieder, die in der Fußgängerzone Wahlprogramme verteilen, darauf ansprechen, inwiefern sie sich für die Anliegen der Männerbewegung einsetzen – insbesondere wenn sie sich damit brüsten, was sie alles für Frauen tun. Erkundigen Sie sich, ob die Betreffenden wenigstens über Männeranliegen informiert sind, und wenn nicht, teilen Sie ihnen mit, was Sie davon halten. Immerhin handelt es sich bei Männern um die Hälfte der Bevölkerung! Eine weitere Möglichkeit der Kontaktaufnahme bietet das Internet über Plattformen wie kandidatenwatch.de und abgeordnetenwatch.de. In vergangenen Jahren offenbarten hier gerade Kandidaten von „Bündnis 90/Die Grünen" ihren ideologisierten Sexismus in einer Weise, die vielen die Augen öffnete: An die Selbstentblößung Walter Altvaters etwa, der schnell dazu überging, allen Männerrechtlern ungeachtet des Inhalts ihrer Briefe mit demselben patzigen Standardschreiben zu antworten, erinnern sich viele noch immer mit einiger Belustigung. Hier wurde besonders deutlich, dass insbesondere die Grünen von der Idee, sich auch um die geschlechtsbezogenen Anliegen von Männern zu kümmern, momentan noch komplett überfordert sind.

Sie brauchen sich nicht auf Politiker zu beschränken, sondern können jeden ansprechen, der in der Politik mitmischen möchte. Wenn Sie beispielsweise in der Fußgängerzone auf einen Infostand einer Organisation wie Amnesty International stoßen, während dort gerade eine Kampagne speziell für Frauen gefahren wird, können Sie sich freundlich danach erkundigen, wann denn die Kampagne speziell für Männer geplant sei, die doch bei Todesstrafe, Zwangsarbeit etc. das bei weitem am schlimmsten betroffene Geschlecht ausmachen. Je beharrlicher und trotzdem freundlich Sie bleiben, desto eher können Sie vielleicht Denkprozesse auslösen. Wenn Sie vorher schon wissen, dass Sie bei einem solchen Stand vorbeikommen werden, können Sie sich im Internet ja einmal die Erkenntnisse von „Gendercide Watch" ausdrucken und die Amnesty-Leute fragen, wie sie dazu stehen.

Auch wenn Sie Werbung sehen, die Sie als männerfeindlich betrachten, können Sie mehr tun, als sich still darüber zu ärgern. Typische Spots sind solche, die Männer als Trottel darstellen, eine Welt ohne Mann als viel schöner fantasieren oder Gewalt gegen Männer als lustig inszenieren. Schreiben Sie der entsprechenden Firma einfach einen kurzen, höflichen Brief oder ein Mail. Firmen dürften nicht daran gewöhnt sein, wegen misslungener Reklame Post zu bekommen, und die Verantwortlichen sollten darauf noch weit sensibler reagieren als Politiker oder Redakteure – denn Ihre Rückmeldung sagt ihnen, dass sie gerade teures Geld in eine Kampagne feuern, welche mindestens einen Teil der Zielgruppe von ihrem Produkt abstößt, statt sie anzuziehen. Marketingtechnisch ist das eine kleine Katastrophe. Zwar sind Frauen als Konsumenten die marktrelevantere Zielgruppe, aber die Zahl männlicher Kunden ist groß genug, dass es sich kein Unternehmen leisten kann, sie zu kränken oder zu ignorieren. Vielen Leuten aus den PR-Abteilungen ist gar nicht klar, dass witzig oder provokativ gemeinte Spots z.B. mit gewalttätigen Frauen im Zentrum als abstoßend wahrgenommen werden. Die Werbemacher wissen dafür aber genau, dass jede einzelne negative Rückmeldung stellvertretend für etliche von potenziellen Käufern steht. Auch hier gilt: Genauso kann man Firmen mitteilen, wenn man ihre Werbung fair und männerfreundlich findet.

Die Erfolgsaussichten der Eingaben von Männerrechtlern beim Deutschen Werberat beurteile ich übrigens eher skeptisch. Meinen Beobachtungen nach (die allerdings auch falsch sein können, da sie auf Einzelfällen beruhen) scheint dort eine starke Sensibilität für die Empfindlichkeiten von Frauen zu bestehen, während männerfeindlicher Sexismus eher als „ist doch lustig" übergangen wird. Statt nur zu protestieren kann man auf vielfältige Weise aber auch Werbung für die eigene Sache machen. Auch hier wieder einige Beispiele:

Flugblätter und Flyer, die optisch ansprechend und übersichtlich gestaltet sind, haben zwar einen relativ geringen Wirkungsgrad, erreichen aber oft auch Menschen, die von dem angesprochenen Thema bislang keinen Schimmer hatten. Damit stellen Sie einen direkten Kontakt her und geraten bei der Übergabe vielleicht mit Ihrem Ansprechpartner ins Gespräch.

Mehr Leute als mit einem Flugblatt erreicht man mit einem Plakat, wenn man über eine günstige Gelegenheit verfügt, es aufzuhängen – beispielsweise am schwarzen Brett einer Universität (sinnvollerweise zu Semesterbeginn, wenn Ihr Plakat noch nicht mit Hunderten anderer Aushänge konkurrieren muss). Der Nachteil ist, dass Sie sich auf Parolen oder Aussagen beschränken müssen, die Sie innerhalb eines Satzes vermitteln können. Es kann sinnvoll sein, eine Parole und eine Quelle für mehr Hintergrundinformation miteinander zu verknüpfen: „Faire Bildungspolitik für Jungen und Männer: www.manndat.de" oder „Deine Rechte als Vater: www.vafk.de".

Einen entsprechenden Hinweis können Sie auch auf Ihr T-Shirt kopieren (lassen). Wenn Sie damit viel unterwegs sind, werden ihn so einige Leute lesen. Und wer neugierig geworden ist, kann Sie direkt darauf ansprechen und von Ihnen nähere Informationen erhalten.

Eine beliebte Möglichkeit der politischen Einflussnahme ist die Sammlung von Unterschriften, denn sie wirkt doppelt: einmal auf denjenigen, der anhand der ausgefüllten Unterschriftslisten erkennen wird, dass hier ein Thema im Argen liegt, zum anderen auf jeden, den Sie um seine Unterschrift bitten, denn auch hierbei findet Aufklärung, Überzeugungsarbeit und ein Austausch von Meinungen statt.

Gegen männerfeindliche Bücher kann man natürlich mit einer geharnischten Amazon-Leserrezension protestieren. (Sehr anschaulich sind hier etwa die deutlichen Worte zu Steve Jones Machwerk „Der Mann. Ein Irrtum der Natur?".) Manchmal habe ich allerdings den Eindruck, eine solche Reaktion wird von Verlagen nur als „Provokation gelungen!" positiv abgebucht. Wesentlich zielführender kann es sein, Verlagslektorate direkt anzuschreiben und ihnen mitzuteilen, dass man gerne mehr männerfreundliche Bücher lesen würde. Immer wieder mal erreicht mich ein Mail mit der Frage, warum ich vorwiegend Sex-Ratgeber und Erotika schreibe und meine aufrüttelnden politischen Bücher vergleichsweise kurz kommen. Meine Antwort ist immer dieselbe: Ich als Autor bin für solche Petitionen der falsche Ansprechpartner, solange Verlage in Dutzenden meine Exposés zu politischen Titeln ablehnen. Viele LektorInnen arbeiten nun einmal nach der Maxime: „Was war in der letzten Saison erfolgreich, können wir nicht so etwas Ähnliches wieder machen?" Der Umstand, dass

Frauen sowieso viel mehr lesen als Männer, wird in einer reichlich kruden Logik so verstanden, als ob es überhaupt keinen Sinn mehr machen würde, Bücher für Männer zu machen, und wenn doch, dann werden sie sicherheitshalber so schwach beworben, dass sie sich auch schwach verkaufen, womit die selbsterfüllende Prophezeiung wieder einmal bestätigt worden ist. Ich habe den Eindruck, man muss die Lektorate förmlich mit der Nase darauf stoßen, dass hier ein starkes, bislang unbefriedigtes Leserinteresse besteht und ganze Marktsegmente brachliegen.

Wer selbst gut schreiben kann, kann natürlich auch versuchen, eigene Artikel zu verfassen, um sie verschiedenen Presseorganen anzubieten. Meinem Eindruck nach gelangt man in die wirklich großen Blätter nur über entsprechende Kontakte, aber es dürfte sich sicher die eine oder andere kleinere Zeitschrift als Startmöglichkeit finden. Leider wird man hier für seine Beiträge in der Regel nicht bezahlt, aber der finanzielle Aspekt ist für politische Aktivisten ja auch zweitrangig. Wie schon im Hauptteil des Buches erwähnt, begann meine eigene Karriere als Polit-Autor mit einem zweiseitigen Artikel in der wenig bekannten Frankfurter Zeitschrift „Novo". Heute bin ich Redaktionsmitglied des liberalen Magazins „eigentümlich frei". Dessen Chefredakteur André Lichtschlag erklärt auf meine Anfrage, wie man denn als Journalist am besten einen Beitrag unterbekomme: „Nicht klekkern, sondern klotzen. Anders als andere schreiben, dann wird man aufmerksam – und will Artikel haben. Kann ich so selbst auch bestätigen und empfehlen."

Sicherlich garantiert auch dieser Tipp nicht, dass man vor Enttäuschungen absolut gefeit ist. Als etwa das Thema „häusliche Gewalt gegen Männer" noch unbekannt in unseren Medien war, verfasste ein Kollege von mir dazu einen brillant geschriebenen Beitrag für die Berliner „taz". Er kam offenbar nicht an der Skepsis der Redakteurinnen vorbei, was mich damals fassungslos machte. Immerhin: Steter Tropfen höhlt auch hier den Stein. Mittlerweile findet man in der „taz" durchaus auch mal Artikel, die freundlich gegenüber Männeranliegen sind.

Für viele Aktivisten bietet sich inzwischen das Internet als Medium der Wahl an: Jeder kann damit zumindest theoretisch zahllose Menschen erreichen, ohne dass er sich auch nur von seinem Schreibtisch wegbewegen muss. Und wie ich bereits erklärt habe, wäre selbst der geringe Erfolg und Bekanntheitsgrad, den die Männerbewegung sich bis heute erkämpft hat, ohne das Internet in diesem Tempo undenkbar gewesen, weil wir an den diversen Zensurinstanzen unserer feministischen Gesellschaft nicht vorbeigekommen wären. Allerdings gilt es auch beim Engagement im weltweiten Netz einiges zu beachten.

Einer der ersten Gedanken, der vielen Online-Männerrechtlern zu kommen scheint, die sich wirklich einbringen wollen, ist das Erstellen einer eigenen männerpolitischen Website. Solche Websites von anderen Männerrechtlern waren ja auch sehr wertvoll und hilfreich, aber sie hatten ihre Hochphase in den letzten zehn Jahren. Inzwischen gibt es davon schon reichlich im Netz, und neue Seiten stellen normalerweise keinen Mehrwert gegenüber den bereits existierenden und stellenweise hoch professionellen Seiten beispielsweise von MANNdat oder einzelnen Gruppen der Väterbewegung dar. Überlegen Sie sich also, was Ihre Website Neues und Wertvolles bringen würde, zumal vor allem nur solche Leute auf sie aufmerksam würden, die ohnehin schon mit diesem Thema zu tun haben. Aber vielleicht fällt Ihnen ja auch ein guter Grund für die Annahme ein, dass gerade Ihre Website der Männerwelt bislang gefehlt hat. Als ich Anfang 2005 etwa mein Blog GENDERAMA online stellte und in den Männerforen bekannt gab, war die erste – und sehr verständliche – Reaktion von MANNdats-Chef Eugen Maus: „O Gott, nicht noch eine neue Website! Was wir stattdessen bräuchten, wären Wege, wie wir all unsere gesammelten Infos endlich an die Allgemeinheit transportieren können." Dass sich mein Konzept schließlich doch als erfolgreich herausstellte, lag an zwei Faktoren, über die ich mir zuvor entsprechende Gedanken gemacht hatte: Erstens unterscheidet sich mein Blog von allem anderen, was es im Netz gibt, dadurch, dass es kontinuierlich über News der Geschlechterdebatte aus männerrechtlicher Perspektive berichtet. Dabei widmet es sich besonders jenen Nachrichten, die in der allgemeinen Berichterstattung der Medien unter den Teppich gekehrt werden, und stellt so eine gezielte Gegenöffentlichkeit her. Das macht es einzigartig, und deshalb wird es aufmerksam verlinkt und gelesen, und zwar auch von Zaungästen der Debatte. Zweitens sorge ich durch Querverbindungen dafür, dass man auf mein Blog aufmerksam wird, verlinke darauf etwa gleich von der Homepage meiner Website als Autor oder von einem anderen meiner Blogs, in dem ich z.B. die Nahostdebatte und die wachsende Fremdenfeindlichkeit in Deutschland intensiv kommentiert habe, was mir Links bei Leuten einbrachte, die mit der Männerbewegung gar nichts zu tun hatten. Falls Sie also die Männerrechte mit einer Internetpräsenz unterstützen möchten, wäre es enorm hilfreich, wenn Sie sich ebenfalls vorher überlegen, mit welchem originellen, am besten einzigartigen Ansatz Sie das anstellen sollten, so dass Ihre Site auch entsprechend häufig besucht wird. Vielleicht möchten Sie sich ein Schwerpunktthema herausgreifen, das Sie besonders interessiert und zu dem Sie eine besonders fundierte Info-Sammlung anlegen, so wie es das Männerbüro Trier zum Thema häuslicher Gewalt getan hat. Oder Sie bieten für Besucher eine Möglichkeit, eigene Erfahrungsberichte zu hinterlegen, ähnlich wie die Gästebücher der Väterbewegung.

Des weiteren wäre es sehr von Vorteil, wenn Sie eine Möglichkeit fänden, wie Ihre Texte auch von vielen Besuchern gelesen werden. Manche Zeitungen bieten die Möglichkeit an, im Internet begleitende Blogs zu schreiben, aber ich habe mich noch nicht näher damit befasst und weiß nicht, wie leicht Laienjournalisten sich hier einbringen können. Vielversprechend sehen in dieser Hinsicht das Meinungsportal „Opinio" von rp-online.de sowie die Internet-Plattform „Readers Edition" aus, die auch Laienjournalisten das Veröffentlichen von Artikeln möglich machen. Beide Medienformate werden von Google News erfasst.

Auch was Internetforen angeht, schätze ich, dass sie ihre beste Zeit hinter sich haben und mit Blick auf ihre politische Wirkung die Nachteile inzwischen die Vorteile überwiegen. Sie waren sicherlich sehr wichtig, damit Männerrechtler überhaupt einmal zusammenfanden und sich einen „room of their own" schaffen konnten, in dem sich nicht wie im Rest der Gesellschaft alles nur um die Bedürfnisse von Frauen drehte. Als virtuelle Gegenstücke zu Treffpunkten der Frauenbewegung waren sie zugleich politisches Forum, Quelle für Informationen, Neuigkeiten und Argumente sowie nicht zuletzt eine gigantische Gruppentherapie. Während sie all das durchaus auch heute noch sind, treten inzwischen zunehmend auch die Nachteile dieser Foren in den Vordergrund: Sie erreichen nur höchst selten Menschen, die noch nie etwas von der Männerbewegung gehört haben, sondern lediglich die bereits Eingeweihten. Sie binden unglaublich viel Zeit und Energie, die mit zielgerichteter politischer Arbeit weit besser genutzt wäre. Es ist immer wieder faszinierend, wenn dieselben Leute, die darüber klagen, sich wegen ihres stressigen Jobs nicht stärker in Männerrechtsgruppen und -kampagnen einbinden zu können, regelmäßig ganze Stunden und Nachmittage damit verbringen, in solchen Foren ausführliche Analysen, Predigten und Diskussionsbeiträge vorzulegen, in denen es häufig um nicht mehr geht als darum, recht zu behalten. Immer wieder hat man als Leser den Eindruck, diese Foren werden von manchen als eine Art Ventil genutzt, um sich mal kurz Luft zu verschaffen und ihren Ärger rauslassen zu können, statt wirklich etwas an den Umständen zu ändern, die sie belasten.

Von außen betrachtet wirken Internetforen, in denen Männer über Jahre hinweg kaum etwas anderes tun, als sich gegenseitig vorzujammern, wie schlimm die Welt sei, statt die Ärmel hochzukrempeln und die Dinge anzupacken, aus gutem Grund etwas lächerlich. Ironischerweise entdeckt man in diesen Foren immer mal wieder einen Beitrag, in dem sich ein Mann über Feministinnen amüsiert, die „nichts anderes fertig kriegen, als im Kreis zu sitzen und zu nörgeln".

Einerseits versuchen immer wieder neue Sektierer, diese Männerforen für ihre eigene Agenda zu kapern. In der Regel werden sie früher oder später verabschiedet, aber bis dahin sind sie mit ihren fragwürdigen Ideologien nicht das ideale Aushängeschild für die Männerbewegung und tragen mehr zu internen Spannungen und Konflikten bei als zu einer Lösung bestehender Probleme. Manche Forenschreiber wenden groteskerweise inzwischen mehr Zeit damit auf, die engagiertesten Protagonisten ihrer eigenen Bewegung als nicht radikal genug zu geißeln, statt selbst etwas Sinnvolles zu tun. Mittlerweile lässt sich geradezu eine „Goldene Regel der Männerbewegung im Internet" aufstellen: Wer am lautesten tönt und die radikalsten Sprüche klopft, ist am wenigsten bereit, sich in praktischer, zielgerichteter Arbeit zu engagieren – und umgekehrt. Dasselbe gilt allerdings auch für die Internetforen der Frauenbewegung. Auch ohne Zuwanderer von außen sind diese Foren eher eine Brutstätte für interne Konflikte, die sich bis hin zu Löschanträgen, „Zensur!"-Geschreie, Androhungen von juristischen Schritten usw. hinaufsteigern. Insbesondere in den Foren, in denen jeder anonym posten kann, setzen sich nicht gerade die gemäßigten, differenzierten Denker durch, sondern vor allem die extremen, sehr aggressiven Stimmen, die Gegenmeinungen schnell attackieren, herabsetzen und verächtlich machen, während sie sich selbst für ihren „radikalen, mutigen Einsatz" (der rein verbal bleibt) gern gegenseitig auf die Schulter klopfen.

Vieles von dem, was ich hier beschrieben habe, wird auch in den Interviews dieses Buches deutlich. Bemerkenswert ist, dass die geschilderten Nachteile im Internetforum von MANNdat nicht auftreten, sondern dass hier eine sachliche, von gegenseitigem Respekt geprägte Unterhaltung möglich ist. Warum ist das so? Sind die Mitglieder von MANNdat Heilige oder meditieren sie achtmal am Tag? Ganz und gar nicht. Der spürbare Unterschied ist, dass sich jeder Diskussionsteilnehmer bei den Mitgliedern von MANNdat namentlich erkennbar machen muss und nicht wie in den „freien" Foren jeder automatisch mitschreiben kann. Wenn ich aber persönlich für meine Worte haften und dazu stehen muss, wähle ich sie viel bedachter und verantwortungsvoller, als wenn ich mich hinter einem Internetnick verbergen kann.

Viel extremer kann man diesen Effekt in manchen radikalfeministischen Foren beobachten, bei denen insbesondere Frauen, die beim Mobbing Andersdenkender keine Grenze mehr kennen, in heller Panik bei dem Gedanken reagieren, dass ihr eigener Name bekannt werden könnte.

Alles in allem stehe ich maskulistischen Internetforen zunehmend skeptisch gegenüber. Wenn es die Frauenrechtlerinnen vor 90 Jahren dabei belassen hätten, einander wütende Briefe über die unhaltbaren gesellschaftlichen Zustände zu schreiben, statt in aktive Auseinandersetzung mit jener Gesellschaft zu gehen, dürften auch heute noch nur Männer zur Wahl gehen.

Apropos: Eine weitere Form des „politischen Engagements", die ich für weitgehend unsinnig und kontraproduktiv halte, ist die endlose Auseinandersetzung ausgerechnet mit besonders radikalen Vertretern der Gegenseite. In den fünf Jahren, in denen ich solche Diskussionen jetzt aufmerksam verfolge, habe ich keinen einzigen Fall erlebt, bei dem hier eine Seite die andere oder auch nur schaulustige Dritte argumentativ überzeugt hätte. Stattdessen beharken sich in manchen politischen Foren des Internets über Monate hinweg immer wieder dieselben Leute und rühren sich dabei keinen Millimeter von der Stelle. Die in Kapitel 6 dieses Buches geschilderten Berichte über Gehirnscans bei Anhängern von Präsidentschaftskandidaten scheinen im Ergebnis auch auf diese Konfrontationen anwendbar zu sein. In aller Regel findet lediglich eine immer stärker werdende Verhärtung und Polarisierung der beiden Positionen statt, und die Diskutanten steigern sich schließlich in verbale Verletzungen hinein, so dass am Ende Mitlesende beide Seiten als allzu radikal ablehnen. Christopher Kusch schreibt dazu: „Die obskuren, himmelschreienden Argumente von Extremisten sprechen mehr für den Umstand, dass es im Internet auch viele Irre gibt, als dass Ihnen eine Auseinandersetzung damit hilft, sich mit der echten Wucht Ihrer Opposition auseinanderzusetzen." Statt seine Zeit also mit Extrempositionen zu verschwenden, ist es sinnvoller, Meinungen mit Personen auszutauschen, die neuen Argumenten gegenüber offen sind und sich bereit zeigen zuzuhören. Dummerweise erfordert das bei einem selbst dieselbe Fähigkeit, und weil darüber nicht jeder verfügt, werden sich wohl immer wieder Radikale beider Seiten bis aufs Blut miteinander bekriegen. Das mag unterhaltsam sein, aber Erfolg versprechend ist es nicht.

Einen Ort im Internet gibt es allerdings, wo auch regelmäßig Ideologen aufeinanderprallen, eine Auseinandersetzung aber trotzdem sinnvoll sein kann: die hier bereits eingehend analysierte Wikipedia. Manche Männerrechtler sind der Auffassung, endlose Streitereien in diesem Online-Lexikon würden lediglich Energie verschleißen, die bei gezielter politischer Arbeit wie dem Verfassen von Petitionen, Leserbriefen oder Info-Kampagnen besser aufgehoben wäre. Ich kann hier nicht ganz zustimmen. Weil Wikipedia-Artikel in unpolitischen Themenfeldern häufig wirklich sehr gut sind, benutzen Journalisten, Studenten, Schüler und andere Menschen diese Enzyklopädie oft völlig naiv auch bei ideologisch belasteten Themen als Nachschlagewerk. Dass die Wikipedia in vielerlei Hinsicht auch höchst zweifelhaft ist, ist eben nicht jedem einzelnen im Detail bekannt. Wenn Sie also interessante Fakten zur Geschlechterdebatte, Männerdiskriminierung oder Feminismuskritik einzubringen haben, wäre die Wikipedia eine gute Gelegenheit. Allerdings sollten Sie sich darüber im Klaren sein, dass Sie in der Kontroverse mit den Gralshüterinnen der Ewigen Feministischen Wahrheit gute Nerven brauchen, sehr viel Beharrlichkeit, und Sie sollten offene Beschimpfungen und versteckte Spitzen problemlos wegstecken können. Seien Sie sich bewusst, dass Sie als Männerrechtler von manchen Wikipedianern mit ebenso offenen Armen empfangen werden wie der Besitzer eines globalen Unternehmens auf einem Treffen der kommunistisch-anarchistischen Weltrevolutionäre. Am besten lesen Sie sich gründlich in das Regelsystem der Wikipedia ein und lernen, es bei Debatten sinnvoll zu benutzen. Generell ist es enorm hilfreich, für jede Behauptung, die Sie einbringen möchten, eine fundierte Quelle als Beleg anzubieten. Das erschwert es den IdeologInnen erfahrungsgemäß sehr, Ihre Beiträge einfach zu tilgen, weil sie ihnen ihr Weltbild durchkreuzen.

Eine weitere Möglichkeit, über das Internet Menschen zu erreichen, die von der Männerbewegung und ihren Argumenten noch nichts gehört haben, besteht darin, sich als Fachmann in einem Expertenforum wie www.wer-weiss-was.de einzutragen. Es gibt dort verschiedene Level vom „Interessierten" über den „Laien" bis zum „Experten", also lassen Sie sich nicht von der Annahme abschrecken, zu wenig Kenntnisse zu besitzen. Günstig wäre es allerdings, wenn Sie sich nicht allgemein zum Thema „Männerrechte" oder gar „Männer" eintragen, sondern zu einem Unterthema, bei dem Sie sich wenigstens einigermaßen auskennen, beispielsweise „Wehrpflicht", „häusliche Gewalt" oder „Koedukation".

Auch mit Emails lässt sich einiges machen. Zum Beispiel:
- das Versenden von e-zines, also informativen Magazinen mit Nachrichten oder Kommentaren. Bekannte Beispiele der letzten Jahre waren Joachim Bells „Rote-Männer-News" und mein eigenes Magazin „Invisible Men". Mittlerweile betrachte ich allerdings das Blog dem e-zine als überlegen, weil es keinen notwendigerweise eingeschränkten Adressatenkreis hat, sondern von

jedem gelesen und themenbezogen verlinkt werden kann und weil es die Möglichkeit bietet, tagesaktuell sehr schnell zu reagieren.

- das Versenden von offiziellen Verlautbarungen oder Presseerklärungen an die Medien. Das wird allerdings nur dann von Erfolg gekrönt sein, wenn Sie das nicht als Einzelperson tun, sondern etwa als Sprecher einer Gruppierung. Und selbst dann werden Sie überwiegend ignoriert werden, solange Sie nach dem Gießkannenprinzip vorgehen. Christopher Kush erklärt dazu: „Es ist ein Fehler, eine Presseerklärung zu verfassen und sie an Hunderte von Medien rauszufaxen in der Hoffnung, dass eines von ihnen anbeißt. In den meisten Fällen wird das keines von ihnen tun. Sie verwenden Ihre Zeit besser, wenn Sie ein paar Journalisten anrufen, von denen Sie wissen, dass sie Ihre Anliegen verstehen oder damit sympathisieren, diese für Ihre Geschichte erwärmen und dann eine Presseerklärung nachschieben, so dass der betreffende Journalist bei Besprechungen mit Kollegen etwas in der Hand hat." Die Email-Adressen etlicher Zeitungen und Zeitschriften finden Sie online unter http://www.ipn.de/ ~burks/medien.html.

- das Durchführen einer Email-Kampagne. Dabei senden Sie eine Mail an 20 oder 30 Erstempfänger, mit denen Sie vorher besprochen haben, dass sie diese Mail ihrerseits an gute Freunde oder Bekannte weitersenden. Das ist das berühmte Schneeballprinzip. Mit dem Inhalt dieser Mail können Sie beispielsweise auf ein bestimmtes Problem aufmerksam machen, Unterstützer werben oder um Spenden für ein bestimmtes Projekt bitten.

Und der letzte Tipp für Internet-Aktivismus: Steigen Sie auch in das Netzwerk Ihrer Opposition ein. Der „Emma"-Brandbrief, mit dem Alice Schwarzer die Tagesschau zur Entlassung Eva Hermans drängen wollte, wurde nicht zuletzt deshalb einer breiten Öffentlichkeit bekannt, weil sich auch einige MännerrechtlerInnen auf die Empfängerliste der „Emma"-Newsletter gesetzt hatten. So wurde dessen offen mobbender Inhalt in Internetforen gepostet (hier sind sie punktuell wieder hilfreich), landete dann in den Blogs etwa von Tanja Krienen und mir selbst (sowie einem Artikel für „eigentümlich frei"), und wurde schließlich von der Polit-Talkshow „Hart aber fair" aufgegriffen, die darüber berichtete und so Millionen Zuschauer über die Geisteshaltung in der „Emma"-Redaktion informierte. Umgekehrt klappt das Ganze allerdings auch: Als wir Männerrechtler unsere Mail-Kampagnen noch in offenen Internetforen absprachen, schickten mitlesende Radikalfeministinnen an die Redaktionen augenblicklich „Warnungen", denen zufolge wir ein Haufen bedrohlicher, gewaltbereiter Spinner seien, denen man auf keinen Fall ein Podium gewähren sollte. Im Ergebnis hielten die Journalisten wohl beide Fraktionen für unzurechnungsfähig. Inzwischen werden die meisten Kampagnen hinter den Kulissen besprochen. Schließlich lädt die SPD auch keine Unionspolitiker als regelmäßige Gäste in die Vorbereitung ihrer Wahlkampagnen oder Greenpeace die Vertreter großer Ölkonzerne zu ihren Aktionsplanungen ein.

Soviel zum Thema Internet. Abschließend folgen hier einige Tipps, wie man sich engagieren kann, die in die bisherigen Kategorien nicht so recht hineinpassen wollten:

Politiker und andere einflussreiche Menschen telefonisch oder schriftlich anzusprechen ist eine gute Idee, aber noch besser ist die direkte Begegnung. Der CDU-Bundestagsabgeordnete Markus Grübel etwa gibt in seinem Interview ausdrücklich den Ratschlag, man möge den Abgeordneten seines Wahlkreises um ein persönliches Gespräch bitten, wenn man ein Anliegen auf dem Herzen habe. Bei einem solchen Treffen haben Sie beispielsweise die Möglichkeit, einem Politiker für seinen Einsatz zu danken oder, falls er Ihre Ansicht nicht teilt, seine Argumente zu widerlegen. Christopher Kush nennt in seinem Buch eine Reihe von Tipps für ein solches Treffen. Dazu gehören die folgenden:

Seien Sie pünktlich. Dadurch signalisieren Sie Respekt, Professionalität und Dringlichkeit.

Kleiden Sie sich etwas konservativer. Auch das ist ein Zeichen des Respekts. Und da ihr Gesprächspartner ähnlich gekleidet sein wird, stellen Sie so von Anfang an eine Verbindung her.

Verzichten Sie zugunsten des Gesprächs auf Annehmlichkeiten. Sie möchten die wenige Zeit, die Sie zur Verfügung haben, nicht damit vergeuden, dass jemand erst nach Stühlen oder Wasser suchen oder Kaffee kochen muss.

Konzentrieren Sie sich im Gespräch auf Ihr Anliegen und schlendern Sie nicht auf Nebenkriegsschauplätzen herum.

Seien Sie sachlich und informativ. Lobhudeleien stoßen ebenso ab wie Beschimpfungen. Überdramatisieren macht Sie unglaubwürdig.

Werten Sie Gespräche mit den Mitarbeitern Ihres Ansprechpartners nicht als zu gering. Oft haben sie großen Einfluss.

Bringen Sie sich auch nach dem Treffen bei Ihrem Gesprächspartner freundlich in Erinnerung, damit es nicht einfach als „erledigt und abgehakt" bei ihm untergeht.

Welche Abgeordneten für Ihren Wahlkreis zuständig sind, finden Sie am besten über http://www.bundestag.de/mdb/wkmap/index.html heraus.

Wenn Sie über keinerlei Zeit für politisches Engagement, wohl aber finanzielle Kapazitäten verfügen, dann ist es immer hilfreich, wenn Sie Männerrechtler durch Spenden unterstützen. Solche Gelder können Sie Gruppen wie MANNdat zukommen lassen, Sie können sie für spezielle Aktionen wie die Besetzung einer Frauenbibliothek zur Verfügung stellen (wegen der zu erwartenden Ordnungsstrafe für die einzelnen Teilnehmer nicht gerade preisgünstig), Sie können damit langfristige Projekte wie die „Männerhäuser" in Berlin und Oldenburg unterstützen, oder Sie können einzelnen Forschern und Publizisten unter die Arme greifen, die im Gegensatz zu Feministinnen nicht mit staatlicher Beihilfe rechnen dürfen. Professor Amendts wegweisende Scheidungsväterstudie etwa kam nur dank der Hilfe eines privaten Sponsors zustande, und als meine eigene berufliche Karriere aufgrund massiven Mobbings mit, wie ich annehme, radikalfeministischem Hintergrund einen spürbaren Bruch erlitt, ermöglichten mir nicht zuletzt die 2.000 Euro Preisgeld der Kellmann-Stiftung das berufliche Überleben. Sorgen Sie dafür, dass die Karten ein bisschen weniger zu Lasten der Männer gezinkt bleiben.

All die Tipps, die ich bisher aufgeführt habe, betreffen Dinge, die Sie als einzelner tun können, wenn Sie sich nicht langfristig innerhalb einer Gruppe organisieren möchten. Das habe ich getan, weil ich glaube, dass das vor allem für viele, die neu in Sachen Männerrechte sind, der erste Weg der Wahl sein wird. Allerdings ist es ganz sicher nicht der ideale. Wenn Eugen Maus als Leiter von MANNdat erklärt, warum der Individualismus „der Untergang" sei, dann ist da definitiv etwas dran. Falls Sie wirklich und auf Dauer etwas verändern möchten, dann ist es mit einem Leserbrief hier und einem Politikertreffen da nicht getan. Zusammen mit einer Gruppe von Verbündeten haben Sie ganz andere Möglichkeiten, auch größere Projekte wie Informationsveranstaltungen und größere Kampagnen durchzuführen – oder konkrete Hilfsangebote aufzubauen.

Drei Beispiele nennt Ella Schindler in einem Artikel über häusliche Gewalt gegen Männer, den die „Nürnberger Zeitung" am 29. Juni 2006 veröffentlichte:

1. Drei Studenten der Sozialpädagogik an der Evangelischen Fachhochschule Nürnberg haben Gewalt gegen Männer zum Thema ihres Studienprojektes gemacht und dafür mit 25 sozialen Einrichtungen im Raum Nürnberg Kontakt aufgenommen, um einen Runden Tisch zu diesem Problem zu begründen. Auch entwickelten sie einen Flyer, durch den Betroffene erfahren, wo sie Hilfe erhalten können.

2. Das von ehrenamtlichen Mitarbeitern betreute Männerhaus Berlin bietet seit vier Jahren für Männer in Krisensituationen einen Notunterschlupf.

3. Das Nürnberger Männerforum bietet seit 14 Jahren ein Männercafé an, das ebenfalls von Ehrenamtlichen organisiert wird und Männern die Gelegenheit bietet, sich auszutauschen und neue Wege zu finden.

Mit eigener Kraft etwas aufzubauen, was Benachteiligten konkret hilft, ist etwas viel Handfesteres, als diese Leistung immer wieder nur von anderen einzufordern. Hier ist es am besten, sich mit Mitstreitern zu verbünden und einen Bereich zu finden, der einem selbst besonders liegt und der einem Freude bereiten könnte. Meine Stärken und Vorlieben sind Kommunikation, Recherche und Journalismus. Was sind Ihre?

TEIL ZWEI
WIR PIONIERE

Für diesen Teil habe ich eine Reihe von Interviews mit denjenigen Menschen geführt, deren Denken ich im Zusammenhang mit der Geschlechterdebatte für am wegweisendsten halte. Bezeichnenderweise ist bislang kaum einer von ihnen in irgendeiner Form prominent. Zwar gehört auch ein Bundestagsabgeordneter zu den von mir Befragten, die meisten anderen stellen aber eine Art außerparlamentarischer Opposition dar. In den Parlamenten liegen die spezifischen Anliegen und Bedürfnisse der männlichen Bevölkerungshälfte bis heute leider brach. Es wird zwar gezielt Politik „für Frauen" gemacht, von einer gezielt auf Männer ausgerichteten Politik kann aber nirgendwo die Rede sein.

Den Beginn macht **Michail Savvakis**, einer der frühesten und in einigem sicher auch radikalsten Denker der neuen Männerbewegung. Er ist nicht nur ein starker Theoretiker, sondern gab auch den Anstoß zu MANNdat e.V. und ist mit der Verleihung seines ironischen Ehrenpreises für besonders eklatante Männerfeindlichkeit, die „Lila Kröte", auch praktisch tätig.

Ihm folgt **Dr. Eugen Maus** als Mitbegründer und Vorsitzender eben jener Männerrechtsgruppe MANNdat. Auch er hat das Ungleichgewicht in der Geschlechterdebatte, schon Jahre bevor es vielen anderen Menschen auffiel, öffentlich thematisiert. Heute führt Eugen Maus mit ruhiger Hand eine kleine Organisation, die sich dem Zeitgeist von Politik und Medien beharrlich und mit klugen Argumenten widersetzt.

Zu den Frauen, die recht früh merkten, dass hier einiges gewaltig schief läuft, und die sich dagegen engagieren, gehört **Christine Hamprecht**. Im Vergleich zu ihrer Klarheit, Offenheit und Entschlusskraft wirkt die Unterwürfigkeit besonders peinlich, mit der manche Männer einem Sexismus, der sich gegen ihr eigenes Geschlecht richtet, den Weg bereiten – und der einäugige Lobbyismus vieler Feministinnen ohnehin.

Dass emanzipierte Frauen wie Christine Hamprecht und Feministinnen zwei völlig unterschiedliche Paar Schuhe sind, macht

Franzjörg Krieg bereits in der Überschrift seines Interviews deutlich. Krieg ist eines der rührigsten Mitglieder des „Väteraufbruchs für Kinder", der bereits 1989 gegründet wurde und insofern Wegbereiter der neuen Männerrechtsbewegung war.

Das jüngste Kind dieser Bewegung ist wohl die im Dezember 2006 gegründete „Männerpartei". Deren engagierter Vorsitzender **Peter Eisner** war freundlicherweise ebenfalls zu einem Interview bereit.

Wolfgang Wenger firmiert als Geschäftsführer dieser Partei, aber er ist sehr viel mehr als das. Tatsächlich kämpft Tausendsassa Wenger eine ganze Reihe von notwendigen Schlachten gleichzeitig. Beispielsweise ist er der wohl profilierteste Streiter für das Recht auf selbstbestimmte Vaterschaftstests. In seiner Männer- und Jungenzentrale in Rosenheim widmet er sich der Aufgabe, dem oft verfemten Geschlecht neues Selbstbewusstsein zu vermitteln.

Unterstützung erhält diese Partei auch von **Bettina Peters**. Sie führt gemeinsam mit ihrem Mann einen kleinen Verlag und wurde darüber hinaus vor allem als Autorin des Buches „Männer, wehrt euch!" bekannt. Bezeichnenderweise gelangt sie aus ihrer weiblichen Perspektive zu denselben Schlussfolgerungen wie viele Männerrechtler und steht damit stellvertretend für andere Autorinnen wie Karin Jäckel oder Astrid von Friesen.

Im Bundestag spielt Männerpolitik noch keine Rolle. Einer jener Ausnahmepolitiker, die Hoffnungen machen, dass sich das ändern könnte, ist **Markus Grübel**. Er dürfte als jener Abgeordnete in die Geschichte eingehen, der die erste Männerrechtler-Rede des deutschen Bundestages hielt. Grund genug, ihn in diesem Buch vorzustellen.

Die Männerrechtsbewegung hat viele unbeackerte Anliegen, und zu jedem hätte ich ein Expertengespräch führen können. Da dies den Rahmen gesprengt hätte, habe ich mich für eines jener Themen entschieden, die mir am meisten am Herzen liegen: Gewalt in der Partnerschaft. Der Vorteil, wenn man sich in einem Bereich besonders gut auskennt, ist, dass man weiß, wer hierzu die fundiertesten Dinge sagen kann. Die Entscheidung für die Soziologin **Julia Bennwitz** fiel mir leicht – und wenn man das Interview mit ihr liest, wird man erkennen warum.

Ein wissenschaftlich fundierter Überbau erscheint mir auch sonst in der Geschlechterpolitik wesentlich. Hier fällt allerdings auf, dass die akademische Genderforschung ausgesprochen stark von der feministischen Ideologie in Besitz genommen wurde und ihre Erkenntnisse damit immer wieder einer einseitigen Gewichtung unterliegen. Jemand, der sich in diesem Metier wirklich auskennt und dazu gehaltvolle Kritik vorbringen kann, ist **Andreas Reich**. Er erklärt, durch welche teils grotesken Einseitigkeiten die Forschung verzerrt wird, woran das liegt, welche neuen Entwicklungen in diesem Bereich momentan stattfinden und welche wünschenswert wären.

Als eine Art Enfant Terrible der Geschlechterdebatte stellt sich in seinem Interview **Simon Gunkel** dar, der zur Trans- bzw. Postgender-Bewegung gehört und mit seinen Ansichten bei Feministinnen wie Maskulisten gleichermaßen aneckt. Ich halte ihn für einen der klügsten Köpfe nicht nur des akademischen Nachwuchses und war mir sicher, dass er gerade aus seiner ganz eigenen Perspektive „quer zu den Fronten" viele intelligente Gedanken beisteuern konnte. Mein Interview mit ihm bestätigte diese Gewissheit. Simon überlasse ich gerne das Schlusswort zu diesem Buch.

Es ist offensichtlich, dass in einer liberalen, heterogenen Bewegung nicht alle Mitglieder derselben Meinung sein können. Insofern gibt es natürlich auch bei meinen Interviewpartnern unterschiedliche Ansichten, was logischerweise bedeutet, dass ich nicht all diesen Ansichten gleichermaßen zustimmen kann, noch sämtliche Interviewpartner all dem, was ich zu einzelnen Punkten denke. Vielleicht ist der kleinste gemeinsame Nenner aller Männerrechtler nur das Bewusstsein, dass Männer und Jungen in unserer Gesellschaft zu kurz kommen, und der Wunsch, dagegen etwas zu unternehmen. Insofern hoffe ich, dass die in diesem Buch versammelten Meinungen – die meiner Gesprächspartner und meine eigene – zumindest einen Anstoß zu einer längst überfälligen Debatte darüber leisten werden, wie wir diese Diskriminierung beenden können.

MICHAIL SAVVAKIS: „ES SIEHT AUS, ALS WÄRE ANTIFEMINISMUS AUF DEM WEG ZU SEINER SALONFÄHIGKEIT."

Michail Savvakis ist der Webmaster von www.maskulist.de und gilt als einer der prägenden Männerrechtler unseres Landes.

Hoffmann: Michail, wie bist du eigentlich zur Männerbewegung gestoßen? Ab wann hattest du den Eindruck, dass hier etwas schief läuft im Verhältnis der Geschlechter?

Savvakis: Der Eindruck verdichtete sich während der zweiten Hälfte der neunziger Jahre derart, dass man das Übersehen der Situation nicht mehr Gelassenheit nennen konnte, sondern Ignoranz nennen musste – oder Feigheit. Zu einer Männerbewegung stieß ich allerdings damals nicht. Es gab einsame anonyme Internetseiten mit Feminismuskritik, es fand sich auch ein Portal männlicher Scheidungsopfer. Aber von einer Männerbewegung zu sprechen, ist ohnehin nicht leicht für denjenigen, der selbst in der sogenannten Frauenbewegung nur ein konstruiertes Medienereignis sieht, das einer ideologisch gesteuerten Politik den gesellschaftlichen Körper mimen sollte.

Hoffmann: Was meinst du damit?

Savvakis: Der politische Veränderungswille, der als Bestandteil insbesondere der linken Politik aus den Intentionen postmarxistischer „praxistheoretischer" Konzepte schöpfte, verlegte in der Zeit nach dem Krieg sein Austragungsfeld, weg von den wirtschaftlichen, auf die psychologischen, anthropologischen, ethnologischen oder soziologischen Felder. Er erkannte den Wert der gesellschaftsbildenden Software, könnte man sagen. Es klingt etwas ironisch, aber es ist in der Tat so, als sei Marxismus im Lauf seiner späteren Aufarbeitung umgewendet worden, als hätte er sich doch noch vom Sein auf das Bewusstsein, von außen nach innen oder vom Haben

(Kapital) auf das Sein verlegt. Und was der Mensch ist und nicht etwa hat, das ist nun mal vor allem, also auch vor jedem anderen Unterschied wie Hautfarbe oder Größe das Geschlecht. Mann und Frau mussten so ins politische Labor zur Untersuchung. Und das zu einer Zeit, da die westliche Intelligenz hart mit den Institutionen und Leistungen ihrer Vergangenheit, die allesamt auf das Konto des Mannes gingen, abrechnete. Das Bild des Vater-Tyrannen war indessen kulturanalytisch wie tiefenpsychologisch dingfest gemacht worden. Der Gedanke, dass Feminismus, der ja schon von Anbeginn dem Konzept der Weltverbesserer angehörte, nicht mehr warten sollte, bis ihn ein vollbrachter Sozialismus auf den Plan gerufen hätte, sondern selbst als primäres Ziel und zugleich Mittel fungieren könnte, drängte sich geradezu auf. Zumal die Polarität zwischen Sozialismus und Kapitalismus immer brüchiger wurde, auch weil letzterer die Prosperität garantierte, die notwendig für teure gesellschaftliche Experimente war. Eine „Frauenbewegung" musste also her und deswegen gab es sie dann auch: Eine Tomate flog, erwischte einen Homosexuellen und verwundete so das „Patriarchat". Eine Titelstory wurde etwas später aus Frankreich importiert: „Wir haben abgetrieben", beichteten darin einige Frauen, die deswegen wirklich nichts mehr zu fürchten hatten, dem Magazin „Stern". Fortan gab es nur noch Frauenbewegung. Als obligatorisches Frauen-Lesben-Grüppchen bei der Demo, vor allem aber im „Stern", im „Spiegel", im Fernsehen, bald auch in der „Bild". Aber nicht als originäre Aktion von Frauen, die nun aus welchem Grund auch immer erstarkt, eine neue Entschlossenheit gegen die „Männerwelt" aufbrachten. Damit hätten sie höchstens den Erfolg der Frauenpartei von heute erreicht. Das rechte Lager übernahm später den „neuen Gedanken" aus progressistischen Zwängen und bereicherte ihn zusätzlich um die alte lyrisch-konservative Beschützer/Opfer-Idylle. Das alles wurde so zu einer ziemlich giftigen Mischung für die Männer. Es war also eine neue Politik, die Geschlechterpolitik, welche die neue Frauenbewegung anstiftete, und nicht andersherum. Ich weiß, dass der Gedanke vielen neu ist.

Hoffmann: Deine Analyse hat dich dazu geführt, jedes Jahr einen bestimmten Preis zu verleihen: die „Lila Kröte". Was hat es damit auf sich, und wie gehst du dabei vor?

Savvakis: Meine Analysen berührten zunächst mich selbst. Zum einen erfreuten sie mich, weil ich erkannte, dass auch jemand, der gar kein politischer Mensch ist, sondern seine weltanschaulichen Nahrungselemente aus anderen Gebieten bezieht, sich doch mit dem Feminismus, „die geistloseste Ideologie aller Zeiten" nach meinem eigenen Zitat, beschäftigen kann, ohne sich dabei tödlich anzuöden. Schon mal dann, wenn man ihn gründlich genug auseinandernimmt. Zum anderen verpflichteten mich meine Analysen noch stärker dazu, die destruktive Dimension, die ich erkannte, zu thematisieren. Die „Lila Kröte" war einer von zwei Versuchen, etwas Offensive herzustellen und einen Begriff, ein Symbol zu etablieren. „Die Lila Kröte ist", wie man bei mir lesen kann, „eine negative Auszeichnung für besonders akzentuierte Männerfeindlichkeit in Wort oder Tat; für ein Verhalten von Personen und Einrichtungen, welches Männer oder Jungen diskriminiert, ihr Ansehen angreift, ihre Rechte und Chancen in der Gesellschaft hintan oder in Frage stellt und die Relevanz ihres Protestes gegen die Entwicklungen der letzten Jahrzehnte leugnet." Bei der Nominierung gehe ich sowohl von der eigenen Bewertung männerfeindlicher Verhaltensweisen aus, wie auch von Vorschlägen, die mir immer wieder zukommen. In diesem Jahr ist sie bereits etwas spät dran, das hängt aber vor allem damit zusammen, dass ich sie gern in die kühlere Jahreszeit verlegen möchte.

Hoffmann: Die erste „Lila Kröte", verliehen im Jahr 2004, ging an die Zeitschrift „Der Spiegel". Warum?

Savvakis: Der „Spiegel" hatte mit seinem Artikel „Eine Krankheit namens Mann", dessen Titel sogar ursprünglich für die Titelseite vorgesehen war, eine Grenze des ideologischen Sexismus erreicht, die meines Erachtens einen bedenklichen Höhepunkt anzeigte. Und das anhand bereits überholter Fakten! Würde man diese Fakten berichtigen, bliebe eine nackte Absicht übrig. Ich wollte mit meiner „Lila Kröte" diesen „historischen" Moment von Misandrie markieren.

Hoffmann: Und im letzten Jahr ging die „Lila Kröte" an den ehemaligen Kultursender ARTE. Womit hatte dieser das verdient?

Savvakis: ARTE unternahm in einer ihrer „Themenabend" genannten Sendungen den Versuch, jegliche Regung eines Protestes gegen feministische Entwicklungen zu diffamieren. Sie wollte den Begriff Maskulismus beschmutzen, das Kind gleich nach der Geburt würgen. In der Tendenz war ARTE aggressiv, in der Ausschließlichkeit der Vertretung feministischer Positionen abstrus und insgesamt ziemlich billig.

Hoffmann: Eine tief greifende Analyse sowohl des „Spiegel"-Artikels als auch des ARTE-Themenabends findet man auf deiner Website. Du hast sie den beiden Preisträgern jeweils auch zukommen lassen. Wie haben die Redaktionen reagiert?

Savvakis: Der „Spiegel" versuchte es mit der gebräuchlichen Schutzbehauptung, Meinungsbildung „auch über kontroverse Themen" fördern zu wollen. Das war natürlich Humbug. Erstens weil das Magazin bereits im Titel eine Meinung plakatierte, zweitens weil dem „Spiegel" eine ganze Tradition sexistischer Artikel nachzuweisen wäre, in denen die Kolportage des Mangelwesens Mann genüsslich nacherzählt wird. Doch immerhin sah sich der „Spiegel" zu reagieren veranlasst. ARTE reagierte überhaupt nicht.

Hoffmann: Einerseits wird das Schweigen der Männer in der Geschlechterdebatte beklagt, andererseits fahren ARTE & Co. gegen Männer, die ihre Bedürfnisse zur Sprache bringen, sofort eine Schmutzkampagne. Wie erklärst du dir diesen Widerspruch?

Savvakis: ARTE beklagt wohl das Schweigen der Männer nicht. Vielmehr versucht der Sender, den jammernden Monolog des Feminismus möglichst unbeschränkt als die einzig zulässige Geschlechterdebatte zu zementieren. Demgemäß lud auch ARTE durchweg die passenden „Experten" zu seinen speziellen Themenabenden ein. Vom Willen zum Dialog mit andersdenkenden Männern oder Frauen konnte so nicht die Rede sein. Daher sehe ich im Verhalten des Senders keinen Widerspruch, sondern eine recht konsequente Einseitigkeit.

Hoffmann: Schließlich ging die „Lila Kröte" 2006 an unsere

Frauen- und Familienministerin Ursula von der Leyen. Mit welcher Begründung?

Savvakis: Die Ministerin bagatellisierte die gegenwärtige Bildungssituation der Jungen. Sie sagte, sie fände es „nicht schlimm", dass sie den Mädchen unterlägen. Für solche Sprüche, das müsste doch jede Politikerin inzwischen begriffen haben, ist es schlicht zu spät. Dafür existiert das Problem der Jungen viel zu lange, seine Folgen sind inzwischen als soziales Dilemma und zugleich als Wirtschaftsproblem erkannt worden, und Frau von der Leyen hätte sich unbedingt anstrengen sollen, etwas Ernstes zum Thema zu sagen, anstatt mit feministischen Fähnchen zu wedeln. Solches Kokettieren mit der Ignoranz fand ich unerträglich. Das hatte mich ganz spontan und ganz aufrichtig geärgert. Wo sind wir denn? Geschieht hier wirklich gar nichts gegen längst erkannte brenzlige Probleme? Und da hörte ich natürlich sofort „Quak" aus der Ecke.

Hoffmann: Du hattest eben erwähnt, die „Lila Kröte" sei einer von zwei Versuchen gewesen, etwas Offensive herzustellen. Was war denn der andere?

Savvakis: Es war der Versuch, Männern ein Portal zu bieten, die in irgendeiner Form aktiv waren oder werden wollten, die aber nicht im Sinn eines speziellen Interesses wie z.B. Väterrechte handeln, sondern die allgemeine geschlechterpolitische Lage – von der Wiege bis zur Bahre sozusagen – angehen wollten. Männerrechtler eben im wahrsten Sinn. Aus der anfänglichen „Netzgruppe Männerrechte" ist irgendwann nach weiteren Konsolidierungs- und Verselbstständigungsprozessen eine „Geschlechterpolitische Initiative" entstanden, deren Ertrag als Suchwort bei Google heute einen sehr erfreut. Allerdings muss der Richtigkeit halber gesagt werden, dass ich persönlich nur eben dem anfänglichen Anstoß beiwohnte und heute mehr als Mitglied aus der Ferne dem Verein den Erfolg wünsche. Das Suchwort für Google wäre übrigens „MANNdat". Es war auch der Name des ursprünglichen Portals.

Hoffmann: Welchen Eindruck hast du vom Stand der Männerbewegung heute?

Savvakis: Die „Männerbewegung" scheint gegenwärtig im Inneren ihre Kinderkrankheiten durchzumachen. Es rumort zwischen Idealisten und Pragmatikern, zwischen Gemäßigten und Fundamentalisten, und natürlich auch zwischen Linken und Konservativen. Im Äußeren aber, in der Entwicklung also, die der Geschlechter-Diskurs in den wenigen letzten Jahren erfuhr, bin ich sehr zufrieden. Zum einen wird über Benachteiligungen des Mannes und über Fehlleistungen der Frauenpolitik offener gesprochen, zum anderen beginnen die Vertreter des festgefahrenen Feminismus allmählich, die Rolle des Fossils aus vergangenen Zeiten einzunehmen. Es sieht oft aus, als wäre Antifeminismus auf dem Weg zu seiner Salonfähigkeit. Bis allerdings diese Tendenz den Zeitgeist durchsetzt hat, um so auch die schwerfällige Politik einmal zu erreichen, braucht es sicher noch einige Zeit. Unser Rücken wird von der Tatsache gestärkt, dass die Gesellschaft langsam in die Phase übergeht, vieles in Frage zu stellen und zu korrigieren, was im gleichen politischen Paket enthalten war, in dem auch der Feminismus steckte: So wird in der Bildung das Fehlen autoritärer Männlichkeit beklagt, was an den psychologischen Grundfesten der einstmals gepredigten weiblich-antiautoritären „Kuschelpädagogik" rüttelt. In soziologischer Sicht distanzierte sich ausgerechnet der sozialdemokratische Staat eines Herrn Schröder mit seiner Agenda 2010 und dem Hartz-IV-Projekt von der malerischen Vorstellung, ein gut funktionierendes Ganzes brauchte nur die Ergebnisse der Leistung zugunsten von Nichtleistungsträgern umzuverteilen. Das Unbehagen um die demografische Zukunft des Landes brachte den Mann als nicht mehr zu vernachlässigende Größe auf die Bühne der Familienförderung und Familienpolitik. Die multikulturelle Gegenwart wurde aus gegebenen Anlässen erneut in Betracht gezogen und der Frage nach verbindlichen Verhaltensmustern unterzogen, d.h. nach verbindlichen Normen, Werten, nach gemeinsamer Verantwortung und gegenseitiger Abstimmung. Zusammen mit Leistung und Autorität klingt das alles wie ein ansetzender Aufruf nach dem Mann und dem Maskulinen. Denn der atavistischen Männlichkeit, die über Migration den Weg in den Westen fand, kann keine unselbstbewusste, teils entrechtete oder gar biologistisch diffamierte Männlichkeit entgegengestellt werden, sondern nur eine selbstbewusste, in ihren Rechten und Forderungen wahrgenommene. Noch sträubt man sich in entscheidenden Bereichen, den Feminismus direkt anzufassen. Aber er wird immer stärker anvisiert.

Hoffmann: Nun werde ich selbst vermutlich als einer der schärfsten Feminismuskritiker unseres Landes wahrgenommen, frage mich allerdings dennoch, ob eine zu undifferenzierte Aburteilung nicht übers Ziel hinausschießt. Viele Benachteiligungen von Männern gab es schon vor der Frauenbewegung – da kann man mit der Wehrpflicht anfangen und mit den besten Passagen Martin van Crevelds weitermachen –, gleichzeitig hat die Frauenbewegung auch zu so einigen positiven Entwicklungen geführt. Was ist deine Position zu Einwänden wie diesen?

Savvakis: Das mit den „positiven Entwicklungen" der Frauenbewegung erinnert mich an die bekannte Feministin, die ihrem langhaarigen Interviewer einmal weismachen wollte, er verdanke die Toleranz für seine langen Haare ihrem Feminismus. Ich glaube aber, es ist umgekehrt, und der Feminismus verdankt sich selbst den Langhaarigen der sechziger und siebziger Jahre. Damit meine ich, dass der Feminismus innerhalb der maßgebenden pazifistischen Grundmentalität der Nachkriegszeit mit ihrem Gegen-die-Väter-Charakter ausbrach, deren Symbol geradezu die langen Haare waren – nicht andersherum. Wie ich also bereits anfangs sagte, gehörte der Feminismus einem ganzen Paket an, in dem auch durchaus positive Entwicklungskeime in Punkten etwa wie Autonomie des Individuums oder Umweltbewusstsein enthalten waren. Dennoch fällt mir im Moment, außer den langen Haaren im genannten Interview, keine weitere „positive Entwicklung" ein, die ich ausdrücklich mit dem Aufkommen des Feminismus in Zusammenhang bringen könnte. Was nun die Benachteiligungen des Mannes betrifft, die bereits in vorfeministischer Vergangenheit existierten, so können diese nur scheinbar den Feminismus entlasten, denn gerade diese Benachteiligungen des Mannes stellen die Relevanz einer Befreiung nur der Frau in Frage: Wenn beide Geschlechter in der Vergangenheit unterdrückt und benachteiligt wurden, wie kommt es, dass heute ein solch immenser gesellschaftlicher Aufwand des Ausmaßes einer kultur-evolutionären Tat getrieben wird, um die in der Kultur der Aufklärung einst weihevoll artikulierte Emanzipation des Individuums zur Emanzipation allein der Frau schrumpfen zu lassen? Solche Fragen laden geradewegs zu einer Untersuchung gesellschaftlicher Unterdrückungsstrukturen ein. Und die Ergebnisse einer Forschung in diesem Sinn wären der geläufigen Geschlechterforschung keineswegs genehm.

Hoffmann: Du schwimmst mit deinen Ansichten dem momentanen Strom der Politischen Korrektheit ja deutlich entgegen, was sicher nicht immer einfach ist. Gibt es bestimmte religiöse oder moralphilosophische Standpunkte, von denen aus du Rückhalt gewinnst? Du hast erwähnt, dass du deine „weltanschaulichen Nahrungselemente aus anderen Gebieten" beziehst ...

Savvakis: Weißt du, waschechte Individualisten beziehen ihren Rückhalt aus dem Alleingang, und ich glaube nun wirklich, dass ich diesem Schlag angehöre. Die Politische Korrektheit sehe ich dagegen eher als das linguistische Provisorium zur Umzäunung einer Herde, als den fragwürdigen Versuch der Formung einer kollektiven Identität mittels Sprache. Soll denn so etwas einen überwältigen?

Hoffmann: Wie, denkst du, wird sich der Geschlechterkonflikt in den nächsten Jahren weiterentwickeln, und was wäre für Männerrechtler als Vordringlichstes zu tun?

Savvakis: Man sollte keine Sensationen erwarten. Die Durchsetzung unserer Anliegen wird weniger mit Ausbrüchen zu tun haben, sie wird eher den Weg einer Entspannung und gewissermaßen Normalisierung antreten. Erstens deswegen, weil wir keine im vorab erstellten Symbole zu verwirklichen brauchen, sondern zu einer vernachlässigten Wahrnehmung einer bereits bestehenden Wirklichkeit anhalten. Zweitens auch deswegen, weil die Männerbewegung für die Ungleichbehandlung der Männer nicht das andere Geschlecht verantwortlich macht, sondern die politisch etablierten feministisch infiltrierten Systeme: abstrakte Instanzen also. Da ist der Konflikt weniger zwischenmenschlich gelagert, weniger affektiv. Hier liegt übrigens ein grundlegender Unterschied zwischen Feminismus und Maskulismus. Der Männerbewegung wünsche ich vor allem die Erkenntnis, dass ihre Assimilation und Akzeptanz in der Gesellschaft in dem Maß vonstatten gehen wird, wie ihr Selbstverständnis im Inneren vorankommt. Das hat natürlich mit der Integration ihrer verschiedenen Fraktionen zu tun. „Männerrechtler" und „Antifeministen" nenne ich etwas provisorisch die beiden Hauptlager, natürlich mit allen realistischen Übergängen. Die einen wollen auf dem Weg der politischen Forderung Unrecht gegen Männer beseitigen, die anderen eher den Feminismus selbst als epochales Phänomen. Da Männerrechtler zum Teil feministische Faktoren zugunsten der Männer umpolen, Antifeministen aber eher all diese Faktoren abschaffen möchten, entsteht eine verständliche Diskrepanz. Diese kann aber bewusst innerhalb jener Schnittmenge überwunden werden, in der ja jeder Antifeminist auch Männerrechte einfordert und in der auch jeder Männerrechtler unweigerlich wider den Feminismus handeln muss. Ferner wünsche ich der Männerbewegung, ihre Vorsätze auch auf externe Ereignisse und Haltungen in Kultur, Politik und Medien hin zu reflektieren, Verwandtschaften zu erkennen, Intentionen aus fremden Ecken, die mit den eigenen Zielen harmonieren, als solche zu bewerten und sie als Grund zur Bestätigung und Ermunterung anzunehmen. Vielleicht auch als Gelegenheiten, um den eigenen Wirkungskreis durch die Kommunikation in solchen Verbindungen zu erweitern. Der Politiker, der Beamtenbeförderung von der Leistung abhängig machen möchte, der Regisseur, der die geschlechtsspezifischen Vorgaben des Fernsehsenders als hinderlich beurteilt, der erfahrene Journalist, der das Informationswesen in der Entwicklung der letzten Jahrzehnte beklagt, oder der Pädagoge, der sich beschwert, dass heute auswendig Gelerntes besser benotet wird als die persönliche Auseinandersetzung mit dem Stoff; sie alle meinen etwas, das auch wir meinen. Selbst wenn sie alle von Männeranliegen nie etwas hörten. Nicht zuletzt wünsche ich der Männerbewegung die Assoziation mit einer Rückkehr von der infantilen Spaßigkeit dieser Gesellschaft zu einer neuen Ernsthaftigkeit, zu einer neuen Tiefe und zur Wiederaufnahme der Vermittlung von Werten.

Zum Weiterlesen: Michael A. Xenos: Medusa schenkt man keine Rosen. Manuscriptum 2007

Eugen Maus:
„Der Individualismus
ist der Untergang."

Eugen Maus ist Mitbegründer und Vorsitzender der geschlechterpolitischen Initiative MANNdat e.V.

Hoffmann: Wie hat das alles angefangen? Wie bist du also auf das Thema Männerrechte gestoßen und warum ist es dir so wichtig, dass du mit anderen eine komplette politische Organisation dafür ins Leben gerufen hast?

Maus: 2001 habe ich mein „Handbuch für Männer in Zeiten von Aids und Feminismus" rausgebracht. Wie es dazu gekommen ist, steht auch im Internet zu lesen. Ich war fasziniert von einem Buch für schwule Männer, das mich durch seine sachliche, nüchterne Sprache beeindruckt hat. Warum, so dachte ich, gibt es so etwas nicht für uns arme Hetero-Schweine, ein Aufklärungsbuch ohne das übliche Gesäusel von Gefühlen, Weichteilen, Unaussprechlichem, ein Buch, welches uns nicht gleich wieder in die Pflicht nehmen will? Ein solches Buch beschloss ich dann zu schreiben. Bald stellte ich fest, was jeder feststellen kann, der eine Buchhandlung betritt, dass gerade mal zwei Sorten von Büchern angeboten werden. Die erste Gruppe enthält Bücher über Steuerrecht, Bienenzucht, Verfahrenstechnik, Exegese, Kontrapunkt usw. Die zweite Gruppe enthält nur eine einzige Kategorie: Frauenbücher! Auf der Frankfurter Buchmesse fand ich in einer einzigen Halle etwa 30 Frauenbuchverlage und gerade mal zwei Verlage, die sich an Männer wenden – an schwule Männer! In den Buchhandlungen dominiert seit den neunziger Jahren das sogenannte „Freche Frauenbuch", mit provozierenden, anmaßenden und teilweise sogar ausgesprochen männerfeindlichen Titeln. Hingegen wurde eine ehrenwerte Buchreihe mit Themen für Männer, wie etwa von Rowohlt, offenbar nur unter dem Ladentisch verkauft oder in alternativen Buchhandlungen geführt und siedelt dort neben Schwulen-, Lesben-, SadoMaso- und anderer exotischen Literatur. Gewiss lässt sich daraus nicht schließen, dass da eine Marktlücke wäre. Es scheint eher ein Indiz für eine Bewusstseinslücke bei Männern, betreffend ihrer eigenen sexuellen Benachteiligung, gesellschaftlichen Diskriminierung und matriarchalen Deformation. Wir Männer hören dergleichen nicht gerne. Schon gar nicht von anderen Männern. Das klingt zu sehr nach: „Soll ich dir zeigen, wie es geht!?" und unterschwellig schwingt schon mal mit: „Meiner ist länger, kann öfter usw." Ich sage dies nicht, um meine Brüder zu kritisieren. Es ist des Mannes Fluch und Segen zugleich, dass er sich über Leistung definieren muss, dass er kompetent und potent zu sein hat. Eben deswegen gibt es jede Menge Computer-, Motorrad- und Sportbücher. Und Viagra. Aber kaum Männerbücher. Der Boom an sogenannter Frauenliteratur könnte den Eindruck erwecken, dass Männer weniger lesen, weniger an Themen interessiert sind, die sie selbst betreffen. Das darf bezweifelt werden. Richtig ist wohl, dass ein Frauenmarkt entdeckt und bedient wurde, und dass Frauen den dort verkündeten Verheißungen gläubiger und bereitwilliger folgen als Männer. Auch kann es nicht verwundern, dass Männer keine Lust haben, Bücher zu lesen, die überwiegend in einer Sprache geschrieben sind, die mehr verschleiert als aufklärt. Selbst Bücher, die an Männer adressiert sind, scheinen eher zum Nutzen von Frauen geschrieben. Ich habe mit meinen Lesern – bzw. diese haben mit mir – Kontakt aufgenommen. Dadurch bin ich auch zum ersten Mal auf die Foren und die internetbasierte Männerbewegung aufmerksam geworden. Schnell wurde mir klar, dass man gegen einen institutionalisierten Feminismus als einzelner, als Leserbriefschreiber, als Rufer in den Foren usw. praktisch nichts ausrichtet. Ich habe mich dann mit einigen Leuten getroffen, z.B. hier am Rhein beim Lagerfeuer, wie das Männer eben so machen, und dann haben wir aus überwiegend „technischen" Gründen den Verein gegründet: höhere Legitimation, Schutz der Mitglieder, Finanzierungsmöglichkeiten und so weiter. Meine persönliche Betroffenheit ist eher ideeller Natur. Außer 18 Monaten Zwangsdienst hatte ich keine unmittelbaren Benachteiligungen zu ertragen. Damit scheine ich kein Einzelfall zu sein. Ich kenne inzwischen eine Reihe von Mitstreitern, die keine Lust mehr haben, sich stigmatisieren und pathologisieren zu lassen, nur weil sie für Männer legitime Interessen vertreten und Rechte einfordern, auch wenn sie nicht immer unmittelbar davon profitieren. Das ist aber eine Gratwanderung. Es gibt reine Stammtischstrategen und es gibt Leute, die nur deswegen in den Internetforen das Maul aufkriegen, weil sie mal in Herzensangelegenheiten gründlich abgesägt wurden. Mit beiden ist schlecht zusammenarbeiten, aber dem Herrn sei Dank gibt es auch noch welche dazwischen, z.B. solche, die sich in zunehmender Zahl bei MANNdat versammeln. Die Hauptdirektiven und inhaltlichen Begründungen für unsere Initiative sind auf unseren Internetseiten zu finden. Sie wurden von mir maßgeblich mitgestaltet und sagen damit eigentlich alles darüber, warum mir die Gründung von MANNdat so wichtig war. Ich begreife mein Engagement als Teil eines geschichtlichen Prozesses, dessen Anfang ich nicht erlebt habe und dessen Ende ich wohl auch nicht erleben werde, wenn er denn überhaupt eines hat. Aber wenn wir es schaffen, in fünf bis zehn Jahren die schlimmsten feministischen Auswüchse zu korrigieren, dann will ich dermaleinst zufrieden in die Grube sinken.

Hoffmann: Wie schätzt du denn dafür die Chancen ein?

Maus: An manchen Tagen null Prozent, an anderen hundert. Aber ernsthaft: Wenn der Konsolidierungsprozess in unseren Kreisen voranschreitet, dann sehe ich einige Chancen für Teilerfolge in vielleicht zehn Jahren. Man muss immerhin bedenken, dass es unter anderem darum geht, Gesetze zu korrigieren oder zumindest ihre gerechte Anwendung durchzusetzen. Letzteres ist der vergleichsweise leichtere Teil. Dabei geht es vor allem um Schaffung eines neuen öffentlichen Bewusstseins. Daher auch unserer Devise erster Teil: „Männliche Benachteiligungen bekannt machen". Gesetzesänderungen sind schon rein zeitlich eine langwierige Angelegenheit, und da geht erst recht nichts ohne öffentlichen Druck auf die Politiker. Die Frauenbewegung ist ja weit über hundert Jahre alt. So lange werden wir wohl nicht warten müssen. Mit dem Internet ist der Informationsfluss schneller und dichter geworden. Die Kommunikation ist einfacher. Und auch die gesellschaftlichen Rahmenbedingungen sind teilweise günstiger geworden. Die frühe Frauenbewegung musste sich immerhin zu Kaisers Zeiten ins Zeug legen. Trotzdem besteht zu Euphorie kein Anlass. Die Demokratie, in der wir angeblich leben, hilft uns überhaupt nicht, weil sie im Falle von fatalen Zusammenschlüssen von politischen Interessengruppen und Medien nicht funktioniert, wie Arne Hoffmann in seinem Buch: „Warum Hohmann geht und Friedman bleibt" eindrucksvoll aufgezeigt hat. Einen solchen Zusammenschluss haben wir ganz eindeutig auch im Falle des Feminismus. Praktisch unwidersprochen können FeministInnen völlig hanebüchene oder überholte Behauptungen immer wieder veröffentlichen lassen. Es ist dagegen praktisch kaum möglich, feminismuskritische Stellungnahmen über Mainstream-Medien zu veröffentlichen. Und eine Nachfragemacht von Seiten interessierter Männer sehe ich noch nicht in nennenswertem Umfang.

Hoffmann: Das scheint mir eines der größten Probleme zu sein. Wenn man Männer befragt, berichten etliche, mit ihrer Situation als Männer unglücklich zu sein. Ihr habt konkrete Lösungsvorschläge. Eigentlich müsste sich das prima ineinander fügen. Tut es aber (noch) nicht. Warum nicht, und wie kann man das ändern? Wir können die Medien ja nicht zwingen, auch über Männeranliegen zu berichten ...

Maus: Ein Bekunden von Unzufriedenheit bedeutet ja noch nicht, dass diejenigen gewillt oder gar in der Lage sind, etwas zu ändern. Und genaugenommen ist es auch ein bisschen viel verlangt. Der Staat hat die Menschen bis zur Entmündigung entmachtet, und dann sollen diese neuen Untertanen der „Demokratie" in persönlichem Einsatz bis hin zum Martyrium die Fehler und Versäumnisse der politischen Klasse ausbaden oder korrigieren? Interessant sind in diesem Zusammenhang diese aktionistischen und hoch subventionierten Kampagnen (Petition online, Du bist Deutschland und ähnliches). Das klingt mir wie ein Eingeständnis von Konzeptlosigkeit

– Kampagnen und Plakataktionen, statt gerechter Lösungen. Die andere Seite ist, dass Männer - unser Thema betreffend - offenbar individualistische Ansätze bevorzugen. Das ist verständlich. Es hat eine Art von Männerbewegung gegeben, die leider immer noch ein viel zu hohes Mitspracherecht hat. Diese überwiegend akademisch formatierten „Männermänner" haben die Schuldzuweisungen der Feministinnen umgemünzt und betätigen sich professionell, den Mann zu stigmatisieren und zu pathologisieren. Sie, die Profis, sind natürlich die Guten, die es besser wissen. Aber warum soll sich z.B. ein Vater, der mutwillig von seinen Kindern ferngehalten wird, eigentlich als krisengeschüttelter Mann bezeichnen lassen, der seine Rollenvorstellungen, seine Männlichkeit reflektieren soll? Man stelle sich vor: Eine Frau will sich scheiden lassen und man verlangt von ihr, sie solle erst mal ihr Rollenverständnis überdenken ...

Hoffmann: Die Männer, die sich entschließen, zu euch zu stoßen und mit euch gemeinsam für ihre Rechte einzutreten – was genau käme auf sie zu? Wie darf man sich die politische Arbeit bei MANNdat vorstellen?

Maus: Inhaltlich ergibt sich das aus unserer Leitlinie: „Männliche Benachteiligungen bekannt machen und beseitigen". Das bedeutet vor allem, dass unsere Aktivitäten öffentlich sein müssen, z.B. unsere Beteiligungen an Männergesundheitstagen, an Veranstaltungen politischer Gruppierungen, Gespräche mit Abgeordneten, Erstellung einer Bibliothek von Infoblättern, unsere Jungenleseliste, eigene Studien, z.B. die Parteienbewertung oder aktuell die Bewertung des Angebotes der Krankenkassen. Öffentlichkeit herzustellen ist der schwierigste, aber mit der wichtigste Teil der Arbeit. Ein privater Brief an einen Politiker, eine Zeitung oder eine Organisation kann spurlos verschwinden, z.B. wenn er von einer feministisch inspirierten Mitarbeiterin unterschlagen oder von einem erkenntnisresistenten Politiker einfach ignoriert wird. Schon von daher verbieten sich individualistische oder gar anonyme Aktionen. Man kann sich überall einbringen oder auch eigene Projekte auflegen, sofern diese unseren Zielen entsprechen. Und wenn jemand nur Förderbeitrag zahlt oder

Briefmarken ableckt, dann ist das auch in Ordnung. Meine eigene Arbeit z.B. ist zu einem großen Teil rein organisatorischer Art, aber es ist auch wichtig, für unsere Autoren eine funktionierende Plattform bereitzustellen und zu pflegen. Es ist nicht ganz einfach, eine tatsächlich arbeitende, bundesweite Initiative aus Menschen zustande zu bringen, die sich unter Umständen nicht einmal persönlich kennen. Das ist ein Grund, warum ich schon fast anachronistisch immer mal wieder zum Telefon greife, denn bei Emails geht doch viel verloren.

Hoffmann: Das Buch, für das ich dich gerade interviewe, wird auch ein paar Tipps für individuelle Aktionen enthalten. Nicht jeder wird sich gleich MANNdat anschließen oder sich überhaupt langfristig an ein politisches Projekt binden wollen. Manchem platzt nur punktuell der Kragen. Was findest du an Einzelaktionen so fatal?

Maus: Die Individualisierung ist der Untergang. Ich würde sie jedenfalls nicht propagieren. Mit Leuten, die in der Isolation leben und handeln, hat die Gegenseite leichtes Spiel. Man kann sie als Außenseiter, als Spinner abtun, man kann sie ignorieren, man kann sie sogar ausschalten mit Einschüchterung, Klageandrohung und ähnlichen Schikanen.

Hoffmann: Zugegeben. Mit solchen Attacken habe ich selbst schon bittere Erfahrung gemacht. Und ich weiß, dass es anderen ähnlich gegangen ist.

Maus: Es gibt auch noch eine andere Sorte von Individualisten, die ein privates Ding durchziehen, und ich sehe nicht, wo sie wirklich etwas erreichen. Für ihre wenigen Anhänger haben sie bestenfalls Ventilfunktion, nach dem Motto: Endlich sagt´s mal einer. Trotzdem macht es natürlich Sinn, ein paar Tipps für unmittelbare spontane Aktionen zu geben. Aber auch da sollte immer der Trend zu öffentlicher Aktion gehen, die möglichst nicht alleine durchgeführt wird. Was MANNdat betrifft: MANNdat muss ja keine Massenbewegung werden, und das wird es auch sicher nicht. Nach meiner Einschätzung läuft die Männerbewegung ohnehin grundsätzlich anders ab als die Frauenbewegung. Wem sage ich das. Da ist nicht viel mehr als eine sprachliche Verwandtschaft, aber keine Analogie oder Symmetrie. Ich denke, dass es schon nach Art der Interessenlage und der „männlichen Mentalität" keine Massenmännerbewegung geben wird. Aber das muss auch nicht sein. Eine kleine, gut funktionierende Pressure-group ist möglicherweise viel erfolgreicher. Ich erinnere an die Huren um Stefanie Klee, die auf diese Weise ein neues Gesetz auf den Weg gebracht haben. Die hatten natürlich – zugegebenermaßen – die Zeitgeistin auf ihrer Seite, wir haben sie gegen uns. Mit den Leuten, denen „punktuell der Kragen platzt", können wir nicht viel anfangen. Aktuelle Betroffenheit ist weder eine notwendige noch eine hinreichende Voraussetzung für ein erfolgreiches Engagement bei MANNdat, meist sogar keine hilfreiche. Was haben wir davon, wenn jemand aus aktuellem Frust alle möglichen Pläne schmiedet, und keinen zu Ende führt. Auch sind die aktuell betroffenen Männer ja nicht unbedingt Heilige, ohne dass ich ihnen das hier vorwerfen will. Die Tatsache, dass einer aus dem Haus verwiesen wurde, weil er außerstande war, häusliche Konflikte erfolgreich zu managen, macht ihn ja nicht unbedingt zum idealen Mitstreiter. Auch da spreche ich aus konkreter Erfahrung.

Hoffmann: Wäre für MANNdat eine Zusammenarbeit auch mit feministischen Gruppen vorstellbar, die eure Bestrebungen positiv bewerten, weil sie Geschlechtergerechtigkeit nicht als Nullsummenspiel betrachten?

Maus: Ich kann mir nicht vorstellen, wie so eine Zusammenarbeit praktisch aussehen soll und sehe vielmehr die Gefahr, dass wir uns damit verzetteln. Wir müssen ja nicht so viel wie möglich auf allen möglichen Gebieten machen, sondern lieber weniger – und das nachhaltig. Auch sind wir noch sehr jung und der Konsolidierungsprozess ist noch im Gange. Das sollte man wenigstens abwarten, bevor man sich anderen Gruppen öffnet. Zum Väteraufbruch für Kinder bestehen allerdings bereits personelle Beziehungen, da sich unsere Interessen in Teilbereichen überschneiden. Auch stehen wir in losem Kontakt zu Schweizer und Österreicher Gruppen, und es gibt personelle Kontakte zu anderen Projekten, die sich für Jungen und Männer engagieren.

Hoffmann: Ist die Männerrechtsbewegung deiner Einschätzung nach eigentlich einer bestimmten politischen Richtung zuzuordnen? Bei der Wikipedia-Diskussion zum Thema Maskulismus gab es beispielsweise Versuche, sie in die libertäre Ecke zu schieben, weil Kolumnen und Artikel von mir bei „eigentümlich frei" erscheinen. In welchem Teil des politischen Spektrums siedelt MANNdat sich an?

Maus: Fangen wir mit MANNdat an, das ist am einfachsten. Satzungsgemäß sind wir weder parteipolitisch, noch sonst in irgendeiner Weise gebunden. Es sind die Probleme, die uns einen, und nicht bestimmte Anschauungen. Nur von einigen wenigen Mitgliedern ist mir eine parteipolitische Präferenz überhaupt bekannt, und sie spielt wirklich kaum eine Rolle. Wir haben eine recht umfangreiche Parteienbewertung zu Männerthemen anlässlich der letzten Wahlen veröffentlicht. Das Ergebnis war nicht angetan, uns in besonderer Liebe zu einer bestimmten Partei entbrennen zu lassen. Wir haben eigentlich nur die Wahl zwischen „schlecht" und „noch schlechter". Natürlich können wir, als Opfer eines wildwuchernden Dirigismus, kaum Sympathien für Parteien entwickeln, die grundsätzlich dirigistische Ansätze verfolgen. Da bleiben dann nicht mehr viele übrig. Was die Männerbewegung betrifft: Zahlenmäßig am stärksten ist der Väteraufbruch für Kinder, und da ist mir von einer parteipolitischen Ausrichtung nichts bekannt, obwohl gerade dessen Mitglieder am schlimmsten betroffen sind und allen Anlass zu Radikalismus hätten. Man kann nur staunen, wie zivilisiert sich eine ganze Bevölkerungsgruppe verhält – Männer und Väter, die seit Jahrzehnten auf das übelste über den Tisch gezogen wird. Wären es Bauern, die um Subventionen kämpfen, dann hätten sie schon Autobahnen blockiert und ganze Ladungen Mist vor dem Bundestag abgekippt. Es würde mich nicht wundern, wenn es aus diesen Kreisen den Versuch einer Restauration gäbe. Schließlich haben diese Männer, ungeachtet geschlechtsneutraler Formulierungen, absolut nichts von den vielen schönen neuen Vorschriften zur Gestaltung von Familie, Trennung, Unterhalt und so weiter. Es gibt darüber hinaus noch immer die Männerbewegung alten Schlages, die oben schon erwähnten „Männermänner". Die erscheinen mir ziemlich unpolitisch und eher von privaten Motiven bewegt. Ich vermute, sie schenken ihre Sympathien denen, von denen sie die schönsten Gutachtenaufträge oder Sachverständigenposten bekommen. Gewiss gibt es in Internetforen gelegentlich ein ziemliches verbales Getöse, das man unterschiedlichen politischen Richtungen zuordnen könnte, aber wenn es eine Bewegung ist, dann eine im Kreis. Das ist keine Männerbewegung, das ist Dampfablassen an virtuellen Stammtischen.

Hoffmann: Da du es gerade erwähnt hast: Ein Problem besteht ja darin, dass Studien und Projekte von pro-feministischen Männerforschern mit öffentlichen Geldern unterstützt werden, aber keine Untersuchungen, die sich dieser Ideologie entziehen. Selbst Gerhard Amendts Scheidungsväterstudie kam nur dank eines privaten Mäzens zustande. Das bedeutet eine interessengeleitete Forschung, wobei mit den Ergebnissen solcher Studien neue Forschungsgelder für vergleichbare Studien begründet werden. Zum Schluss hat man ein Gesamtbild, das komplett verzerrt ist, aber als „wissenschaftlich begründet" daherkommt. Wie kann man diesen Teufelskreis aufbrechen?

Maus: Wir müssen uns weiter professionalisieren. Vor allem muss der politische Zweig der Männerbewegung mit Nachdruck die Teilhabe an der Gestaltung des Gender Mainstreaming-Prozesses einfordern und muss selbstverständlich dafür auch öffentliche Fördermittel erhalten. Es ist ja nicht einzusehen, dass überwiegend Männer die Gleichberechtigung finanzieren und Frauen überwiegend davon profitieren. Noch gibt es keine ernsthaften Anstrengungen von Seiten von Männerrechtlern, die üppig ausgestatteten Frauenförderbörsen zugunsten von Männern umzuwidmen. Auf die Wissenschaft oder die Wissenschaftler hoffe ich nicht. Die Angst und Kriecherei vor dem Feminismus scheint mir nirgends so verbreitet wie an Universitäten. Ich habe 1968 persönlich erlebt, wie Studenten Professoren öffentlich „hingerichtet" haben, wie sie Institute besetzt und Klausuren gesprengt haben. Heute lässt sich die gesamte männliche Belegschaft der Universitäten Gesinnungswächterinnen des Feminismus vor die Nase setzen und lässt es zu, dass Frauen an allen Ecken und Enden bevorzugt werden. Es gibt Frauenrechnerräume, Frauenbibliotheken, reine Frauenstudiengänge, und das bei einer Überzahl von Studentinnen. Und wenn die Jungs dann endlich für eine neue Stelle vorsingen dürfen, dann wird ihnen beschieden, dass sie zwar einen sehr guten Eindruck gemacht haben, die Stelle aber wegen Quotierung an eine Frau vergeben wird. Dennoch habe ich nirgends gehört, dass Männer, die ja überall an den Schalthebeln der Macht sitzen, wie man immer wieder hört, etwas dagegen unternommen hätten. Vielmehr sägen sie fleißig an dem Ast, auf dem sie sitzen. Man muss bedenken: Ein Professor ist Beamter oder mindestens öffentlicher Angestellter. Er kann gar nichts gegen den institutionalisierten Feminismus unternehmen. Das wäre ja fast so etwas wie ein Dienstvergehen. Oder Gotteslästerung. Also, von den Universitäten kommt sicher nichts.

Zum Weiterlesen: Eugen Prinz: Handbuch für Männer in Zeiten von Aids und Feminismus. Maus-Verlag 2001

CHRISTINE HAMPRECHT:
„ES WIRD NOCH LANGE DAUERN, BIS EIN ERWACHEN STATTFINDET."

Christine Hamprecht ist eines der Urgesteine der deutschen Männer- und Väterbewegung und mit ihrem politischen Einsatz engagierter und ausdauernder als die meisten Männer. Schon in den neunziger Jahren war sie Mitbegründerin der Bürgerinitiative BIFIR (Bürgerinitiative für Familie im Rechtsstaat); heute unterstützt sie beispielsweise MANNdat und leitet gemeinsam mit ihrem Mann Rainer das Internet-Diskussionsforum „Wie viel 'Gleichberechtigung' verträgt das Land?", in dem sich die deutschen Männerrechtler erstmals konsolidierten.

Hoffmann: Christine, was tut ein hübsches Mädchen wie du an einem Ort wie diesem? Oder ernsthafter formuliert: Wie bist du als Frau zur Männerbewegung gekommen?

Hamprecht: Ausgangspunkt war der Scheidungskrieg meines damaligen Partners und heutigen Ehemannes. Soviel Ungerechtigkeiten in so kurzer Zeit hatte ich bis dato noch nicht erlebt, und sie waren für mich unverständlich, da der gesunde Menschenverstand etwas anderes signalisiert hat. Alles war irgendwie unlogisch, nichts passte zusammen. Nach etwa einem Jahr im Usenet und den ganzen Vätergeschichten war ich bald am Verzweifeln und habe deswegen die Männer immer und immer wieder aufgeputscht, etwas gegen die Ungerechtigkeiten zu unternehmen. Was dann auch geschah. Ausschlaggebend für meine Arbeit in der Männerbewegung war und ist aber mein Sohn, obwohl ich mittlerweile nicht mehr glaube, dass er davon profitieren wird, sehr wahrscheinlich eher meine Enkelkinder, so ich denn welche bekomme. Ein weiterer, sehr wichtiger Grund hat sich nach und nach ebenfalls herauskristallisiert: Ich kann die Ungerechtigkeiten, die mehr und mehr auf Seiten der Männer stattfinden, nicht so einfach hinnehmen. Noch nie wurde in der Geschichte die Hälfte der Erdbevölkerung – hier die Männer – so schlecht gemacht und zum großen Teil kriminalisiert wie in der heutigen Zeit. Ich bin davon überzeugt, sobald eine wirklich große Krise stattfindet, wo Männer wieder gebraucht werden, kommen auch Feministinnen nicht umhin, diese um Hilfe zu bitten. Aber so, wie ich Männer kennengelernt habe, werden diese nicht groß nachdenken, sondern einfach helfen, weil das schon immer selbstverständlich für sie war. Das beste Beispiel dafür ist der 11. September 2001. So profitieren letztendlich immer die Frauen von der „Ritterlichkeit" der Männer, nur erkennen viele das leider nicht an.

Hoffmann: Wie hat sich dein männerpolitisches Engagement weiterentwickelt?

Hamprecht: Nachdem ich im Usenet die Männer immer wieder angespornt habe, etwas gegen das Unrecht zu unternehmen, wurde von Peter Lichtenberg, einigen Männern aus dem Usenet und diversen Foren sowie meiner Person die Bürgerinitiative BIFIR gegründet. Zu diesem Zeitpunkt wurde gerade das Gewaltschutzgesetz vorbereitet. Da wir kein Verein waren, hat jeder von uns privat mit verschiedenen Personen aus dem Familienministerium korrespondiert. Den Grundtenor kennen wir ja: Klar gibt es Gewalt von Frauen, aber die ist nun mal marginal im Gegensatz zu der Gewalt von Männern an Frauen und Mädchen. Zumindest haben wir es damals geschafft, dass es irgendwann nicht mehr „Gewalt gegen Frauen und Mädchen" hieß, sondern „Gewalt gegen Frauen und Kinder". Es war zwar ein kleiner Erfolg, aber irgendwie ist das untergegangen, weil unsere Argumente einfach nicht wahrgenommen wurden. Nach der fruchtlosen Korrespondenz zwischen dem Familienministerium und mir musste ich erst einmal eine Weile aussteigen. Das Thema Gewalt hat mich damals bereits massiv belastet, und das hat sich bis heute nicht wesentlich gebessert. Durch die eigene erlebte Gewalt, hauptsächlich durch eine Frau – meine Mutter –, kann ich mit diesem Thema nicht vorbehaltlos umgehen. Im Usenet in der Gruppe „de.soc.gleichberechtigung" erging es mir ähnlich. Die immer wiederkehrenden Argumente der dortigen Frauen, dass Gewalt hauptsächlich von Männern ausgehe, haben mich damals zum Aussteigen gebracht. Nach langer Suche im Internet habe ich sogar mein Abschiedsposting aus der Gruppe gefunden: „Du und einige andere Frauen aus dieser Newsgroup implizieren ständig, dass summa summarum im Endeffekt der Mann/die Männer die Bösen sind. Zwar wird hier und da mal zugestanden, dass in Einzelfällen auch Frauen mal die Bösen sind, aber wie gesagt, es wird als Einzelfall dargestellt und fällt daher unter den Strich. Bevor ich aber die Gründe nenne, warum ich eine andere Sichtweise und auch andere Empfindungen habe, möchte ich eines vorweg nehmen: Ich habe einen sehr großen Freundes- und Bekanntenkreis, manche Freundschaften bestehen schon seit über 20 Jahren, und von daher ist es verständlich, dass man irgendwann auch über seine Kindheit spricht. Von denen, die eine zufriedenstellende Kindheit hatten, spreche ich jetzt nicht, sondern von den übrigen. Und allen, inklusive meiner eigenen Person, war eines gemeinsam: Es waren überall die Mütter, von denen die physische und psychische Gewalt ausging, und es waren hauptsächlich Mädchen bzw. heutige Frauen, die daran fast kaputt gegangen sind. Natürlich soll das jetzt nicht implizieren, dass Männer deswegen das bessere Geschlecht sind, denn meiner Meinung nach steht kein Geschlecht dem anderen in etwas nach. Im übrigen haben einige meiner Freunde inklusive meiner Person den Kontakt vor Jahren zu unseren Müttern bzw. der Familie abgebrochen. Die psychische Gewalt, der wir auch Jahre später noch ausgesetzt waren, war nicht mehr hinnehmbar. Ich habe alle Facetten der Gewalt erlebt, inklusive der sexuellen, aber die Gewalt, die mich nachhaltig geprägt hat, ging 19 Jahre von meiner Mutter aus. Die letzte Tracht Prügel erhielt ich, als ich bereits volljährig war. Die äußeren Wunden sind je nach Grad der Schwere mehr oder weniger schnell verheilt, die inneren Wunden teilweise bis heute noch nicht. Aus diesen Gründen war für mich die Gewaltkampagne gegen Frauen und Mädchen wie ein Schlag ins Gesicht, was andere Menschen, die ähnliche Gewalterfahrungen mit ihren Müttern machten, genauso empfunden haben. Ich hatte im Anfangsstadium Email-Verkehr mit dem Bundesfrauenministerium, und nachdem ich ihnen dann irgendwann meine brutale Kindheit durch meine Mutter geschildert habe, kam doch tatsächlich die sinngemäße Antwort, dass Männer trotz allem die Bösen sind. Kein Wort davon, dass es selbstverständlich auch Gewalt von vielen Müttern gegen ihre Kinder gibt! Ich kann sie nicht mehr hören, diese Mär von der liebevollen, aufopfernden Mutter, von der friedfertigen Frau und analog dazu des brutalen und mit allen Wassern gewaschenen Mannes. Eines ist nämlich allen (sexuellen) Gewaltopfern gemeinsam: Sie wollen verstehen und nicht verurteilen. Sie wollen begreifen, warum ihnen das angetan wurde, warum hingeschaut und nichts unternommen oder aber (meist von den Müttern bei sexueller Gewalt) weggeschaut wurde und warum man als Kind nicht beschützt wurde, wobei ich nochmals betonen möchte, dass die physische Gewalt eine untergeordnete Rolle spielt. Etwas Positives ist ebenfalls allen kindlichen Gewaltopfern aus meinem Freundeskreis gemeinsam: Wir alle haben gelernt zu kämpfen, und zwar für unser Recht, als Mensch wahrgenommen und akzeptiert zu werden. Aus unserem Kampf ist eine Stärke geworden, die mit Sicherheit für unser weiteres Leben sehr bestimmend war. Als ich vor zehn Jahren in meinem Erwachsenenleben den absoluten Tiefpunkt erreicht habe, ausgelöst durch drei Faktoren: die Krebserkrankung meines Sohnes, die Alkoholkrankheit vom Vater meines Sohnes und durch den Arbeitsplatzverlust (rechtswidrig durch eine Frau erfolgt, weshalb mir keiner damit kommen soll, Frauen wären einfühlsamer im Berufsleben), da wurde mir nach und nach endlich bewusst, dass ich mich ändern muss, wenn ich aus diesem Tief wieder herauskommen will. Mit Hilfe einer Therapeutin habe ich es fast allein geschafft (sie selbst hat es mir so gesagt), aus diesem Keller herauszukommen. Just zu dem Zeitpunkt, wo ich endlich soweit war zu begreifen, dass ich allein für mein Glück verantwortlich bin, da habe ich die Krönung meines Lebens (selbstverständlich neben meinen Kindern) kennengelernt. Er hat mir gezeigt, was wirkliche

Liebe bedeutet. Wir haben sehr viele Höhen erlebt, aber die Tiefen habe ich im Endeffekt zumindest damals nicht verkraftet. Mein Mann hat mir zumindest in der damaligen Situation gezeigt, was Liebe auch bedeutet: Nämlich loslassen und mich den Weg gehen zu lassen, von dem ich glaubte, dass er der einzig machbare wäre. In dieser Zeit habe ich noch einen Mann kennengelernt, der zum damaligen Zeitpunkt sehr wichtig für mich war. Er hat mir die Sichtweise eines Mannes beigebracht, mir von seinen Gefühlen erzählt, die er als Mann in einer ähnlichen Situation gehabt hatte. Das hat mir mehr als alles andere geholfen, den Weg zu meinem Mann wieder zurückzufinden. Unsere Liebe ist heute intensiver denn je, ich kann leider in Worten nicht ausdrükken, was ich für meinen Mann empfinde, es ist einfach überwältigend. Liebe kann man auch wunderbar ohne Worte ausdrücken. Wenn ich ein Resümee über mein Leben ziehen müsste, würde ich folgendes sagen: Ich habe Gewalt von beiden Geschlechtern erlebt, aber die nachhaltigste war die psychische Gewalt durch eine Frau, die mich vor lauter Hass auf mich fast umgebracht hätte. Leider hat die psychische Gewalt mein Leben geprägt. Ich kann das nicht ablegen wie ein Unterhemd. Von daher ist aus meinem subjektiven Empfinden heraus das, was von einigen Frauen dieser Newsgruppe kommt, schlimmer als das, was von einigen Männern hier kommt. (...)" Von da an habe ich mich aus feministischen Gruppen und Foren ferngehalten. Vorher hatte ich mich schon intensiv im paPPa.com-Forum engagiert, aber auch dort artete es 2002 aus, und zwar wegen einer Frau. Im übrigen habe ich soeben nachgelesen, dass ich so ziemlich von Anfang an in unserem ersten Männerrechtler-Forum „Wie viel 'Gleichberechtigung' verträgt das Land?" mitgeschrieben habe. Am 20. Juni 2001 wurde es durch Jörg eröffnet, und mein erster Beitrag war am 01. Juli 2001. Und du hast mich als erster willkommen geheißen.

Hoffmann: Inzwischen leitest du mit deinem Mann Rainer selbst dieses Forum. Manchmal gibt es dort von männlicher Seite auch recht herbe Kommentare. Fühlst du als Frau dich da manchmal in einem inneren Konflikt?

Hamprecht: Nein, überhaupt nicht. Weißt du, Arne, ich habe nicht nur durch meinen Mann eine unendliche Erfahrung an verschiedenen Sichtweisen gesammelt. Auch das Gleichberechtigungs-Forum, das alte wie das neue, haben mir viel gebracht. Beide Foren haben mich ständig dazu angeregt, meine Schubladen neu zu ordnen.

Hoffmann: Du hast in den letzten zehn Jahren in den unterschiedlichsten Internetforen zur Geschlechterdebatte geschrieben. Dabei hast du auch die unterschiedlichsten Frauen mit ganz verschiedenen Hintergründen erlebt. Welchen Eindruck haben deine Geschlechtsgenossinnen bei dir hinterlassen?

Hamprecht: Überwiegend haben die meisten Frauen eher einen hilflosen, kindlichen Eindruck hinterlassen. Selten stand bei diesen Frauen die Frage im Vordergrund, wie schaffe ich es, mit der und der Herausforderung am besten klar zu kommen, sondern: Was kann ich machen, um dem Partner eins reinzuwürgen. Hass und Rache stand bei einigen Frauen im Vordergrund, und dagegen kam man nicht an. Dann gab es allerdings auch etliche Frauen, die Ratschläge angenommen haben, die ihr Verhalten eher reflektiert haben, als ich es bei Männern wahrnehme. Und schließlich gab es natürlich auch Frauen, bei denen man gemerkt hat, die haben schon vorher im Leben gestanden und sind Probleme angegangen. Dieses bezieht sich aber eher auf Frauen in Trennungssituationen. Wenn ich jetzt an die Diskussionen im Usenet denke, wo es ja eher um feministische Inhalte ging, da kamen mir die Frauen sehr aggressiv vor. Diese Frauen wollten ihr Recht um jeden Preis bekommen, egal wie sachlich sie auch immer widerlegt wurden. Wenn diese Frauen ihre Positionen nicht durchbringen konnten, dann wurden sie schnell ausfallend und persönlich. Frauen besitzen meiner Meinung nach wenig Humor, während Männer auf aggressive Beiträge öfters mit Humor reagiert haben. Das gleiche habe ich auch beim Mailwechsel mit dem Bundesfamilienministerium festgestellt. Es war und ist nicht möglich, sachlich mit diesen Leuten zu verhandeln, zu diskutieren oder was auch immer. Man kann fragen, was man will, stets kamen Antworten und Broschüren, wie benachteiligt Frauen doch sind. Zunächst macht einen das wütend, dann nimmt man das Ganze nicht mehr ernst und zum Schluss gibt man die Kommunikation mit solchen Leuten auf.

Hoffmann: Apropos resignieren: Du hattest mir geantwortet, dass deiner Einschätzung nach nicht mal mehr dein Sohn eine bessere Zukunft erleben dürfte, sondern allenfalls deine möglichen Enkel. Dass unsere eigene Generation noch von männerpolitischen Verbesserungen profitieren könnte, glauben inzwischen scheinbar nicht mal mehr Optimisten. Was ist denn dein momentaner Gesamteindruck von der Lage an der Geschlechterfront?

Hamprecht: Vor Eva Herman wäre mir nicht viel dazu eingefallen, weil ich der Meinung war, dass mehr oder weniger eine Stagnation eingetreten ist. Jetzt glaube ich zwar nicht, dass durch die genannte Person in absehbarer Zeit große Änderungen eintreten werden, aber es ist zumindest eine Bewegung entstanden, die bei einigen anscheinend ein Nachdenken bewirkt – ob das nun positiv oder negativ ist. Weiter glaube ich, dass Männer sich innerlich immer mehr zurückziehen, was viele mit „Zeugungsstreik" begründen. Dieses kann ich auch in meinem privaten Umfeld beobachten, wo sehr viele Männer Singles sind. In den Medien und auch von diversen Politikerinnen wird das immer wieder damit begründet, dass Männer keine Verantwortung übernehmen können und wollen, aber das sehe ich nicht so. Die Ehe ist im Grunde genommen doch ein Vertrag, und wenn dieser Vertrag einseitig zu Lasten von Männern aufgekündigt wird, dann braucht man sich nicht wundern, wenn die meisten Männer so einen Vertrag nicht mehr abschließen wollen. Was mich aber sehr nachdenklich macht, ist die Resignation bei vielen Männern. Andererseits habe ich aber auch das Gefühl, dass immer mehr Männer einen ähnlichen Weg gehen wie Feministinnen, und zwar durch Schuldzuweisung an das andere Geschlecht. Einen „Feind" zu haben, dem man die Verantwortung für seine eigenen Unzulänglichkeiten geben kann, war schon immer der einfachere Weg.

Hoffmann: Wie ist dieser Eindruck bei dir entstanden, dass so etwas abläuft?

Hamprecht: Als bestes Beispiel kann ich mit der am meisten beworbenen Demonstration in Sachen Väterrechte dienen, für die jedes Jahr in den bekannten Geschlechterforen, aber auch im Usenet Werbung gemacht wird. Seit Jahren treten die Väter auf der Stelle, und es werden kaum mehr, trotz mittlerweile prominenter Unterstützung durch Mathieu Carrière. Da bietet der „Väteraufbruch für Kinder" eine Busfahrt pauschal, unter anderem vom Bodensee bis nach Berlin, für 20 Euro an, und dieser Bus erreicht Berlin gerade mal zu zwei Dritteln besetzt. Das habe ich selber erlebt, da ich 2005 bei dieser Demonstration dabei war. Immer und immer wieder habe ich diese Tatsache in diversen Foren angeprangert und es ist schon erstaunlich, mit welchen Ausreden dann dagegen argumentiert wird. Einerseits wird hier gegen die Frauen gewettert, weil diese das Rechtssystem schamlos ausnutzen, gleichzeitig nehmen aber die Männer selber zumindest nicht ihre eigenen gesetzlichen Möglichkeiten einer Demonstration in Anspruch. Wenn es Millionen von ausgegrenzten Vätern gibt, wie immer wieder gerne von einigen Vätern vorgebracht wird, dann müssten doch zwangsläufig mehr als 300 Menschen bei einer Demonstration zusammenkommen. Zwar wird immer wieder mit fehlendem Geld argumentiert, aber bei 20 Euro kann mir keiner erzählen, dass er die nicht aufbringen kann, zumal man ja weiß, dass im kommenden Jahr wieder eine Demonstration stattfindet. Ich will aber nicht nur die Väter und Männer in die Pflicht nehmen, sondern auch die Mütter und Frauen. Diese müssten ebenfalls ein Interesse daran haben, dass sich etwas verändert, zumindest zugunsten ihrer Söhne, was ja auch meine Motivation ist. Für ihre Töchter wird ja genug getan, da es unzählige Projekte für sie gibt. Einen weiteren Fall habe ich ebenfalls persönlich erlebt, wo ich mich am Schluss gefragt habe, wieso mein Mann und ich uns so engagiert haben, wenn am Ende alles für die Katz war, zumindest für den Sohn. Ein Vater, der bei uns in der Nähe wohnte, hatte seinen Sohn ein Jahr lang nicht gesehen. Mein Mann und ich haben alles unternommen, damit dieser Vater wieder seinen Sohn sehen kann. Irgendwann kam dann das obligatorische

Gespräch des Jugendamtes zustande, wozu mich der Vater einlud. Am Anfang war der Jugendamts-Mitarbeiter noch davon überzeugt, dass es für Vater und Sohn reichen würde, wenn die beiden sich nur zweimal vier Stunden im Monat sehen würden. Da mich dieses Thema emotional sehr belastet, habe ich dementsprechend stark dagegen argumentiert, was soweit ging, dass man mich ob meiner Lautstärke bremsen musste. In diesen zweieinhalb Stunden habe ich am meisten gesprochen, und der Erfolg stellte sich dann auch ein. Bei der darauf folgenden Umgangsverhandlung vor Gericht muss der Jugendamts-Mitarbeiter meiner Argumentation gefolgt sein, denn der Vater durfte seinen damals vierjährigen Sohn danach für mehrere Wochen bei sich haben, wovon ich mich selber überzeugen konnte. Jetzt kommt allerdings das Unfassbare: Nachdem dieser Vater mehr erreicht hatte, als die meisten Väter sich auch nur erträumen, stellte er den Umgang ein mit der Begründung, dass er bei Schulbeginn seinen Sohn auf Grund der Entfernung ja kaum noch sehen könnte. Ich war einfach nur noch sprachlos. Ich kann zwar Väter verstehen, die bei massivem Umgangsboykott irgendwann aufgeben, aber doch nicht in diesem Falle, wo der Vater mehr erreicht hatte, als er sich selber am Anfang vorstellen konnte. Zwar hat mich das nicht zum Aufgeben bewogen, aber es hat mich sehr nachdenklich gemacht: Ist das nun ein Einzelfall? Oder geschieht so was öfter?

Hoffmann: Ja, ich verstehe, was du meinst. In den siebziger Jahren war ein großer Öffentlichkeitserfolg der Frauenbewegung die „Stern"-Titelgeschichte mit 374 Frauen, die erklärten: „Wir haben abgetrieben!" Abtreibung war damals eine strafbare Handlung. Etwas auch nur annähernd Vergleichbares wäre heutzutage undenkbar, wenn es beispielsweise um männliche Opfer häuslicher Gewalt geht. Ich stoße immer wieder auf Anfragen von Medienleuten, ob ich ihnen wenigstens ein oder zwei Kontakte zu betroffenen Männern vermitteln könnte. Und immer wieder müssen geplante Berichte zu diesem Thema gecancelt werden, weil sich keine Männer finden, die den Mut haben, sich dazu öffentlich zu äußern. Auch bei anderen Themen beschweren sich viele Männer darüber, dass die Medien nur eine Seite der Medaille zeigen würden, erzeugen aber selbst nicht genügend Druck, um die Medien zu einer weniger einseitigen Berichterstattung zu bringen. Während in Internetforen hunderte, wenn nicht tausende von beständig klagenden Männern sitzen, ist die Mitgliederanzahl etwa von MANNdat sehr überschaubar. Warum ist das so? Und glaubst du, das wird sich in absehbarer Zeit mal ändern?

Hamprecht: Ich denke mir, dass es zum Teil damit zusammenhängt, dass die meisten Männer gestalten müssen. Sie wollen verändern, vorwärts kommen, sie brauchen Ziele und daraus resultierend Ergebnisse, für die es sich lohnt zu arbeiten und zu kämpfen und das möglichst in einem überschaubaren Zeitrahmen. Beim Thema Feminismus sehen sich die meisten Männer einer Übermacht gegenüber, denn aus ihrer „angeborenen Ritterlichkeit" heraus haben sie Frauen schalten und walten lassen, ohne auch nur eine Ahnung davon zu haben, was als Ergebnis herauskommen könnte. Leider haben im Gegenzug viele Frauen vergessen, dass sie ohne die Männer gar nicht so weit gekommen wären. Es stimmt mich traurig, wenn ich Frauen sagen höre, dass Männer für ihre Ziele alleine kämpfen sollen, da sie es ja auch alleine geschafft hätten, was nachweislich nicht stimmt. Männer haben bis weit in die Vergangenheit hinein lieber für andere gekämpft, etwa für ihr Vaterland oder als Familienoberhaupt die eigene Sippschaft verteidigt und beschützt. Und das sogar, obwohl sie niemals sicher sein konnten, dass der Nachwuchs auch der eigene ist. Die meisten Männer sind viel eher bereit, Risiken einzugehen, und aus diesem Umstand heraus ergibt sich meiner Meinung nach, dass sie weniger an sich als an andere denken, was ja auch verschiedene Statistiken über Obdachlosigkeit, Selbstmord, Gesundheit und diverse andere Bereiche ausweisen. Männer haben nicht gelernt, an sich selber zu denken, und deshalb sind sie für mich auch die sozial kompetenteren Menschen, allen sogenannten wissenschaftlichen Untersuchungen widersprechend, da diese durch ein vorgegebenes Ziel sowie aufgrund menschlicher Fehler der Durchführenden niemals objektiv sein können.

Aus den genannten Ursachen und der Tatsache, dass die meisten Männer Einzelgänger sind, solange es für sie kein lohnenderes Ziel gibt, komme ich zu dem Schluss, dass die Männer sich eher zurückziehen und andere Wege suchen, als sich der Übermacht der Frauen zu stellen.

Hoffmann: Ich interviewe dich ja nur stellvertretend für andere Frauen, die sich bereits für Männerrechte eingesetzt haben und dies immer noch tun: beispielsweise Monika Fassbender, die mehrere Internetprojekte für Männerrechte ins Leben gerufen hat, Jolanda Wyss, die sich gegen sexuelle Gewalt, aber auch gegen den Sexismus von Amnesty International engagiert, und Maren Lauk, neben dir Frontfrau bei MANNdat. Noch ist das allerdings nur eine Handvoll an Unterstützerinnen. Was glaubst du: Werden noch mehr Frauen zur Männerbewegung finden?

Hamprecht: Ich glaube, dass der größte Teil dessen, was aus dem Familienministerium bezüglich Gender Mainstreaming kommt, der Bevölkerung bis jetzt noch gar nicht bekannt ist. Was man nicht kennt, kann man auch nicht bekämpfen. Es wird auch in diesem Bereich noch lange dauern, bis ein endgültiges Erwachen stattfindet, und erst dann werden meines Erachtens mehr Frauen erkennen, dass das, was für ihre Männer gut ist, auch für sie selber von Vorteil ist.

Zum Weiterlesen: Esther Vilar: Der dressierte Mann – Das polygame Geschlecht – Das Ende der Dressur. Dtv 2000

FRANZJÖRG KRIEG: „EMANZIPIERTE FRAUEN SIND UNSERE PARTNERINNEN UND VERBÜNDETE."

Franzjörg Krieg, geboren 1948, Realschullehrer für Musik und Ethik sowie nicht ehelicher Vater zweier Töchter, ist wohl eines der rührigsten Mitglieder des „Väteraufbruchs für Kinder" (VAfK). Er gründete dessen Kreisgruppe Karlsruhe und ist Mitbegründer des Landesverbandes Baden-Württemberg. Heute veranstaltet Krieg im Rahmen der Betreuungsarbeit durch den VAfK Karlsruhe wöchentliche Gruppentreffen und betreut weit über hundert Neufälle pro Jahr. Hinzu kommt die Betreuungsleistung für ältere Fälle. Die Hilfe reicht von der reinen Beratung bis zu Beistandstätigkeit bei Jugendämtern, Gerichten, Schulen und Ämtern, wobei sich eine Intensivbetreuung manchmal über einen enormen Zeitraum erstreckt. „Die oft unglublichen Schicksale betroffener Väter", berichtet Krieg, „dauern nicht nur Jahre, Leidensgeschichten von Jahrzehnten sind durchaus keine Seltenheit." Inzwischen widmet Krieg jeden Tag fünf bis zehn Stunden den Anliegen der Väter, was er nur noch mit sehr wenig Schlaf kompensieren kann. Das Interview entstand teilweise mit Rückgriff auf Materialien, die Franzjörg Krieg bereits vorher erstellt hatte, um sie im VAfK Karlsruhe zu verwenden. Weitere Texte finden sich auf dessen ausgesprochen lesenswerter Website www.vafk-karlsruhe.de.

Hoffmann: Nicht jeder Leser wird den „Väteraufbruch" kennen – könntest du ihn einmal kurz vorstellen?

Krieg: Der „Väteraufbruch für Kinder" formierte sich 1988 und wurde im Jahr 1989 als gemeinnütziger Verein eingetragen. Inzwischen hat der Bundesverein etwa 3.000 Mitglieder und über 100 lokale Kontaktstellen und bildet damit den einzigen bundesweit vertretenen Verein, der sich um die Themen

Sorgerecht und Eltern-Kind-Beziehungserhalt nach Trennung und Scheidung kümmert. Einzelne starke Kreisvereine wie in Frankfurt sind schon seit Jahren selbst eingetragene Vereine und auch als Träger der freien Jugendhilfe anerkannt. Hauptanliegen des Vereins ist die Aufrechterhaltung der Beziehung der Kinder zu beiden Eltern nach einer Trennung, indem er sich für das Recht der Kinder auf Vater und Mutter als unentziehbares und unverzichtbares Grund- und Menschenrecht einsetzt. Der Väteraufbruch für Kinder Karlsruhe wurde im Oktober 2001 von betroffenen Trennungsvätern gegründet und hat inzwischen den Status der Gemeinnützigkeit. Wir sind bisher öffentlich nicht gefördert oder bezuschusst und machen alles in rein privater Initiative, was bedeutet, dass einige Mitglieder ihre gesamte nicht vom Beruf belegte Zeit in diese Arbeit investieren.

Hoffmann: In welcher Weise engagiert ihr euch?

Krieg: Wir arbeiten auf vielen Ebenen: Einzelberatung, Gruppenberatung, Hilfe bei Schriftsätzen, Umgangsbegleitung, Beistandstätigkeit mit Begleitung von Vätern bei Schulen, Ämtern und vor Gericht, Aktionen, Veranstaltungen, Infostände, Kontakte zu Ämtern und Organisationen der Familienrechtsszene und der familialen Beratungsszene, Organisation von sowie Präsenz und Mitwirkung bei Fachveranstaltungen, Lobby-Kontakte zur Politik, Medienkontakte, Kontakte zu Wissenschaft und Lehre und vielerlei Aktivitäten mehr.

Hoffmann: Was sind die zentralen Anliegen, Forderungen und Ziele des Väteraufbruchs?

Krieg: Wir setzen voraus, dass Elternteile oder Großeltern, die zu uns kommen, nicht vorrangig ein Problem unterhaltsrechtlicher Art haben. Dafür fühlen wir uns primär nicht zuständig. Uns geht es um gelebte Elternschaft, die ernst genommene und aktiv gelebte Sorgeverpflichtung für das Kind, um Beziehung, Liebe, Bindung, Begleitung und Förderung und nicht nur „Besuch" und „Umgang". Wir gehen davon aus, dass Elternschaft etwas ist, das von der Zeugung ab ein Leben lang besteht und nicht zur Disposition gestellt werden kann, von nichts und niemandem. In weiten Bereichen unserer Gesellschaft wird aber so getan, als ob Elternschaft prinzipiell offen für Definition sei, und Interessengruppen kochen ihre jeweils eigenen Süppchen auf diesem Konfliktherd. Wir gehen davon aus, dass ein Sorgerecht allein dem Kind zusteht und dass als Folge davon zunächst beiden Elternteilen gleichermaßen eine Sorgeverpflichtung aufgegeben ist, die von niemandem wegdefiniert werden kann. Es ist auch nicht zulässig, diese Verpflichtung in gelebte Beziehung einerseits etwa für die Mutter und Zahlungsverpflichtung andererseits etwa für den Vater aufzuspalten. Jede Trennung belastet Kinder unverschuldet. Beide Eltern haben die Pflicht, alles zu tun, um die Trennungsbelastungen für das Kind so gering wie möglich zu halten. Wir helfen allen Eltern oder Elternteilen in ihrem Bemühen, für das Kind zuständig sein zu dürfen.

Hoffmann: Kommt es dabei auch zu Konflikten mit anderen Positionen?

Krieg: Oftmals muss erkannt werden, dass eine von Frauenförderung geprägte Denkweise der Institutionen zu mütterzentrierten Lösungen führt und alle anderen Beteiligten im System Familie außer Acht lässt – der Vater wird ignoriert und das Kind wird nur argumentativ benutzt – „Kindeswohl" als Verklärung der eigenen Egoismen. Wir tun alles, um solche Denkstrukturen aufzubrechen und für die von uns angestrebte umfassende Einbindung beider Eltern zu werben. Wir sehen uns konfrontiert mit der Forderung von Mütterorganisationen, das alleinige Sorgerecht für Mütter als Regelfall zu etablieren. Eine solche Haltung beurteilen wir als radikal, extremistisch und kindeswohlschädlich. Wir wollen im Gegenzug nicht das alleinige Sorgerecht für Väter, sondern die gemeinsame Sorge beider Eltern als selbstverständliches Recht jedes Kindes.

Hoffmann: Was kann ein einzelner Hilfesuchender konkret von euch erwarten?

Krieg: Jede Person, die sich an uns wendet, hat ein Problem in Zusammenhang mit Trennung oder Scheidung einer Elternbeziehung mit Kindern. Im Erstgespräch ermitteln wir, ob dieses Problem den gelebten Bezug zum Kind betrifft. Stellen wir fest, dass rein finanzielle Interessen im Vordergrund stehen, müssen wir uns als für nicht zuständig erklären und verweisen auf andere Institutionen. Diese Fallkonstellation kommt allerdings äußerst selten vor. Elternteile, die den Weg zu uns finden, leiden unter Beziehungsbeschränkungen zu ihren Kindern – oft sogar unter dem totalen Beziehungsabbruch –, und die Frage der Bewältigung einer Eingangshürde stellt sich nicht. Wir sind nicht nur zuständig für Väter. Es gibt inzwischen auch von Beziehungsbeschränkungen betroffene Mütter, deren Kinder beim Vater leben. Außerdem finden Frauen zu uns, deren Lebenspartner betroffener Vater ist und nicht zuletzt Großeltern meist väterlicherseits, die ihre Enkel kaum oder nicht mehr sehen dürfen. Zunächst bieten wir im Rahmen der Selbsthilfe Betroffenenberatung an, die sich wesentlich von der Arbeit professioneller Beratungsinstitutionen unterscheidet. Unsere Beratung gliedert sich in Fallbesprechung in der Gruppe bei den zweimal monatlich stattfindenden Beratungstreffen sowie bei weiteren Gruppentreffen, Einzelberatung sowie Beratung telefonisch, per Email. Der Kontakt mit den Hilfesuchenden geht davon aus, dass diese in der Regel existenziell – physisch, psychisch und ökonomisch – hoch betroffen sind. Wir haben Erfahrungen, die es uns ermöglichen, auch in Kürzeln geäußerte Befindlichkeiten nachzuvollziehen. Plakativ ausgedrückt: Nach zwei Worten kennen wir den Rest des Satzes. Die Situationen sind immer sehr persönlich und stellen oft eine unmittelbare Gefahr für die wirtschaftliche Situation, für die körperliche und psychische Befindlichkeit des Betroffenen, manchmal für sein Leben dar. Dieser Tatsache begegnen wir mit einer direkten persönlichen Beziehung zur Hilfe suchenden Person. Meist ergibt sich aus der Beratung weitere betreuende Hilfestellung, die weit über das hinausgeht, was professionelle Beratungsinstitutionen leisten können: Wir stehen nahezu rund um die Uhr zur Verfügung und sind darüber hinaus die einzige Institution, die auch dann ansprechbar ist, wenn die Probleme akut auftauchen und alle anderen Hilfesysteme nicht erreichbar sind – etwa an Wochenenden, in Ferien oder an Feiertagen. Die Betreuung umfasst viele

Bereiche, vom Gespräch, der Begleitung bei Umgangsterminen, der Hilfe bei Schriftsätzen bis zur Betreuung als offizieller Beistand beim Jugendamt oder auch vor Gericht. Bei den ausgewiesenen Beratungsabenden zweimal monatlich sind im Schnitt zwölf Personen anwesend. Darüber hinaus findet auch bei den weiteren wöchentlichen Treffen nach Bedarf Beratung statt. Der unentgeltlich geleistete persönliche Beratungsaufwand umfasst jährlich weit über 500 Zeitstunden. Im Schnitt ein- bis zweimal monatlich – mit gelegentlichen Ruheintervallen – geht der „Väter-Express" an alle per Email erreichbaren Mitglieder und Interessenten über Aktivitäten der Gruppe, für uns relevante Themen in Politik und Gesellschaft, Literatur zu unserem Anliegen etc. Mehrmals jährlich laden wir zu Themenabenden ein, an denen ein für unser Anliegen relevantes Sachgebiet referiert und diskutiert wird. Ebenfalls pflegen wir den Kontakt zu anderen Beratungsinstitutionen und Fachgremien über Präsentationen und Diskussionen bei unseren Gruppentreffen.

Hoffmann: In einem von Thomas Lentze erstellten Referat über die Ziele der Männerrechtsbewegung habe ich folgende Forderungen des Väteraufbruchs gefunden: Abschaffung des Ehegattenunterhalts – alternativ Wiedereinführung des Schuldprinzips, Abschaffung des Kindesunterhaltes – alternativ strikte 50/50-Regelung der Kindesbetreuung, Väterrechte auch für nicht eheliche Väter – alternativ keine Mütterrechte für unverheiratete Mütter, Väterrecht auf Vaterschafts-Feststellung – alternativ obligatorischer Vaterschaftstest nach der Geburt, generell: gleichberechtigte Teilhabe von Vätern an allen Elternrechten; Gleichverpflichtung für Mütter, vorbehaltlose Umsetzung der UN-Kinderrechtekonvention in deutsches Recht. Ist das alles bei euch Konsens? Kannst du das so unterschreiben?

Krieg: Genau so möchte ich das nicht stehen lassen. Zunächst würde ich die Prioritäten verschieben, die Reihenfolge müsste umgestellt werden, genau umgekehrt. Für uns steht gelebte Vaterschaft an erster Stelle. Unterhalt ist für den VAfK eher ein Randthema. Dann sind die angegebenen Positionen nicht immer genau das, was wir morgen genau so umgesetzt haben wollen. Deine ersten Forderungen sind mehr eine Kompassangabe – die Richtung, in die die Entwicklung gehen könnte. Ich kann mir gut vorstellen, dass es partnerschaftliche Lebenssituationen gibt, in denen ein Ehegattenunterhalt sinnvoll und gerecht ist. Das Problem ist die geschlechterbezogene Wertung. Während ein Vater nach einer Trennung immer zu zahlen hat, gibt es durchaus Urteile, wo einem „Hausmann" nach der Trennung jeder Unterhalt durch die vorher allein verdienende Ehefrau vom Richter verweigert wird, weil er der Frau ja jahrelang nur faul auf der Tasche lag. Undenkbar, dass eine Frau, die jahrelang nichts weiter machte, als das Geld ihres Mannes auszugehen, mit derselben Begründung ohne weitere Alimentierung entlassen wird! Beim Wechselmodell (50/50) gibt es schon unterschiedliche Positionen. Während viele meinen, dass das paritätische Wechselmodell nur dort funktionieren könnte, wo es von den Eltern einvernehmlich installiert wurde, gibt es Bestrebungen, eine 50/50-Regelung gerade dort zur Pflicht zu machen, wo es zwischen den Eltern Probleme gibt, um damit eine rechtliche Balance zu schaffen und den Missbrauch von Kindesbesitzerinnen/besitzern zu unterbinden. In Frankreich und Belgien wurde dies inzwischen gesetzlich bindend eingeführt. Das mit der rechtlichen Balance muss sein. Ohne diese gleiche Nivellierung in der rechtlichen Wertigkeit bekommen wir die üblen Machenschaften in der Familienrechtspraxis nicht in den Griff. Das Problem ist die Allianz von traditioneller Mütterideologie, deren prägnanteste Wurzeln aus dem Nationalsozialismus stammen, und postfeministischer rot-grüner Frauenförderung. Die zähen Verhärtungen in diesem Gebräu werden uns noch lange zu schaffen machen.

Hoffmann: Wie bewertest du denn die Chancen, dass ihr eine allgemeine gesellschaftspolitische Veränderung durchsetzen könnt?

Krieg: Diese hat schon eingesetzt. Seit wenigen Jahren findet unser Anliegen fortschreitendes Interesse und Akzeptanz in den Medien. Neuestes Highlight ist die „Zeit" vom 11. Januar 2007: „Inquisitoren des guten Willens." Ein Fall von Missbrauch mit dem Missbrauch. Sabine Rückert hatte einen Fall angeblichen Missbrauchs recherchiert und dafür gesorgt, dass er wieder aufgenommen wurde und jetzt in einem Fiasko für die Staatsanwaltschaft, die Frauenförderung und die Aufklärerinnen- wie die ritterliche Aufklärerszene endet. Schon vor Jahren hatten wir hier in Karlsruhe ein Urteil eines Familienrichters, der den Verein „Wildwasser" von der Aussage in einem Familienrechtsverfahren ausschloss und dies im Urteil auch begründete.[230] Für Karlsruhe schon ungeheuerlich, weil wir hier in einem Hort der Frauenförderung wohnen, wo ein Weiten der Scheuklappen geradezu ein Sakrileg darstellt. Ich sammle Zeitungsartikel und stelle fest, dass quer durch die Printmedien nicht nur die Hetze gegen Männer in Sachen Gewalt, Unterhaltsverweigerung, etc. grassiert, sondern dass auch unsere Position immer mehr berücksichtigt wird. Eine große Aktion war die „Bild"-Fortsetzungsgeschichte zu Männern und Scheidung vom August 2005. Eine Woche lang wurde täglich ein Schicksal eines Trennungsvaters dargestellt, und an einem Tag gab es eine große Telefonaktion mit Experten, deren Auswahl von uns mit bestimmt war. Schon vor zwei Jahren wurde hier in einer lokalen Zeitung („Badisches Tagblatt") ein längeres Interview mit mir veröffentlicht mit der seitenbreiten Überschrift: „Im Familienrecht sind wir eine Bananenrepublik". Das zeigt auf die Dauer schon Wirkung, prägt die öffentliche Meinung mit und beeinflusst die Entscheidungsträger. Heute Nachmittag werde ich ein persönliches Gespräch mit Daniel Caspary, einem Europaparlamentarier der CDU, haben. Dieser hatte in den letzten Monaten mehrere Artikel in den Zeitungen zur Gleichstellung und Förderung von Männern. Die Lobbyarbeit ist zwar mühsam, bewirkt aber was. Ich brauche immer mindestens eine halbe Stunde, bis Frau oder Mann kapiert hat, dass ich nicht nur eben ein Lobbyist bin, sondern dass ein beachtenswertes Anliegen von gesellschaftspolitischer Tragweite im Hintergrund steht. Dann aber werden die Gespräche immer sehr interessant. Ich übergebe regelmäßig sorgfältig aufbereitete und umfangreiche Materialien, die gerade was zum Schmökern bei Reisen bieten. Nicht jedes Gegenüber kann oder will mich verstehen. Eine Nicolette Kressl, stellvertretende Fraktionsvorsitzende der SPD im Bundestag, Wahlkreis Rastatt, ist ein vernagelter Fels in der Brandung und nicht bereit, ihren Schwerpunkt auch nur um einen Millimeter zu verlagern. Eine Resonanz ist ausgeschlossen. Da hatte ich als total frustrierter Rot-Grün-Wähler seltsamerweise bei CDU-Männern weit bessere Gespräche.

Hoffmann: Auf euren Websites finden sich Zitate von Richtern wie: „Natürlich haben die Väter auch Rechte wie Pflichten, aber das steht alles nur auf dem Papier." Und: „Das ist die Ohnmacht eines jeden Familienrichters. Wenn eine Frau nicht will, kann man nichts machen." Inzwischen hat sogar der Präsident des Europäischen Gerichtshofs für Menschenrechte Deutschland ermahnt, weil unser Staat Urteile dieses internationalen Gerichts, wenn sie die Menschenrechte von Vätern betreffen, entgegen internationalen Abkommen beharrlich ignoriert. Warum gelten vor deutschen Gerichten für Väter Menschenrechte nur eingeschränkt? Was ist da los?

Krieg: Ich halte es für wichtig, gerade diese Frage nicht mit einem einzigen Satz zu beantworten. Die Zusammenhänge sind komplex, man muss schon ausführlicher erklären, um eine Verständnisebene zu schaffen. Zunächst muss ich feststellen, dass ich immer wieder notorisch missverstanden werden will. Es muss an der Stelle, wo das Stichwort „Rechte für Väter" fällt, geklärt werden, dass wir eben nicht in erster Linie die Rechte von Vätern einklagen wollen, sondern dass wir die Situation von Kindern in Trennungssituationen kindgerechter gestalten sehen möchten. Und dazu gehört die Umsetzung der Einsicht, dass Kinder zwei Elternteile haben und dass sie beide auch für eine geglückte Entwicklung brauchen. Unsere Gegner in diesem Bemühen sind nicht pauschal die Frauen oder Mütter. Emanzipierte Frauen sind unsere Partnerinnen und Verbündete auf dem Weg zu mehr emanzipatorischem Anspruch in der Gesellschaft. Unsere Gegnerinnen sind manchmal völlig unpolitische Frauen, die sich durch eine Familienrechtspraxis korrumpieren lassen, die ihnen einredet, sie seien im Recht, wenn sie sich als Kinderbesitzerinnen gebärden. Und dann gibt es natürlich große Probleme mit Radikalfeministinnen, die an Schlüsselpositionen die Diskriminierung von Männern und Vätern organisieren. Sie sind erkennbar an der Bereitschaft, die Entrechtung von Männern zur Förderung von Frauen nicht nur als Kollateralschaden billigend in Kauf zu nehmen, sondern sie bewusst und generalstabsmäßig zu planen. Die Frauenförderpraxis hat sich über Gewerkschaften und Interessengruppen in der Gesellschaft institutionalisiert und ihre Finanzierung über öffentliche Gelder gesichert. In den letzten knapp zehn Jahren wurde dabei zugelassen, dass Programme zum „Schutz von Frauen" die Gelegenheit hatten, Kampagnen durchzuziehen, die Männer pauschal diskriminieren. Diese wurden öffentlich beklatscht, zum größeren Teil von Männern finanziert und in keiner Weise kritisiert, obwohl sie den Tatbestand der Volksverhetzung erfüllen. „Häusliche Gewalt ist männlich" als Plakat in der Polizeidienststelle ist schon eine perfide Form der Volksverhetzung, die auch ihr kriminelles Ziel erreicht hat: An der Stelle, wo politisch maßgebliche Frauen gerne hätten, dass die ideologische Zuweisung „Mann = Täter" in der Realität nachvollzogen wird, spuren auch die männlichen Polizeikräfte wie geschmiert. Richter stehen als nahezu allgewaltige und nicht zur Verantwortung zu ziehende Einzelpersonen in diesem gesellschaftspolitischen Gesamtklima. Dieses hat ein Bewertungsraster über das gesamte Feld der Familienrechtspraxis gespannt, das festlegt, was wie auszulegen und zu verbiegen ist. Zur Erläuterung zwei Fallbeispiele aus der Karlsruher Gruppe des VAfK: Ein junges Ehepaar bekommt Nachwuchs, ein Töchterchen. Sie bleibt zu Hause, er schuftet, um die Bedürfnisse der wachsenden Familie zu befriedigen. Sie ist unterfordert und chattet mehr im Net, als Haushalt und Kind zu versorgen. Wenn er von der Frühschicht nach Hause kommt, muss er der Kleinen zuerst die Windel der letzten Nacht wechseln, während sie im Schlafzimmer auf Kontaktseiten unterwegs ist. Der Frust bei beiden wächst. Sie lernt über den Chat einen Mann an der Ostseeküste kennen und zieht aus – zunächst in die nächste Stadt. Das Kind nimmt sie natürlich mit. Der Vater muss grollend akzeptieren, weil er keine Chance hat, das

Aufenthaltsbestimmungsrecht zu bekommen. Schließlich ist sie ja Vollzeit-Mutter und er Vollzeit-Alimentierer. Bald gibt sie vor, in Mutter-Kind-Kur zu gehen und fährt mit der vierjährigen Tochter zum neuen Lover an die Ostsee. Ihr Ehemann muss wieder grollend akzeptieren. Als sie es übertreibt und zwei Monate weg bleibt, zeigt er sie wegen Kindesentziehung an. Die Anzeige wird wegen Mangel an öffentlichem Interesse abgewürgt. Die Sachbearbeiterin beim Jugendamt meint: „Jetzt warten Sie doch mal, bis Ihre Frau wieder zurück kommt, dann wird sich doch sicher alles klären!" Wenn er bei gleicher Rechtslage dasselbe gemacht hätte, wäre er wie viele Väter schon nach wenigen Tagen mit einem größeren Polizeiaufgebot aufgespürt und verhaftet worden. Der Vater beantragt per Eilantrag eine Einstweilige Anordnung zur Übertragung des Aufenthaltsbestimmungsrechtes auf ihn, da der Wegzug der Mutter mit Kind auf eine Distanz von 700 Kilometern droht. Die Richterin lässt die Bearbeitung liegen. Die Mutter zieht mit dem Kind weg. Der Vater zeigt an, dass die Mutter das Kind aus allen sozialen Bezügen herausgerissen hat und dass somit ein klarer Verstoß gegen den Grundsatz der Kontinuität vorliegt. Keine Reaktion von Seiten des Gerichtes. Nach einem halben Jahr wirft die Richterin der Mutter das alleinige Aufenthaltsbestimmungsrecht hinterher. Begründung: Das Kind hätte sich inzwischen so gut im neuen Zuhause eingelebt. Seine Herausnahme würde einen Bruch der Kontinuität darstellen und sei deshalb abzulehnen. Beispiel Nummer Zwei: Paragraf 1684 BGB, der den Umgang des Kindes mit den Eltern regelt und dabei das Kindeswohl an die erste Stelle rückt, ist als „Wohlverhaltensklausel" bekannt. Der Verstoß dagegen ist so sehr allgemein üblich, dass er den Rang eines Verfahrensmusters im Vorgehen von Jugendämtern hat und deshalb auch auf keinen Einzelfall Bezug genommen werden muss. In diesem Paragrafen ist gesetzlich festgelegt: Die Eltern haben alles zu unterlassen, was das Verhältnis des Kindes zum jeweils anderen Elternteil negativ beeinträchtigt. Kommentare dazu stellen fest, dass der Elternteil, bei dem sich das Kind hauptsächlich aufhält, aktiv dazu beitragen muss, dass die Beziehung des Kindes zum anderen Elternteil erhalten bleibt. Demnach hätten Jugendämter nicht nur aus sozialpädagogischen Gründen, sondern auch gesetzlich die Pflicht, ausgrenzende Mütter nachdrücklich auf Verstöße gegen Paragraf 1684 hinzuweisen und bei fortgesetztem Verstoß ihrerseits das Familiengericht anzurufen. Stattdessen meinen Jugendämter, nur „vermitteln" zu können. Dass die Vermittlung zwischen einer notorischen Gesetzesbrecherin und einem bemühten Vater letztlich die Fortführung des Gesetzesbruches zur Folge hat, schert niemanden. Einerseits regelt das Grundgesetz, dass niemand wegen seines Geschlechtes benachteiligt werden darf, andererseits wird der im Grundgesetz verankerte besondere Schutz von Müttern benutzt, um Mütter unter Generalamnestie zu stellen. Sie erhalten mehr Rechte, als ihnen gesetzlich eigentlich zustehen bei gleichzeitiger Freistellung von der Übernahme jeglicher negativer Konsequenzen aus ihrem Verhalten. Ob es um die Möglichkeit der anonymen Geburt, die Babyklappe, die Zypriessche Kriminalisierungsabsicht des väterlichen Wunsches nach Klarheit über die Vaterschaft oder eben um die Behandlung des Paragrafen 1684 geht: Immer steht dahinter die Absicht, Mütter davon frei zu halten, die Konsequenzen ihres Handelns auch selbst verantworten oder auch nur mittragen zu müssen. Familienrichter haben keine sozialpädagogische Ausbildung und müssen dennoch täglich Entscheidungen fällen, die kaum juristische, dafür aber umso mehr sozialpädagogische Brisanz haben. Um den Mangel an sozialpädagogischer Kompetenz auszugleichen, wirkt das Jugendamt beraterisch bei allen familiengerichtlichen Entscheidungen mit, die kindschaftsrechtliche Konsequenzen haben. Außerdem kann der Richter ein Gutachten in Auftrag geben, um beziehungs- und entwicklungspsychologische Fragenstellungen zu klären. Neben diesen Berufsgruppen, die an familienrechtlichen Verfahren mitwirken, gibt es noch eine ganze Reihe weiterer Professionen, die institutionalisiert das Trennungsgeschehen begleiten und vom Gericht auch zur Mitwirkung bestellt werden können: Neben den Anwälten sind dies Verfahrenspfleger, psychologische Beratungsstellen,

Mediatoren, etc. Damit wird deutlich, wie eng die Einbindung von Familienrichterinnen und -richtern in ein Netzwerk ist, das in den letzten Dekaden feministisch-dirigiert wurde. Da gibt es Abteilungsleiterinnen in Jugendämtern, die gleichzeitig Frauenbeauftragte sind. Feministische Aktivistinnen machen Tagungen zum Thema Gewalt und Umgang. Tenor: Da wir ja durch die Etablierung des Gewaltschutzgesetzes erkennen konnten, wie gewalttätig alle Männer sind, können wir es doch nicht zulassen, dass diese brutalen Kerle nach einer Trennung die Kinder sehen dürfen. Es gibt in der BRD auch wenige promovierte Fachmänner, die ihren Teil am Frauenförderkuchen absahnen, indem sie der Frauenszene das erzählen, was sie hören will. Da kann man dann schon mal hören, dass die Errungenschaften der Kindschaftsrechtsreform von 1998 wieder zurückgenommen werden müssen. Solche Tagungen werden dann aber von Frauenförderposteninhaberinnen organisiert und als Fortbildungsveranstaltungen für Jugendamtsbedienstete ausgewiesen. Kommt ein Vater Hilfe suchend zum Jugendamt, muss er erfahren, dass zunächst die Mutter bedient und er als Störer behandelt wird. Was die Mutter sagt, ist prinzipiell die Wahrheit, er ist potenzieller Lügner. Was sie will, ist verfahrensentscheidend, was er will, macht er ja nur, um der Mutter zu schaden. Und dieses Jugendamt gibt dann für das Gericht eine Stellungnahme ab, ohne die ein Familienrichter gar nicht anfängt zu verhandeln. Wie viel Chancen ein Vater unter solchen Voraussetzungen vor dem Familiengericht noch hat, ist kalkulierbar. Es ist kein Wunder, wenn Väter frustriert resignieren, dem Suff verfallen oder sich umbringen. Dass so wenige sich gewalttätig gegen diese Mechanismen wenden, zeigt eine Duldsamkeit von entrechteten Vätern, die verwundert. Die Tendenz, Mütter in Watte zu verpacken und alle nur erdenklichen unzumutbaren Konsequenzen auf Väter abwälzen zu wollen, ist symptomatisch für die BRD. In Frankreich kommt eine umgangsboykottierende Mutter einfach in den Bau. Wenn man dies mit dem ersten Dutzend Mütter in Deutschland gemacht hätte, würden sich Tausende problematischer Verfahren ganz schnell und wundersam lösen.

Gerade hier in Karlsruhe, ein paar Fahrminuten von Frankreich weg, wird der diskriminierende Charakter deutscher Familienrechtsprechung besonders deutlich.

Hoffmann: Du hattest das Thema „Missbrauch mit dem Missbrauch" erwähnt ...

Krieg: In familienrechtlichen Verfahren geht es immer um Egoismen zweier Erwachsener – manchmal nur um die Egomanien eines Elternteiles – in Bezug auf die künftigen Beziehungen und das Lebensumfeld des gemeinsamen Kindes. Erwachsene und informierte Eltern wissen, dass jede Lösung, die nicht von den Eltern einvernehmlich getroffen wurde, dem Kind nachhaltig schadet. Allen Fällen, die vor Gericht landen, ist also gemeinsam, dass mindestens ein Elternteil den „Kindesbesitz" anstrebt. Meist ist das die Mutter, die den Anspruch hat, absolut unangefochten als Kindesbesitzerin respektiert zu werden. Dabei bekommt sie selbstverständliche Unterstützung von der gesamten mütterbewegten oder feministisch orientierten Helferszene. Sollte ein Vater es wagen, dieses „Mutterrecht" anzuzweifeln, wird dies von der Frauenförderlandschaft schon als Gewalt gegen die Mutter erkannt. Ich habe Zeitungsartikel gelesen, in denen Frauenbeauftragte es als psychische Gewalt einstufen, wenn ein Vater die Absicht hat, das alleinige Sorgerecht beantragen zu wollen. Dass Mütter nicht nur ankündigen, eben dies machen zu wollen, sondern dass sie diesem psychischen Gewaltakt den realen in Form der Kindeswegnahme und weiteren Ausgrenzungen folgen lassen, wird einfach ausgeblendet. Vor diesem Hintergrund hat sich in der Mütterschaft als selbstverständlich eingeübt, das „Mutterrecht" mit Zähnen und Klauen zu verteidigen, wobei auch hässlichste Varianten der Denunzierung für legitim gehalten werden. Es gibt inzwischen drei Totschlagwaffen in Mütterhand, die egoistisch gesehen risikolos und mit hoher Vernichtungswirkung eingesetzt werden können: der Vorwurf des sexuellen Missbrauchs, der Gewaltvorwurf nach dem Gewaltschutzgesetz und inzwischen auch der Vorwurf des Stalkings. Das älteste Mittel ist der Vorwurf des sexuellen Missbrauchs. Der Einsatz ist widerwärtig und hat eine unendliche Folge von üblen Dingen zur Konsequenz. Nicht nur für den betroffenen Vater, sondern auch für das Kind, das in eine Aufklärerinnenmaschinerie gerät, in der unzweifelhaft ebenfalls Missbrauch betrieben wird. Meist bleibt der Vater dabei gänzlich auf der Strecke und wird sozial, psychisch, beruflich, ökonomisch und existenziell zerschlagen. Es gibt dazu inzwischen einiges an Literatur. Die Untersuchung „Missbrauchsverdacht in familiengerichtlichen Verfahren" (von Detlef Busse, Max Steller und Renate Volpert, Praxis der Rechtspsychologie, Dezember 2000) erläutert die Praxis des im Streit um das Kind zielgerichtet eingesetzten Mittels des Missbrauchs mit dem Missbrauch. Es zeigt auf, dass in rund drei Prozent aller familiengerichtlichen Verfahren diese Trumpfkarte von Müttern gezogen wird. Sie zeigt aber auch, dass 84 Prozent der Vorwürfe gegen Väter jeglicher Substanz entbehren. Das „Weißbuch sexueller Missbrauch" von Bernd Marchewka klärt über den Missbrauch mit der Totschlagwaffe Nr. 1 in Mütterhand auf. Es gibt inzwischen auch betroffene Väter, die ihre jahrelangen bitteren Erfahrungen in eine Buchveröffentlichung fließen ließen, so etwa Thomas Alteck mit „Unsere Kinder siehst Du nicht!" und Bernd Herbort mit „Bis zur letzten Instanz". In meiner Arbeit mit Vätern war ich mehrfach damit konfrontiert, dass die Mutter dem Vater vorwarf, die Tochter, manchmal auch den Sohn, meist in einem Alter von drei bis fünf Jahren sexuell missbraucht zu haben.

Hoffmann: Hast du in deiner Arbeit selbst schon Fälle erlebt, bei denen Vätern in Sorgerechtsverfahren fälschlich sexueller Missbrauch ihrer Kinder unterstellt wurde?

Krieg: Selten bekommt man einen Fall in allen Details geboten, in dem einer Mutter die böse Absicht der schmutzigen Ausschaltung des Vaters nachgewiesen werden kann. Der Karlsruher Fall „Alex" zeigt aber beispielhaft, wie das funktioniert. Den Nachnamen des Mannes möchte ich hier weglassen, weil es da immer noch ein Kind gibt, das geschützt werden sollte. Alles begann damit, dass Alex eine in Deutschland lebende Frau aus Ghana mit Kind kennen und lieben lernte. Erst nach und nach erfasste er, dass sie – wie ihre beiden älteren Schwestern – nach Deutschland gekommen war, um ohne fremdbestimmte Arbeit für den Rest ihres Lebens finanziert zu werden. Dazu heiratete sie einen Deutschen, wurde Mutter und ließ sich nach Erhalt der sicheren Aufenthaltserlaubnis wieder scheiden. Als ihr die Zuwendungen in Form von Unterhalt und staatlicher Unterstützung nicht mehr ausreichten, lernte sie Alex kennen und machte ihn zum Vater ihres zweiten Kindes. Damit hatte sie Alex zur nicht ehelichen Garantie für weitere Alimentation gemacht. Nach der Geburt seiner Tochter wurde der Vater Stück für Stück entsorgt. Wie die Mutter ihre Rolle benutzte, wurde deutlich, als die Kleine etwa ein Jahr alt war. Die Mutter flog mit ihr im Urlaub nach Ghana und kam nach drei Monaten allein zurück. Das Kleinkind blieb bei der Oma in Ghana – so lange, bis sie diese Mama nannte. Während dieser Zeit kamen per Fax Lösegeldforderungen an den Vater: 2.000 Euro, die er bezahlte. Als die nächste Forderung über 5.000 Euro kam, konnte er das nicht mehr zahlen. Er holte sich Hilfe beim Väteraufbruch. Als das Mutter-und-Kind-Programm erfuhr, dass das Kind gar nicht mehr bei der Mutter lebte, stellte es seine Zahlungen ein. Jetzt wurde es eng für die Mutter. Zur weiteren Alimentation brauchte sie die Tochter wieder hier in Deutschland. Erst jetzt hatte der Vater die Chance, seine Tochter nach einem halben Jahr auf seine Kosten mit der Oma wieder nach Deutschland kommen zu lassen. Doch damit gingen die Spiele der Mutter auf neuer Ebene weiter. Sie hatte inzwischen einen dritten Mann gefunden und sich von diesem zum dritten Mal zur Mutter machen lassen. Da er Hausbesitzer war, wurde auch geheiratet. Jetzt hatte das Töchterchen ja einen neuen Vater, und der alte wurde nicht mehr als Bezugsperson gebraucht. Eine anonyme Banküberweisung war genug Vater für die Mutter. Der Umgang wurde erschwert oder boykottiert, je nach Tagesform und Stimmungslage der Mutter. Das Gericht ordnete schließlich begleiteten Umgang an. Für einen Vater, der in der Betreuung seiner Tochter keine Hilfe brauchte, eine Zumutung. Es ist aber das Mindestmaß, auf das sich eine umgangsboykottierende Mutter einlassen und was sich ein sorgender Vater zumuten lassen muss. Nach einer langen Serie von über einem Dutzend begleiteten Umgängen kam der erste Termin, an dem die Tochter nach zwei Stunden begleitetem Umgang noch eine weitere Stunde allein mit dem Vater verbringen durfte. In der Nacht danach brachte die Mutter ihre vierjährige Tochter gegen Mitternacht ins Kinderkrankenhaus, um einen sexuellen Missbrauch feststellen zu lassen. Zuvor war sie von als gnadenlos männerfeindlich bekannten Frauenvereinigungen beraten worden. Was die Mutter nicht wusste: Die den Umgang begleitende Betreuerin, die Vater und Tochter immer als harmonisch erlebt hatte und schon lange für einen unbeschränkten Umgang von Vater und Tochter plädierte, meinte nach den zwei Stunden Begleitung, die beiden würden jetzt so schön zusammen spielen, sie würde sich jetzt nicht vom Vater nach Hause fahren lassen und sie wolle für die weitere Stunde einfach so dabei bleiben. Die wenigen Minuten bis zur pünktlichen Abgabe der Tochter bei der Mutter konnten lückenlos belegt werden. Für einen Missbrauch konnte es keine Gelegenheit gegeben haben. Endergebnis: Obwohl das Vortäuschen einer Straftat durch die Mutter belegt ist, obwohl diese Mutter über genug kriminelle Energie verfügt, um ihre Tochter nach Afrika zu entführen und als Geisel für Lösegeldforderungen zu benutzen, obwohl inzwischen für alle klar war, dass diese Mutter alle Sozialsysteme hier in voller Leistungshöhe für sich ausnutzt und inzwischen Alimentation von drei Vätern erhält, und obwohl offiziell festgestellt wurde, dass das Kindeswohl im häuslichen Umfeld der Mutter in Gefahr ist, wird diese Mutter bis heute noch von allen Ämtern und Institutionen so weit gedeckt, dass sie ihren seit vier Jahren andauernden Kindesmissbrauch kaum gebremst weiter führen kann. Obwohl der Tatbestand der Vortäuschung einer Straftat von der Mutter erfüllt war, wurde das Verfahren gegen sie von der Staatsanwaltschaft eingestellt. Inzwischen ist allerdings zu erkennen, dass dieses „klassische" Mittel falscher Missbrauchsvorwürfe eine immer geringere Rolle spielt und Mütter vermehrt die neuere Möglichkeit der Ausschaltung von Vätern benutzen: den Gewaltvorwurf.

Hoffmann: Dazu findet sich ja auch eine interessante Passage auf eurer Website. Es geht dabei um das sogenannte „Gewaltschutzgesetz" und den damit verbundenen „Platzverweis", also die Entfernung in der Regel des Mannes als angeblichem Prügler aus der bislang gemeinsam genutzten Wohnung. Du schreibst dazu: „Einerseits werden die jeweils neuen Zahlen zum Platzverweis jährlich als Trophäenschau veröffentlicht, andererseits werden diese Zahlen aber auch wie ein Staatsgeheimnis verborgen. Wer die Veröffentlichung versäumt hat und versucht, die jeweils aktuellen oder gar zurückliegende Zahlen zu erhalten, kann erleben, dass ein behördliches Vermittlungs- und Verwirrspiel einsetzt, das in einer Schleife durch ganze Ämter führt und alle Stufen der Hierarchie durchläuft. Das kann nur bedeuten, dass den Verantwortlichen die Brisanz des Zahlenmaterials bewusst ist, dass sie wissen, wie sehr diese Zahlen nicht nur Beweis für eine erfolgreiche Arbeit sind, sondern wie sehr diese auch das Ausmaß an Diskriminierung offen legen und dass eine Enttarnung gefürchtet wird." Worauf willst du hier hinaus?

Krieg: Frauenförderinnen sind daran interessiert, die Zahlen zum Platzverweisverfahren als Beweis für die feministische These von der Friedfertigkeit der Frau und der repressiven Gewalt des Mannes zu verwenden. Das garantiert die weitere Alimentierung von Frauenförderprojekten aus der Staatskasse. Die doktrinäre Frauenförderszene hat es geschafft, alle mit der Thematik befassten Institutionen, allen voran die Polizei, so zu schulen, dass sie das, was feministische Ideologie vorgibt, in der Realität nachproduzieren. Die Plakate in den Polizeidienststellen „Häusliche Gewalt ist männlich" agitieren ja nicht nur die Besucher, sondern sind ein Baustein in der Gehirnwäsche, die diejenigen Polizisten durchlaufen, die dann vor Ort entscheiden, wer als Täter die Wohnung zu verlassen hat und wer als Opfer bleiben darf. Diese Plakate wurden mehrheitlich über das Steueraufkommen von Männern finanziert. PolitikerInnen haben darüber entschieden, dass derjenige Mann, der durch menschenrechtswidrige Vorgehensweisen bei der entscheidenden Attributzuweisung Täter/Opfer als alleiniger Täter abgestempelt wurde, die Mechanismen, die zu seiner Diskriminierung führten, selbst mitfinanzieren musste. Wenn wie in Karlsruhe die Frauenförderszene ihr Soll übererfüllt und in über fünf Jahren bis auf eine einzige Alibi-Frau ausschließlich Männer Platzverweise erhalten, dann ist das vordergründig betrachtet ein starker Beweis für die wohl angeborene Gewalttätigkeit des Mannes. Und wenn Gruppen wie das „Männerbüro" dann folgsam ein Wochenende lang in sich gehen und sich die Frage stellen: „Warum sind wir bösen Männer eigentlich so gewalttätig?", dann scheint die doktrinäre Intention auch zu funktionieren. Auf den zweiten Blick, der etwas kundiger und nicht nur auf Yellow-press-Niveau die Karlsruher Zahlen zur Platzverweisstatistik betrachtet, muss aber gefolgert werden, dass Karlsruhe mit seiner Statistik zum geschlechtsspezifischen Gewaltverhalten einen einzigartigen Platz im Universum beschreibt. Nirgendwo sind Frauen so duldsam, leidend, friedfertig und Männer so aggressiv böse wie in der badischen Hauptstadt. Sämtliche wissenschaftlichen Studien zum geschlechtsspezifischen Gewaltverhalten kommen zu Ergebnissen, die in der Summe eine annähernde Balance beschreiben. Die Bereitschaft, Konflikte nicht gewaltfrei, sondern konfrontativ und auch gewaltsam aggressiv auszutragen, ist zwischen den Geschlechtern gleich verteilt. Vor diesem Hintergrund beschreiben die Zahlen zum Platzverweisverfahren in Abhängigkeit vom Indoktrinationsgrad in erster Linie der Polizei nicht das Gewaltverhalten der Geschlechter, sondern den Grad der Diskriminierung, den Männer erfahren. Das wissen inzwischen auch die des Denkens fähigen Vertreterinnen der Frauenförderkultur. Was daraus folgt, ist das Problem, dass Zahlen zur Platzverweisstatistik immer nur genannt werden können, wenn sie in die ideologisch einseitige Sichtweise der Protagonistinnen von Frauenförderkonzepten verpackt sind. Möchte ich bei der dafür zuständigen städtischen Stelle auf alte Zahlen zur Platzverweisstatistik zugreifen, lässt man mich am Telefon im Vermittlungsdschungel stecken. Man weiß inzwischen, dass die reinen Zahlen nicht nur eine politisch korrekte Interpretation zulassen, sondern dass dahinter auch ein Sumpf von Volksverhetzung, Diskriminierung und Menschenrechtsverletzung verborgen ist, für den neben einer gesellschaftspolitischen Grundstimmung auch bestimmte Personen konkret verantwortlich sind.

Hoffmann: Bestimmte Personen?

Krieg: Zum Beispiel die Politikerinnen und Politiker, die bei der Expertenanhörung im Bundestag zum Gewaltschutzgesetz am 20. Juni 2001 ab 13 Uhr zu hören bekamen, dass diese Gesetzesvorlage „eine Einladung zur gefälligen missbräuchlichen Verwendung" ist, eine „Erstschlagwaffe" und „rechtssystematisch sicherlich sehr gewagt", „verfassungsrechtlich äußerst bedenklich" und „durch und durch gekennzeichnet von destruktiven Lösungen". Es wurde ganz klar gesehen: „Hier ist eine gewisse Gefahr des Missbrauchs mit dem Gewaltschutzgesetz", es kann auch der neue Missbrauch mit dem Missbrauch wieder eintreten. Und gerade weil das so ist und weil man das gesamte Machwerk genau so haben wollte, wurde es auch von unseren Politikerinnen und Politikern installiert. Alle, die dafür stimmten, haften persönlich für das schon vorher angekündigte Ergebnis.[231] Weiter haften in den jeweiligen Städten und Regionen die Frauen- und Gleichstellungsbeauftragtinnen. Besonders letztere, wenn sie sich so nennen, weil sie Frauenbeauftragte sind und weil sie dann ihren eigentlichen Job nicht machen und Diskriminierung gegen Männer aktiv betreiben. Weiterhin die zuständigen Damen in den Polizeipräsidien, die dafür sorgten, dass einseitig ausgebildet wurde. Und die weiter die Diskriminierungspraxis organisieren. Es haften persönlich die Mitgliederinnen und Mitglieder der örtlichen Arbeitskreise „Gewalt", die in Flyern ausschließlich Frauen vor Männern schützen und jeden erfolgreichen Platzverweis gegen einen Mann als Bestätigung ihrer ideologischen Vorprägung erkennen. In Karlsruhe kann man noch weiter gehen: Es haftet persönlich die Abteilungsleiterin eines Jugendamtes, weil sie, um eine Mutter als Gewalttäterin unter den Tisch zu mogeln, lieber drei Kinder für Jahre auf Kosten des Steuerzahlers in ein Kinderheim steckte und damit zu Waisen machte.

Hoffmann: Ich habe dich ja jetzt recht ausführlich deine Ansichten zur Väterproblematik ausbreiten lassen, da wird es Zeit für eine kleine Gegenrede. Sie entstammt nicht der „Emma" oder einem ähnlich radikalen Blatt, sondern der Zeitschrift „Glamour" (Ausgabe 14/03 vom 7. Juni 2003) und erschien innerhalb der regelmäßigen Kolumne „Mittukas Meinung". Und zwar meint Mittuka folgendes: „Ein sicheres Zeichen von Schwachsinn ist es, denselben Fehler wieder und wieder zu machen. Seit es Gerichte gibt, seit mehreren 1.000 Jahren also, verklagen Väter die Mütter ihrer Kinder. Sie lernen es einfach nicht. Also hier noch einmal: Väter verlieren vor Gericht immer, selbst wenn sie gewinnen. Lasst es bleiben, Jungs! Sie will euch das Söhnchen am Wochenende nicht geben? Dann geht heim und verdrescht das Sofa. Das Töchterchen ist ausgerechnet zu Beginn der Ferienreise immer krank? Dann fahrt alleine und schickt ihr nette Ansichtskarten. Die Mutter lässt die Post einfach verschwinden? Dann spart das Porto und kauft euch eine Bohrmaschine oder einen Fußball, kauft alles, außer einen Anwalt. Mütter kennen das Wohl des Kindes, nicht Väter, nicht Juristen, nicht Omas, die jetzt im Chor aufheulen. Hört auf zu jammern und werft einen Blick auf die Wirklichkeit. Gebt auf, Väter, Schwiegereltern, Richter. Erspart Müttern die Arztgänge und Ausreden und vor allem: Erspart den Kindern eingeklagtes Wohl. Gebt es ihnen ohne Paragrafen, gebt ihnen glückliche Mütter. Seid zuverlässig, freundlich, großzügig, lustig, unterstützt die Mutter, fragt sie wie. Und wenn die Antwort lautet: 'Indem du verschwindest', dann hört zu – und macht mit. Es ist ein Kinderspiel, ein guter Vater zu sein." Was gibt es von deiner Seite dazu zu sagen?

Krieg: Ich nehme an, dass dieser zynisch versnobte Täterinnentext eine Persiflage auf die Realität ist und drastisch darstellt, was läuft. Trotzdem: „Ein sicheres Zeichen von Schwachsinn ist es, denselben Fehler wieder und wieder zu machen. Seit mehreren 1.000 Jahren begehren Sklaven gegen ihre Halter auf. Sie lernen es einfach nicht. Also hier noch einmal: Sklaven verlieren immer. Lasst es bleiben, Jungs! Sie wollen euch nichts geben? Dann geht heim und singt Gospels. Sklavenhalter wissen, was ihr braucht. Auch wenn ihr jetzt im Chor aufheult. Hört auf zu jammern und werft einen Blick auf die Wirklichkeit. Gebt auf. Erspart Sklavenhaltern, euch züchtigen und anketten zu müssen. Gebt ihnen, was sie wollen, macht sie glücklich. Seid zuverlässig, freundlich, großzügig, lustig, unterstützt eure Herren, fragt sie wie. Und wenn die Antwort lautet: 'Indem du im Dreck kriechst', dann hört zu – und macht mit. Es ist ein Kinderspiel, ein guter Sklave zu sein."

Hoffmann: Den von Mitukka dargestellten Allmachtsrausch der Mütter und das Klischeebild „Mutter gut – Vater böse" war ja bis in die letzten Jahre hinein durchaus beherrschend, wenn es um Elternschaft ging. In den letzten Jahren wurde hingegen immer mehr zum Thema gemacht, wie wichtig Väter für eine gesunde seelisch-emotionale Entwicklung von Kindern und Jugendlichen sind. Was glaubst du, wie es in einigen Jahren Frauen ergehen wird, die noch zur Jahrtausendwende die Väter ihrer Kinder komplett ausgegrenzt haben, weil sie die Möglichkeiten dazu hatten und es dem Zeitgeist entsprach, deren Kinder aber jetzt gerade heranwachsen, während ein immer faireres und angemesseneres Bild von Vätern entsteht?

Krieg: Wir werden in einigen Jahren noch dasselbe Problem haben wie heute. Nur werden sich die Gewichtungen verschoben haben. Es wird immer noch die Hybris von Frauen und Müttern geben, die die Welt nach ihrem Hormonspiegel einnorden. Es wird auch weiterhin vaterlos aufgewachsene junge Frauen geben, die vaterlos aufwachsende Kinder erziehen. Und es wird auch dann noch Politikerinnen geben, die ohne rot zu werden öffentlich verkünden, dass das wahre Wohl des Kindes identisch ist mit dem egoistischen Interesse von Müttern. Gleichzeitig aber wird es die ersten Frauenbeauftragtinnen geben, die den entsprechenden Eintrag in ihrer Dienstakte am liebsten wie Hundedreck von den Pumps los hätten. So wie sich heute schon viele ernst zu nehmende Feministinnen von dem abwenden, was in Sachen Frauenförderung in der BRD fabriziert wird, wird es zunehmend deutlicher werden, welche miesen Machenschaften hinter dem stecken, was heute politisch als Gender Mainstreaming verkauft wird. Und Mütter, die ihre subjektive Befindlichkeit zur Verhaltensnorm gemacht haben, werden zunehmend Druck bekommen von ihren eigenen Kindern, wenn diese es geschafft haben sollten, sich von ihrer fatalen Vita zu emanzipieren. Wir müssen nach dem Schuldprinzip und dem derzeit noch gültigen Zerrüttungsprinzip ein Kooperationsmodell einführen, das die eigentlichen Verlierer jeder Trennung, die Kinder, in den Mittelpunkt stellt und alle Beteiligten verpflichtet, in diesem gemeinsamen Interesse zusammen zu arbeiten.

Hoffmann: Das Interview mit dir läuft ja sehr gut, aber bis dahin war es ein langer Weg. Der erste mir empfohlene Ansprechpartner eines VAfK-Ortsvereins wollte vor dem Interview mit mir telefonieren und beklagte sich während des Telefonats lange und breit über die in seinen Augen katastrophale Öffentlichkeitsarbeit des VAfK-Vorstandes: Der Verein sei schon 1989 gegründet worden, aber die meisten deutschen Väter wüssten noch nicht einmal, dass es ihn gibt; Distanzierungen des Vorstands von Happenings wie Mathieu Carrières „Kreuzigung" seien demotivierend. Sobald ich aber mit diesem eurem internen Kritiker das Interview beginnen möchte, erhalte ich keine Antwort mehr. Etwas später maile ich die drei VAfK-Vorstandsmitglieder höchstselbst mit der Anfrage um ein Interview an: keine Antwort. Ich maile schließlich dem Vorsitzenden meines eigenen VAfK-Ortsvereins: wieder keine Antwort. Über dich bin ich mehr zufällig durch Christine Hamprecht gestoßen. Was bitte ist bei euch in Sachen Öffentlichkeitsarbeit los, wenn schon Anfragen von Journalisten, die euch eindeutig freundlich gesonnen sind, einfach so versanden?

Krieg: Deine Frage berührt zentrale Probleme innerhalb des VAfK, die nicht nur Strukturen betreffen, sondern zunächst die Befindlichkeit der Betroffenen, die sich im VAfK zusammen gefunden haben. Ein betroffener Vater hat eine Menge Probleme auf vielen Ebenen und meint natürlich als Mann, dass er damit irgendwie schon selbst klarkommen müsse. Erst wenn der Leidensdruck zu hoch wird, wird er sich Hilfe holen. Allen Betroffenen ist gemeinsam, und das ist in Hunderten von Fällen, die ich persönlich kenne, erwiesen, dass sie innerhalb kurzer Zeit an unserem Rechtsstaat verzweifeln und nicht glauben können, was hier in unserem Land möglich ist und hinter den Kulissen der Gesellschaft abläuft. An dieser Stelle resignieren viele, weil sie erkennen, dass sie mit Zahnstochern gegen Windmühlen anfechten. Viele Trennungsväter geben auf, geben dem Ausgrenzungsbemühen der Mutter des Kindes nach und tauchen ab. Manche in eine neue Beziehung, manche in den Suff und manche auch ins Jenseits. Nur diejenigen, denen die Trennung nicht die letzte Kraft raubte und die mit politischem Bewusstsein erkennen, dass hier eine immense Aufgabe zu erledigen ist, die jemand tun muss, damit sich etwas verändern kann, nur die bleiben und kämpfen. Und dabei gibt es die unterschiedlichsten Ansichten über Sinn oder Unsinn von Vorgehensweisen und natürlich auch die unterschiedlichsten Erwartungshorizonte über das Tempo einer Veränderung. Nur der, der wirklich politisch denkt, macht sich auf den langen Weg, im Bewusstsein, dass er damit nicht für sich, sondern eventuell für seinen Sohn etwas verändert. Die Aktivengruppe, die zu einem bestimmten Moment an einem bestimmten Ort versammelt ist, subsumiert die unterschiedlichsten Charaktere, Vitas und Horizonte. Ein Konsens ist da immer ein Abenteuer. Das Internet als Plattform, die noch wichtiger ist als der reale Treff an einem Ort, hat auch einen gewaltigen Einfluss. Er gibt denjenigen großen Raum, die ständig anmahnen, dass doch etwas getan werden müsste, selbst aber bei keiner Aktion zu sehen sind. Zahlen: Bei über 200.000 Scheidungen von Ehen mit Kindern plus den Trennungen nicht verheirateter Eltern mit Kindern haben wir etwa 300.000 Trennungsfälle jährlich. Nach der Proksch-Studie verliert ein Elternteil, meist der Vater, in etwa der Hälfte der Fälle den Kontakt zum Kind innerhalb eines Jahres. Wenn ich also davon ausgehe, dass es pro Jahr etwa 100.000 neue negativ betroffene Trennungsväter gibt, dürfte ich nicht falsch liegen. Das Problem selbst dauert oft Jahrzehnte. Wenn das Kind studiert, ist Unterhalt fällig bis zum 28. Lebensjahr – und so lange dauern damit oft auch die Auseinandersetzungen. Wir haben also in der BRD etwa 2,5 Millionen betroffene Trennungsväter. In der einzigen flächendeckend vertretenen Väterorganisation haben wir aber gerade mal knapp 3.000 Mitglieder. Als Organisator einer Gruppe vor Ort weiß ich aus der Beratungspraxis, dass dahinter etwa das zehnfache an Vätern steht, die eine Beratung in Anspruch genommen haben. Diese können sich aber nicht alle zum politischen Akt des Mitgliedwerdens durchringen. Oft sind diese armen Kerle auch finanziell so über den Tisch gezogen, dass sie mehr vegetieren als leben. So jemandem will ich keinen Mitgliedsbeitrag aufdrücken. Eine bundesweite Organisation von 3.000 Mitgliedern ist noch nicht groß genug, um sich bezahlte Angestellte leisten zu können. Das bedeutet, dass die wenigen, die den Löwenanteil der Arbeit machen, nicht nur rund um die Uhr für die Sache leben, sondern dass sie dies auch noch umsonst tun. Ich arbeite von den etwa 50 bearbeitungswürdigen Mails pro Tag nur die ab, zu denen ich zufällig komme. Der Rest kommt zu den inzwischen weit über 10.000 Mails der letzten vier Jahre (ohne Spam), die ich nie mehr aufarbeiten kann. Alles, was in einer solchen Organisation abläuft, muss vor diesem Hintergrund gesehen werden und ist dann oft auch verstehbar.

Hoffmann: Wenn wir einmal das Problem der möglicherweise fehlenden Manpower außen vor ließen – können die oft sehr gewagten und spektakulären Aktionen der britischen „Fathers 4 Justice", wie das Abseilen an Regierungsgebäuden im Batman-Kostüm, mit denen sie etwa in der BBC fast schon Dauerthema wurden, auch für deutsche Väterrechtler ein Vorbild sein?

Krieg: In Deutschland haben wir eine völlig andere Situation, wenn man sie mit England vergleicht. Da ist zunächst der besondere englische Humor, der in Verbindung mit einer für Deutsche kaum nachvollziehbaren Haltung gesellschaftlichen Abläufen gegenüber andere Wertungen zulässt als in Deutschland. Wenn die allgemeine Aufmerksamkeit der „Fathers 4 Justice" in England dafür sorgt, dass die Themen von Trennungsvätern von der Politik aufgegriffen werden, würde die andere Haltung in Deutschland dafür sorgen, betroffene Trennungsväter als extrem, chaotisch und nicht ernst zu nehmen darzustellen. Außerdem ist die Verknöcherung von Frauenförderung und einseitig verstandenen Gender-Konzepten in der BRD so zäh und so fest in allen gesellschaftlichen Prozessen verästelt, dass jedes Argument benutzt wird, um das feministische Dogma vom männlichen Individuum als Menschen mit minderwertigerem Format zu stützen. Wir sind in Deutschland mit von politischen Parteien – rot-grün – und mächtigen Institutionen – Gewerkschaften – getragenen Vorurteilen zur Bewertung von geschlechtsspezifischer politischer Berücksichtigung konfrontiert und haben nur die Chance, in der politischen Auseinandersetzung über die Medien und als Lobbyisten mühsam einen Mosaikstein an den anderen zu setzen. So wird auch die offizielle Haltung des VAfK zur Kreuzigungsaktion von Carrière verständlich. Real war das Ganze mit der zentralen Demo des VAfK verknüpft – wir hatten aber die Chance zu sagen, dass nicht wir uns das ausgedacht hatten. Statt diesen glücklichen Umstand als Chance zu erkennen, sind extreme Lager übereinander her gefallen und haben sich gegenseitig ausgegrenzt. Email-Runden in Trennungsväterkreisen sind manchmal wie hungrige Wölfe. Du brauchst nur ein Stichwort ins Gehege zu werfen, kannst dich dann zurückziehen und beobachten, wie sie sich zerfleischen. Was erwartest du auch sonst von Männern, die man menschenrechtswidrig behandelt hat, denen man Kinder geraubt hat, die man dafür noch bis an den Rand des Existenzminimums zahlen lässt und die man glatt ignoriert, wenn sie sich zu Recht zu Wort melden? Es ist ein Wunder, wie friedlich sie letztendlich trotzdem sind und dass es vergleichsweise selten vorkommt, dass einer ausrastet. Ich möchte denen allen nicht erklären, sie sollten es doch machen wie die „Fathers 4 Justice". Was in der BRD dabei rauskommen könnte, will ich mir auch nicht ausmalen.

Hoffmann: Mit deinen fünf bis zehn Stunden ehrenamtlichem Engagement pro Tag zählst du sicher zu den Arbeitstieren der Väterbewegung. Woher nimmst du die Motivation für so viel bemerkenswertem Einsatz?

Krieg: Warum ich mich oft bis weit über die Grenze des Zumutbaren für die Sache von Trennungsvätern einsetze? Die kürzeste Antwort müsste heißen: Weil jede Einmischung von mir ein Tritt in den selbstgefälligen Schwerpunkt eingespielter, ignoranter, manchmal einfach nur dümmlich naiver Trennungsbegleiter darstellt. Und die dabei wachsende imaginäre Strichliste beweist mir, dass ich die Schweinerei, die man mit mir inszeniert hat, nicht unwidersprochen hinnehme und nicht unbeantwortet lasse. Dahinter steht natürlich auch das politische Bewusstsein um die Notwendigkeit einer Korrektur in Sachen Gleichstellung und im davon abhängigen Familienrecht. Es ist nicht gelungen, mich auszuschalten, meine Energie abzuzapfen. Ich kann mich wehren und ich mache es so, dass es denen, die ich meine, auch richtig weh tut. Es muss sein, dass ich einigen bestimmten Personen auch mal eine unruhige Nacht beschere. Und ich platziere mich dort, wo ich an den vielen Schräubchen mitdrehen kann.

Zum Weiterlesen: Astrid von Friesen: Schuld sind immer die anderen. Die Nachwehen des Feminismus: Frustrierte Frauen und schweigende Männer. Ellert & Richter 2006

PETER EISNER: „NUR MEINE TOCHTER KANN MICH STOPPEN."

Peter Eisner, geboren am 25. Februar 1964, ist Bundesvorsitzender der Männerpartei, die im Dezember 2006 ins Leben gerufen wurde. Er wohnt im oberbayrischen Pfaffenhofen an der Ilm, ist geschieden und Inhaber einer Werbeagentur sowie Ausbilder für Kommunikation.

Hoffmann: Herr Eisner, was hat Sie auf den Gedanken gebracht, dass in Deutschland heute eine Männerpartei notwendig ist?

Eisner: Wenn man über drei Jahre am eigenen Leibe Kindesentführung erlebt, glaubt man nicht mehr an Rechtsstaatlichkeit und Gleichberechtigung zwischen Mann und Frau. Alleinerziehende Frauen haben den Status der braven Mutter – im Gegensatz zum bösen Papa – nie verloren. Im Gegenteil, sie sehen Kinder als Lebensversicherung an und wünschen sich spätestens beim Erreichen der Dreißiger ein Kind und eine Familie. Dass Deutschland dabei aber eine Scheidungsquote bis zu 50 Prozent aufweist, ist ihnen oft egal. Als Zahlvater bleibt man nach der Trennung über viele Jahre erhalten. Warum aber eine Partei? In Deutschland gibt es über 40.000 Vereine und viele, die sich dem Phänomen Vater-Kind-Problematik zugewandt haben. Und die machen ihre Arbeit auch sehr gut und agieren meist regional. Die Männerpartei verfolgt aber eine politische Willensbildung und kann Forderungen an Ämter oder auch Politiker dringlicher durchsetzten als ein Verein. Und das forciert die Männerpartei zuerst in Deutschland und dann in der EU.

Hoffmann: Was sind die Schwerpunktthemen und die Hauptforderungen Ihrer Partei?

Eisner: Gleichberechtigung zwischen Mann und Frau wird wohl einer der Kernpunkte sein, weil wir hier in der BRD noch eine gewaltige Schieflage haben. Natürlich erkennen wir sehr wohl, dass es Frauen gibt, die sich quasi den Hintern für ihre

Familie aufreißen. Und wenn diese Frauen einen Haushalt zu führen haben und dann noch dazu zwei oder drei Kinder aufziehen, dann ist Schluss mit lustig. Denn die haben bestimmt genügend zu tun. Andererseits geht mir das restliche feministische Frauengejammere schon seit langem auf den Wecker. Oftmals sprechen diese Frauen von „Arbeit", meinen aber im gleichen Atemzug „Führung". Sie bekritteln meist, dass so wenig Frauen im Management mitwirken, nur haben sie das Spiel von harter Arbeitshierarchie noch nicht verstanden. Das ist nämlich knochenhart und nicht im Schmusekurs mit einem Acht-Stunden-Tag zu erreichen. Schauen Sie sich mal an einem sonnigen Sommertag in Freibädern um, wie hoch der Frauen- und der Männeranteil ist. Sie werden überrascht sein, wie wenig Männer dort anzufinden sind. Zu unseren geschlechterpolitischen Primärforderungen gehören: eine Gleichwertigkeit von Väter- und Mütterrechten, die Strafbarkeit von Kindesentzug, eine zeitliche Begrenzung von Unterhaltszahlungen, eine gerichtliche Anerkennung privater Vaterschaftstests und die Abschaffung sämtlicher Gleichstellungsstellen. Unsere Sekundärziele sind unter anderem eine Vereinfachung des Steuersystems, das Senken der Lohnnebenkosten und eine drastische Reduzierung des Beamtenapparats. Über Näheres können Sie sich auf unserer Website www.maennerpartei.eu informieren.

Hoffmann: Wie schätzen Sie unter realistischem Blickwinkel Ihre politischen Chancen ein? Wird das nicht nur eine weitere Splitterpartei, die, ähnlich wie die Frauenpartei, in einem Spektrum von einigen Promille herumkrebst?

Eisner: Von den derzeitigen 107 politischen Parteien habe ich noch keine kennengelernt, die die gleichen Ziele verfolgt wie wir – und vor allem beschneiden die dann ihre Ausdrucksweise dermaßen, dass es den Nagel nicht mehr auf den Kopf trifft. Ganz nach dem Motto: Nur nicht auffallen und keine Stimmen verlieren. Unsere Strategie heißt: Bewusst provozieren, damit sich überhaupt was ändert. Als Inhaber einer Werbeagentur weiß ich da, wovon ich spreche, denn selbst die Kommunikation der großen Parteien war vor der Wahlkampfzeit äußerst oberflächlich und die WASG kam nur wegen zwei bekannten Köpfen zum Zug. Letztendlich brauchen wir als Männerpartei nur 2.000 Unterstützungsunterschriften und können an der Europawahl teilnehmen. Das ist ja auch unser Ziel, weil in Zukunft die Weichen in Brüssel gestellt werden und deutsche Politiker sich dann allenfalls noch um Radwanderwege und Öffnungszeiten von Kindergärten kümmern können. Viele Politiker drehen sich lediglich nach dem Wind und schauen nur noch auf ihren eigenen Profit. Uns blieb doch gar nichts anderen übrig, als eine neue Partei zu gründen. Und sich an eine andere Partei anzuhängen, würde nur heißen: Mund halten und nach deren Pfeife tanzen. Als größtes Problem sehe ich das immense Ungleichgewicht zwischen den großen und den kleinen Parteien, weil die großen über fette Spendenkonten verfügen und dadurch sehr viel an Marketing unternehmen können, um eben die 70 bis 80 Cent pro Wählerstimme zu erhalten und schließlich Mandatssitze zu erreichen.

Hoffmann: Oft ist es so, dass die Themen, die kleine Parteien anfangs gegen heftigsten polemischen Widerstand in die Politik einbringen, später von den größeren Parteien abgeerntet werden. Ein bisschen „grün" sind sie heute beispielsweise alle, von links nach rechts. Würden Sie eine solche Entwicklung für Ihre Partei eher befürchten oder eher erhoffen?

Eisner: Ich bemerke seit Jahren in der Väterszene, dass es viele Häuptlinge gibt und zu wenig Indianer, die nicht mal in die gleiche Richtung ziehen. Daher konnten sie sich nicht durchsetzen. Wenn also andere Parteien merken, dass sich mit unseren Themen Wählerstimmen generieren lassen, so sollen sie es bitte tun. Wir gründeten die Männerpartei nicht, um uns selbst zu bereichern oder uns gar als Politiker zu sehen. Sondern wir möchten und müssen ein sehr ungerechtes System ändern. Wer das macht, ist eigentlich egal.

Hoffmann: Die feministische Ideologie durchwuchert ja mittlerweile zahllose Schaltstellen unseres Staates. Sehen Sie hier Konflikte mit ihren Anhängerinnen voraus?

Eisner: Wie Sie vermutlich wissen, habe ich ein Buch über Kindesentfremdung und nicht vorhandene Gleichberechtigung geschrieben und hatte auch einige Lesungen gehalten. Ich war jedes Mal sehr überrascht von den anwesenden Damen, die mir sehr offen ihre Meinung mitteilten. Dabei bekam ich eigentlich nur zu hören, dass es eine ganz üble Sache von Frauen sei, wenn Kindesentzug stattfindet oder die Unterhaltszahlungen an die Ex auf Jahre hinausgezogen werden. Vernünftige Frauen verstehen auch die Problematik: Bundeswehr, Rentenalter oder heimliche Vaterschaftstests zu Lasten der Männer. Ganz im Gegenteil also, ich erntete von Frauen nur Lob für meine offene Kritik. Und deshalb habe ich auch keine Angst oder Sorge, mich mit der Thematik Gleichberechtigung öffentlich auseinanderzusetzen. Deutschland braucht starke Frauen, aber nicht mit einer Quotenregelung, sondern auf allen Ebenen und in allen Funktionen. Selbst wenn der Mann die Kinder versorgt und die Küche macht, sollte es eine Entscheidung der Familie sein und nicht von Verordnungen oder Quoten. Aber bis das in den Köpfen drin ist, werden wir wohl noch zehn Jahre warten müssen.

Hoffmann: Im März 2005 war bereits in der norddeutschen Stadt Stade die Partei „Die Männer. Partei für Gleichberechtigung und Fairness" aus der Taufe gehoben worden. Danach hat man nichts mehr von ihr gehört, und ihre Website www.diemaenner.de schien von Anfang an verwaist zu sein. Haben Sie einmal versucht, mit Ihren Möchtegern-Vorreitern Kontakt aufzunehmen, um zu erfahren, was da passiert ist? Und wie möchten Sie Ihrer Zielgruppe das Vertrauen vermitteln, dass Ihre Partei nicht ebenfalls ein Rohrkrepierer wird?

Eisner: Die beiden Vorsitzenden der Männerpartei in Stade zu kontaktieren war das erste, was ich gemacht habe. Aber leider kam da keine Antwort zurück. Ich denke, sie haben auch noch die Namensrechte im Internet, also maennerpartei.de. Und wir haben die -eu, die -com und die -info. Wir sind aber beim Bundeswahlleiter als Männerpartei zugelassen. Das einzige, was mich stoppen kann, ist meine Tochter, die ich ja leider nicht sehen darf. Falls sich das ändert, hätte ich viel nachzuholen, und würde den Vorsitz dann eventuell abgeben. Ansonsten habe ich mir für die nächsten 20 Jahre vorgenommen, täglich sechs bis acht Stunden der Männerpartei zu widmen. Heute waren es zwölf Stunden.

Hoffmann: Wie vernetzt sind Sie mit anderen Gruppen der Männerbewegung?

Eisner: Wir haben zu unserer Partei ein Organigramm angelegt, in dem wir die anfallenden Aufgaben in etwa 20 verschiedene Sektionen aufteilen. Eines unserer Gründungsmitglieder übernimmt zum Beispiel die Zusammenarbeit mit der Europäischen Union, ein anderer die Kommunikation mit den etwa 100 bestehenden Väter- und Männervereinen, ein weiterer ist für die Pressearbeit zuständig und so weiter. Das ist unsere Art der Vernetzung.

Hoffmann: Wie ist denn bislang die Resonanz von Medienseite auf die Gründung Ihrer Partei?

Eisner: Ich weiß, dass die Politiker und die Medien uns alle anfangs nur belächeln, aber erst heute kam ein Arzt und ein Journalist zu unserer Partei dazu. Auch wenn wir heute erst eine Handvoll Gründungsmitglieder sind, so werden es in ein bis zwei Jahren sehr viele sein, die mitmachen. Ich sage mal, aus 20 werden 20.000 Mitglieder. Und dann werden wir sehen, wer dann noch lächelt.

Hoffmann: Apropos Gründungsmitglieder: Wie ist eigentlich der genaue Ablauf, wenn man eine Partei gründen und damit beispielsweise bei der Europawahl antreten möchte?

Eisner: Man nehme eine Handvoll Idealisten, fertige eine Bundessatzung und ein Bundesparteiprogramm, unterbreite es dem Bundeswahlleiter in Wiesbaden, und der prüft die Unterlagen auf verfassungsrechtliche Verträglichkeit und erklärt die Partei dann als gegründet. Das war bei uns im Dezember 2006 der Fall. Leider kommt dann der Verfassungsschutz angerückt und filzt in den kommenden Jahren alle unsere Telefonate, Mails und Handys. Das ist leider die Schattenseite von politischer Willensbildung. Ich gehe zu 75 Prozent davon aus, dass wir überwacht werden. Und dass es heute kein Problem mehr ist, alles zu überwachen, weiß jeder.

Hoffmann: Bei den Aufnahmeanträgen an Ihre Partei kann man sich zwischen „aktiver" und „passiver" Mitgliedschaft entscheiden. Was wären Aufgaben, die auf aktive Mitglieder zukommen könnten?

Eisner: Hier wären vor allem noch freie Stellen in unserem Organigramm zu besetzen, die von Mitgliedergewinnung bis Benchmarking reichen. Passive Mitglieder sind uns natürlich auch herzlichst willkommen. Seit Sommer 2007 gehen wir auch an die Front, soll heißen: Berlin Plattenbau, Fußgängerzonen mit Verkaufsanhänger, Bier zum Einkaufspreis und Würstel con Krauti. Das ist unsere Kundenbindung. Und Parteiinformation gibt´s gratis dazu.

Hoffmann: Gibt es außer der Mitgliedschaft noch andere Möglichkeiten, wie man Ihre Partei unterstützen kann?

Eisner: Wenn Mitglieder regional bedient werden möchten, weil sie Probleme mit der Umgangsregelung haben, so sollten sie sich besser an einen Väterverein wenden, der vor Ort ist. Unsere Männerpartei setzt sich zum Ziel, Gesetze zu ändern, und daher können wir uns nicht mehr so um die Einzelprobleme kümmern. Das soll aber nicht heißen, dass wir diese Dinge nicht für sehr wichtig halten. Ansonsten sind wir für Unterstützung durch Spendengelder immer dankbar.

Hoffmann: Gibt es von Ihrer Seite noch abschließende Bemerkungen für dieses Interview?

Eisner: Sehr geehrter Herr Hoffmann, ich bedanke mich für die sehr gute Zusammenarbeit und wünsche allen Menschen eine glückliche Zukunft.

Zum Weiterlesen: Matthias Matussek: Die vaterlose Gesellschaft. Eine Polemik gegen die Abschaffung der Familie. Fischer Neuauflage 2006

WOLFGANG WENGER: „ES IST MÄNNERN KAUM BEIZUBRINGEN, DASS IHRE PROBLEME ZÄHLEN."

Wolfgang Wenger, Sozialpädagoge, ist seit fast 30 Jahren in der Jugendhilfe (Erziehungsheim) hauptsächlich mit männlichen Jugendlichen beschäftigt. Seit drei Jahren versucht er nebenberuflich, unter der Bezeichnung „MAJUZE – Männer- und Jungenzentrale" in Rosenheim ein neues Konzept zur offenen Männer- und Jungenarbeit zu verwirklichen.

Hoffmann: Wolfgang, wie bist du eigentlich zur Männerbewegung gekommen? Was war für dich der Knackpunkt, an dem du dir gesagt hast: „Hier läuft irgendwas verkehrt"?

Wenger: Kann ich ziemlich genau sagen: Eigentlich war das Gefühl schon während meiner Kindheit da. Das kann ich aber jetzt nur rückblickend sagen. Als Kind hat man nur das Gefühl und kann das nicht hinterfragen oder theoretisch untermauern. Der Mann als Herr im Haus – wie es gedichtet wird – stimmte jedenfalls nicht mit meiner Wirklichkeit überein. Ich kann mich noch gut an mein Gefühl zur Fernsehdiskussion zwischen Alice Schwarzer und Esther Vilar erinnern: Der Mann, der die Frau unterdrückt, war für mich völliger Käse. Kannte ich nirgends, nicht in der eigenen Familie und auch in keiner anderen. Aber Esther Vilars These: Der Mann, der von der Frau ausgebeutet wird – das war real, aber da lehnte sich alles in mir dagegen auf. Ich wollte nicht, dass das stimmte. Konkret wurde das Thema für mich Ende 1995. Ich wurde da in eine Außenwohngruppe verlegt. Dort waren auch Mädchen. Vorher war ich in einem Erziehungsheim mit lauter Jungs – 13 Jahre lang. Da dachte ich natürlich, ich muss mich gut vorbereiten und suchte eine Fortbildung zum Thema Pädagogik für und mit Mädchen. Ich hatte große Auswahl und wollte mich eigentlich entscheiden, doch plötzlich merkte ich in all dem Suchen, dass ich sehr viel zu dem Thema fand, dass mir aber überhaupt nichts zum Thema Jungenpädagogik über den Weg lief. Ich suchte genauer und tatsächlich: Jungenpädagogik war nicht zu finden. Das war damals noch so – heute zum Glück nicht mehr. Ich merkte da, dass ich 13 Jahre etwas gemacht hatte, ohne es theoretisch zu hinterfragen. So entdeckte ich mein „Herz für Jungen". Sozusagen bin ich ein Sozialarbeiter alter Schule: Ich setze mich für Benachteiligte ein – doch dies waren nicht die Mädchen, wie ich immer dachte, es waren die Jungs, mit denen ich schon all die Jahre gearbeitet hatte. Die Erziehungsheime waren voll von ihnen. Und ich hatte sie für bevorzugt gehalten. Es war trotzdem noch ein weiter Weg, bis ich die politische Dimension dahinter erkannte. „Jungs dürfen auch weinen", hatte ich an der Fachhochschule gelernt. „Die Gesellschaft ist an den Tränen der Männer nicht interessiert", das lernte ich später. Warum sollte ich Jungs etwas beibringen, wofür sie später nur verspottet werden? Diese Frage stellte ich mir. Wie wenig die Not von Männern interessiert, brachte mir dann Frau Zypries praktisch bei, beim Thema „Vaterschaftstest": Auf das Verbrechen, das an Männern verübt wird, mit einer Strafandrohung für Männer zu reagieren – jetzt wusste ich, was die Bedürfnisse von Männern und Jungs in dieser Gesellschaft zählen. Zwischendurch hatte ich mein Augenmerk hauptsächlich auf Männerarbeit, doch davon komme ich jetzt wieder ein bisschen weg. Es ist Männern im Moment kaum beizubringen, dass ihre Sorgen und Probleme zählen und man sich dafür interessiert. Sie sind es nicht gewohnt!

Hoffmann: Dein Engagement in der Männerbewegung ist ja recht facettenreich – könntest du uns genauer schildern, was du bisher so alles gemacht hast und aktuell machst?

Wenger: Meine Männer- und Jungenzentrale MAJUZE in Rosenheim beschreibt sich als „Freizeitangebote, Sozialarbeit und politische Arbeit für Männer und Jungen". Es könnte sein, dass auch noch ein Zweig „Gesundheit" hinzukommt. Das zeigt sich aber frühestens nächstes Jahr. Anfangs wollte ich nur Männerarbeit machen, aber das ist noch brotlose

Kunst. Da kommt kein Geld rein und weckt zu wenig Interesse bei Männern. Männerarbeit ist im Moment: der Männer- und Trennungsväterstammtisch zweimal monatlich. Der ist schon ganz ordentlich besucht, läuft als Selbsthilfegruppe, aber ohne finanzielle Förderung. Dann sind da noch die Vater/Kind-Ausflüge und -Wochenenden. Hin und wieder auch mal ein „Familientag" als Ausflug, bei dem auch Frauen teilnehmen können. Die Videogruppe für Männer lief jetzt fast zwei Jahre. Die möchte ich aber beenden. Finanziell gefördert wurde sie bis Ende Juni vom Familienministerium und von EU-Geldern. Die Videoarbeit möchte ich aber jetzt wohl komplett aus der Männer- und Jungenarbeit rausnehmen und auch für Frauen und Mädchen anbieten, weil sich hier eine Geschlechtertrennung nicht zwingend anbietet. Eventuell biete ich sie auch speziell für Senioren an, verbunden mit Filmexkursionen. Dann gibt es noch den Kurs „Boxenstopp", den ich bis jetzt zweimal in einer berufsvorbereitenden Werkstatt angeboten habe. Er lehnt sich ursprünglich an ein Selbstbehauptungstraining an, ist aber für Erwachsene gedacht. Boxenstopp heißt: Nicht derjenige, der am schnellsten fährt, gewinnt das Rennen. Man muss auch zum rechten Zeitpunkt Pause machen und sich mit ganz anderen Dingen beschäftigen. Der Kurs „Basislager" ist immer noch in Planung. Hier geht es um Männer mit Gewalterfahrung als Opfer. Dementsprechend groß ist die Nachfrage. Zur Jungenarbeit: Hier ist in erster Linie das Selbstbehauptungstraining „Starke Jungs" für 6- bis 16-Jährige in zwei Altersgruppen zu nennen. Dann der neue Kurs „Mannsbilder!". Hier geht es um männliche Archetypen. Der Kurs wurde jetzt erstmals abgehalten und vom Sozialministerium finanziert. Die wollen jetzt noch einen Bericht von mir, dann erstelle ich noch ein Video, und dann hoffe ich, dass ich damit an Schulen unterkomme. Das könnte mein Glanzstück werden. Dann gibt es noch „Little Hollywood", die Videogruppe für Jungs – und dann auch Mädchen, hoffentlich. Der letzte Kurs kam nicht zustande, weil es nur zwei Anmeldungen gab. Neu im Programm ist die Gruppe „Die Jäger". Das soll eine gestalttherapeutische und erlebnispädagogische Jungengruppe werden. Ich hoffe, dass ich die ab Winter in einem Jugendtreff in Bad Aibling anbieten kann. Die Zusage der Leiterin hätte ich jedenfalls. „Das Training" ist ein Einzelbetreuungsangebot für Jungen, aber auch erst in Planung. Es soll so was sein wie Erziehungsbeistandschaft, nur mit besserem Namen. Als Lebenstraining sozusagen. Das wäre alles, was ich in Rosenheim mache und anbiete. Politische Arbeit mache ich zwischendurch, wenn mir langweilig ist: Aus einer Unterschriftenliste gegen das Verbot von Vaterschaftstests entwickelte sich das pro-Test.net – Das Netzwerk pro Vaterschaftstests. Mein aktuelles Projekt ist 1000xNEIN.de – Gründe gegen eine gewollte Vaterschaft. Es läuft schon ganz gut an.

Hoffmann: Eine deiner Websites läuft unter der Überschrift „Vätermafia". Warum Mafia – sind Väter Kriminelle?

Wenger: Der Name „Vätermafia" war nicht meine Idee, sondern eine Steilvorlage von ARTE. Diese brachte einen Bericht über entsorgte Väter, aber nur von der mütterlichen Sicht aus. Dort wurde dann im Zusammenhang mit Vätern, die um den Umgang mit ihren Kindern kämpfen, von der „Vätermafia" gesprochen. Ich dachte mir: Okay, wenn schon Vätermafia, dann richtig und mit Stolz darauf, und sicherte mir die Domain vaetermafia.de als Sammelpunkt für Väter, die um ihre Kinder kämpfen. Mal sehen, was daraus wird. „Mafia" bedeutet in diesem Zusammenhang für mich, dass nicht alles unbedingt legal sein muss. Das größere Verbrechen wird an Kindern begangen, denen man den Vater nimmt.

Hoffmann: Woran denkst du da konkret?

Wenger: Ich denke da an Ordnungswidrigkeiten. Man kann in Deutschland nicht auf den Boden spucken, ohne dass das gleich bestraft wird. Besonders Männern gegenüber ist man gleich mit der „Härte des Gesetzes" dabei, während Mütter kaum belangt werden. Es geht mir also um Demonstrationen, die auch als Ordnungswidrigkeit strafbar sein können. Weniger aber im Sinn der britischen „Fathers 4 Justice", also mit Ordnungswidrigkeiten, die die „öffentliche Ordnung" beeinträchtigen können wie Straßensperren oder Demos auf öffentlichen Gebäuden, weil hier in Deutschland kaum Verständnis dafür vorhanden wäre. Allerdings muss man auch mal jemanden auf die Füße treten können. Man denke nur an die symbolische Kreuzigung Mathieu Carrières auf der Demo in Berlin. Irgendeine Befindlichkeit stört man immer. Wichtiger ist es, dass das Anliegen gehört und verstanden wird.

Hoffmann: Eines der Dinge, die mich bei deiner Arbeit beeindrucken ist, wie gut du die Medien erreichst. Deine Initiative für diskrete Vaterschaftstests schaffte es unter anderem in diverse Fernsehsendungen, in den „Focus" und auf die Titelseite der „Bild". Das ist umso erstaunlicher, als die Medien Männerbelange im Gegensatz zu Fraueninteressen gerne übersehen. Wie durchbrichst du diesen „lace curtain" immer wieder?

Wenger: Das kann ich kaum beantworten. Ich habe nämlich keine Ahnung. Bei pro-Test war es mit Sicherheit der Name. Dann habe ich natürlich ein Gespür für Themen, die aktuell sind – oder werden – und die somit medienwirksam sind. Schwierig dabei ist, zahlreiche Themen, die einen persönlich interessieren, vom Tisch zu wischen, weil sie kaum jemanden sonst interessieren. Wehrpflicht ist da so ein Beispiel. Man darf nie in Aktionismus verfallen – nur was machen, weil man selbst wahnsinnig daran interessiert ist. Es gibt ein halbes Jahr nichts und dann kommt plötzlich „das" Thema. Beim Vaterschaftstest konnte ich mir einfach nicht vorstellen, dass das die Bevölkerung kalt lässt. Was folgte, war ein halbes Jahr harte Arbeit und viele geopferte Samstage, an denen ich Mails an Bundestagsabgeordnete und Zeitungen schrieb. Ergebnis: So gut wie nichts. Und ich dachte, das war´s dann. Aber ich wollte mir einfach hinterher sagen können: Ich hab´s versucht. Und von einem Tag auf den anderen wurde mir die Tür eingerannt. Mein Hemmnis ist: Ich gehe wenig auf die Leute zu. Ich mache meine Sachen und hoffe, dass sie bemerkt werden. Das muss ich noch ändern – und jetzt will ich mit 1000xNEIN üben. Das heißt: Es ginge noch viel, viel besser – daher auch mein Plädoyer für eine „Mafiagruppe", die zusammenarbeitet.

Hoffmann: Vor ein paar Tagen konnte ich dich bei einer Internetdiskussion erleben, die jemand mit der Frage einleitete, wie man am besten vorgehen solle bei „Vernichtung, Ausrotten, Ausmerzen des Feminismus", um „dieses stinkende Geschwür vom Antlitz der Erde zu tilgen". Du hattest trokken erwidert, dich erinnerten solche Ausbrüche immer an „Das Leben des Brian". Könntest du das ein bisschen ausführen?

Wenger: Zunächst mal ist der Ausspruch dümmlich und auf Stammtischniveau. Er ist völlig undifferenziert und weder für eine Diskussion geeignet, noch um damit praktisch arbeiten zu können. Ich bin kein „Feminismusgegner", sondern Aktivist in der Männerbewegung – also pro Mann und Junge. Damit bin ich in einigen Punkten nicht gegen den Feminismus, schon gar nicht gegen die Frauenbewegung an sich. Ich wollte, wir hätten eine Männerbewegung. So war aber meine Antwort nicht zu verstehen, wenn es dir nur um den Verweis auf „Das Leben des Brian" geht. Es ist eine Eigenart von Männern, in Diskussionen völlig die Realität zu verlieren. Da wird dann am Biertisch palavert, wie der Hunger in der Welt zu beseitigen sei, und man geht sich fast an die Gurgel bei dem Thema – und zwar überaus ernst gemeint. Ich finde dieses Verhalten in erster Linie gut und überhaupt nicht lächerlich, weil es Männer wirklich auch in die Lage versetzt, große Dinge anzupacken. Das haben wir sozusagen im Blut. Andererseits muss man auch auf dem Teppich bleiben. Ein Mann, wie in diesem Fall, der außer durch Debatten in einem Internetforum mit nichts anderem auffällt und auch gar nichts vorhat außer zu diskutieren, ist nun wirklich nicht mehr als die 20-köpfige Mannschaft der „Volksfront von Judäa", die beschließt, das römische Imperium mal eben zu vernichten und darüber dann auch noch ganz ernsthaft diskutiert, ohne sich lächerlich vorzukommen. Dabei wäre Rom als Ziel wenigstens noch greifbar gewesen, aber ein „Feminismus" – oder, der Ausdruck gefällt mir besser, der „Frauenförderwahn", der bezieht den konservativen Feminismus mit ein – hat keinen Kopf und keine Hauptstadt, sondern ist in den Köpfen aller Männer drin, so nebenbei auch noch in den Köpfen einiger Frauen.

Hoffmann: Du hattest einmal erwähnt, dir sei vorgeworfen worden, „schlimmer als Alice Schwarzer" zu sein. Was waren denn da die Hintergründe?

Wenger: Oh, da ging es aber um ein anderes Thema: Soviel ich weiß, haben wir da über Unterschiede zwischen den Geschlechtern diskutiert und über die Frage, ob diese angeboren oder anerzogen sind. Meine Antwort war, dass man da nichts hundertprozentig sagen kann, da dieses immer noch erforscht wird. Fakt ist, dass es Unterschiede zwischen den Geschlechtern gibt. Ein Lehrsatz für mich lautet allerdings, dass die Unterschiede innerhalb der Geschlechter deutlicher sind als die Unterschiede zwischen den Geschlechtern. Ich bestreite keineswegs auch von mir aus deutliche Unterschiede, aber es ist erstens schwer, diese völlig auf angeborene Unterschiede zurückzuführen, und zweitens findet man immer eine ganze Masse, also keine Einzelfälle, an Ausnahmen im selben Geschlecht. Wie immer man nun tendiert, ob man das Übergewicht mehr auf angeborenes Verhalten oder mehr auf Sozialisation zurückführt: Völlig daneben ist ein Geschlechterdeterminismus, also die Einstellung: Das Kind hat dieses Geschlecht, also wird es dieses Verhalten zeigen und muss diesen oder jenen Lebensweg nehmen. Andere Wege werden als Möglichkeiten verwehrt. Warum nun der Ausdruck „schlimmer als Schwarzer" fiel: Ich glaube nicht, dass der Schreiber letztendlich meinte, dass dieser Geschlechterdeterminismus zu befürworten sei. Allerdings sehe ich eine Gefahr, dass viele Gedanken nicht zu Ende gedacht werden. Angeborenes Verhalten ist vorhanden, in welchem Maße ist aber noch viel zu unbekannt und außerdem sind viel zu viele Ausnahmen vorhanden, um von vorneherein Möglichkeiten ausschließen zu können. Rückwärts gesehen kann ich aber sehr wohl Rückschlüsse auf das Geschlecht ziehen. Das ist bei der Erziehung nicht anders: Ich kann sehr wohl hinterher sagen: Er hat sich so entwickelt, weil ... Aber ich kann nicht sagen: Er ist geschlagen worden, also wird er auch einmal schlagen.

Hoffmann: Du hattest eben den Stoßseufzer getan: „Ich wollte, wir hätten eine Männerbewegung." Auf einer deiner Websites schreibst du: „Besonders willkommen sind Mails mit konkreten Angeboten, was der Betreffende zu tun bereit ist — nicht, was er für Vorschläge hat, was andere machen sollten!" Offenbar scheint dich ähnlich wie mich zu ärgern, dass unglaublich viele Leute klug daherschwatzen, aber nur die wenigsten in die Puschen kommen, wenn es ums konkrete Handeln geht. Du selbst bist extrem rührig und erklärst sogar, „das Politische so nebenbei" zu machen. Warum lassen noch immer – verhältnismäßig – wenige Männer ihren starken Worten ebenso starke Taten folgen? Lässt sich das ändern?

Wenger: Wer Männerarbeit macht, muss wissen, dass das Pionierarbeit ist. Das war mir von Anfang an klar und ich habe mich darauf eingestellt. Bei Väterarbeit ist dies nicht mehr so. Die kommt langsam in die Gänge. Aber wie lange hat dies gedauert? Und wie groß ist das Leid von diesen Männern, die oft jahrelang ihre Kinder nicht sehen durften? Als ich Sozialpädagogik studierte, haben wir gelacht über die altmodische Vorstellung, dass Jungen nicht weinen dürfen. Inzwischen frage ich mich, welchen Sinn es macht, Jungen an eine Welt zu gewöhnen, die sie später nicht vorfinden. Ihr Leid interessiert später niemanden mehr. Doch hier steht „der Feind" nicht außen, er ist auch unter den eigenen Vorstellungen vom Mann sein zu finden. Man kann dies evolutionspsychologisch begründen: Immer musste der Mann eigene Bedürfnisse und Ängste hintanstellen und für eine „größere Sache" kämpfen — ob dies das Dorf, die Familie oder das Land war. Bauchweh vor der großen Schlacht gegen Hannibal? Krankschreibung? Der Bär bedroht das Dorf, aber du hast einen schlechten Magen? Die Männer heutzutage reiben sich auf für die Firma, den Verein, die Familie, das eigene Häuschen — aber der Termin zur Vorsorgeuntersuchung? Die Eheschwierigkeiten? Die Unterhaltszahlungen? Der schwarze Fleck an der Wade? Zu allem kommt die Resignation. Männer reden oft nicht, aus Angst, was hochkommt, wenn sie erst den Mund aufmachen. Das Leid ist oft schon zu groß. Dazu die Mutlosigkeit. Es bräuchte erste Erfolge, um zu erreichen, dass Männer aufstehen und für sich kämpfen. Doch um erste Erfolge zu erreichen, müssen Männer erstmal kämpfen. Diese Idee integrierte ich in meinen bisherigen politischen Aktivitäten: das pro-Test.net als das Netzwerk mit Aktivitäten pro Vaterschaftstests. Jeder konnte seinen Beitrag leisten: ob es eine kleine Grafik war oder nur ein Witz, den ich auf der Seite veröffentlicht habe. Und diese Männer durften die Erfahrung machen, dass ihr Beitrag gesehen und zur Kenntnis genommen wurde. Und sie durften erstmalig erfahren, dass ihr Leid von anderen betrauert wurde. Als der Rummel begann, mit vielen Anfragen von Presseleuten, die ich an die jeweiligen Kuckucksväter weiter leitete, hatte ich nach wenigen Tagen ein schlechtes Gewissen. Es waren bis zu zehn Presseanfragen an manchen Tagen. Ich schrieb den Kuckucksvätern eine Email, sie sollten sagen, wenn es ihnen zu viel wurde. Bis auf einen war die einhellige Antwort: Wir sind doch heilfroh, dass uns endlich jemand zur Kenntnis nimmt. Wo hätte es denn sonst eine Anlaufstelle für diese belasteten Männer gegeben? Wo gibt es denn heute, eineinhalb Jahre danach, eine? Ich hoffe, dass sich das ändert, wenn Männer merken, dass ihre Probleme zur Kenntnis genommen werden, anstatt dass ihnen mit Gefängnis gedroht wird, wenn sie betrogen worden sind! Besser konnte man nicht dokumentieren, dass auf ihr Leid gespuckt wird – aber die Antwort der Medien war eine andere! Aber um zu merken, dass ihr Leid gesehen wird, müssen sie sich auch rühren. Das ist der Teufelskreis. Der Ausweg daraus: mit kleinen Schritten Mut machen.

Hoffmann: Bei vielen Männern vernehme ich einen großen Unmut über „den Feminismus", wobei in der Regel der 68er rot-grün gefärbte Feminismus gemeint ist. Du hast aber eben auch einen „konservativen Feminismus" angesprochen. Was meinst du damit?

Wenger: Der Oberbegriff ist „Frauenbegünstigung". Linke Frauenbegünstigung heißt, den Frauen unzählige Erleichterungen und Förderungen in Beruf und Schule zu schaffen, damit Frauen dort überprivilegiert werden. Rechte Frauenbegünstigung will die Frauen mit Förderung und Unterstützung (Ehegattensplitting) in der Hausfrauenehe halten. Was immer eine Frau auch macht, sie wird gefördert und unterstützt und bekommt in allen Bereichen den Status eines förderungsbedürftigen Behinderten. Mein Slogan heißt: Fordern statt fördern. Statt Begünstigung Gleichberechtigung und Gleichbehandlung. Gleichberechtigung und Gleichverpflichtung. Halber Himmel und halbe Hölle. Ein 60-jähriger Kollege, ein Sozialpädagoge, sagte mir einmal, er habe Studienkolleginnen gehabt, die hätten ihn geviertteilt, wenn er ihnen während des Studiums gesagt hätte, dass sie mal Haus und Kinder hüten würden. Dann waren sie im Beruf und wurden ganz plötzlich nach den ersten Schwierigkeiten schwanger. Esther Vilar sagte einmal, die Feministinnen hätten nie erkannt, wer ihre wahren Feinde gewesen sind: nicht die Männer, sondern die Frauen, die nichts lieber taten, als sich nach Einser-Abi einen Versorger zu suchen. Sie sind nicht unterdrückt – sie unterdrücken.

Hoffmann: Was glaubst du denn, wie sich die Situation für Männer und Frauen in nächster Zukunft entwickeln wird?

Wenger: Das ist die schwierigste Frage von allen. Natürlich glaube ich an einen Erfolg der Männerbewegung. Es muss den Männern gelingen, die Frauen auf ihre Pflichten und auf ihre Verantwortung der Gesellschaft gegenüber festzunageln. Schon gibt es wieder Tendenzen, dass sich die Frauen versuchen, aus der Verantwortung zu stehlen, nachdem sie erkennen, dass Erwerbsarbeit eben doch nicht die große Selbstverwirklichung ist, sondern Mühe und Ärger mit Chef und Kollegen bedeutet. Und dies, obwohl Frauen doch auch in der Vergangenheit leichte, sichere Jobs wählten und lieber auf ein gutes Gehalt verzichteten. Dieser Rückzug muss verhindert werden, denn er bedeutet, dass die Männer wieder gezwungen sind, die alleinige Sorge für das Familieneinkommen zu tragen. Das „Jahrhundert der Frauen" einzuläuten war jedenfalls eine Lachnummer – außer der Betreffende hat gemeint, dass die Frauen sich wieder von den Männern versorgen lassen dürfen oder aber die Wahl haben und je nach Laune entscheiden können. Der kommende Kampf lautet: Gleichberechtigung für die Männer – gleiche Pflichten für die Frauen. Ich denke, dass der erste Teil leicht erreichbar ist. Hier ist auch eher Einigung der Männer untereinander möglich. Der zweite Teil ist schwierig und stößt sicher auch unter Männern auf viel Widerstand. Viel leichter fällt es den Männern, selbst die Ärmel hochzukrempeln und anzupacken, als den Frauen in den Hintern zu treten, damit diese in die Gänge kommen.

Zum Weiterlesen: Henry David Thoreau: Über die Pflicht zum Ungehorsam gegen den Staat. Diogenes 2004

BETTINA PETERS:
„MÄNNER MÜSSEN LERNEN, SICH SELBST ZU VERTRETEN."

Bettina Peters, geboren 1962, ist Mutter eines erwachsenen Sohnes, in zweiter Ehe glücklich verheiratet und von Beruf Sekretärin. Zum Schreiben kam sie nach eigenen Worten „wie die Jungfrau zum Kind: durch das Miterleben der Geschichte meines Mannes." Seit Mai 2006 führt Peters gemeinsam mit ihrem Mann einen kleinen Verlag, der insbesondere jungen und neuen Autoren offenstehen soll, und hat zwei eigene Bücher herausgegeben.

Hoffmann: Frau Peters, Sie haben ein Buch mit dem Titel „Männer, wehrt Euch!" geschrieben. Wogegen genau sollen wir Männer uns Ihrer Ansicht nach wehren?

Peters: Männer sollen nicht nur, sie müssen sich wehren; gegen Manipulation und Bevormundung von Frauen, gegen Erziehungsversuche ihrer Frauen, gegen die feministische gesellschaftliche Strömung, gegen die immer weiter um sich greifende Benachteiligung – nur weil sie Männer sind. Gegen die Täter-Rolle, gegen die Zahlvater-Rolle und gegen Versuche, Verantwortungsbewusstsein gegen sie auszuspielen. Männer müssen sich darüber klar werden, dass sie das Recht haben, ein selbstbestimmtes Leben nach ihren eigenen Vorstellungen zu führen. Sie müssen die Gewohnheit ablegen, ein schlechtes Gewissen zu bekommen, wenn sie sich nicht konform gegenüber weiblichen Vorstellungen verhalten. Kompromissbereitschaft muss an der Stelle eine Grenze haben, an der man sein Selbst verliert. Männer müssen sich gegen die Vorstellung vieler Frauen wehren, dass das eigene Leben mit all seinen Zielen, Träumen und auch Verrücktheiten aufzuhören hat, wenn Mann Vater ist.

Hoffmann: Sie sprechen da viele Dinge an, die innerhalb der Männerbewegung momentan intensiv diskutiert werden. Viele andere Männer in unserer Gesellschaft scheinen sich hingegen immer wieder an den aktuellen Wünschen von Frauen auszurichten, die ja auch durch die Medien multipliziert werden. Für Frauen gehört das Recht, ihr Leben in die gewünschte Richtung zu entwickeln, zu den Grundpfeilern der Emanzipation. Warum muss man diese Einsicht uns Männern erst so deutlich ins Bewusstsein rufen?

Peters: Weil Männer von Frauen erzogen werden! Mütter erziehen ihre Söhne zu den Männern, die sich selbst wünschen würden. Jungen werden von ihren Müttern zur Ritterlichkeit, zur Rücksicht gegenüber Mädchen erzogen, die ja hilflos und süß sind. Jungen werden von ihren Müttern dazu erzogen, Wünsche von Frauen zu erfüllen. Der gute Junge soll ja später weiterhin zur Verfügung stehen. Jungen werden zur Unterordnung erzogen – die eigenen Wünsche sind untergeordnet den Wünschen der Mutter. Jungen werden zur Mithilfe bei Hausarbeit erzogen. Das geht im Kindergarten, in der Schule, im Beruf, in den Medien, überall in der Gesellschaft weiter. Man hört und sieht ja gar nichts anderes mehr – weder als Mann, noch als Frau. Männer, die sich dagegen wehren, die werden als frauenfeindlich abgetan, nicht ernst genommen und in der Luft zerrissen. Männer, die selbst bestimmen wollen, wie ihr Leben auszusehen hat, die werden als Egoisten und Machos an den Pranger gestellt. Es ist kein Männerproblem, sondern ein riesiges gesellschaftliches Problem. Das Ergebnis davon sind die vielen Probleme, mit denen unsere Kinder und auch zukünftige Generationen zu kämpfen haben werden. Wir waren noch niemals in der Geschichte so reich – und gleichzeitig so arm. Unsere Kinder lernen keine Werte, keine Liebe, keinen Respekt und keine Toleranz, keine Güte mehr kennen. Wir lehren unsere Kinder den Krieg – jeden Tag – zu Hause.

Hoffmann: In der Tat – die Vorstellung, Männer zu etwas zu erziehen, rankt sich massenweise durch aktuelle Frauenratgeber. Und selbst unsere Frauenministerin von der Leyen scheint eine „Umerziehung" von Männern anzupeilen. Wie können Männer zumindest im privaten Bereich angemessen auf übergriffige „Erziehungsversuche" unserer Partnerin reagieren?

Peters: Ich empfinde das auch als eine Frechheit sondergleichen. Kein Mensch hat das Recht, einen anderen umzuerziehen! Das Problem der meisten Männer ist ihre Diskussions-Faulheit. Sie hassen es zu diskutieren – weil ihnen die meisten Themen, um die es in diesen Diskussionen geht, auch völlig unwichtig sind. Dazu kommt noch, dass die meisten Männer Stress und Zank hassen – sie wollen ihre Ruhe haben. Darum sagen sie meist öfter „ja", als es gut für sie ist. Männer müssen lernen, sich selbst zu vertreten – ihr eigener Anwalt werden. Sie müssen erkennen, dass ihre Wünsche völlig legitim sind – auch wenn diese von ihrer Partnerin oder Mutter abgelehnt werden. Sie müssen erkennen, dass sie nicht dazu verpflichtet sind, Kompromisse bis zur Zufriedenstellung der Frau einzugehen. Sie müssen lernen, dass ihre Wünsche denen ihrer Frauen gleichwertig sind. Sie müssen lernen, dass sie das Recht haben, diese Wünsche zu haben. Und sie müssen lernen, dass es völlig normal ist, Wünsche zu haben. Sie müssen lernen, dies alles bei ihren Frauen zu vertreten – zu kommunizieren – und sich durchzusetzen. Eine kleine Gegenrevolution anzetteln – jeder für sich selbst – zu Hause. Auf keine Diskussionen mehr einlassen: Dabei können Männer nur verlieren. Fest auf dem eigenen Standpunkt beharren – ohne zu schreien, sondern ruhig und sachlich. Verdeutlichen, dass man nicht die Partnerin und ihre Wünsche ablehnt, dass man selbst aber andere Vorstellungen hat – und dass man das Recht dazu hat. Wieder härter werden – zumindest in diesem Bereich. Spätestens vor der Heirat über das sprechen, was einem selbst wichtig ist, und wie man sich sein Leben vorstellt. Sich selbst treu bleiben. Sich nicht mehr auf Streit, Gekeife einlassen – und auch bei Sex-Entzug als wohl das letzte Mittel jeder Frau hart bleiben. Wir brauchen eine neue Ebene in der Kommunikation untereinander. Wenn ich einen Wunsch meines Partners ablehne – oder andere Vorstellungen bei einem Thema habe, dann liebe ich diesen Menschen dennoch. Ich denke nur bei manchen Dingen anders. Wenn wir es schaffen, auf dieser Ebene miteinander zu sprechen, dann wird sich die ganze Geschlechter-Diskussion irgendwann hoffentlich in Luft auflösen.

Hoffmann: Ministerin von der Leyen argumentiert, Männer, welche die für sie vorgesehene Rolle nicht annähmen, würden schlicht keine Partnerin mehr finden. Was können Sie als Frau zu dieser Rhetorik der Ministerin sagen?

Peters: Die Aussage der Ministerin ist grob unverschämt - und außerdem ziemlich unlogisch. Ich würde diese Aussage auch als dumm bezeichnen. Von der Leyen unterstellt damit, dass Männer von Frauen abhängig sind, aber umgekehrt die Frauen von Männern unabhängig wären. Das ist doch aber völliger Nonsens. Nicht nur Männer haben Angst vor Einsamkeit – Frauen auch. Wenn es um die biologische Uhr geht, dann sind doch Frauen viel abhängiger als Männer. Männer können auch mit 80 noch ein Kind zeugen. Bei Frauen ist eine Schwangerschaft in diesem Alter unmöglich. Und so wie ich die meisten Frauen kennengelernt habe, sind sie es eher, die Panikgefühle mit zunehmendem Alter bekommen. Das fängt etwa mit 30 an, wenn Frau bis dahin noch kein Kind hat. Und was wollen die Frauen denn machen, wenn kein angepasster Mann mehr zur Verfügung steht? Alle zur Samenbank rennen? Auf diese Weise lässt es sich zwar zur Mutterschaft bringen, aber nicht zur Partnerschaft. Es liegt doch schon in dem Wort „Partnerschaft", dass es sich um ein Zusammenleben zweier Partner handelt. Männer haben doch ein Recht darauf, als gleichberechtigte Partner eine Beziehung einzugehen. Warum sollte denn irgendjemand eine Beziehung eingehen, wenn er von vornherein weiß, dass es nur darum geht, sich den Wünschen seiner Partnerin unterzuordnen? Warum sollten Männer denn noch erpicht darauf sein, ein Kind in die Welt zu setzen, wenn sie damit rechnen müssen, dass sie im Falle einer Trennung zu Zahlvätern degradiert werden? Ich denke, die große Anzahl von Singles und die Menge von Männern, die in Zeugungsstreik treten, sprechen eine deutliche Sprache. Die Männer haben doch zum größten Teil die Emanzipation der Frauen unterstützt. Ich bin der Meinung, dass die Männer „in Vorkasse" getreten sind – sie haben dem Wunsch der Frauen nach Veränderung entsprochen. Und jetzt sind die Frauen dran, mit der von ihnen gewünschten Veränderung auch verantwortungsbewusst umzugehen. Männer sollen Männer bleiben – in der Unterschiedlichkeit liegt doch der Reiz – und das Überleben. Frauen und Männer sind unterschiedlich. Und daran ändert auch Frau von der Leyen nichts, glücklicherweise! Außerdem sollte kein Mensch von einem anderen abhängig sein. Man sollte niemals seine Persönlichkeit verleugnen und verbiegen, nur um einem anderen Menschen zu gefallen. Unglücklichsein ist so vorprogrammiert. Und besser alleine glücklich als zu zweit unglücklich!

Hoffmann: Um die von Ihnen erwähnte männliche Vorleistung auszugleichen, so schreiben Sie in Ihrem Buch, sollten neben den „neuen Männern" auch eine Art „neue Frauen" entstehen. Sie rufen Ihren Leserinnen zu: „Frauen, ändert euch!" Viele heutige Frauen seien undankbar, was die von ihren Vorgängergenerationen erkämpfte und ihnen als Geschenk gegebene Gleichberechtigung angehe. Wie sollten diese „neuen Frauen" Ihrer Ansicht nach aussehen?

Peters: Weiblich und menschlich. Frauen sollten ihre weiblichen Eigenschaften zum Wohle aller Menschen einsetzen. Ich glaube, dass Frauen der Welt viel Positives zu geben haben. Die gleichen Eigenschaften, die momentan zum Nachteil der Männer eingesetzt werden, können auch positiv eingesetzt werden, so wie von der Natur ursprünglich geplant. Frauen könnten so vieles bewirken in Zusammenarbeit mit den Männern. Wir müssen uns wieder auf unsere weiblichen Tugenden besinnen. Wir sollten vermittelnd auftreten – eine Stärke von Frauen ist die Kommunikationsfähigkeit, die Fähigkeit, Kopf und Herz gleichzeitig sprechen zu lassen. Wir müssen nicht wieder zurück zu Heim, Herd, Familie – aber wir dürfen dies auch nicht mehr ablehnen, so wie im Moment. Wenn ich einkaufen gehe und in die Einkaufswagen schaue, dann packt mich das Grauen angesichts von Fertigfutter, Maggi Fix & Co. Es müssen neue gesellschaftliche Lösungen gefunden werden. Es muss möglich sein, dass eine Frau sich für die Familie entscheidet – ohne dabei schief angeschaut zu werden. Die Frauen sollten nicht alles so wahnsinnig verbissen sehen. Manchmal kann ich den „Ich-bin-gleichberechtigt"-Spruch nicht mehr hören. In einer Partnerschaft sollte doch jeder die Aufgaben erfüllen, die er am besten kann. Meiner ganz persönlichen Meinung nach liegt es in Beziehungen hauptsächlich an der Frau, ob diese funktioniert oder nicht. Männer sind sehr kompromissbereit – oft zu sehr. Wir Frauen müssen aufhören mit Erziehungs- und Unterdrückungsversuchen - dann sinkt auch die Scheidungsrate wieder. Wir haben es heute oftmals mit „Männinnen" zu tun, nicht mehr mit Frauen. Frauen sind nun mal keine „weiblichen Männer". Außerdem müssen Frauen einsehen, dass mehr Rechte auch mit mehr Verantwortung einhergehen und mit mehr Pflichten. Wir können nicht immer nur fordern, wir müssen auch geben. Eine Gesellschaft funktioniert nur mit einem gesunden Geben und Nehmen.

Hoffmann: Nun kann man von Frauen schlecht verlangen, was man bei Männern zurückweist – ihre Persönlichkeit zu verbiegen, nur um einen Partner zu finden oder Konflikte zu vermeiden. Welche Motivation also sollten heutige Frauen haben, sich zu ändern? Sie sehen doch, dass sie mit Ihrer aktuellen Strategie des Dauernörgelns privat und politisch sehr erfolgreich fahren. Das weibliche Ego wurde noch nie so geschmeichelt wie heute. Und nie gab es für Frauen so viele teils absurde Vergünstigungen. Sie selbst beschreiben das in Ihrem Buch höchst anschaulich. Was also gewinnen Frauen, wenn sie Ihren Ratschlägen folgen?

Peters: Mit der „Strategie des Dauernörgelns" sind Frauen weder privat noch politisch erfolgreich. Eine Scheidungsrate von 50 Prozent – wobei die meisten Scheidungen mittlerweile von Frauen eingereicht werden – und den jetzigen Zustand unseres Staates und der Gesellschaft würde ich nicht als erfolgreich bezeichnen. Sondern als völliges Versagen auf allen Gebieten! Ich persönlich halte hierbei im übrigen auch die Emanzipations- und Feministinnenbewegung für verantwortlich. Denn Fakt ist, dass es seit dieser Zeit bergab geht. Es gibt für Frauen viele – gerne absurde – Vergünstigungen, richtig. Frauen werden überall bevorzugt. Auch richtig. Aber dennoch sind sie nicht glücklich. Nie gab es so viele unzufriedene Frauen wie heute, was sich ja auch im Dauernörgeln äußert. Die ganze Emanzipation, die Vergünstigungen, die vielen Rechte, all diese Dinge haben nur das „Außen", den materiellen Teil gesteigert. Wir haben uns aber im „Innen" nicht weiterentwickelt. Wir wollen mehr, immer mehr, und sind nicht mehr bereit zu lernen, uns menschlich weiter zu entwickeln. Unsere ganze Gesellschaft ist nur noch materiell ausgerichtet. Echte Werte gehen immer mehr verloren. Dabei ist niemand mehr glücklich. Wir verlieren unsere Fähigkeit, die kleinen Glücksmomente zu genießen oder überhaupt das, was wir haben. Und die Feministinnen, die reden uns ein, was wir brauchen, was wir denken sollen, was wir machen sollen. Sorry, aber wenn ich mir diese „Frauen" ansehe – ich will mit keiner von denen tauschen. Wie viele von denen führen denn eine glückliche Beziehung? Warum sollten Frauen weiterhin auf Menschen hören, die kein Vorbild sein können, weil sie in einer ganz anderen Welt leben als wir? Warum sollten wir uns weiterhin von Frauen, die Männer hassen, sagen lassen, wie wir mit unseren Männern umzugehen haben? Und warum sollten wir uns weiterhin von diesen Männinnen manipulieren lassen? Was Frauen gewinnen? Ein glücklicheres Leben, mehr Spaß und Freude, mehr Menschlichkeit, glücklichere Beziehungen, intensivere Freundschaften, mehr positive Gefühle, glücklichere und fröhlichere Kinder – und glücklichere Männer. Echte Partnerschaften und ein friedliches Miteinander.

Hoffmann: Bevor man den Eindruck gewinnt, Sie wollten zurück zur alten Rollenverteilung vergangener Jahrzehnte: An einer Stelle Ihres Buches berichten Sie von Ihrer eigenen Entwicklung. Früher hätten Sie sich solche Dinge wie Ölwechsel, Reifendruck-Prüfen, Zündkerzen-Wechseln, Tapezieren, Streichen, Lackieren, Reparieren, Rasenmähen und Abflussreinigen erspart und alles Ihrem Partner überlassen, denn: Man schwitzt, bekommt dreckige Finger und es stinkt. Diese Einstellung haben Sie aufgegeben. Normalerweise werden in den Medien unaufhörlich Männer gegeißelt, die sich vermeintlich vor der Hausarbeit drücken, aber die andere Seite der Medaille bleibt außen vor. Was hat bei Ihnen die persönliche Veränderung ausgelöst, sich als Frau auch auf solche unangenehmen Arbeiten einzulassen?

Peters: Die Notwendigkeit, als ich mich von meinem ersten Mann scheiden ließ ... Diese Antwort ist halb wahr, halb schwarzer Humor. Nein, ich habe einfach irgendwann gemerkt, dass mir manche sogenannten Männerarbeiten Spaß machen. Zum Beispiel das Anschließen der Waschmaschine in meiner ersten Wohnung nach der Trennung. Mit dem Auto hab ich's allerdings immer noch nicht. Ich war eigentlich schon immer ein Querdenker und ich komme auch aus einer solchen Familie. Mein Vater hat schon gekocht, bevor Alice Schwarzer & Co. die Gleichberechtigung der Frauen propagierte – weil er einen Heidenspaß dabei hatte. Ich wurde also zu freiheitlichem Denken erzogen. Jeder hat doch Dinge, die ihm einfach Spaß machen und andere, die er hasst. Ich liebe es zu kochen – und ich hasse es zu putzen. Aber noch mehr als putzen hasse ich Diskussionen, womöglich noch über das Putzen. Eine kleine persönliche Geschichte hierzu: Mein erster Mann war aus feministischer Sicht der perfekte Ehemann – er hat gekocht, geputzt, gebügelt. Keine meiner Freundinnen hat damals verstanden, als ich mich von ihm getrennt habe. Meine Antwort war immer: Wenn ich eine Haushälterin will, dann stelle ich mir eine ein – dazu muss ich nicht heiraten. Mein jetziger Mann putzt nicht. Oder nur höchst selten. Ich auch nicht. In den meisten Familien gäbe das immer einen Riesenstress. Bei uns nicht – der, den es stört, der putzt. Mich stört es meistens früher. Bei seiner Ex-Frau hatte mein Mann auf Anraten der Eheberatung einen Putzplan. Den er ignorierte. Ich unterhalte mich wahnsinnig gerne über Gott und die Welt. In deutschen Partnerschaften sollen es laut einer Studie gerade mal drei Minuten sein, in der sich die Partner unterhalten. Bei uns ist das ein Hundertfaches. Putzen & Co. gehört nicht dazu. Ich denke, wenn wir alles ein wenig lockerer sehen würden, dann wäre sowohl den Frauen wie auch den Männern damit gedient. Ich finde, es gibt eine Vielzahl von weit interessanteren Themen als die Hausarbeit.

Zum Weiterlesen: Bettina Peters: Männer, wehrt Euch!
Hierophant-Verlag 2007

MARKUS GRÜBEL: „ICH SEHE GENDER MAINSTREAMING AUCH ALS GROSSE CHANCE."

Markus Grübel ist Bundestagsabgeordneter der CDU und als solcher Mitglied im Ausschuss für Familie, Senioren, Frauen und Jugend des deutschen Bundestages. In seinem Wahlkreis Esslingen ist er als Notar tätig.

Hoffmann: Herr Grübel, Sie haben, wie die Berliner „taz" es nannte, die „erste Männerrechtler-Rede des deutschen Bundestages gehalten". Warum wurden die spezifischen Anliegen von Männern als Gruppe von der Politik zuvor kaum gesehen und wie kam es, dass Sie als erster Bundestagsabgeordneter diese Einäugigkeit überwanden?

Grübel: Mir geht es gar nicht einseitig um Männerrechte. Es geht mir darum, dass die Gleichstellungspolitik aus der feministischen Ecke herauskommt und die Männer auf einen gemeinsamen Weg mitnimmt. Das war auch meine Motivation, diese Rede zu halten. Wieso vorher noch keiner auf die Idee gekommen ist, weiß ich nicht. Ich denke, viele Männer haben immer noch Angst, darüber zu sprechen, dass es auch Bereiche gibt, in denen sie benachteiligt sind. Das gilt häufig unberechtigterweise immer noch als unmännlich.

Hoffmann: Was sind in Ihren Augen die vorrangigen Aufgaben einer „Männerpolitik" auf Bundesebene?

Grübel: Ich spreche lieber von moderner Gleichstellungspolitik. Die setzt für mich dort an, wo ein Mensch aufgrund seines Geschlechts Unterstützung und Förderung braucht. Das können Frauen sein, aber auch Männer. Ich gehe durchaus davon aus, dass es in erster Linie Frauen sind, die gefördert werden müssen. Aber halt auch Männer. Die Vätermonate von Frau von der Leyen begrüße ich zum Beispiel ausdrücklich, weil es dadurch immer selbstverständlicher wird, dass

Männer auch Elternzeit nehmen. Denn wie eine Studie des Bundesfamilienministeriums „Facetten einer Vaterschaft – Perspektiven einer innovativen Väterpolitik" zeigt, ist die Arbeitswelt häufig noch von der traditionellen Auffassung geprägt, die für Männer eine völlige Präsenz am Arbeitsplatz einfordert. Aber die meisten jungen Männer wollen Zeit haben für ihre Kinder und aktive Väter sein. Ein weiteres sehr gutes Vorhaben ist für mich das Projekt „Neue Wege für Jungs". Es hat bereits schon zum zweiten Mal den Wettbewerb „Fort-Schritte wagen!", der vom Bundesfamilienministerium gefördert wird, ausgeschrieben. Ziel des Wettbewerbs ist es, Jungen altersgerecht neue Wege und Perspektiven für ihre Berufs- und Lebensplanung aufzuzeigen, wie zum Beispiel auch in eher typischen Frauenberufen.

Hoffmann: Welche Reaktionen gab es auf Ihre Reden?

Grübel: Ich habe nur positive Reaktionen erhalten, sowohl von Männern, als auch von Frauen.

Hoffmann: In Österreich ist Männerpolitik inzwischen auch institutionell verankert; so gibt es als Unterabteilung des Ministeriums für Soziales ein eigenes „Männerministerium", das mit Anfragen und Hilferufen überflutet wird. In Deutschland gibt es lediglich ein Frauenministerium, und dessen Gleichstellungsabteilung besteht, wie Sie in einer Ihrer Reden anmerkten, auch nur aus Frauen. Wie schätzen Sie die Möglichkeiten ein, auch hierzulande solche einseitigen Strukturen aufbrechen?

Grübel: Inzwischen sind in der Gleichstellungsabteilung auch Männer. Es tut sich also langsam etwas.

Hoffmann: Ob Gender Mainstreaming eine positive oder eine negative Herangehensweise ist, ist selbst unter ausgewiesenen Männerrechtlern umstritten. Manche sehen GM als große Chance, andere als reinen Deckmantel der bisherigen einseitigen Frauenförderung. Wie stehen Sie dazu?

Grübel: Ich sehe Gender Mainstreaming auch als große Chance. Denn beim Gender Mainstreaming geht es darum, in allen Politikfeldern die unterschiedlichen Lebensweisen und Bedürfnisse von Männern und Frauen im Blick zu haben. Das ist genau das, was ich unter moderner Gleichstellungspolitik verstehe, nämlich bei Frauen und Männern anzusetzen. In der Praxis wird Gender Mainstreaming jedoch noch viel zu oft nur auf Frauen bezogen.

Hoffmann: In Ihrer Rede vom März 2005 sagten Sie: „Die selbst ernannte Frauenpartei, die Grünen, schützt im Moment nicht wirklich die Frauen." Was meinten Sie damit?

Grübel: Es ging darum, dass dank der leichtfertigen Visa-Praxis von Rot-Grün der Frauenhandel zum risikoärmsten Geschäft der organisierten Kriminalität geworden ist.

Hoffmann: Auf Ihrer Website www.markus-gruebel.de präsentieren Sie sich als ausgesprochen bürgernah und mit einem offenen Ohr für die Anliegen von Menschen Ihres Wahlkreises. Werden dabei häufig Anliegen mit einem männer- oder väterpolitischen Hintergrund an Sie herangetragen?

Grübel: Nein, gar nicht. Aber das liegt vielleicht auch daran, dass viele Männer sich immer noch genieren, ihre „männerspezifischen Anliegen" vorzutragen.

Hoffmann: Was ist generell die wirkungsvollste Möglichkeit für mich als Bürger, meine Stimme hörbar zu machen und z.B. Sie oder andere Abgeordnete mit meinen Anliegen als Mann oder Vater zu erreichen? Können Sie unseren Lesern hier ein paar Tipps geben?

Grübel: Schreiben Sie einen Brief oder eine Mail mit Ihrem Anliegen oder bitten Sie Ihren Wahlkreisabgeordneten um ein persönliches Gespräch.

Hoffmann: Wie möchten Sie Ihre persönliche männerpolitische Arbeit fortsetzen?

Grübel: So wie bisher. Auf die Missstände unverkrampft hinweisen, ohne dabei ideologisch zu werden.

Hoffmann: Unabhängig von Ihren Wünschen, sondern mehr im Sinne einer Prognose: Wie, glauben Sie, wird sich Geschlechterpolitik insgesamt in Deutschland weiterentwickeln?

Grübel: Es wird noch ein langer Weg sein. Die vollständige Gleichstellung werden wir wohl nie erreichen. Aber in einigen Bereichen ist dies ja auch gar nicht erstrebenswert…

Zum Weiterlesen: Für alles gibt´s ein erstes Mal. Das Buch der Bahnbrecher, Vordenker und Neutöner. Campus 2002

JULIA BENNWITZ:
„DAS GESAMTTHEMA
DER HÄUSLICHEN GEWALT
MUSS AUF DEN TISCH."

Die Soziologin Julia Bennwitz beendete im Jahr 2006 an der Universität Mainz ihre Magisterarbeit über „Physische und psychische Gewalt gegen Männer in heterosexuellen Partnerschaften". Die Arbeit wurde mit der Note 1,0 bewertet und soll, sobald sich ein Verlag dafür findet, als wissenschaftliches Fachbuch erscheinen.

Hoffmann: Wie bist du denn überhaupt auf dieses Thema gekommen?

Bennwitz: Als ich mich für das Thema „Gewalt gegen Männer in heterosexuellen Partnerschaften" entschied, hatte ich noch keinen tieferen Einblick in die Problematik und keine Vorstellung von dem erforderlichen Aufwand der Bearbeitung. Mir war nur klar, dass ich eine qualitative Untersuchung mit Interviews durchführen wollte, und ich hatte eine Bemerkung meines Betreuers an der Universität Mainz, des Familiensoziologen Professor Norbert Schneider, aus einem Seminar im Gedächtnis behalten, dass dieses Thema in Deutschland wenig bearbeitet sei. Zwar hatte ich auch einige andere Themen aus dem weiten Bereich der Familiensoziologie im Visier, doch gab dann rasch meine Lektüre den Ausschlag, die mich erkennen ließ, dass auch die „wissenschaftliche" Auseinandersetzung mit dem Thema auffällig polemisch und mit persönlichen Angriffen geführt wurde. Das hat mich gereizt.

Hoffmann: Fokuspunkt dieser oft polemischen Auseinandersetzung ist die Frage, ob häusliche Gewalt zwischen den Geschlechtern gleich verteilt ist oder nicht. Du hast eine ganze Reihe von Studien dazu näher untersucht. Zu welchem Fazit bist du gelangt?

Bennwitz: Die in ihrer Fülle kaum zu überblickenden Forschungen führender US-amerikanischer Familiensoziologen haben meiner Einschätzung nach empirisch aussagekräftige Resultate erzielt. Danach verteilt sich häusliche Gewalt annähernd gleich auf beide Geschlechter, wobei der Fokus bei der nordamerikanischen Forschung auf körperlichen Konfliktlösungsstrategien in Familien liegt. Im Vergleich erweist sich die Erforschung der häuslichen Gewalt und insbesondere der Gewalt gegen Männer durch Partnerinnen in Deutschland, aber auch in anderen europäischen Ländern, als rückständig. Obwohl repräsentative Studien hierzulande weitgehend fehlen, haben allerdings Untersuchungen mit kleineren Samples Ergebnisse erzielt, die den amerikanischen durchaus nahekommen.

Hoffmann: Warum, glaubst du, wird die Erforschung dieses Problems in Deutschland im Vergleich zu den USA so vernachlässigt?

Bennwitz: Einsichtig ist mir das auch nicht. Allerdings hatten der Familiensoziologe und Gewaltforscher Murray Straus und seine KollegInnen ebenfalls große Probleme, ihre – sie zum Teil auch selbst überraschenden – Ergebnisse in den USA gegen andere Positionen zu vertreten, und das über mehr als drei Jahrzehnte hinweg. Aber diese Forschungsgruppe hat ihre repräsentativen Untersuchungen zu Konfliktlösungen in Familien und Partnerschaften trotz mancher Anfeindungen konsequent fortgesetzt, ihr standardisiertes Fragenraster auch nach manchen kritischen Einwänden weiterentwickelt und ihre neuen Ergebnisse sofort im Internet und im Druck publiziert. Die empirische soziologische Forschung in Nordamerika ist natürlich auf vielen Feldern führend und strahlt über die englische Sprache auch in viele andere Länder in allen Kontinenten aus. Allein für das Thema der häuslichen Gewalt gibt es in der englischsprachigen Welt eine enorme Anzahl wissenschaftlicher Spezialzeitschriften. Im Vergleich dazu fehlt es in Deutschland sicher an finanziellen Voraussetzungen, aber meiner Ansicht nach vor allem an dem konsequenten Willen, die Ansätze und Ergebnisse der amerikanischen Forschung hierzulande zu testen.

Hoffmann: Du schreibst in deiner Arbeit, dass eine Wahrnehmungsblockade gegenüber männlichen Opfern von häuslicher Gewalt weiterhin aufrechterhalten werde. So werde von manchen Feministinnen unterstellt, dass damit die gesellschaftliche Aufmerksamkeit nur von der Gewalt gegen Frauen abgelenkt werden solle. Auch würden Forschungserkenntnisse ignoriert oder mit außerwissenschaftlichen, einseitig die Frauen entlastenden, Einwänden in Zweifel gezogen. Ich habe ähnliches erlebt: Opfer wurden mit „Irgendwie musst du sie doch provoziert haben!" abgewiegelt, Forscher als „Scharlatane" beschimpft. Einige tun sogar so, als entsprängen diese Zahlen nicht der wissenschaftlichen Gewaltforschung, sondern seien Propagandazahlen der Männerbewegung. Wie erklärst du dir diese massiven Abwehrversuche?

Bennwitz: Zunächst ist anzumerken, dass die Wahrnehmung und die Beschäftigung mit dem sozialen Problem der häuslichen Gewalt gegen Männer nicht nur von einem großen Anteil der Feministinnen geleugnet, sondern meiner Einschätzung nach von den Medien und einer überwiegenden Mehrheit der Bevölkerung in Zweifel gezogen oder überhaupt nicht gesehen wird. Das liegt sicher daran, dass dieses Phänomen nicht in die überkommenen Rollenvorstellungen von Mann und Frau passt. Dazu nur ein Beispiel: Ein Interviewpartner, der auch im „Väteraufbruch für Kinder" aktiv ist, fragte mich, ob ich bereit sei, meine Ergebnisse innerhalb einer Veranstaltung des Väteraufbruchs vorzustellen. Mit meiner Einwilligung brachte er diese Idee bei einem Treffen des Väteraufbruchs zur Abstimmung. Sein Vorschlag wurde gegen seine Stimme vom gesamten Rest der Teilnehmer abgelehnt. Das heißt: Auch eine sich zum Feminismus kritisch verhaltende Bewegung wie der Väteraufbruch hat anscheinend nicht etwa ein genuines Interesse an diesem Thema, ohne dass ich das Einzelbeispiel verallgemeinern möchte. Es besteht weitgehend die Annahme, dass Männer, die häusliche Gewalt erleben, lediglich in der Minderheit sind, wenn nicht gar als Einzelfall betrachtet werden müssen. Dafür sind meiner Meinung nach unterschiedliche Gründe ursächlich: Gewalt im sozialen Nahraum ist grundsätzlich tabuisiert. „Partnerschaft" ist eng mit positiven Assoziationen verbunden, und die Einmischung Dritter in partnerschaftliche Auseinandersetzungen wird überwiegend vermieden. Privates soll privat bleiben. Wenn jemandem in diesem tabuisierten Raum Hilfe gebührt, dann dem Schwächeren, womit durchgängig Kinder und Frauen assoziiert werden. Diese Assoziationen werden zugleich kultiviert und immer wieder verstärkt, und das massenhaft in Wort, Bild und Ton: Man betrachte nur die Publikationen des Bundesministeriums für Familie, Senioren, Frauen und Jugend zu häuslicher Gewalt. Auf dem Cover einer CD mit dem neutralen Titel: „Häusliche Gewalt: Informationen für Betroffene" sind zwei Frauen abgebildet. Eine Dame legt der anderen, sehr bleich und deprimiert aussehenden Frau eine Hand auf die Schulter. Damit wird signalisiert: Die Frau ist das Opfer. Liest man den Text auf der Rückseite: „Informationen für Betroffene, ermöglicht auch BetriebsrätInnen und Frauenbeauftragten, von Gewalt betroffene Kolleginnen zu informieren – ohne dass sie selbst ExpertInnen sein müssen", dann ist der neutrale Titel der CD für Männer, die von der Gewalt ihrer Partnerin betroffen sind und aus dieser Situation heraus Rat und Aufklärung suchen, eine Mogelpackung. Und letztlich geht es immer auch um Gelder, die bereits verteilt sind, um Positionen, die vergeben sind. Bei der Verteilung knapper finanzieller Mittel, die in präventive oder unterstützende Maßnahmen investiert werden, besteht sicherlich die große und auch berechtigte Sorge, dass eine Um- oder Neuverteilung stattfinden müsste, wenn das tatsächliche Ausmaß von Gewalt innerhalb des sozialen Nahraums offenbar werden würde. Wenn deutlich würde, dass Gewalt gegen Frauen nicht *das* soziale Problem ist, sondern *ein* soziales Problem – neben der Gewalt gegen Kinder, gegen Senioren, gegen Männer.

Hoffmann: In deiner Arbeit erwähnst du auch die Polemik des einflussreichen amerikanischen Familiensoziologen Michael Kimmel gegen ein von den Gewaltforschern um Straus angelegtes Messverfahren, die sogenannte Konflikttaktikskala (CTS). Diese erfasse Kimmel zufolge leichte Aggressionshandlungen ebenso als Gewalt wie schwere und verzerre so das Gesamtbild zuungunsten der Frauen. Auch werde der Kontext ausgeblendet, etwa ob gewalttätige Frauen sich lediglich zur Wehr setzten. Manche Feministinnen stellen die Konflikttaktikskala sogar so dar, als sei sie komplett unwissenschaftlich. Was kannst du zu Kimmels Kritik sagen?

Bennwitz: Straus und seine Mitarbeiter haben durch die CTS erst einmal viele Menschen überhaupt dazu gebracht, über ihre Erfahrungen mit häuslicher Gewalt zu reden, weil das Frageraster nicht an strafrechtlich relevanten Kategorien orientiert war. Diese Forscher haben die CTS auch immer wieder revidiert, so dass zu ihrer eigenen Überraschung innerhalb einer repräsentativen Untersuchung im Jahre 1985 das Ergebnis zutage trat, dass 50 Prozent der befragten Frauen selbst angaben, zuerst Gewalt angewendet zu haben. Dieses Ergebnis zog die von Straus und anderen selbst immer wieder angeführte These, dass Frauen Gewalt überwiegend als Selbstverteidigung anwenden würden, stark in Zweifel. Michael Kimmel erkennt zwar die wissenschaftliche Themenstellung „Gewalt durch Frauen" an, verweist aber gleichzeitig auf die häufigere außerhäusliche Gewaltausübung durch Männer und auf die schwerere häusliche Gewalt durch Männer. Das ist ja auch bei Straus nicht strittig. Die Pointe ist ja gerade, dass Frauen und Männer in Partnerschaftskonflikten etwa gleich häufig Gewalt ausüben und dass Frauen durchaus auch zur Ausübung schwerer Gewalt greifen.

Hoffmann: Gibt es denn ein Messverfahren, das der Konflikttaktikskala überlegen wäre?

Bennwitz: Wenn die Form der Gewalt, die Häufigkeit, der Initiator und die Verletzungsfolgen untersucht werden sollen, dann ist die CTS meiner Ansicht nach ein gutes und geeignetes Instrument für umfangreiche und repräsentative Erhebungen. Dabei kann in Interviews oder auf Fragebögen gerade bei hohen Frequenzen von Gewaltereignissen nicht von einer hundertprozentigen Deckungsgleichheit mit der Realität ausgegangen werden. Niemand zählt jeden Tritt und jeden Schlag. Einige meiner Interviewpartner haben sich im

Nachhinein noch an weitere Angriffe erinnert, die sie erlitten haben und die in meine Auswertungen nicht mehr einfließen konnten. Richtet sich das Forschungsinteresse über das bloße Quantifizieren hinaus auf weitere Fragestellungen, etwa wie Gewalt erlebt wird, was als besonders belastend erfahren wird oder welche Dynamik im Gewaltgeschehen ablief, dann kann man dies definitiv nur qualitativ bearbeiten, so wie ich dies innerhalb meiner Arbeit umgesetzt habe. Aber diese Form der Untersuchung ist wiederum repräsentativ nicht zu leisten. Ich wüsste nicht, wer für eine qualitative massenhafte Untersuchung das erforderliche Budget zur Verfügung stellen könnte.

Hoffmann: Im Wikipedia-Artikel über häusliche Gewalt ist von „einigen tausend weltweit mit anderen Methoden durchgeführten Untersuchungen" aus früheren Zeiten die Rede, welche zu komplett anderen Ergebnissen als die Studien mit Hilfe der Konflikttaktikskala geführt haben. Leider fehlt hier in einer für die Wikipedia typischen Weise jede Quellenangabe auf auch nur eine einzige dieser Untersuchungen. Gibt es diese Tausende von Studien überhaupt? Und was wäre dazu zu sagen?

Bennwitz: Natürlich gibt es neben Straus & Co. auch andere Forscher, die unterschiedliche Fragestellungen verfolgen, zum Teil von vornherein nur einschlägige Polizei- oder Gerichtsakten analysieren. Zum Teil wurden auch in den USA „unangenehme" Ergebnisse unterdrückt, wie bei der Erhebung der „Kentucky Commission on Women". Wenn bei Wikipedia von mehreren tausend sozialwissenschaftlichen Erhebungen zu Partnergewalt innerhalb Europas gesprochen wird, so nehme ich an, dass es von vornherein vornehmlich um Studien zu Gewalt gegen Frauen geht. Die Überlegenheit der Konflikttaktikskala besteht ja gerade darin, dass sie gleichsam geschlechtneutrale Fragen an die Konfliktpartner stellt.

Hoffmann: Du erwähnst eine Schrift des Bundesministeriums für Familie, der zufolge die Rate misshandelter Ehefrauen in Deutschland irgendwo zwischen 100.000 und vier Millionen liege. Wie gesichert ist diese Schätzung?

Bennwitz: Abgesehen davon, dass diese Spannweite keinen Sinn macht, stammt die Schrift aus dem Jahre 1987, und ich schließe mich der Bewertung von Steffen und Polz an, dass für Deutschland immer noch eine empirische Grundlage fehlt.

Hoffmann: Der dänische Gewaltforscher Bonde äußerte einmal, heute gälten schlagkräftige Frauen als progressiv und prügelnde Männer als reaktionär. Teilst du Bondes Eindruck?

Bennwitz: Meiner Einschätzung nach sind prügelnde Ehemänner oder Partner in weiten Teilen Europas nicht mehr „salonfähig", und diese Entwicklung ist ein wichtiger Schritt für die positive Deutung von Männer-, Frauen- und Partnerschaftsbildern. Dass einem Mann mit der Eheschließung nicht das Recht, quasi als Naturgesetz, in den Schoß gelegt wird, gegen seine Partnerin körperlich gewalttätig zu werden, halte ich für ein großes Verdienst der Frauenbewegung. Im Gegensatz zu dieser Veränderung kann man aber auch feststellen, dass immer wieder Werbung mit Frauen, die Gewalt gegen einen Mann anwenden, inszeniert und demnach als positiv und gewinnbringend assoziiert wird. Ob prügelnde Frauen von der Mehrheit tatsächlich als progressiv verstanden werden, sobald Hintergründe und auch Auswirkungen wie körperliche Verletzungen, psychische Beeinträchtigungen vom männlichen Partner und von Kindern mitgedacht werden, möchte ich bezweifeln.

Hoffmann: Gibt es auch Erkenntnisse über sexuelle Gewalt durch Frauen gegen erwachsene Männer?

Bennwitz: Ich habe in meiner Untersuchung diese Kategorie nicht speziell berücksichtigt, weil sie schwer einzugrenzen ist, nochmals verstärkt tabuisiert wird und in besonders hohem Maße von der subjektiven Einschätzung von Opfern und Tätern abhängig ist. Es gibt Männer, die jegliche Verweigerung von Geschlechtsverkehr durch die Partnerin als sexuelle Gewalt deuten. Aber einzelne Formen der psychischen und der physischen Gewalt, über die Männer mir berichtet haben, würde ich durchaus als sexuelle Gewalt interpretieren. Ich nenne für jede Form ein Beispiel. Einer meiner Interviewpartner verweigerte den Geschlechtsverkehr, nachdem seine Partnerin physisch gewalttätig geworden war. Daraufhin beschimpfte sie ihn, er würde es ja nicht bringen, er sei ja ohnehin zu alt. Das würde ich als psychische Gewalt in der Form einer sexuellen Demütigung bezeichnen. Einem anderen Mann rammte seine Partnerin in Anwesenheit von ihren Freundinnen gezielt das Knie in die Genitalien. Da kommt zu der psychischen Gewalt, die das Opfer als schwerer beurteilte, schon ein Akt erheblicher physischer Gewalt dazu, die natürlich eindeutig in einen sexuellen Kontext gehört.

Hoffmann: In der Gewaltstudie des Bundesfrauenministeriums schickten 200 Männer die ausgeteilten Fragebögen zurück. Dazu schreibst du: „Von 43 Männern, die über körperliche Gewalt und erzwungene sexuelle Handlungen durch ihre Partnerin sprachen, wurden immerhin zehn Männer mindestens einmal sichtbar verletzt, jeder fünfte Mann hatte Angst vor ernsthaften und lebensgefährlichen Verletzungen, 26 Männer hatten in Gewalthandlungen schon einmal das Gefühl der Hilflosigkeit und des Kontrollverlustes erlebt, 20 gaben an, sich nie gewehrt zu haben, und 24 Männer berichteten, nicht zuerst geschlagen zu haben. Dennoch befanden 81,4 Prozent der Männer, dass diese Art der Kommunikation schon mal vorkommen könne, und nur elf Männer meinten, überhaupt einen Akt der Gewalt erlebt zu haben. Im Hinblick auf eine Bestrafung beurteilten fünf jener 43 Männer die erlittene Gewalttat als hinreichend für strafrechtliche Sanktionen, doch zeigte keiner die Tat an." Warum blenden Männer ihre eigenen Opfererfahrungen derart massiv aus?

Bennwitz: Diese Frage hätte sich innerhalb eines qualitativen Interviews sicherlich anschließen müssen. Aber die Motive, die ich aus anderen Untersuchungen kenne – die quantifizierenden amerikanischen Familiensoziologen nennen das „under-reporting" – und die mir in meinen Interviews begegnet sind, sind vielfältig und komplex. Eine Strafanzeige löst ja weder für Männer noch für Frauen zwingend und ideal das Problem gewalttätiger Konfliktlösungen in der Partnerschaft. Da geht es um Familien mit Kindern, um langjährige Partnerschaften, um symbiotische Beziehungen, die auf dem Spiel stehen und die meiner Erfahrung nach nicht so schnell geopfert werden, um das Fehlen von überzeugenden Alternativen. Für Männer, die mit ihren Kindern vor einer gewalttätigen Partnerin und Mutter fliehen wollen, gibt es ja nicht einmal den Frauenhäusern vergleichbare Asyle. Meine Interviewpartner haben zum Teil über Jahre hinweg massive physische und psychische Gewalt ertragen, auch um die gemeinsamen Kinder vor der zunehmend eskalierenden Gewalt der Kindesmutter zu schützen. Ein Teilergebnis meiner Arbeit ist, dass Männer aus den gleichen Gründen wie Frauen, also hauptsächlich der Kinder wegen, im Gewaltkontext verharren. Die überwiegende Mehrheit der von mir interviewten Männer hat die anfänglichen Gewaltausbrüche zunächst zu bagatellisieren versucht, auch um die belastenden Ereignisse mit ihrem männlichen Selbstverständnis irgendwie in Einklang bringen zu können. Männer waren traditionell sehr viel früher in Gewaltkontexte eingebunden als das Frauen waren, wenn man an Rangeleien auf dem Schulhof und in den Wohnvierteln denkt. Zwar scheint das weibliche Geschlecht nach neuesten Forschungen seinen Rückstand auf diesem Gebiet aufzuholen, aber auch meine Interviewpartner sprachen über Gewalt im Kindes- und Jugendalter innerhalb der eigenen Generation als quasi naturgegeben und deuteten diese Formen der körperlichen Auseinandersetzung nicht zwingend als Gewalt.

Hoffmann: Du hast auch eine ganze Reihe von Unstimmigkeiten zwischen der 350-seitigen Langfassung der Studie des Ministeriums und der für die Öffentlichkeit bestimmten Kurzfassung aufgelistet. Wie erklärst du dir diese Diskrepanz?

Bennwitz: Die Langfassung hat ein sehr viel größeres Volumen als 350 Seiten. Ich denke, dass es an den finanziellen Möglichkeiten nicht gelegen haben kann. Immerhin haben drei Projektpartner daran teilgenommen, an Supervision wurde gedacht, unterschiedliche Erhebungsinstrumente kamen zum Tragen. Im besten Fall sind diese Unstimmigkeiten auf einen starken Termindruck zurückzuführen. Bei einer solch umfangreichen Konzeption mit diesen zahlreichen Gewaltfeldern ist es schon ein Problem, den Überblick zu behalten. Natürlich sind die Abweichungen und Fehler unglücklich, aber es handelt sich ja um eine Pilotstudie, und im Vorwort wird schon darauf hingewiesen, dass die Notwendigkeit gesehen wird, eine Hauptstudie mit repräsentativer Stichprobe durchführen zu wollen. Insofern bin ich sehr gespannt auf das Vorhaben und biete meine Arbeitskraft als Familiensoziologin mit besonderer Erfahrung in qualitativen Interviews natürlich gern an. Selbstverständlich hätte es mich persönlich interessiert, wenn die Untersuchung mehr für mein Thema erbracht hätte. So habe ich mich stark auf die repräsentativen amerikanischen Untersuchungen stützen müssen. Ich bin jedenfalls gespannt, wann das Bundesministerium die Notwendigkeit erkennt, eine entsprechende erweiterte Studie in Auftrag zu geben. Was mich allerdings irritiert ist, dass sich der wissenschaftliche Beirat mehrheitlich aus Personen zusammensetzt, die in der polarisierten öffentlichen Diskussion eine empirische Beschäftigung mit dem Thema der Gewalt gegen Männer in heterosexuellen Partnerschaften von vornherein für mehr oder weniger überflüssig halten.

Hoffmann: Schließlich hast du selbst 17 von häuslicher Gewalt betroffene Männer interviewt. Bei der Suche nach Betroffenen hast du zunächst bei deinem eigenen Bekanntenkreis begonnen. Wie waren da die Reaktionen?

Bennwitz: Obwohl ich im Bekanntenkreis von Beginn an einem starken Interesse für mein Thema begegnete, wurden mir über Bekannte keine Interviewpartner vermittelt. Insbesondere männliche Kommilitonen hatten höchstens einen lockeren Spruch auf den Lippen. Manchmal war es mir sogar zu blöd, darauf einzugehen. Großes Interesse wurde meinem Magisterthema auch im Kolloquium an der Universität entgegengebracht, aber auch dort waren die Reaktionen eine Gemengelage aus Neugier, Interesse und Ungläubigkeit. Dabei fielen Stellungnahmen, die mit „ich glaube kaum" oder „ich kann mir nicht vorstellen, dass" begannen, was für Studenten der empirischen Sozialwissenschaft eher unüblich ist. Ebenso interessant sind aber auch meine eigenen Verhaltensweisen beim „Rekrutieren" von Interviewpartnern: Ich wusste z.B. über Dritte, dass ein Mann aus meinem näheren Bekanntenkreis physische Gewalt durch seine ehemalige Partnerin erlebt hatte. Es war mir jedoch einfach nicht möglich, ihn direkt darauf anzusprechen. Indirekt berichtete ich ihm sogar mehrmals von der von mir gesichteten Literatur, vor allem von den Ergebnissen der US-amerikanischen Forschung. Aber er wollte sich mir nicht „zu erkennen geben", was ich selbstverständlich akzeptieren musste. Forschungsarbeiten, die das Thema „Gewalt innerhalb des sozialen Nahraums" thematisieren, müssen eben die Einschränkung akzeptieren, dass nicht jeder, der davon betroffen ist und etwas zu weitergehenden Erkenntnissen beitragen könnte, auch zu Auskünften zu gewinnen ist.

Hoffmann: Die Berichte deiner Gesprächspartner lesen sich oft recht aufwühlend. Eine Frau verfolgte ihren Partner mit dem Tranchiermesser, eine faxte ihm Morddrohungen ins Büro und eine weitere Frau verknüpfte den von ihr nicht mehr erwünschten Sexualkontakt symbolisch mit unfinanzierbaren materiellen Forderungen, um ihre Sexualität ausschließlich mit ihrem heimlichen Liebhaber zu leben. Häufig und auf unterschiedliche Art werden offenbar auch Kinder als Waffe eingesetzt, was die befragten Männer besonders schockierte. War es nicht auch für dich selbst emotional belastend, immer wieder solche Berichte zu hören – weit ausführlicher, als ich sie hier zusammenfasse?

Bennwitz: Es war nicht durchgängig belastend, sonst wäre ich auch nicht in der Lage gewesen, meine Arbeit mit einer möglichst hohen Distanz zu schreiben. Das Forschungsdesign meiner Arbeit ging auch von Anfang an darüber hinaus, einen Katalog von Gewalttätigkeiten, seien sie physischer oder psychischer Form, anzusammeln. Vielmehr stand im Vordergrund meiner Arbeit, den Ablauf, den Kontext und die Dynamik des Geschehens zu beschreiben und herauszufiltern, wie und was Männer überhaupt als Gewalt innerhalb einer heterosexuellen Partnerschaft erleben. Nicht zuletzt ging es auch darum, wie von partnerschaftlicher Gewalt betroffene Männer ihr Erleben einordnen und werten. Insofern war ich auch mit dem umfangreichen Gewaltgeschehen übergeordneten Fragestellungen beschäftigt. Persönlich eher schwierig war die Tatsache, dass einige Interviewpartner von mir psychologische „Ratschläge" zu erfahren erhofften, weil sie mich zum Teil über Stunden hinweg in ihre Geschichte eingeweiht hatten. Für manche war es die erste Äußerung über ihre Erfahrungen überhaupt. Natürlich wollte ich keine Hilfe verweigern, aber man muss im Interview auch seine Grenzen kennen, und diese musste ich auch manchmal deutlich formulieren. Da ich in gewisser Weise vorher kalkuliert hatte, dass ich mit solchen Hilferufen konfrontiert werde, habe ich auch mit einem engagierten Mitarbeiter einer Männerberatungsstelle vereinbart, seine Telefonnummer nennen zu dürfen. Und natürlich ist es problematisch, wenn man feststellt, dass es wahrscheinlich keine Änderung in dem Konfliktverhalten der Frauen geben wird, weil auch ihnen durch die Tabuisierung ihrer Gewalt keine Hilfe zuteil wird, die meiner Einschätzung nach in einigen Fällen dringend angeraten wäre.

Hoffmann: Für mich war es durchaus belastend, mich erst mit den Berichten von Männern zu beschäftigen, die von ihren Partnerinnen geschlagen oder als Jungen von ihren Müttern sexuell missbraucht worden waren, um dann dafür nach meiner Veröffentlichung von einigen Radikalfeministinnen massiv angegangen zu werden. Die Palette rangiert mittlerweile zwischen Verleumdungskampagnen und Versuchen, mich beruflich zu vernichten. Dir ist ja bekannt, dass es anderen Forschern ähnlich ging. Hast du keine Angst vor entsprechenden Repressalien gegen dich und deine noch junge Karriere?

Bennwitz: Nein, ich hatte und habe keine Angst, mich für dieses Thema entschieden zu haben. Ich bin davon überzeugt, dass wissenschaftliche Forschung unabhängig von etwaigen realen oder irrealen Bedrohungen sein muss. Und diese Chance der wissenschaftlich freien Wahl eines Themas habe ich genutzt. Wer weiß, ob ich diese Möglichkeit in meinem Arbeitsleben jemals wiederholen kann. Ich bin hundertprozentig davon überzeugt, dass dieses Thema mit meiner Form der Aufarbeitung die beste Wahl war. Mit Recht weisen die meisten Autorinnen und Autoren solcher Arbeiten darauf hin, dass mit der Beschäftigung der Gewalt gegen Männer eine offene, vorurteilsfreie Wahrnehmung aller Gewaltverhältnisse in Partnerschaft und Familie stattfinden solle. Auch ich halte bereits in der Einleitung auf Seite 2 meiner Arbeit die Ansätze und Ergebnisse jener Gewaltforschungen für wichtig, die Frauen als Objekte familialer Gewalt thematisieren. Es ist also nicht mein Interesse, männliche Gewaltopfer oder Gewalttäter gegen weibliche Gewaltopfer oder Gewalttäterinnen auszuspielen. Unabhängig vom Geschlecht gibt es einen wissenschaftlichen Rückstand auf dem Gebiet der familialen und partnerschaftlichen Gewalt, und dieses Defizit betrifft immerhin die engsten sozialen Beziehungen.

Hoffmann: Einige deiner Interviewpartner rechnen mit Nachteilen, sobald sie ihre Gewalterfahrungen veröffentlichen – inwiefern?

Bennwitz: 15 von 17 Männern, also die überwiegende Mehrheit meiner Interviewpartner, hatten mit ihrer gewalttätigen Partnerin gemeinsame Kinder, die zum Teil während der Partnerschaftsbiografie in das Gewaltgeschehen direkt eingebunden waren, sei es, dass sie selbst von körperlicher und psychischer Gewalt durch die Kindesmutter betroffen waren, sei es, dass sie als Druck- und Erpressungsmittel gegen den Kindesvater missbraucht wurden. Zur Zeit der Interviews lebten alle diese Väter von der Kindesmutter getrennt und litten mehrheitlich unter dem eingeschränkten oder verweigerten Recht, ihre Kinder besuchen zu dürfen. Zum Teil liefen auch Klagen gegen das der Kindesmutter zugesprochene Aufenthaltsbestimmungsrecht. Meiner Einschätzung nach waren die Sorgen vor einer Veröffentlichung der Gewalterfahrungen überwiegend dadurch bestimmt, dass weitere nachhaltige Schwierigkeiten auftreten könnten, die Kinder überhaupt zu sehen oder das Aufenthaltsbestimmungsrecht vor Gericht für sich zu erstreiten, wenn die Kindesmutter erfahren würde, dass das Schweigen über ihre Gewalthandlungen gebrochen wird. Und natürlich waren manche der gewaltbetroffenen Männer auch besorgt, ihre Anonymität könne durch Leser entschlüsselt werden, und dadurch werde offenkundig, dass Herr X ein von partnerschaftlicher Gewalt betroffener Mann ist. Diese Bedenken wurden im Laufe der Arbeit gewissermaßen auch zu meinen. Im Hinblick auf die Auswertung und Darstellung intimer Themen stehen Sozialwissenschaftler immer vor dem Dilemma, einerseits die zugesicherte Anonymität umfassend zu wahren und andererseits trotzdem die Erkenntnisse angemessen gründlich und verständlich darzustellen.

Hoffmann: Du berichtest in deiner Arbeit auch: „Manche Frauen weigerten sich [...], sich einem klärenden Gespräch zu stellen. Überwiegend wurden vielmehr die Angriffe verharmlost und als angemessen verteidigt, die Partner verhöhnt und, wie schon erwähnt, bedauerten einzelne auch, dass die Tätlichkeiten nicht schwerer und folgenreicher ausgefallen waren." Wie kann man hier überhaupt so etwas wie Einsicht erreichen?

Bennwitz: Ich bin ja keine ausgebildete Psycho- oder Familientherapeutin. Aber nach dem Kenntnisstand, den ich mir angeeignet habe, erlaube ich mir doch ein Urteil: Um das eigene Gewaltverhalten als etwas einzuordnen, das dem partnerschaftlichen und familiären Umgang, der Würde und der körperlichen und seelischen Unversehrtheit des Partners schadet, müssen Reflexionsprozesse über das eigene Verhalten einsetzen. Mehrheitlich haben diese psychischen Leistungen, so die Darstellungen der Männer, bei ihren gewalttätigen Partnerinnen nicht stattgefunden. In einigen Fällen kann sogar ganz klar analysiert werden, dass es den Frauen darum ging, den Partner aus dem gemeinsamen Leben zu drängen, ihm zu schaden oder ihn zu vernichten. Ursächlich waren bei manchen Frauen meiner Einschätzung nach psychische Störungen, die unbearbeitet und unbehandelt geblieben sind. Die den Gewalthandlungen ausgesetzten Männer agierten und reagierten in diesen Szenarien einfach nur hilflos. Insofern sehe ich keinen anderen Ausweg, als die psychologische oder psychiatrische Intervention durch Fachmänner und Fachfrauen zu suchen. Aber häufig verweigern sich ja die Gewalt Ausübenden einer solchen Hilfe.

Hoffmann: Gibt es bei der Polizei und anderen Behörden bei häuslicher Gewalt eine Parteilichkeit gegen Männer?

Bennwitz: Die Rolle der Polizei hat in der Diskussion um häusliche Gewalt immer ihren Platz, und es handelt sich meiner Einschätzung nach auch um berechtigte Fragen, die geklärt werden müssen und die anscheinend zunehmend auch in der Aus- und Weiterbildung von Polizeibeamten behandelt werden. Inwieweit können staatliche Behörden überhaupt einen deeskalierenden Einfluss auf partnerschaftliche Gewaltkontexte nehmen? Nach eigenen Aussagen der Behörden sind die Handlungsmöglichkeiten doch eher beschränkt und gehen über den Wohnungsverweis gegen den Gewalt Ausübenden nicht hinaus. Einsätze im häuslichen Gewaltkontext sind überaus unbeliebt, weil sie die Beamten überfordern. Ob es generell eine Parteilichkeit gegen Männer gibt, kann ich aufgrund meiner Arbeit nicht beantworten. In den Fällen, in denen die Polizei gerufen wurde, haben sich die Beamten überwiegend korrekt verhalten. Festzuhalten ist aufgrund meiner Ergebnisse, dass die überwiegende Zahl der Gewalthandlungen ablief, ohne dass die Polizei gerufen wurde. Auch wurde der Polizeinotruf keinesfalls immer durch den von Gewalt bedrohten Mann ausgelöst. Insofern fühlten sich die Partnerinnen meiner Interviewpartner, die die Polizei kontaktierten, trotz ihrer eigenen Gewalttätigkeiten irgendwie auf der sicheren Seite. Die meisten Angriffe der Partnerinnen blieben jedoch „ungesühnt", weil die betroffenen Männer einen Polizeinotruf nicht als angemessen empfanden oder sogar die Gefahr als höher einschätzten, selbst im Gegenzug der Gewaltanwendung beschuldigt zu werden.

Hoffmann: Welche Erfahrungen haben die von dir Befragten mit therapeutischer Hilfe, dem Jugendamt, Beratungsstellen oder Selbsthilfegruppen gemacht?

Bennwitz: Das sind natürlich Institutionen mit unterschiedlichen Aufgaben, unterschiedlichen Wirkungsfeldern und Einflussmöglichkeiten. In einem Fall erwiesen sich die Entscheidungen des Jugendamtes nicht nur als nicht ausreichend, sondern als absolut kontraproduktiv: Ein von der Gewalt der Partnerin betroffener Mann wurde durch Anordnung dieses Jugendamtes immer wieder in die partnerschaftliche Wohnung zurückgeschickt, wo er sicherstellen musste, dass die Kindesmutter, deren suizidale Absichten bekannt waren, nicht unbeaufsichtigt mit den gemeinsamen Kindern umgeht. Als der Mann vorschlug, er wolle lieber mit den Kindern vorübergehend bei seiner Mutter wohnen, hielt das Jugendamt dies für keine faire oder zumutbare Lösung mit Rücksicht auf die Mutter der Kinder und bot als Alternative an, die Kinder in einem Heim unterzubringen, was der Mann jedoch ablehnte. In diesem Fall war also das Jugendamt dafür verantwortlich, dass der Mann sich zum Schutz seiner Kinder über ein Jahr lang immer wieder der eskalierenden Gewalt seiner Partnerin aussetzen musste. Auch andere Interviewpartner sprachen fassungslos darüber, dass sie beim Jugendamt mit ihren Problemen auf taube Ohren gestoßen waren. Definitiv wurde an diesen Stellen niemals über das Gewaltschutzgesetz gesprochen. Meiner Einschätzung nach muss gerade in solchen Ämtern einiges passieren, damit von Gewalt betroffene Männer, auch zum Schutz der Kinder, kompetent beraten werden. Die Hilfesuche über Psychologen erbrachte häufig nicht die erhofften Wirkungen. Dabei stellten entgegen jeglicher Annahme signifikant viele Interviewpartner Kontakt zu psychologischen und lebensberatenden Institutionen her, um allein oder auch mit der Partnerin Hilfe zu suchen. Überwiegend scheiterten die gemeinsamen Besuche, weil, wie schon erwähnt, die gewalttätigen Frauen sich nicht für die Beratungen und Therapien aufgeschlossen zeigten. Wenn die Bereitschaft der Frau vorhanden war, reagierten aber auch Psychologen anscheinend nicht immer in angemessener Form. So forderte eine Psychologin z.B. vorab den Verzicht auf Gewalthandlungen mit der Begründung, dass sie erst dann mit dem Paar zusammenarbeiten könne. Selbsthilfegruppen haben offenkundig eine erhebliche Bedeutung für die von Gewalt der Partnerin betroffenen Männer, wenn der Kontakt zu solchen Gruppen auch meist erst nach der Trennung und nicht während der Gewalterfahrungen gefunden wird. Einen großen Teil meiner Interviewpartner habe ich ja nur über solche Gruppen ermitteln können. In Verbänden wie dem „Väteraufbruch" oder vergleichbaren Initiativen können Männer wenigstens über ihre Ohnmacht gegenüber den eingeschränkten Besuchsregelungen ihrer Kinder sprechen. Das Thema der erlittenen partnerschaftlichen Gewalt wird dort aber nicht explizit und offen angesprochen, bestenfalls kann ein Hilfe Suchender einige wenige Personen seines Vertrauens einbinden. Allerdings fühlt sich dort auch nicht jeder von Gewalt betroffene Mann wohl, und für kinderlose Männer ist ein solcher Verband von Vätern ohnehin nicht geeignet. Insofern wird es männlichen Gewaltbetroffenen überhaupt sehr schwer gemacht, angemessene Hilfe zu finden. Um sich über das Gewaltschutzgesetz beraten zu lassen, musste ein Interviewpartner sogar ins Frauenhaus.

Hoffmann: Kannst du männlichen Gewaltopfern generelle Tipps geben, wie sie sich am besten verhalten sollten?

Bennwitz: Die Frage ist pauschal nicht zu beantworten. Meiner Einschätzung nach ist die subjektive Verhaltensweise des Mannes von sehr vielen Faktoren abhängig: Inwieweit schafft es der Mann, sich erst einmal überhaupt einzugestehen, dass er von Gewalthandlungen seiner Partnerin betroffen ist, die mit keiner Erklärung zu rechtfertigen sind? Mit einer Erklärung könnte er seine Gewalterfahrung ja vielleicht tolerieren. Gibt es Kinder in der Partnerschaft, die auch auf den Schutz des Vaters angewiesen sind? Ist die Partnerin an psychologischer Hilfe interessiert, oder wehrt sie diese sogar mit Gewalt ab? Die von mir interviewten Männer fühlten sich überwiegend isoliert mit ihren Erlebnissen und sahen auch keine adäquaten Hilfsangebote. Das für mich nachvollziehbare Resümee eines Interviewpartners lautete: Gewaltbetroffene Männer sollten ihre Gewalterlebnisse vertrauten Personen mitteilen, um sich einerseits aus der sprachlosen Situation zu befreien und andererseits auch Dritte als Zeugen bei einem möglichen Rechtsstreit benennen zu können. Als ersten Schritt halte ich es in jedem Fall für sinnvoll, das Gespräch, eventuell auch in anonymer Form, mit jemandem zu suchen, der in einer Männerberatungsstelle tätig ist und sich explizit mit dem Thema beschäftigt. Es gibt einige wenige Ansprechpartner in Deutschland, die zudem telefonisch zu erreichen sind. Alle weiteren Schritte hängen von der spezifischen Situation und den Möglichkeiten des Mannes ab.

Hoffmann: Wer wäre denn ein empfehlenswerter professioneller Ansprechpartner?

Bennwitz: Die Männerberatung in Trier (Tel: 0651 – 99189036) ist meines Erachtens eine geeignete Adresse, auch um in anonymer Form beraten zu werden.

Hoffmann: Wie können wir als Gesellschaft häusliche Gewalt sinnvoll bekämpfen?

Bennwitz: Diese Frage trifft gewissermaßen das Epizentrum. Aus meiner wissenschaftlichen Arbeit kann ich auch nur einige Anregungen nennen: In einem ersten Schritt muss das Gesamtthema der häuslichen Gewalt auf den Tisch. Dabei muss in der Öffentlichkeit die uneingeschränkte Prämisse durchgesetzt werden, dass häusliche Gewalt als solche das soziale Problem ist, also unabhängig davon, ob Kinder oder alte Menschen, Frauen oder Männer betroffen sind. Selbstverständlich bin ich als Sozialwissenschaftlerin auch an umfassenden nationalen Untersuchungen wie auch an begrenzten Studien interessiert. Solche Forschungen sind in Deutschland längst überfällig. In den USA und anschließend in anderen westlichen Ländern haben die Forschungen mit der so einfach klingenden Leitfrage begonnen, welche Konfliktlösungsstrategien in Partnerschaften und Familien hauptsächlich angewendet werden, welche Modelle der Problembewältigung Kinder, Eltern und Partner untereinander zeigen und wie mit Aggressionen umgegangen wird. Über diese familiensoziologischen Forschungen hinaus wäre dann natürlich ein soziales Netzwerk für die von Gewalt Betroffenen notwendig. Jeder Verantwortliche in Politik und Gesellschaft kann sich fragen: Welche Institutionen gibt es eigentlich, die adäquate Ansprechpartner bieten, und zwar für jedes Geschlecht und jede Generation? Ein wichtiger Schritt wäre im gesellschaftlichen Bereich meiner Einschätzung nach auch die Legitimierung psychologischer Interventionen. Viele Partnerinnen der Männer, die ich interviewt habe, lehnten die Konsultation eines Psychologen von vornherein mit der Reaktion ab, „sie seien ja nicht verrückt". Dabei denke ich, dass die Hinzuziehung unabhängiger Dritter in vielen Fällen unentbehrlich ist, weil die Betroffenen selbst die Ursachen ihrer alltäglichen Konflikte nicht erkennen und über gar keine Mittel und Methoden verfügen, um Eskalationen von Gewalt zu vermeiden.

Zum Weiterlesen: Gemünden, Jürgen: Gewalt gegen Männer in heterosexuellen Intimpartnerschaften. Ein Vergleich mit dem Thema Gewalt gegen Frauen auf der Basis einer kritischen Auswertung empirischer Untersuchungen, Diss., Marburg: Tectum Verlag 1996

ANDREAS REICH: „DIE EINE, RICHTIGE MÄNNLICHKEIT GIBT ES NICHT."

Andreas Reich ist Mitglied von MANNdat e.V. und studiert an der FU Berlin im Bereich Geschichts- und Kulturwissenschaften. Die Geschlechterforschung („Gender Studies") bildet eines seiner Schwerpunktinteressen.

Hoffmann: Andreas, wie bist du eigentlich dazu gekommen, dich in der Männerbewegung zu engagieren?

Reich: Wann und wie die Aufmerksamkeit für dieses Thema bei mir genau begonnen hat, kann ich nicht sagen. Vielmehr handelte es sich dabei um einen allmählichen Prozess, um Beobachtungen und Fragen, die ineinander spielten und nach und nach gewisse Einsichten hervorbrachten. Die erste bewusst reflektierte Begegnung mit einer feministischen Überzeugung hatte ich durch meine Deutschlehrerin während des Abiturs. Neben den fachlichen Themen nutzte sie des öfteren die Chance, die Sprache auf das Geschlechterthema zu bringen und ihre Überzeugungen zum Besten zu geben. So wurden wir von ihr unter anderem darüber „aufgeklärt", dass die Ehe ursprünglich eine die Frauen unterdrückende Einrichtung sei oder dass die deutsche Sprache Frauen herabwürdige, da sie Weibliches generell mit minderwertigen Begriffen assoziiere. Sie erklärte, das männliche Artikulationsvermögen sei gegenüber dem weiblichen beschränkt, was ihrer Deutung nach dem Umstand zu verdanken wäre, dass steinzeitliche Sammlerinnen ihre Kinder auf der linken Körperseite trugen und mit der rechten Hand arbeiteten, was die linke Gehirnhälfte und das Sprachzentrum wiederum stärker trainiert haben sollte. Ich war von ihren Ansichten zwar nicht wirklich überzeugt (warum sollte die Sprache durch Beerenpflücken trainiert werden statt durch Konversation, weshalb sollte sich diese Eigenschaft vererben, und ist das neurologisch überhaupt zutreffend?), vermied aber oft die Konfrontation aus Furcht vor ihrer verletzenden und bisweilen herabwürdigenden Art. Sie hatte die Macht, Interpretationen in ihrem Sinne einzufordern, und nutzte sie auch. Fontanes „Effie Briest", das ich ein paar Jahre nach dem Abschluss erneut las, beurteilte ich später völlig anders; nach dem Abitur hätte ich es aber beinahe nicht mehr in die Hand genommen. Trotzdem interessierte mich diese Geschlechterproblematik zu dieser Zeit eher weniger. Eine Freundin zu finden war wichtiger. Allerdings war ich wohl etwas kompliziert und darin nicht allzu erfolgreich. In der Folge las ich ein paar jener meist von Psychologen und anderen gescheiten Leuten geschriebenen Bücher, die ganz genau erklären konnten, wie Frauen und Männer „funktionieren" – was mich erstmal in eine tiefe Depression stürzte, da bei mir überhaupt nichts „richtig" zu sein schien. Aus dieser Krise befreien konnte ich mich nur durch die langsame und hart erkämpfte Einsicht, dass es so etwas wie die eine, richtige Männlichkeit nicht gibt. Das war die schwerste Aufgabe, denn die Stimmen, die das Gegenteil behaupten, scheinen oft alles andere zu übertönen und Rückhalt findet man eher selten. Es bedeutete auch, zertifizierte Autoritäten in Frage zu stellen und gegebenenfalls zu verwerfen. Nach dem Abitur wurde ich sehr schnell zum Zivildienst gezogen. Auf einer Schulung, auf der über verschiedene Themen diskutiert wurde, kamen wir auch auf die Frage, weshalb es, wenn doch das Grundgesetz die Gleichbehandlung aller Menschen garantiert, nur für Männer eine Wehrpflicht gibt. Die Frage wurde nicht geklärt, aber sie warf weitere Fragen auf und bewirkte ein Nachdenken. Nach dem Zivildienst entschied ich mich für eine Ausbildung zum Krankenpfleger. In den Jahren, die ich im Krankenhaus arbeitete, hatte ich insgesamt mit Tausenden Frauen – Personal und Patientinnen – zu tun. Diese Erfahrungen machten die Illusion eines allen Frauen gemeinsamen Charakters eigentlich völlig unmöglich. Sie boten aber auch zahlreiche Gelegenheiten, sich mit der Wahrnehmung vieler Frauen auseinanderzusetzen, wobei ich zumindest lernte, dass bestimmte Negativ-Klischees über Männer, die Zweifelhaftigkeit ihres Charakters, ihre Triebgesteuertheit, ihre Unterlegenheit auf verschiedenen Gebieten, ziemlich verbreitet waren, mal eher unterschwellig, mal bewusst vertreten. Die Divergenz zwischen den Urteilen und dem, was sich tatsächlich beobachten ließ, machte mich in dieser Beziehung zunehmend skeptischer. In dieser Zeit entdeckte ich Esther Vilar, die ziemlich wichtig für mich wurde. Natürlich schreibt sie polemisch und bewusst einseitig, und man sollte ihre Aussagen nicht zu generalisieren versuchen. Aber sie trifft in erstaunlich vielen Fällen mit ihrer Beschreibung genau ins Schwarze. Sie bestätigte meine eigenen Erfahrungen und machte durch Erklärung von Zusammenhängen anderes verständlicher. Ihre geniale Kategorisierung − und das meine ich wortwörtlich: dieses Modell ist für mich ein Geniestreich − der unterschiedlichen Arten von Liebe und deren Voraussetzungen, die sie in „Das polygame Geschlecht" entwickelt, geben mir bis heute Anstoß zum Nach- und Weiterdenken. Vieles von dem, was sie über das Geschlechterverhältnis sagt, kann ich bestätigen, doch suche ich eher nach den Fällen, die diesem Schema widersprechen und die es ja auch gibt. Als ich mich später entschloss, etwas ganz anderes zu tun und zu studieren, war ich für dieses Thema bereits ziemlich sensibilisiert. Angeregt durch Erfahrungen und die Lektüre suchte ich im Internet nach mehr Informationen. Über einen Verweis auf Michail Savvakis' Seite kam ich auf „Sind Frauen bessere Menschen?" und entdeckte die damals noch junge und deutlich weniger als heute polarisierte Forenwelt. Das Faszinierende war, dass die Anonymität des Netzes bestimmte Regeln, die in der alltäglichen Diskussion die Behandlung bestimmter Themen stärker unterbinden, nahezu aufhob. Erfahrungen, mit denen man ansonsten gegen Konventionen verstieß und sich unter Umständen in seinem Umfeld disqualifizierte, konnten hier offen geäußert werden. Natürlich gab es die in solchen Foren unvermeidbaren Trolle, aber viele der Beiträge sprachen ernste Probleme an und öffneten die Augen für bestimmte Sachverhalte, die man vorher vielleicht nicht in dieser Weise wahrgenommen hatte. Ich beschäftigte mich mehr mit der unterschiedlichen Bewertung von Straftaten in Abhängigkeit vom Geschlecht des Täters und las Zeitungen bewusster unter dieser Fragestellung. Die Problematik des Kindesentzugs kannte ich in gleich mehreren Fällen aus dem Kreis der Verwandten und näheren Bekannten, aber erst durch die Beschäftigung mit der Väterrechtsproblematik, der Lektüre zahlreicher Erfahrungsberichte „entsorgter" Väter und der Beschäftigung mit deren rechtlicher Situation erkannte ich darin einen Fehler im System. Die Foren halfen auch vielen Männern, bestimmte Ängste zu artikulieren, die in der Öffentlichkeit wohl kaum so zur Sprache gekommen wären. Es war in vielerlei Beziehung wirklich erhellend. In meinem zweiten Semester an der Uni nahm ich als einer von zwei Männern an einem Gender-Seminar teil. Die Auseinandersetzung mit den teils neuen Theorien war insofern bedeutsam, als dass bei mir damals eine Art Bildungsrausch einsetzte, in dem ich in kürzester Zeit zahlreiche Bücher zu dieser Thematik las und meine eigentlichen Fächer dabei beinahe vernachlässigte. Der Lohn dieser Arbeit war jedoch, dass ich mich mit verschiedenen Theorien und ihren Schwachpunkten bald sehr gut auskannte. Mich interessierte die Thematik, aber eine besondere Motivation war es auch, mich mit der Professorin fundiert streiten zu können. Ich hielt dies für notwendig, weil das propagierte Geschichtsbild hier oft mit ebensolchen männlichen Geschlechter-Klischees arbeitete, wie sie in Bezug auf Frauen in der Kritik standen. Mich interessierten die Struktur dieser Wissenschaft, ihre Kontroversen, ihr Geschichtsbild und die Verflechtung „wissenschaftlicher" Erkenntnisse mit der Politik. In den folgenden Semestern nahm ich an mehreren solcher Seminare teil. Neben der fachlichen Weiterbildung ging es dabei natürlich immer auch darum, bestimmte Ansichten kritisch zu kommentieren, was ansonsten so gut wie gar nicht vorkam. Interessanterweise bekam ich dafür gelegentlich auch von Studentinnen – anders als befürchtet – zustimmende Reaktionen. Neben der eigentlichen Geschlechterforschung bot die Universität aber auch an anderer Stelle Gelegenheit für interessante Beobachtungen. Ein

Professor weigerte sich mit einer charmanten Geste, eine feministische Theorie, die er offensichtlich für Unsinn hielt, zu referieren: Dies „müsse besser eine Frau machen". Als bei den deutschlandweiten Studentenprotesten auch an einer meiner Fakultäten überlegt wurde, was zu tun sei und wie man sich am besten organisieren könne, richtete ich ein virtuelles Netzwerk ein, das eine bessere Koordinierung der Studenten untereinander fördern sollte. Bevor es allerdings in Betrieb genommen wurde, bestand eine Studentin, die im zweiten Hauptfach Gender Studies studierte, darauf, meine Texte auf geschlechterpolitisch korrekte Formulierungen zu prüfen und zu korrigieren. Ich hatte tatsächlich des öfteren die allgemeine und kürzere Form „Studenten" statt „Studentinnen und Studenten" gewählt, was mir etwas übel genommen wurde. Mein anfänglicher Enthusiasmus wurde dadurch schon ein wenig gedämpft. Eine andere Geschichte: Auf die Frage eines Studenten nach dem Sinn von Quotierungen ließ sich eine Professorin zu einem weitschweifigen Monolog über die schlechte Lage der Frauen und Studentinnen hinreißen und erklärte die bevorzugte Förderung von Frauen mit den „patriarchalen Männernetzwerken". Im Laufe dieser Erklärung dürfte den Studenten klar geworden sein, dass – selbst wenn diese Netzwerke existierten – sie als Studenten davon in keiner Weise profitierten, durch diese Maßnahme also tatsächlich deklassiert wurden. Bei anderer Gelegenheit unterbrach dieselbe Professorin ihre fachlichen Ausführungen, um ihrer Begeisterung über ein Projekt Ausdruck zu verleihen, bei dem in vielen deutschen Städten untersucht wurde, ob Straßennamen auch ja geschlechterparitätisch vergeben seien und wo nicht, dies zu ändern. Ich erinnere mich, dass ich an diesem Tag noch eine neue Meldung über die gestiegene Kinderarmut in Deutschland im Ohr hatte. Darüber nachzudenken, dass für dieses im Sinn doch etwas fragwürdige Unternehmen erneut Abermillionen zur Verfügung gestellt werden, während eine zunehmende Anzahl von Eltern ihren Kindern kein Schulmittagessen mehr finanzieren kann, erschien mir ziemlich zynisch. Und noch ein Beispiel: Neben dem jährlich durchgeführten Girls' Day findet man auch des öfteren ausgeschriebene Stellen oder Forschungsstipendien mit der Einschränkung: „Nur für Frauen". Der Zusammenhang zwischen wissenschaftlichem Diskurs, politischer Jungen-, Männer- und Väterdiskriminierung und dem Männerbild in der öffentlichen Wahrnehmung führten mir den Handlungsbedarf in dieser Richtung vor Augen. Die Betätigungsfelder sind da verschieden. Da ich weiß, dass der politischen und rechtlichen Diskriminierung eine Abwertung im Denken vorausgeht, entschied ich, MANNdat e.V. beizutreten und mich primär für eine Veränderung in der öffentlichen Wahrnehmung und ein Sichtbarmachen der Probleme von Männern einzusetzen.

Hoffmann: Du hattest mir mal berichtet, dass du dich für ein Seminar zum Thema Gender Studies mit Heide Göttner-Abendroths Matriarchatsforschung beschäftigt hast und über deren Mangel an akademischem Gehalt geradezu schockiert warst. Die Kapitel eines Buches, das du dazu an eurer Universitätsbibliothek gefunden hast, waren mit den astrologischen Tierkreiszeichen überschrieben, Wissenschaft wurde als „patriarchaisch" verdammt, weshalb die „wahren" Informationen von „anderswo" bezogen werden sollten. Generell gab es keine Trennung zwischen Fantasie, Wunschvorstellung und Geschichte ...

Reich: Richtig, aber Göttner-Abendroths Matriarchatsvorstellungen wurden auch von meiner Professorin nicht sonderlich ernst genommen. Und der Stand der Forschung − ausgenommen vielleicht an ein paar sehr traditionellen Womens-Studies-Instituten − ist auch seit etwa 25 Jahren eher so, dass das „Urmatriarchat" als Wunsch- oder Negativ-Fantasie gesehen wird. Die Beziehung zur Astrologie machte das Buch als wissenschaftliches Werk zusätzlich unglaubwürdiger, aber die Frage nach Existenz oder Nicht-Existenz des Matriarchats war nicht der Streitpunkt zwischen meiner Professorin und mir. Worum es mir ging, war aufzeigen zu können, dass das Patriarchat genauso eine Fiktion darstellt und aufgrund seiner Unbestimmtheit ein wissenschaftlich eigentlich unbrauchbarer Begriff ist. Auch wenn meine Professorin nicht den Begriff Patriarchat verwendete, wie dieser überhaupt nur noch selten verwendet wird, vertrat sie eine Auffassung, die die Geschichte als fortwährende und kulturübergreifende Unterdrückung der Frauen durch die Männer verstand. Das ist mir zu eindimensional. Gesellschaften sind zu komplex und von zu verschiedenen, einander auch widersprechenden individuellen Zielsetzungen geprägt, als dass sie durch ein einziges, allem übergeordnetes Interesse zutreffend beschrieben werden könnten. Wenn es um die Kritik akademischer Werke geht, ist Göttner-Abendroth, deren Ansichten ja eher eine Außenseiterposition darstellen, aber weniger lohnend als etwa das Metzler Lexikon Gender Studies.

Hoffmann: Ja, über diesem Buch habe ich mir auch schon die Haare gerauft! Versteht es sich nicht als Standardwerk? Wie hast du dieses Lexikon erlebt?

Reich: Das Metzler Lexikon versteht sich als „konkurrenzloses Standardwerk" und beansprucht, auf dem aktuellen Stand der Forschungen (2002) zu sein. Da es in vielen Fachbereichsbibliotheken steht und auch in Seminaren häufig als erstes Nachschlagewerk empfohlen wird, lohnt sich eine Auseinandersetzung. Die Artikel demonstrieren gut, wie sich ideologische Inhalte als Wissenschaft verkaufen. Das Werk ist inhaltlich tendenziös und von ideologischem Sendungsbewusstsein durchdrungen; die darin eingenommenen Perspektiven dienen dazu, die Geschichte von der allgegenwärtigen Unterdrückung der Frauen durch die Männer in jedem Bereich zu untermauern. Skepsis gegenüber der eigenen Disziplin sucht man hier vergeblich, genauso übrigens wie Forschungsergebnisse, die der feministischen Theorie zuwiderlaufen. Das Stichwort „Sexismus" wird behandelt, als käme dieser nur bei Männern vor, es gibt zwar einen Eintrag „Misogynie", aber keinen zu „Misandrie", die spärlichen Einträge zur Männerforschung lassen nur gelten, was die feministische Position stützt, und brandmarken alles andere als reaktionär. Eine tatsächliche Auseinandersetzung mit den Kritikpunkten der Männerbewegung findet nicht statt. Michele Elliots „Frauen als Täterinnen" erschien erstmals 1995, die Arbeiten von Erin Pizzey noch früher. Trotzdem findet sich hier unter dem Stichwort „Gewalt" nur ein Artikel „Gewalt gegen Frauen". Frauen selbst kommen bestenfalls als „Mittäterinnen" vor. Das Buch vernachlässigt vollständig die Genitalverstümmelung von Jungen und Männern und versucht, die aktive Bedeutung der Frauen an der Genitalverstümmelung ihrer Töchter zu relativieren. Die Literaturangaben des Eintrags „Hexenverfolgung" verweisen auf feministische Bücher, anerkannte Experten wie Behringer oder Decker werden nicht erwähnt. Ich könnte noch lange so weiter berichten. Vielleicht kann man es Studenten noch nachsehen, das Gelesene zu Beginn ohne größere Zweifel zu rezipieren. Wenn die Dozenten das Buch aber ohne einen einzigen kritischen Hinweis als benutzbare Quelle angeben, schreit das nach Widerspruch.

Hoffmann: Nimmst du in jüngster Zeit auch positive Entwicklungen im akademischen Geschlechterdiskurs wahr? Beispielsweise eine realistischere Beschäftigung mit Männern, die nicht nur auf deren Reduzierung als „Tätergeschlecht" beschränkt ist?

Reich: Unterschiedlich. Ich nahm vor zwei Semestern an einem Seminar teil, das sich der Konstruktion von Weiblichkeiten und Männlichkeiten gleichermaßen widmete. Die Erkenntnis, dass Untersuchungen von Geschlechterbildern immer beide Geschlechter im Blick behalten müssen, setzt sich langsam wohl durch. Natürlich gab es Referate, die unreflektiert Vorurteile reproduzierten. Einige Studentinnen entwickelten aber auch relativierendere Ansichten. Von Seiten der Dozenten hingegen gab es wenig Neues. Die Interpretation der Geschlechterverhältnisse in ihrem zeitlichen und kulturellen Umfeld scheint oft noch dem alten Muster zu folgen und artet in der Regel in ein Spiel „Finde die Mechanismen der Frauenunterdrückung" aus. Das führt dann oft zu einer verkürzenden Fehleinschätzung der männlichen und damit der generellen Situation. Beispielsweise ging es in einem Seminar um die Gewalt, die von den Roten Garden während der Kulturrevolution ausgeübt wurde. Dabei wurde zwischen Gewalt durch Männer und Frauen strikt unterschieden. Weibliche Gewalt wurde durch die besondere Lage von Frauen erklärt, aus der sie ausbrechen konnten, indem sie sich dem

Verhalten der Männer anpassten. Damit wurde weibliche Gewalt begründet, männliche Gewalt jedoch als quasi natürlich begriffen. Die Uniformierung und der Einheitshaarschnitt der Frauen wurde als Vermännlichung bezeichnet. Dabei wurde völlig übersehen, dass Uniform, Kurzhaarschnitt und militärischer Drill seit jeher die Mittel sind, um Männer jeglicher Individualität zu berauben, um sie in im Ernstfall optimal funktionierende Soldaten zu verwandeln.

Hoffmann: Die Tatsache, wie leichtfertig Ideologie und Wissenschaft verwechselt werden, bereitet mir Sorge. Das Ganze erstreckt sich ja beispielsweise auch in die Wikipedia, wo Ideologinnen tönen, Maskulisten zögen die gesicherten Erkenntnisse der Soziologie in Zweifel, weil wir diese für feministisch unterwandert hielten. Da wird also versucht, ein Bild zu zeichnen, als seien wir Verschwörungstheoretiker oder vergleichbar mit Anhängern der Schöpfungslehre, die die Evolutionslehre angreifen. Auch auf einer anderen Ebene erlebe ich eine ideologisierte Ausrichtung von Wissenschaft: Feministische Studien dürften wohl weit eher Fördermittel durch das Bundesfrauenministerium zugewiesen bekommen, als wenn etwa MANNdat einen solchen Antrag stellen würde. Gleichzeitig weiß ich von inzwischen schon mehreren deutschen Universitätsdozenten, auf die von der Leitung ihrer Uni massivster Druck ausgeübt wurde, weil sie sich entgegen der feministischen Weltsicht geäußert hatten. Siehst du überhaupt eine Chance, die sich immer weiter ausbreitende Ideologisierung von Wissenschaft aufzuhalten? Oder gilt irgendwann nur das als Wissenschaft, was feministisch ist und alle anderen sind Spinner oder Häretiker?

Reich: Ich beurteile die Situation eigentlich gar nicht so negativ. Selbstverständlich wird die Forschung nach wie vor von feministischen Ansätzen dominiert, deren Klischeevorstellungen auch bei Leuten präsent sind, die sich nicht direkt mit diesem Thema beschäftigen. Der Mangel an Skepsis gegenüber den Prämissen der eigenen Disziplin und das Verharren in einem eindimensionalen Weltbild ist vielleicht auch ein Grund, weshalb eine unabhängige Männerforschung bisher nur selten und gegen große Widerstände von der Frauenforschung als eine Ergänzung akzeptiert wird. Auf der anderen Seite habe ich hier einen Artikel von Willi Walter (Willi Walter: Gender, Geschlecht und Männerforschung, in: Christina von Braun, Inge Stephan (Hg.): Gender-Studien. Eine Einführung, Stuttgart und Weimar, J.B. Metzler 2000, S. 97-115), der einen kurzen Überblick über die Entwicklung der Männerforschung in den letzten Jahren gibt und darin auch einen gewissen Trend zur Emanzipation von der frauenzentrierten Geschlechterforschung feststellt: So begnügt sich die neuere Männerforschung nicht mehr damit, als Teil feministischer Forschung Männlichkeit zu dekonstruieren und zu kritisieren, sondern erarbeitet sich zunehmend eigene Themenkomplexe wie die Frage männlicher Sozialisation, Theorien zur bewussten Jungenarbeit, männliche Sexualität oder auch Gewalterfahrungen aus männlicher Perspektive. Insgesamt eine Entwicklung, die Anlass zu Optimismus gibt. Aber den braucht man ja ohnehin, wenn man sich für Männerbelange einsetzen möchte. Wikipedia ist keine seriöse wissenschaftliche Quelle und stand aus verschiedenen Gründen ja bereits in der Kritik. Bei einigen Artikeln zum Geschlechterthema hat es tatsächlich den Anschein, dass es weniger um die Darstellung der faktischen Forschungslage als um das unbedingte Durchdrücken der eigenen Meinung geht. In Anbetracht der Popularität dieses Lexikons dürften diese einseitigen Artikel wohl einigen Schaden bei unkritischen Lesern anrichten. Trotzdem halte ich eine Differenzierung für notwendig: Nicht alles, was die Erkenntnisse der außerakademischen Männerbewegung übersieht, muss ideologisch motivierte Unterschlagung sein. Im Vorwort seiner herausragenden Untersuchung über Scheidungsväter in Deutschland – der ersten dieses Umfangs – bemerkt Gerhard Amendt, dass das Zustandekommen der Studie sich der Förderung durch einen anonymen Mäzen verdanke. Ich weise mit Nachdruck auf diesen Umstand hin, denn er offenbart etwas Grundsätzliches über den Auskunftsanspruch der Wissenschaft: Fragestellungen, die nicht als förderungswürdig anerkannt werden, finden keinen Eingang in den akademischen Diskurs und werden allenfalls von idealistischen Einzelkämpfern in ihrer Freizeit angegangen. Der Verweis auf die vermeintlich gesicherten Erkenntnisse bedeutet häufig auch einfach, dass von Seiten der Auftrag- und Geldgeber kein Interesse an der Thematik besteht. Insofern ist es natürlich problematisch, wenn zahlreiche Studien vom Bundesministerium für Frauen in Auftrag gegeben werden, das damit ein besonderes politisches Interesse verbindet. Ein Bewusstsein, wie es die Wikipedia-Autorinnen an den Tag legen, verweist aber auch auf eine universitäre Fehlentwicklung, bei der ein Übergewicht auf das repetitive Faktenlernen gelegt und das kritische Infragestellen vernachlässigt wird. Das ist allerdings ein allgemeines Problem, das mit der zunehmenden Bachelorisierung der Studiengänge sicher nicht besser wird.

Hoffmann: Wie würde denn das Idealbild von Gender Studies aussehen, die auch Männern gerecht werden? Provokativer gefragt: Es gibt eine feministische Literaturkritik, eine feministische Filmwissenschaft, eine feministische Philosophie, eine feministische Psychoanalyse und dergleichen mehr. Wäre es überhaupt sinnvoll, wenn ein maskulistischer Ansatz ebenfalls die verschiedensten Fachbereiche durchzieht?

Reich: Diese Frage kann sicher niemand alleine und vollständig beantworten. Abgesehen davon, dass ich noch nicht genau weiß, was ich mir unter einer maskulistischen Theorie genau vorzustellen hätte, halte ich eine institutionalisierte Mehrgleisigkeit für verkehrt. Die Entwicklung weist in Richtung fachübergreifender Methoden. In den Geschichts- und Kulturwissenschaften, aus denen ich ja komme, geht es darum, Gesellschaften in spezifisch historischer Situation und im Kontext zu begreifen, wobei das Geschlechterverhältnis und die jeweiligen Handlungsspielräume selbstverständlich einzubeziehen sind. Ein umfassendes Verständnis der Situation ist jedoch nicht zu erreichen, wenn sich ausschließlich auf die Situation von Frauen – und im Speziellen: ihrer Benachteiligungen – konzentriert wird. Unrechtsverhältnisse und Diskriminierung auch auf Grund des Geschlechts sind selbstverständlich nicht zu leugnen, doch sind Privilegien und Benachteiligungen nicht generell einem Geschlecht zugeordnet. Begriffe wie „Privilegierung" und „Unterdrückung" sind wertend, zugleich aber unpräzise und wissenschaftlich problematisch. In „Das Bild des Mannes" untersucht George Mosse unter anderem Konstruktionen von Männlichkeit zur Zeit des Nationalsozialismus. Das Ideal des „richtigen Mannes", das als Maß aller Dinge neben Homosexuellen und Juden auch „der Frau" als übergeordnet galt, ist durch Eigenschaften charakterisiert, die in erster Linie dem Erhalt des politischen Systems verpflichtet sind; das Loblied auf den „helden- und tugendhaften deutschen Mann" dient letztlich seiner bereitwilligen Verfügbarkeit für den Krieg. Eine dichotome Kategorisierung „Privilegierung – Abwertung" steht hier der adäquaten Beurteilung der Situation entgegen. Gesellschaftliche Zustände sind zu komplex, als dass sie in einem Motiv zutreffend charakterisiert werden könnten. Generalisierende Begriffe wie Unterdrückung sollten in wissenschaftlichen Arbeiten deshalb wenn überhaupt wesentlich vorsichtiger verwendet werden. Ähnliches gilt in Bezug auf Macht und die Hierarchisierung des Geschlechterverhältnisses. In „Sexualität und Wahrheit" beantwortet Foucault die Frage nach der Allgegenwart der Macht nicht mit ihrem Privileg, alles zu umfassen, sondern durch den Umstand, dass sie von überall ausgehe. Sowohl die älteren Patriarchatshypothesen als auch Robert Connells Konzept der „hegemonialen Männlichkeiten" unterschlagen die Beteiligung von Frauen an der Form des Geschlechterverhältnisses und stellen den Zwang zur männlichen Vorherrschaft im Endeffekt über alle politischen, sozialen, kulturellen, religiösen, ökonomischen oder sonstigen individuellen Interessen. Frauen erscheinen in diesen Modellen ja auf beinahe jedem Gebiet völlig machtlos. Macht konstituiert sich jedoch nicht nur auf formellem, sondern auch auf informellem, der Forschung oft jedoch schwerer zugänglichem Wege. Das begriffliche Oppositionspaar „Vormacht – Gegenmacht" wäre den Absoluta „Allmacht – Ohnmacht" zur Charakterisierung gesellschaftlicher Verhältnisse deshalb dringend vorzuziehen. Die frühe Frauenforschung begann mit der Kritik eines als männlich wahrgenommenen Wissens, durch das die Geschlechterhierarchie konstituiert werde, und forderte, um sich davon zu emanzipieren, gewissermaßen einen akademischen „Classroom of One's Own", in dem Männern die Theoriebildung untersagt war. Die Debatte hat sich unter dem Einfluss von Poststrukturalismus und Gender Theorie gewandelt, die Aufmerksamkeit wurde von den spezifischen Situationen von Frauen auf das Verhältnis der Geschlechter im Kontext ihrer Konstruktion gelenkt. Ein weiterer Wandel steht aber noch aus. Die Konflikte zwischen etablierter Frauenforschung und einer sich davon immer mehr emanzipierenden Männlichkeitsforschung bestehen unter anderem in der Bewertung der vergangenen und gegenwärtigen Lage von Männern. Die Konstruktion eines Patriarchats, das danach strebe, sich der weiblichen Diskurse bei jeder sich bietenden Gelegenheit zu bemächtigen, sicherte der feministischen Forschung einen gewissen Anspruch auf Freiheit von unerwünschter Einmischung. Dieser vermeintliche Vorteil ist zugleich jedoch eine Schwäche, da der solcherart gewonnene Anspruch auf wissenschaftliche Autonomie fortwährend dazu nötigt, überall und ständig die Bedrohung und Unterdrückung weiblicher Freiheit aufspüren zu müssen. Eine durch männliche Positionen, Erfahrungen und Probleme erweiterte Betrachtungsweise könnte den Zwang, Geschlechterhistorie ausschließlich als Repressionsgeschichte erzählen zu müssen, zugunsten eines perspektivisch vielseitigeren Zugangs zu der Thematik öffnen. Dieser Wechsel würde allerdings eine Aufgabe der Sonderstellung feministischer Forschung und eine tatsächliche Gleichberechtigung der verschiedenen Positionen voraussetzen.

Zum Weiterlesen: Thomas Kuhn: Die Struktur wissenschaftlicher Revolutionen. Suhrkamp 2003

SIMON GUNKEL:
„DIE BEREITSCHAFT,
NICHT MEHR ZU FUNKTIONIEREN,
GEHT DER TATSÄCHLICHEN
BEFREIUNG VORAUS."

Simon Gunkel studiert Geologie und Paläontologie an der Universität Bonn und beschäftigt sich mit Geschlechtskonstruktionen innerhalb und außerhalb der Biologie. Beim Versuch, diese Bemühungen in verschiedenen Bewegungen zu koordinieren, wird er zunehmend mürrisch und optimistisch.

Hoffmann: Simon, du stehst als Trans- oder Postsexueller nicht nur körperlich, sondern auch politisch zwischen bzw. über den Geschlechterfronten, was in verschiedenen Texten, die ich von dir kenne, deutlich wird. Was ist denn dein momentaner Eindruck vom Stand der Dinge, was den Geschlechterkampf angeht?

Gunkel: Körperlich noch nicht mal. Ich bin weder intersexuell, noch würde ich mich als transsexuell bezeichnen. Aber ich finde es wichtig, sich für die Entpathologisierung in diesen Bereichen stark zu machen, weil da in einem Fall körperliche und seelische und im anderen Fall vor allem seelische Gewalt unter dem Vorwand der medizinischen Behandlung ausgeübt wird. Politisch würde ich sagen, ich stehe quer zu den Fronten, es ist ja immer noch eine Position zum Geschlecht, und deshalb kann sie nicht über diesen Dingen stehen. Und dazwischen? Ich habe mal ein Lied darüber geschrieben, das mit den Zeilen „Wir reden vom dazwischen sein / als fiele uns nichts Besseres ein / uns zwischen diesen Polen zu platzieren" beginnt. „Dazwischen" impliziert immer zwei gegensätzliche Pole, und ich kann die weder im Begriffspaar „Frauen und Männer" noch in „Frauenbewegung und Männerbewegung" erkennen. Sogar selbst ernannte

Hardliner sind immer auch dazwischen. Ich habe das Gefühl, dass momentan biologistische Thesen Aufwind haben. Neue Technologien eröffnen uns Möglichkeiten zur Erforschung des Menschen, aber was in den Medien hauptsächlich stattfindet, ist ein neuer Mythos vom Geschlecht. Das hat zum einen den Effekt, dass sich die Positionen verhärten, weil es scheinbar wissenschaftliche Begründungen dafür gibt, dass Männer und Frauen unterschiedliche Zielsetzungen haben. Zum anderen sorgt es auch dafür, dass sich Vorurteile stärker ausbreiten und der Druck, sich konform dazu zu verhalten, ansteigt. Und das wiederum sorgt auf allen Seiten für das Gefühl, stärker eingeschränkt zu werden.

Hoffmann: Den momentanen Trend bei Büchern und anderen Medien, Geschlechtsidentität in etlichen Aspekten biologisch zu begründen, siehst du als Naturwissenschaftler ja äußerst kritisch ...

Gunkel: Das Interessante an populärwissenschaftlichen Büchern ist, dass sie teilweise Dinge aufführen, die schon lange nicht mehr up-to-date sind. Der Gedanke, dass Männer und Frauen völlig unterschiedlich sind, verkauft sich gut. Letzten Endes steckt dahinter auch wieder die „Zurichtung", von der Foucault spricht. Geschlechtsidentität ist vor allen eine Ansammlung von Dingen, von denen man gesagt bekommt, dass man sie nicht tun darf oder nicht kann: „Männer können nicht vernetzt denken", „Frauen können nicht einparken", „Männer können nicht zuhören" ... alle bekommen eine lange Liste von qua Geschlecht vorgegebenen Defiziten mit. Das kränkt das Ego. Es gibt zwei Ansätze, wieder Selbstbewusstsein aufzubauen: Erstens: die „Defizite" beim anderen Geschlecht hochspielen, leider immer noch ein ordentlicher Teil von Mädchenarbeit, dieser ganze „Jungs-sind-doof"-Unsinn. Das Problem dabei ist: Das Selbstbewusstsein ruht auf dem Fundament der angenommenen Defizite beim anderen Geschlecht. Eine Frau, die ihr Selbstwertgefühl darauf stützt, dass Männer gefühllose Arschlöcher sind, wird Männer, die tatsächlich zuhören können, ablehnen. Ein Mann, der sein Selbstwertgefühl darauf aufbaut, dass Frauen nicht Auto fahren können, wird es nicht akzeptieren können, wenn eine

Frau ihren Wagen beherrscht. Man fühlt sich immer noch defizitär und will, dass das für die anderen genauso gilt. Zweitens: erkennen, dass die Handlungsverbote und vermeintlichen Unbegabungen gar nicht zutreffend sind. In dem Fall wird Selbstvertrauen aus eigenen Fähigkeiten statt aus den vermeintlichen Unfähigkeiten anderer gezogen. Was eben nicht dazu führt, dass man Leute ablehnt, weil sie sich nicht konform verhalten. Eigentlich ist bei diesen Ansätzen völlig irrelevant, ob es biologische Differenzen zwischen den Geschlechtern gibt. Der zweite Ansatz birgt die Möglichkeit zu einem unantastbaren Selbstvertrauen, während der erste zu einem labilen Selbstbild führt, das erschüttert wird, wenn sich nicht alle „korrekt" verhalten.

Hoffmann: Wie bist du eigentlich auf die Männerbewegung gestoßen, und warum wird sie von dir unterstützt?

Gunkel: Auf die Männerbewegung bin ich durch einen guten Freund gestoßen, mit dem ich mein Abitur gemacht habe. Wir begannen zur gleichen Zeit unseren Zivildienst und waren von den gesetzlichen Regelungen ziemlich überrascht: Bis zum 32. Lebensjahr das Bundesamt erst fragen müssen, wenn man für längere Zeit ins Ausland geht, Einschränkung der Grundrechte und so weiter. Er drückte mir irgendwann Paul-Hermann Gruners „Frauen und Kinder zuerst" in die Hand, womit ich nicht viel anfangen konnte – vor allem weil es da um einen Feminismus geht, den ich nicht kannte. Einige Diskussionen später lieh er mir dann „Sind Frauen bessere Menschen?", was mich in die Themen der Männerbewegung deutlich stärker hineingezogen hat, einfach weil es positiver ist als das Gruner-Buch. Es ist nicht primär gegen etwas, sondern für etwas. Zu dieser Zeit bekam ich dann auch eine Mail mit einem Link zu einem der Foren, auf denen Männerrechtler schrieben, und darüber landete ich dann bei den „Klassikern" der Forenlandschaft. Ich weiß nicht, was ich auf die Frage antworten soll, warum ich die Männerbewegung unterstütze. Ziele wie die Abschaffung der Wehrpflicht, der Benachteiligung in der Krebsvorsorge, die fehlende Thematisierung von Männern als Opfer von Gewalt und insbesondere sexueller Gewalt in der Öffentlichkeit und so weiter – dieser ganze Katalog von Forderungen ist eigentlich selbstverständlich unterstützenswert. Die Frage, die mich interessiert ist, warum diese Ziele nicht allgemein unterstützt werden und warum sie zumindest von Teilen derer, die sich als Männerrechtler bezeichnen, inzwischen als zweitrangiges Problem behandelt werden.

Hoffmann: Welche Entwicklung beobachtest du hier?

Gunkel: Wenn wir über Männerrechte reden, dann geht es um die individuelle Freiheit. Und ich sehe momentan die Tendenz, genau diese nicht zu wollen, sondern die „alte Ordnung" als verbindlichen Lebensentwurf durchzusetzen. Das Extrembeispiel war ein Unternehmer, der mal in einem Männerbewegungsforum schrieb, er habe bisher bevorzugt Männer eingestellt, weil diese nicht in Erziehungsurlaub gehen durften – jetzt suche er nach Möglichkeiten, die Neuregelung, die Männern dies erlaubt, zu untergraben. Während ich das schreibe, wird gerade die Aktion „Coole Jungs" des Bundesministeriums für Familie, Senioren, Frauen und Jugend geradezu verrissen, obwohl sich dessen Stoßrichtung in vielen Punkten mit den Zielvorstellungen der Männerbewegung deckt. Schließlich geht es darum, dass Männer in „Frauenberufen" nicht benachteiligt oder wegen ihrer Tätigkeit herabgewürdigt werden. Sogar die von MANNdat e.V. geforderte Erweiterung des Girls' Day zu einem „Zukunftstag für Mädchen und Jungen" wird hier berücksichtigt, die Forderung nach der „Erweiterung der geschlechtsspezifischen Berufswahl gerade auch für Jungen" wird als Hauptvorgabe eingesetzt und ein Erzieher nennt als Antwort auf die Frage, warum er diesen Beruf ergriffen habe, er dürfe die eigenen Kinder nicht sehen. Was man durchaus als ministeriellen Wink mit dem Zaunpfahl in Richtung Familiengerichte deuten könnte ... Ich habe da durchaus auch private Interessen, schließlich arbeite ich in der Altenpflege, um mein Studium zu finanzieren. Dass sich jetzt sogenannte Mitstreiter dazu bemüßigt fühlen, solche Tätigkeiten abzuqualifizieren, finde ich sehr bedenklich. Und das ist meiner Meinung nach auch kontraproduktiv. Schließlich wird hier gegenüber einer Aktion polemisiert, deren Zielsetzung praktisch eins zu eins von „uns" übernommen sein könnte.

Hoffmann: Lass uns noch mal einen größeren Bogen schlagen: Du hast in den vergangenen Jahren sowohl in maskulistischen wie auch feministischen Foren geschrieben. Wie würdest du zusammenfassen, welche Entwicklung in beiden Formen von Foren in den letzten fünf Jahren stattgefunden hat? Und wie beurteilst du das?

Gunkel: Ich fange mal bei den feministischen Foren an. Die meisten dieser Foren existieren mittlerweile nicht mehr, insbesondere das Forum der Emma und das der Feministischen Partei wurden geschlossen.[232] Die Foren von Maya sind immer wieder gewandert und haben dabei so lange Nutzer verloren, dass auf der aktuellen Version eigentlich nur noch eine Handvoll Leute mit der gleichen Meinung diese austauschen. Die inoffiziellen Nachfolger des Emma-Forums haben eine ähnliche Entwicklung durchlaufen, wobei es da immer noch unterschiedliche Meinungen gibt – nur dass die Handvoll Leute, die da noch schreiben, die Meinung aller anderen bereits kennen. Im Nachhinein ging es bei diesen Foren nie darum, Meinungen zu bilden oder auszutauschen, wenn man von Mayas erstem Forum einmal absieht. Es ging darum, Positionen zu festigen, die ohnehin schon festgelegt waren. Bei den maskulistischen Foren habe ich eigentlich immer nur in einem wirklich aktiv geschrieben, dem „Wie viel 'Gleichberechtigung' verträgt das Land?". Zu den anderen Foren kann ich deshalb keinen Kommentar abgeben. Eigentlich kann ich für dieses Forum, bei allen Veränderungen, die auf personeller Ebene mit dem zweimaligen Wechsel der Administration passierten, keine ähnliche Veränderung feststellen. Es gibt zwar einige User, die seit langem die gleiche Position vertreten, aber es wird auch noch über Sachfragen debattiert. Was sich aus meiner Sicht vor allem geändert hat ist die Zusammensetzung sortiert nach Meinungsspektren, und die Männerbewegung hat eben jene Strömungen gewonnen, über die ich mich schon geäußert habe. Das Ergebnis ist, dass ich mich mittlerweile sehr nahe an Positionen sehe, die ich vor fünf Jahren als „die Gegenseite" beschrieben hätte. Einfach weil es da zumindest noch eine gemeinsame Grundlage gab, von der jetzt recht stark abgewichen wird. Dass Positionen, die vor fünf Jahren noch klar mehrheitsfähig waren, jetzt nur noch von einer kleinen Zahl von Usern geteilt werden, ist zumindest ernüchternd. Wir haben Leute erreicht, die unsere Infrastruktur nutzen, unsere Ziele aber nicht oder nur bedingt teilen. Das Forum „Wie viel 'Gleichberechtigung' verträgt das Land?" steht für eine gewisse Tradition innerhalb der Foren der Männerbewegung, weil es immer einsteigerfreundlich und ein sachlicher Stil prägend war. Diese Funktion scheint mir in letzter Zeit das Forum von MANNdat zu übernehmen, aber ich hoffe, dass auch „Wie viel 'Gleichberechtigung' verträgt das Land?" wieder auf diese Weise funktionieren wird. Im Gegensatz zu den feministischen Foren, in denen ich geschrieben habe, gibt es noch einen Puls. Die nächste Zeit wird zeigen, ob der sich stabilisieren lässt, oder ob nach langer Laufzeit auch dieses Forum ein langsames Ende findet.

Hoffmann: Vor welchen Fehlern würdest du die Männerbewegung warnen?

Gunkel: Ich glaube, dass es drei große Fehler gibt, die die Männerbewegung machen könnte: Ignoranz gegenüber der Geschichte von Feminismus, Schwulenbewegung, aber auch Friedensbewegung und Arbeiterbewegung. Die Männerbewegung ist ein relativ junger Spross in einer Gruppe von Bewegungen, die Geschlecht thematisiert haben. Die letzten beiden benötigen vielleicht noch eine Erklärung: Die Friedensbewegung speiste sich unter anderem aus der berechtigten Angst junger Männer, zum Kriegsdienst gegen das jeweils andere Deutschland eingezogen zu werden. Auch wenn Geschlecht in diesem Kontext nie das präsente Thema war: Eigentlich ging es darum, Männer vor einem frühen Tod zu bewahren. Die Arbeiterbewegung war ebenfalls in vielen Punkten eine Männerbewegung, etwa was Sicherheitsauflagen angeht. Wenn die Berufe mit der größten Gefährdung für Leib und Leben der Arbeiter fast ausschließlich von Männern ausgeführt werden, dann ist Arbeitssicherheit eben auch ein wichtiges Thema für die Männerbewegung. Wichtig ist zu erkennen, dass die Männerbewegung an solche Traditionen anknüpft und deshalb auch versuchen sollte zu erkennen, wo diese Bewegungen Fehler gemacht haben. Der zweite Fehler ist so einer, und zwar der grundlegende Denkfehler, die Beseitigung von Nachteilen für Männer führe zu einer Zunahme der Nachteile bei Frauen. Das ist ein fundamentaler Irrtum gewesen, den einige feministische Strömungen bis heute begehen, und er stünde auch der Männerbewegung nicht gut zu Gesicht. Der letzte Fehler in dieser Reihe wäre das Fehlen von Versuchen, mit anderen Gruppen zusammenzuarbeiten, letztlich eine Konsequenz aus den ersten beiden Fehlern, einmal durch mangelndes Verständnis dafür, dass andere Gruppen ähnlich gelagerte Ziele verfolgen und einmal durch das Antagonisieren von solchen Gruppen. Ich hoffe, dass diese Fehler nicht gemacht werden, oder sich zumindest nur in einem kleinen Rahmen ausbreiten.

Hoffmann: Welche zukünftigen Entwicklungen würdest du dir wünschen?

Gunkel: Ich würde mir vor allem eine größere Präsenz wünschen, also dass die Themen der Männerbewegung tatsächlich in einer breiten Öffentlichkeit diskutiert werden. Was ich mir ebenfalls wünschen würde, wäre eine Erweiterung unserer Themen um die Frage, wie man ein Leben organisieren kann. Ich habe das Gefühl, dass Männer sich mehr oder weniger einem Nutzen unterordnen und sich primär daran messen, ob sie „funktionieren“. Das ist etwas, was mir mehr und mehr auffällt, also dass man etwa in den Vordergrund stellt, ob man in einer Beziehung „funktioniert“, und nicht, ob sie einen glücklich macht, dass man sich fragt, ob man im Beruf „funktioniert“, und nicht, ob man an ihm vielleicht irgendwann zerbricht. Ich glaube, die Bereitschaft, nicht mehr zu funktionieren, geht der tatsächlichen Befreiung voraus. Allein rechtliche Änderungen werden nicht viel ausrichten. Ich bin mir bewusst, dass das einige als „Umerziehung“ deklarieren würden, aber es geht eigentlich nur um das Angebot an Männer, sich darüber Gedanken zu machen, was sie eigentlich wollen.

Hoffmann: Viele Bestrebungen von MANNdat erachtest du als positiv, bist aber kein Mitglied. Warum eigentlich nicht?

Gunkel: Ich hatte mit Eugen Maus einen längeren Mailwechsel, in dem es im Prinzip um diese Frage ging. Ein Punkt, der gegen eine Mitgliedschaft spricht, ist, dass viele Themen, die für mich zentral sind, bei MANNdat keine hohe Priorität haben, einfach aus dem Grund, dass dort nicht genug Leute mitwirken. Und nach längerer Diskussion sind wir uns im Prinzip darüber einig, dass diese Themen bei MANNdat einzubringen nicht von mir allein geleistet werden könnte und daher meine Teilnahme an dem Projekt letztes Endes für andere Bereiche notwendige Arbeitskraft abziehen würde. Das Mindeste wäre eine Diskussion innerhalb von MANNdat, ob eine Ausarbeitung zu einem bestimmten Themenfeld von allen Mitgliedern getragen würde. Der zweite Punkt war die Frage, wie stark mit anderen Gruppierungen kooperiert werden soll, und da waren Eugen und ich uns zumindest zum damaligen Zeitpunkt sehr uneins. Zu guter Letzt kommt noch eine Frage zu meiner Person mit ins Spiel. Ich bin nicht dafür bekannt, unbedingt Konsenspositionen wiederzugeben. Ich wäre kein guter Parteipolitiker, sondern eher die Person, von deren jüngster Äußerung sich ein Fraktionsvorsitzender bei einer Pressekonferenz distanziert. Kein Mitglied zu sein bedeutet, dass MANNdat nicht ständig erklären muss, dass nicht jede meiner Äußerungen zum Programm von MANNdat gehört und auf der anderen Seite auch, dass ich mich nicht zurückhalten muss, was meine Positionen betrifft. Wenn MANNdat mich für irgendetwas brauchen würde, stünde ich bereit, von der Recherche bis zur Flugblattverteilung.

Hoffmann: Was hältst du von Gender Mainstreaming?

Gunkel: Prinzipiell begrüße ich die Idee, Geschlechterpolitik nicht als separat von anderen Politikfeldern zu begreifen. Wer über die Sozialsysteme nachdenkt, der muss sich auch darüber Gedanken machen, ob man den Zivildienst nicht abschaffen sollte und wie die Leistungen, die jetzt von Zivildienstleistenden erbracht werden, dann geregelt werden. Wer über Gesundheitspolitik nachdenkt, der muss auch darüber nachdenken, ob die bestehenden Differenzen zwischen den

Leistungskatalogen für Männer und Frauen Sinn machen. Die zentrale Frage ist nicht, ob man GM begrüßt, weil diese Idee in ihren Grundsätzen absolut konsensfähig sein dürfte, sondern ob man die Geschlechterpolitik gut findet, die jetzt breiten Einzug in alle Sparten und Ebenen der politischen Diskussion findet. Und da werden im Prinzip Konzepte weitergeführt, die ich für unsinnig halte. Ein zweiter zu prüfender Punkt betrifft das Instrumentarium, mit dem GM implementiert wird. Als Beispiel wäre nur Gender Budgeting genannt, das die Haushalte auf allen Ebenen auf die Geschlechterverteilung von Geldern überprüft. Da sehe ich zum einen die Gefahr, dass Effizienz bestraft wird. Ein Land, das bei gleicher Dienstleistungsgüte eine geringere Menge Geld aufwendet, um eine primär von einem Geschlecht genutzte Einrichtung zu betreiben, könnte schlechter da stehen als ein Land, das weniger effizient wirtschaftet. Und beim Budget des Bundes wäre zu fragen, ob die Kosten der Wehrpflicht als Gelder gewertet werden, die Männern „zugutekommen". Das Problem ist also nicht der grobe Ansatz, sondern die damit betriebene Politik. Die Frage, ob GM positiv oder negativ ist, ist ähnlich wie die Frage, ob Sozialpolitik etwas Positives oder Negatives ist. Beantwortet werden kann nur, ob eine bestimmte Sozialpolitik oder eine bestimmte Geschlechterpolitik positiv oder negativ ist.

Hoffmann: Inwiefern hast du dich bereits in Sachen Männerbewegung eingesetzt?

Gunkel: Mein Engagement besteht bislang hauptsächlich darin, Kontakte herzustellen und bei möglichst vielen Gruppen nach Möglichkeiten der Zusammenarbeit zu bestimmten Themen zu suchen. Für viele der Projekte, die ich als notwendig betrachte, fehlt mir einfach die Qualifikation – ohne eine Ausbildung im Bereich Pädagogik fällt Jugendarbeit flach, ohne Ausbildung im Bereich Sozialarbeit oder Psychologie kann ich keine Opferarbeit leisten, ohne Ausbildung in Jura habe ich keine Ahnung, wie man Gesetze umformulieren müsste, um bestimmte Effekte zu erreichen. Meine Qualifikation ist die eines Lebenswissenschaftlers, also Life-Sciences, wozu ja die Paläontologie gehört, und ich habe mich intensiv mit

Geschlechterstudien befasst. Wenn ich diese Bereiche betrachte, dann stelle ich fest, dass ich vor allem konzeptionelle Arbeit leisten kann. Zum einen kann ich die immer wieder aufkommenden biologistischen Tendenzen auf der Ebene der Biologie kritisieren, zum anderen kann ich versuchen, Denkmuster anzubieten, die eventuell von Nutzen sind. Vielleicht ist das der zentralste Aspekt: Wenn es eine Männerbewegung gibt, dann bewegt sie sich in eine Richtung. Und zu fragen, welche Richtung es sein soll, das sehe ich als meine Aufgabe. Ich würde mich allerdings nicht als jemanden betrachten, der diese Richtung auswählt.

Hoffmann: Unter anderem bist du Experte zum Thema Beschneidung, die hierzulande in der breiten Öffentlichkeit nur als „Beschneidung von Mädchen" diskutiert wird. Was kannst du zu diesem Thema sagen?

Gunkel: Es gibt viele Leute, die zu diesem Thema besser qualifiziert sind als ich. Das, was ich zu diesem Thema weiß, kann sich jeder, der über einen Internetzugang und eine öffentliche Bibliothek in der Nähe verfügt, ebenso aneignen. An das Thema geraten bin ich durch die Genitalverstümmelung an Intersexuellen, also Personen, die bei der Geburt als „uneindeutigen Geschlechts" betrachtet werden. Diese werden in Deutschland noch immer durchgeführt, obwohl es keinerlei triftige Gründe für sie gibt. Ebenfalls wenig von der Öffentlichkeit wahrgenommen sind Genitalverstümmelungen an Jungen, einfach weil sie in unserem Kulturkreis „normal" sind und die hier üblichen Beschneidungsformen zu den milderen gehören. Die Beschneidung von Mädchen wird hauptsächlich an den extremsten Formen, also etwa der Infibulation diskutiert, bei der Beschneidung von Jungen eher die Entfernung von Teilen der Vorhaut, mit gegebener Indikation und durch Ärzte. Dass andere Formen der Genitalverstümmelung an Jungen praktiziert werden, ist kaum bekannt. Was weniger daran liegen dürfte, dass das bewusst verschwiegen wird, sondern eher daran, dass jeder glaubt zu wissen, wie eine Beschneidung bei Jungen aussieht.

Hoffmann: Warum, glaubst du, wird gerade in manchen feministischen Kreisen so extrem aggressiv auf Männer reagiert, die über ihre Opfererfahrungen sprechen? Es kommt da ja regelmäßig zu massiven Abwertungen wie „Jammerlappen" oder „Plärrer" ...

Gunkel: Ich denke, dass zwei Dinge eine Rolle spielen. Zum einen ist da die Angst, dass solche Opfererfahrungen dazu verwendet werden, Unrecht, das Frauen geschieht, zu marginalisieren. Ich glaube, diese Angst ist auch berechtigt, weil ich Diskussionen erlebt habe, in denen Opfererfahrungen quasi gegeneinander aufgerechnet wurden. Und das Phänomen, dass die Opfererfahrungen der Angehörigen eines Geschlechts negiert werden, weil den Opfererfahrungen des anderen Priorität eingeräumt wird – das ist der Status Quo. Insofern muss man da so vorgehen, dass man diese Angst minimiert und sich auch dieser Form der Diskussion entzieht. Und gerade in diesem Punkt wäre eine Kooperation mit anderen Organisationen sehr sinnvoll, einfach um zu zeigen: Es geht nicht darum, die Opfer gegeneinander auszuspielen. Ein zweiter Punkt, der meiner Einschätzung nach aber rückläufig ist, ist ein personalisierter Patriarchatsbegriff. Da wird davon ausgegangen, dass jeder Mann a priori eine Machtposition innehat. Wenn man glaubt, dass sich da jemand beschwert, der eigentlich die ganze gesellschaftliche Macht hat und dem die Welt zu Füßen liegt, dann kommt man zu dem Schluss, dass dieser Mensch wehleidig ist. Aber so ein Begriff bringt Widersprüche mit sich, weil Macht nie allein auf einer Geschlechterebene läuft und andere Faktoren wie Alter, Ethnie oder Klasse ebenfalls mit hineinspielen. Und ich glaube, dass diese Widersprüche zunehmend erkannt werden.

Hoffmann: Du vertrittst ja die These, dass Mitleid „gegendert", also geschlechtsgebunden sei. Um einen deiner Texte zu zitieren: „Die Presse inszeniert immer wieder aufs Neue die Geschichte von der *Lady in peril*. Wir sind darauf konditioniert, dieses Leid konkreter wahrzunehmen als bei Männern. Eine Frau kniet weinend neben der Leiche ihres Mannes – die arme Frau. Ein Mann kniet weinend neben der Leiche seiner Frau – die arme Frau." Kannst du das noch ein bisschen ausführen?

Gunkel: Um mal Daten von heute zu nehmen: Auf den Startseiten der Hilfsorganisationen DRK, Brot für die Welt, Ärzte ohne Grenzen und Misereor werden insgesamt 48 Personen abgebildet, die Hilfe benötigen oder bekommen. Davon sind acht Prozent Männer (4), 35 Prozent kleine Kinder (17) und 56 Prozent Frauen (27). Ich glaube, der Grund dafür ist eine Art selbsterfüllender Prophezeiung. All diese Organisationen werben für Spenden. Und die Leute sind eher bereit zu spenden, wenn sie hilfsbedürftige Frauen sehen. Aus diesem Grund werden bei Plakataktionen, Broschüren oder eben Internetauftritten von Hilfsorganisationen vor allem Frauen gezeigt. Mit dem Effekt, dass das Leid von Frauen stärker wahrgenommen wird als das von Männern und daher die Leute eher bereit sind zu spenden, wenn es gilt, das Leid von Frauen zu lindern ... Damit schließt sich der Kreis. Ein ähnlicher Effekt betrifft Gewalterfahrungen, die der Feminismus zuerst thematisiert hat. Häusliche Gewalt ebenso wie sexuelle Gewalt waren im Grunde ein Non-Thema, bevor sie durch den Feminismus zu einem gemacht wurden. Dass diese Gewalt auch Männer trifft, wurde zu diesem Zeitpunkt nicht wirklich realisiert. Im Laufe der Zeit hat das den Effekt gehabt, dass diese Gewaltformen als etwas gesehen wurden, was ausschließlich Frauen betrifft. Im Bereich der sexuellen Gewalt schlug sich das auch im Strafrecht nieder, das hier unterschiedliche Rechtsnormen setzte. Erst seit 1996 erkennt das Strafrecht männliche Vergewaltigungsopfer. Die WHO veröffentlichte jüngst Zahlen, nach denen zwischen fünf und zehn Prozent der Männer sexuelle Missbrauchserfahrungen erlebt haben. Die Gesamtviktimisierungsrate bei sexueller Gewalt schwankt je nach Land, für das Daten vorliegen, zwischen 3,6 Prozent und 20 Prozent, die Pilotstudie „Gewalt gegen Männer" kommt ebenfalls zu Zahlen in dieser Größenordnung. Die Vergleichswerte für Frauen liegen zwischen 0,8 Prozent und acht Prozent. Die Gründe, warum diese Erfahrungen nicht besonders beachtet werden, liegen meiner Meinung nach vor allem an zwei Faktoren. Der erste wurde schon angesprochen bei der Frage, warum Männer mit Opfererfahrungen oft auf Ablehnung stoßen. Der zweite

Punkt betrifft andere Männer, die sich mit den Opfern dieser Gewaltformen nicht solidarisieren, sondern eher auf Distanz gehen. Letzten Endes bedeuten sowohl Gewalt in einer Partnerschaft als auch sexualisierte Gewalt einen Kontrollverlust. Und es ist schwer, sich mit jemandem zu identifizieren, der die Kontrolle über das eigene Leben in einer solchen Situation verloren hat, weil Identifikation auch bedeutet anzuerkennen, dass man selbst zum Opfer werden könnte. Es ist ein Schutzmechanismus, der bei Männern noch stärker greift als bei Frauen, weil es eben ein traditionelles Zeichen für Männlichkeit ist, diese Kontrolle zu haben. Das Ganze ist aber ein sehr weites Feld, über das man wirklich Bücher schreiben kann.

Zum Weiterlesen: Riki Wilchins: Read my lips. Sexual Subversion and the End of Gender. Firebrand Books 1997 – „weil das zum einen sehr gut erklärt, worum es bei Transgender-Politik geht, und im hinteren Teil auch darauf eingeht, wie die Organisation GPAC es geschafft hat, Männerrechtler, Trans* und Feministinnen unter einen Hut zu bekommen."

ENDNOTEN

Bei Internetseiten, insbesondere deutschen Presseartikeln, kann es natürlich gut sein, dass eine Webadresse nicht mehr abrufbar ist oder ihren Inhalt geändert hat, wenn Sie dieses Buch in den Händen halten. Eine gute Hilfe sind in diesem Fall häufig Internetarchive wie www.archive.org.

[1] Der Beitrag findet sich auch in Cornelia Piepers Internet-Blog (www.cornelia-pieper.de/blog/).

[2] Schwarzer, Alice: So fing es an! Die neue Frauenbewegung. Dtv 1983, S. 32-33.

[3] Schwarzer, Alice: Männerhass. In: Emma Nr. 3 (1977), S. 3.

[4] Vgl. http://www.spiegel.de/spiegel/0,1518,265518,00.html, http://www.spiegel.de/sptv/thema/0,1518,265580,00.html sowie kritisch http://www.maskulist.de/Eine_Krankheit.htm.

[5] Im Juli 2007 legte Spiegel-Online nach mit dem Artikel „Warum Männer früher sterben sollten" (vgl. http://www.spiegel.de/wissenschaft/mensch/0,1518,497320,00.html). Dieser Beitrag widmete sich der These, dass Männer ab einem bestimmten Alter „in monogamen Gesellschaften einfach nutzlos" seien, und hält nur knapp vor einer Forderung nach Euthanasie inne. Bei jeder anderen sozialen Gruppe (Behinderte, Ausländer, Juden, Schwarze, Arbeitslose, psychisch Kranke, Frauen etc.) würde eine Überschrift im Stil von „Warum XY früher sterben sollten" einen Riesenskandal auslösen. Bei Männern nimmt man so etwas als Alltag hin.

[6] Horst-Eberhard Richter im „Spiegel" 40/2006, zitiert nach http://www.hh-heute.de/index.php/2007/02/19/horst-eberhard-richter-die-krise-der-maenn-lichkeit-in-der-unerwachsenen-gesellschaft/.

[7] Rhan, Ulla: Fuck & Go, Eichborn 2005, S. 49-51.

[8] http://www.beobachter.ch/reusable/detail.cfm?ObjectID=FA6C5BFA-027A-11D5-A0150050DA721660&navid=79.

[9] http://www.sonntagszeitung.ch/dyn/news/trend/550857.html.

[10] So schlagzeilte etwa auch die nicht minder auflagenstarke Zeitung „Bild am Sonntag" am 31.12.2006: „Warum Frauen (fast) alles besser können als Männer". Ich habe diesen Artikel nicht selbst gesichtet, sondern ihn mir lediglich von meinem Verleger Rüdiger Happ am Telefon stichwortartig vorlesen lassen: „Meine Güte, die wärmen da wirklich jeden Mumpitz auf ... emotionale Intelligenz ... multitaskingfähig ... schon in der Steinzeit konnten Frau-

en gleichzeitig Talkshows gucken und stricken ...“ Wir haben sehr gelacht.

[11] Zum Thema Einfühlungsvermögen gibt es einen interessanten Absatz im Wikipedia-Eintrag „Empathie“. Dort heißt es (Stand 2.2.2007): „In der aktuellen Hirnforschung (siehe Prof. Dr. Dr. Manfred Spitzer) zeigt sich eine durch Hirnstrukturen beeinflusste Empathie gegenüber Personen in Abhängigkeit von deren fairen bzw. unfairen Verhaltens. Dabei konnte eine unterschiedliche Ausprägung bei Frauen und Männern festgestellt werden. Besagte Hirnstrukturen reagieren bei Männern deutlicher und stärker auf äußere Einflüsse von Fairness oder Unfairness. Die empfundene Empathie wird bei Fairness-Erfahrung in den betroffenen Hirnregionen derart verstärkt, dass Männer ein größeres und verstärktes Mitgefühl empfinden. Im umgekehrten Falle, also bei Unfairness-Erfahrung, reagieren die Hirnregionen bei Männern mit einem deutlicheren Bestrafungsempfinden.“ Demnach wären Männer entgegen dem Klischee empathischer als Frauen. Leider fehlt in einer für die Wikipedia typischen Weise jegliche Quellenangabe (der bloße Verweis auf Prof. Spitzer ist auch nicht erhellend), so dass sich die Substanziiertheit dieser Behauptung nicht näher überprüfen lässt.

[12] http://www.wams.de/data/2005/10/23/792761.html.

[13] Vgl. Siering, Frank: Frauen fahren ihre Krallen aus. In: Handelsblatt vom 10.5.2007. Online unter http://www.handelsblatt.com/news/_pv/_p/200813/_t/ft/_b/1263900/default.aspx/index.html.

[14] Sutton, Robert: Der Arschloch-Faktor. Hanser Wirtschaft 2006.

[15] Ich danke für die logische Weiterentwicklung von Suttons Gedanken meinem Freund und Anwalt Oliver Kapp.

[16] http://www.focus.de/jobs/karriere/management_nid_43406.html.

[17] http://www.morgenpost.de/content/2003/08/30/ttt/625927.html.

[18] Vgl. Margaret F. Brinig und Douglas W. Allen: These Boots Are Made for Walking: Why Most Divorce Filers Are Women, in: American Law and Economics Review 2 (2000): 126-69.

[19] Vgl. Augustine J. Kposowa: „Divorce and Suicide Risk. In: Journal of Epidemiology and Community Health, Dezember 2003.

[20] SPIEGEL 37/98, S. 257.

[21] Meryn, Siegfried u.a.: Der Mann 2000. Ueberreuter 1999, S. 24.

[22] Gruner, Paul-Herman: Frauen und Kinder zuerst. Rowohlt 2000, S. 172.

[23] Matussek, Matthias: Die vaterlose Gesellschaft. Rowohlt 1998, S. 44.

[24] Weltwoche 41/2006, online unter http://www.weltwoche.ch/artikel/?AssetID=15090&CategoryID=82.

[25] http://www.heise.de/newsticker/meldung/37047.

[26] http://zeitung.informatica-feminale.de/artikel.html?artikelid=50.

[27] http://www.spiegel.de/wissenschaft/mensch/0,1518,druck-491334,00.html.

[28] http://bildung.focus.msn.de/hps/fol/newsausgabe/newsausgabe.htm?id=18462.
http://www.rp-online.de/public/article/nachrichten/wissenschaft/bildung/103985.

[29] http://www.nationalpost.com/home/story.html?f=/stories/20020222/134476.html.

[30] http://focus.msn.de/gesundheit/psyc...elligenz_nid_35141.html?DDI=3334.

[31] Die Organisation „hommage" scheint eine Ein-Mann-Unternehmung dieses Professors zu sein, denn wenn man www.hommage.de eingibt, landet man unweigerlich auf www.hesch.ch.

[32] http://www.zeit.de/2001/46/Wissen/200146_aggressionen.html.

[33] http://www.timesonline.co.uk/section/0,,176,00.html.

[34] http://www.ku-eichstaett.de/PressReleases/105896493299666.

[35] Döge, Peter: Geschlechterdemokratie als Männlichkeitskritik, Kleine 2001, S. 58-59. Döge bezieht sich bei diesen Zahlen seinerseits auf Ulrike Popp u.a.: Es gibt auch Täterinnen: Zu einem bisher vernachlässigten Aspekt der schulischen Gewaltdiskussion. In: Zeitschrift für Soziologie der Erziehung und Sozialisation, Heft 2 (2001), S. 170-191.

[36] http://www.sozioland.de/424_artikel_moral05.php?SES=dddc40a26b1019e7cc31e29f814c137b.

[37] Vgl. http://science.orf.at/science/news/140679. Hydes Studie „The Gender Similiarities Hypothesis" ist im Fachjournal „American Psychologist" (Band 60, S. 581-592; 10.1037/0003-066X.60.6.581) erschienen.

[38] Online steht das Interview unter http://www.welt.de/wissenschaft/article729243/Wir_muessen_Geduld_mit_den_Maennern_aufbringen.html.

[39] Es handelt sich um die Ausgabe der Zeitschrift WOMAN vom 6. Februar 2007. Nachzulesen sind Brizendines Äußerungen unter http://www.campusmed.de/index.php?module=myDPANews&func=content&file=2007-02-04/na00936257&quelle=news+aktuell.

[40] http://www.ischool.berkeley.edu/~nunberg/beckies.html.

[41] Wohlgemerkt: Ich behaupte nicht, dass man sich auf die Wikipedia als seriöse Quelle verlassen sollte. Aber über die Seiten der Wikipedia kann man häufig per Link zu fundierten Quellen gelangen – so wie in diesem Fall zu der Website der amerikanischen Linguisten, die Brizendines Behauptungen zerpflückten.

[42] Entnommen wurde diese Textpassage dem Internetforum der feministischen Partei „Die Frauen".

[43] Hier: Ullstein 2003, S. 346.

[44] Ausgabe 2/1994, S. 34f.

[45] http://www.mopo.de/seiten/20011107/nachrichten-artikel13.html.

[46] http://www.spiegel.de/wissenschaft/mensch/0,1518,333669,00.html.

[47] http://www.das-parlament.de/2004/46/Thema/005.html.

[48] Im folgenden Zitat sind zwei kleine Übersetzungsfehler von mir korrigiert.

[49] http://www.timesonline.co.uk/article/0,,20029-2016840,00.html.

[50] Mischke, Roland: Die Volltrottel in der Vaterrolle. Im Wiesbadener Kurier vom 27.10.2006. Online unter http://www.wiesbadener-kurier.de/feuilleton/objekt.php3?artikel_id=2579302.

[51] Ponocny-Seliger, Elisabeth u.a.: Männer in den Medien. Eigenverlag des österreichischen Bundesministeriums für soziale Sicherheit, Generationen und Konsumentenschutz. Online unter http://www.bmsg.gv.at/cms/site/detail.htm?channel=CH0135&doc=CMS1159440162505.

[52] www.dailytelegraph.co.uk/dt?ac=005803949304366&rtmo=Qe9LmwkR&atmo=rrrrrrrq&pg=/01/8/19/do09.html.

[53] http://books.guardian.co.uk/edinburghbookfestival2001/story/0,1061,536568,00.html.

[54] http://drhelen.blogspot.com/2005/11/for-men-its-1962.html.

[55] http://www.libertarian.to/NewsDta/templates/news1.php?art=art271.

[56] Allerdings werden in der „Emma" außer Täterinnen auch andere Frauen ausgeblendet, die nicht in Alice Schwarzers ideologisches Konzept passen, etwa selbstbestimmte Prostituierte oder Sadomasochistinnen.

[57] Alle Zitate aus: Deckenbach, Karin: War was, Eva? Droemer 2006, S. 277,292, 294.

[58] So forderte ein Kommentator des feministischen Genderblogs im Februar 2007 unter anderem einen gesetzlich verankerten „Väterschutz" (da die Zeit um die Geburt eines Kindes auch für Väter von besonderer Bedeutung sei), die selbstverständliche Kostenübernahme von Geburtsvorbereitungskursen von Männern durch die Krankenkassen sowie die massive finanzielle Unterstützung von Vätercafés oder –treffs (analog zur finanziellen Unterstützung für Frauencafés und –treffs), vgl. http://genderblog.de/index.php/2007/02/06/den-frauentag-den-frauen/. All dies sind keine Forderungen, die bislang in den Veröffentlichungen beispielsweise von MANNdat auftauchten. Es gibt weitere solcher Einzelpositionen, die ich hier nicht alle aufführen möchte. Die in Kapitel 4 zusammengestellten Forderungen sind also lediglich eine sehr bescheidene Liste, und wenn sie in dieser Aufreihung sehr umfangreich wirken mögen, liegt das schlicht daran, dass es, was die Anliegen von

Männern angeht, in unserer Gesellschaft an allen Ecken und Enden brennt, sich bislang aber kaum jemand von den Verantwortlichen darum kümmert. Stattdessen erscheint von Medienfrauen wie Eva Herman, Iris Radisch, Maria von Welser, Thea Dorn, Karin Deckenbach und wie sie alle heißen inzwischen fast vierzehntäglich ein neues Buch darüber, was man *Frauen* alles Gutes tun könne. Familienministerin von der Leyen macht bereits im Titel ihres Buches „Wir müssen die Gesellschaft für Frauen verändern" unverblümt deutlich, dass diese Einseitigkeit politisch gewollt ist.

[59] Hoffmann, Arne: „Was die Männerbewegung will", ursprünglich veröffentlicht in der libertären Zeitschrift „eigentümlich frei", online unter http://www.vaetersorgen.de/Maennerbewegung.html.

[60] Vgl. www.manndat.de/index.php?id=37.

[61] www.nz-online.de/artikel.asp?art=516272&kat=317.

[62] Vgl. Clements-Schreiber, Michele u.a.: Women´s sexual pressure tactics and adherence to related attitudes: A step toward prediction. In: The Journal of Sex Research, Mai 1998, S. 197-205; Saris, Renee: Studying the sexual aggression of women: Problems and promises. In: The Journal of Sex Research, August 199, S. 312-314; Struckmann-Johnson, Cindy und David: Men Pressured and Forced Into Sexual Experience. In: Archives of Sexual Behavior, Vol. 23, No. 1, 1994, S. 93-11 sowie für weitere Studien und ausführliche Hintergründe meine Bücher „Sind Frauen bessere Menschen?" (Schwarzkopf & Schwarzkopf 2001) und „Nummer Sicher" (Marterpfahl 2007).

[63] Vgl. Struckmann-Johnson, Cindy und David: Men Pressured and Forced Into Sexual Experience. In: Archives of Sexual Behavior, Vol. 23, No. 1, 1994, S. 93-111 sowie Struckmann-Johnson, Cindy und David: Men´s Reactions to Hypothetical Forceful Sexual Advances from Women: the Role of Sexual Standards, Relationships, Availability, and the Beauty Bias. In: Sex Roles, Vol. 37, No. 5/6 1997, S. 319-333.

[64] Vgl. Fillion, Kate: Lip Service. The Truth About Women´s Darker Side in Love, Sex and Friendship. New York 1996, S. 201-203.

[65] Vgl. Krahé; Scheinberger-Olwig und Bieneck: Men's Reports of Nonconsensual Sexual Interactions with Women: Prevalence and Impact. In: Archives of Sexual Behavior, Vol. 32, No. 2, 2003. Online unter www.ingenta.com/isis/searching/ExpandTOC/ingenta;jsessionid=50ji7jqghiog3.crescent?issue=pubinfobike://klu/aseb/2003/00000032/00000002&index=9.

[66] Online abrufbar unter http://www.polizei.bayern.de/content/4/3/7/vergewaltigung_und_sexuelle_n_tigung_in_bayern_bpfi.pdf. Die Ergebnisse

dieser Studie, was die Häufigkeit von Falschbeschuldigungen angeht, dek-
ken sich mit dem wenigen, was man dazu an internationalem Material findet. Ich gehe darauf ebenfalls gründlicher in meinem Ratgeber „Nummer
Sicher" (Marterpfahl 2007) ein.

[67] http://www.baden-wuerttemberg.de/sixcms_upload/media/375/
bilanzbericht.pdf.

[68] http://bundesrecht.juris.de/gleibwv/index.html.

[69] Vgl. zu dieser Debatte auch http://www.glennjsacks.com/women_have_a.htm.

[70] http://www.welt.de/data/2006/03/06/855719.html.

[71] http://www.glennjsacks.com/new_survey_confirms.htm.

[72] http://www.telepolis.de/deutsch/inhalt/co/14880/1.html.

[73] http://prweb.com/releases/2006/10/prweb450131.htm.

[74] U.S. Department of Justice: National Survey of Crime Severity, NCJ 96017,
Washington D. C., U.S. Government Printing Office 1985.

[75] http://www.spiegel.de/politik/ausland/0,1518,328413,00.html.

[76] http://www.ifeminists.net/introduction/editorials/2005/1130roberts.html.

[77] http://www.spiegel.de/politik/ausland/0,1518,385800,00.html.

[78] http://www.berlinkontor.de/article7858.html.

[79] http://www.maennerschmerz.com/mannalsopfer.htm.

[80] Vgl. Kühte, Alexandra: Das Frauenbild in der feministischen Zeitschrift EMMA,
Wissenschaftlicher Verlag Berlin 2005, S. 276-278.

[81] http://www.spiegel.de/spiegel/0,1518,154558,00.html.

[82] http://www.maennergesundheit.info/Deutsch/index.htm.

[83] Das lesenswerte Interview mit Professor Sommer findet sich online unter
http://www.carookee.com/forum/MANNdatAktion/
Artikel_ueber_Maennergesundheit_in_der_Zeitschrift_34_
BUNTE_34.6508075.0.01103.html.

[84] http://www.aerzteblatt.de/V4/archiv/artikel.asp?id=36139.

[85] http://www.aerzte-zeitung.de/docs/2001/07/12/128a1701.asp.

[86] Vgl. http://www.maennergesundheit.dieg.org.

[87] Siehe etwa einen jüngeren entsprechenden Vorstoß von MANNdat unter http:/
/www.manndat.de/index.php?id=294.

[88] http://www.mediaradar.org/alert20061204.php.

[89] http://www.telegraph.co.uk/opinion/main.jhtml?xml=/opinion/2006/11/09/
do0901.xml.

[90] http://de.news.yahoo.com/08122006/286/politik-pr-sident-menschenrechtsge-
richts-mahnt-deutschland.html.

[91] http://www.upi.com/NewsTrack/view.php?StoryID=20061209-031454-7479r.

[92] Allerdings gibt es gegen das „Gesellschafter"-Forum der „Aktion Mensch" recht massive und gut belegte Zensurvorwürfe, etwa dass ganze Themenstränge wie „Forderungen der Männerbewegung" gelöscht würden, während Themenstränge wie „Forderungen der Frauenbewegung" erhalten blieben; vgl. http://www.politikforum.de/forum/showthread.php?t=137371.

[93] Rhan, Ulla, Fuck & Go, Eichborn 2005, S. 51.

[94] http://www.cicero.de/97.php?ress_id=7&item=1111.

[95] Im (moderierten!) Internet-Gästebuch der radikalfeministischen Zeitschrift *Emma* fand sich gar jene bezeichnende Passage: „Ein aggressiver Vorschlag: Warum torpediert man nicht Auftritte und Lesungen von Eva Herman, z.B. mit Plakaten und Buhrufen. Wenn sie nicht vernünftig argumentiert, warum müssen wir uns das gefallen lassen. Typisch männlich wäre es wohl, sie mit einem Eimer Blut zu übergießen bei einem öffentlichen Auftritt. Allein, Tierschützer tun so was doch auch. Und manchmal muss man eben radikal sein, wenn die Mehrheit nicht auf einen hören will. Eva soll sich doch als äußerst labil in ihrem Buch darstellen, na dann bringen wir sie doch zum Weinen. Ein Nervenzusammenbruch vor laufender Kamera wäre doch die beste Rache." Dass die betreffende Person, wie aus diesen Zeilen hervorgeht, Eva Hermans Buch offenbar noch nicht einmal gelesen hat, ist leider alles andere als untypisch.

[96] Im September 2007 äußerte sich Eva Herman in einer Weise über die Familienpolitik des Dritten Reichs, die von mehreren Journalisten skandalisiert wurde. Den darauf folgenden Umgang der Medien mit Eva Herman bezeichnete Peer Teuwsen in der Schweizer „Weltwoche" als „öffentliche Hinrichtung" und Holger Dohmen im „Hamburger Abendblatt" als „bis zu Hass und Demütigung reichende Kampagne", die „dem humanen Prinzip und letztlich auch unserem Grundgesetz" widerspreche. Der Verband Eltern in Deutschland e.V. kommentierte: „In den 70er Jahren wurde Kritik gegenüber dem Feminismus schon mal mit Morddrohungen quittiert. Heute begnügt man sich mit dem beruflichen und medialen Mobbing." Ich habe diese Medienkampagne in „Der Fall Eva Herman" (Lichtschlag 2007) ausführlich analysiert.

[97] http://www.ifeminists.net/e107_plugins/content/content.php?content.163.

[98] Ausführlicher und mit Quellenangaben belegt, behandle ich den feministischen Terrorismus in meinem Buch „Sind Frauen bessere Menschen?" auf den Seiten 475-482. Zu den feministischen Bombenanschlägen auf Geschäfte für Damenmode berichtete zuletzt Erin Pizzey in der *Daily Mail* vom 22. Januar 2007.

[99] Schulz, Ulrike: Prozess gegen Mitglied der „Roten Zora". In: Berliner Umschau vom 12. April 2007, online unter http://www.berlinerumschau.com/index.php?set_language=de&cccpage=12042007ArtikelPolitik4.

[100] Schwarzer, Alice: Verlogene Gewaltfreiheit. In: Emma Nr. 9 (1983), S. 27. Bei den bisher zitierten geradezu linksradikalen Thesen Schwarzers erscheint es verwunderlich, dass sie heutzutage vor allem in konservativen Blättern wie der „Frankfurter Allgemeinen" und der „Welt" hofiert wird. In ihrer Analyse „Vom feministischen Schreckgespenst zur gefragten Expertin – Alice Schwarzers Islamismuskritik als Eintrittskarte in die Welt der Mainstream-Medien" arbeitet Daniela Marx heraus, dass Schwarzer exakt zu jenem Zeitpunkt von den etablierten Medien akzeptiert wurde, als sie sich in bestimmten Kreisen vorherrschenden islamfeindlichen Inhalten anschloss. Dabei, so zeigt Marx zutreffend auf, verwendet Schwarzer bei der Konstruktion ihres Feindbildes vom Islam Metaphern, die auch aus antisemitischen Diskursen bekannt sind, und kommt „der Relativierung nationalsozialistischer Verbrechen sehr nahe". Marx befindet, dass sich Schwarzer „in die Reihen derjenigen (rechts-)konservativen Politiker*innen* begibt, die von jeher multikulturalistische Konzepte als Gefahr für die Integrität des deutschen Volkstums begreifen", ja, dass „ihre Argumentation (...) anschlussfähig für ausgrenzende, reaktionäre und rassistische Argumentationen" wird. Wenn Schwarzer hier „Frauenbefreiung" als Motiv vorgibt, überzeugt das Marx nicht, da Schwarzer den muslimischen Frauen ein „abweichendes Verständnis von Feminismus und Emanzipation" abspreche: Was Muslimas selbst denken und wollen interessiert nicht, weil nur Schwarzer weiß, was für diese richtig ist. (Der Text ist erschienen in: Margarete Jäger und Jürgen Link (Hg.): Macht – Religion – Politik. Edition des Duisburger Instituts für Sprach- und Sozialforschung, Münster 2006, S. 209-227.) Wie Alice Schwarzer im politischen Spektrum von weit links nach weit rechts rückte, habe ich 2001 bereits in „Sind Frauen bessere Menschen?" anhand von anderen Beispielen dargelegt. Ein bekannter Publizist, der eine sehr ähnliche Entwicklung durchmachte und dafür ebenfalls großen Dank führender Medien erhält, ist Henryk M. Broder.

[101] Für einen Beitrag im rechtskonservativen Magazin „Criticón" (März/April 1990, S. 81-84) trug der Bielefelder Historiker Johannes Rogalla von Bieberstein eine ganze Reihe aufschlussreicher feministischer Zitate zusammen. Dazu gehören, „dass es keinen Feminismus ohne Sozialismus geben kann und keinen Sozialismus ohne Feminismus" (Frauenhandbuch 1974), die Forderungen, dass bei der quotierten Besetzung von Stellen „feministi-

schen Bewerberinnen der Vorzug zu geben ist" (so das „Autonome Frauen-
und Lesbenreferat" an der Universität Bielefeld 1989) und die Frauenbewegung „jetzt die Geschäftsgrundlage Grundgesetz in Frage stellen muss" („Au-
tonomes Frauenarchiv" Wiesbaden 1989), sowie einen Aufruf zu einer Soli-
daritätsveranstaltung mit Gefangenen der RAF (erneut das Bielefelder „Frau-
en- und Lesbenreferat" 1989). Bieberstein berichtet auch von einer Veranstaltung der Universität Bielefeld im Dezember 1985, an der unter anderem
der bekannte Soziologe Niklas Luhmann und der Präsident des Bundesver-
fassungsgerichts Ernst Benda teilnahmen, und die von „autonomen Frauen"
gesprengt wurde, die die „Hampelmänner von Staat, Kapital und Wissenschaft" mit Mehlbeuteln bewarfen.

[102] Stand Februar 2007.

[103] Bascha Mika entblößte sich mit der Bezeichnung „Jammerlappen" gegenüber
dem MANNdats-Vorsitzenden Eugen Maus in der Diskussionssendung „Drei
Jahrzehnte Emma: Ist Emanzipation out?" auf Bayern Alpha am 26. Januar
2007. Thea Dorns Ausfälle fanden in der SWR-Talkshow „Quergefragt" am
4. Juli 2007 statt. Bezeichnenderweise musste Maus sich in beiden Fällen
nicht nur gegen eine Vertreterin der Gegenposition, sondern gleich auch
gegen die Moderatorinnen behaupten, die ihrer Funktion nach eigentlich
hätten neutral bleiben müssen: Stephanie Heinzeller bei Bayern Alpha, Anke
Hlauschka beim SWR.

[104] http://diegesellschafter.de/diskussion/forum/thread.php?fid=13&nid=6553.

[105] http://www.theregister.co.uk/2005/10/18/wikipedia_quality_problem/
page2.html.

[106] http://en.wikipedia.org/wiki/List_of_men%27s_rights_organizations.

[107] http://de.wikipedia.org/wiki/Portal:M%C3%A4nner.

[108] Schiffer, Sabine: Die Darstellung des Islams in der Presse. Ergon 2005, S. 49-
50. Wie im Text erwähnt, ist der Zusammenhang also ein gänzlich anderer,
aber die von Schiffer angeführte Erkenntnis ist davon unabhängig.

[109] http://viscog.beckman.uiuc.edu/media/ig.html.

[110] Vgl. www.sciencedaily.com/releases/2006/01/060131092225.htm sowie Islam,
Ranty: Grenzen der politischen Vernunft in der *Welt* vom 26.1.2006, online
unter www.welt.de/data/2006/01/26/836645.html.

[111] Zuletzt aufgelegt: Patai, Daphne und Koertge, Noretta: Professing Feminism:
Education and Indoctrination in Women´s Studies. Lexington Books 2003.

[112] http://www.dradio.de/dlf/sendungen/campus/477311/.

[113] http://www.iwf.org/inkwell/default.asp?archiveID=2885.

[114] Das letzte Zitat stammt aus Christina Hoff Sommers „The War Against Boys.

How Misguided Feminism is Harming Our Young Men", Simon & Schuster 2000.

[115] http://www.aerzteblatt.de/v4/news/news.asp?id=21036.

[116] http://www.menshealth.de/d/29649.

[117] Spiegel-Online am 7. 12. 2004, ursprünglich www.spiegel.de/panorama/0,1518,331166,00.html, jetzt dokumentiert auf http://www.vaterschaftstest-unkommerziell.de/presse/spiegel-kuckuckskinder.php.

[118] Der Brief steht online auf den Seiten des Männerbüros Trier.

[119] www.br-online.de/wissen-bildung/artikel/0501/07-vaterschaftstest/index.xml.

[120] http://www.abendblatt.de/daten/2005/01/10/385244.html.

[121] http://www.abendblatt.de/daten/2005/02/05/395564.html.

[122] Dietrich, Stefan: Familienfeindliches Familienrecht. In der „Frankfurter Allgemeinen Zeitung" vom 14. Februar 2007.

[123] http://www.dradio.de/dkultur/sendungen/interview/595438/.

[124] http://wgvdl.de/forum/forum_entry.php?id=23352.

[125] http://www.manndat.de/index.php?id=450.

[126] Pizzey, Erin: How feminists tried to destroy the family. In: Daily Mail vom 22. Januar 2007, online unter http://tinyurl.com/35whtu.

[127] http://www.gewalt-gegen-maenner.de.

[128] www.bmfsfj.de/Kategorien/Publikationen/Publikationen,did=20526.html.

[129] Die Autoren des Genderreports versuchen, diese Geschlechtersymmetrie zu relativieren, indem sie argumentieren, weibliche Opfer erlebten häusliche Gewalt schwerer, häufiger und bedrohlicher. Diese These wird nicht nur von den stark feministisch ausgerichteten Autoren des Genderreports vertreten, sondern auch von neutralen Gewaltforschern, aber es gibt auch zahlreiche fundierte Gegenansichten. Eine übersichtliche Quelle für entsprechende Studien nenne ich auf den folgenden Seiten dieses Kapitels. Die aktuellste Studie vor Drucklegung dieses Buches, veröffentlicht im Mai 2007 im „Journal of Public Health", befand bei über 11.000 befragten Personen, dass bei Fällen nicht-wechselseitiger Gewalt in der Partnerschaft diese in 71% aller Fälle von Frauen ausging und dass in Fällen mit wechselseitiger Gewalt Männer häufiger verletzt wurden als Frauen (25 gegenüber 20 Prozent). Vgl. die „Psychiatry News" vom 3. August 2007, „Men Shouldn´t Be Overlooked as Victims of Partner Violence", online unter http://pn.psychiatryonline.org/cgi/content/full/42/15/31-a.

[130] Letztere Info entstammt einer Mail von Silvia Berke, Mitarbeiterin des Bundesfrauenministeriums (Referat 403 - Schutz von Frauen vor Gewalt), vom 2. Juli 2007.

[131] http://www.epd.de/niedersachsen_bremen/
niedersachsen_bremen_index_37250.html.

[132] Wie der evangelische Pressedienst weiter berichtet, stellte der Sozialforscher
Joachim Kersten von der Polizei-Fachhochschule Villingen/Schwenningen
zudem Untersuchungen des Frauenministeriums in Frage, denen zufolge
jede zweite bis dritte Frau Gewalt erlitten habe. Er vermutet, dass hier interessengeleitete Fragestellungen aus der Zeit der Frauenbewegung eingeflossen seien. Davon darf man allerdings ausgehen.

[133] http://www.limmattalonline.ch/pages/index.cfm?dom=12&id=
100577039&rub=100004725&arub=2075&nrub=0.

[134] http://www.evlka.de/content.php3?contentTypeID=4&id=3301.

[135] Vgl. http://www.maennerbuero-trier.de/bibliographie.htm. Für englischspra-
chige Forscher existiert seit Januar 2007 die Datenbank www.dvstats.com,
die online einfachen Zugriff auf über 100 internationale Studien zum Thema häuslicher Gewalt gegen Männer erlaubt. Über ein spezielles Suchfeld
kann man beispielsweise auswählen, ob man z.B. Studien sucht, welche die
„Conflict Tactic Scale" als Messinstrument verwenden, ob man sich für Studien interessiert, die statt einer Gleichverteilung eine höhere Gewaltrate von
Frauen als von Männern zum Ergebnis haben, und so weiter. Von letzteren
sind 105 Studien zum Nachlesen auf dieser Website hinterlegt, nur 22 hingegen sprechen von einer Gleichverteilung.

[136] Vgl. www.manndat.de/saarland.htm.

[137] http://www.justiz-soziales.saarland.de/detail.html?mid=6765.

[138] http://www.welt.de/data/2004/09/22/335787.html.

[139] http://www.newswise.com/articles/view/520686.

[140] http://www.nzherald.co.nz/section/story.cfm?c_id=1&objectid=10396934.

[141] http://www.mediaradar.org/alert20070108.php.

[142] http://abcnews.go.com/Primetime/story?id=2741047.

[143] http://www.ms.niedersachsen.de/master/
C32201394_N8116_L20_D0_I674.html.

[144] http://www.berlin.de/sen/frauen/gewalt/haeusliche.html.

[145] Hier zitiert nach dem Artikel „Das Ende des Straßenstrichs" von Werner A.
Perger in der *Zeit* vom 28. September 2006.

[146] http://www.dradio.de/dkultur/sendungen/profil/638411/.

[147] Die Mottos dieser Kampagne sind bezeichnend: „NEIN zu Gewalt an Frau-
en", „Frauen schlägt Mann nicht" und so weiter. Sehr bewusst wird nur eine
Opfergruppe in den Blick genommen und so der Eindruck suggeriert, dass
es nur diese gäbe. Sehr unkritisch machten sich unter anderem die Berliner

„tageszeitung", der „Freitag", der Hessische Rundfunk, aber auch viele andere Medienorgane zum Sprachrohr dieses antiaufklärerischen Sexismus.

[148] http://www.sueddeutsche.de/,jkm3/jobkarriere/berufstudium/artikel/867/71796.

[149] http://www.zeit.de/2002/31/Wissen/200231_b-schuljungen.html.

[150] http://www.zeit.de/2001/37/Hochschule/200137_b_mythos_maedel.html.

[151] http://www.boersenverein.de/de/109255?skip_val=&list_id=64641&jahr=&ak.

[152] http://www.oppt.de/news-1/artikel/ausgelesen/.

[153] Vgl. Goddar, Jeanette: Mädchen auf der Überholspur. In: Das Parlament Nr. 39 vom 25.9.2006.

[154] http://www.oppt.de/news-1/artikel/ausgelesen/.

[155] http://www.ksta.de/html/artikel/1166422744318.shtml.

[156] http://www.welt.de/data/2006/04/15/874368.html.

[157] http://www.gq-magazin.de/gq/4/content/10413/index.php.

[158] http://www.tews.at/oeffarb/artall02.htm.

[159] http://www.taz.de/pt/2003/03/14/a0157.nf/text.ges,1.

[160] http://www.bundestag.de/bic/plenarprotokolle/plenarprotokolle/15163.html.

[161] http://scriptorium.lib.duke.edu/wlm/aims.

[162] http://www.faz.net/s/RubBF7CD2794CEC4B87B47C719A68C59339/Doc~E19A6FC7720554E81829007B25E33D7E4~ATpl~Ecommon~Scontent.html.

[163] Vgl. http://www.handelsblatt.com/news/Default.aspx?_p=203116&_t=ft&_b=1325097

[164] http://www.cicero.de/97.php?ress_id=7&item=581.

[165] http://bettinaroehl.blogs.com/bettinaroehl/2005/04/gender_mainstre.html, dort mit ausführlicher Quellenangabe.

[166] http://www.oppt.de/news-1/artikel/ausgelesen/.

[167] Rhan, Ulla, Fuck & Go, Eichborn 2005, S. 12.

[168] Doubek, Katja: Glück im Job, Pech in der Liebe. Eichborn 2000, S. 12.

[169] http://www.taz.de/pt/2005/03/08/a0130.nf/text.

[170] http://www.welt.de/data/2005/03/08/606855.html.

[171] http://news.independent.co.uk/media/article306271.ece.

[172] http://www.canada.com/ottawa/ottawacitizen/letters/story.asp?id={F241E226-1B31-490A-B53C-ED8F11D18602}.

[173] www.gelon.de/news/Durchschnittslohn_steigt_auf_40642___Euro_20326.html.

[174] http://morgenpost.berlin1.de/content/2004/10/17/beruf/710096.html?redirID.

[175] http://www.taz.de/pt/2006/03/07/a0170.1/text.

[176] http://morgenpost.berlin1.de/content/2004/10/17/beruf/710096.html?redirID.

[177] http://www.uni-bonn.de/Aktuelles/Presseinformationen/2006/099.html.

[178] Goy, Martina: Warum Eva nicht wie Adam arbeiten kann. In der *Welt* vom 19. Februar 2007, online unter http://www.welt.de/data/2007/02/18/ 1216366.html.

[179] Diese Position vertrat etwa die stellvertretende DGB-Landesvorsitzende Leni Breymeier in einem Fernsehduell mit dem MANNdats-Vorsitzenden Eugen Maus in der SWR-Sendung „Ländersache", ausgestrahlt am 30. November 2006. „Ich habe eine private Wette laufen, dass man keine drei Minuten über die Anliegen von Männern sprechen kann, ohne dass das Gespräch schnell wieder auf die angeblichen Benachteiligungen von Frauen ausgerichtet wird", kommentierte Maus das Verhalten Breymeiers in der Debatte.

[180] http://www.spiegel.de/unispiegel/jobundberuf/0,1518,379444,00.html.

[181] Für diesen Hinweis danke ich Dr. Bruno Köhler, vgl. http://www.manndat.de/ index.php?id=75.

[182] http://www.ftd.de/karriere_management/karriere/87482.html.

[183] http://observer.guardian.co.uk/uk_news/story/0,,1692184,00.html.

[184] http://www.n-tv.de/5482036.html, www.sz-online.de/nachrichten/ artikel.asp?id=725074.

[185] http://www.welt.de/data/2005/01/26/416138.html.

[186] http://www.stuttgarter-nachrichten.de/dc1/html/news-stn/ 20010706lana0010.shtml.

[187] http://service.spiegel.de/digas/servlet/find/ON=spiegel-255033.

[188] West, Anne: Der Venus-Effekt. Knaur 2006, S. 202.

[189] So Christiane Zschirnt in ihrem Aufsatz „Feminismus – cool betrachtet", im Internet unter http://www.dradio.de/dkultur/sendungen/politischesfeuilleton/ 614059/.

[190] Schwarzer, Alice: So fing es an! Die neue Frauenbewegung. Dtv 1983, S. 105.

[191] Schwarzer, Alice: So fing es an! Die neue Frauenbewegung. Dtv 1983, S. 62.

[192] Deckenbach, Karin: War was, Eva? Droemer/Knaur 2006, s. 292.

[193] In der Talkshow „Thema M ... wie Menschen" zum Thema „Zweitehe: Frust oder Lust?", SWR, 27. Juli 2005, 21:45 Uhr.

[194] Rhan, Ulla, Fuck & Go, Eichborn 2005, S. 14.

[195] Rhan, Ulla, Fuck & Go, Eichborn 2005, S. 15.

[196] West, Anne: Der Venus-Effekt. Knaur 2006, S. 215.

[197] Rhan, Ulla, Fuck & Go, Eichborn 2005, S. 181.

[198] Rhan, Ulla, Fuck & Go, Eichborn 2005, S. 208.

[199] http://nymag.com/nymetro/news/trends/n_9437/?imw=Y.

[200] http://www.townhall.com/opinion/columns/kathleenparker/2005/11/02/ 173922.html - Übrigens hat Kathleen Parker recht damit, wenn sie der Pro-

paganda widerspricht, dass Männer lediglich ein Problem mit „starken Frauen" hätten. Wie Kate Zernike in der „New York Times" vom 21. Januar 2007 ausführlich erklärt, stellt sich die Annahme, Männer scheuten vor klugen Frauen als Partnerinnen zurück, immer mehr als populärer Irrtum heraus: „Statistiken zeigen, dass Frauen mit einer Collegeausbildung öfter heiraten als Frauen ohne eine solche Ausbildung (…). Das allgemein verbreitete Bild mag vor 20 Jahren gestimmt haben (...). In der Vergangenheit heirateten weniger gut ausgebildete Frauen häufig 'nach oben'. (...) Heute findet Ehe häufiger unter Gleichgestellten statt; wenn besser ausgebildete Männer heiraten, dann neigen sie dazu, besser ausgebildete Frauen auszuwählen. (...) Frauen mit besserer Ausbildung lassen sich auch weniger häufig scheiden." Zernike beruft sich dabei auf eine nach Altersgruppen aufgeschlüsselte statistische Analyse, die der Soziologe Steven P. Martin im Juni 2006 für eine Volkszählung des US-amerikanischen Census Bureau vorgenommen hatte. Männer, die vor einer Beziehung zurückscheuen, führt Zernike weiter aus, haben keine Angst vor klugen Frauen, sondern scheuen vor einer „Umerziehung" durch Frauen zurück, trauen ihnen nicht mehr oder befürchten, dass sie ihr hart verdientes Geld bei einer Scheidung verlieren. All diese vernünftigen Überlegungen werden zwar mit einem männerfeindlichen Unterton ins Zwielicht gezogen, an den man heute schon fast gewohnt ist („Jungen können für immer Jungen bleiben"), aber das Vorurteil, dass Männer vor allem Frauen heiraten, auf die sie herabsehen können, erweist sich als Mythos. Sie suchen eine Partnerin auf Augenhöhe. Frauen, so berichtet Zernike weiter, schieben eine Heirat allerdings unter anderem dann auf, wenn ihr potenzieller Partner noch nicht genügend Geld verdient.
Vgl. http://www.nytimes.com/2007/01/21/weekinreview/
21zernike.html?ex=1170133200&en=cf8d8ef27dfb77df&ei=5070&emc=eta1.

[201] http://www.reason.com/9508/PAGLIA.aug.html.

[202] Brandt, Andrea u.a.: Die Frauen-Falle. In: „Der Spiegel" Nr. 17/2006, S. 34-45.

[203] www.blick.ch/news/schweiz/artikel39670.

[204] http://www.nytimes.com/2006/07/31/business/31men.html.

[205] http://drhelen.blogspot.com/2006/08/warning-men-not-working.html.

[206] http://magazin.zitty.de/88/debatte.html.

[207] Vgl. etwa Moorstedt, Tobias: Bis später, im zweiten Leben. In: „Süddeutsche Zeitung" vom 12. Oktober 2006. Online unter http://www.sueddeutsche.de/kultur/artikel/390/88302/.

[208] Selbstverständlich hatte mich das nicht davon abgehalten, bedenkliche Aspekte

bei „Zartbitter" in meinen Veröffentlichungen zu thematisieren. Wir brauchen nicht weniger Einrichtungen gegen sexuelle Gewalt, sondern bessere.

[209] Nachzulesen ist das alles unter http://www.wgvdl.de/forum/board_entry.php?id=3925.

[210] http://www.spiked-online.com/index.php?/site/article/2850/.

[211] Brad Wieners und David Pescovitz: Reality Check. Midas 1997, S. 15.

[212] So am 14. August in der Berliner „tageszeitung" (Thomas Gesterkamp: „Mann braucht Förderung"), am 26. November im „Tagesspiegel" (Walter Hollstein: „Mensch Mann") und am 29. November in der „Frankfurter Rundschau" (erneut Thomas Gesterkamp mit „Der Mann ist sozial und sexuell ein Idiot"). Natürlich wirken diese einzelnen Beiträge im Vergleich zur täglichen Berichterstattung über Frauenprobleme wie der Kampf dreier Einzelkämpfer gegen eine ganze Armee, auch scheut insbesondere Gesterkamp vor jeglicher scharfen Kritik an den herrschenden Zuständen zurück, aber die Artikel sind verheißungsvoll im Vergleich zu früheren Jahren, als Männerdiskriminierung als Thema der Berichterstattung komplett unmöglich war. Bemerkenswert ist allerdings noch immer, wie sehr etwa der „Tagesspiegel" Hollsteins Artikel redigierte, etwa indem er einen nichtssagenden Titel statt dem von Hollstein vorgesehenen „Die deutsche Geschlechterpolitik ist auf dem männlichen Auge blind" wählte und zahlreiche brisante Passagen herauskürzte, darunter auch die Erwähnung einer in Deutschland bereits existierenden Männerrechtsbewegung mit Gruppen wie MANNdat.

[213] Vgl. http://www.aftenposten.no/english/local/article1924493.ece.

[214] http://www.dradio.de/dkultur/sendungen/politischesfeuilleton/596143/.

[215] http://news.bbc.co.uk/1/hi/entertainment/tv_and_radio/4200442.stm.

[216] http://www.n-tv.de/665063.html.

[217] http://www.kas.de/publikationen/2002/1088_dokument.html.

[218] http://www.dailymail.co.uk/pages/live/femail/article.html?in_article_id=467390&in_page_id=1879.

[219] Die Auflage der *Emma* sinkt beständig. Von der ersten Ausgabe mussten laut *Emma* 1/2007 noch 300.000 Exemplare gedruckt werden. 2001 lag die verkaufte Auflage der *Emma* bei 53.000 Exemplaren, im dritten Quartal 2006 sind es nur mehr 39.000; vgl. http://www.taz.de/pt/2006/12/16/a0131.1/text. Dieses kontinuierliche Herunterwirtschaften inszeniert die *Emma*-Redaktion als großen Erfolg, und wie immer ziehen die „frauenfeindlichen Männermedien" begeistert mit.

[220] http://www.wissenschaft.de/wissen/news/149343.html.

[221] http://www.prioryhealthcare.co.uk/News/News-releases/Archive-news-re-

leases/ATLAS-Syndrome.

[222] http://www.emma.de/06_1_ortgies.html.

[223] Vgl. Waldfogel, Joel: Couch Entitlement. Surprise—men do just as much work as women do. Online unter http://www.slate.com/id/2164268/.

[224] http://www.eltern-verband.de/n15.html.

[225] Negativ wird der Sextourismus natürlich nur dann dargestellt, wenn Männer die Reisenden sind. Sextouristinnen dürfen sich über verständnisvolle Filme wie „In den Süden" freuen.

[226] http://www.ananova.com/news/story/sm_384668.html.

[227] Für diese Menschen mit der Sollen-das-mal-die-anderen-machen-und-ich-kritisier-sie-dann-dafür-Einstellung schrieb Wolfgang Wenger, einer der rührigsten Aktivisten der Männerszene, eine Satire, die wirklich ins Schwarze trifft: „Warum ich nicht mitmache" – online unter http://www.carookee.com/forum/MANNdatAktion/Warum_ich_nicht_mitmache.14468825.0.01103.html.

[228] Online unter http://www.theage.com.au/news/opinion/raising-the-volume-on-what-men-think-about-feminism/2005/12/21/1135032082534.html.

[229] Vgl. Brooks, Jackson und Jamieson, Kathleen Hall: unSpun. Finding Facts in a World of Disinformation. Random House 2007, S. 54-55.

[230] „Wildwasser" widmet sich der Aufdeckung von sexuellem Missbrauch. Kritiker werfen dem Verein vor, er gehe dabei doktrinär von der unbedingten Glaubwürdigkeit der Aussagen von Frauen und der unbedingten Schuldhaftigkeit von Männern aus.

[231] Den Wortlaut zur Expertenanhörung findet man unter http://www.bundestag.de/ausschuesse/archiv14/a13/a13_anh/a13_anh70.html. Er stellt eine aufschlussreiche Lektüre dar – etwa wenn man nachlesen möchte, wie ein Wissenschaftler wie Prof. Michael Bock mit seiner bloßen Aufführung von Fakten (man vergleiche das vorliegende Interview mit Julia Bennwitz) gegen offenbar ideologisch stark vorgeprägte Frauenpolitikerinnen wie Dagmar Oberlies (Ausbilderin von Jugendamtsmitarbeitern und Frauenhausmitarbeiterinnen), Bettina Geißel (Mitglied der Berliner Frauengruppe BIG) und Erika Simm (SPD-Bundestagsabgeordnete) schlicht nicht ankam. Das ging teilweise so weit, dass Erika Simm Professor Bock die Seriosität absprach, weil er sich auf Erkenntnisse bezog, die unter Experten in der häuslichen Gewalt unumstritten sind, die Erika Simm aber „nicht überzeugten".

[232] Das Forum der „Emma" wurde inzwischen wieder geöffnet, allerdings in einer von der „Emma" stark redigierten Version: Jeder Beitrag wird erst von der Redaktion gelesen, bevor diese über eine Veröffentlichung entscheidet.

LICHTSCHLAG

Lichtschlag Nr. 9
Arne Hoffmann
Der Fall
Eva Herman
Hexenjagd
in den Medien
1. Auflage 2007
192 Seiten
EUR 18,90

ERHÄLTLICH ÜBER

Cap;tal!sta
WWW.CAPITALISTA.DE

ARNE HOFFMANN: DER FALL EVA HERMAN

Mehrfach wurde Eva Herman zur beliebtesten Moderatorin Deutschlands gewählt. Nachdem sie aber im Frühjahr 2006 die Erfolge der feministischen Bewegung infrage stellte, lancierte „Emma"-Chefin Alice Schwarzer eine Kampagne, um Herman aus der „Tagesschau" zu entfernen. Anderthalb Jahre später, nach einem inquisitorischen TV-Tribunal bei Johannes B. Kerner, titelt die „Bild"-Zeitung „Ist Eva Herman braun oder nur doof?", auf den Seiten des „Focus" heißt es, „dass man an ihre Bücher sofort mit dem Feuerzeug dran möchte", und der „Neuen Zürcher Zeitung" zufolge ist Eva Herman mittlerweile die „meistgehasste Frau Deutschlands". Wie kam es zu dieser rasanten Hexenjagd? Und was darf man im Deutschland 2007 eigentlich noch sagen, ohne sich in Gefahr zu begeben?

In einer erschütternden Medienanalyse zeigt der liberale Journalist Arne Hoffmann, welche Entwicklung hier stattgefunden hat. Gleichzeitig ist dieses Buch ein flammender Appell für mehr Meinungsfreiheit in unserer Gesellschaft, ein Appell, der weit über das Thema „Eva Herman" hinausreicht.

LICHTSCHLAG